快速充电百科知识丛书 Kuaisu Chongdian Baike Zhishi Congshu 汇聚文化大观　提高人文素养

2000个应该知道的文化常识

2000 Ge Yinggai Zhidao De Wenhua Changshi

杨谷怀　刘海月　编著

内蒙古科学技术出版社

图书在版编目（CIP）数据

2000个应该知道的文化常识 / 杨谷怀, 刘海月编著.
— 赤峰 : 内蒙古科学技术出版社, 2018.4（2021.1重印）
（快速充电百科知识丛书）
ISBN 978-7-5380-2902-4

Ⅰ. ①2… Ⅱ. ①杨… ②刘… Ⅲ. ①文化—通俗读物
Ⅳ. ①G-49

中国版本图书馆CIP数据核字（2018）第001501号

2000个应该知道的文化常识

编　　著：杨谷怀　刘海月
责任编辑：那　明
封面设计：李　莹
出版发行：内蒙古科学技术出版社
地　　址：赤峰市红山区哈达街南一段4号
网　　址：www.nm-kj.cn
邮购电话：0476-8227078
印　　刷：三河市华东印刷有限公司
字　　数：635千
开　　本：710mm × 1000mm　1/16
印　　张：29
版　　次：2018年4月第1版
印　　次：2021年1月第2次印刷
书　　号：ISBN 978-7-5380-2902-4
定　　价：58.00元

如出现印装质量问题，请与我社联系。电话：0476-8237455　8225264

编者的话

在被奉为“百经之首”的《易经》中，有这样一句话：“观乎天文，以察时变；观乎人文，以化成天下。”这是“文”和“化”在中国典籍中的初次结合。跳出上古三代的具体语境，用更普泛的眼光来看这句话，我们无疑可以把“天文”理解为自然的宇宙万物，而把“人文”理解为人类创造的一切物质和精神成果。孔子说“知者乐水，仁者乐山”，人之所以会欣赏自然中的山水万物，往往是因为我们把自己的精神注入了自然之中，欣赏自然其实就是在欣赏自己。自然和人类就是在这个层面上取得了统一，而“化天下”的“文”便有了“文化”这层更高的含义。

每一个社会中的每一个人每时每刻都浸润在先民们创造的文化中，同时自己也创造着文化，并吸取着他人创造的文化。个体生命是有限的，而人类文化是无限的，用有限的生命学习无限的文化看似痴人说梦，但孔子说“朝闻道，夕死可矣”，这才是正确的态度。

在世界被海洋和沙漠、高山和深谷阻隔成相互封闭的几个区域时，知识在每个区域都非常有限，那是一个可以穷极经典的时代，但在数字化大潮汹涌澎湃的今天，想成为一个无所不知的通才无疑是难于登天。但是，没有广博的基础便没有高耸的大厦，广泛地涉猎文化常识对每个人的成才都至关重要，这就是编写本书的初衷。本书分上下两篇，从地理、历史、文艺、民俗等多个方面向读者介绍近2000个中外文化常识，衷心希望读者在轻松的阅读中增长知识，提高素养。

限于编者的水平，书中一定会有许多不妥之处，希望广大读者原谅。

2017年12月

目 录

上篇 古老的中国

第一章：地理概况

第二章：古代历史

第三章：古典文学

第四章：传统艺术

第五章：婚育寿诞

第六章：节日风俗

第七章：主要宗教

第八章：文化教育

下篇　多彩的世界

第一章：地理概况

第二章：世界历史

第三章：历史人物

第四章：世界文学

第五章：音乐美术

第六章：文教传媒

上篇　古老的中国

上篇：古老的中国

第一章：地理概况

州

“州”是中国最古老的区划名称。传说大禹治水以后，将天下分为九州；汉武帝时，为加强中央集权，创部刺史制，将全国分为十三个监察区，即名为州，设刺史；十三州之外，另设有司隶校尉部，与州同级，直辖于中央，主管京师附近地区，与十三州合称“十四部州”；东汉时，州已经逐渐成为行政区划，魏晋南北朝时沿用；唐高祖时改秦时所设之郡为州，宋元袭唐制，州的长官称知州事，简称知州；明清时改州为府，而所谓的州成了府之下的行政单位。新中国成立后，我国政府在苗族、藏族、回族等地区设自治州，行政地位在省以下、县以上。

九州

传说大禹治水后，将天下分为“九州”，但各种典籍中的记载颇不相同。其中，以《尚书·禹贡》中的记载最为大家所熟知，它们分别是：冀州、兖（兗）州、青州、徐州、扬州、荆州、豫州、梁州和雍州，豫州居天下之中，为其他八州所环绕。《尔雅·释地》中的记载没有青、梁二州，而有幽、营二州；《周礼·变官·职方氏》中的记载，没有梁、徐二州，而有幽、并二州。

郡、县

“郡”与“县”是中国古代重要的区划名称。周制天子地方千里，分为百县，县有四郡，故春秋时有“上大夫受县，下大夫受郡”之说，县大郡小。秦代废分封、立郡县，初设三十六郡，后增加西南四郡，共为四十郡，以郡治县，郡大县小。汉代部分恢复分封制，诸侯国在行政上与郡同级，故常“郡国”连称。隋唐之时郡州迭改，直到宋时最终废郡，而县则成为历代稳定的地方行政区划，一直沿用至今。

道、路

“道”起源于汉代，起初与县同级，专门用于少数民族聚居地区，《汉书·百官公卿表上》解释为“（县）有蛮夷曰道”。唐代时初为监察区，略相当于汉代的州，但后来州县增多之后逐渐成为实质性的一级行政区划。

“路”在宋初是为征税和漕运而划分的区域，后逐渐成为带有行政和军区性质的区划。元代设立行省后，在行省下设道，道下设路，都是行政区划。至明清时，道成为省之下军区的通称，但也有人把清朝的道与省、府、县相提并论，称之为四级地方行政机构。

民国北京政府时期，曾计划“废省置道”，将全国划分为70多个道，但并未施行。

府、省

唐代时因大的州设有都督府或都护府，故称大州为“府”。宋元的府隶属于路，或直辖于中央。明清时改州为府，成为省与县之间的行政区划。

“省”本是中央官署名，元代以中书省为中央政府，在各地设立“行中书省”，作为中书省在各地的办事机构，简称“行省”。后逐渐成为地方行政区划，一直沿用至今。

市

秦汉时在京都、郡国内，由官府设立并管理的商业区叫做“市”，与居民所住的“里”或“坊”严格分开，周围筑有垣墙，交易者只能由市门出入，市门按时开闭。后来，市的含义逐渐向城靠拢，并最终成为行政区划的名称。

我国作为行政区域的市，有直辖市、地级市和县级市之分。其中，直辖市由中央政府直接管辖，地级市设区并下辖有县，县级市一般不设区。

六大区

我国幅员辽阔，地域划分复杂，“六大区”是诸多划分方法中比较常用的一种：

东北：黑龙江、吉林、辽宁、内蒙古。

华北：北京、天津、河北、山西、山东、河南。

西北：陕西、甘肃、宁夏、青海、新疆。

东南：安徽、江苏、江西、浙江、上海、福建、台湾。

华南：湖北、湖南、广东、广西、海南、香港、澳门。

西南：四川、重庆、云南、贵州、西藏。

因为是人为划分，而且历史并不久远，所以还有许多别的说法，不再一一赘述。

八大古都

我国历史悠久，在不同的历史时期，出现了大量不同规模的城市，而国都因其特殊的地位，无论在建筑规模、建筑模式还是建筑风格上，都有独到之处，往往能够代表当时最高的建筑水平。“八大古都”就是指由中国古都学会通过并经国内史学家承认的八座古代著名都城，分别是：西安、洛阳、北京、开封、南京、杭州等“六大古都”，以及后来添加的安阳和郑州。其中安阳和郑州是夏、商时期的名都，西安和洛阳是周、秦、汉、唐时期的名都，开封和杭州是两宋时期的名都，南京是南方各朝廷的名都，北京是元、明、清时期的名都。

三大火炉

“三大火炉”是我国传统上认为的三个最热的城市，分别是：重庆、武汉和南京。这三座城市处在我国长江中下游的夏季高温区，一年中日最高气温超过35℃的日子多达20天以上，而且频频出现过40℃以上的高温天气，因此而得名。其实“三大火炉”只是民间的一种说法，并没有确实的气象学依据，如果真的在全国范围内评选“火炉”，北京、上海、石家庄、西安、济南、郑州这些北方城市都有入选的可能。

中国历史文化名城

“中国历史文化名城”指的是我国古代政治、经济、文化的中心，或近代革命运动和发生重大历史事件的重要城市，迄今为止共有112座城市通过审批，分别是：

直辖市4座:北京市、天津市、上海市、重庆市。

江苏省9座:南京市、徐州市、淮安市、镇江市、常熟市、苏州市、扬州市、无锡市、南通市。

河南省8座:郑州市、洛阳市、开封市、安阳市、南阳市、商丘市、浚县、濮阳市。

山东省7座:济南市、曲阜市、青岛市、聊城市、邹城市、淄博市、泰安市。

四川省7座:成都市、自贡市、宜宾市、阆中市、乐山市、都江堰市、泸州市。

陕西省6座:西安市、延安市、韩城市、榆林市、咸阳市、汉中市。

浙江省6座:杭州市、绍兴市、宁波市、衢州市、临海市、金华市。

广东省6座:广州市、潮州市、肇庆市、佛山市、梅州市、雷州市。

河北省5座:保定市、承德市、正定县、邯郸市、山海关区（秦皇岛市）。

山西省5座:大同市、平遥县、新绛县、代县、祁县。

湖北省5座:武汉市、荆州市、襄樊市、随州市、钟祥市。

安徽省5座：亳州市、歙县、寿县、绩溪县、安庆市。

福建省5座:福州市、泉州市、漳州市、莆田市、长汀县。

云南省5座:昆明市、大理市、丽江县、建水县、巍山县。

甘肃省4座:张掖市、武威市、敦煌市、天水市。

新疆维吾尔自治区3座：喀什市、吐鲁番市、特克斯县。

江西省3座：南昌市、赣州市、景德镇市。

湖南省3座:长沙市、岳阳市、凤凰县。

西藏自治区3座:拉萨市、日喀则市、江孜县。

吉林省2座：吉林市、集安市。

贵州省2座：遵义市、镇远县。

广西壮族自治区2座：桂林市、柳州市。

海南省2座：海口市、琼山市。

黑龙江省1座：哈尔滨市。

辽宁省1座：沈阳市。

内蒙古自治区1座：呼和浩特市。

宁夏回族自治区1座：银川市。

青海省1座：同仁县。

四大高原

“高原”一般指海拔高度在500米以上，面积广大，地形开阔，周边以明显的陡坡为界，比较完整的大面积隆起地区。高原以其海拔区别于平原，以其完整性区别于山地。“四大高原”是对我国境内四个著名高原的合称，分别是西南的青藏高原和云贵高原、北方的内蒙古高原以及西北的黄土高原。

青藏高原

青藏高原是我国面积最大、海拔最高的高原，也是世界上海拔最高的高原，旧称“青康藏高原”，位于中国西部及西南部，包括西藏自治区和青海省的全部、四川省西部、新疆维吾尔自治区南部山地，以及甘肃的一部分，面积250万平方千米，平均海拔4000米以上，素有“世界屋脊”之称。高原周围大山环绕，南有喜马拉雅山，北有昆仑山和祁连山，西为喀喇昆仑山，东为横断山脉。高原内还有唐古拉山、冈底斯山、念青唐古拉山等。高原内部被山脉分隔成许多盆地、宽谷，湖泊众多，青海湖、纳木错湖等都是著名的内陆咸水湖。青藏高原是亚洲许多大河的发源地，长江、黄河、澜沧江、怒江、印度河、雅鲁藏布江，以及塔里木河等都发源于此，水力资源丰富。由于地势过高，热量不足，大部分地区只宜放牧。牧畜以耐高寒的牦牛、藏绵羊、藏山羊为主，条件适宜地区的农作物以青稞、小麦、豌豆、马铃薯、油菜等耐寒品种为主。目前有川藏、青藏、滇藏、新藏等四条公路和青藏铁路与外界相连，民航班机通西宁、格尔木、拉萨、林芝、昌都等地区。

内蒙古高原

内蒙古高原是我国第二大高原，是

处于欧亚大陆中部的蒙古高原在我国境内的部分，位于大兴安岭以西，阴山及北山以北，马鬃山以东，北抵中蒙边界，包括内蒙古大部分地区及甘肃省的北部，面积70万平方千米，海拔1000至1500米。地势起伏较缓，微向北部倾斜，其中锡林郭勒、乌兰察布高原地势较高，呼伦贝尔、乌珠穆沁、居延海盆地地势较低。内蒙古高原东部为草原，是我国重要的畜牧业基地；西部气候干燥，为干草原、荒漠草原和荒漠，其中沙漠面积占全国沙漠总面积的将近四成。较大的沙漠有巴丹吉林沙漠、腾格里沙漠、乌兰布和沙漠以及库布齐沙漠等。黄河流经内蒙古高原的中部，有些地方河谷宽展，泥沙堆积成肥沃的冲积平原，其中最为著名的是河套平原。河套平原自古就有“塞上江南”的美称，是各族人民修建渠道、引黄河水灌溉农田的劳动结晶。

黄土高原

黄土高原是我国第三大高原，也是世界上最大的“黄土”高原，又称秦晋高原。黄土高原位于在我国中部偏北，包括太行山以西、秦岭及渭河平原以北、洮河及乌鞘岭以东、长城以南，地跨山西、陕西、甘肃、宁夏及河南等省区，面积50万平方千米，海拔800至2500米。除部分石质山地外，高原上覆盖深厚的黄土层，厚度在50到80米之间，最厚达150米。黄土颗粒细，土质疏松，含有丰富的矿物质养分，利于耕作，盆地和河谷农垦历史悠久，是中国古代文明的摇篮，素有“江南的才子北方的将，西北的黄土埋皇上”一说。但由于缺乏植被保护，加以夏季降雨集中，在长期的流水侵蚀下，地面被分割得支离破碎，形成沟壑交错的塬、墚、峁。它是黄河泥沙的最主要来源。

云贵高原

云贵高原是我国的第四大高原，位于我国西南部，因云南高原和贵州高原相连而得此名，在雪峰山以西，大娄山以南，哀牢山以东，地跨云南省东部，贵州省全部，广西壮族自治区西北部以及四川、重庆南部，湖南、湖北的边境地区，面积近50万平方千米，海拔1000至2000米。雨量充足，有“天无三日晴”的说法。由于多雨，高原上的河流水量大，长期切割地面，形成许多又深又陡的峡谷。在连绵起伏的山岭之间，分布着许多小盆地，土层深厚而肥沃，是农业比较发达的地方，村镇也都集中在这里，被当地人称作“坝子”。高原上还有很多因地层断裂陷落而形成的“断层湖”，云南东部的滇池和中部的洱海是最著名的两个。云贵高原遍布溶洞、暗河、石芽、石笋、峰林等，是世界上喀斯特地形发育最完美、最典型的地区之一。

三大平原

“平原”一般指海拔高度小于200米、

平坦而广大的地区。高度比高原低，起伏比丘陵小。“三大平原”是对我国境内三个最主要的大平原的合称，分别是东北平原、华北平原和长江中下游平原。

东北平原

东北平原是我国最大的平原，位于大小兴安岭和长白山之间，包括黑龙江、吉林、辽宁三个省和内蒙古自治区的一部分，面积35万平方千米，大部分海拔在200米以下。东北平原由三部分组成：北部的松嫩平原，南部的辽河平原，东北部的三江平原。松嫩平原和辽河平原因联系紧密，又合称为“松辽平原”，是东北平原的主体。三江平原位于我国东北角，因黑龙江、松花江和乌苏里江三江流经而得名，地势低平，排水不畅，形成广大的沼泽地。东北平原土壤肥沃，是著名的“黑土”分布区，腐殖质含量高，透气和蓄水性好，素有“插根筷子也发芽”的美誉，但因为旧时人烟稀少，被称为“北大荒”。新中国成立后大规模开发，使“北大荒”变成了“北大仓”，成为我国大豆、小麦、甜菜等的重要产区。

华北平原

华北平原是我国第二大平原，位于太行山脉和豫西山地以东，黄海、渤海和山东丘陵以西，燕山山脉以南，桐柏山和大别山以北，东南和长江中下游平原相连，地跨北京、天津、河北、山东、河南、安徽和江苏等七省、市，面积约30万平方千米。因主要由黄河、淮河、海河冲积而成，又称“黄淮海平原”。黄河横贯华北平原中部，将其分为南北两部分：南边为黄淮平原，北边为海河平原。华北平原地势平坦，便于耕作，再加上土地肥沃、夏季炎热多雨，历来是我国重要的农业区，小麦、棉花、花生、烤烟等作物种植面积均居全国之首，也是苹果、梨、柿子、核桃、红枣等温带水果的主要产区。但因春季雨水不足、黄河泛滥频发、低洼地易盐碱化而形成的旱、涝、碱灾害，成为华北平原最严重的问题。

长江中下游平原

长江中下游平原是我国长江在三峡以东的中下游两岸分布的带状平原，位于淮阳山以南，江南丘陵以北，地跨江西、湖北、湖南、安徽、江苏、浙江和上海六省一市，面积约为20万平方千米，包括两湖平原、鄱阳平原、皖中平原和长江三角洲四部分。长江中下游平原地势低平，地面高度大都在海拔50米左右，河汊纵横交错，湖荡星罗棋布，洞庭湖、鄱阳湖、太湖、洪泽湖、巢湖、高邮湖等大淡水湖都分布在这一狭长地带上，素有“水乡泽国”之称，盛产鱼、虾、蟹、菱、莲、苇。平原大部为水稻土，农业发达，盛产稻米、小麦、棉花、油菜、桑蚕、苎麻、黄麻等，是重要的粮、棉、油生产基地，自古被称为“鱼米之乡”。长江中下游平原经济发达，有上海、南京、武汉等特大城市，长江三角洲更是我国经济发展的排头兵。

四大盆地

“盆地”是指四周高、中部低的盆状地形，一般四周是山地或高原，中部是丘陵或平原。“四大盆地”是对我国境内四个主要盆地的合称，分别是塔里木盆地、准噶尔盆地、柴达木盆地和四川盆地。

塔里木盆地

塔里木盆地是我国最大的盆地，也是世界第一大内陆盆地，位于新疆维吾尔自治区南部，四周为天山、昆仑山和阿尔金山环绕，呈菱形，面积为 56 万平方千米。盆地自然景观分为四种：边缘的戈壁滩厚达千米以上，表面是 2 米到 3 米厚的砾层，无法蓄水，地面草木不生；边缘的绿洲带由疏勒、莎车、阿克苏、和田和库车等大小百余个绿洲组成，灌溉农业发达，不仅盛产小麦、玉米、水稻等粮食作物，还是优质棉的高产稳产区；中部的塔克拉玛干沙漠面积 30 余万平方千米，是我国最大的沙漠，也是世界上第二大沙漠；东部的罗布泊“湖盆”区大部分由盐壳组成，多风蚀雅丹地貌。塔里木河是盆地内最大的河流，也是我国最长的内陆河。由于昼夜温差大，塔里木盆地成为我国著名的“瓜果之乡”，出产著名的库尔勒香梨、库车白杏、阿图什无花果、叶城石榴、和田红葡萄等。

准噶尔盆地

准噶尔盆地是我国第二大盆地，位于新疆维吾尔自治区北部，四周为阿尔泰山、准噶尔西部山地、天山山脉所环绕，呈三角形，面积 38 万平方千米。盆地南缘是新垦农业区，发源于山地的河流受冰川和融雪补给，水量变化稳定，保证了农业用水，种植有小麦、玉米、水稻、棉花、甜菜等，同时还是世界上棉花种植的最北限。盆地中部为广阔的草原和沙漠，部分被灌木及草本植物覆盖，除额尔齐斯河注入北冰洋外，玛纳斯、乌伦古等内陆河多流注盆地，形成玛纳斯湖等湖泊。准噶尔盆地蕴藏着丰富的石油、煤和各种金属矿藏，西部的克拉玛依是我国著名的油田，北部的阿尔泰山区盛产黄金。

柴达木盆地

柴达木盆地是我国第三大盆地，也是我国地势最高的盆地，位于青海省西北部，四周为阿尔金山、祁连山、昆仑山所环绕，略呈三角形，面积 25.5 万平方千米。盆地西部有许多低山和大片流动沙丘；东南部有黄土状物质分布，依靠地下水发展灌溉农业；发源于四周山地的河流汇集于盆地中部，形成众多的湖泊和沼泽，多为咸水湖或盐湖；环湖有盐土平原，“柴达木”在蒙古语里即“盐泽”之意。其中察尔汗盐湖是我国最大的盐湖，面积4704.8平方千米，最厚盐层达15米，储盐量约250亿吨，贯穿盆地南北的公路有31千米就修筑在盐壳上，当地还有用盐块砌成的房屋。除盐之外，盆地中部有煤矿、铅锌矿和石油，昆仑山北麓还发现铁矿和有色金属矿，故柴达木盆地又有“聚宝盆”之称。

四川盆地

四川盆地是我国第四大盆地，位于四川省东部和重庆市西部，四周为大凉山、邛崃山、大巴山、巫山和大娄山所环绕，略呈圆形，面积约20万平方千米。盆地西部为成都平原，地势低平，由岷江、沱江挟带的泥沙冲积而成，土质肥沃，农业发达，是四川盆地的重要粮仓，自古称“天府之国”；盆地东部有许多低山丘陵，其中华蓥山海拔1800米，是盆地的最高点；盆地中部为方山丘陵，主要由紫红色砂岩、页岩组成，自然肥力较高，适宜种植多种农作物和经济林木。四川盆地除盛产水稻、小麦、油菜等农产品和甜橙、龙眼、荔枝等水果外，还蕴藏煤、石油、天然气以及盐、硫磺等矿产，是我国西南重要的工业基地。旧时四川盆地对外交通不便，有“蜀道难，难于上青天”之说，现在已有成渝、宝成、成昆、川黔、襄渝等铁路和长江航道，以及飞往全国各主要城市的航空线与外界相连，重庆、成都已成为西南重要的经济和交通中心。

三山五岳

“三山”又称“三仙山”，是传说中神仙居住的地方，按照传统的说法，分别指蓬莱、瀛洲和方丈，后来又附会为黄山、庐山、雁荡山或峨眉山，但并不为人所熟知。

“岳”在上古本指分掌四方外事的诸侯之长，后与这些诸侯封地中的山名发生联系，才演变出大山的意思。周建都于丰、镐，故以华山为中岳；周平王东迁后，又以嵩山为中岳，华山为西岳。汉武帝时，正式创立五岳制度。汉宣帝尊泰山为东岳，华山为西岳，天柱山为南岳，恒山为北岳，嵩山为中岳。隋文帝废天柱山为名山，改衡山为南岳。清时因古恒山，即河北大茂山位于国都北京之南，与“北岳”之称不符，故改为现在山西浑源县之恒山，这就是我们现在所说的“五岳”。

中岳嵩山

嵩山，古称嵩高等，为高峻之意，位于河南省西部的登封市，东依省会郑州、西近古都洛阳、北临黄河、南靠颍水，由太室山和少室山组成，最高峰峻极峰海拔1491米。其间山峦起伏，峻峰奇异，共有太阳、少阳、明月、玉柱、万岁、凤凰、悬练、卧龙等72峰。除了优美的自然风光外，嵩山更以星罗棋布的名胜古迹、亭台楼阁著称。其中有中国六最：禅宗祖庭——少林寺；现存规模最大的塔林——少林寺塔林；现存最古老的塔——北魏嵩岳寺塔；现存最古老的阙——汉三阙；树龄最高的柏树——汉封“将军柏”；现存最古老的观星台——元代观星台。此外，太室山黄峰盖下的中岳庙始建于秦，是河南现存规模最大的寺庙建筑群；宋代四大书院之一嵩阳书院气势恢弘、古朴典雅；苍翠清幽的法王寺，回环险绝的轩辕关、慧可断臂求法的立雪亭等等，都成为中国文化的瑰宝。

东岳泰山

泰山，古称岱山、岱宗等，为庞大之意，位于山东省中部的泰安市，北依省会济南，南临“圣城”曲阜，东望黄海，西滨黄河，共分“丽、幽、妙、奥、旷”五大游览区，分别是山麓的“丽区”、山顶的“妙区”、登山东路的“幽区”、西路的“旷区”，以及分布在山后的“奥区”。主峰玉皇顶海拔1532.7米，相对高度达1391米，拔地通天，蔚为壮观，素有“泰山天下雄”之誉。其中，玉皇顶上的“妙区”景色最为雄奇壮丽，有碧霞祠、唐摩崖石刻、玉皇庙、日观峰、瞻鲁台、探海石和月观峰等名胜古迹，更有“旭日东升”、“晚霞夕照”、“黄河金带”、“云海玉盘”四大奇观，为泰山自然、人文景观之代表。当年孔子“登泰山而小天下”，大诗人杜甫更有“会当凌绝顶，一览众山小”的感慨。

西岳华山

华山，相传大禹治水时，欲将黄河引出龙门，但为华山所阻难以通过，故请巨灵神将此山掰成两半，高的叫太华山，低的叫少华山。“华”即为“花”字，因其群峰攒耸，望之如花，故称华山。华山位于陕西省西部的华阴市，是秦、晋、豫三省交汇之处，南接秦岭，北瞰黄河，扼西北进出中原之门户，素有“奇险天下第一山”之称。南峰“落雁”为华山极顶，海拔2154.9米，与东峰“朝阳”、西峰“莲花”合称“天外三峰”，另有中峰“玉女”和南峰“云台”。除自然景观之外，华山也留下了无数名人的足迹。自隋唐以来，李白、杜甫等文人墨客咏华山的诗歌、碑记和游记不下千余篇，摩岩石刻多达上千处。自汉杨宝、杨震到明清冯从吾、顾炎武等许多学者，都曾隐居华山诸峪，开馆授徒。而建于汉武帝时的西岳庙，有着“陕西故宫”和“五岳第一庙”的称誉，这是五岳中建制最早和面积最大的庙宇。

北岳恒山

恒山，古称太恒山、元岳，汉宋时因避讳，一度改称常山。恒山位于山西省北部的浑源县，东连太行，西跨雁门，南障三晋，北瞰云代，莽莽苍苍，横亘塞上。恒山号称一百单八峰，主峰天峰岭海拔2016米，巍峨耸峙，气势雄伟。天峰岭与翠屏峰对望，断崖绿带，层次分明，美如画卷。另有果老岭、姑嫂岩、飞石窟、还元洞、虎风口、大字湾等奇景。相传张果老就是在此隐居潜修，并于果老岭上倒骑毛驴升天的。西汉初年，恒山已建有寺庙，到明、清时已经寺庙成群，向来有“三寺四祠九亭阁，七宫八洞十二庙”之称。其中恒山悬空寺更是天下奇观，是中国古代建筑史上的杰作。

南岳衡山

衡山位于湖南省衡阳市境内，因其自然风光秀丽多姿，人文景观丰富多彩，素有“五岳独秀”之称。清人魏源《衡岳吟》中曰：“恒山如行，岱山如坐，华山如立，嵩山如卧，惟有南岳独如飞。”是对五岳姿态的精彩概括。衡山主峰祝融峰海拔1290米，因地处南方，自然条件优越，处处茂林修竹、奇花异草。衡山有“祝融峰之高，藏经殿之秀，方广寺之深，水帘洞之奇”等“四绝”和“春看花，夏观云，秋望日，冬赏雪”等四季奇观。古时衡山曾有一百单八庙之说，南岳镇上的南岳大庙是江南最大的寺庙，规模宏伟，集宋元以来古建筑之大成。另外还有晋代被封为“南岳夫人”的女道士魏华存修道成仙的黄庭观，有“六朝古刹、七祖道场”美誉的福严寺，被日本佛门曹洞宗视为祖庭的南台寺等等。此外，衡山还是湖湘学派的发源地。自唐代宰相李泌的儿子李繁为纪念其父而修建邺候书院以后，先后出现了文定书院、甘泉书院、集贤书院等10余所书院，有“天下之书院，楚为感；楚之书院，岳为盛”之说。

佛教四大名山

“佛教四大名山”指的是山西五台山、四川峨眉山、安徽九华山和浙江普陀山，是汉传佛教的四大圣地，分别供奉文殊菩萨、普贤菩萨、地藏菩萨和观音菩萨等四大菩萨。四大名山随着佛教的传入，自汉代开始建寺庙，修道场，一直延续至民国。新中国成立后受到了全面保护，寺院进行了大规模修葺，现在已成为蜚声海内外的旅游胜地。

五台山

五台山位于山西省五台县境内，是中国佛教第一圣地，方圆五百余里，由五座山峰环抱而成，五峰高耸，而峰顶平坦宽阔，故称五台。又因山中盛夏气候凉爽宜人，故别名“清凉山”。五台分别为东台望海峰，西台挂月峰，南台锦绣峰，北台叶斗峰和中台翠岩峰。其中以北台叶斗峰为最高，海拔3061米，素有“华北屋脊”之称。五台山自古就是文殊师利菩萨的道场，汉唐以来一直是中国的佛教中心，隋唐时便名声远播，宋以后更有日本、印尼、尼泊尔等国的僧侣往来。鼎盛时期的五台山共有寺院三百余座，虽然现在大部分都已毁坏，但仍有台内寺庙39座和台外寺庙8座，其中最著名的五大寺庙是显通寺、塔院寺、佛光寺、殊像寺和显通寺。

峨眉山

峨眉山位于四川省峨眉山市境内，方圆三百余里，由大峨、二峨、三峨、四峨四座大山组成，其中大峨山为峨眉山的主峰，也是通常所说的峨眉山。大峨、二峨两山相对，远远望去，双峰缥缈，犹如画眉，因此而得名。峨眉山最高峰万佛顶海拔3079米，高出五岳，景色秀丽，素有“峨眉天下秀”的美誉。又因其优美的自然风光、悠久的佛教文化，被人们称之为“仙山佛国”，日出、云海、佛光、晚霞更是被称为“四大绝景”。相传东汉明帝时有蒲公采药于山中，见一鹿足迹如莲花，追至绝顶而无踪，因问于山上结茅修行的宝掌和尚，和尚说是普贤菩萨“依本愿而现像于峨眉”，蒲公归家后即舍宅为寺，于是峨眉山就成了普贤菩萨的道场。现在峨眉山共有寺庙近30座，其中著名的有报国寺、清音阁、洪椿坪、仙峰寺、洗象池、金顶华藏寺、万年寺等。

九华山

九华山位于安徽省青阳县境内，方圆二百余里，号称九十九座峰，其中以天台、十王、莲华、天柱等九峰最为雄伟，故南朝时称为“九子山”，后因李白游山时所写“灵山开九华”之句而以“九华山”知名。九华山主峰十王峰海拔1344米，山间遍布深沟峡谷、垂涧渊潭、流泉飞瀑，景色气象万千，素有“东南第一山”之誉。相传唐开元末，新罗国高僧地藏驻锡九华，苦心修炼数十载，圆寂后肉身三年不腐，僧众认定他是地藏菩萨转世，于是建肉身塔供奉，九华山因此成为地藏菩萨的道场，成为古今善男信女朝拜的圣地。山中古刹林立，香烟缭绕，鼎盛时期有寺庙三百余座，现有寺庙八十余座，向有“莲花佛国”之称，最著名的寺庙是修建在悬崖上的百岁宫。

普陀山

普陀山位于浙江省舟山市境内，是舟山群岛中的一个小岛，全岛方圆十余千米。不同于其他名山，普陀山不是高山密林，而是山海景色。登山远眺，山即是岛，岛即是山，一座座浮于碧海之上，点点白帆穿梭其间，景色极为优美，故前人曾说：“以山而兼湖之胜，则推西湖；以山而兼海之胜，当推普陀。”相传唐大中年间，有梵僧来谒潮音洞，感应观音化身，为说妙法，灵迹始著；五代后梁贞明二年，日僧慧锷大师从五台山请观音像乘船归国，舟至莲花洋遭遇风浪，数番前行，无法如愿，遂信观音不肯东渡，乃留圣像于潮音洞供奉，故称“不肯去观音”，普陀山因此成为观音菩萨的道场。鼎盛时期，全山共有四大寺、一百零六庵、一百三十九茅蓬，向有“海天佛国”之誉。现在共有寺庙二十多座，其中以普济、法雨、慧济三大寺最为著名。

道教四大名山

道教虽然也有“四大名山”之说，但到底是哪四座山，并不像“佛教四大名山”那样确定，广泛流传的说法共有四种。在这四种说法中，前三个都是湖北武当山、江西龙虎山和安徽齐云山，最后一个各不相同，分别是四川鹤鸣山、甘肃崆峒山、四川青城山和陕西终南山，共七座名山。其中鹤鸣山因是张道陵创立五斗米道的所在，故而位列其中，但其实四川共有两座鹤鸣山，孰是孰非已难考证，故存而不论。此外，道教还有“十大洞天”、“三十六小洞天”和“七十二福地”之说。

武当山

武当山古称“太和山”，位于湖北省西部的丹江口市境内，方圆八百里，东邻襄樊市，西接十堰市，背靠神农架，面临丹江口。主峰天柱峰海拔1612米，以此为中心，有上下十八盘等险道以及七十二峰、二十四涧、十一洞、十石、十池、九泉、九井、三潭、九台等自然景观。武当山古建筑群规模宏大，气势雄伟。自唐至清，共建庙宇五百多处，其中明代最为鼎盛。永乐年间大兴土木，史有“北建故宫，南建武当”之说，共建成九宫、九观、三十六庵堂、七十二岩庙、三十九桥、十二亭等道教建筑，总面积达160万平方米。“楼台隐映金银气，林岫回环画镜中”，达到了“仙山琼阁”的意境，被誉为“道教建筑博物馆”。

龙虎山

龙虎山，原名云锦山，后因两山之形酷似龙虎而得名，位于江西省贵溪市境内。山中峰峦叠嶂，碧水如带，以二十四岩、九十九峰、一百零八景著称于世。从张道陵第四代传人张盛由四川鹤鸣山迁移至此算起，后世历代天师都在此修行，至民国末年共计63代，历时1900年，为道教正一派祖庭。贵溪市上清镇的上清宫，是历代天师祀奉太上老君和朝会之处，也是我国最古老、最大的道宫之一。现存福地门、钟楼、玉门殿、东隐院、九曲巷、下马亭及明代石刻等古迹。上清宫附近的天师府，占地400公顷，房屋百余间，是历代天师的住处，也是我国规模最大的道教建筑群之一。

齐云山

齐云山又名白岳、云岳，位于安徽省休宁县城西，与黄山南北相望，与黄山、九华山合称“皖南三秀”。山中风景绮丽，因山体“一石插天，与云并齐”而得名。齐云山以幽深奇险著称，有三十六奇峰、七十二怪岩、二十四涧以及其他许多洞泉飞瀑，有“天下无双胜境，江南第一名山”之誉。齐云山早在唐代就开始建寺，宋代宝庆年间建佑圣真武祠，成为道教中心。齐云山崖壁下有许多洞穴，供奉各路神仙塑像，有八仙洞、圆通洞、罗汉洞、雨君洞、文昌洞等等，以前修行的道士就居住在洞中，是齐云山风景精粹之一。主要建筑还有三清殿、玉虚殿、无量寿宫、文昌阁等著名道观，另有碑碣及摩崖石刻一千四百余处。

崆峒山

崆峒山位于甘肃省平凉市城西，东瞰西安，西接兰州，南邻宝鸡，北抵银川，是古丝绸之路西出关中的要塞。崆峒山主峰海拔 2123 米，山中峰峦叠嶂、绝壁万仞、怪石突兀、林海浩瀚，集北雄南秀于一身，融自然人文于一体，自然景观奇、险、灵、秀，人文景观古、朴、精、巧，具有极高的观赏和文化价值，自古就有“西来第一山”的美誉。崆峒山历史悠远，相传为广成子修炼得道之处，人文始祖轩辕黄帝曾登临问道，秦皇、汉武亦曾于此寻访仙迹，历代官宦显达、文人骚客仰慕登临者甚多，存留的诗画、碑铭、遗迹、文物不可胜数。历代先后修建了佛、道“八台九宫十二院”，共有寺、宫四十多处，其中以法轮寺石经幢、十方院元代蟠龙石柱、东台宝庆寺元代石壁及凌空塔最为著名。

青城山

青城山又称“天谷山”，位于四川省都江堰市西南，山中林木青翠、四季常青，诸峰环峙、状若城廓，故名青城山。主峰老霄顶海拔 1260 米，有丹梯千级、曲径通幽，以“幽洁”取胜，自古就有“青城天下幽”的美誉，与剑门之险，峨眉之秀，夔门之雄齐名。青城山是我国著名的道教名山，也是道教的发源地之一，自东汉以来历经两千多年，长盛不衰。东汉顺帝年间，首任天师张道陵来到青城山，叹赏其深幽涵碧，遂结茅传道，青城山便成为道教的发祥地之一，而且成为天师道的祖山，历代天师均来青城山朝拜祖师。山中道教宫观以天师洞为核心，包括建福宫、上清宫、祖师殿、圆明宫、老君阁、玉清宫、朝阳洞等，至今完好保存的仍有数十座，素有“拜水都江堰，问道青城山”之誉。

终南山

终南山古名太一山、中南山、周南山等，简称南山，西起陕西宝鸡眉县，东至陕西蓝田，千峰叠翠，景色幽美，素有“洞天之冠”和“天下第一福地”的美称。终南山主峰位于周至县境内，海拔 2604 米，就是通常所说的终南山，寿联“福如东海长流水，寿比南山不老松”中的“南山”即指此山。终南山为道教发祥地之一，据传老子西行出关，应关尹所请写《道德经》五千言就是在这里。传说如今楼观台中的说经台就是当年老子为关尹讲经之处，有“天下道林张本之地”的美称。此后历朝都在终南山修有道教建筑，主要有文始、三清、玄门等列祖殿，还有紫云衍庆楼和景阳楼等古楼观中心，但屡遭战火后百不存一，楼观的中心便转移到了说经台。新中国成立后对古楼观进行了多次修葺，形成了以说经台为中心的建筑群。

世界地质公园

“地质公园”是指以珍奇独特的、具有重要科学意义的地质景观为主，融合了自然景观和人文景观的自然公园。“世界地质公园”由联合国教科文组织选出，在2000年之后开始公布，目标是选出超过500个值得保存的地质景观以加强对它们的保护。迄今为止，全球共选出了57家世界地质公园，我国有20个，居全球之首，分别是：

第一批8个：

安徽黄山世界地质公园

江西庐山世界地质公园

云南石林世界地质公园

广东丹霞山世界地质公园

湖南张家界世界地质公园

黑龙江五大连池世界地质公园

河南嵩山世界地质公园

河南云台山世界地质公园

第二批4个：

浙江雁荡山世界地质公园

福建泰宁世界地质公园

内蒙古克什克腾世界地质公园

四川兴文世界地质公园

第三批6个：

黑龙江镜泊湖世界地质公园

山东泰山世界地质公园

河南王屋山—黛眉山世界地质公园

河南伏牛山世界地质公园

北京、河北房山世界地质公园

广东、海南雷琼世界地质公园

第四批2个：

江西龙虎山世界地质公园

四川自贡世界地质公园

黄山

黄山位于安徽省黄山市，地跨黟县、休宁县和黄山区、徽州区，面积1078平方千米。奇松、怪石、云海、温泉，素称“黄山四绝”，令海内外游人叹为观止。黄山有三十六大峰、三十六小峰，共七十二峰耸立，或崔嵬雄浑，或峻峭秀丽，布局错落有致，天然巧成，以天都峰、莲花峰、光明顶三大主峰为中心向四周铺展，跌落则为深壑幽谷，隆起则成峰峦峭壁。其中主峰莲花峰海拔1864.8米，山间有二湖、三瀑、十六泉、二十四溪，相映争辉。黄山集天下名山之长，有泰山之雄伟、华山之险峻、衡山之烟云、庐山之瀑布、峨眉之清凉等，素有“五岳归来不看山，黄山归来不看岳”的美誉，明代旅行家徐霞客两游黄山之后赞叹道：“登黄山天下无山，观止矣！”

庐山

庐山位于江西省九江市，东偎鄱阳湖，南靠滕王阁，西邻京九铁路，北枕滔滔长江。景区长约25千米，宽约10

千米，绵延九十余座山峰。其中主峰大汉阳峰海拔 1473 米，和其他诸峰相携，犹如九叠屏风，屏卫着江西的北大门。大江、大湖、大山浑然一体，雄奇险秀，刚柔并济，形成了世所罕见的壮丽景观，素有“匡庐奇秀甲天下”的美誉。巍峨挺拔的青峰秀峦、喷雪鸣雷的银泉飞瀑、瞬息万变的云海奇观、俊奇巧秀的园林建筑，都是难得一见的庐山美景。庐山尤以盛夏如春的凉爽气候为中外游客所向往，是国内久负盛名的风景名胜区和避暑游览胜地。历史上，从司马迁“南登庐山”起，共有陶渊明、李白、白居易、苏轼、陆游、朱熹、康有为、胡适、郭沫若等一千五百余位文坛巨匠登临庐山，留下了四千余首诗词歌赋。

丹霞山

丹霞山位于湘、赣、粤三省交界处的广东省仁化县境内，与罗浮山、西樵山、鼎湖山并称为“广东四大名山”，是国家级重点风景名胜区，国家地质地貌自然保护区，被誉为“中国红石公园”。丹霞山海拔 408 米，虽然不算高峻，但山崖远看似染红霞，近看则色彩斑斓，有许多悬崖峭壁，像刀削斧剁、直指蓝天，更有无数奇岩美洞隐藏于山中，景色奇丽。地质学中的术语“丹霞地貌”，就是因丹霞山而得名，是指红色砂岩经长期风化剥离和流水侵蚀，形成孤立的山峰和陡峭的奇岩怪石这种地貌。

云台山

云台山位于河南省焦作市境内，景区总面积 190 平方千米，有泉瀑峡、潭瀑峡、红石峡、子房湖、万善寺、百家岩、仙苑、圣顶、叠彩洞、青龙峡、峰林峡等景点，还有亚洲落差最大的瀑布云台瀑布。山中森林遍布、沟谷相错、峰峦叠起、泉瀑交映，以“三步一泉，五步一瀑，十步一潭”而著称，是豫西北地区少有的山水奇景。除绮丽的自然景观之外，云台山还有众多的人文景观。“竹林七贤”的隐居地，药王孙思邈采药炼丹的遗迹，大诗人王维写出“每逢佳节倍思亲”千古绝唱的茱萸峰，以及众多名人墨客的碑刻、文物，共同构成了云台山丰富深蕴的文化内涵。

雁荡山

雁荡山根据地理位置的不同，可分为北雁荡山、中雁荡山、南雁荡山、西雁荡山和东雁荡山，通常所说的雁荡山是指浙江省乐清市境内的北雁荡山，因山顶有湖，芦苇茂密，结草为荡，南归大雁多宿于此，故名“雁荡”。雁荡山绵延数百千米，由于处在古火山频繁活动的地带，山体呈现出独具特色的峰、柱、墩、洞、壁等奇岩怪石，被称为“造型地貌博物馆”。山中五百多个景点分布于八大景区，以奇峰、怪石、异洞、瀑布称胜。其中，灵峰、灵岩、大龙湫三个景区被称为“雁荡三绝”。雁荡山之盛名始于南北朝，兴于唐，盛于宋，素有“寰中绝胜”、“海上名山”之誉，被称为“东南第一山”。

王屋山

王屋山位于山西省垣曲县和河南省济源市之间，因“山有三重，其状如屋”而得名，是道教十大洞天之首，称为“小有清虚之天”。家喻户晓的“愚公移山”的故事就发生在这里。王屋山主峰海拔1711米，主峰之巅有石坛，据说为轩辕黄帝祭天之所，“黄帝于此告天，遂感九天玄女、西王母降授《九鼎神丹经》、《阴符策》，遂乃克伏蚩尤之党，自此天坛之始也”。王屋山不仅是道家圣地，还以集“雄、奇、险、秀、幽”于一体的自然景观，吸引了众多文人墨客寻幽探胜，李白、杜甫、白居易等都曾到此游览，留下许多摩崖石刻和脍炙人口的名篇佳作。

长白山

长白山是我国与五岳齐名的大山，《山海经》中称“不咸山”，在蒙古语中是神仙山的意思。广义的长白山指的是长白山脉，是辽宁、吉林、黑龙江三省东部山地的总称；狭义的长白山指吉林省东部与朝鲜交界的山地，为东北山地中最高的部分，中国境内的白云峰海拔2691米。山间森林茂密，梅花鹿、貂、东北虎等珍稀动物，人参等珍贵药材星布其间，所产的人参、貂皮、鹿茸被称为“东北三宝”，享誉海内外。长白山是一座休眠火山，历史上有过数次喷发，因此形成了神奇秀丽、巍峨壮观、原始自然的独特景观，有“未来者无不向往，已来者无不留连”的美誉。又因山名有“长相守，到白头”的含义，近年来逐渐成为新婚蜜月的胜地。

太行山

太行山又名五行山、王母山、女娲山，是我国东部地区的重要山脉和地理分界线。太行山高耸于北京、河北、山西、河南四省市之间，北起北京西山，南达豫北黄河北崖，绵延四百余千米，是山西东部、东南部与河北、河南两省的天然界山。太行山形势险峻，历来被视为兵家要地，从春秋战国直到明清，两千多年间烽火不息。春秋时齐伐晋，入孟门、登太行；战国时秦伐韩，于太行“决羊肠之险”，一举夺取荥阳；楚汉相争时刘邦被困于荥阳、成皋之间，采纳郦食其的建议，北扼飞狐口，南守白马津，终于转危为安；隋末李世民与窦建德相争，进据虎牢，扼守太行，占领上党，尽收河东之地；抗战时期，刘伯承、邓小平于此创建晋冀豫边区等，都是战争史上的佳话。

昆仑山

昆仑山是亚洲中部的大山系，也是

我国西部山系的主干，西起帕米尔高原，东至昆仑山口，绵亘两千五百余千米，有“万山之祖”的美誉。相传昆仑山上的神仙是西王母，居住在众多古书中记载的“瑶池”边，是后世“王母娘娘”的原型。所谓“瑶池”，就是昆仑河源头的黑海，海拔高达4300米，湖水清澈，飞鸟成群。距黑海不远处，就是传说中的姜太公修炼五行大道四十年的地方。位于昆仑河北岸的昆仑泉，是昆仑山中最大的不冻泉，也是优质的矿泉水，传说西王母用它酿制琼浆玉液，人喝之后可以长生不老。金元盛极一时的道教全真派和昆仑山渊源很深，相传开山祖师王重阳把这里选为创教立派的“洞天福地”，因此留下很多令人神往的全真遗迹。明末，昆仑山又成为道教混元派的道场。自汉唐至今这里一直都是香火不断的圣地。

天山

天山是中亚的一条大山脉，横贯我国新疆维吾尔自治区中部，西端伸入哈萨克斯坦和吉尔吉斯斯坦，长约2500千米，平均海拔约5000米，最高峰托木尔峰海拔7443米。在积雪终年不化的博格达峰山腰上，有著名的高山湖泊天池，水深约90米，由冰雪融汇而成，清澈透明，像一面巨大的镜子。洁白的雪峰和翠绿的云杉倒映湖中，构成一幅美丽的图画，因此成为新疆著名的旅游胜地。天山自古以来就是我国与中、西亚联系的重要通道，托木尔峰东部的南、北木扎尔特河谷就是古代丝绸之路的一个重要支线。西汉时，细君公主、解忧公主下嫁乌孙王，即通过此道；唐僧取经时也曾到过这里；“一代天骄”成吉思汗也曾登上博格达峰，并在此会见全真教著名道士长春真人丘处机。旖旎的自然风光、美丽的神话传说和悠久的人文历史，共同构成了天山不朽的魅力。

武夷山

武夷山位于江西省和福建省的交界处，景区面积将近1000平方千米。武夷山西部是全球生物多样性保护的关键地区，分布着世界同纬度地区现存最完整、最典型、面积最大的亚热带原生性森林生态系统；东部地区则以秀水、奇峰、幽谷、险壑等诸多自然美景、悠久的历史文化以及众多的文物古迹而享有盛誉，是山与水、人文与自然的完美结合；中部是联系东西部的九曲溪水源，保持良好生态环境的重要区域，其中的九曲溪素有“曲曲山回转，峰峰水抱流”的美誉。武夷山不仅是“古闽粤文明”的见证，也是朱熹生活五十多年的地方，与朱子理学有着千丝万缕的联系。

阿里山

阿里山位于台湾省嘉义市东部，是玉山山脉的支脉，也是大武峦山、尖山、祝山、塔山等18座大山的总称。相传古时有一位叫阿巴里的酋长，为人英勇异常，曾只身翻山越岭来此打猎，满载而归后又带领族人到这里，人们因此获得很多猎物，出于对他的崇敬，便用他的名字命名此山。阿里山主峰塔山海拔2663米，山中春可赏花，夏能避暑，秋冬能观日出、看云海，一年四季皆有美景。高山铁路、森林、云海、日出和晚霞，更是号称“阿里山五奇”。奇异的风景引发人们无限的想象，与阿里山相关的传说便由此而生，二者相辅相成，共同造就了阿里山的传奇。

五指山

五指山位于海南省中部的五指山市，是海南第一高山，也是海南岛的象征，向来有“不到五指山，不算到海南”的说法。五指山坐落在海南岛中部偏东，主峰海拔1867米，峰峦起伏成锯齿状，形似五指，故而得名。山间遍布热带原始森林，层层叠叠、逶迤不尽，山光水色交相辉映，构成奇特瑰丽的风光，与南美洲的亚马逊河流域、印度尼西亚的热带雨林并称为全球保存最完好的三块热带雨林。地处五指山西麓的初保村，是我国唯一一座保存有古老原貌的黎族村落，成为黎族生活、文化变迁的一个缩影。美丽的海岛风光和独特的人文风物在五指山得到了完美的结合。

喜马拉雅山

喜马拉雅山是横亘于我国西藏自治区和南亚诸国之间的世界上最雄伟的山脉，有110多座山峰高达或超过海拔7300米，其中坐落于我国和尼泊尔边境的珠穆朗玛峰，按照2005年我国最新的测量，更是高达8844.43米，是世界第一高峰。1953年5月29日，新西兰人埃德蒙·希拉里和夏尔巴人丹增·诺盖从南坡首次成功登顶珠峰。“喜马拉雅”在藏语中是“冰雪之乡”的意思，而“珠穆朗玛”是女神的名字。数千年来，喜马拉雅山对我国西藏和南亚各国的文化都产生了巨大而深刻的影响。

四渎

“四渎”是我国古代对境内四条独流入海的大河的合称，首见于《尔雅·释水》，分别是江、河、淮、济，即长江、黄河、淮河、济水。其中淮河、济水古时独流入海，故得与江、河并称。后因黄河改道，致使淮河和济水一个改注长江，一个成为仅具历史意义的河流。唐代时，称淮河为东渎，长江为南渎，黄河为西渎，济水为北渎，并分别封它们为灵源公、清源公、广源公和长源公。

长江

长江是我国和亚洲第一长河、世界第三长河，仅次于尼罗河与亚马逊河。长江发源于青藏高原唐古拉山主峰各拉丹东雪山，流经西藏、四川、云南、重庆、湖北、湖南、江西、安徽、江苏和上海等 9 省 1 区 1 市共 11 个省级行政区，最后注入东海。按照名称的不同，长江共分九段：自源头至长江南源当曲河口，通称为长江正源沱沱河；自当曲河口至青海省玉树县巴塘河口，通称为通天河；自巴塘河口至四川省宜宾市岷江河口，通称为金沙江；自宜宾市至湖北省宜昌市南津关，俗称为川江；自湖北省枝城市至湖南省岳阳市的城陵矶，因流经古荆州地区，通称为荆江；江西省九江市附近的一段长江，因九江古称浔阳而得名浔阳江；江苏省镇江、扬州一带的长江，古称扬子江。其中荆江段因为是长江流出山区、丘陵区后而进入平原区的第一段，故有“九曲回肠”之称，也是“万里长江，险在荆江”的原因。长江流域总面积约 180 万平方千米，是我国的巨大粮仓，产粮几乎占全国的一半；而沿岸的上海、南京、武汉、重庆和成都等都是人口超过百万的重要城市。

黄河

黄河是中国第二长河、世界第五长河，孕育了辉煌灿烂的中华文明，被亲切地称为“母亲河”。黄河发源于青海巴颜喀拉山，流经青海、四川、甘肃、宁夏、内蒙古、陕西、山西、河南、山东等 7 省 2 区共 9 个省级行政区，最后注入渤海。黄河分为上游、中游和下游三段，以内蒙古自治区托克托县河口镇和河南郑州桃花峪为分界点。其中下游河段因长期泥沙淤积而形成举世闻名的“地上河”，河南开封境内的河床高出市区达 7 米以上，历史上曾多次形成破坏力极强的大洪水，是黄河防洪的主要对象。黄河流域面积达 75 万平方千米，旧石器文化遗址、新石器文化遗址、青铜器文化遗址和铁器文化遗址几乎遍布其间。从石器时代起，黄河流域就成为我国远古文化的发展中心。燧人氏、伏羲氏、神农氏拉开了黄河文明发展的序幕，秦皇汉武、唐宗宋祖把古代黄河文明推向了令世界瞩目的辉煌顶峰，黄河两岸现在仍然是中国繁荣的农业、工业和商业区域。

淮河

淮河是我国长江和黄河之间的大河，发源于河南省南部的桐柏山，流经河南、安徽、江苏三省，最后注入长江，全长约 1000 千米。淮河分为上、中、下游三部分，洪河口以上为上游，长 360 千米；洪河口以下至洪泽湖出口中渡为中游，长 490 千米；中渡以下至三江营为下游，长 150 千米，共分三条水路注入长江。淮河与秦岭一起构成了中国最重要的地理分界线，不仅是南方与北方的分界线，还是重要的等温线和等降水线。淮河流域面积 27 万平方千米，西起桐柏山、伏牛山，东临黄海，地跨河南、安徽、江苏、山东及湖北五省，是我国重要的粮食产区。

济水

济水作为一条河流已经成为历史概

念，但这条曾经存在并被先民敬若神灵的大河，在中原文化中占有极其重要的地位。《尚书·禹贡》中说："导水东流为济，入于河，溢为荥，东出于陶邱北，又东至于菏，又东北会于汶，又北东入于海。"历史上的济水发源于河南省济源市王屋山上的太乙池，向东潜流七十余里，到济渎和龙潭地面涌出，形成珠、龙两条河流，向东不出济源市境就交汇成一条河，名水，至温县西北始名济水，流经河南、山东两省入海。济水在东汉王莽时出现旱塞，唐高宗时又通而复枯，后为黄河所侵，最终消失。但沿济水河岸的济源、济阳、济宁、济南等地名却保留了下来，证明济水往日的辉煌。

黄河支流

黄河的主要支流有白河、黑河、湟水、祖厉河、清水河、大黑河、窟野河、无定河、汾河、渭河、洛河、沁河、大汶河等，其中渭河、汾河和洛河是最为重要的支流。

渭河

渭河是黄河最大的支流，发源于甘肃省渭源县鸟鼠山，流入陕西省，于渭南市潼关县汇入黄河，全长818千米。渭河流域面积约为13万平方千米，主要分布在陕西省中部，南有东西走向的秦岭横亘，北有六盘山屏障，分为东西二部：西为黄土丘陵沟壑区，东为关中平原区，是我国古代文明最重要的发祥地之一。战国时秦国开"郑国渠"，引泾水注入洛河，全长125千米，灌溉面积280万亩。汉武帝时又开"白公渠"引泾河水入渭河，后经历代扩建，使渭河中下游渠道纵横，有泾惠渠、渭惠渠、洛惠渠等灌溉工程，成为历史上著名的产粮区。渭河最大的支流是泾河，以清澈著称，而渭河河水浑浊，故有"泾渭分明"的成语。

汾河

汾河是黄河第二大支流，在山西省境内，也是山西最大的河流，"汾"即为大之意。汾河发源于山西宁武管涔山，贯穿山西省南北，在河津附近汇入黄河，全长693.8千米。汾河流域面积约4万平方千米，四周为山脉环绕。汾河流域是中国文化发展较早的地区，旧石器时代中期的"丁村文化"就在这里发现。汾河两岸灌溉发达，井灌创于周秦时期，自流灌溉始于宋金时期，流域内的太原、临汾是中国煤炭、重型机械工业基地。据史料记载，汾河水资源曾经十分丰富，历史上曾有秦穆公"泛舟之役"、汉武帝乘坐楼船溯汾河而行的记载。从隋至唐、宋、辽、金，山西的粮食和管涔山上的奇松古木经汾河入黄河、渭河，漕运到长安等地，史书称"万木下汾河"。直到20世纪50年代，《人说山西好风光》里还生动地描绘了"汾河的水哗啦啦"的喜人景象。

洛河

洛河是黄河下游南岸的大支流，发源于陕西省洛南县洛源乡的木岔沟，东入河南省境内，在偃师市杨村附近纳伊河，后称伊洛河，在巩义市洛口以北入黄河，全长 446.9 千米。洛河以洛宁长水为界，上段穿行于峡谷和盆地之间，多险滩急流；出长水后脱离山区，水面渐宽渐缓。洛河流域拥有源远流长的河洛文化，是中国文化的重要源泉之一，也是中华民族的主流文化。传说中的“河图洛书”既是汉字的先声、中国哲学的序幕，也是整个中华文化的开端。

长江支流

长江的主要支流有雅砻江、岷江、沱江、赤水河、嘉陵江、乌江、湘江、沅江、汉江、赣江、青弋江、秦淮河、黄浦江等，其中以雅砻江、岷江、嘉陵江、湘江、汉江、赣江和黄浦江最为著名。

雅砻江

雅砻江是长江上游的主要支流，古称“若水”，因酷似金沙江，又称“小金沙江”。雅砻江发源于青海省巴颜喀拉山南麓，向东南流入四川省西北部，上游称为“扎曲”，在甘孜以下称雅砻江，沿大雪山西侧流经新龙、雅江等县，至云南边界的渡口市注入金沙江，全长 1500 多千米。雅砻江流域面积约为 13 万平方千米，地形复杂：上游江水平缓，呈现出一派草原景观；进入中游后，江水如离弦之箭，奔腾而下，江中险滩礁石林立、滔声如雷；过了盐源县以后，岸坡才较为平缓，江面也逐渐开阔。雅砻江流域资源丰富，以水能、生物和矿产最为著名，二滩水电站就建在雅砻江上，国宝大熊猫的栖息地就在雅砻江边。此外，雅砻江边还有当年红军长征进入彝区后，刘伯承元帅与沽基家首领小叶丹歃血为盟的冕宁县；有全国唯一以花名命名的钢铁城市攀枝花。

岷江

岷江是长江上游的主要支流，又称汶江、导江，以“岷山导江”而得名。岷江发源于岷山南麓，流经松潘、汶川等县到灌县出峡，分内、外两江至江口复合，经乐山纳大渡河，到宜宾汇入长江，全长 711 千米。岷江水流量大、流速湍急，故古代经常被误认为是长江正源。古代著名水利工程都江堰就是为治理岷江而修建的。岷江分为上、中、下游三段：都江堰以上为上游，以漂木、水力发电为主；都江堰至乐山为中游，流经成都平原地区，与沱江水系及众多人工河网一起组成都江堰灌溉区；乐山以下为下游，以航运为主。岷江流域面积约为 13 万平方千米，沿岸风景秀丽，名胜古迹星罗棋布。

嘉陵江

嘉陵江是长江上游的主要支流，古称阆水、渝水，因流经陕西省凤县东北嘉陵谷而得名，是长江水系中流域面积最大的支流。嘉陵江发源于秦岭，源头是白龙江和西汉水，向西南流入略阳后称嘉陵江，之后穿大巴山至四川省广元市昭化，纳白龙江后南流，经南充到合川，先后与涪江、渠江汇合，纵贯四川盆地中部，到重庆市朝天门后注入长江，全长1119千米。嘉陵江是长江诸支流中长度仅次于汉江，流量仅次于岷江的大河，流域面积近16万平方千米。嘉陵江上游河谷狭窄，水流湍急，常有滑波、泥石流等地质灾害；中游河床平缓，水面宽阔，河曲发育；下游河道流向与四川盆地东部平行，岭谷相交，形成著名的“小三峡”景观。

湘江

湘江是长江中游的主要支流，也是湖南省最大的河流。传统上认为，湘江发源于广西壮族自治区东北部兴安、灵川、灌阳、全州等县境内的海洋山，故上游又称海洋河；在湖南省永州市与发源于蓝山县的潇水汇合，始称湘江；向东流经衡阳、株洲、湘潭、长沙等市县，至湘阴县后入洞庭湖、归长江，全长856千米。湘江流域面积近10万平方千米，干流分为三段，零陵以上为上游，水急滩多；零陵至衡阳为中游；衡阳以下为下游，水量丰富，水流平稳。湘江干、支流大部分河段均可通航，是两湖与两广的重要交通运输线路。湖南素有“三湘大地”之称，虽然“三湘”之说尚无定论，但湖南文化与湘江之间的关系仍可从中窥得一斑。

汉江

汉江是长江最大的支流，古称沔水，发源于陕西省西南部宁强县的米仓山，向东南流经陕西南部、湖北西部和中部，在武汉市入长江，全长1532千米。汉江流域面积为17万平方千米，降水丰富，水量充盈。汉江上游流经汉中盆地，水流湍急，水力资源丰富；中游丹江口以下进入平原，流速骤减，多沙洲石滩；下游进入江汉平原，水流平缓，曲流发育，同长江之间河港纵横交错，汛期洪水常与长江洪峰相遇，易成涝灾。上游所建丹江口水库是“南水北调”中线工程的水源地。汉江两岸不仅是春秋战国时期楚国的中心，更是汉王朝的发祥地，孕育了中国文明史上能与中原文化分庭抗礼的楚文化，从古到今都是文化昌盛之地。

赣江

赣江是长江下游的主要支流，也是江西省最大的河流，古称扬汉、湖汉。赣江西源章水出自广东省毗连江西南部的大庾岭，东源贡水出自江西省武夷山区石城县的赣源岽，二水在赣州汇合后方称赣江，向北流经吉安、清江、丰城，到南昌市注入鄱阳湖后归长江，全长 744 千米。赣江流域面积约为 8 万平方千米，以万安、新淦为界分为三段：中、上游多礁石险滩，水流湍急；下游江面宽阔，多沙洲。赣州以下可以通航，沿岸各地是长江下游与两广的交通纽带。

秦淮河

秦淮河是长江下游的支流，也是我国文化史上最为著名的河流之一。秦淮河有两处源头，东源出自句容市大茅山，南源出自溧水县东芦山，在秣陵关附近汇合北流后，从东水关流入南京市，由东向西横贯市区，最后注入长江。秦淮河分为内河与外河，内河在南京城中，是十里秦淮最为繁华之地。秦淮河古称淮水，相传秦始皇东巡时，望金陵上空紫气升腾，以之为王气，于是凿方山、断长垅为渎、入于江，故称“秦淮”。秦淮两岸从三国东吴以来一直是繁华的商业区和居民区；六朝时成为名门望族的聚居之处，商贾云集、文人荟萃；隋唐以后虽渐趋衰落，但又因此引来无数文人骚客的凭吊，“旧时王谢堂前燕，飞入寻常百姓家”便是最为著名诗句；宋代后逐渐复苏为江南文化中心；明清两代进入鼎盛，金粉楼台、浆声灯影成就了十里秦淮的绝世美名。

黄浦江

黄浦江是长江下游著名的支流，旧称黄浦，别称黄歇浦、春申江，相传因战国时楚国的春申君黄歇疏浚河道而得此名。黄浦江发源于太湖，向东流经青浦县淀山湖，出湖后至闵行以东折向北流，在白渡桥接纳吴淞江后，流至吴淞口注入长江，全长 113.4 千米。黄浦江穿越上海市区的 60 千米江段水面宽阔，深度较大，是上海港客货码头所在地，近几十年来已逐步成为我国吞吐量最大的进出口港。黄浦江两岸荟萃了上海城市景观的精华，不仅可以看到上海的过去、现在，更可以展望上海灿烂的未来。吴淞口是黄浦江与长江的入海口，是黄浦江、长江和东海三股水流交汇之处，如果正值涨潮，便可看到著名的“三夹水”奇观：黄浦江从市区带出的是青灰色的水，长江带来的是夹有泥沙的黄色的水，而东海则是绿色的水，颜色各不相同，且泾渭分明，实为一大奇景。

黑龙江

黑龙江古称黑水、弱水、乌桓河等，因河水含腐殖质多，水色发黑而得名。又因黑龙江是东亚著名大河，流经多个国家或民族区域，故又有满语名“萨哈连乌拉”、蒙古语名“哈拉穆连”和俄语名“阿穆尔”，在国际上以“阿穆尔河”最为通用。黑龙江北源石勒喀河源出蒙古国北部肯特山东麓，南源额尔古纳河发源于内蒙古自治区大兴安岭西侧古利牙山麓，南北两源在漠河以西洛古河村汇合后称黑龙江。江水蜿蜒东流，沿途接纳结雅河、松花江、乌苏里江等大支流，最后在俄罗斯境内注入鞑靼海峡，全长约4370千米。黑龙江本是中国的内河，19世纪中后期沙俄强占中国黑龙江以北、乌苏里江以东大片领土之后，才成为中俄界河。2004年，中华人民共和国和俄罗斯联邦签署最后边界协定，将两国国界划清。黑龙江沿线曾盛产沙金，在清朝时达到鼎盛，为当地的开发起到过重要的作用。

松花江

松花江古称粟末水、混同江等，满语又称“松阿察里乌拉”，意为“天河”，是黑龙江在我国境内最大的支流。松花江由头道江、二道江、辉发河、饮马河、嫩江、牡丹江等大小数十条河流汇合而成，发源于中朝交界的长白山天池，流向西北，在扶余县三岔河附近与嫩江汇合，后折向东流，在同江附近汇入黑龙江，全长2309千米。松花江流域面积约55万平方千米，跨越辽宁、吉林、黑龙江和内蒙古四省、自治区。流域内山岭重叠，遍布原始森林，是我国面积最大的林区；矿产蕴藏量亦极为丰富，除主要的煤炭外，还有金、铜、铁等；农产品则以大豆、玉米、高粱、小麦为主，是我国著名的粮仓；此外还是东北地区的巨大淡水渔场，每年供应的鲤鱼、鲫鱼、鳇鱼、哲罗鱼等多达4000万千克以上。

鸭绿江

鸭绿江位于吉林和辽宁两省东部边境，发源于长白山南麓，流经集安、宽甸、丹东等地，汇集浑江、虚川江、秃鲁江等支流，在辽宁丹东的东港市附近向南注入黄海，全长790千米。鸭绿江本是我国内河，唐玄宗时我国与当时朝鲜半岛的新罗以大同江为界，辽圣宗时将鸭绿江东大片土地赐予高丽，明初朝鲜李氏朝廷通过武力扩张在鸭绿江中上游设置“西北四郡”，此后鸭绿江渐成两国界河。鸭绿江流域面积6万多平方千米，自然风景秀丽，人文景观众多，有众多当年志愿军抗美援朝时留下的遗迹。

塔里木河

塔里木河位于新疆维吾尔自治区塔里木盆地北部，是我国最长的内流河。“塔里木”在维语中有“无缰之马”和“田地”的双重含义，前者指河流的摇摆不定，后者指自古以来河流两岸的绿洲农业文明。塔里木河共有三个源头：南源和田河发源于喀喇昆仑山，横穿塔克拉玛干沙漠，因沿途蒸发渗漏，河道断流，只在洪水期才有河水流入塔里木河；西南源叶尔羌河是塔里木河最长的支流，发源于喀喇昆仑山和帕米尔高原；北源阿克苏河发源于天山西段，水量丰富，是塔里木河的主要水源。三河在阿瓦提县肖夹克附近汇合后始称塔里木河，河水最终注入台特马湖，全长2137千米。塔里木河流域面积近20万平方千米，是一度灿烂辉煌的西域文明的发祥地，也是西北各民族的聚居之地。

额尔齐斯河

额尔齐斯河是我国唯一属于北冰洋的河流，发源于阿尔泰山南坡，有喀依尔特河和库依尔特河两条源头，两河汇合后始称额尔齐斯河。河水自东南向西北奔流，一路收纳喀拉额尔齐斯河、克兰河、布尔津河、哈巴河、别列则克河等北岸支流后，入哈萨克斯坦境内斋桑湖，再向北经俄罗斯的鄂毕河注入北冰洋，全长4248千米，在我国境内的河段为593千米。因蒙古语中阿尔泰山为“金山”之意，故额尔齐斯河被誉为“银水”。我国地势整体西高东低，故主要河流都东注太平洋，只有为数不多的几条大河向南、北流入印度洋和北冰洋，而额尔齐斯河无疑是其中最为独特的。

钱塘江

钱塘江是我国东南沿海地区的主要河流之一，也是浙江省最大的河流，由于河道在杭州附近曲折呈“之”形，故又名浙江等。钱塘江发源于安徽省休宁县六股尖，流贯浙江省北部，经杭州湾注入东海，全长605千米。钱塘江入海口呈喇叭形，在海宁市附近的河底有沙坎隆起，海潮倒灌时，受地形收缩的影响，潮头陡立，形成雄伟壮观的“钱塘潮”，最大潮差达8.93米，自古就是我国著名的胜景。钱塘江干、支流开发历史悠久，沿江两岸有许多名山、秀水、奇洞、古迹，特产富饶、人杰地灵，因优美的自然风光和独特的风土人情，被称为“黄金旅游带”。

珠江

珠江是我国南方重要的大河，旧称粤江，原指广州到虎门一段的入海水道，后来逐渐成为西江、北江、东江和珠江三角洲诸河的总称。珠江干流西江发源于云南省曲靖市沾益县的马雄山，干流流经云南、贵州、广西、广东三省（区），以及香港、澳门两个特别行政区，在广东三水与北江汇合，从珠江三角洲地区的8个入海口注入南海，全长523千米。珠江支流之一北盘江上的黄果树大瀑布水头高达70米，是我国第一大瀑布。珠江水利资源丰富，航运发达，航运价值居全国第二位，仅次于长江。广州黄埔港以下可通万吨海轮，千吨轮船可溯西江到梧州，小轮船可上达柳州、南宁。珠江三角洲是与环渤海地区，长江三角洲并列的、我国经济最发达的三个区域之一，广州、香港、深圳、澳门、珠海等著名城市星布其间。

漓江

漓江位于广西壮族自治区东北部，属珠江水系，发源于兴安县苗儿山，经桂林、阳朔，至平乐后汇入西江，全长437千米。其中，从桂林到阳朔之间长约83千米的河段，是通常所说的漓江。漓江是我国锦绣河山中一颗璀璨的明珠，是举世闻名的桂林山水的灵魂。泛舟游于漓江之上，两岸山峰伟岸挺拔，形态万千；石峰之上多灌木花草，远望如美女披衣；江岸堤坝上是终年碧绿的凤尾竹，随风摇曳、婀娜多姿，人称“百里漓江，百里画廊”。江面之上，青峰与蓝天共映于碧水，形成“船在青山顶上行”的优美意境。峰峦如洗，江水如练，不愧于“桂林山水甲天下，绝妙漓江泛秋图”的美誉。

雅鲁藏布江

雅鲁藏布江是我国海拔最高的大河之一，也是世界海拔最高的大河之一。“雅鲁藏布”在古藏文中为“央恰布藏布”，意为从顶峰上流下来的水。雅鲁藏布江发源于喜马拉雅山北麓的杰马央宗冰川，上游称为马泉河；向东横贯西藏南部，绕过喜马拉雅山脉最东端的南迦巴瓦峰后转向南流；经巴昔卡出中国国境，进入印度后称布拉马普特拉河；最后在孟加拉国与恒河相汇后注入孟加拉湾，中国境内河段全长2057千米。雅鲁藏布江在拉孜以上为上游，为高寒河谷地带；拉孜到则拉为中游，支流众多，流量增大，河谷展宽，气候温和，水利条件较好，是西藏地区农业最发达的地区；下游穿行于高山峡谷中，骤然由东流折向南流、再转向西南流，形成世界上罕见的马蹄形大河湾，著名的雅鲁藏布大峡谷是世界最大的峡谷。按平均流量估算，雅鲁藏布江所蕴藏的水能仅次于长江，居我国第二位。

鸿沟

鸿沟是中国古代最早沟通黄河和淮河的人工运河，也是我国文化史上有着重要影响的运河之一。鸿沟于河南省荥阳引黄河水，东经中牟、开封折向南流，经尉氏、太康、淮阳，分成两条支流，一条向南注入颍水，一条向东注入沙河，最后分别汇入淮河。鸿沟兴建于战国魏惠王时，是秦、汉、魏晋和南北朝历代黄、淮间主要的水运交通线路之一。隋代开凿的通济渠，即唐宋时期的汴河，成为黄、淮间的交通干道后，但相当于鸿沟位置的蔡河仍部分起着沟通黄、淮的作用。从元代开始，水运干线东移至京杭大运河，蔡河逐渐淤塞，最终退出历史舞台。当年楚汉相争时，曾以鸿沟划地为界，“楚河汉界”便由此而来；“鸿沟”也引申为思想上的巨大分歧，从而以词语的形式永远留在了中国文化中。

大运河

大运河是我国也是世界上最长的人工运河，是我国历史上最伟大的古代工程之一。大运河北起北京，南至杭州，故又名“京杭大运河”，途经北京、天津、河北、山东、江苏、浙江四省二市，沟通海河、黄河、淮河、长江、钱塘江五大水系，全长1747千米。春秋时吴王夫差开掘邗沟，沟通江淮水道。隋大业年间开掘通济渠，连结洛、黄、汴、泗诸水达于淮河，拓宽浚深江南运河以达杭州；同时由洛阳附近开凿永济渠通卫河，经临清转天津，全线沟通，长约2700千米。元朝时先后开掘通济州河、会通河，并建设闸坝，渠化河道，并且不再折向洛阳，航程缩短为1794千米，这就是现在大运河的前身。大运河充当中国漕运的重要通道长达1200多年，历代淤塞与疏浚相继，现在除北京到天津、临清到黄河两段外，其余河段均已通航。规划中的"南水北调"东线工程实施后，大运河将成为重要的输水线路，焕发新的青春。

五湖四海

"五湖四海"是我国古人对境内湖泊和大海的概括性称呼，具体所指并无定论。较为通行的说法是："五湖"为彭蠡、洞庭湖、巢湖、太湖和鉴湖，彭蠡即鄱阳湖，而鉴湖的地位在清代时被洪泽湖取代；"四海"为东海、西海、北海和南海，东海和南海所指似确，但西海和北海却聚讼纷纭，有青海湖、贝加尔湖说，黄海、渤海说等等。虽然所指无着，但并不影响这个概念在中国文化中的重要作用，早在周代这个词就有了天下四方之意，所以产生了"放诸四海而皆准"、"四海之内皆兄弟"等脍炙人口的成语。现在，"五湖四海"多用于指代鄱阳湖、洞庭湖、太湖、洪泽湖和巢湖五大淡水湖，以及分布于我国海岸线上的渤海、黄海、东海和南海。

鄱阳湖

鄱阳湖是我国最大的淡水湖，古称彭蠡、彭湖，位于江西省北部，汇赣江、修水、鄱江、信江、抚河等水，经湖口注入长江，形似葫芦，湖水面积约3000平方千米。鄱阳湖通常以都昌和吴城间的松门山为界分为两湖：松门山西北称北湖或西鄱湖，湖面狭窄，为通江港道；松门山东南称南湖或东鄱湖，湖面辽阔，是湖区主体。鄱阳湖和周围有数十个大小湖泊，湖水温暖适宜，水草丰美，产鱼百余种；滨湖平原是江西省主要的农业区，产水稻、黄麻、大豆、小麦，是著名的"鱼米之乡"。鄱阳湖湖景秀丽，《滕王阁序》中的名句"渔舟唱晚，响穷彭蠡之滨"，描述的就是鄱阳湖上的渔民捕鱼归来后的欢乐情景。在我国历史上，鄱阳湖有着崇高的地位，徐稚、陶渊明、朱耷等著名文人曾在这里生活；周瑜操练水师、朱元璋与陈友谅鄱阳湖大战、李烈钧发起的"二次革命"等都在这里进行。

洞庭湖

洞庭湖是我国第二大淡水湖，位于荆江南岸，跨湘、鄂两省，原为古云梦泽的一部分，纳湘、资、沅、澧四水，在城陵矶附近注入长江，湖水面积约2740平方千米，有“容纳四水”、“吞吐长江”之称。洞庭湖曾是我国第一大淡水湖，由于近代以来的围湖造田，以及自然的泥沙淤积，由清代最大时的6000余平方千米骤减到现在的2000多平方千米，昔日号称“八百里”的洞庭湖已被分割为许多大小湖泊。洞庭湖湖滨平原地势平坦、土地肥美、气候温和、雨水充沛，盛产稻米和棉花；湖内水产丰富，有百余种鱼类，是我国主要的淡水鱼基地。滨湖风光秀丽，岳阳楼、君山、杜甫墓、屈子祠、跃龙塔、文庙、龙州书院等名胜环绕四周；刘海戏金蟾，东方朔盗仙酒，娥皇、女英万里寻夫的民间传说也都源于此处。

太湖

太湖是我国第三大淡水湖，位于江苏省南部和浙江省北部，古称震泽、具区、笠泽等，由长江、钱塘江下游泥沙淤封古海湾而成，湖水面积约2420平方千米。太湖主要水源来自发源于浙江省天目山的苕溪和发源于江苏省宜溧山地北麓的荆溪。太湖水由北、东两面70余条河下长江，以娄江、吴淞江和黄浦江为主。整个太湖水系共有大小湖泊180多个，连同进出湖泊的大小河道，组成一个密如蛛网的水系，对航运、灌溉和调节河湖水水位都十分有利。湖中现存岛屿40多个，以洞庭西山为最大。东岸、北岸有洞庭东山、灵岩山、惠山、马迹山等低丘，山水相连、风景秀丽，是著名的游览区。沿湖丘陵和湖中岛山盛产茶叶、桑蚕以及亚热带果品杨梅、枇杷、柑橘等。

洪泽湖

洪泽湖是我国第四大淡水湖，位于江苏省西部，收淮河水导入长江，湖水面积2069平方千米。洪泽湖古称洪泽湖、破釜塘、洪泽浦等，原为浅水小湖群，后黄河南下夺取淮河下游入海河道，淮河无法入海，便在盱眙以东蓄水，小湖群逐渐合为洪泽湖。洪泽湖水主要经由三河汇入高邮湖，再经邵伯湖入里运河，到三江营入长江。旧时排水不畅，大堤失修，水患严重；新中国成立后得到大规模整治，现已兼具泄洪、灌溉、航运、养殖之利。洪泽湖水生资源丰富，湖内有鱼类近百种，螃蟹也远近驰名，水生植物以莲藕、芡实、菱角最富盛名，曾有“鸡头、菱角半年粮”的说法。

巢湖

巢湖是我国第五大淡水湖，位于安徽省中部，有杭埠河、丰乐河、南肥河、柘皋河等注入，湖水经裕溪河注入长江，湖水面积约769.5平方千米。“千里江淮，美在巢湖”，巢湖之美，集物产丰富、文脉深厚和遍布两岸的风景名胜为一体，湖中姥山庙有一副长联可以作为巢湖景观的概括：“百八里形胜参差，欲盖览绮丽春光，正烟消雨霁，岑楼上洞启疏棂，远黛修容环献媚；万千层涛澜汹涌，若别领清幽秋景，追风息波恬，长夜间徒倚山渚，冰轮跃彩遍浮金。”

渤海

渤海是我国的内海，古称沧海，因地处北方，也有北海之称，位于辽宁、河北、天津、山东之间，基本上被陆地环抱，仅于东部以渤海海峡与黄海相通，以辽东半岛南端老铁山角与山东半岛北岸蓬莱角的连线为二者分界线，面积近8万平方千米，平均深度约18米。渤海周围有三个主要海湾：北面的辽东湾、西面的渤海湾和南面的莱州湾。海中有30余个岛屿，其中较大的有南长山岛、砣矶岛、钦岛和皇城岛等，总称庙岛群岛或庙岛列岛。由于辽河、海河、黄河等河流从陆地上带来大量有机物，使这里成为盛产对虾、蟹和黄花鱼的天然渔场，是我国大型海洋水产养殖基地。沿岸盐田较多，以西岸的长芦盐场最为著名。近年在渤海海底发现了丰富的石油，已经大规模开采。环渤海地区是我国经济最发达的区域之一，与长江三角洲和珠江三角洲并称于世。

黄海

黄海位于中国与朝鲜半岛之间，西、北两面濒中国，东接朝鲜半岛，以济州海峡经朝鲜海峡、对马海峡与日本海相通，经渤海海峡与渤海相通，向南以长江入海口北岸为界与东海相邻，濒临我国辽宁、山东和江苏三省，面积约38万平方千米，平均深度仅40米。我国有多条河流注入黄海，因河水携带泥沙过多，致使近海海水呈现黄色，因此而得名。黄海周围主要有三个海湾：我国的海州湾、胶州湾以及西朝鲜湾。海中主要岛屿有长山列岛以及朝鲜半岛西岸的一些岛屿。黄海渔场名闻遐迩，中国、朝鲜、韩国及日本的拖网渔船均来此开发丰富的海底鱼类资源。我国滨海地区有青岛、日照、连云港、南通等城市，是经济比较发达的区域。

东海

东海全称东中国海，是中国海的一部分、西太平洋的边缘海，北边以中国长江口北岸到韩国济州岛一线为界与黄海毗邻，东北边以济州岛、五岛列岛、长崎一线为界，南边以广东省南澳岛到台湾岛南端一线为界同南海相邻，东至琉球群岛，经对马海峡与日本海相连，濒临我国上海、浙江、福建和台湾，面积79.48万平方千米。东海诸海湾以杭州湾最大，流入东海的河流有长江、钱塘江、闽江及浊水溪等。我国沿海岛屿约有六成分布在该区，主要有台湾岛、舟山群岛、澎湖群岛、钓鱼台岛等。东海海底平坦，水质优良，又有多种洋流交汇，为各种鱼类提供了良好的生长条件，成为我国最主要的渔场之一，盛产黄鱼、带鱼、墨鱼等，舟山群岛附近的渔场被称为中国海洋鱼类的宝库。

南海

南海全称为南中国海，是我国最大的外海，北接广东、广西、福建、海南、台湾五个省区，东面和南面分别隔菲律宾群岛和大巽他群岛与太平洋、印度洋相邻，西临中南半岛和马来半岛，是面积约350万平方千米的深海盆，四周较浅，中间深陷，平均深度达1112米。南海西部有北部湾和泰国湾两个大型海湾，流入南海的主要河流有珠江、韩江以及中南半岛上的红河、湄公河和湄南河等。南海主要处于热带，因温度高且年变化小，生物种类丰富，沿海河口一带是良好的渔场。近年已在珠江口、莺歌海、西沙群岛等海域发现海底石油。南海为太平洋与印度洋间的交通要冲，但岛礁众多，水深变化大，有些海域是航行上的危险地带。我国在南海中的重要岛屿有海南岛和东沙、西沙、中沙、南沙四大群岛以及黄岩岛等，根据《海洋法公约》中关于专属经济区的规定，我国在南海拥有面积庞大的“蓝色的国土”。

西湖

据统计，全国共有“西湖”30余个，仅浙江省就有9个之多，但在这诸多的“西湖”中，无疑以杭州西湖最富盛名。杭州西湖古称钱塘湖、西子湖，位于浙江省杭州市，以秀丽的湖光山色和众多的名胜古迹闻名中外，是我国著名的旅游胜地，自古就被誉为“人间天堂”。西湖的水面面积约5.66平方千米，湖岸周长15千米，湖水平均深度1.5米左右，最深处2.8米左右。苏堤和白堤将湖面分为里西湖、外西湖、岳湖、后西湖和小南湖五个部分。西湖之美在于湖光与山色相谐、自然与人文互映。环绕西湖，西南有龙井山、大慈山、凤凰山和吴山等，总称南山；北面有灵隐山、仙姑山、栖霞岭、宝石山等，总称北山，它们像众星捧月一样烘托出西湖的婀娜。西湖周围古迹密布，最著名的有雷峰塔、岳飞墓、灵隐寺、断桥等。苏轼那句“欲把西湖比西子，淡妆浓抹总相宜”是对西湖的最好评价。

日月潭

日月潭是我国宝岛台湾最大的天然湖泊，位于南投县中部，又称龙湖，以山水之胜闻名遐迩。日月潭水面辽阔，湖周35千米，湖面约900余公顷。潭中有小岛拉鲁岛，以此为界，北半部形如日轮，南半部形似月钩，故名“日月潭”。潭水深碧，山色青葱，素有“青山拥碧水，明潭抱绿珠”之誉。湖光山色之外，还有众多人文胜景，其中以涵碧楼、慈恩塔、玄奘寺、文武庙、德化社、山地文化村及孔雀园等最为著名。日月潭所在地为高山族聚居区，独特的民族风情也吸引了大批游人。

青海湖

上面介绍的湖泊都是我国东部地区的淡水湖，其实我国有两大湖区，除东部平原区湖区以外，还有一个青藏高原湖区，我国最大的湖泊青海湖就坐落在这里。青海湖古称西海，又名“库库诺尔”，即蒙古语“青色的湖”的意思，位于青海省东北部，既是我国最大的咸水湖，也是我国最大的湖泊。青海湖周长360千米，面积约4500平方千米，最深处38米，湖面海拔3193.42米，西北有布哈河注入。湖中有五个小岛，以海心山最大，著名的鸟岛位于西部，面积11公顷，是斑头雁、鱼鸥、棕头鸥、鸬鹚等10多种候鸟栖息繁殖的场所，数量多达10万只以上，现已建立鸟岛自然保护区。湖中盛产无鳞湟鱼，是我国西北地区最大的天然鱼库。滨湖草原则是良好的天然牧场，畜牧产品丰富。青海湖近年来又以“环青海湖公路自行车赛”蜚声海内外，成为远近闻名的旅游胜地。

纳木错

纳木错是我国青藏高原湖区的著名湖泊，不仅是西藏自治区最大的内陆湖，也是世界上海拔最高的咸水湖，在藏语中“纳木错”就是天湖的意思。纳木错位于拉萨以北当雄县和班戈县之间，在念青唐古拉山主峰以北，湖面海拔高达4718米，面积约1900平方千米，湖中的五座岛屿相传是五方佛的化身。纳木错是藏传佛教的圣地，被尊为四大威猛湖之一，是密宗“本尊胜乐金刚”的道场。相传每到藏历羊年，诸佛、菩萨、护法神都会在纳木措设坛大兴法会，如果此时前来朝拜，转湖念经一次，便可胜过平时转湖念经十万次，其福无量。所以每到藏历羊年的四月十五，“转湖”活动便会达到高潮，众多信徒从四面八方如潮水而来，盛况出乎想象。

罗布泊

严格地说，罗布泊已经成为一个曾经的湖。它位于新疆维吾尔自治区东南部，古称泑泽、盐泽、蒲昌海等，处于塔里木盆地东部的最低处。塔里木河、孔雀河、车尔臣河等汇集于此，曾形成巨大的湖泊，蒙古语中称“罗布诺尔”即为“多水汇入之湖”的意思。公元330年以前湖水较多，曾是牛马成群、绿林环绕的绿洲，孕育了辉煌的西域绿洲文明，西北的楼兰城即为丝绸之路上的咽喉要地。此后湖水渐少，楼兰城也随之成为废墟。1921年后，塔里木河东流，湖水又有增加，1942年测量时，湖水面积达3000平方千米，是当时我国的第二大咸水湖。1962年时，湖水减少至660平方千米，此后逐渐干涸，现仅为大片盐壳，无水无草，夏季气温高达70℃，飞禽都无法穿越，甚至连号称“生而不死一千年，死而不倒一千年，倒而不枯一千年”的胡杨树都成片死去、倒下并枯萎。

第二章：古代历史

盘古开天地

盘古开天地是我国流传最广的创世神话，在许多古籍中都有记载。相传在远古的时候，天地未分，混沌的宇宙像一枚鸡蛋。经过一万八千年，孕育出了一位力大无穷的神，名字叫盘古。盘古醒来后什么也看不见，于是拿起一把神斧怒喊着向四周猛劈过去。那些轻而清的东西都向上飘走，形成了天；那些重而浊的东西向下沉去，形成了地。于是盘古就站在天地之间，不让它们重新合在一起。天每天都在增高，地也每天都在加厚，盘古也跟着增高。这样又过了一万八千年，天已经变得极高，地也变得极厚了，可是盘古却累倒了，再也没能起来。他的头变成了高山，四肢变成了四极，双眼变成了太阳和月亮，血液变成了江河，毛发肌肤变成了花草，呼吸变成了风，喊声变成了雷，汗水变成了甘霖雨露，牙齿骨骼变成了金属、石头。盘古不仅创造了天地，也把一切献给了天地，因此成为最伟大的创世神。

女娲造人

盘古开天辟地以后，又产生了一位女神，名叫女娲。女娲生活在一个没有同伴的世界里，非常寂寞，于是就想出一个办法，按照自己的样子用黄土捏出同伴，这些同伴就是人。起初捏人的时候还挺顺利，但后来女娲渐渐烦躁起来，觉得这实在是累人，于是就拿绳子投入和好的泥浆，然后提起来一甩，洒落在地上的泥点就变成了一个个的人。后来传说，人之所以分为贫富，就是因为富人是女娲亲手用黄土捏成的，而穷人则是用绳子蘸泥浆甩出来的。这个神话看似天真，但其实曲折地反映了上古母系氏族社会的一些影子，以及人类进入阶级社会后对贫富差距的解释。

三皇五帝

“三皇五帝”是我国上古传说中的八位“帝王”，各种古籍的记载大多不尽相同，总结起来大致有这样几种说法：

三皇：伏羲氏、神农氏、女娲氏；燧人氏、伏羲氏、神农氏；伏羲氏、神农氏、轩辕氏。

五帝：黄帝、颛顼、帝喾、唐尧、虞舜；太皞、炎帝、黄帝、少皞、颛顼；少昊、颛顼、高辛、唐尧、虞舜。

根据现存的神话传说来看，这些所谓的帝王其实都是一些具有聪明才智的部落领袖，不是长于发明，就是善于耕作；不是精于祭祀，就是老于权谋，我们从中可以多多少少地看到中国远古社会的一些影子。

炎黄子孙

五帝中的炎帝和黄帝被一起尊为中

华民族的始祖，黄帝更被尊为中华民族的“人文初祖”。相传炎帝生于烈山石室，故称“烈山氏”；长于姜水，故为姜姓；以火德称王，故号炎帝。炎帝教百姓耕作，使之免于饥苦；亲尝百草，使之免于疾病，故又被尊为“神农氏”。黄帝姓公孙，因生于轩辕之丘，故称“轩辕氏”；建国于有熊，亦称“有熊氏”。相传黄帝有四妃十嫔，正妃西陵氏名嫘祖，教人民养蚕、缫丝、纺织，故有“先蚕”的称号；有二十五子，十四人受封得姓，姬姓就是其中之一。相传后世的少昊、颛顼、帝喾、唐尧、虞舜，以及夏朝、商朝、周朝的君王，甚至中原以外少数民族的领袖都是黄帝的后裔。黄帝曾应炎帝的请求，在涿鹿击败了以蚩尤为首领的东方九夷部族，但后来他们却发生冲突，在阪泉大战，炎帝败北，炎、黄两部落由此联合，并逐渐融合为华夏民族，所以中华民族自称“炎黄子孙”。

尧舜禅让

黄帝以后，华夏部族又出现了尧、舜和禹三个著名的领袖。尧帝号“陶唐氏”，是帝喾的儿子、黄帝的五世孙，当上部落联盟的首领后，仍和大家一样住茅草屋、吃糙米饭、喝野菜汤，夏天穿粗麻衣，冬天用鹿皮御寒，衣服、鞋子不到破烂不堪绝不更换，所以人民像爱父母日月一样爱戴他。尧在位七十年后，年纪渐大，有人推荐他的儿子丹朱继位，但被他拒绝，因为丹朱粗野且好闹事。后来大家都推举舜，说他是个德才兼备、务实能干的人，尧帝很满意，就把自己的两个女儿娥皇和女英嫁给他，并在考验三年之后将帝位禅让给舜。舜帝号“有虞氏”，是颛顼的七世孙、黄帝的九世孙。舜继位后，亲自耕田、渔猎、制陶，并完善了社会管理制度，因此很得人心。但他也没有将帝位传给子孙，而是禅让给了治水有功的禹，自己却在到南方巡视的途中病死在苍梧。

大禹治水

相传尧帝时中原发生了很大的水灾，淹没庄稼、冲毁房屋，人民苦难深重。尧委派鲧去治理洪水，鲧花了九年时间封堵，甚至偷了天帝的息壤，但仍然没能奏效，最后被尧或传天帝派来的火神祝融杀死在羽山，而他的儿子禹被委派继续治水。禹继承了父亲的遗志，但改变了父亲的方法，他带领群众凿开龙门，挖通九河，把洪水引到大海中去，经过十年的努力，最终制服了洪水。相传禹接到治水任务时，刚刚新婚四天，治水过程中三过家门而不入，头戴斗笠、手拿镐锹，和百姓一起劳动；长年泡在水里，脚跟腐烂，只能拄着棍子走。禹因治水成功而获得了极高的威望，因此被后人尊称为“大禹”，舜也因此将帝位禅让给他。

家天下

从黄帝到大禹，华夏部族的首领们

虽然都源出一系，但从来没有出现过子承父位的情况，往往是通过民主推举，选贤任能，产生新一代的首领，这就是“禅让制”。天下是大家的天下，所以称为“公天下”。大禹生前也曾经选举治水时的助手伯益为继承人，但同时却让自己的儿子启参与政务。而启是一个很有能力的人，在处理政务时得心应手，加上父亲大禹治水时积累的崇高威望，启的在人民心目中的地位迅速提升。大禹死后，多数部落首领没有尊伯益为首领，反而都去朝见启，启也毫不客气地行使首领的权力。这虽然也遭到了伯益和一些部落首领的反抗，但他们都被启用武力镇压了下来，从而诞生了中国第一个王朝——夏朝，启也因此被后人称为“夏启”。从此世袭制代替了禅让制，“公天下”也就变成了“家天下”。

少康复国

夏启破坏禅让制，开启了父死子承的世袭制，但问题也随之而来。夏启年老后，他的几个儿子都想继承王位，发生了激烈的争夺，甚至爆发了一场叛乱，最后由长子太康继承王位。太康是一个不理政务、只知享乐的昏君。而此时东边的夷族逐渐强大，他们的首领是一个叫做后羿的著名神箭手。后羿看到太康昏庸，百姓离心，就乘机夺取了夏朝的首都安邑，驱逐太康，立太康的弟弟仲康为傀儡，自己掌握大权。但后羿也不得人心，最后被手下的寒浞谋害。仲康的儿子后相继位后不愿做傀儡而出逃，但被寒浞的儿子过浇杀死。后相的妻子后缗逃到娘家“有仍氏”那里，生下儿子少康。少康自幼聪颖，先后在外祖父那里担任管理畜牧业的官，在有虞氏部落担任管理膳食的官，学得一身本领。有虞氏的首领虞思看到少康前途远大，就把自己的女儿嫁给了他，并把一块叫“纶”的地方交给他管理，少康便以此作为恢复夏朝的资本。经过充足的准备后，少康率兵攻下夏朝旧都安邑，消灭过浇，恢复了夏朝，史称“少康复国”。

商汤灭夏

夏朝最后一个统治者夏桀极端腐朽暴虐，穷兵黩武，多次举兵讨伐周围小国。在讨伐有施氏时得到一个名叫妹喜的美女，于是便终日与她厮守，不再处理政事。这不仅引起了夏朝百姓的强烈不满，统治集团内部也因此分崩离析。于此相反，夏朝东部一个叫做商的部落却逐渐崛起。商部族的首领商汤对内宽以待民，凝聚民心；对外善以待邻，扩大影响。夏桀感到商对自己有威胁，便假意召商汤入朝，趁机将他囚禁在夏台。后在臣民的积极营救下，商汤被放还回国。这次磨难坚定了他灭夏的决心，在力量充足以后毅然发动了灭夏的战争。在出征以前，商汤对军队进行了誓师动员，历数夏桀的罪行，号召军队勇敢作战，一举推翻了夏桀的腐朽统治，这就是《尚书》中的名篇《汤誓》。结果商军大获全胜，夏桀只带了几名护从狼狈出逃，据说最后死在了安徽巢县。商汤灭夏以后，建都于亳，开启了一个新的时代。

盘庚迁都

商汤灭夏以后建都于亳，即现在的河南商丘。但此后的三百年中，不是因为王室内部斗争，就是因为自然灾害，都城一共搬迁了五次，王朝逐渐衰落。第十九代商王盘庚是个有抱负的君主，为了扭转这种局面，他决心选择一个有长远发展前途的地方建都，稳定下来重振朝纲。但大多数贵族贪图安逸，都不愿迁出旧都，甚至还有部分贵族煽动平民叛乱。但盘庚不为所动，在做了详细的考察之后，决定迁都于殷，即现在的河南安阳，史称“盘庚迁都”。在出发之前，盘庚曾发表演说，《尚书》中的《盘庚》就是这次演说的记录。商朝迁都于殷后，终于恢复了安定的局面，殷也发展成为一个十分繁荣的都市。此后将近三百年中，商的都城始终在这里，商朝也因此被称为“殷商”。

太公钓鱼

商朝最后一个国君叫做帝辛，就是臭名昭著的商纣王。他暴虐无道、荒淫无度，致使人心尽失、国势日衰。而此时西部的周却在西伯侯姬昌的治理下，呈现出社会清明、人心安定的大好局面。就在西伯侯治下的渭水河畔，出现了一位奇怪的钓鱼人，他就是大名鼎鼎的姜子牙。姜子牙，吕氏，姜姓，名望，字子牙，号飞熊，所以也称吕尚或姜尚。他在渭水河边手持直钩、离水三尺垂钓，且自称不是钓鱼，而是“钓王侯”。这件事很快就传到姬昌那里，经过两次试探，姬昌认定姜子牙是一位奇才，于是斋戒沐浴，携带厚礼，亲自去拜访他。两人一见如故，相谈甚欢，姬昌当即决定重用姜子牙，拜他为太师，故姜子牙又称“太公望”。后来，姜子牙辅佐文王兴邦立国，又助武王举兵伐纣，被武王封于齐地，果然实现了“钓王侯”的抱负，后世也就有了“姜太公钓鱼——愿者上钩”的歇后语。

武王伐纣

西伯侯姬昌，即后来的周文王，在姜子牙等人的辅佐下把周国治理得安定繁荣，四方诸侯闻风归附，竟达到“三分天下有其二”的程度。但姬昌在灭商大业完成前夕去世，传位给儿子姬发，就是著名的周武王。武王即位后，继承父亲的遗志，在孟津大会诸侯，联合各个部落，率领大军一路挺进到距离纣王所居的朝歌只有七十里的牧野，摆开阵势准备决战。战斗前，武王举行了誓师大会，列举纣王罪状，以鼓励军队，这就是《尚书》中的记载的《牧誓》。牧野之战异常激烈，史书称“血流漂杵”，但商纣王终因军队临阵倒戈而一败涂地，自焚于豪华的宫殿鹿台，商朝也随之覆灭。

周公辅政

周武王灭掉商朝以后，为了稳定局势，没有处死纣王的儿子武庚，而是让他管理殷都朝歌的政务，并封为殷侯。但同时也在他的周围分封了自己的三个兄弟，管叔、蔡叔和霍叔，用来监督武庚。周武王于两年后病逝，托付弟弟周公姬旦辅佐自己十三岁的儿子周成王治理国家，这就是著名的“周公辅政”。周公辅政其间，呕心沥血，连洗头发和吃饭都经常被打断，有“一沐三握发、一饭三吐哺”之说。就在周公勤勤恳恳辅佐成王的时候，远在朝歌的管叔、蔡叔却造谣说周公想要篡权夺位。纣王的儿子武庚也乘机联络了一批殷商的旧贵族，企图造反复辟。各种谣言在西周都城镐京传得沸沸扬扬，周公一面向成王辩白，一面调动大军镇压叛乱。他让太公望率军阻断东夷对武庚的支援，自己亲率大军历时三年攻下殷都，杀死武庚，斩首管叔、流放蔡叔、贬霍叔为庶民。周公尽心尽力辅政七年，制礼作乐、营建东都，稳定了周王朝的统治，在成王年满二十岁时将权力完全移交给他，成就了千古美名。

烽火戏诸侯

周朝第十二个君主周幽王昏庸无道、荒淫好色。大夫越叔带劝他多理朝政，却被他革除官职。大臣褒响也来劝说，却被幽王一怒之下关进监狱。褒响在监狱里一待就是三年，他的儿子将美女褒姒献给周幽王后才换取了父亲的自由。周幽王非常喜欢褒姒，但褒姒却老是皱着眉头，周幽王想尽办法逗她笑，但根本没有作用。大臣虢石父为周幽王出了一个主意，让他点起用来向诸侯报警的烽火，借哄骗诸侯以取悦褒姒。周幽王深以为然，当夜便点起了烽火。邻近的诸侯看见了烽火，急忙带兵赶赴都城救驾，谁都没有料到这竟然是个玩笑。褒姒却因此开怀大笑，周幽王很高兴，赏赐了虢石父。但没过多久，西戎真的打来了，当周幽王再次点起烽火的时候，却再也没诸侯来救援。周幽王和虢石父都被西戎所杀，褒姒也被掳走。

春秋五霸

周幽王被西戎杀死后，诸侯和大臣们共同拥立遭褒姒谗言而被废的太子宜臼为周平王。平王继位后，因担心继续留在镐京会受到西戎的威胁，便迁都到东边的洛邑，那里是周公在世时修建的大都市。因为镐京和洛邑一西一东，历史上便把周定都于镐京的时期叫做西周，定都于洛邑的时期叫做东周。平王东迁后，周王室的威望一落千丈，变成了有名无实的“天子”。而诸侯们却开始了大规模的争霸和兼并战争，史称“春秋战国”。“春秋五霸”就是对春秋时期出现的五个强大诸侯的合称。“五霸”的说法一般有两种：一种是齐桓公、宋襄公、晋文公、秦穆公和楚庄王；另一种是齐桓公、晋文公、楚庄王、吴王阖闾和越王勾践。可见，齐桓公、晋文公和楚庄王是后世公认的霸主。

齐桓公

齐桓公是春秋时期的第一个霸主，是齐襄公的弟弟，姓姜，名小白。他和兄弟公子纠本来都在国外，听到襄公因内乱被杀的消息后，都急忙回国争夺君位。小白在回国途中被公子纠的老师管仲射了一箭，因射中带钩而幸免于难。他是个非常聪明的人，将计就计用装死的方法麻痹管仲，最终得以早于公子纠回国，并继承了君位。当上国君后的小白并未因为一箭之仇而报复管仲，而是听从了老师鲍叔牙的劝说，任用管仲为相。管仲在齐国进行了一系列改革，选贤任能、加强武备、发展生产，使齐国国力大增。齐桓公听从管仲的建议，打出“尊王攘夷”的旗号，“九合诸侯，一匡天下”，成就了千古霸业。

管鲍之交

管仲是我国历史上的名相，名叫夷吾。他年轻时与鲍叔牙是朋友，两人曾一同做买卖，在分利时管仲往往多拿，但鲍叔牙从不说他贪心，因为他知道管仲家里穷。管仲曾帮鲍叔牙办事，结果却办得一　糊涂，鲍叔牙却不抱怨，说是因为管仲运气不好。管仲曾经多次被国君罢官，但鲍叔牙从不认为这是管仲无能，因为他知道管仲是个贤才。管仲打仗时曾多次开小差，但鲍叔牙从不认为他是胆小鬼，因为他知道管仲家有老母。公子纠争夺君位失败后被杀，管仲也被关在监牢中。齐桓公本来是要杀他报仇的，多亏了鲍叔牙的劝谏才保住了他的性命。不仅如此，管仲还在鲍叔牙的举荐下当上了相，而鲍叔牙甘居其下。二人的交情如此之深，以至于管仲感慨说：“生我的人是父母，了解我的人是鲍叔牙啊！”于是后人就用“管鲍之交”来比喻朋友交情深厚。

晋文公

晋文公是继齐桓公之后最著名的霸主，姓姬，名重耳，是晋献公的儿子。重耳因献公立幼子为嗣流亡国外，先后投奔翟、齐、曹、宋、郑、楚等国，历经磨难，十九年后才在秦穆公的援助下回国继位，时年已六十多岁。此后八年的执政生涯中，晋文公在赵衰、狐偃、狐毛、先轸等人的辅佐下，实行“通商宽农”、“明贤良”、“赏功劳”等政策，整顿内政，发展农业、手工业，加强武备，国力大增，呈现“政平民阜，财用不匮”的局面。晋文公也因平定周室内乱，迎周襄王复位，获得“尊王”的美名大。城濮之战中，又大败楚军，于是在践土大会诸侯，邀周天子参加，成为霸主。因晋文公与齐桓公以霸业并称于世，故后世常用“齐桓晋文之事”代称霸业。

退避三舍

晋文公重耳在楚国避难时，楚王曾设宴招待他。席间楚王问重耳：“如果你有一天回晋国当上国君，该怎么报答我呢？”重耳说：“美女侍从、珍宝丝绸，大王您有的是；珍禽羽毛，象牙兽皮，更是楚地的特产，晋国哪有什么东西献给您呢？”楚王说：“话虽然这么说，可总该对我有所表示吧？”重耳笑笑回答道：“要是托您的福，我果真能回国当政的话，愿与贵国交好。假如有一天晋楚之间发生战争的话，我一定命令军队先退避三舍。”“舍”是古代的长度单位，一舍三十里，退避三是就是撤退九十里的意思。四年后，已经回国当了国君的重耳真的与楚国展开了激战，他信守诺言，下令军队后退九十里，驻扎在城濮。楚军见晋军后退，以为他们怯战，轻率进攻，于是晋军利用楚军骄傲轻敌的弱点，集中兵力，大破楚军，取得了城濮之战的胜利，从而奠定了晋文公的霸业。

一鸣惊人

楚庄王是楚国历史上最有作为的君主，姓芈、名旅，楚穆王之子。他在继位的前三年里，终日郊游围猎，沉湎声色，不理政务，还下令对劝谏者杀无赦，一副昏君、暴君的模样。大夫伍参忠心耿耿，决定冒死进谏，于是进宫问庄王：“有鸟止于阜，三年不飞不鸣，是何鸟也？”庄王答曰：“三年不飞，飞将冲天；三年不鸣，鸣将惊人！”于是伍参以为庄王真的要奋发图强了，但数月之后，庄王还是老样子。于是大夫苏从又去进谏，不料庄王大怒，抽出宝剑要杀苏从。苏从大义凛然，毫不畏惧，感动了庄王。于是庄王真的停止淫乐，亲理朝政，并委任伍参、苏从担任要职，把楚国治理得政通人和。国力强盛之后，庄王率军北上，陈兵问鼎于周郊、破陈围郑、大败晋军，饮马黄河，称霸中原，果然成了“一鸣惊人”的霸主。

战国七雄

经过春秋时期接连不断的争霸战争，中国社会已经发生了深刻的变化。一是许多国家大权旁落，诸侯也像周天子那样变成傀儡，权力逐渐转移到大夫手中；二是许多小诸侯国被大国吞并，国家之间的战争更趋激烈；三是各国陆续进行变法，逐渐向封建制靠拢。以晋国被韩、赵、魏三家大夫瓜分，姜姓齐国被田氏大夫取代为标志，中国正式进入战国时期。“战国七雄”就是指战国时期最强大的七个诸侯国，分别是齐国、楚国、燕国、韩国、赵国、魏国和秦国。

商鞅变法

商鞅是战国著名政治家，卫国国君的后裔，公孙氏，故称为卫鞅、公孙鞅，后封于商，后人称之商鞅。商鞅年轻时在魏相公叔痤门下任职，公叔痤临终前将他推荐给魏惠王，但魏惠王并没有任用他。当时秦孝公下令求贤，于是商鞅奔赴秦国，以变法强国之术游说孝公，孝公深以为然。秦国守旧势力却极力反对变法，孝公不为所动，任商鞅为左庶长，开始变法。商鞅一方面城门立木，取信于民，使广大人民积极响应变法；另一方面不避贵势，惩罚太子老师，在秦国引起很大的震动，使得涉及经济、政治等多方面的变法能够顺利推行。变法实施数年后，秦国就呈现出家给人足，国势蒸蒸日上的局面，成为战国七雄中实力最强的国家。但秦孝公死后，商鞅失去了保护，被昔日的太子、记恨他的秦惠王车裂并灭族。而商鞅的政策却被保留下来，为秦国日后统一中国奠定了基础。

合纵连横

战国是个极度混乱的时代，春秋时仅存的一点秩序到这时也已丧失殆尽。国家间战乱频发，时而联合，时而反目，于是便产生了一群专门穿梭于诸国之间，用三寸不烂之舌搞外交游说的人，他们被称为“纵横家”。“合纵”就是南北纵列的国家联合起来，共同对付强国，阻止齐秦两国兼并弱国；“连横”就是秦或齐拉拢一些国家，共同进攻另外一些国家。合纵的目的在于联合许多弱国抵抗一个强国，以防止强国的兼并。连横的目的在于奉事一个强国以为靠山从而进攻另外一些弱国，以达到兼并和扩展土地的目的。当时最著名的纵横家是苏秦和张仪，史籍中有很多关于他们游说诸侯的故事。

战国四公子

战国末期，经过上百年激烈的兼并战，战国七雄中的秦国终于取得了绝对优势，国力越来越强大，统一中国的态势初露端倪。这引起了其他六国的强烈恐惧，各诸侯国贵族为了对付秦国的入侵和挽救本国的灭亡，竭力网罗人才。他们礼贤下士，广招宾客，以此扩大自己的势力，因此养士之风盛行。所谓“士”就是社会上形形色色的有一技之长的人才。当时，以养士著称的有齐国的孟尝君、赵国的平原君、魏国的信陵君和楚国的春申君，他们都拥有上千甚至数千门客，被后人称为“战国四公子”。

狡兔三窟

四公子之首的孟尝君名叫田文，是齐国大将田婴的儿子。他号称拥有三千门客，其中有一个叫冯谖的人，表面看起来没有什么才能，但却接连提出非分的要求，孟尝君都一一答应了他。后来，孟尝君需要一个人到封地薛去收债，冯谖自告奋勇，临走时还询问孟尝君回来时需要购买什么东西，于是孟尝君就吩咐他买些家里缺的东西。冯谖到薛之后非但没有收债，还假借孟尝君的命令烧了无力偿债者的债券。孟尝君知道后很恼怒，问他为什么这样做，他解释说孟尝君家什么都不缺，唯独缺少情义，他就是用这些债务给孟尝君买了薛地百姓的情义。后来孟尝君失势，回到薛地，受到百姓的热烈欢迎，这才体会到冯谖的苦心。而冯谖说："狡兔有三窟，仅得免其死耳；今君有一窟，未得高枕而卧也。"于是又帮他在魏国谋取相位，在齐国恢复相位，"狡兔三窟"便由此而来。

毛遂自荐

秦赵长平之战中，秦军大胜赵军，于是秦将白起率兵乘胜追击，包围了赵国都城邯郸。赵国形势万分危急，四公子之一、赵惠文王的弟弟平原君赵胜奉命去楚国求援。平原君把门客召集起来，想挑选出二十个文武兼备的人做随从，但挑来挑去，却只有十九个。这时，一个叫毛遂的门客走上前来推荐自己，但平原君得知他做门客三年仍默默无闻后，失望地说："贤能的人在世上，好比锥子在囊中，尖梢立即就会显现出来。现在，您在我门下已经三年了，还没能崭露头角，这恐怕是因为您没什么才能的缘故吧！"毛遂却说："我不过是今天才请求进入囊中罢了，如果您早把我放入囊中，我早就像麦芒那样整个挺露出来了，哪里还只是尖梢露出而已。"平原君也没有别的办法，就只好带上毛遂，不料毛遂在秦国还真的发挥了关键的作用，最终说服楚王发兵救赵。这就是"锋芒毕露"和"毛遂自荐"的来历。

窃符救赵

平原君去楚国求援之前，就已经向魏安釐王的弟弟、自己的内弟、四公子之一的信陵君多次求援。魏王虽然派将军晋鄙率领十万大军援救赵国，但却因为怕秦国报复而让军队驻扎在邺城，名义上是救赵，实际上是作壁上观。信陵君是个很重义气的人，但对此却束手无策，最后竟然准备亲自带领门人前去救赵。门客侯嬴向他献计说："我听说调兵用的虎符放在魏王的卧室里，而如姬最受魏王的宠幸，能够自由进出。我还听说如姬的父亲被人杀害，如姬悬赏追凶三年却毫无结果，是您派门客替她报了仇。所以如姬对您感恩戴德，愿意为您赴汤蹈火，您何不求她偷出虎符，进而夺取晋鄙的军权，率兵救援赵国呢！"信陵君恍然大悟，于是按照侯嬴的计策夺取兵权，最终解了邯郸之围，留下了这段千古佳话。

奇货可居

战国时，各国为了取得别国的信任，往往把王室成员作为人质留在他国，秦昭王的孙子子楚就是其中之一。子楚是秦国太子安国君的儿子，排行居中，其母不受宠爱，因此被派往赵国都城邯郸作人质。因为秦国多次攻打赵国，子楚在邯郸的日子很不好过。一个名叫吕不韦的大商人在邯郸做生意，见到子楚后非常高兴，认为找到了一件可以换得终生荣华富贵“奇货”，于是便决定用重金把这件“奇货”囤积起来：他不仅送给子楚大量金钱供他花销交游，还亲自到秦国去用巨资打开门路，说服安国君的宠妃华阳夫人收子楚为子。子楚在吕不韦的安排下，果然在安国君继位后被立为太子，不久又成为秦国的国君，吕不韦也因为这件“奇货”当上了秦国的丞相，并被封为文信侯，在历史上留下了浓重的一笔。

秦灭六国

子楚当上国君之后，立赵姬所生的嬴政为太子，而赵姬原是吕不韦家的舞伎，而且是怀孕以后才献给子楚的，所以嬴政的身份非常可疑。子楚执政三年后便去世了，嬴政继位为秦王，而吕不韦以丞相的身份总揽大权。渐渐长大的嬴政越来越不满意吕不韦的独断专权，以及和他母亲之间的暧昧关系，羽翼丰满之后即罢黜吕不韦，亲自执政。嬴政在执政之初就开始谋划翦灭六国的战争，他按照“远交近攻”的策略，从公元前230年到公元前221年，用持续十年之久的残酷战争，先后消灭了韩、赵、燕、魏、楚、齐等六国，结束了自平王东迁后长达数百年之久的割据、混战局面，建立起中国历史上第一个中央集权的多民族封建国家，也成为中国历史上第一个皇帝，被后人称为“千古一帝”。

始皇帝

秦王嬴政统一中国，建立秦王朝之后，觉得不能再用“王”这个称号，他认为自己的功劳胜过传说中的“三皇五帝”，于是否决大臣们议定的各种尊号，称自己为“皇帝”，而且冠以“始”字，希望子孙前后相继，以至万世。不仅如此，他还把在先秦时普通的人称代词“朕”定为皇帝专用。从此“朕”就不再是简简单单的“我”了，而成为历代皇帝的自称。此外，他还废除分封制，实行郡县制；以秦国小篆统一六国文字；以秦国度量衡统一全国度量衡；焚书坑儒，把教育重新收归国家；北击匈奴修筑长城，南平百越设置三郡。这些加强集权、开疆扩土的行为，为中国历史的发展起到了重要的推进作用，但同时也被后人当做秦始皇凶残暴虐的证据，千百年来争论不止、聚讼纷纭。

指鹿为马

秦始皇当上皇帝之后并不满足，还一心想要长生不老。在派出大批方士到海上寻找不老药的同时，还亲自到全国各地的名山大川巡游，一方面是祈求长生，另一方面也是去弹压六国的旧贵族、摆摆威风。在一次带领丞相李斯、宦官赵高和幼子胡亥到东南巡游的途中，秦始皇病倒在山东，不但没能实现长生的奢望，还死在了河北境内的沙丘。临死前，秦始皇决定传位给公子扶苏，但赵高和扶苏不合，赵高是胡亥的老师，于是便和李斯密谋，篡改了始皇的遗诏，杀死扶苏并立胡亥为秦二世。胡亥继位后不久，赵高当上了丞相，他野心勃勃，想要篡夺皇位。可他并不知道大臣们的意思，于是便牵一头鹿上殿，说是献给二世的宝马。二世大惑不解，便问群臣是鹿是马，于是有沉默的，有说是马的，也有说是鹿的。结果说是马的奸佞小人都被提拔，说是鹿的正直君子被纷纷治罪，甚至灭族。

"王侯将相，宁有种乎"

秦始皇穷兵黩武、好大喜功，不仅修筑长城，还建造宏大豪华的阿房宫和骊山陵，为此在全国征集劳力，逼得百姓怨声载道。就在这样的背景下，一批九百人的壮丁被押往渔阳戍守。当他们走到现在安徽省境内的大泽乡时，为大雨所阻。按照秦朝的法令，不能按期到达营地就要被处死。这批人中有两个头领，一个是志向远大的陈胜、一个是人缘极好的吴广，他们俩都认为，与其这样到营地送死或是开小差被处死，还不如造反，兴许还能因此做出一番事业。于是他俩就设计杀了负责押送他们的军官，把所有的人召集起来作起义动员，陈胜鼓动大家说："王侯将相，宁有种乎！"意思就是，王侯将相难道是命里注定的嘛！大家认为他说得有道理，就纷纷跟着他们造反了，这就是拉开秦朝灭亡序幕的大泽乡起义。

破釜沉舟

陈胜和吴广在大泽乡打出起义大旗后，散布各地的六国旧贵族们纷纷响应，楚国大将项燕的儿子项梁也和侄子项羽在楚地起义。此时，赵国的都城邯郸被秦军围困，楚王命将军宋义和项羽以及谋士范增前去救援。但宋义并不立即救援赵国，而是像燕国和齐国那样作壁上观。这可惹恼了暴躁的项羽，他杀了宋义，夺取兵权，立即渡过漳河救援赵国。渡河后，他命令士兵砸碎饭锅、凿沉渡船，以必胜的信心激励士兵。楚军果然以一当十，奋勇拼杀，大败秦军，解了邯郸之围，项羽也因这次战斗而一举成名。这就是成语"破釜沉舟"的由来。

约法三章

就在项羽奋战河北的时候，另一支起义军向西攻破了咸阳，领导这支起义军的就是后来的汉高祖刘邦。刘邦出身底层，只做过"亭长"一类的小官，因为性格豪爽、知人善任而被推举为义军领袖。他用谋士张良的计策，很快灭亡了秦朝，本打算在咸阳的宫殿里好好享受一番，但听了大将樊哙的劝谏后，封锁宫殿仓库,仍然回军营居住。不但如此，他还废除了秦朝繁苛的法令，和秦地的百姓"约法三章"：杀人偿命、伤人治罪、偷盗惩办。这一举措深得秦地百姓的拥护，刘邦也因此获得了很高的威望，为他以后统一全国、建立汉朝奠定了基础。

四面楚歌

项羽和刘邦因为各自的才能，很快便在各路起义军中脱颖而出。秦朝灭亡后，项羽自封“西楚霸王”，封刘邦为“汉中王”。于是，混乱的局面逐渐变为清晰的楚汉对峙。楚汉两股势力几经较量后，看似强大的项羽渐渐不支，最终被汉军大将韩信重重围困于今安徽省境内的垓下。项羽虽然被围，但仍不可小觑，于是张良想到了一个瓦解项羽和楚军士气的办法。他组织很多会唱楚地歌谣的人，在楚军的四面八方唱起楚歌，项羽听到以后，伤心地认为汉军已经占领楚国全境，于是便丧失了东山再起的斗志，虽然一度冲出重围，但最终不肯渡过乌江，最后在江边自刎身亡。

布衣将相

打败项羽、建立汉王朝的刘邦不仅自己出身底层，连他手下的一班文武重臣也大多出身寒微。丞相萧何只是高祖家乡沛县的书吏，而继萧何为相的曹参只是沛县的牢头，谋士陈平、王陵、郦食其等都是无官无职的平民，刘邦的连襟、大将樊哙是杀狗的屠夫，周勃是个兼做吹鼓手的织席手艺人，灌婴是绸缎贩子，大名鼎鼎的韩信更是一个混吃混喝的无业游民，只有张良是韩国的贵族。于是，历史上就把汉初的这一批文臣武将称为“布衣将相”。其实，这是中国历史上关键的转折点，之前历代的统治者都可以明确无误地把自己的出身追溯到“三皇五帝”，但之后的统治者们却只能依靠编造神话来增强威信，这标志着“世卿世禄”的贵族社会开始逐渐消亡，呼应了陈胜那句“王侯将相，宁有种乎”的宣言。

文景之治

汉朝初年的政局一直动荡不安，先后出现大杀功臣、诸吕乱政等一系列政治风波，以及白登之围的军事惨败。一直到大将周勃诛灭诸吕，和陈平一起立刘恒为帝后，才逐步稳定。文帝刘恒是汉高祖刘邦第四子，长期和母亲躲在远离是非之地的封国，是个德才兼备的人。接替文帝的景帝刘启也是第四子，和父亲一样，他了解民间疾苦，懂得善待百姓。这父子二人吸取秦朝灭亡的教训，减轻农民负担，发展农业生产，提倡节俭，重视以德化民，使得社会呈现出安定繁荣的局面。据说当时仓库里的粮食发了霉都吃不完，国库里的铜钱锈断了绳线都用不尽，历来被视为中国历史上的盛世，有“文景之治”的美誉。

金屋藏娇

汉景帝有十三个儿子，但都不是皇后所生，所以立长子刘荣为太子。景帝唯一的同母姐姐长公主想要把女儿阿娇嫁给刘荣，但被刘荣的母亲栗姬一口回绝，长公主因此记恨在心。而景帝第十子刘彻当时还小，和表姐阿娇很亲近。有一次，姑姑长公主开玩笑地问刘彻愿不愿意娶阿娇为妻，刘彻非常高兴地说，如果能娶阿娇的话，就给她造一座金房子来住。长公主听了很高兴，便真的和景帝以及刘彻的母亲王美人商议，把阿娇许配给了刘彻。长公主和王美人都是很有手腕的女人，她们联合起来使用种种手段促使景帝废了刘荣，改立刘彻为太子，而刘彻就是日后中国历史上与秦始皇并称为“秦皇汉武”的“汉武大帝”。

飞将军

就在刘邦和项羽争雄的时候，北方草原上被秦国大将蒙恬打败的匈奴趁机再次崛起。汉朝建立后，高祖刘邦曾亲自领兵征讨匈奴，但因轻敌冒进而被匈奴的冒顿单于率兵围困于白登山，最后还是陈平想出了贿赂单于阏氏的方法才得以活命。此后，虽然汉朝和亲纳贡，但仍屡屡被匈奴骚扰，因此涌现了一批抗击匈奴的著名将领，其中以李广最为著名。李广出身将门，尤其善于射箭，相传曾因醉酒误以山石为虎而把箭射于石中。他武艺高强、满腹谋略，令匈奴人望风丧胆，被称为“飞将军”。但他也是一个非常倒霉的人，每次参加大的战役时，总会因为一些细小的原因而功亏一篑，致使终生未被封侯，故历史上有“李广难封”之说。

大将军

“大将军”是古代领兵征战的最高统帅，始于战国。汉代沿袭，职权逐渐向政治领域发展，并最终成为执掌政权的极高职位。就是这样的高位，在西汉初年却三次出现在同一个家族中，这就是以抗击匈奴而彪炳史册的卫青和霍去病家族。卫青本是汉武帝姐姐家的家奴，后来因姐姐卫子夫嫁给汉武帝并被封为皇后而崭露头角。卫青是一个军事奇才，在他的运筹下，汉王朝的军队一改防守态势，主动出击匈奴，并屡获大胜。汉武帝不仅封他为长平侯、大将军，还把他尚在襁褓中的孩子也都封为侯。卫青的外甥霍去病也是一个军事天才，他敢于打破汉军陈旧的战法，亲自率领骑兵，长驱直入两千余里，直捣匈奴大本营。武帝不仅封他为冠军侯、骠骑大将军，还在自己的陵墓旁为他修建宏伟的陵墓。霍去病的弟弟霍光受汉武帝托孤，辅佐年幼的昭帝，也以大将军之职总揽朝政。因此，后世常用“卫霍之家”形容极其煊赫的贵族。

张骞通西域

汉武帝为了联合西域的大月氏共同打击匈奴，计划派遣使团出使西域，这是一项艰苦而危险的工作，因为从长安到大月氏不仅路途遥远，而且还必须经过匈奴的领地。但是，一个叫张骞的青年不畏险阻，自告奋勇地加入使团，并担任了使团的领导职务。使团刚到匈奴领地便被匈奴人发现，并被扣留在匈奴长达十年之久。后来，张骞和一个随行的人趁看押不严逃了出来，历尽艰险后终于到了大月氏。但不料原先和匈奴有不共戴天之仇的大月氏迁移到中亚后日子过得很好，早就把报仇雪恨的事抛到了一边。张骞在那里待了一年多，毫无结果，便打点回国。在回国的路上，他再次被匈奴捉获，幸亏此时匈奴内乱，他才趁乱逃回长安。张骞在外一共待了十三年时间，历经磨难而不屈不挠，虽然没有实现之前的军事目标，但加强了中原和西域之间的联系，西域地区不久后成为中央政府的正式辖区，张骞的出使起了决定性的作用，他因此被汉武帝封为“博望侯”，留名青史。

苏武牧羊

苏武是汉武帝后期被派往匈奴示好并送还留汉匈奴使者的使团负责人。但到匈奴之后，使团中竟然有人企图联合匈奴人劫持单于的母亲，不但没有成功，反而导致整个使团被匈奴人扣留。苏武作为使团负责人，虽然没有参与这次密谋，但仍旧被匈奴人投入监牢。匈奴人数次逼他就范无果后，就把他流放到贝加尔湖畔牧羊。单于告诉他，只要他放的羊下了崽，就放他回去，但给苏武的羊全是公羊。苏武一人独处荒原，常常食不果腹，靠掘野鼠洞里的草籽充饥。即便这样，他还手持代表汉朝使臣身份的旌节，不肯向单于屈服。一直等到匈奴发生内乱，汉匈关系缓和后，汉朝才再次向匈奴派来使团。汉朝使者在匈奴听说了苏武的事，便谎称皇帝在上林苑中射死了一只大雁，腿上绑有苏武求救的书信。单于听后大惊，便释放了苏武。苏武出使的时候才 40 岁，当时还是武帝当政；历经 19 年的磨难回国后，已是须发皆白，昭帝都已经登基了。

王莽篡汉

像“卫霍之家”那样煊赫的贵族在西汉末期逐渐掌控了朝政，因为他们一般都是皇后、皇太后、太皇太后的娘家人，所以被称为“外戚”。王莽是汉成帝母亲王政君的侄子，幼年丧父失兄，但孝母尊嫂、勤俭好学，因此声名远播。王莽对身居大司马之位的伯父王凤也极为恭顺，所以王凤临死时将他托付给王政君。在姑姑的提拔下，王莽 38 岁时就出任大司马。他礼贤下士、清廉俭朴、仗义疏财，深受众人爱戴。后因成帝驾崩、外戚转换而暂时隐居。但不久后，继位的汉哀帝无子而崩，王政君和王莽一起拥立汉平帝，受到朝野的拥戴。此后，他相继被封为“安汉公”、“宰衡”，权力极度膨胀，与汉平帝之间的矛盾日益激化。五年后，他毒死平帝，立年仅 2 岁的孺子婴为皇太子，自己代天子摄政，先后自称“摄皇帝”、“假皇帝”。两年后，他又在众人的“劝进”下接受孺子婴的“禅让”,当上了真正的皇帝,建立新朝。于是,后世就用“周公恐惧流言日，王莽谦恭下世时”来比喻人心难测。

光武中兴

王莽称帝后并没有扭转西汉后期以来的混乱局面，一系列所谓的改革不但根本没有成效，反而激起了更大的祸端。全国范围内掀起了轰轰烈烈的农民起义，其中以绿林、赤眉两支最为著名。在这样的乱世中，汉高祖九世孙刘秀借农民起义的东风，以皇族后裔的地位迅速崛起，用三年时间便称帝复汉，又用十年时间便平定天下。在他当政的时期，改革吏治、发展屯垦、兴办教育，采取一系列措施，恢复和发展社会生产，缓和了西汉末年以来的危机，使得社会安定、经济繁荣、人口增长，因刘秀死后谥号“光武”,所以历史上称之为“光武中兴”。刘秀称帝后定都洛阳，在原都城长安的西边，故称“东汉”，而汉朝在他之前的时期则被称为“西汉”。

投笔从戎

班超和张骞一样，是一个因出使西域而青史留名的人物。班超年轻时，因哥哥班固被汉明帝召到洛阳做校书郎而来到首都，在政府做抄写公文的工作挣钱养家。但班超不像父亲和哥哥，他是个不喜欢文墨生活的人，不甘心一辈子做乏味的抄写工作。有一天，正在抄写文件的时候，他突然丢下笔，说：“大丈夫应该像傅介子、张骞那样，在战场上立下功劳，怎么可以在这种抄抄写写的小事中浪费生命呢！”当时，一同办公的同事还笑话他轻浮狂妄，谁知后来班超果然出使西域，立了大功而被封侯，成就了“投笔从戎”的佳话。班超的父亲班彪、哥哥班固和妹妹班昭都是中国历史上著名的史学家，一同完成了继《史记》之后最为著名的史书《汉书》，只有他一人因军功封侯，可谓特立独行。

黄巾起义

东汉末年，宦官与外戚交替专权，尔虞我诈、巧取豪夺，无人顾及百姓死活。朝中乌烟瘴气、民间哀鸿遍野，激起了大规模农民起义，其中以张角发动的“黄巾起义”最为著名。张角是“太平道”的首领，自称“大贤良师”，以传道和治病为名，在农民中宣扬教义。仅十余年，徒众就多达十万余人，遍布全国。张角一面在社会上广泛传播“苍天已死，黄天当立，岁在甲子，天下大吉”的谶语，一面在各处府署门上用白土涂写“甲子”字样，作为发动起义的信号。公元184年，张角自称“天公将军”，其弟张宝称“地公将军”、张梁称“人公将军”，率十万余众起义。旬日之间，天下响应，京师为之震动。汉灵帝慌忙调集各地兵马围剿黄巾军，各地豪强地主也纷纷起兵，配合官军镇压起义，拉开了四方英雄逐鹿中原的序幕。黄巾起义和在它影响下发动的起义持续了二十多年，虽然最终被残酷镇压，但东汉王朝也因此而分崩离析、名存实亡了。

官渡之战

在黄巾起义的沉重打击下，东汉王朝奄奄一息，和当年的东周一样，成了各路“诸侯”的傀儡。从镇压黄巾军开始，各地豪强纷纷自立武装，割据称雄，经过长期混战，北方地区基本形成了曹操和袁绍争雄的局面。袁绍自恃兵多粮足，图谋一举消灭力量不如自己的曹操。建安四年（199 年），袁绍率领精兵十万南下，和曹操对峙于今河南中牟境内的官渡。曹操先以声东击西之计，于今河南滑县境内的白马斩杀袁将颜良，大败袁军。袁绍初战失利，便改分兵进击为结营紧逼，双方在官渡相持数月。其间曹操因兵困粮乏，一度欲撤回许昌，但听从谋士荀彧的建议坚守官渡后派兵袭烧袁军粮车，又亲率精锐五千奔袭袁军乌巢粮屯，全歼驻守袁军并烧毁全部囤粮。消息传来，袁绍军心动摇，曹操乘机全线进攻，歼敌七万余，袁绍父子仅率八百余骑北逃。官渡之战是中国古代战争史上以少胜多的著名战例，此役后袁绍一蹶不振，曹操则打下了统一北方的基础。

三顾茅庐

汉末诸雄中的刘备虽有皇叔之尊，但起事之后连连受挫，常常寄人篱下，难以施展抱负。官渡之战后，原本依靠袁绍的他狼狈南逃，投靠荆州的刘表。刘备深感自己缺乏人才，便四处求访贤士，有个叫徐庶的谋士向他推荐隐居在隆中的诸葛亮，说他是个旷世奇才，一定能够辅佐刘备平定天下。刘备听了很高兴，和关羽、张飞带着礼物到隆中的卧龙岗请诸葛亮出山。恰巧这天诸葛亮出门去了，刘备只得快快而回。但没过多久，他们一行三人就又冒着风雪第二次去拜访，不料诸葛亮又外出闲游，刘备只得留下一封信，表达自己对诸葛亮的敬佩和希望他出山帮助自己挽救国家危局的愿望。没过多久，刘备又第三次去拜访诸葛亮，这次他虽然在家，但正在床上呼呼大睡，刘备不敢惊动，就一直站着等他醒来后才进去拜见。谈话中，诸葛亮发现刘备不但有经世济民的志向，而且对他的态度也非常诚恳，于是就下决心出山辅佐刘备。这就是后来诸葛亮在《出师表》中提到的“三顾茅庐”。

赤壁之战

曹操统一北方之后并没有罢手，而是挥师南下，准备一统中国。曹操趁刘表之死引起的动乱，几乎兵不血刃地夺取荆州，并以此作为平定江南的基地。江南霸主孙权联合原本依附刘表的刘备共同抗击曹操，于是双方在赤壁隔江对峙。曹操虽然号称八十万大军，但步骑面对大江失去优势，新改编以及荆州新附的水兵战斗力又差，当时又恰逢疾疫流行，所以并没有绝对优势。曹军为减弱风浪颠簸，用铁索把战船连起来，虽然一时有利于北方士兵作战，但却因此丧失了宝贵的机动性。孙刘联军的总指挥周瑜鉴于敌众我寡，久持不利，便针对曹军“连环船”的弱点，准备火攻。于是，东吴大将黄盖假意降曹，以满载浸油柴草的小船开道，在接近曹军水寨后放火，风助火势，曹军船阵顿时一片火海，并迅速蔓延到岸边的营屯，曹军在大火中顿时瓦解。而孙刘联军则乘势进攻，大败曹军。曹操见局势已经无法挽回，便下令北撤。此役曹操轻敌自负，以致准备不足、指挥失误，最终导致大败。而孙刘联军则在强敌压境的情况下，扬长避短，巧用火攻，创造了中国历史上以弱胜强的著名战例。

三国鼎立

赤壁之战后，孙权对东南的控制更加稳定，而刘备则借机占领了荆州，进而夺取地处四川的益州。曹操、刘备和孙权在实质上瓜分了汉朝的天下。北方的曹操虽然实权在握，但并没有废除傀儡汉献帝，而是满足于“挟天子以令诸侯”的状态，已经是丞相的他又先后被封为“魏公”、“魏王”。但他的儿子曹丕继位后，就按捺不住了，继位当年，即公元220年，就暗中指使大臣反复劝进，但自己又装出一副大义凛然的忠臣模样，反复推让才后接受献帝的“禅让”，建国号魏。名存实亡的汉朝一灭，身处成都的刘备也就没有了心理负担，随即于221年宣布继承汉朝大统，因偏安蜀地，故史称“蜀汉”。孙权倒很沉着，名义上向魏国称臣，被封为吴王，一直到229年才称帝建吴。至此，三国鼎立的局面就正式形成了。

扶不起的阿斗

刘备去世后，由他的儿子刘禅继承帝位，史称“后主”。刘禅小名阿斗，是个贪图享乐、才能平庸、没心没肺的人。但因为有了诸葛亮的辅佐，蜀汉倒也太平无事。可是，七擒孟获、六出祁山的诸葛亮毕竟也是个凡人，在最后一次伐魏的时候死在了五丈原，没能实现当年平定群雄、恢复汉室的抱负。诸葛亮死后，刘禅没有了约束，便宠幸小人、尽情享乐，蜀汉境况一天不如一天。公元263年，魏将邓艾奇袭成都，在姜维领兵于外、成都尚可固守的情况下，刘禅竟然举国投降，拱手让出父亲征战一生建立起的国家。投降后的刘禅被带到魏国，封为安乐公。一次，司马昭请他吃饭，在宴席之上问他想不想蜀地，他竟然说：“此间乐，不思蜀。”连司马昭都没想到他会没心肝到这种程度，于是慨叹即使诸葛亮在世，也无法挽回蜀汉的败局。从此，人们便用“扶不起的阿斗”形容懦弱无能、无法振作的人。

司马昭之心

就在诸葛亮去世、刘禅在成都大肆

享乐的同时，北方的魏国也发生了变化。曹丕建立魏国时，得到大将司马懿的支持，司马氏由此成为曹魏重臣。曹丕死后，魏明帝曹睿即位，司马懿和他的儿子司马师、司马昭开始掌握大权。曹睿不是一个无能的人，在位期间还能弹压司马氏的气焰，但曹睿之后的曹芳、曹髦却没有这样的能力，司马氏篡位的野心日益显露。魏帝曹髦曾气愤地对大臣说："司马昭之心，路人皆知。我不能坐等他来夺走皇位。"于是密谋除掉司马昭，结果事情败露，反被司马昭杀死。从此，曹魏政权中再也没有人敢公开反对司马氏的统治了。后来，司马昭的儿子司马炎废掉魏帝，自称皇帝，建立晋朝，就是有名的晋武帝。公元280年，他大举进攻东吴，迫使东吴投降，终于统一南北，结束了东汉末年以来的分裂局面。此后，"司马昭之心，路人皆知"就成了野心非常明显，为人共知的意思了。

永嘉之乱

从东汉以后，中国西部和北部周边的各少数民族就开始不断向内地迁徙，其中以匈奴、羯、鲜卑、氐、羌为最多，史称"五胡"。这些少数民族在和汉族相互融合的同时，也时常发生矛盾，从而严重动摇了晋朝的统治基础。而此时的晋王朝却早已祸起萧墙，诸王为争夺权力，发动了一连串战争，史称"八王之乱"。在相互混战的过程中，他们通过武装少数民族增加实力，导致了严重的后果。公元304年，匈奴贵族刘渊起兵反晋，自称汉王，五年之后又正式称帝。刘渊死后，其子刘聪继位，派遣石勒、王弥、刘曜等率军攻晋，歼灭十万晋军，又杀太尉王衍及诸王公。永嘉五年，即公元311年，匈奴大军攻陷晋都洛阳，俘虏晋怀帝，纵兵烧掠，杀王公士民三万余人，史称"永嘉之乱"。

王马共天下

永嘉之乱以后，以王导为首的王氏士族集团拥立琅琊王司马睿为帝，王导的堂兄弟、王羲之的父亲王旷认为北方夷族太多，建议司马睿南渡，定都南京，实施战略转移。而此前，王导、王旷已经南下做了相应的准备。公元313年，整个中原地区的名门望族和社会精英，以及政府机构、官员，甚至士族家中的佣人和鸡鸭牛马都被带过长江，史称"永嘉南渡"。这次以门阀士族为主的大迁徙共有九十多万人，琅琊王氏是其中最重要一支。公元317年，司马睿在南京重建晋朝，因地处东南，史称"东晋"。由于对司马氏政权的大力支持和全力经营，琅琊王氏被司马睿称为"第一望族"，并愿与之共治天下。王氏势力最强的时候，朝中官员七成以上都是王家或与王家相关的人，形成了"王与马，共天下"的独特局面。

淝水之战

东晋建立后，在江南地区取得了暂

时的安定。而北方各少数民族政权却纷争迭起。由氐族人建立的前秦通过战争，逐步统一了黄河流域，与东晋南北对峙。太元八年（383年）前秦皇帝苻坚踌躇满志，一心想要荡平东南，统一中国，于是不顾众人反对，决然率领九十万大军南下攻晋。东晋在丞相谢安的运筹下严阵以待，谢安的侄子谢玄领兵与秦军隔淝水摆开阵势。前秦军虽众，但多由被征服的各民族组成，又受到此前洛涧大败的影响，军心涣散、士气低落。晋军虽少，但同仇敌忾，士气旺盛。决战前，谢玄假托说秦军离淝水太近，战斗无法开展，希望他们后撤让出战场。苻坚不顾诸将反对，下令后撤，而前秦军中的东晋降将朱序便乘势大喊兵败，致使前秦军大乱。而谢玄则率领八千晋军迅速渡河，趁乱攻击，大败前秦军于淝水，这就是我国历史上以少胜多的著名战例“淝水之战”。此后，前秦瓦解，北方重新陷入分裂，而东晋又恢复了暂时的稳定。

杨坚父子

淝水之战奠定了中国南北对峙的格局基础。南方在东晋之后，共有宋、齐、梁、陈四个王朝；北方在前秦之后，共有北魏、东魏、西魏、北齐和北周五个较大的王朝，史称“南北朝”。杨坚出身北方军事贵族，是北周宣帝的岳父，于581年受外孙周静帝的“禅让”，建立隋朝。杨坚称帝六年后举兵伐陈，两年时间便荡平东南，一统河山，结束了西晋灭亡后三百年的大分裂局面。隋朝在杨坚的精心治理下迅速强盛，社会安定、人口剧增、积蓄充盈、兵甲精锐，因其年号开皇，史称“开皇之治”。杨坚的儿子杨广在灭陈战争中担任统帅，而且很有文采，是个文武双全的人才，但因为是次子，没能当上太子。但他并不甘心，凭借母亲独孤皇后的宠爱，用尽手段取代了哥哥杨勇，在文帝杨坚死后继承皇位。与父亲的好名声正好相反，他就是中国历史上名声最坏的皇帝之一——隋炀帝。

太原起兵

隋炀帝杨广虽然是个文武全才，但他也是个穷兵黩武、好大喜功的人。在位期间他征高丽、挖运河、巡西北、游江南，穷奢极侈，荒淫无度，把本来锦绣一片的大好河山搞得满目疮痍。百姓生活无着，便铤而走险发动起义，星星之火没多久便成燎原之势。镇守太原的李渊是隋炀帝的表哥，开始时还和农民起义军打了几仗，但后来发现越打越多，便也紧张起来。乱世出英雄，李渊也明白这个道理，但总是下不了决心干一番事业。李渊的次子李世民是个敢想敢干的年轻人，他利用李渊连败于突厥、恐怕获罪于隋炀帝的心理鼓动父亲造反。李渊虽然优柔寡断，但也觉得无路可走，便分封长子李建成和李世民为左右大都督，自称大将军，在太原起兵反隋。

玄武门之变

李渊父子在太原起兵后很快占领长安。公元618年，在得知隋炀帝被杀于江都的消息后，李渊称帝建唐，立长子李建成为太子。但是，当年太原起兵是李世民的主意，夺取长安也是李世民的功劳，所以天下平定后，李世民的名声日盛。于是感到威胁的太子李建成便联合弟弟李元吉排挤李世民。李渊优柔寡断，在几个儿子之间摇摆不定，加剧了事态的恶化。李建成向李渊推荐李元吉挂帅出征突厥，想借此夺取李世民的兵权，并趁机除掉李世民。李世民得知消息后向李渊告发了李建成，而李建成也决定入宫和李世民对质。就在李建成和李元吉一同进宫的时候，李世民早已亲率一百多人埋伏在宫殿的玄武门内，等他们二人发觉事情不对急忙回去时，一切都已经晚了。李元吉情急之下向李世民连射三箭不中，而李世民一箭就射死了李建成，尉迟恭也射死了李元吉。李世民随后命尉迟恭身披铠甲前去“保护”高祖李渊，并将事情经过上奏。李渊无可奈何，便在三天后封李世民为太子，并在两个月后传位于李世民。这就是历史上所说的“玄武门之变”。

凌烟阁

凌烟阁原本是唐代皇宫三清殿旁的一个不起眼的小楼，唐太宗李世民为纪念当初一同打天下的众位功臣，命大画家阎立本在楼内描绘了二十四位功臣的图像，并命褚遂良题写，每幅都是真人大小，他时常前往观瞻怀旧。这二十四位功臣分别是：赵公长孙无忌、赵郡王李孝恭、莱公杜如晦、郑公魏征、梁公房玄龄、申公高士廉、鄂公尉迟敬德、卫公李靖、宋公萧禹、褒公段志玄、夔公刘弘基、蒋公屈突通、勋公殷峤、谯公柴绍、邳公长孙顺德、郧公张亮、陈国公侯君集、郯公张公谨、卢公程知节、永兴公虞世南、渝公刘政会、莒公唐俭、英公李绩、胡公秦琼。其中程知节便是民间鼎鼎大名的程咬金。安史之乱后，唐代宗又画郭子仪之像于其上，以表彰他的兴唐之功。

贞观之治

唐太宗李世民和隋炀帝杨广有很多相似之处，他们都是文武双全的第二代君主，都在王朝建立战争中功勋赫赫，都是通过非常规手段当上的皇帝等等，但二人的历史形象却大不相同。与恶名昭著的隋炀帝恰恰相反，李世民登基后广开言路，虚心纳谏；任人唯贤，知人善用；以农为本，减轻徭赋；休养生息，厉行节约；完善科举，重视人才；涌现出魏征、房玄龄、杜如晦等一大批名臣贤相，他本人还被各少数民族共同尊称为“天可汗”，使得唐王朝经济繁荣、社会安定、政治清明、人民富裕，形成了中国历史上空前的盛世。由于他在位时年号贞观，所以史称“贞观之治”。

一代女皇

唐太宗是个精明强干的君主，但他的儿子唐高宗李治却是个平庸的人。高宗还是太子时，便在侍奉太宗期间认识了太宗的嫔妃武才人，太宗去世后两年，便公然娶她入宫，并封为昭仪。这位武昭仪是个野心极大的人，用尽各种手段，对内除掉挡道的王皇后、萧淑妃，对外除掉反对她的长孙无忌，终于当上了皇后。偏巧高宗不久后得了眼疾，于是将政务交她全权处理，从此她便大权在握。在此期间，高宗也曾想废掉她，但因计划不周被她发现，反而以此为借口临朝听政。高宗死后，这位武太后找各种借口先后废立几个儿子，一些官员看出了她想称帝的野心，便设计了各种祥瑞，并组织大规模的劝进，武太后也就在半推半就中登基称帝，成了中国历史上唯一的女皇，号“则天大圣皇帝”。

开元盛世

武则天晚年逐渐昏聩，她一手提拔起来的宰相张柬之，趁她病重的时候发动兵变，拥戴她的儿子中宗李显复位。之后的朝政便陷入了极度混乱，中宗、韦后、少帝、睿宗、太平公主轮番登场，明争暗斗、尔虞我诈，宫廷政变此起彼伏，最后由睿宗的儿子李隆基收拾残局，他就是赫赫有名的唐玄宗。玄宗统治前期任用贤能、改革吏治、发展经济、提倡文教，涌现了姚崇、宋璟、张九龄等名相贤臣，李白、杜甫、白居易等著名诗人，颜真卿、吴道子等大艺术家，国内社会各方各面均欣欣向荣。玄宗对各少数民族政权文武并用，受到了一致拥戴。唐文化的辐射在此期间也向全世界大规模展开，唐王朝在太宗贞观之治以来近百年的基础上达到了顶峰，玄宗因此被称为“唐明皇”，这段中国历史上最灿烂辉煌的时期便以他的年号称为“开元盛世”。

安史之乱

盛极而衰是历史的规律，唐王朝经历了开元盛世之后也逐渐走上了下坡路。玄宗晚年宠幸杨贵妃，逐渐荒废了政务，朝政先后由李林甫、杨国忠等奸相把持。由于大规模的开疆扩土，边境之上广设节度使，其中身兼范阳、平卢、河东三镇节度使的安禄山最受玄宗信任，手握重兵雄踞塞上。公元755年，与杨国忠素来不和的安禄山以讨杨之名举兵叛唐，当年便攻陷东都洛阳，于次年称大燕皇帝，并攻破潼关。玄宗仓皇出逃蜀地，于陕西马嵬驿遭遇兵变，士兵杀死杨国忠后又逼他赐死杨贵妃，万般无奈之下他只好忍痛割爱。就在玄宗逃往蜀中的时候，太子李亨于灵州称帝，即唐肃宗，并组织各路兵马开始平叛。经过郭子仪、李光弼等将领的努力，叛乱于762年被基本平定，前后历时八年之久。因此次叛乱的始作俑者为安禄山和史思明，故史称“安史之乱”。安史之乱是唐王朝的分水岭，至此之后，唐王朝便一蹶不振了。

黄巢起义

安史之乱后的唐王朝，朝廷内宦官专权、朋党林立，地方上藩镇割据、混战不休，又有吐蕃、南诏等外敌的觊觎，可谓内外交困。到了懿宗、僖宗时，皇室奢侈腐朽，官僚贪婪无度，藩镇强横残暴，百姓生活在水深火热之中。因此，士兵暴动和农民起义此起彼伏，其中对唐王朝打击最大便是黄巢起义。黄巢出身盐商，善于骑射，粗通文墨，因不满社会黑暗而参加起义军。后因不满起义军首领王仙芝的投降政策，杀而代之。十数年间率军数十万，转战南北十数省，破长安、建大齐，号称“冲天大将军”。但终因没有稳定的根据地，在唐王朝和各地方武装的联合绞杀下土崩瓦解。黄巢起义虽然失败，但从根本上动摇了唐王朝的根基，短短二十多年后，公元 907 年，盛极一时的唐王朝便被节度使朱温灭亡了。

黄袍加身

朱温灭唐后，中国陷入了持久的混战，新老军阀迭起，一共经历了后梁、后唐、后晋、后汉和后周五个主要朝代，相继出现了前蜀、后蜀、吴、南唐、吴越、闽、楚、南汉、南平和北汉十个主要割据政权，史称“五代十国”。后周是由后汉大将郭威建立的，他死后将帝位传给养子柴荣，二人都是乱世中难得的明君。柴荣在盛年时染病身亡，没能完成统一大业，把皇位传给七岁的儿子。柴荣手下有个得力干将叫赵匡胤，很得他的信任，被任命为禁军统帅，柴荣一死他便取得兵权。公元 960 年，后周风传北汉和辽国联军已兵临边境，于是赵匡胤奉命率军北上。但刚到京城开封北二十里的陈桥驿，赵匡胤便被手下的谋士和将官拥为皇帝，也不管他“愿不愿意”，硬给他披上了黄色的龙袍，史称“陈桥兵变”，对于赵匡胤来说，则是“黄袍加身”。

杯酒释兵权

黄袍加身后的赵匡胤心里并不踏实，心想，自己的部下为了富贵可以拥戴自己为帝，那么部下的部下难道就不会吗？但赵匡胤不是一个残暴的人，不想因为一己之疑便诛杀功臣，于是便想出一个“两全”的办法。他在皇宫举行宴会，请石守信、王审琦等几位老将喝酒。席间，他先表示了对这些将军的感激，但随后又说自己寝食难安。将领们问他为什么，他便说出了心里的隐忧。石守信等人一听，吓得魂不附体，惊恐万状。于是赵匡胤便安慰他们说，与其这样君臣猜忌，不如他们交出兵权，回家过清闲日子。听了这话，大家便放了心，第二天一早，就纷纷请求告老还乡。赵匡胤非常高兴，立即收回他们的军权，赏给他们一大笔财物，打发他们回乡任职，这就是著名的“杯酒释兵权”。不久，各地节度使也纷纷效仿朝中诸将，上书辞职还乡，赵匡胤顺势解散藩镇，用直属皇帝的禁军执掌军务，委任文官负责政务，结束了唐以来的军事割据局面，开启了中国历史上的新纪元。

澶渊之盟

就在五代十国混战不止的时候，北方草原的契丹民族逐渐崛起，在著名领袖耶律阿保机的领导下，建立了东临大海、西至阿尔泰山、北到外兴安岭、南接山西北部的强大帝国，国号辽，意为“镔铁”。宋朝统一中原以后，也曾发动对辽国的战争，但无功而返。公元1004年，萧太后与辽圣宗亲率二十万大大军深入宋地，三面包围澶州。宋真宗大惊，意欲南迁都城以避辽军锋芒，但宰相寇准、毕士安等人坚决反对，在他们的坚持下，真宗亲至澶州督战。真宗的到来大大鼓舞了宋军的士气，战场上的局势迅速扭转。辽国知道南下无望，便提出议和。真宗胆小懦弱，不顾寇准等人的反对，随即答应。双方和谈后缔结盟约，辽归还此役中占领的宋地；辽宋为兄弟之国，宋向辽提供银十万两和绢二十万匹的“岁币”；两国于边境开展互市贸易。此后，宋辽双大体方维持了百余年的和平，因澶州又名澶渊，故史称“澶渊之盟”。

西夏

西北游牧民族党项在唐时逐渐形成，其中一支在首领拓跋赤辞的带领下投靠唐朝，被唐王室赐姓李并封为平西公，于是他们便迁居到今宁夏境内的庆州。唐末党项族首领拓跋思恭因平黄巢起义有功，再次被赐姓李并封夏国公。从此，拓跋思恭及其后代便成为当地藩镇割据势力。宋初，宋太祖赵匡胤削减各地藩镇兵权，引起了李氏的不满。虽然他们最初服从宋朝廷的命令，但双方矛盾由此加剧。李元昊继位为夏国公后，开始积极准备脱离宋朝的统治。他首先放弃李姓，自称嵬名氏，又以避其父李德明之讳为名，改宋朝年号“明道”为“显道”，开始使用西夏自己的年号。此后几年，他建宫殿、立文武、定兵制、创文字，最终于公元1038年称帝，国号大夏，成为宋王朝的劲敌。

王安石变法

澶渊之盟后的和平局面促使宋王朝飞速发展，在仁宗时达到顶峰。但是到了真宗年间，宋朝官员已多达万人，仁宗时更高达两万之多，冗员激增；全国土地兼并日益严重，大量农民失去土地；朝廷每年向辽和西夏支付巨额岁币，间接增加了人民负担；此外，还要供养百万大军随时应付军事威胁，使得国力难以为继。神宗继位后，深感国家疲敝，力排众议任用王安石变法。王安石感皇帝知遇之恩，也拿出“天变不足畏，祖宗不足法，人言不足恤”的大无畏精神推行了方田均税法、农田水利法、青苗法等一系列新法。但因时代条件有限，他又刚愎执拗、用人不力，这些精心设计的新法在实施过程中收效不大，反而引起更多混乱，王安石因此辞官隐居。神宗去世后，保守派司马光还朝主政，尽废新法，日后闻名世界的“王安石变法”就此落下帷幕。

海上之盟

就在宋朝纠结于维新和守旧之时，辽国东部地区的女真人逐渐崛起。女真人的祖先很早就生活在白山黑水之间，但被契丹人统治，受尽压迫。女真完颜部崛起以后，很快统一各部，在首领完颜阿骨打的率领下向辽国契丹统治者宣战。在取得一系列胜利后，阿骨打于公元1115年称帝，国号金。金与宋同为辽国仇敌，便决定联合灭辽。公元1118年，宋徽宗遣使从山东登州渡海与金谈判攻辽，此后双方往来频繁，两年后达成协定：宋金各自按照商定的进军路线攻打辽；灭辽后，宋将原来的输给辽岁币转输金，金则归还宋被辽占领的燕云等州；双方均不得单独与辽讲和。结果，宋攻辽失败，金军则全面胜利。双方几经交涉，在宋允诺输三十万匹绢、二十万两银给金，并缴纳燕京租税一百万贯后，金才答应交还燕云六州以及早被劫掠一空的燕京。因此次联盟中，双方使节都由海上往返谈判，故名为“海上之盟”。

靖康之变

金国在灭辽战争中看到了宋军的腐败无能，于是立即就把下一个目标锁定为宋。靖康元年，即公元1126年，金军仅以四万兵马南下，便一路如入无人之境，连破二十七州后，兵锋直指宋都汴梁。宋朝本想借黄河天险以御金兵，但戍守黄河南岸的宋军久已亏缺，所剩之人也根本不能作战。宋军虽然烧毁黄河浮桥，但两岸渡船却因官员渎职而未能彻底收缴，金军在北岸仅用数日便汇集了足够的渡船，强渡黄河后于次日兵不血刃地来到汴京城下。宋廷一片慌乱，主和派趁机大造声势，举朝尽是投降之声。金军围困汴梁一月有余，在尚能坚守的情况下，钦宗竟亲自到金营投降，并下令各路勤王兵马停止向开封进发。于是金军大肆搜刮，汴京百姓遭受了巨大灾难。次年，金军废徽宗、钦宗二帝，另立原宰相张邦昌为伪楚皇帝。四月，金军裹挟两位皇帝以及后妃、皇子、宗室、贵戚等数千人，连同大量金银财宝北撤，这就是历史上著名的“靖康之变”。

莫须有

靖康之变中，康王赵构因身在安阳而躲过一劫，并于公元1127年称帝，因为偏安东南，故称“南宋”。赵构是个安于现状、贪图享乐的人，而且害怕徽钦二帝回朝后自己皇位不保，所以根本不想光复中原，只想躲在杭州享乐。但南宋将领中却有很多主战派，岳飞是其中最突出的一位。岳飞从小练就一身武艺，在抵抗金军南下的战斗中脱颖而出，深受老将宗泽的器重。1140年，金军撕毁之前与南宋的协议，悍然举兵南下，岳飞奉命率兵抵抗。训练有素、军纪严明的“岳家军”在岳飞的指挥下，不仅迅速打退金军的进攻，而且挥师北进，一直打到旧都开封附近的朱仙镇。消息传到杭州，奸相秦桧和昏君赵构大惊，一个想以和议立功，一个不想多此一举，二人一拍即合，一连发了十二道金牌催岳飞撤军，并以极其屈辱的条件和金国签订了《绍兴和议》。后来，秦桧还在老婆王氏、监察御史万俟卨、将军张俊的怂恿下，把岳飞处以死罪。当老将韩世忠质问秦桧岳飞到底犯了什么罪时，秦桧竟回答说“莫须有”，就是可能有的意思。从此“莫须有”便成了肆意冤枉别人的代名词。

一代天骄

就像当年契丹人压迫女真人一样，成了气候的女真人也开始欺压境内的蒙古人。蒙古人很久以来就生活在北方的大草原，分为大大小小百余个部落，相互争斗、力量分散。其中，乞颜部孛儿只斤氏是各部落中显赫的家族，曾出现过多位叱咤风云的领袖人物，一直到首领也速该时，依然十分强大。也速该在带儿子铁木真外出订亲的路上，被仇敌塔塔儿人毒死，年幼的铁木真因此失去了依靠。但铁木真是个坚强勇敢、志向远大的人，他长大成人后，通过召集旧部、联合亲友、远交近攻等手段，逐步统一了蒙古各部，在1206年被推举为大汗，称成吉思汗，意为像大海那样博大。此后，他灭西夏、打垮金国、远征中亚，战无不胜、攻无不克，建立了举世闻名的蒙古汗国，被后世称为“一代天骄”。

元朝一统

蒙古统一后不久，便开始了大规模的扩张战争。成吉思汗在世时，已经基本打垮了金国，而且发动了第一次西征。继承他事业的子孙们后来又发动了第二次和第三次西征，一直打到了东欧，建立起包括四个汗国在内的地跨欧亚的蒙古汗国。公元1234年，蒙古联合与金国有不共戴天之仇的南宋，南北夹击，灭亡金国。但随后蒙古内部却发生夺位争斗，成吉思汗幼子托雷的儿子忽必烈，最后取得汗位，改国号为元。忽必烈采取迂回包抄的战术，先消灭了西南的大理国，从西、北两面全线包围南宋。此时的南宋正处在奸相贾似道的掌控中，他欺上瞒下、专权误国，虽有文天祥等大臣的极力挽救，但都城临安仍在1276年被元军攻破。之后的三年中，一批南宋大臣在沿海一带先后拥立两个小皇帝，希望能够光复旧国，但都无力回天。1279年，随着陆秀夫背负幼帝赵昺在厓山投海，元朝最终统一中国。

马可·波罗

蒙古汗国是一个庞然大物，元朝皇帝是名义上整个帝国的大汗。帝国东到太平洋、西达黑海、北至贝加尔湖、南濒南海，各国商人、使团、旅行家在帝国内畅通无阻。马可·波罗是意大利威尼斯人，随父亲和叔父在中亚布哈拉城做生意。他们很幸运，受到路过此地的元朝使节邀请访问中国。经过三年的艰苦跋涉，他们终于在元上都见到了蒙古大汗忽必烈。忽必烈很喜欢年轻的马可·波罗，把他作为私人代表派到各地办事，甚至作为使节出使南洋诸国，据说还封了他很高的官职。他们在中国一住就是十几年，思乡之情日益强烈，在多次请求后，终于得到忽必烈的首肯，随同一位远嫁伊儿汗国的公主从海路回国。经过三年海上颠簸，当他们回到威尼斯后，离家已经二十多年了。后来，马可·波罗因参加对热那亚的战争而被俘，在监狱里向一位叫鲁思梯谦的作家口述了自己的经历，这就是令整个西方对中国产生无限向往的《马可·波罗行记》。

石人一只眼

元朝的繁荣没有持续多久，不到一百年的时间，便出现了皇族争权夺利、官吏腐败贪婪、民族矛盾激化、百姓民不聊生的败局。元朝最后一个皇帝元顺帝是个是个荒淫残暴的昏君，在他当政期间，发生了大规模的农民起义。就在河北农民韩山童利用白莲教发动起义的时候，恰巧黄河决口，政府强制大量民工治水。韩山童看到了这个机会，便派人在工地上到处散布“石人一只眼，挑动黄河天下反”的谶语，又派人偷偷在河滩埋了一个一只眼的石人。当这个石人被挖出来的时候，大家都说元朝气数已尽，造反的时机到了。韩山童和朋友刘福通趁势鼓动，他自称为“明王”，起兵造反。但不久后，韩山童就被抓获并处死，于是刘福通接过了起义军的指挥权，因义军战士都头扎红巾，所以被称为“红巾军”。轰轰烈烈的元末农民起义，就是在红巾军的号召下拉开帷幕的。

“高筑墙、广积粮、缓称王”

农民起义如烈火燎原一般烧遍了整个元帝国，各种势力因此蜂拥而起，几经厮杀后，朱元璋、张士诚和陈友谅三人逐渐占了上风。三人之中，朱元璋最具雄才远略，他虽然没什么文化，但非常重视招贤纳士。攻下徽州后，他听说此地有个很有学问的隐士朱升，便派人将他请到帐下，诚恳地向他请教今后发展的方略。朱升谦让一番后，给他提了三条建议，就是著名的“高筑墙、广积粮、缓称王”。“高筑墙”就是建议他着力经营南京，以此稳固根据地；“广积粮”是建议他放弃依靠劫掠富户和元朝粮仓的筹粮方法，发展屯田自给自足；“缓称王”则是建议他在表面上仍要接受红巾军的节制，大树底下好乘凉。朱元璋深以为是，便按照这个方略逐步消灭了东边的张士诚和西边的陈友谅，并举兵北伐。到公元1368年，朱元璋才在应天府称帝，建立明朝。

胡蓝之狱

贫民出身的朱元璋之所以能当上皇帝，都是得益于身边有一批运筹帷幄、能征善战的文臣武将。但明朝建立后，这批人以胡惟庸、李善长等为中心，形成了势力强大的“淮西帮”。胡惟庸当上丞相后，飞扬跋扈，作威作福，还胆敢拆阅呈给朱元璋的奏折，不加请示便自行处理。他还在朝廷中大力培植私人势力，并拉拢军界要人。朱元璋对此深感不安，以“擅权植党”的罪名杀了他。蓝玉是开国功臣常遇春的内弟，因战功卓著被封为凉国公。他为人骄横，称霸乡里，作恶多端，朱元璋对他甚为不满，最终以“谋反”罪将他满门抄斩。这两个案件史称“胡蓝之狱”，是朱元璋杀功臣的开端。借此两案，朱元璋大开杀戒，前后十几年，几乎将明初开国功臣诛杀殆尽，受株连被杀者多达数万人，连著名的李善长、徐达和刘基都没能幸免于难。

靖难之役

朱元璋大杀功臣后，觉得只有自家人可靠，便把儿孙分封到各地做藩王。他死后，孙子朱允炆继位，即建文帝。摆在建文帝面前的是一群咄咄逼人的皇叔，他听从大臣黄子澄等人的建议，先下手为强，着手实施了一系列削藩措施。这严重影响了藩王们的利益，野心勃勃的燕王朱棣以“清君侧”的名义起兵反抗，故史称“靖难之役”。公元1402年，历经四年的征战，朱棣攻破都城南京，建文帝下落不明。同年，朱棣即位，即明成祖，第二年改元永乐。1421年，北京扩建完成，朱棣正式迁都北京，并改称为京师，将南京作为留都。

郑和下西洋

朱棣登基称帝后励精图治，文治武功皆有建树，使明王朝从初期的动乱中迅速恢复起来，因为他年号“永乐”，故被后世称为“永乐大帝”。一方面是希望宣扬大明国威于海外，另一方面是证实建文帝出逃南洋的谣言，永乐帝于公元1405年派遣郑和率领船队出使“西洋”。郑和原本姓马，出生在云南，元末被明军俘虏，在燕王府当了一名太监。靖难之役中他屡立战功，因此深受朱棣信赖。郑和船队沿海岸线访问了东南亚诸国，一面打听建文帝消息、一面通过平等贸易采买珍玩特产，三年后返回中国。永乐帝对此次航行非常满意，于是又组织了数次远航，最远时曾到过非洲索马里海岸。郑和下西洋无论从时间还是从规模上讲，都远远超过了后来的哥伦布远航。更为可贵的是，它不同于西方以殖民为目的的海外探险，它体现的是一种平等交往的精神，因此东南亚现在还流传着很多三宝太监郑和的故事。

土木之变

元末明初，蒙古分裂为三部，在长期的军事斗争中，瓦剌部逐渐崛起。瓦剌首领也先统一蒙古后，萌生南下灭明的野心。1449 年，也先借口朝贡贸易摩擦，分兵四路南下，中路大军直取大同。明军腐朽无能，前线失利的消息不断传到北京，明英宗朱祁镇在宦官王振的挟持下，不顾群臣劝阻，执意御驾亲征。英宗与王振率五十余万大军从北京出发，一路赶赴大同。也先为诱明军深入，主动北撤；王振独揽军务却不明真相，坚持北进。听说前方惨败后，又不做相应部署，惊慌撤退。他本欲凯旋后使英宗路过家乡蔚州“驾幸其第”，但此时又怕大军败退损坏其田园庄稼，于是屡次改变撤退路线，贻误战机。逃至宣府后，瓦剌大军追袭而来，明军三万骑兵被杀掠殆尽，余部狼狈逃窜至土木堡，被瓦剌大军围困。土木堡地高无水，英宗与亲兵突围不得，最终被俘。王振虽被杀于乱军中，但五十万明军已经死伤过半。这次事变就是明朝历史上著名的闹剧“土木之变”。

戚继光抗倭

就在元代初年时，日本进入南北朝时期，封建诸侯割据，攻战不休。在战争中失败的一些封建主组织武士、商人和浪人到我国沿海地区进行海盗活动，被称为“倭寇”。明初在沿海修筑十六座城池严防倭寇，取得了一些成效。但至嘉靖时，倭寇再次猖獗，并与中国海盗勾结，在闽浙沿海地区劫掠。就在抵抗倭寇的战争中，涌现出了著名的民族英雄戚继光。戚继光字元敬，号南塘，山东人，原籍河南卫辉，累官至登州卫指挥佥事，负责山东防御倭寇事宜。后调浙江任参将，亲赴以剽悍著称的义乌招募农民和矿工，建立了一支不同于传统“卫所”的新军。新军将士因训练有素、军纪严明、英勇善战而被百姓誉为“戚家军”。嘉靖四十年，即公元 1561 年，倭寇劫掠浙东，戚继光率军于龙山大败之，继而又在台州地区九战连捷，一举扫平浙东倭患。次年又率精兵六千援闽，直捣倭寇老巢。两年后，戚继光升任总兵官，与刘显、俞大猷兵分三路进攻平海卫，斩杀倭寇两千余人。次年春又败倭寇于仙游城下，福建倭患遂平。第二年又与俞大猷会师，歼灭广东倭寇，东南沿海倭患至此完全解除。

张居正改革

张居正是明穆宗临死时钦定的辅政大臣之一，在明神宗登基后不久便当上了首辅，是个通达干练、精力旺盛的人。张居正深受太后的信任，而且能和掌握内廷大权的宦官共事，所以能够一面以老师的身份悉心教育年幼的神宗，一面针对当时的弊病开展大胆的改革。他在政治上整顿吏治，建立“考成法”，严格考察各级官吏贯彻朝廷诏旨的情况；在经济上推行“一条鞭法”，把田赋、徭役及其他各项杂税合并折算为银两，按亩征收；在军事上一方面加强战备，另一方面采取和平政策，与鞑靼进行茶马贸易。这些改革加强了中央在各方面对地方的控制，使得各级官员的贪污现象有所缓解，朝廷的财政状也况明显好转，反侵略能力也随之大大加强。1582年，张居正病逝，神宗愤于他当政期间的独断专行，于次年撤销他的所有官爵，并抄没他的家产，将他全家投入监狱，改革也被废除。就此，刚有一点起色的明王朝又走向了下坡路。

闯王进京

明朝是中国历史上昏君最多的朝代之一，到了明后期，权宦、奸相和朋党交错，国无宁日，最终推翻明王朝的李自成便生于这样的时代背景中。李自成原名鸿基，陕西米脂人，曾为银川驿卒，后因参加兵变而投靠“闯王”高迎祥的农民军。李自成作战勇猛、颇有谋略，在义军中声望极高，高迎祥牺牲后，便被推举为新任闯王。他带领义军四处作战，提出“均田免赋”的口号，广受百姓拥护，民间流传有“迎闯王，不纳粮”的歌谣，所属一度达百万之众，成为各路义军中的主力。1643年，他在河南汝州歼灭明陕西总督孙传庭的主力，随即乘胜攻占西安，于次年正月在西安正式建立大顺政权。不久后又攻克北京，推翻了奄奄一息的明王朝。义军领袖进京后开始骄傲自大、贪图享乐，狂妄地迫害各路势力都尽力拉拢的吴三桂的家属，以致逼反本欲投靠大顺的吴三桂，导致他引清军入关。李自成迎战失利，退出北京，率军在河南、陕西一带转战，后不知去向，是死是逃，成了千古之谜。

清军入关

金国被蒙古灭亡以后，女真人又回到了世居的白山黑水之间，明朝初年，被明政府分为建州、海西和野人三大部，分而治之。明政府经常在女真人中制造矛盾，扶一派、打一派，以此求得平衡。建州女真的领袖努尔哈赤看透这一阴谋，于是利用明政府的政策逐渐统一各部，并于1616年建立金政权，史称“后金”。此后二十年中，他们父子两代征战南北，统一关外，努尔哈赤第八子皇太极于1636年称帝，改国号为大清。就在关内明王朝疲于应付农民起义时，清政权已经传到了第三代君主顺治帝福临手里，福临是个未成年的孩子，由叔父多尔衮摄政。正当他们虎踞关外，觊觎混战中的关内时，镇守要冲山海关的吴三桂因家人受辱，要联合清廷共剿农民军。多尔衮喜出望外，立即答应吴三桂，并许诺成功后封他为王。双方联军很快便攻下北京城，雄才远略的多尔衮力排众议，将都城迁至北京。从此，偏居东北的小朝廷逐渐成了统治全国的大清帝国。

扬州十日、嘉定三屠

清军入关后，联合明朝降将一路挥师南下，所到之处风卷残云，很快就陈兵江北重镇扬州城下。扬州是南明弘光小朝廷所在地南京的门户，奉命在此守城的史可法拒绝投降清军，率领军民坚守扬州。但清军使用当时先进的“红衣大炮”轰 城墙，最终占领扬州，俘虏并处死史可法。清将多铎下令屠城，惨无人道的大屠杀持续十日之久，史称“扬州十日”。

清军统一关内后，并不受百姓拥戴，百姓们更加认同由汉族统治的明王朝。清廷为了改变这一局面，下达了“留头不留发，留发不留头”的“剃发令”，这深深地伤害了汉族人民的民族感情，受到了大规模抵制，其中嘉定百姓先后在黄淳耀、侯峒曾和朱瑛等人的领导下进行了三次武装反抗。清廷调大军三次血洗嘉定城，史称“嘉定三屠”。各地人民的抗清斗争使清廷认识到中原文化的根深蒂固，促使他们逐渐走上了接受中原文化的道路。

智除鳌拜

清朝入关后的首位皇帝顺治的生死，是中国历史上的一大谜团，他到底是死于天花，还是顿悟出家，众说纷纭。但可以肯定的是，在他离开皇位之前，把儿子玄烨托付给了最受信任的四个大臣：索尼、苏克萨哈、遏必隆和鳌拜。四人中，鳌拜最为骄横跋扈，他不但在朝中安插亲信，还在在宫中广布耳目，冤死苏克萨哈、挤兑索尼、降服遏必隆，独掌大权，咄咄逼人。康熙皇帝对鳌拜的专权极为不满，但他隐忍不发，希望找到一劳永逸的办法。他以练习摔跤为名，在贵族子弟中选拔一批身强力壮的少年，训练成忠于自己的侍卫，并故意让他们比武时败给鳌拜，以此解除鳌拜的防备。鳌拜果然中计，在一次进宫面见康熙时被这些小侍卫抓获。鳌拜军功卓著，势力又遍布朝野，所以康熙没有判他死罪，而是把他终身监禁。这件事情谋划得滴水不漏，执行得干净利落，处理得四平八稳，充分显示出年仅十六岁的康熙皇帝的政治才能。

平定三藩

君临天下后的康熙日子并不好过。清军入关的时候，曾倚重了一大批明朝降将，他们甘做先锋，一路引领清军从东北打到西南，立下了盖世的功劳。其中，以吴三桂、耿仲明和尚可喜最有权势，分别驻守云贵、福建和广东，被封为平西王、靖南王和平南王。他们一方面在防区搞独立王国，另一方面又要中央政府供给庞大的军事开支。不仅如此，他们还和朝中大臣暗中勾结，形成了盘根错节的庞大势力。1673 年，康熙以尚可喜告老还乡为契机，准许吴三桂的假意撤藩请求。不料一石激起千层浪，三藩在吴三桂的鼓动下以“反清复明”为幌子联合造反。他们都是久经战场的勇兵骁将，所以开始时势如破竹，短期内就占领了长江以南的大片疆土。但康熙稳扎稳打，采取分而击之的策略，先消灭了耿、尚二部，孤军无援的吴三桂因粮草不济举步维艰。1678 年，称帝不到五个月的吴三桂愁病而死，三年后清军占领昆明，结束了八年的平藩战争。

收复台湾

平定三藩后的康熙兵锋北指，分别打击了侵占我国东北的沙俄和反叛于西北的蒙古噶尔丹部。至此，康熙统治下的中国，就只剩下台湾岛孤悬东南了。台湾岛自古就是我国的领土，古称“琉球”、“夷洲”，三国时孙权就曾派人开发。明末，台湾落入荷兰殖民者手中，后被民族英雄郑成功收复，建立了名义上是明朝臣子的郑氏政权。郑成功死后，儿子郑经继位，他在三藩之乱时登陆厦门、泉州一带响应。郑经死后，发生了争夺王位的内乱，最终由其子郑克塽袭爵。八旗兵虽然勇猛，但都是草原上历练起来的骑兵，面对郑氏海军，简直是束手无策。康熙皇帝大胆起用了既是汉人，又是郑氏旧部的施琅来统一指挥东南军事。施琅按照先占澎湖、后克台湾的方针，于 1683 年攻下澎湖后招降郑克塽，因此被封为靖海侯，他的儿子施世纶就是《施公案》的主角。收复台湾后，康熙皇帝终于完成了统一中国的大业。

十全老人

传说康熙晚年之所以把帝位传给雍正，并不是看上了他的才能，而是觉得他的儿子弘历是个人才，想通过这个方法最终传位于弘历，弘历就是著名的乾隆皇帝。乾隆皇帝虽然是个好大喜功、酷爱游乐的人，但也没有辜负康熙的期望。他在位期间颇有作为，按照晚年他对自己的评价，就是“十全老人”。“十全”指的就是两次平定蒙古准噶尔部叛乱、平定回部大小和卓叛乱、两次剿灭西南大小金川叛乱、平定台湾林爽文起义、收降邻国缅甸和安南、两次打退侵略西藏的廓尔喀人。这十次战争，虽然略带穷兵黩武的味道，但都在一定程度上维护了我国作为一个多民族国家的统一和完整。

康乾盛世

从文治武功难寻敌手的康熙，到残暴凶狠但勤于政务的雍正，再到自称“十全老人”的乾隆，中国封建社会呈现出了最后一个辉煌的盛世。当时的大清帝国西跨葱岭，西北达巴尔喀什湖，北接西伯利亚，东北至外兴安岭和库页岛，东临太平洋，东南到台湾及其附属岛屿，南至南海诸岛，面积 1300 多万平方千米。在政治、经济、文化等各方面都达到了数千年来的高峰，被称为“康乾盛世”。但盛世后面，也隐藏着诸如闭关锁国、重农抑商、禁锢思想、轻视科学等诸多问题。以天朝上国自居的清王朝此时绝对不会想到，仅仅一百多年后，这片被他们引以为豪的盛世风景，就被来自于西方的狂风暴雨打得粉碎。

鸦片战争

当西方诸国纷纷进入工业革命时代的时候，清王朝还在“盛世”的迷幻中醉生梦死。中国地域辽阔、人口众多，很快便成为列强扩大海外市场的目标。但中国又是一个农业国家，自给自足的小农经济使得国内市场非常狭小。外国商人为了牟取暴利，将大量鸦片走私入内地。鸦片的泛滥，严重影响了人民的身心健康，加速了吏治的败坏，导致大量白银外流，使清政府财政捉襟见肘。道光皇帝深明其害，任命林则徐为钦差大臣，赴广东查禁鸦片。林则徐于1839年抵达广州，随即开展禁烟，严查烟贩、整顿水师、命令外商交出鸦片，并在虎门海滩当众销毁鸦片两万余箱。严厉的禁烟行为遭到英国政府的强烈反对，并于1840年派遣远征军封锁广州珠江口。清军武备废弛、敌情不明、指挥紊乱，因此屡战屡败。至1842年，英军攻陷镇江，切断京杭大运河南北交通，继而直抵南京城下。清政府已无力再战，便在英军的炮口下，被迫签订了丧权辱国的《南京条约》。这场战争因鸦片而起，故史称“鸦片战争”。鸦片战争打开了清王朝的闭关锁国的大门，不仅使中国迅速沦为半殖民地，而且从更深层次的文化上掐断了中国几千年来的连续发展，中国从此进入了一个完全不同于传统的、新的时代。

第三章：古典文学

诸子散文

诸子散文是指战国时期各个学派的著作，反映了不同学派的思想倾向、政治主张和哲学观点。春秋战国时期，在先秦理性精神觉醒的背景下和百家争鸣的学术氛围中，“百家竞作，九流并起”，各种思想流派的代表人物纷纷著书立说，宣传自己的社会政治主张。诸子文章各具风采，在这一时期比较重要的有儒、道、法、墨四家。其在发展上大体经历了三个阶段：春秋战国之交以《论语》、《墨子》《老子》为代表；战国中期以《孟子》、《庄子》为代表；战国末期以《荀子》、《韩非子》、《吕氏春秋》为代表。

历史散文

历史散文又称史传文，特指先秦时期以历史题材为主的散文，其概念是相对于诸子百家的哲理散文而言的。哲理散文以析理论辩为主，不专记人记事；历史散文则以记述历史事件、历史人物为主，分为国别、编年、纪传三体。国别体通过各国史事个别独立地排列载述，以完成对某一历史进程的叙述，主要有《国语》和《战国策》。《国语》是以记言为主，兼及记事；《战国策》是以记事为主。编年体即以时间为经，以事件为纬来叙写史实，其优点是线索清楚、背景明确、系统性较好，不足是不便于集中而广泛地描写人物。《春秋》、《左传》和《资治通鉴》都是编年体。纪传体以人物为中心叙写历史，为司马迁所独创，古代官方编辑的“二十四史”用的都是纪传体，这种体例对后世影响很大。

乐府诗歌

“乐府诗歌”特指汉代乐府的诗歌，是由朝廷设立的音乐机关收集整理和保存下来、可以合乐而歌的汉代诗歌总称。“乐府”的原义是指朝廷设立的音乐机关，“乐”即音乐，“府”即官府。我国在秦时就已设乐府，西汉则设有乐府和太乐，乐府掌管俗乐、太乐掌管雅乐。乐府至汉哀帝时废止。东汉虽无乐府，但也有相当于乐府职能的音乐机关“黄门鼓吹署”，还有相当于太乐的“太予乐署”。乐府的职能除制订乐谱、训练乐工、填写歌词和组织演奏歌唱外，还承担组织文人创作、采集和整理民歌的任务。汉人称合过乐的歌辞为歌诗，至六朝时期人们把由乐府机关收集、整理和保存下来的、可以合乐而歌的诗歌称为乐府，乐府便由音乐机关转为诗体的名称。汉乐府诗歌有民间的作品，也有帝王、贵族、文人的作品。

屈原

屈原（约前340—约前278），芈姓，屈氏，名平，字原，又自名正则，字灵均。屈原是战国时期楚国丹阳（今湖北省宜昌市秭归县）人，楚武王熊通之子屈瑕的后代，自称颛顼后裔。屈原是我国古代最伟大的爱国主义诗人之一，也是我国已知最早的诗人，同时也是伟大的思想家和政治家。他在政治上主张联齐抗秦，提倡“美政”；在文学上创立了“楚辞”这一文体，开创了“香草美人”的兴湘传统。《离骚》、《九章》、《九歌》、《天问》是屈原最主要的代表作。后世所见屈原的作品皆出自西汉刘向辑集的《楚辞》，这部书主要收录屈原的作品，计有《离骚》1篇、《九歌》11篇、《九章》9篇、《天问》1篇。其中《九歌》包括《东皇太一》、《云中君》、《湘君》、《湘夫人》、《大司命》、《少司命》、《东君》、《河伯》、《山鬼》、《国殇》、《礼魂》，《九章》包括《惜诵》、《涉江》、《哀郢》、《抽思》、《怀沙》、《思美人》、《惜往日》、《橘颂》、《悲回风》。

司马迁

司马迁（前145或前135—？），字子长，是我国西汉伟大的史学家、文学家、思想家，夏阳龙门（今陕西韩城南）人。司马迁所著《史记》是中国第一部纪传体通史，被鲁迅先生称为“史家之绝唱，无韵之离骚”。其父司马谈为太史令，因家学渊源，他本人也将毕生精力用在《史记》的写作上。司马迁从元封三年，即公元前 108 年，被封为太史令后，即开始阅读、整理史料，准备写作。到太始四年，即公元前 91 年时，基本完成全部写作计划，前后共经过十六年。在此期间，他忍受了宫刑带来的肉体上和精神上的巨大痛苦，却始终秉承“究天人之际，通古今之变，成一家之言”的宗旨修史。传统的天人哲学是其思想的哲学基础，通变思想是其追求历史客观真实的历史观，兼宗百家、融取儒道，终于自成一家。此外，司马迁还有书信体散文《报任安书》和《悲士不遇赋》流传后世。

汉赋四大家

大赋在汉代最为盛行，出现了许多赋家，其中最为著名的是司马相如、扬雄、班固和张衡，他们被后世合称为“汉赋四大家”。他们的代表作多写宫室、苑囿、歌舞、田猎的贵族生活，但往往在篇末缀以简短的讽喻内容，被讽刺为“劝百讽一”。汉赋四大家的出现，标志着大赋在内容和风格上的成熟。司马相如（约前 179—前 118），字长卿，蜀郡成都人。在当时有“千金难买相如赋”之称，代表作有《子虚赋》、《上林赋》、《大人赋》等。扬雄（前 53—18），也作杨雄，字子云，蜀郡成都人。哲学家、文学家、语言学家，代表作有《长杨赋》、《甘泉赋》、《羽猎赋》等。班固（32—92），字孟坚，扶风安陵（今陕西咸阳）人。东汉著名史学家、文学家，以《两都赋》闻名天下，所作《汉书》为古代正史中的经典之作。张衡（78—139），字平子，南阳西鄂（今河南南阳）人。东汉科学家、文学家，大赋以《二京赋》最为有名，还有《思玄赋》和《归田赋》等小赋。

《诗经》

《诗经》是我国最早的诗歌总集，收集了从西周初期至春秋中期大约五百年间的诗歌，共 305 篇，故也有《诗三百》之称。先秦时之称《诗》，西汉时被尊为儒家经典，始称《诗经》。《诗经》所录均为曾经入乐的歌词，其体例是按照音乐性质的不同来划分的，分为风、雅、颂三类；就表现手法而言，又有赋、比、兴三种。《诗经》全面地展示了我国周代时期的社会生活，真实地反映了我国奴隶社会从兴盛到衰败时期的历史面貌，还有不少诗歌表现了青年男女的爱情生活。《诗经》以四言为主，兼有杂言；多采用重章叠句的形式加强抒情效果；在语言上多采用双声叠韵和叠字连绵词来状物、拟声；在韵脚上则有句句押韵、隔句押韵、一韵到底、中途转韵等多种方式，后世诗歌的用韵方法几乎都已具备。《诗经》是我国现实主义文学的光辉起点，内容、思想和艺术多方面取得的高度成就，使其在中国乃至世界文化史上都占有重要地位。

《离骚》

《离骚》是屈原的代表作，也是中国古代文学史上篇幅最长的浪漫主义抒情诗，以深刻的思想内蕴和独特的艺术成就，成为中国古代诗歌史上的最华丽的篇章。《离骚》大致可分为两部分：第一部分主要是叙述诗人在现实中的遭遇，反映了楚国现实的黑暗和屈原美好理想之间的矛盾冲突；第二部分主要通过奇诡的幻想，反映了诗人的苦闷和彷徨，以及对未来道路探索和选择的艰难。《离骚》是我国浪漫主义文学的开山之作，与《诗经》合称“诗骚”、“风骚”，是我国文学史上两座伟大的丰碑。

《庄子》

《庄子》是诸子散文的代表作，为庄周及其后学所作。全书共分内篇 7 篇、外篇 15 篇和杂篇 11 篇。一般认为，内篇为庄周本人所作，外篇和杂篇为庄周后学所作。全书反映的是道家思想，与老子一脉相承但又有变化，在哲学观、社会观、人生观方面都具有自己的更为复杂的特征。在哲学上，继承了老子的“道”以及自然无为的思想；在社会观上，崇尚“至德之世”，具有强烈的现实批判精神;在人生观上，追求绝对的精神自由，也有全性保身的思想。全书在思想和结构上，往往注重内在旨意的表达，而不拘章法规矩，看似形散而神却不散，并以自由的想象和奇妙的虚构，创造出了一个神奇瑰丽的艺术形象的世界。

《左传》

《左传》全称《春秋左氏传》,原名《左氏春秋》,与《春秋公羊传》、《春秋谷梁传》并称为“春秋三传”，是我国先秦时期内容最丰富、规模最宏大的一部编年体史书。相传《左传》为春秋时鲁国史官左丘明所作，但今人多认为并非出自一人之手。《左传》记事上起鲁隐公元年 (前 722)，下至鲁悼公十四年 (前 454)，共二百余年的历史。全书再现了春秋时期周王朝以及各诸侯国之间的政治、军事、外交、文化等诸多方面的活动，反映了春秋时期社会生活的全景。《左传》不仅是史书，也是文学成就很高的历史散文，其洗练而生动的笔法、紧凑而从容的叙事，对后世文学产生了非常重要的影响。

《史记》

《史记》又称《太史公书》，是我国西汉历史学家司马迁撰写的史学名著，位列“二十四史”之首，与《汉书》、《后汉书》、《三国志》合称“前四史”，是我国古代最富盛名的典籍之一。《史记》记载了上自传说中的黄帝时代，下至汉武帝元狩元年（前 122 年）共 3000 多年的历史，作者司马迁以“究天人之际，通古今之变，成一家之言”的雄心，使其成为我国历史上第一部纪传体通史。全书包括十二“本纪”（历代帝王）、三十“世家”（诸侯贵戚）、七十“列传”（重要人物）、十“表”（大事年表）、八“书”（典章制度），共一百三十篇，五十二万六千五百余字。《史记》对后世史学和文学的发展都产生了深远影响，被鲁迅誉为“史家之绝唱，无韵之离骚”。

《古诗十九首》

《古诗十九首》最早见于萧统所编的《昭明文选》，是一组作者已无法考证的汉代五言诗。《古诗十九首》的产生年代大致在东汉顺帝和献帝之间，作者多为中下层文人，非一人一时之作。羁旅行役、相思怀人是《古诗十九首》的一大主题，其中一些诗作反映了游子思乡的痛苦，一些诗作反映了士人的彷徨失意，也有一些诗作反映了追求富贵和及时行乐的颓废思想。《古诗十九首》天然浑成，多用情景交融的抒情方法，善于锤炼语言、熔铸典故，能把丰富的内涵纳入简约的语言之中，产生出浅近自然但意蕴丰富艺术效果。《古诗十九首》是乐府诗歌文人化的标志，它的题材内容、表现手法，以及艺术风格，都对后世诗歌产生了深远影响，被后人称为“五言之冠冕”。

建安风骨

“建安”是汉代最后一位皇帝汉献帝的年号，“建安风骨”则是对汉末魏初诗歌创作特色的传统概括。建安文学以曹魏集团为中心，主要成就体现在诗歌创作。建安诗人直承汉代乐府民歌的现实主义精神，真实而广泛地反映动乱的社会现实中人民的苦难，展示了广阔的时代生活画面，具有“悲凉”的艺术特色。在反映社会动乱和民生疾苦的同时，又表现出统一天下的理想和豪情，有着鲜明的时代特征，所以又具有“慷慨”的艺术特色。而“慷慨悲凉”的独特风格正是“建安风骨”的内在精神，在诗作中主要表现为政治理想的高扬、人生短暂的哀叹、个性的强烈表现和浓郁的悲剧色彩。具有这一特色的代表诗人有曹氏父子、建安七子等。“建安风骨”历来为后世所倾慕，成为反对浮靡柔弱诗风的一面旗帜。

魏晋风度

“魏晋风度”是魏晋士人所追求的一种人格表现，并因此成为当时的审美理想。魏晋名士崇尚自然、超然物外、率真任诞、风流自赏，力求用言行和诗文使人生艺术化。从构成上看，魏晋风度的内在条件是玄心、洞见、深情，而外在表现则是颖悟、旷达和真率。从深层次上看，魏晋风度是对人生艺术化的自觉追求，对无拘无束的氛围以及个性化的向往，而这些正是文学成长的良好氛围。所以，中国文学发展到魏晋才具有强烈的自我意识和浓重的自由情怀。阮籍、嵇康、陶渊明等诗人是魏晋风度的杰出代表，《世说新语》则是魏晋风度中士人言行的全面记录。魏晋风度不仅对魏晋两代文学产生了巨大影响，也对魏晋以后的整个中国文学产生了深远的影响，而以魏晋风度为开端的儒道互补的士大夫精神，也从根本上奠定了中国知识分子的人格基础，直到今天仍然没有改变。

三曹

“三曹”是建安文学的代表作家曹操与其子曹丕、曹植的合称，他们的创作对当时的文坛有很大的影响，故后人合称为“三曹”。曹操是建安时期杰出的文学家和建安文学新局面的开创者，诗文俱佳，风格清俊通脱。曹丕擅长诗、文及辞赋，其代表作有《燕歌行》、《与吴质书》等，其中《燕歌行》全诗均用七言，句句押韵，是现存最早的文人七言诗，在中国诗歌的发展史上占有重要地位。曹植是第一个大力创作五言诗的作家，他把文人五言诗的发展推向了前所未有的高峰，标志着文人五言诗的完全成熟，钟嵘称他“骨气奇高，辞采华茂，情兼雅怨，体被文质”。曹植的散文和辞赋也表现出很高的思想性和艺术性，著名的《洛神赋》千古流传,《与吴季重书》和《与杨德祖书》则是两篇著名的散文书札。

建安七子

“建安”是汉献帝年号，“建安七子”指建安前后出现的七位文学家，分别为孔融、陈琳、王粲、徐干、阮瑀、应玚和刘桢，因曹丕在《典论·论文》中将此七人并举，故有此说。“建安七子”是除“三曹”和蔡琰外，建安诗坛最具代表性的人物。七人中孔融最长，在建安十三年就已被曹操所杀，所以实际上只有六人参加了后来的各种文学活动，而且他们都是曹氏父子的僚属和邺下文人集团的重要作家。他们的作品多反映动乱的现实，但并未因此陷入颓废，而是宣扬建功立业的精神，具有建安文学的共同特征。七人中以王粲的成就最高，被称为“七子之冠冕”，钟嵘《诗品》将他的诗歌列之为上品。

竹林七贤

“竹林七贤”是三国时期魏国七位名士的合称,他们是嵇康、阮籍、山涛、向秀、刘伶、王戎及阮咸，因七人常集会于山阳竹林之下肆意酣畅、高谈阔论，故被称为“竹林七贤”。他们的政治思想和生活态度不同于以建安七子为代表的传统文人，他们都“弃经典而尚老庄，蔑礼法而崇放达”，是魏晋玄学初期的代表人物。七人中以阮籍和嵇康在文学创作上最为著名，他们的作品在内在精神上与建安文学一脉相承，但又由于当时司马氏的血腥统治，作品一般不能直抒胸臆，所以不得不采用比兴、象征、神话等手法，隐晦曲折地表达思想感情，所以又不同于建安文学，故文学史上称这一时期的文学为“正始文学”。竹林七贤的代表作有嵇康的《与山巨源绝交书》、阮籍的《大人先生传》、刘伶的《酒德颂》、向秀的《思旧赋》等。

陶谢

“陶谢”是东晋末年、南朝初年诗人陶渊明和谢灵运的合称。谢灵运出身门阀士族，热爱自然山水，一举打破当时“玄言诗”在诗坛的垄断地位，开创了在中国诗歌史上拥有重要地位的山水诗，是旧时代最后一位总结性的大诗人。陶渊明出身官宦世家，为人恬淡耿直，在乱世中放弃功名利禄隐居田园，在谢灵运山水诗的基础上开创了田园诗，是新时代第一位开创性的诗人。两人都擅长描写自然景物，在山水田园中寄寓自己的生活情趣，杜甫有“焉得思如陶谢手，令渠述作与同游”的赞誉。但二人在艺术风格上并不相同：陶诗平淡、清新、自然，谢诗富艳精工；陶诗以直接抒发思想感情为主，自然景物只作为兴寄的手段，谢诗以直接描绘自然景物为主，思想感情的抒发只作为间接的点缀。虽属并称的大诗人，但今人一般以陶渊明为高。

洛阳纸贵

“洛阳纸贵”是一个关于文学的典故，比喻作品风行一时，广为流传。据《晋书·文苑·左思传》记载，西晋太康年间，著名文学家左思所作《三都赋》引起轰动，在京城洛阳广为流传，人们竞相传抄，一下子使洛阳的纸张供不应求，货缺而贵数倍，史书上说“于是豪贵之家竞相传写，洛阳为之纸贵”。

江郎才尽

“江郎”指南朝文学家江淹，相传江淹少有文名，晚年诗文却无佳句。据钟嵘《诗品》记载，出现这一情况的原因，“初，淹罢宣城郡，遂宿冶亭。梦一美丈夫，自称郭璞。谓淹曰：‘我有笔在卿处多年矣，可以见还。’淹探怀中，得五色笔授之。而后为诗，不复成语，故世传江淹才尽。”

《文选》

《文选》是我国现存最早的诗文总集，南朝梁萧统编著。萧统字德施，梁武帝萧衍长子，立为皇太子后未及即位而卒，谥号昭明，故后人也习称《文选》为《昭明文选》。《文选》全书编选各体文章三十八类，共七百余篇，涉及作家一百三十人。复杂的分类体现了萧统对文学发展、尤其是对文体分类及源流的理论观点，反映了文体辨析在当时已经进入了非常细致的阶段。以今天的标准来看，收录的作品可分为赋、诗和杂文三大类，赋、诗所占比重最多。选录标准以作家的名篇为主，以“文”为本，要合乎“能文”的要求。这一标准的重点不在思想内容，而在于讲究辞藻华美、声律和谐以及对偶、用事等艺术形式，这就为“文学”划定了范畴，对文学的独立发展有很大的促进作用。《文选》大体上包罗了先秦至梁代初的重要作品，反映了各种文体发展的轮廓，为后人的研究保存了重要的资料。

《搜神记》

《搜神记》是古代志怪小说集，作者为东晋干宝。干宝字令升，祖籍河南新蔡，初为著作郎，后封关内侯。《搜神记》所叙多为神灵怪异之事，也有不少民间传说和神话故事，主角有鬼，也有妖怪和神仙，杂糅佛道。作品大多篇幅短小、情节简单、设想奇幻，极富浪漫主义色彩。《搜神记》原本已散，今本系后人缀辑增益而成，共二十卷，共有大小故事四百五十四个。其中的《干将莫邪》、《李寄》、《韩凭夫妇》、《吴王小女》、《董永》等，揭露了统治者的残酷，歌颂了反抗者的英勇，是常为后人称引的名篇。

《世说新语》

《世说新语》是古代志人小说集，作者为南朝刘义庆。刘义庆字季伯，江苏徐州人，为南朝刘宋宗室，袭封临川王，自幼聪慧，喜爱文学。《世说新语》记述了东汉末年至南朝刘宋时豪门贵族和官僚士大夫的言谈轶事，尤详于东晋。全书按照内容分为德行、言语、政事、文学等三十六类，对当时的政治、文化、风俗等各个方面均有记录，客观清楚地反映了士族阶层的精神面貌和生活方式，被称为“魏晋风流的百科全书”。《世说新语》“记言则玄远冷峻，记行则高简瑰奇”，是魏晋南北朝志人小说的代表。

《文心雕龙》

《文心雕龙》是我国古代著名的文学理论著作，作者为刘勰。《文心雕龙》成书于南朝齐和帝中兴元和二年间，即公元501年和502年前后，是中国文学理论批评史上第一部有严密体系的文学理论专著，章学诚在《文史通义·诗话篇》中赞其为“体大而虑周”。全书十卷共五十篇，包括总论、文体论、创作论和鉴赏论等四个重要方面，全面而系统地论述了写作上的各种问题。魏晋时期，中国传统文学理论有了很大的发展，到南北朝时，逐渐形成了繁荣的局面。文学创作和文学理论批评在发展中积累起来的丰富经验，既为《文心雕龙》的出现准备了必要的条件，也在《文心雕龙》中得到了深刻的反映。

近体诗

“近体诗”亦称为“今体诗”，是唐代形成的律诗和绝句的通称，是唐人针对古体诗提出的概念，一直沿用到今天。近体诗在句数、字数、平仄以及声韵等方面都有严格的规定，包括绝句（五言四句、七言四句）、律诗（五言八句、七言八句)、排律(十句以上的律诗)三种，以律诗的格律为基准。律诗最基本的格律要求是：每句必须平仄相间，同联的两句必须平仄相对，联与联之间必须平仄相粘，即“句内相间，联内相对，联间相粘”；除首尾二联之外必须对仗；一韵到底，不得换韵。这些只是最基本的要求，在实际的创作中还有更为细致的规定，以及更为灵活的变通。

律诗

律诗是近体诗的一种，因格律严密而得名，发源于南朝沈约等人开创的讲究声律、对偶的“永明体”，至初唐时正式定型，在盛唐时最后成熟。律诗要求诗句字数整齐划一，每句五言、六言、七言，简称五律、六律、七律；一般情况下每首诗八句，再多的则称排律或长律；每两句组成一联，习惯上称第一联为首联(破题)，第二联为颔联，第三联为颈联，第四联为尾联(结句)；每首的第二、三两联，即颔联和颈联的上下句必须对偶；全诗通押一韵，且必须是平声韵；第二、四、六、八句押韵，首句可押可不押；每句中用字平仄相间，上下句中的平仄相对，有“仄起”与“平起”两式。这些格律要求也适用于绝句。

绝句

绝句起源于两汉，成形于魏晋南北朝，兴盛于唐代。绝句每首四句，通常有五言、七言两种，简称五绝、七绝。按照出现年代和格律要求的不同，绝句可以分为“古绝”和“律绝”两种。律绝是律诗兴起以后出现的，古绝远在律诗出现以前就有。南朝陈徐陵主编的《玉台新咏》中就有“古绝句”的名称，古绝虽然也押韵，但相对来说平仄较为自由，且古绝五言多、七言少。在律绝盛行以后，古绝仍然被沿用并发展下来，一些不愿受格律约束的诗人大都喜欢古绝。

词

“词”是我国古代诗歌的一种形式，由五言诗、七言诗和民间歌谣发展而成，起于唐代，盛于宋代。词原是配乐歌唱的一种诗体，句的长短随歌调而变，因此又称曲子词、长短句、诗余等。每首词都有一个表示音乐性的词调，也称为词牌。一般来说，词牌并不是词的题目，只能把它当作词谱看待。词的演奏在后世逐渐失传，所以词牌在今天只是词的句数，以及每句的字数、平仄等的规定，失去了完整的音乐意义。按照长短的不同，词可以分为小令、中调和长调三种，58字以下为小令、59字至90字为中调、90字以上为长调。篇幅较长的词牌一般分上下两阕，也有少数分为三阕的。

四唐

“四唐”指的是初唐、盛唐、中唐和晚唐，是文学史上对唐代的分期。“四唐”的说法最早出自明代高棅的《〈唐诗品汇〉总叙》，他在书中说：“至于声律兴象，文词理致，各有品格高下之不同，略而言之，则有初唐、盛唐、中唐、晚唐之不同。”一般认为，从高祖武德元年至武后长安四年，共八十六年，为初唐；从中宗神龙元年至代宗大历五年，共六十五年，为盛唐；从大历五年至文宗大和末，共六十四年，为中唐；之后的七十一年为晚唐。这个分期虽然带有一定的机械性，但因历来沿用不废，所以一直保留到今天。

古文运动

“古文运动”是指唐代中叶开始的，以提倡古文、反对骈文为特点的文体改革运动，因同时涉及文学的思想内容，所以兼有思想运动和社会运动的双重性质。“古文”这一概念由韩愈最先提出，他把六朝以来讲求声律、辞藻、对偶的骈文视为俗下文字，认为自己的散文继承了先秦两汉文章的传统，所以称为“古文”。韩愈提倡古文的目的在于恢复古代的儒学道统，所以将改革文风与复兴儒学结合为相辅相成的运动，在提倡古文的同时进一步强调“文以明道”的思想。除唐代的韩愈、柳宗元外，宋代的欧阳修、王安石、苏轼等也是古文运动的代表性人物。

新乐府运动

“新乐府运动”是指由唐代诗人白居易、元稹等倡导的一场诗歌革新运动。“新乐府”一词是白居易针对汉乐府而提出的概念，其含义就是以自创的新的乐府题目表现时事。这类诗歌继承了汉乐府的现实主义精神，把文艺和当时的现实生活相联系，具有很强的批判性，但也因此产生了忽略文学本身性质的弱点。除白居易和元稹以外，李绅、张籍、王建等都是这一运动中的代表人物。白居易的《新乐府》五十首、《秦中吟》十首，元稹的《田家词》、《织妇词》，张籍的《野老歌》、王建的《水夫谣》等，都是新乐府运动中的优秀作品。

初唐四杰

“初唐四杰”指王勃、杨炯、卢照邻和骆宾王四位初唐时期的诗人。四人都因官小才大、名高位卑而充满了对功名的幻想和激情，郁积着不甘人下的雄杰之气。他们的诗作重视抒发一己之情，充满了一种壮大的气势和慷慨悲凉的感人力量，一扫齐梁以来诗坛纤巧绮靡的风气。他们积极开拓诗歌的思想题材领域，倡导富有“骨气”的刚健之美，为因循旧俗的初唐诗坛带来了一阵清新空气，促使声律和风骨兼备的唐诗开始形成。

盛唐气象

“盛唐气象”指的是盛唐时期诗歌的总体风貌特征。宋代文学理论家严羽认为，盛唐诗歌的特征是“既笔力雄壮，又气象浑厚”，明清诗论家继承严羽之说，常把雄壮、浑厚二者作为盛唐诗歌的风貌特征，并称之为“盛唐气象”。盛唐气象形成的原因大致有二：一是盛唐诗人因当时国为强盛，故多有豪情壮志，二是对前代优秀诗歌传统的继承和发扬。盛唐诗人们所处的时代是国势强大、经济文化繁荣的时代，所以他们大多胸襟开阔、意气昂扬，迫切希望建功立业、扬名后世。这样的心态促使他们喜欢描写祖国壮丽的山河、边陲奇伟的风光、紧张的战斗和自己的豪情壮志，这就形成了盛唐诗歌的雄壮风貌。盛唐诗人竭力扫除南朝至初唐时期的浮靡诗风，重视向汉魏古诗、乐府诗学习，注意发扬汉末建安时代明朗刚健的优良诗风，这是盛唐气象得以形成的内部原因。

王勃

王勃，字子安，绛州龙门(今山西河津)人，隋末大儒王通之孙，因从小生长于书香之家，故十四岁即应举及第，为“初唐四杰”之首。乾封初年，王勃被沛王李贤征为王府侍读，两年后因所作《檄英王鸡》一文触怒高宗，被逐出王府，到巴蜀一带游历。咸亨三年(公元672年)补为虢州参军，期间又因擅杀官奴而被判死罪，因遇大赦而减为免官，其父也因受牵累而被贬为交趾令。上元二年(公元675年)王勃南下探亲，因渡海溺水惊悸而死，年仅27岁。王勃的诗歌力求摆脱齐梁的绮靡诗风，文章也很有气势，著名的《滕王阁序》就出自他手，现存有《王子安集》。

山水田园诗人

山水田园诗派是盛唐最有影响的诗歌流派之一，此派诗人多为仕途失意，受佛道思想影响较深，寻求隐逸生活的人，因此诗中多描写山水田园等自然风光，诗风清丽，常常呈现出静谧恬淡的境界。王维和孟浩然是山水田园诗人的代表，两人都工于五言，善于描写自然景物，风格也有相近之处。在艺术成就方面，二人既可并驾齐驱，又各标风韵，对后世都有深远影响。王维的代表作主要有《辋川集》、《山居秋暝》、《渭川田家》等，孟浩然的代表作主要有《夜归鹿门歌》、《过故人庄》、《宿建德江》等。

军旅边塞诗人

军旅边塞诗派是盛唐最有影响的诗歌流派之一，此派诗人继承并发展了魏晋、隋及唐初以来边塞诗的创作传统，以深刻的边塞生活体验，多方面反映军旅边塞生活，表现了巩固国防、为国立功的英雄主义气概和进取精神。诗歌反映了强烈的盛唐时代的气息，开阔了诗歌的创作题材，气势磅礴、乐观向上，描写生动形象，风格雄浑豪放，富有极强的艺术感染力，是促进盛唐诗歌繁荣的重要力量。代表诗人有高适、岑参、王昌龄、李颀、王维，代表作品有高适的《燕歌行》、岑参的《白雪歌送武判官归京》和《走马川行奉送封大夫出师西征》等。

李白

李白（701—762），字太白，号青莲居士，又号“谪仙人”，生于唐安西都护府碎叶城（一说四川江油青莲乡），是唐代乃至整个中国文学史上最伟大的浪漫主义诗人，被后人称为“诗仙”，与杜甫并称为“李杜”。李白生活在唐代的极盛时期，具有“济苍生”和“安黎元”的理想抱负，但残酷的现实却始终困扰着他。李白的大量诗作既反映了那个时代的繁荣气象，也揭露和批判了统治集团的荒淫和腐败，表现出蔑视权贵、反抗传统束缚、追求自由和理想的积极精神。他的诗作想象新奇、构思奇特、感情强烈、意境奇伟瑰丽、语言清新明快、气势雄浑瑰丽、风格豪迈潇洒，善于从民歌、神话中汲取营养，形成特有的瑰丽绚烂的奇幻色彩，是屈原以来浪漫主义诗歌的新高峰。李白诗作现存近千首，有《李太白集》，代表作有《行路难》、《宣州谢朓楼饯别校书叔云》、《将进酒》、《黄鹤楼送孟浩然之广陵》、《蜀道难》、《静夜思》、《梦游天姥吟留别》、《早发白帝城》、《秋浦歌》、《独坐敬亭山》等。

杜甫

杜甫（712—770），字子美，号少陵野老，世称杜少陵、杜工部，河南巩县（今郑州巩义）人，是唐代乃至整个中国文学史上最伟大的现实主义诗人，被后人称为“诗圣”。杜甫的远祖为晋代功名显赫的杜预，祖父为初唐著名诗人杜审言。杜甫生活在唐朝由盛转衰的历史时期，曾担任过左拾遗、检校工部员外郎等低级职位，其诗多反映社会动荡、政治黑暗、人民疾苦，因现实主义色彩浓重而被誉为“诗史”。杜甫一生忧国忧民，但因时局黑暗而困于仕途，一腔正气化为诗作，流传后世的有一千四百余首，是唐代诗人中作品流传最广的一位，有《杜工部集》传世。在这些诗歌中，有很多传颂千古的名篇，如“三吏”、“三别”、《自京赴奉先县咏怀五百字》、《春望》、《江南逢李龟年》、《登岳阳楼》、《秋兴八首》、《茅屋为秋风所破歌》等等，都是对后世影响深远的名篇。

大历十才子

“大历”是唐代宗李豫的年号，“大历十才子”就是指大历年间的十位著名诗人。这种说法最早见于姚合的《极玄集》，书中所举十人为李益、卢纶、吉中孚、韩翃、钱起、司空曙、苗发、崔洞、耿湋、夏侯审，宋代以后出现各种异说。大历十才子大多是失意的中下层文人，多半都是权门清客，因而多投献应制之作，因此作品多歌颂升平、吟咏山水、称道隐逸。但他们在仕途失意和战乱宦旅的生活中，也间有反映现实和体验真实的作品。他们都擅长五言近体，善写自然景物及乡情旅思等，语词优美、音律和谐，但题材风格比较单一。他们大都以王维为宗，秉承山水田园诗派的风格，寄情于山水，歌咏自然，其中也有一些佳作，格律归整、字句精工是他们作品最明显的特点。十人成就高低不一，其中钱起被称为“才子之冠”。

韩愈

韩愈（768—824），字退之，河阳（今河南焦作孟州市）人；祖籍河北昌黎，故又称韩昌黎；晚年曾任吏部侍郎，故又称韩吏部；去世后谥号为“文”，故又称韩文公。韩愈是唐代著名的文学家、哲学家、思想家，和柳宗元同为古文运动的倡导者，主张学习先秦两汉的散文语言，破骈为散，扩大文言文的表达功能。苏轼称他“文起八代之衰”，明人推他为唐宋八大家之首，与柳宗元并称“韩柳”，有“文章巨公”和“百代文宗”之名。在思想上，韩愈是中国“道统”观念的确立者，是古代尊儒反佛的里程碑式人物，为儒学的新发展提供了契机。韩愈的文学创作善于使用前人词语，同时更注重当代口语的提炼，因此创造出许多新的语句，其中有很多已经凝固为成语流传至今，如落井下石、动辄得咎、杂乱无章等等，有《昌黎先生集》传世。

柳宗元

柳宗元（773—819），字子厚，祖籍河东（今山西永济），唐代宗大历八年生于京都长安，世称柳河东，因官终柳州刺史，又称柳柳州。柳宗元是唐代著名文学家、哲学家、散文家和思想家，与韩愈并称为“韩柳”，共同倡导古文运动，是唐代古文创作的代表作家。柳宗元现留传诗文作品达六百余篇，文的成就大于诗。柳宗元的文章论说性强，笔锋犀利，讽刺辛辣，富于战斗性，游记写景状物，多有寄托。柳宗元的作品由唐代刘禹锡编辑为《柳河东集》流传于世，代表作品有《三戒》、《永州八记》等。

白居易

白居易（772—846），字乐天，晚号香山居士。白居易是唐代著名诗人，有“诗魔”、“诗王”之称，晚年官至太子少傅，去世后谥号“文”，故世称白少傅、白文公。白居易在文学上与元稹一起积极倡导新乐府运动，世称“元白”，主张“文章合为时而著，歌诗合为事而作”，写下了许多感叹时世、反映人民疾苦的诗篇，对后世影响很大。白居易在唐元和时曾任翰林学士、左赞善大夫等，因得罪权贵被贬为江州司马，晚年笃信佛教。白居易一生作诗很多，以讽喻诗为最有名，语言通俗易懂，被称为“老妪能解”，不仅在我国，在朝鲜、日本、越南都有很大影响，现有《白氏长庆集》留传于世，代表作有《琵琶行》、《长恨歌》等。

小李杜

“小李杜”是针对李白、杜甫而言，指晚唐时期的李商隐和杜牧。二人都有报国济世之志，但因时局黑暗而不获伸展，在失望和失意后不同程度地追求声色感官的刺激，诗中写男女之情的题材较多。李商隐（813—858），字义山，号玉溪生，又号樊南生、樊南子，晚唐著名诗人，祖籍怀州河内（今河南焦作沁阳市），祖辈迁至荥阳。李商隐诗作构思新奇、风格浓丽，爱情诗尤为缠绵悱恻，多脍炙人口的嘉篇。据《新唐书》记载，李商隐有《樊南甲集》二十卷,《樊南乙集》二十卷,《玉溪生诗》三卷,《赋》一卷,《文》一卷,但部分作品现已散佚。杜牧（803—852），字牧之，号樊川居士，京兆万年（今陕西西安）人，晚唐杰出诗人，尤以七言绝句著称。除诗歌之外还擅长文赋，其《阿房宫赋》为后世传诵得名篇,有《樊川文集》二十卷传世，其中有诗歌四卷。

郊寒岛瘦

“郊寒岛瘦”指唐代诗人孟郊和贾岛的诗风。二人在文学史上以苦吟著称，因平生遭际大体相当，诗风相似，被后世并称为“郊寒岛瘦”，又作“岛瘦郊寒”。“寒”指清寒枯槁，“瘦”指孤峭瘦硬，两者含义大体相似。孟郊和贾岛的诗风清奇悲凄、幽峭枯寂，格局狭隘窄小、破碎迫促，且讲究苦吟推敲、锤炼字句，往往给人以“寒瘦窘迫”之感，所以往往有名句而无名篇。早在宋初，欧阳修就曾说过：“孟郊、贾岛之徒，又得其悲愁郁堙之气。”苏轼在《祭柳子玉文》中正式提出：“元轻白俗，郊寒岛瘦。”

南唐二主

“南唐二主”指南唐的两位君主李璟和李煜。“南唐”是937年李昪建立的江南小朝廷,975年被宋灭亡,前后共38年，历经三代君主。李璟和李煜以君主之尊写词作文，使南唐成为当时的文学艺术中心。

李璟（916—961），字伯玉，徐州人，李昪长子。李璟于943年继位,年号保大，后因后周威胁，削去帝号改称国主，史称南唐中主。李璟好读书、多才艺，具有较高的文学艺术修养，经常与宠臣韩熙载、冯延已等饮宴赋诗，他的词作感情真挚，风格清新，语言不事雕琢，对南唐词坛产生过一定影响，现仅存作品五首。

李煜(937—978),字重光，初名从嘉，号钟隐、莲峰居士，李璟第六子。李煜于961年继位，史称李后主，南唐灭亡后降宋，被俘虏至汴京封为违命侯，后被宋太宗毒死。李煜不通政事，但具有非凡的艺术才华，精书法、善绘画、通音律，诗文俱佳，尤以词作成就最高。他的创作可分为前后两期：前期是降宋之前的作品，主要反映宫廷生活和男女情爱，题材较窄；后期是降宋后的作品，多反映亡国之痛和对往事的追忆，凄美深刻，价值远远超过前期的作品，对后世影响极大。

《云谣集杂曲子》

《云谣集杂曲子》是唐代敦煌曲子词集，所收多是无名氏的作品，为当时流行于三陇一带的民间曲子词。作品多写相思离别，也有少数歌颂太平、宣扬封建道德的，语言自然纯朴，抒情自然坦率。在形式方面，作品以长调居多，如《倾杯乐》、《内家娇》等长达百余字，《拜新月》、《凤归云》等长达八十余字。在唐代词人作品中，除据传为杜牧所作的《八六子》外，皆所未见，说明这些长调也是在民间最先出现的。《云谣集杂曲子》虽然在艺术成就上没有太多可取之处，但对于"词"这种诗体的研究具有不可估量的重要价值。

词牌

"词牌"是指填词时所依据的曲调名称，又称词调。宋代以前的词都是配合音乐歌唱的，有的"依调填词"，有的"依词制调"，和现在的歌曲创作大体相似，曲调乐谱的名称即为词牌。填词既要求合乎音乐腔调，又要合乎一定的格律，如字数、平仄、句式、韵位等。宋代以后，词的创作主要是"依调填词"，且大多数词人只懂格律不懂音乐，他们只是按照格律填词，所作词走上了与音乐脱离的道路。明代以后，宋词曲谱大都失传，而按照格律填词的方法却流传下来，因此词牌名只作为文字的结构定式得以保留，词也成为一种独立的诗歌形式。词牌种类繁多，总共有一千个以上，其中常用的有一百多个，如《沁园春》、《水调歌头》、《念奴娇》、《菩萨蛮》、《如梦令》、《蝶恋花》、《忆秦娥》等。

词风

"词风"是指词人个人创作出来的作品所具有的独特艺术风格。传统上认为，两宋词风以婉约和豪放两种为主：婉约词修辞委婉、感情柔腻，多使用含蓄蕴藉的表现手法，以温庭筠、柳永、李清照、周邦彦等词人为代表；豪放词视野较为广阔，气象恢弘雄壮，常用诗文的手法和句法写词，语词宏博，不拘束于音律，以苏轼和辛弃疾等为代表。对婉约和豪放两种词风的理解一直存在着两种误区：一是非此即彼的划分，其实宋词除婉约和豪放之外还有许多风格，如清旷、秾丽等等；二是以词风定词人，宋代每个著名词人的作品都不是风格单一的，所以不能以婉约和豪放给词人定性。

曲

曲是我国文学史上重要的文学体裁之一，因兴盛于元代又被称做"元曲"。元曲是杂剧和散曲的合称，二者都是当时流行的北曲。元代出现了很多优秀的作家，如关汉卿、马致远、白朴、王实甫等，因此人们把元曲称为元朝文学作品的代表。杂剧是我国戏曲艺术发展到成熟阶段后最早的戏曲种类，按照发展衍变的地域和时期分为宋杂剧、金院本和元杂剧。杂剧的主要特点有：每个剧本由“四折一楔子”构成，一折里用同一宫调的一套曲子，楔子放在第一折前，一般用于交代剧情；在表演上由一人主唱，其他角色只用旁白。元代杂剧唱与说白紧密相连，注重舞台性，角色分工类型化，以类型化、象征化的手法表现剧作的内在情绪，具备了戏曲的本质特征，是严谨、完整、统一，而又个性鲜明的戏曲艺术。

说话四家

宋朝时由于城市经济的繁荣，民间说话艺术开始分门别类，各立门庭，有“四家”之说。据宋代《都城纪胜》记载，“四家”分别为小说、说经、讲史和合声，以所讲故事的题材为划分标准。小说以讲烟粉、灵怪、传奇、公案等故事为主；说经即演说佛书；讲史则说前代兴废争战之事；合声以演出者的灵敏见长，“指物题咏、应命辄成”之类，有人认为类似于现在的相声。

话本

宋朝时随着说话活动的日益兴盛，在书场中流传的故事越来越多，而以口传故事为蓝本的文字记录本，以及受说话体式影响而衍生的其他故事文本等也逐渐增多，后世将这些文本统称为“话本”。话本小说是民间艺人的创作，既具有口头文学清新活泼的特色，又发扬了志怪传奇等古代小说的优良传统，在思想性和艺术性上都有一定成就，对后世小说的发展有很大影响，以至于出现模拟话本小说的“拟话本”。宋代话本流传不多，代表作品有《简帖和尚》、《错斩崔宁》等，和元明话本、拟话本一起多收录于“三言二拍”之中，是我国古代小说史上的一个重要发展阶段。

范仲淹

范仲淹（989—1052），字希文，江苏吴县（今苏州市）人，北宋著名政治家、文学家、军事家，谥号文正，故又被称为“范文正公”。范仲淹在宋仁宗时曾官至参知政事，提出“十事疏”，主张建立严密的仕官制度，注意农桑，整顿武备，推行法制，减轻徭役等。宋仁宗采纳他的建议并陆续推行，史称“庆历新政”。范仲淹喜好弹琴,但平日只弹《履霜》一曲，故时人称之为“范履霜”。除琴艺之外，范仲淹更工于诗词散文，所作文章多涉及政事，但文辞秀美，气度豁达。他的代表作为《岳阳楼记》，此文中“先天下人之忧而忧，后天下人之乐而乐”一句是妇孺皆知的千古佳句，也是他本人一生的写照。

欧阳修

欧阳修(1007—1072)，字永叔，号醉翁、六一居士，吉州吉水（今属江西省）人，北宋著名文学家、史学家，谥号文忠，故又被称为“欧阳文忠”。欧阳修在庆历年间曾任谏官，支持范仲淹的新政，先后担任翰林学士、枢密副使、参知政事等。欧阳修主张文章应该“明道”、“致用”，反对宋初以来靡丽险怪的文风。他积极培养后进，是北宋古文运动的领袖。欧阳修的散文说理畅达、抒情委婉；诗风与其散文风格近似，语言流畅自然；其词作婉丽，有南唐余风。在史学方面，欧阳修曾与宋祁合修《新唐书》，并独自撰写《新五代史》。欧阳修还喜爱收集金石文字，曾编著《集古录》，对宋代金石学颇有影响。现存有《欧阳文忠公集》。

王安石

王安石(1021—1086)，字介甫，晚号半山，谥号文，因受封荆国公，故又被称为“王荆公”。王安石的散文雄健简练、奇崛峭拔，文章多针对时政或社会问题，观点鲜明、分析深刻，长篇横铺而不力单，短篇纡折而不味薄，是唐宋散文中的大手笔。王安石的诗歌可以为前后两期，在内容和风格上有比较明显的区别。前期的诗歌长于说理，倾向性十分鲜明，涉及许多重大而尖锐的社会问题，注重表现下层人民的痛苦；后期诗歌题材内容比较狭窄，写景诗和咏物诗取代了前期政治诗的地位，多抒发闲恬的情趣，但艺术表现上臻于圆熟，“雅丽精绝，脱去流俗”，被后世称为“王荆公体”。

柳永

柳永(约987—约1055)，原名三变、字景庄，后改名永、字耆卿，因排行第七又称为“柳七”。柳永是北宋著名词人，在中国词史上享有重要地位。他扩大了词的境界，使词成为一种抒发个人情感的文体，他的许多词作都用凄切的曲调唱出了盛世中落魄文人的痛苦，真实感人，《雨霖铃》、《八声甘州》等都是杰出代表。他最早用词描绘都市的繁华景象，《望海潮》便是其中的名篇。柳永还发展了词体，现存二百多首词所用词牌竟有一百五十个之多，而且有许多都是前所未见的新调，这些词作的大部分都是长调、慢词，对词的解放和进步作出了巨大贡献。除此之外，柳永还丰富了词的表现手法，他的词讲究章法结构，词风真率明朗，语言自然流畅，有鲜明的特色。柳永的词不仅在当时流传极广，对后世影也十分深刻。

三苏

“三苏”指北宋文学家苏洵以及他的儿子苏轼和苏辙，他们是四川眉山人。

苏洵（1009—1066)，字明允，号老泉，文学创作上长于散文，尤擅政论，议论明畅、笔势雄健，著有《嘉祐集》。

苏轼（1037—1101），字子瞻、和仲，号东坡居士，后世多称其为苏东坡。苏轼是北宋著名政治家、文学家、思想家，在政治上倾向于以司马光为首的旧党，但一贯保持自己的独立性，所以屡遭新旧两党的打击，一生大起大落、仕途坎坷。苏轼在诗、文、词、书、画等多个领域都取得了登峰造极的成就：在诗歌创作上与黄庭坚并称“苏黄”；在古文创作上与父亲、弟弟并称“三苏”；作为杰出的词人，苏东坡开辟了豪放词风，同辛弃疾并称为“苏辛”；书法方面成就也非常大，与黄庭坚、米芾、蔡襄并称“宋四家”；在思想方面，苏轼开创了蜀学，对发展儒家传统学说做出了很大的贡献。苏轼是中国文化史上罕见的全才，是屈原、李杜之后最伟大的诗人，是后世文人向往的人格楷模，他不仅深受士大夫阶层的崇拜，还以其诙谐洒脱的性格深受民间的爱戴，有关他的民间故事流传至今。苏轼现存的作品有《东坡七集》、《东坡乐府》等。

苏辙（1039—1112），字子由，晚年自号颍滨遗老，因为苏轼之弟，故又称“小苏”，是北宋著名散文家，为文以策论见长，在北宋文坛上自成一家，代表作有《六国论》、《黄州快哉亭记》等，著有《栾城集》。

苏门四学士

“苏门四学士”指北宋大文豪苏轼门下最受他欣赏和重视的四个弟子，分别是黄庭坚、秦观、晁补之和张耒，据《宋史·文苑（六）黄庭坚传》记载：“（黄）与张耒、晁补之、秦观俱游苏轼门，天下称为四学士。”黄庭坚，字鲁直，自号山谷道人，晚号涪翁，又称黄豫章，洪州分宁（今江西修水）人，北宋著名诗人、词人、书法家。其诗风奇崛瘦硬，力摈轻俗之习，开一代风气，为盛极一时的江西诗派开山之祖。秦观，字太虚、少游，号邗沟居士，扬州高邮人，北宋文学家。他是北宋后期著名婉约派词人，其词大多描写男女情爱和抒发仕途失意的哀怨，文字工巧精细，音律谐美，情韵兼备。晁补之，字无咎，号归来子，济州巨野人，北宋著名文学家。张耒，字文潜，号柯山，北宋著名诗人，是苏门四学士中辞世最晚的作家。

江西诗派

江西诗派是我国文学史上第一个有正式名称的诗文派别，其名来源于吕本中所作的《江西诗社宗派图》。北宋后期，黄庭坚在诗坛上影响很大，追随和效法黄庭坚的诗人很多，逐渐形成以黄庭坚为中心的诗歌流派。诗派成员多数学习杜甫，宋末时方回又把杜甫和黄庭坚、陈师道、陈与义称为江西诗派的“一祖三宗”。江西诗派的诗歌理论强调“夺胎换骨”、“点铁成金”，即或师承前人之辞，或师承前人之意；崇尚瘦硬奇拗的诗风，追求字字有出处。在创作实践中，讲究“以故为新”，虽机械呆板但简单易学，是诗歌创作入门的捷径，也因此成为宋代最有影响的诗歌流派。江西诗派的影响遍及整个南宋诗坛，余波一直延及近代的同光体诗人。

李清照

李清照（1084—约1151），号易安居士，南宋著名女词人。李清照的父亲李格非是当时著名的学者，丈夫赵明诚是金石考据家。李清照的早期生活非常优裕，与赵明诚共同致力于书画金石的搜集和整理。金兵入据中原后流寓南方，赵明诚客死他乡，李清照晚年境遇孤苦。所作词前期多写其悠闲生活，后期多悲叹国破家亡，情调感伤，常流露出对故国家乡的怀念。李清照词作在形式上善用白描手法，自辟途径，语言清丽，是婉约派的重要代表人。词论方面强调协律，崇尚典雅、情致，提出词“别是一家”之说，反对以作诗文之法作词。李清照诗作留存不多，部分篇章感时咏史，情辞慷慨，与其词风大不相同，有激越之丈夫气。原作品《易安居士文集》、《易安词》已散佚，后人辑有《漱玉词》。

辛弃疾

辛弃疾（1140—1207），字幼安，号稼轩，山东济南人，南宋著名词人。辛弃疾出生时山东已被金兵所占，二十一岁时参加当地抗金义军，不久后投靠南宋，历任湖北、江西、湖南、福建、浙东安抚使等职。辛弃疾任职期间，采取各项措施招集流亡者组成军队，奖励耕战，打击豪强，政绩卓著。他一生坚决主张抗金，在《美芹十论》、《九议》等奏疏中具体分析了当时的政治军事形势，要求加强战备，鼓励士气，以图恢复中原。但他所提出的抗金建议均未被采纳，并且遭到主和派的打击，曾长期落职闲居。辛弃疾的词作多写力图恢复国家统一的爱国热情，倾诉壮志难酬的悲愤，对南宋上层统治集团的屈辱投降进行揭露和批判，也有不少吟咏祖国壮丽河山的作品，与苏轼并称为“苏辛”。《破阵子·为陈同甫赋壮词以寄之》、《永遇乐·京口北固亭怀古》等均为脍炙人口的名篇，现存有词集《稼轩长短句》。

陆游

陆游（1125—1210），字务观，号放翁，越州山阴（今浙江绍兴）人，南宋著名诗人。陆游一生始终坚持抗金，在仕途上不断受到当权派的排斥打击。曾经入蜀从军，军事生活丰富了他的文学创作，使文学作品吐露出刚烈之气。陆游一生著作丰富，有《剑南诗稿》、《渭南文集》等数十个诗文集存世，现存诗歌近万首，是我国流传诗作最多的古代诗人之一。陆游的诗歌中有许多都抒写了抗金杀敌的豪情和对敌人、卖国贼的仇恨，风格雄奇奔放、沉郁悲壮，洋溢着强烈的爱国主义激情，在思想和艺术上取得了卓越成就。陆游不仅是南宋一代的诗坛领袖，更是中国文学史上享有崇高地位的伟大爱国诗人。

姜夔

姜夔（约 1155—1221），字尧章，号白石道人，饶州鄱阳（今江西）人，南宋著名词人、音乐家。姜夔为诗初学黄庭坚，但最终能够自拔于宋人之外，所作《诗说》亦多精辟之论。姜夔在中国文学史上以词著称，他精通音律，能自度曲调，今存带有乐谱之词作十七首，是研究宋词音乐的重要依据。姜夔为词格调甚高，词风清空峭拔，对南宋风雅词派有很大的影响，余泽绵延至清代，被清初浙西词派奉为圭臬，现存有词集《白石道人歌曲》。

唐宋八大家

“唐宋八大家”是对唐宋八大散文家的合称，指唐代的韩愈、柳宗元和宋代的欧阳修、苏洵、苏轼、苏辙、王安石、曾巩。唐代贞元、元和时期，韩柳掀起古文运动，使唐代散文发展到极盛，一时古文作家蜂起，形成了“辞人咳唾，皆成珠玉”的局面。宋代古文则以欧阳修为魁，他荐拔和指导了王安石、苏洵、苏轼、苏辙、曾巩等散文名家，对他们的散文创作产生过很大的影响。最初将这八位作家的散文作品编选在一起刊行的是明初的《八先生文集》，后来的《文编》一书中也选录了这八个唐宋名家的作品。明朝中叶古文家茅坤在前两者的基础上加以整理，编选《唐宋八大家文钞》一百六十卷，“唐宋八大家”从此得名。唐宋八大家都提倡内容充实、平易流畅的文风，扭转了南朝以来文章奢华浮靡的风气，对后世散文创作影响深远。

元曲四大家

“元曲四大家”指关汉卿、郑光祖、马致远和白朴。关汉卿，别号已斋叟，大都（北京）人，大约生于金末，卒于元成宗大德年间。关汉卿是我国古代最伟大的戏剧家之一，元杂剧的奠基者和元代前期剧坛领袖，所作杂剧有六十余种，今存十八种，大多揭露封建统治的黑暗腐败，表现底层人民，特别是青年妇女的苦难和斗争，代表作为《窦娥冤》。郑光祖，字德辉，平阳襄陵（今山西临汾）人，杂剧成就居元代后期作家之冠，所作杂剧存目十八种，代表作为《迷春琐倩女离魂》。马致远，号东篱，大都（北京）人，是元贞书会的中坚人物，有“曲状元”的美称，所作杂剧十五种，今存七种，代表作为《汉宫秋》。白朴，字太素，号兰谷，初名恒，字仁甫，山西河曲人，所作杂剧十六种，今存《梧桐雨》和《墙头马上》等，皆为戏曲名篇。

《窦娥冤》

《窦娥冤》是元代戏曲家关汉卿的代表作，也是我国古代悲剧的杰出代表作。《窦娥冤》的故事起源于《列女传》中的《东海孝妇》，讲述了和婆婆相依为命的寡妇窦娥被地痞无赖张驴儿逼婚诬陷，在对薄公堂时又因为官员受贿而被判死刑的悲剧故事，但故事的结尾时具有名族风格的团圆结局。《窦娥冤》在艺术上充分体现了现实主义与浪漫主义相融合的风格，以现实主义笔法表达作者鲜明爱憎的同时，也以浪漫主义的精神表达了一种希望，反映了作者为广大人民伸张正义、惩恶扬善的强烈愿望。《窦娥冤》语言通俗自然、朴实生动，感情真挚而强烈，窦娥临行前的唱词堪称中国文学史上的绝唱。

元代四大爱情剧

“元代四大爱情剧”分别是关汉卿的《拜月亭》、王实甫的《西厢记》、白朴的《墙头马上》和郑光祖的《倩女离魂》。

《拜月亭》全名《闺怨佳人拜月亭》，现仅存曲词和部分科白，讲述了秀才蒋世隆与兵部尚书之女王瑞兰几经离合、终成眷属的爱情故事。作品以元朝统治者的征服战争为背景，描写了王瑞兰和蒋世隆的坚贞爱情，赞颂了青年男女为争取爱情所进行的斗争，同时也反映了离乱的时代气氛和战争给人民带来的巨大灾难。《拜月亭》曲词不事雕琢，质朴自然，剧情曲折，生动感人。

《西厢记》全名《崔莺莺待月西厢记》，讲述了书生张君瑞与相国之女崔莺莺的爱情故事，歌颂了青年男女争取爱情婚姻自由的斗争，揭露封建礼教对青年男女的迫害，表达了“愿天下有情的都成了眷属”的进步思想。作品成功地塑造了张生、莺莺、红娘、老夫人、法本等人物形象，矛盾冲突错综复杂，情节波澜起伏，曲词具有浓郁的诗情画意。

《墙头马上》全名《裴少俊墙头马上》讲述了尚书之子裴少俊与洛阳总管之女李千金私定终身、终成眷属的爱情故事。作品通过强烈的矛盾冲突，塑造了大胆追求爱情、与封建礼教作斗争的李千金的形象，歌颂了青年一代的勇气。

《倩女离魂》全名《迷青琐倩女离魂》，主人公王文举与张倩女是指腹为婚的未婚夫妻，倩女之母因嫌弃文举而与其相约得中功名后才能完婚。倩女因文举上京赶考而相思成疾，灵魂出窍一路追随文举而去，文举高中回府后，倩女的魂灵才与病榻上的肉身相合。作品通过浪漫的恋爱故事，鞭挞了封建礼教和门第观念，歌颂了青年一代为自由为爱情做出的抗争，抒情气息浓厚，曲词华丽流畅。

昆曲

“昆曲”原名“昆山腔”，或简称“昆腔”，是我国非常古老的戏曲声腔、剧种，在元末明初之际产生于江苏昆山一带，与起源于浙江的海盐腔、余姚腔，以及起源于江西的弋阳腔合称为明代四大声腔，同属南戏系统。昆曲的伴奏乐器以曲笛为主，辅以笙、箫、唢呐、三弦、琵琶等。昆曲的表演有其独特的体系和风格，最大的特点是抒情性强，动作细腻，歌唱与舞蹈身段结合得巧妙而和谐。昆曲在清代中后期一度衰落，被新兴的各种戏曲，尤其是京剧所取代，但近年来由于文化界的大力提倡，又呈现出复兴的局面，深受戏曲爱好者的喜爱。

前后七子

“前后七子”指明代文学团体“前七子”和“后七子”。前七子以李梦阳为核心，还包括何景明、王九思、边贡、康海、徐祯卿、王廷相等，他们力图借助复古的手段达到变革当时萎靡文风的目的。他们贬斥“主理”提倡“主情”，在作品中重视表现真情；认为“真诗在民间”，从而提高了民间创作的地位。但他们过分重视古人的法度格调，束缚了自己的创作。后七子是嘉靖年间出现的，先后以李攀龙、王世贞为首的文学团体，还包括谢榛、吴国伦、宗臣、徐中行、梁有誉，他们在复古主张上承接了前七子，对法度格调的讲究也更加强化和具体，因此创作也就更加尊古重古，最终难脱蹈袭的窠臼。

唐宋派

“唐宋派”是明代文学流派，代表人物有王慎中、唐顺之、茅坤和归有光等人。明代前后七子崇拜秦汉、模拟古人，唐宋派则既推尊三代两汉文章的传统地位，又承认唐宋文对它们的继承和发展。唐宋派从“学秦汉”变为“学欧曾（欧阳修、曾巩）”，改佶屈聱牙为文从字顺，是一个不小的进步。唐宋派还重视在散文中抒发作者的思想感情，他们批评复古派一味抄袭模拟，主张文章要直抒胸臆，具有作者自己的本色面目。唐宋派对复古派的批评非常尖锐，指出其要害在于缺乏自己的思想灵魂，可谓一针见血。唐宋派的散文创作对后世影响较大，如清代桐城派便承继了它的传统。

公安派

“公安派”是晚明时期具有相当影响力的文学流派，代表人物有袁宗道、袁中道、袁宏道三兄弟，因三人为湖北公安人，故称“公安派”。公安派的文学主张发端于袁宗道，但袁宏道是中坚力量，也是实际上的领导人物，袁中道则进一步扩大了它的影响。公安派反对前后七子的拟古风气，主张“独抒性灵，不拘格套”，发前人之所未发，并且推重民歌和小说，提倡通俗文学。公安派的创作成就主要集中在散文方面，“三袁”的散文作品清新活泼，自然率真，在当时和后世都较大的影响，但内容上多局限于抒写闲情逸致，视野较为狭窄。

竟陵派

“竟陵派”是明代后期文学流派，以竟陵人钟惺、谭元春为首，因此得名。

竟陵派认为公安派作品俚俗、浮浅，因此力图倡导一种“幽深孤峭”风格加以匡救，主张文学创作应抒写“性灵”，反对拟古之风。竟陵派在创作上刻意雕琢字句，求新求奇，语言佶屈，形成艰涩隐晦的风格，将创作引向了险怪孤峭之路，缩小了文学的表现视野，是晚明思潮中激进活跃精神的衰落。

桐城派

“桐城派”是清代文坛最大散文流派，主要代表人物方苞、刘大櫆、姚鼐均系安徽桐城人，因此得名。桐城派散文理论的基本特征是以程朱理学为思想基础，以服务当代政治为目的，以先秦两汉和唐宋八大家为楷模，在文章体制和创作手法上有细致的系统化理论。方苞的散文理论核心是“义法”,“义”指“言有物”、“法”指“言有序”；刘大櫆则强调义理、考证、文章三者要兼备，并将文风归为“阳刚”和“阴柔”两种；姚鼐则进一步发展壮大了桐城派。桐城派矫正了明末清初“辞繁而芜，句佻且稚”的文风，促进了散文的发展，对后世的影响一直持续到现在。

蒲松龄

蒲松龄（1640—1715），字留仙、剑臣，别号柳泉居士，世称聊斋先生，清代杰出文学家，山东省淄川县（现淄博市）蒲家庄人。蒲松龄十九岁即参加县府的科举考试，并在县、府、道三级考试中均夺得魁首，得中秀才，但在之后的科举场中却很不得意，屡次乡试均不中举，一直到七十一岁时才被补为贡生。科举不利的蒲松龄将毕生精力都倾注到《聊斋志异》的创作中，这部文言短篇小说集的内容丰富多彩，故事多采自民间传说和野史轶闻，将花妖狐魅和幽冥世界的事物人格化、社会化，对封建科举制度的揭露和讽刺尤为精彩，充分表达了作者的爱憎之情和美好理想，在思想和艺术两方面都达到了很高的水准。除《聊斋志异》外，蒲松龄还创作了大量诗文、戏剧、俚曲，以及有关农业、医药方面的著述。

曹雪芹

曹雪芹(1715—1763)，名霑，字梦阮，号雪芹、芹圃、芹溪，清代著名小说家，也是我国历史上最伟大的小说家之一。曹雪芹先世原为汉族，后入满洲正白旗，在清朝建立的过程中立有功劳。曹雪芹的曾祖曹玺、祖父曹寅、父辈的曹颙和曹頫都曾担任江宁织造一职，曾祖母孙氏还是康熙帝的保母，所以曹雪芹自幼就在“秦淮风月”之地的“繁华”中成长。但雍正初年，由于宫廷斗争的牵连，曹家遭受了一系列打击，曹雪芹也随之经历了生活中的重大转折，世态炎凉使他对社会有了更清醒、更深刻的认识，为后来的创作打下了基础。曹雪芹晚年穷困潦倒，移居北京西郊，以坚强的毅力全身心投入《红楼梦》的写作和修订，前后“披阅十载，增删五次”，自谓“字字看来皆是血，十年辛苦不寻常”，但遗憾的是在他生前并未完稿。今传一百二十回本《红楼梦》中的前八十回大多出于他的手笔，后四十回则多认定为高鹗所续。《红楼梦》内容丰富、情节曲折、思想深刻、艺术精湛，是中国古典小说的最高峰。

吴敬梓

吴敬梓（1701—1754），字敏轩、文木，号粒民、文木老人，清代著名小说家，安徽全椒人。吴敬梓出身仕宦名门，从小受到良好教育，对文学表现出特别的天赋，成年后随父亲到各处做官，因此获得包括官场内幕的大量见识。父亲去世后因不善经营家业，加之性格豪迈，数年间便将家产挥霍殆尽。后移居金陵，并成为当地文坛盟主，因筹建先贤祠而卖掉居所，日益困顿。晚年客居扬州，落拓纵酒，卒于客中。吴敬梓一生厌恶科举，倾二十年心血所著的《儒林外史》专写困于科场的书生，幽默诙谐中含有辛辣的讽刺，是我国古代讽刺文学的典范。吴敬梓对生活在封建末世科举制度下的文人群像进行了成功的塑造，对腐败的科举、吃人的礼教和黑暗的官场进行了无情的谴责，使他成为我国文学史上杰出的批判现实主义作家。除《儒林外史》之外，吴敬梓还有《文木山房诗说》、《文木山房集》等存世。

汤显祖

汤显祖(1550—1616)，字义仍，号海若、若士，自署清远道人，江西临川人，明代著名戏曲家。汤显祖从小受王学左派的影响，肯定人欲，反对程朱理学,具有追求个性自由的思想。在文学上，汤显祖反对以王世贞为首的拟古派，与公安派反复古的思潮相呼应，明确提出文学创作首先要“立意”的主张，把思想内容放在首位，主张抒写性灵。他的戏剧创作现存主要有五种，即《紫钗记》、《牡丹亭》、《邯郸记》、《南柯记》和《紫箫记》，其中影响最大的是《牡丹亭》。汤显祖的剧作曲辞优美，情感真挚，不拘泥于韵律曲调，是戏曲文采派的代表。

南洪北孔

“南洪北孔”指的是清初著名剧作家洪升和孔尚任。清代初年，剧坛出现了洪升和孔尚任两位著名的剧作家，洪升创作的《长生殿》和孔尚任创作《桃花扇》代表了古典戏曲创作的两座高峰，堪称传奇剧本中的双璧。孔尚任（1648—1718），字聘之、季重，号东塘，别号岸堂，自称云亭山人，山东曲阜人，孔子第六十四代孙。洪升（1645—1704），字方思，号稗畦，钱塘（今杭州）人。因为洪升是南方浙江钱塘人，孔尚任是北方山东曲阜人，所以他们被合称为“南洪北孔”。

三言二拍

“三言二拍”是明代五本著名传奇短篇小说集的合称。“三言”是《喻世明言》、《警世通言》、《醒世恒言》的合称，“二拍”是《初刻拍案惊奇》和《二刻拍案惊奇》的合称。“三言”的作者是明代的冯梦龙，他辑录了宋、元、明以来的话本，做了不同程度的润色修改，还根据文言笔记、传奇小说、戏曲、历史故事，乃至社会传闻进行了一些创作，是我国白话短篇小说在说唱艺术的基础上，经文人整理加工再到文人独立创作的开端，“三言”也成为宋、元、明三代最重要的一部白话短篇小说总集，它的出现标志着古代白话短篇小说整理和创作高潮的到来。在“三言”的影响下，凌蒙初编著了“二拍”，与“三言”不同，“二拍”个人创作的比重加大，可以算是一部个人的白话小说创作专集，但在思想和艺术两方面都不如“三言”，思想略显正统保守，语言也稍显刻板，不如“三言”活泼。

临川四梦

“临川四梦”又称“玉茗堂四梦”，指明代剧作家汤显祖的《牡丹亭》、《紫钗记》、《邯郸记》和《南柯记》四部戏曲，因汤显祖为临川人，书房名为玉茗堂，且四部戏曲均与梦境有关，因此得名。《紫钗记》讲述了霍小玉与书生李益喜结良缘，被卢太尉设局陷害，得豪侠黄衫客从中帮助，最终解开猜疑、消除误会的悲欢故事。《牡丹亭》讲述了杜丽娘因梦生情，伤情而死，人鬼相恋，最终起死回生，与书生柳梦梅永结同心的痴情故事。《南柯记》讲述了书生淳于棼在梦中做大槐安国驸马，任南柯太守，荣华富贵梦醒而皈佛的故事。《邯郸记》则讲述了卢生梦中娶妻，中状元，建功勋于朝廷，后遭陷害而被放逐，再度返朝做宰相，享尽荣华富贵，醒来方知是一场黄粱梦，因此而悟道的故事。“临川四梦”的四个梦境千变万化总是情，几百年来盛演不衰，在我国戏剧史上有着极高的地位。

《聊斋志异》

清代蒲松龄穷尽毕生精力创作的《聊斋志异》共八卷、四百九十一篇，四十余万字。作品继承和发展了我国志怪传奇文学的优秀传统和表现手法，故事情节幻异曲折、跌宕多变，文笔简练、叙次井然，是我国古代文言短篇小说中成就最高的作品集，鲁迅在《中国小说史略》中将其称赞为“专集之最有名者”。《聊斋志异》的故事多采自民间传说和野史轶闻，作者在故事中将花妖狐魅和幽冥世界的事物人格化、社会化，借此表达自己对社会的思考，尤其是对封建科举制和黑暗官场的讽刺；郭沫若曾赞其为：“写鬼写妖高人一等，刺贪刺虐入骨三分。”《聊斋志异》中的故事曾多次被拍摄成电影和电视剧搬上银幕，至今仍然深受大众的喜爱。

《三国演义》

《三国演义》是我国历史演义小说的经典之作，作者为元末明初的文学家罗贯中。小说描写了东汉末年和整个三国时代以曹操、刘备、孙权为首的魏、蜀、吴三个政治、军事集团之间的矛盾和斗争，在广阔的社会历史背景中，展示出那个时代尖锐复杂又极具特色的政治军事冲突，在政治、军事谋略方面对后世产生了深远的影响。《三国演义》是我国第一部长篇章回体小说，塑造了一大批鲜明生动、极具生命力的人物形象，构思宏伟、手法多样，尤以战争描写最为成功，其中的官渡之战、赤壁之战等的描写，都是波澜起伏、跌宕跳跃、惊心动魄、荡气回肠，是战争描写的典范手笔。全书“文不甚深，言不甚俗”，简洁明快，气势充沛，是一部至今仍深受读者喜爱的经典作品。

《水浒传》

《水浒传》是我国首部描写农民起义的长篇小说，作者为元末明初文学家施耐庵，也有罗贯中、施耐庵合写之说，尚无定论。小说以农民起义的发展过程为主线，通过各路英雄被逼上梁山的经历，表现了“官逼民反”这一封建时代农民起义的必然规律，塑造了农民起义领袖的形象，反映出北宋末年的政治状况和社会矛盾。作者歌颂了农民起义领袖们除暴安良的正义行为，肯定了他们敢于造反、敢于斗争的革命精神，但仍坚持封建纲常，最终使起义军走向接受朝廷招安的结局。《水浒传》的结构独具一格，以单个英雄的故事为主体，环环相扣，整体呈现出“百川归海”的结构。在人物塑造方面则善于把人物置身于具体的环境中，扣紧人物的身份、经历和遭遇来刻画他们的性格，使得人物形象生动真实，极具感染力。

《西游记》

《西游记》是我国古代神魔小说的杰出代表，作者为明代的吴承恩。小说以天生石猴孙悟空“大闹天宫”作为故事的开始，把他的形象提到全书首要的地位，再回过头来讲唐僧的身世，交待取经的缘起。两个源头汇集后，再写孙悟空皈依佛教保护唐僧取经，在八戒、沙僧的协助下，一路斩妖除魔，最终到西天修成“正果”的结局。《西游记》描写的是幻想世界和神话人物，因此以浪漫主义为基本艺术特征，但作者同时又把善意的嘲笑、辛辣的讽刺和严峻的批判艺术与浪漫主义的基调结合起来，使整部小说既妙趣横生，又完满地表达了深刻的思想和鲜明的爱憎，从而意味深长地寄寓了反抗恶势力、战胜恶势力的乐观精神，曲折地反映了社会现实。《西游记》以其鲜明的个性特征，在中国文学史上占有重要的地位，成书数百年来始终受到我国及周边国家读者的喜爱。

《金瓶梅》

《金瓶梅》是我国已知的第一部由文人独立完成的长篇小说，成书年代大约在明隆庆至万历年间，作者署名兰陵笑笑生，与《三国演义》、《水浒传》和《西游记》并称为“四大奇书”。小说描绘了一个上自朝廷内擅权专政的太师，下至地方官僚恶霸，乃至市井间的地痞、流氓、帮闲所构成的鬼蜮世界。男主人公西门庆原是个破落财主、生药铺老板，但善于投机钻营、巴结权贵，他不择手段地聚敛财富，荒淫好色、无恶不作。为了满足贪得无厌的享乐欲望，他干尽伤天害理的事情，但由于有官府做靠山，攀结上了当朝宰相蔡京，不仅没有遭到应有的惩罚，反而步步高升。这些描写反映了明代中叶以后，朝廷权贵与地方豪绅官商相勾结，压榨人民、聚敛钱财的种种黑幕，作者在小说中按照佛教的轮回报应之说让西门庆得到惩罚，不能不说是一种对社会的无奈。《金瓶梅》之前的长篇小说无不取材于历史故事或神话传说，而《金瓶梅》摆脱了这一传统，以现实社会中的人物和家庭日常生活为题材，使中国小说的现实主义创作方法日臻成熟，为《红楼梦》的出现做了必不可少的探索和准备。

《红楼梦》

《红楼梦》原名《石头记》，又名《情僧录》、《风月宝鉴》、《金陵十二钗》等，作者曹雪芹，成书于清代乾隆年间，是我国文学史上空前绝后的旷世杰作，也是世界文学史中不可多得的精品。《红楼梦》最初以手抄本形式流传，只有曹雪芹创作的前八十回，后来各种续作纷至沓来，达百余种之多，现通行的一百二十回本《红楼梦》是由高鹗续写的。小说以贾、史、王、薛四大家族为背景，以贾宝玉和林黛玉的爱情悲剧为主线，着重描写贾家荣宁二府由盛到衰的过程，全面描写了封建社会末期的人情世态，以及种种无法调和的社会矛盾，是一部中国封建社会末期的百科全书，也是这段历史的缩影。《红楼梦》之所以能够成为“中国小说文学难以征服的顶峰”，不仅仅是因为它具有极高的思想价值，还在于它非凡的艺术成就，全书规模宏伟、结构严谨、人物生动、语言优美，自成书以来就深受读者的喜爱，对它的研究甚至还形成了专门的学问——“红学”。

《儒林外史》

《儒林外史》是我国文学史上杰出的现实主义长篇讽刺小说，作者为清代的吴敬梓。全书的故事情节没有结构上的主干，只是围绕几群各有特点的文人展开，除几次集会外，一般都以少数几个人物为中心进行叙述，鲁迅先生称其为“如集诸碎锦，合为帖子，虽非巨幅，而时见珍异”。虽然没有结构上的主干，但《儒林外史》在内容上始终以反对科举制度和封建礼教对人的毒害为中心，讽刺热衷功名富贵而造成的极端虚伪、恶劣的社会风气，塑造出一批在这种风气下产生的可爱、可恨、可怜、可气的人物形象。《儒林外史》语言生动幽默，人物栩栩如生，景物优美细腻，讽刺沉静老辣，在艺术上获得了巨大的成功，堪称我国古代讽刺文学的典范。

《长生殿》

《长生殿》是清代著名戏曲作品，作者洪昇。剧本讲述了在我国家喻户晓的唐明皇李隆基和妃子杨玉环的爱情悲剧，但不同于以往表现这一题材的文学作品，《长生殿》不仅揭示了这一悲剧的必然结果，而且细腻地描写了为获得真正的爱情而付出的惨重代价。洪昇笔下的杨玉环不再是祸国殃民的罪魁祸首，她被赋予了新的历史定位和美学内涵，使观众为之伤感、叹息，因此产生出巨大的悲剧力量，从而取得了超越前人的艺术成就。《长生殿》还是一部时代悲剧，李隆基虽然对安史之乱负有不可推卸的责任，但他又是爱情悲剧中的受害者，时代悲剧和爱情悲剧互为因果、纠结缠绕，正是作者驾驭历史题材的高明之处。《长生殿》曲词优美，历来为人称道，历来被赞誉为“曲中巨擘”。

《桃花扇》

《桃花扇》是清代著名戏曲作品，作者孔尚任，成稿于清圣祖康熙三十八年（公元1699年），历来受到观众和读者的一致好评。全剧共有四十出，现在仍然上演于戏曲舞台的有《访翠》、《寄扇》、《沉江》等。作品通过男女主人公侯方域和李香君的爱情故事，反映了明末南明灭亡的历史，所谓“借离合之情，写兴亡之感，实事实人，有凭有据”。清初是考据学极盛的时期，极大地影响了作者忠于历史的态度，剧本中绝大部分人物和故事都是真人真事，所写的重大历史事件甚至精确考证到具体月份及日期。但作者并没有拘泥于历史，他在剧中加入了许多虚构的细节，使人物塑造饱满鲜活，情节发展跌宕起伏。《桃花扇》在历史和戏剧之间的平衡和拿捏非常到位，因此具有很高的艺术表现力，是一部对后世影响很深的历史剧。

《格萨尔》

《格萨尔》是一部藏族长篇英雄史诗，历史悠久、结构宏伟、卷帙浩繁、内容丰富、流传广泛，是我国少数民族三大史诗之一，讲述了格萨尔王降临下界后降妖除魔、抑强扶弱、统一各部，最后回归天国的英雄业绩。《格萨尔》为我们提供了关于原始社会的宝贵而丰富的资料，代表了古代藏族文化的最高成就。史诗从生成、基本定型到不断演进，包含了藏民族文化的原始内核，在不断地演进中又融汇了不同时代藏族关于历史、社会、自然、科学、宗教、道德、风俗、文化、艺术的知识，具有很高的学术价值、美学价值和欣赏价值，是研究古代藏族社会的百科全书，它既是族群文化多样性的熔炉，又是多民族民间文化可持续发展的见证，是草原游牧文化的结晶，被誉为“东方的荷马史诗”。

《江格尔》

《江格尔》是蒙古族人民集体创作的一部伟大的英雄史诗，是我国少数民族三大史诗之一。《江格尔》长期在民间口头流传，经过历代人民群众，尤其是演唱《江格尔》的民间艺人的不断加工、丰富，篇幅逐渐增多，内容逐渐丰富，最后成为一部大型史诗。史诗的故事曲折动听，语言朴实无华，故事里的人物为捍卫自己美好家园而浴血奋战的精神和可亲可敬的形象，使它获得了代代相传、永不衰竭的生命力。史诗故事描写的并非真实的历史事件和历史人物，它的故事情节、人物形象全都出自虚构，通过其丰富的思想内容和生动的艺术形象，描绘了洋溢着草原生活气息的生活图景，体现了蒙古民族特有的性格特征和审美情趣，在艺术风格方面具有鲜明的民族特色，至今仍渗透在蒙古族的生活当中。

《玛纳斯》

《玛纳斯》是柯尔克孜族人民集体创作的一部伟大的英雄史诗，是我国少数民族三大史诗之一，主要讲述了柯尔克孜族人民不畏艰险，奋勇拼搏，创造美好生活的故事。史诗一共分为八个部分，通过曲折动人的情节和朴素优美的语言，反映了历史上柯尔克孜族人民反抗卡勒玛克、契丹人的奴役，以及肃清内奸、惩处豪强、斩除妖魔、为民除害的斗争，表现了古代柯尔克孜族人民争取自由、渴望幸福生活的理想和愿望。《玛纳斯》各部在人物塑造、故事情节的安排上颇多创见，在语言艺术方面具有浓郁的民族特色，它不只是一部珍贵的文学遗产，而且也是研究柯尔克孜族语言、历史、民俗、宗教等方面的百科全书，具有很高的文学欣赏价值和重要的学术研究价值。

《阿诗玛》

《阿诗玛》是云南彝族支系撒尼人口头流传的美丽而富有特色的长篇叙事诗，被彝族撒尼人称为“我们民族的歌”。长诗主人公阿诗玛是个聪明美丽而又能干的农家姑娘，当地有财有势的热布巴拉要娶她做儿媳妇，但阿诗玛不肯，她的哥哥阿黑和热布巴拉家斗智比武，获得胜利，终于把妹妹救出来。可是热布巴拉并不甘心,求“崖神”放水淹死兄妹俩，阿诗玛最终被水冲走，变成了回声，人们怀念她时便呼唤她的名字，山谷里就会传来她的声音。阿诗玛的传说现在已经成为彝族撒尼人日常生活、婚丧礼节以及其他风俗习惯的一部分，仍然在人民中间广为传唱。

《福乐智慧》

《福乐智慧》是维吾尔族诗人尤素甫·哈斯·哈吉甫的一首长诗，是用维吾尔语写成的第一部大型文学作品。长诗塑造了四个人物形象，分别是国王“日出”、大臣“月圆”、月圆之子“贤明”、大臣的族人和修道士“觉醒”，他们分别代表了“公正”、“幸运”、“智慧”、“知足”。长诗故事情节简单，主要通过这四个人物的对话，表达了作者的政治理想和哲学观点，其中心思想是，要国富兵强首先是要使人民富裕。《福乐智慧》结构完整，篇幅宏伟，语言丰富流畅，音调铿锵有力，既具有形象美，又具有音乐美，具有较高的美学价值。由它成功引进的阿鲁孜韵律，对后世维吾尔诗歌的发展产生了深远的影响。

第四章：传统艺术

李斯

李斯（？—前 208），秦代著名的政治家、文学家和书法家，上蔡（今河南上蔡）人。李斯早年为郡小吏，后从荀子学帝王之术，学成入秦。秦王采纳其计谋，遣谋士持金玉游说六国，离间各国君臣，又任其为客卿。秦王嬴政十年（前 237 年）下令驱逐六国客卿，李斯上《谏逐客书》阻止，被秦王嬴政采纳。他在秦王政统一六国的事业中起了较大的作用，秦统一天下后被任命为丞相。李斯主张以小篆为标准书体，对汉字的规范化起了很大的作用。小篆又称秦篆，相对大篆而言，字体刚柔并济、圆浑挺健，具有很高的审美价值。李斯是已知最早的小篆书法家，他的作品有《泰山封山刻石》、《琅琊刻石》、《峄山刻石》和《会稽刻石》等。

蔡邕

蔡邕(133—192)，字伯喈，陈留圉（今河南杞县）人，东汉著名散文家、书法家。蔡邕博学多识，擅长辞章，并且精通音律。桓帝时，宦官专权，听说他善于鼓琴，就奏请天子令陈留太守督促其入京，蔡邕行至偃师称疾而归。灵帝时召拜郎中，校书于东观，后为议郎。熹平四年(公元 175 年)曾上奏请求正定“六经”文字，获准后自写经文，刻碑立于太学门外，世称“熹平石经”，是他的书法名作。后因弹劾宦官被流放到朔方，遇赦后不敢回归乡里，亡命于江浙一带。献帝时董卓强迫他出仕，董卓被诛后因显露同情而被捕，死于狱中。蔡邕曾著诗、赋、碑、诔、铭等共百余篇，书法精妙，尤工隶书，对后世影响甚大。

钟张

“钟张”是东汉书法家张芝和魏国书法家钟繇的合称。张芝，字伯英，甘肃酒泉人，出身官宦家庭，擅长草书中的章草，将当时字字区别、笔画分离的草法改为上下牵连、富于变化的新写法，富有独创性，在当时影响很大，有“草圣”之称，今无墨迹传世，仅有北宋《淳化阁帖》中收录的《八月帖》等刻帖。钟繇，字元常，颍川长社（今河南长葛）人，生于东汉桓帝元嘉元年（151 年），卒于魏明帝太和四年（230 年），书法宗曹熹、蔡邕、刘德升，博取众长，自成一家，尤精隶、楷，书若飞鸿戏海、舞鹤游天，与王羲之并称“钟王”，在中国书法史上占有相当重要的地位。

王羲之

王羲之 (303—361)，字逸少，东晋书法家，祖籍琅琊临沂（今属山东），后迁会稽（今浙江绍兴），晚年隐居剡县金庭。王羲之出身于著名的士族门阀，历任秘书郎、宁远将军、江州刺史，后为会稽内史，领右将军，人称“王右军”、“王会稽”，书法造诣出神入化，兼善隶、草、楷、行各体，精研体势，心摹手追，广采众长，冶于一炉，摆脱汉魏书风，自成一家，影响深远。其书法平和自然，笔势委婉含蓄，遒美健秀，被后人誉为“书圣”。王羲之的书法作品主要有楷书《黄庭经》、《乐毅论》，草书《十七帖》，行书《姨母》、《快雪时晴帖》、《丧乱》、《兰亭序》等。其中《兰亭序》为历代书家所敬仰，有“天下第一行书”之誉。

顾恺之

顾恺之 (405—418)，东晋画家、绘画理论家、诗人。顾恺之在东晋义熙初年任通直散骑常侍，博学多能，工诗善书精书法，沉浸于艺术之中孜孜不倦，有“才绝、画绝、痴绝”之称。绘画师从卫协，擅作佛像、人物、山水、走兽、禽鸟，尤善点睛，自谓“四体妍蚩，本无关于妙处，传神写照，正在阿堵之中”。其笔法如春蚕吐丝，初见甚平易，细看则六法兼备；设色以浓彩微加点缀，不晕饰，运思精微，襟灵莫测，神气飘然。兴宁年间在建康瓦棺寺墙壁作《维摩诘像》，容貌清羸，神态忘言，轰动一时。代表作品有《女史箴图》、《洛神赋图》、《列女仁智图》等。

展子虔

展子虔，隋代著名画家，渤海（今山东惠民县）人，他是唯一有画作可考的隋代画家，是我国绘画史上承前启后的一代宗师，占据着重要的地位。展子虔曾在洛阳、长安等地的寺院画过许多壁画，据传各种画类几乎无所不能，画人物、画车马、画山川，都形象生动、呼之欲出。他的代表作《游春图》描绘了隋代贵族游春的情景，是我国现存最古老的卷轴山水画之一，对后世山水画的发展影响很大。

阎立本

阎立本（约601—673），唐代画家、工程学家，雍州万年（今陕西西安临潼县）人，贵族出身。阎立本的绘画艺术早年承继家学，后师从张僧繇、郑法士，具有多方面的才能，善画人物、山水、鞍马，尤以道释人物画著称，曾在长安慈恩寺两廊画壁，颇受称誉。阎立本的《太宗真容》、《秦府十八学士》、《凌烟阁功臣二十四人图》，描绘了唐太宗李世民及众臣的形象，逼真传神，是当时的名作，时人誉之为“丹青神化”。

吴道子

吴道子，唐玄宗赐名道玄，阳翟（今河南禹州）人，唐代第一大画家，也是我国绘画史上声名卓著的绘画大师，后世尊称为“画圣”，被民间画工尊为祖师。吴道子少年时孤苦穷困，随书法大家张旭、贺知章等学习书法，未能成功。后发愤改攻绘画，并逐渐掌握绘画妙法，擅画佛道、神鬼、人物、山水、鸟兽、草木、楼阁等，尤精于佛道、人物，长于壁画创作，曾于长安、洛阳寺观中绘制壁画三百余幅。吴道子的绘画具有独特的风格，所画人物衣褶飘举，线条遒劲，具有天衣飞扬、满壁风动的效果，被时人誉为“吴带当风”，代表作品有《天王送子图》《孔子行教像》等。

欧阳询

欧阳询（557—641），字信本，祖籍潭州临湘（今湖南长沙），与虞世南、褚遂良、薛稷合称“初唐四大家”，与颜真卿、柳公权、赵孟頫合称“楷书四大家”，因其子欧阳通也擅长书法，故又被称为“大欧”。欧阳询楷书法度之严谨，笔力之险峻世无匹敌，被称为唐人楷书第一。后人以其书法便于初学，故临摹者甚多，号为“欧体”。“欧体”源出于汉隶，骨气劲峭，法度谨严，于平正中见险绝，于规矩中见飘逸，笔画穿插，安排妥贴，具有很强的艺术性。欧阳询的书法作品以碑刻《九成宫醴泉铭》，墨迹《张翰帖》等为最著名。

颜真卿

颜真卿（709—785），字清臣，琅琊孝悌里（今临沂市费县）人，唐代杰出书法家、伟大的爱国主义政治家。颜真卿于开元年间中进士，历经玄宗、肃宗、代宗三朝，历任御史大夫、吏部尚书、太子太师，受封鲁郡公，故世称“颜鲁公”。颜真卿在安史之乱时曾与堂兄颜杲卿起兵平叛，淮西节度使李希烈叛乱时被奸相卢杞派往劝降，最终因坚贞不屈而死于李希烈之手。颜真卿成长于书法世家，曾祖、祖父、父亲都擅长篆隶书法，母亲殷氏也长于书法。颜真卿的楷书一反初唐书风，以篆籀之笔，化瘦硬为丰腴雄浑，结体宽博而气势恢宏，骨力遒劲而气概凛然，这种风格体现了大唐帝国繁盛的风度，并与他高尚的人格契合，是书法美与人格美完美结合的典范，世称“颜体”，代表作有《东方朔画赞碑》、《祭侄文稿》、《多宝塔碑》等。

柳公权

柳公权(778—865)，京兆华原（今陕西耀县）人，唐代最后一位大书法家，因官至太子少师，因此也被称为“柳少师”。柳公权的书法在唐朝时就已极负盛名，民间有“柳字一字值千金”的说法。他的书法初学王羲之，后遍观唐代名家名作，认为颜真卿、欧阳询的书法最好，因此吸取颜欧之长，融会贯通，自成一体，有“柳体”之称，与颜真卿所创“颜体”平分秋色。“柳体”字匀衡瘦硬，有魏碑斩钉截铁之势，骨力遒劲，结构严谨，点画爽利挺秀，与颜体字一起被誉为“颜筋柳骨”，代表作有《金刚经刻石》、《李晟碑》、《回元观钟楼铭并序》、《冯宿碑》、《玄秘塔碑》、《苻璘碑》等。

颠张醉素

“颠张醉素”指的是唐代大书法家张旭和怀素，他们都以狂草著称于世。张旭字伯高、季明，吴郡（江苏苏州）人，初为常熟尉，后官至金吾长史，因此人称“张长史”。其母陆氏为初唐书法家虞世南的外孙女，书法乃家传之学。张旭为人潇洒不羁，才华横溢，学识渊博，所作草书丰腴精绝，飘逸洒脱，连绵萦绕，鬼神不可端睨，被时人誉为“草圣”。张旭性嗜酒，每大醉之后便呼叫狂走，兴致一来便落笔成书，有时竟以头发沾墨书写，故被人称为“张颠”，传世作品有《肚痛帖》、《古诗四帖》等。怀素俗姓钱，湖南长沙人，出身贫寒，少年时出家为僧，诵经拜佛之余研习书法。怀素学书极勤，且性情爽朗，不拘小节，嗜酒如命，醉时所写的草书奇趣横生，故被人称为“醉素”，传世作品有《自叙帖》、《论书贴》、《食鱼帖》等。

宋四家

书法史上的“宋四家”俗称“苏黄米蔡”，前三位分别是苏轼、黄庭坚和米芾。从书法风格上看，苏轼丰腴跌宕、天真烂漫，黄庭坚纵横拗崛、昂藏郁拔，米芾俊迈豪放、沉着痛快，他们都善于学习古人，但又富于创新精神，因此书风自成一格，为时人所推崇，列于“四家”向无异议。但列于四家之中的“蔡”究竟指谁，历史上一直存在争议。现在一般认为所指为蔡襄，他的书法取法晋唐，讲究古意与法度，正楷端庄沉着，行书淳淡婉美，草书参用飞白，自成一体，精妙非常。但也有另一种说法，认为“蔡”原本指蔡京，因后人厌恶其为人，所以才用蔡襄取而代之。

张择端

张择端，字正道、文友，东武（今山东诸城）人，北宋末年著名画家。张择端自幼好学，早年游学汴京（今河南开封），后习绘画，宋徽宗时供职于翰林图画院，专工界画宫室，尤擅舟车、市肆、桥梁、街道、城郭，后“以失位家居，卖画为生，写有《西湖争标图》、《清明上河图》”。其作品大都失传，存世的《清明上河图》、《金明池争标图》是我国国宝级古代艺术珍品，在全世界享有盛誉。

宋徽宗

宋徽宗（1082—1135），姓赵名佶，北宋第八位皇帝，号宣和主人、教主道君皇帝、道君太上皇帝，谥号“体神合道骏烈逊功圣文仁德宪慈显孝皇帝”。宋徽宗治国无术，但却具有极高的艺术造诣，书法、绘画具佳。其创制的“瘦金体”影响很大，字体瘦硬挺拔，横画收笔带钩，竖划收笔带点，撇如匕首，捺似腰刀，竖钩细长，联笔字如游丝行空，已近于行书。他的绘画有两种格调：一是精工富丽的风格，如他临张萱的《捣练图》和《虢国夫人游春图》，以及自创的《瑞鹤图》、《芙蓉锦鸡图》、《听琴图》等；二是水墨渲染的技法，这类画作不甚注意色彩，崇尚清淡的笔墨情趣，如纯用水墨表现的《斗鹦鹉图》等。宋徽宗取得的最高艺术成就为花鸟画，在我国绘画史上占有重要的地位。

王冕

王冕（1287—1359），字元章，号放牛翁、煮石山农、会稽外史、梅花屋主等，浙江诸暨人，元代著名画家、诗人。王冕出身农家，自幼勤奋好学，学识渊博，能诗擅画，尤以墨梅名世，著有《竹斋集》一书。王冕生于乱世，无意仕途，隐居九里山以卖画为生。所画梅花以胭脂作骨，花密枝繁，别具一格，亦善画竹石。相传王冕最早使用花乳石作印材进行篆刻，是文人用软石亲自操刀篆刻的始祖，在篆刻史上拥有里程碑式的意义。

赵孟頫

赵孟頫（1254—1322），字子昂，号松雪道人、水精宫道人、鸥波，吴兴（今浙江湖州）人，宋太祖赵匡胤第十一世孙，秦王赵德芳之后，元代著名画家、书法家，与欧阳询、颜真卿、柳公权合称“楷书四大家”。赵孟頫的书法和绘画成就极高，开创了元代新画风，被称为“元人冠冕”。在绘画上，山水、人物、花鸟、竹石、鞍马无所不能；工笔、写意、青绿、水墨，无所不精。在我国书法史上也占有重要的地位，篆、隶、真、行、草皆善，尤以楷、行著称于世。但赵孟頫以宋朝宗室的身份出仕元朝，历来为正统文人士大夫所诟病，因此不如欧阳询、颜真卿和柳公权那样为人所熟知。

鲜于枢

鲜于枢（1246—1302），字伯机，号困学山民、寄直老人，祖籍金代德兴府（今张家口涿鹿县），生于汴梁（今河南开封），是与赵孟頫齐名的元代书法家。鲜于枢多才多艺，善诗词、通音律、精于文物鉴定，为他的书法创作打下了基础。鲜于枢的传世作品有四十余件，分楷书、行书、草书三大类，艺术成就以草书为最高。他的书法创作多用中锋回腕，笔墨淋淳酣畅，气势雄伟跌宕，笔力遒健有力，酒酣作字更是奇态横生，代表作有《老子道德经卷上》、《苏轼海棠诗卷》、《韩愈进学解卷》、《论草书帖》等。

元四家

“元四家”是四位元代山水画家的合称，分别是黄公望、王蒙、倪瓒和吴镇。黄公望(1269—1354)，常熟人，五十岁后隐居杭州，专心于山水画创作，代表作品为《富春山居图》。王蒙(1308—1385)，湖州人，善画江南林木丰茂的景色，湿润华滋，意境幽远，代表作品有《青卞隐居图》、《夏日山居图》、《春山读书图》等。倪瓒(1301—1374)，无锡人，家境富裕，终身不仕，画作多描绘太湖一带山水，代表作有《江岸望山图》、《竹树野石图》、《溪山图》等。吴镇(1280—1354)，浙江嘉兴人，博学多识，性情孤傲，隐居乡里，传世作品有《嘉禾八景图》、《水村图》等。元四家均为江浙文人，所擅长的水墨山水表现出典型的文人画风格，在艺术上都受到赵孟頫的影响，使中国山水画的笔墨技巧达到了一个高峰，对山水画的发展起到了举足轻重的作用。

明四家

“明四家”也称“吴门四家”，是四位明代画家的合称，分别是沈周、文征明、唐寅和仇英。这四位画家并不是一个流派，他们都在江苏苏州从事绘画活动，因苏州古为吴地，所以被人们合称为“吴门四家”。四人各有所长：沈周、文征明都擅长画山水，继承了北京山水画的传统；唐寅山水、人物皆善，以南宋院体为法；仇英以工笔人物、青绿山水见称。四人的代表作品有沈周的《庐山高图》、文征明的《惠山茶会图》、唐寅的《落霞孤鹜图》、仇英的《桃源仙境图》等。

吴中四才子

“吴中四才子”即民间所说的“江南四大才子”，一般认为是指唐寅、祝允明、文徵明和徐祯卿。唐寅（1470—1523），字伯虎，别号六如居士、桃花庵主，明代著名书画家、文学家。祝允明（1460—1526），字希哲，号枝山，明代书法家。文徵明（1470—1559），初名壁，字征明，后更字征仲，号停云，别号衡山居士，人称文衡山，吴门画派的创始人之一。徐祯卿（1479—1511），字昌谷、昌国，常熟人，明代文学家。他们四人都是生活在江苏苏州，才华横溢且性情洒脱的文化名人，民间有许多关于他们的故事流传至今。

董其昌

董其昌（1555—1636），字玄宰，号思白、香光居士，华亭（今上海）人。董其昌精于书画鉴赏，收藏很多名家作品，在书画理论方面论著颇多，其“南北宗”的画论对晚明以后的画坛影响深远。董其昌擅长书法，自谓于率易中得之，对后世影响很大。其书画创作讲求追摹古人，但并非泥古不化，在笔墨的运用上追求先熟后生的效果，拙中带秀，体现出文人创作中平淡天真的个性。加之他当时显赫的政治地位，其书画风格名重当时，成为明代艺坛的主流。除书画作品外，董其昌还著有《画禅室随笔》、《容台集》、《画旨》等文集。

徐渭

徐渭（1521—1593），初字文清，改字文长，号天池山人，山阴（今浙江绍兴）人，明代杰出书画家、文学家。徐渭一生遭遇十分坎坷，因牵涉奸相严嵩一案先后自杀九次，后因杀妻入狱，获释后贫病交加，以卖诗、文、画为生。其画继承梁楷、林良和沈周等写意画法，擅长画水墨花卉，用笔放纵、不拘绳墨。其作品其风格清新，恣情汪洋，自成一家，形成“青藤画派”，为后世所推崇，著名作品有《墨葡萄图》、《山水人物花鸟》、《牡丹蕉石图》和《墨花》等。徐渭本人以书法自重，自成一格，袁宏道称其“笔意奔放”，“苍劲中姿媚跃出”。除书画外，还有《四声猿》、《南词叙录》等文学作品传世。

王铎

王铎（1592—1652），字觉斯、觉之，号十樵、嵩樵，又号痴庵、痴仙道人等，河南孟津人，明代画家、书法家。王铎博学好古，工诗文，山水画作丘壑峻伟，皴擦不多，以晕染作气，所画兰、竹、梅、石洒然有物外趣，代表画作有《渔舟萧闲图》、《雪景山水图》、《兰石图》、《山水卷》等。王铎的艺术成就以书法为最高，行草书宗王羲之、王献之，楷书师钟繇，亦多自出胸臆，诸体悉备，有《拟山园帖》。

傅山

傅山（1607—1684），字青竹，后改字青主，号公之它、石道人、侨松等，阳曲（今山西太原）人，明末清初书法家、学者、医学家。傅山多画山水，风格古拙奇特。书法初学赵孟頫、董其昌，几乎可以乱真。他对颜真卿的人品和书品推崇倍至，因此也喜用颜体。今人邓散木在《临池偶得》中评价为“傅山的小楷最精，极为古拙”，“草书也没有一点尘俗气，外表飘逸内涵倔强”。傅山流传至今的作品以颜体楹联和榜书居多，皆端庄遒劲，刚健有力，具有很高的艺术价值。

朱耷

朱耷（1626—1705），号“八大山人”，

江西南昌人，明宁献王朱权后裔，明末清初画家、书法家。朱耷擅画花鸟、山水，其花鸟承袭陈淳、徐渭的写意传统，并进一步发展为“阔笔大写意”画法，通过象征寓意的手法，对所画的花鸟、鱼虫进行夸张，使画中形象突出、主题鲜明，甚至将鸟、鱼的眼睛画成“白眼向天”，以此来表现自己孤傲不群、愤世嫉俗的性格，从而创造出一种前所未有的造型。其画笔墨简朴豪放、苍劲率意、淋漓酣畅，构图疏简、奇险，风格雄奇朴茂。朱耷亦长于书法，擅行、草，宗法颜真卿、董其昌等，以秃笔作书，风格流畅秀健。

扬州八怪

“扬州八怪”是对清代中期活动于扬州地区的八位书画家的合称，也称为“扬州画派”。“扬州八怪”之说由来已久，但到底是哪八个人却并不确定，据李玉棻《瓯钵罗室书画过目考》中的说法，“八怪”为罗聘、李方膺、李鱓、金农、黄慎、郑燮、高翔和汪士慎。这八位画家都知识广博、长于诗文，但在生活上遭遇坎坷，大多走上卖画为生的道路。他们虽是卖画，但却以画寄情，在书画艺术上有更高的追求，不愿流入一般画工的行列，故此被当时人称为“八怪”。他们的学识、经历、艺术修养、深厚功力和立意创新的艺术追求，已不同于一般画家，达到了立意新、构图新、技法新的全新境界，开创了一代新画风，为我国绘画事业的发展立下了不朽的功业。

邓石如

邓石如（1743—1805），原名琰，号顽伯、完白山人、笈游道人、古浣子，安徽怀宁人，清代著名书法家、篆刻家、金石学家。邓石如为清代碑学书法家巨擘，擅长四体书，其篆书初学李斯、李阳冰，后学《禅国山碑》、《三公山碑》、《天发神谶碑》等，以隶法作篆，字体线条圆涩厚重，雄浑苍茫，臻于化境，开创了清人篆书的典型，对篆书一艺的发展作出了不朽的贡献。

吴昌硕

吴昌硕（1844—1927），原名俊卿，字昌硕、仓石，别号缶庐、苦铁，浙江安吉人。吴昌硕先后师从于俞樾、杨岘，研习训诂、辞章、诗、书、篆刻，曾在苏州吴云、吴大澄处获见古代彝器及名人书画，对其书法、篆刻颇有助益。吴昌硕诗、书、画、篆刻皆精，所擅长之篆书脱胎于石鼓，雄浑恣肆。擅画花卉、蔬果、山水等，取法徐渭、任伯年等人，笔墨淋漓、色彩浓郁、气魄醇厚，一振晚清萎靡干柘之风，开创现代写意画派的新景象。1913年杭州西冷社成立时被推为首任社长，现存有《缶卢集》及书画集多部。

齐白石

齐白石（1864—1957），原名纯芝，字渭清，后更名璜，字濒生，号白石，别号借山馆主者、寄萍老人等，湖南湘潭人，20世纪中国著名画家、书法家、篆刻家。齐白石原为木匠出身，在艺术上的经历极具传奇色彩，通过艰苦的学习，成为诗、书、画、印无不卓绝的艺术大师。齐白石的山水画表达出对自己艺术创新的自信和深刻体悟；人物画则长于传神达情，所题书法简约大方，雄健浑厚的笔意融入画中，完善了人物内在神情的表达；篆刻风格与其书法相似，狂放老辣但又不失章法。齐白石的绘画成功地以传统经典的笔墨意趣传达出中国画的现代艺术精神，在世界范围内享有盛誉，有《白石诗草》、《白石印草》、《齐白石作品选集》、《齐白石作品集》等传世。

徐悲鸿

徐悲鸿（1895—1953），江苏宜兴人，现代著名画家、美术教育家。徐悲鸿少时刻苦学画，后留学法国，曾携中国近代绘画作品赴法、德、比、意及苏联展览。抗日战争期间，他多次在国外卖画筹款，用于救济祖国难民，并积极参加国内民主运动。除创作外，徐悲鸿还长期从事美术教育工作，新中国成立后任中央美术学院院长，中华全国美术工作者协会主席等职。徐悲鸿对国画的现代化作出了卓越贡献，提出了“古法之佳者守之，垂绝者继之，不佳者改之，西方绘画可采入者融之”的主张，曾创作《九方皋》、《愚公移山图》等寓有进步思想的历史画，所画花鸟、风景、走兽简练明快，富有生气，尤以画马享誉海内外。

张大千

张大千（1899—1983），原名张正权，又名爰，字季爰，号下里巴人，斋名大风堂，出家为僧后法号“大千”，因此别号大千居士，四川内江人，祖籍广东番禺。张大千是20世纪中国画坛最具传奇色彩的国画大师，绘画、书法、篆刻、诗词无所不通。张大千早年专心研习古人书画，特别在山水画方面卓有成就，后旅居海外后画风工写结合，重彩、水墨融为一体，尤其善于泼墨和泼彩，开创了新的艺术风格。

赵朴初

赵朴初（1907—2000），著名社会活动家、佛教人士、书法家、诗人、作家，安徽安庆人。赵朴初自幼酷爱诗词和书法，后从事佛教和社会救济工作，曾担任中国佛教协会秘书长、会长，民进中央副主席，中日友协副会长，中国作协理事，中国红十字会副会长等职，第一至三届全国政协委员，第四、五届常委及人大代表，全国政协副主席。他的书法以行楷书最为擅长，脱胎于李北海、苏东坡，字的体势向右上方倾斜，结构严谨，笔力劲健，但又有一种雍容宽博的气度，隐隐透出佛家气象。

启功

启功（1912—2005），字元白，也作元伯，满族，爱新觉罗氏，清世宗第五子和亲王弘昼第八代孙，当代著名教育家、古典文献学家、书画家、文物鉴定家、诗人。启功曾临习大量碑帖，他的书法作品，无论条幅、册页、屏联，都能表现出优美的韵律和深远的意境，被称为“启体”，书法界评论为“不仅是书家之书，更是学者之书、诗人之书”。启功的画作构图严谨、手法生动、色彩鲜明、韵味悠长，尤其擅长山水竹石，极富传统文人画的意趣。除书画外，启功的主要著作有《古代字体论稿》、《诗文声律论稿》、《启功丛稿》、《启功韵语》、《启功絮语》、《启功赘语》、《汉语现象论丛》、《论书绝句》、《论书札记》、《说八股》、《启功书画留影册》、《启功口述历史》等。

《曹全碑》

《曹全碑》全称为《合阳令曹全碑》，刻于东汉中平二年（185年），明万历初年在合阳县（今陕西合阳）出土。此碑为竖方形，高273厘米，宽95厘米，共20行，每行45字，碑文记载了东汉末年曹全镇压黄巾起义的事件，也记载了张角领导农民起义波及陕西的情况，反映了当时农民军的声势和合阳县民郭家起义等情况，为研究东汉末年农民起义斗争史提供了重要的历史资料。此碑石黑明如涂油脂，光可鉴人，用隶书写成，文字清晰，结构舒展，字体秀美飞动，书法工整精细，秀丽而有骨力，风格秀逸多姿，充分展现了汉隶的成熟风格，是目前我国汉代石碑中保存比较完整、字体比较清晰的少数作品之一。

《兰亭序》

《兰亭序》又名《兰亭宴集序》、《兰亭集序》、《临河序》、《禊序》、《禊贴》等，是我国三大行书书法帖之一，也是我国十大传世名帖之一。东晋穆帝永和九年（353年）三月三日，王羲之与谢安、孙绰等四十一人在山阴（今浙江绍兴）兰亭踏青“修禊”，会上各人做诗，由王羲之为诗集作序文，此手稿便为《兰亭序》。文中记叙兰亭周围山水之美和聚会的欢乐之情，抒发了作者光阴易逝、生死无常的感慨。原本已不知所踪，现存有历代各种摹本，全文共28行，324字，章法、结构、笔法都很完美，是其得意之作，后人评为“右军字体，古法一变，其雄秀之气，出于天然，故古今以为师法”，被历代书法家推为“天下第一行书”。

《龙门二十品》

《龙门二十品》指选自龙门石窟中北魏时期的二十方造像题记，是魏碑书法的杰出代表。魏碑上承汉隶、下开唐楷，兼有隶楷两体之神韵，从而形成了端庄大方、刚健质朴，既兼隶书格调，又孕楷书因素的独特风格。《龙门二十品》分别为《比丘慧成为亡父始平公造像记》、《长乐王丘穆陵亮夫人尉迟为亡息牛撅造像记》、《步辇郎张元祖妻一弗为亡夫造像记》、《北海王元详造像记》、《司马解伯达造像记》、《云阳伯郑长猷为亡父等造像记》、《新城县功曹孙秋生二百人等造像记》、《邑主高树和维那解伯都卅二人等造像记》、《比丘惠感为亡父母造像记》、《广川王祖母太妃侯为亡夫广川王贺兰汗造像记》、《邑主马振拜和维那张子成卅四人为皇帝造像记》、《广川王祖母太妃侯为幼孙造像记》、《比丘法生为孝文皇帝并北海王母子造像记》、《北海王国太妃高为亡孙保造像记》、《比丘道匠为师僧父母造像记》、《辅国将军杨大眼为孝文皇帝造像记》、《陆浑县功曹魏灵藏造像记》、《安定王元燮为亡祖亡考亡妣造像记》、《齐郡王元佑造像记》、《比丘尼慈香、慧政造像记》。

《颜氏家庙碑》

《颜世家庙碑》全称为《唐故通议大夫行薛王友柱国赠秘书少监国子祭酒太子少保颜君碑铭》，是颜真卿为其父颜惟贞所立，唐德宗建中元年（780年）六月撰文，十月又撰《碑后记》，时年72岁。碑高338厘米、宽176厘米、厚40厘米，四面刻文，阴阳两面各24行、每行47字，碑侧各6行、每行52字。李阳冰篆书额，3行6字，阴额题名10行，每行9字。碑存西安碑林，北京故宫博物院藏宋拓本。书写《颜氏家庙碑》时正是颜真卿踌躇满志之时，书法风棱秀出、精彩纷呈，为颜真卿晚年书法艺术的杰出代表，与李阳冰篆额堪称“双璧”。

《祭侄文稿》

《祭侄文稿》也称《祭侄季明文稿》，是我国三大行书书法帖之一，也是我国十大传世名帖之一，书于唐肃宗乾元元年（758年），纵28.16厘米、横72.32厘米，25行，共200余字，为颜真卿所书祭文草稿，现存台北故宫博物院。在平定安史之乱时，颜真卿的堂兄颜杲卿取得了胜利，派长子颜泉明押送俘虏到长安报捷并请求救兵，路经太原时为太原节度使王承业截留，王想冒功，拥兵不救，颜杲卿孤军奋战，城破被俘，其子颜季明等三十余人被害，颜杲卿也被押解至洛阳凌迟处死，于是颜真卿写下这篇祭文。此文笔墨劲遒宛行，悲痛刻骨铭心，撼魂震魄。字迹遒劲而舒和，与沉痛切骨的思想感情融和无间，尤为难能可贵。《祭侄文稿》是由真挚感情浇灌出的杰作，是心灵的奏鸣曲，是哀极愤极的心声，是血泪凝聚成的不朽经典。

《自叙帖》

《自叙帖》是我国第一草书，也是我国十大传世名帖之一，是唐代书法家怀素的代表作。《自叙帖》为纸本，纵28.3厘米，横775厘米，共126行，698字，书于唐代宗大历十二年（777 年），现藏台北“故宫博物院”，首 6 行久已损坏，为宋苏舜钦所补。《自叙帖》内容为自述写草书的经历和经验，和当时士大夫对他书法的品评，即当时的著名人物如颜真卿、戴叙伦等对他的草书的赞颂。《自叙帖》是怀素流传下来篇幅最长的作品，墨气纸色精彩动人，其中纵横变化发于毫端，奥妙绝伦有不可形容之势，是怀素晚年草书的代表作。

《玄秘塔碑》

《玄秘塔碑》全称《唐故左街僧录内供奉三教谈论引驾大德安国寺上座赐紫大达法师玄秘塔碑铭并序》，裴休撰文，柳公权书写并篆额，邵建和、邵建初镌刻，共 28 行，每行 54 字，现存西安碑林。《玄秘塔碑》结字内敛外拓，紧密挺劲，运笔健劲舒展，干净利落，四面周到，有自己独特的面目。清代王澍《虚舟题跋》赞曰“诚是极矜炼之作”，明代王世贞《弇州山人稿》评曰“此碑柳书中最露筋骨者”。其骨力矫健、筋骨特露、刚健遒媚，结字瘦长，且大小错落、巧富变化、顾盼神飞，行间气脉流贯，全碑无一懈笔，堪称精绝。

《寒食帖》

《寒食帖》全称《黄州寒食诗帖》，是我国三大行书书法帖之一，北宋文学家、书画家苏轼所书，纸本，共一百余字，是苏轼行书的代表作。《寒食帖》是一首遣兴的诗作，是苏轼被贬黄州第三年的寒食节所发的人生感慨。诗写得苍凉多情，表达了苏轼此时惆怅孤独的心情，书法也正是在这种心情和境况下有感而出，通篇起伏跌宕，光彩照人，气势奔放而无荒率之笔，是苏轼书法中的上乘之作。

《草书七绝》

《草书七绝》是清代思想家、书法家傅山的草书代表作，全文为：“右军大醉舞蒸豪，颠倒青蓠白锦袍。满眼师宜欺老辈，遥遥何处落鸿毛。”《草书七绝》流畅的用笔略带生拙气息，但整体又在法度之中，书写左顾右盼、气韵流走，欹斜反正、相避揖让、纵敛开合等手法在傅山的笔下运用得十分娴熟，不经意中的真率情感、大起大落的章法，充分表现了他博大精深的胸怀。

《洛神赋图》

《洛神赋图》是东晋著名画家顾恺之的作品，原本已失，现存四幅古代摹本，一般认为宋代摹本最接近原作。宋代摹本为绢本设色绘画，纵 27.1 厘米，横 572.8 厘米。《洛神赋图》是根据曹植所作《洛神赋》绘制，全卷分为三个部分，曲折细致而又层次分明地描绘了曹植与洛神真挚纯洁的爱情故事。画中人物安排疏密得宜，在不同的时空中自然地交替、重叠、交换，而山川景物的描绘无不展现一种空间美，发挥了高度的艺术想象力，富有诗意地表达了原作的意境。无论从艺术结构、人物造形、环境描绘，还是笔墨表现，《洛神赋图》都不愧为中国古典绘画的瑰宝。

《步辇图》

《步辇图》是唐代著名画家阎立本的作品，绢本设色绘画，纵 38.5 厘米，横 129.6 厘米，内容反映的是吐蕃赞普松赞干布迎娶文成公主入藏的历史事件。唐太宗贞观十四年（640 年），吐蕃赞普松赞干布派宰相禄东赞向太宗求亲，第二年到达长安，画作表现的就是唐太宗接见禄东赞的场景。从绘画艺术的角度来看，作者的表现技巧已相当纯熟：衣纹器物的勾勒墨线圆转流畅中时带坚韧，畅而不滑、顿而不滞；主要人物的神情举止栩栩如生，写照之间能曲传神韵；图像局部配以晕染，显得极具立体感；全卷设色浓重淳净，大面积红绿色块交错安排，富于韵律感和鲜明的视觉效果。

《捣练图》

《捣练图》是唐代画家张萱的作品，原本已失，现存宋徽宗摹本，绢本设色绘画，原藏圆明园，后流失海外，现藏于美国波士顿博物馆。《捣练图》描绘了唐代妇女在捣练、络线、熨平、缝制劳动操作时的情景，画中人物动作凝神自然、细节刻画生动，使人看出扯绢时用力的微微后退后仰，表现出作者的观察入微。人物间的相互关系生动而自然，从事同一活动的人由于身份、年龄、分工的不同，动作、表情也各不相同。人物形象逼真，设色艳而不俗，其线条工细遒劲，“丰肥体”的人物造型表现出唐代仕女画的典型风格。

《五牛图》

《五牛图》是唐代画家韩滉的作品，纸本设色绘画，纵 20.8 厘米，横 139.8 厘米，是我国现存最早用纸作画的绘画作品。画卷从不同的角度表现了牛的生活形态和习性，结构标准、造型生动、形貌真切，一俯首吃草、一翘首前仰、一回首舐舌、一缓步前行、一在荆棵蹭痒，整幅画面除最后右侧有一棵小树外，别无其他衬景，因此每头牛均可独立成章。在技巧表现上，作者选择了粗壮有力，具有块面感的线条去表现牛强健有力、沉稳而行动迟缓的特点，线条排比装饰性强但又不落俗套，有笔力千钧之势。

《写生珍禽图》

《写生珍禽图》是五代西蜀画家黄筌的作品，绢本设色绘画，纵 41.5 厘米，横 70.8 厘米。画家用细密的线条和浓丽的色彩描绘了大自然中的众多生灵，在尺幅不大的绢素上画了昆虫、鸟雀及龟类共 24 只，均以细劲的线条画出轮廓，然后赋以色彩。这些动物造型准确严谨、特征鲜明。鸟雀或静立、或展翅、或滑翔，动作各异、生动活泼；昆虫有大有小，刻画得十分精细，须爪毕现、鲜活如生；两只乌龟以侧上方俯视的角度进行描绘，前后的透视关系准确精到，显示了作者娴熟的造型能力和精湛的笔墨技巧。

《韩熙载夜宴图》

《韩熙载夜宴图》是五代南唐画家顾闳中的作品，绢本设色绘画，纵 28.7 厘米，横 335.5 厘米，现藏北京故宫博物院。《韩熙载夜宴图》以连环长卷的方式描摹了南唐大臣韩熙载家中开宴行乐的场景。韩熙载为避免南唐后主李煜的猜疑，以声色为韬晦之计，每每开设夜宴与宾客纵情嬉游，此图描绘的就是一次韩府夜宴的全过程。这幅长卷设色工丽雅致，且富于层次感，神韵独出，构图和人物有聚有散，场面有动有静。画作对韩熙载的刻画尤为突出，在众多人物中超然自适、气度非凡，但脸上无一丝笑意，在欢乐气氛的反衬下，更深刻地揭示了他内心的抑郁和苦闷，使人物在情节绘画中具备了肖像画的性质。全图线条准确流畅，工细灵动，充满表现力。

《瑞鹤图》

《瑞鹤图》是宋徽宗赵佶的作品，绢本设色绘画，纵 51 厘米，横 138.2 厘米，现藏辽宁省博物馆。《瑞鹤图》描绘了盘旋于彩云缭绕的汴梁宣德门上空的一群飞鹤，鸱尾之上另有两鹤驻立，与空中飞鹤互相呼应。画面中仅见宫门脊梁部分，突出群鹤翔集，庄严肃穆中透出神秘吉祥的氛围。《瑞鹤图》一改常规花鸟画构图的传统方法，将飞鹤布满天空，一线屋檐既反衬出群鹤高翔，又赋予画面故事情节，在中国绘画史上是一次大胆的尝试。绘画技法也尤为精妙，图中群鹤如云似雾，姿态百变，各不相同。天空石青满染，薄晕霞光，色泽鲜明，鹤身粉画墨写，睛以生漆点染，顿使整个画面生机盎然，乃是画作最具匠心之处。

《清明上河图》

《清明上河图》是北宋著名画家张择端的作品，绢本设色绘画，纵 24.8 厘米、横 528.7 厘米，是我国绘画史上的稀世奇珍，位列我国一级国宝，现藏于北京故宫博物院。《清明上河图》用现实主义的手法，全景式构图，生动细致地描绘了北宋都城汴京（今河南开封）舟船往复、飞虹卧波、店铺林立、人烟稠密的繁华景象和丰富的风情习俗。画作规模宏大、结构严密，构图起伏有序，笔墨技巧兼工带写，活泼简练，人物生动传神，牲畜、房舍、舟车、城郭、桥梁、树木、河流，无一不至臻至妙，堪称鬼斧神工。纵览我国古代绘画，多为士大夫孤芳自赏之作，类似《清明上河图》这样不惜以大量笔墨、描绘数以百计的民众市俗生活和商业经济活动、将民众置于主人翁地位并加以高超艺术概括的风俗画，是极为难得一见的，因此也具有极高的学术研究价值。

《孟蜀宫伎图》

《孟蜀宫伎图》是明代画家唐寅的作品，立轴绢本设色绘画，纵124.7厘米、横63.6厘米，现藏于北京故宫博物院。《孟蜀宫伎图》取材于五代后蜀孟昶的宫廷生活，是唐寅早年工笔人物画的代表作。画作描绘了四个盛装宫伎的神情状貌，均为柳眼樱唇，尖俏的下巴显得秀丽娇柔，厚厚的脂粉增添了几分俏丽的颜色。画中人物各具神情：有的在照镜子，查看打扮是否合适，有的手托脂粉盘，由伙伴替她检点、修整，还有的作指导状。每个人物的描绘都极其认真，采用极为工细的手法，线条细劲流动，犹如春蚕吐丝，衣纹用铁线描，设色妍丽、对比强烈，浓、淡、冷、暖互相呼应或映衬，变化十分巧妙。

敦煌壁画

“敦煌壁画”指敦煌石窟中的佛教壁画，包括莫高窟、西千佛洞、安西榆林窟等共552个洞窟中的历代壁画5万多平方米，内容极其丰富，是我国也是世界范围内享有盛誉的石窟壁画作品。敦煌壁画是敦煌艺术的主要组成部分，规模巨大、技艺精湛，和其他宗教艺术画一样，是描写神的形象、神的活动、神与神的关系、神与人的关系以寄托人们善良的愿望，安抚人们心灵的艺术。壁画的风格具有与世俗绘画不同的特征，但在形式上多具有共同的艺术语言和表现技巧，华丽中见朴素、夸张中蕴生动。著名的敦煌壁画有《九色鹿救人》、《释迦牟尼传记》、《萨锤那舍身饲虎》等。

永乐宫壁画

“永乐宫壁画”是我国古代壁画艺术的奇葩，位于山西省芮城的永乐宫（又名“大纯阳万寿宫”），不仅是我国绘画史上的杰作，在世界绘画史上也是罕见的鸿篇巨制。壁画分布在永乐宫的无极殿、三清殿、纯阳殿和重阳殿中，共有1000多平方米，题材为道教故事，艺术上继承了唐宋以来优秀的绘画技法，融汇了元代的绘画特点，形成了独特的风格。永乐宫壁画中最优秀的作品是《朝元图》，画中共绘有天神289位，呈大型仪仗朝拜阵容，帝后主像高达2.85米，玉女身高也在1.95米以上，超过一般真人的高度。整个画面气势宏伟，众神男女老幼形态各异，衣冠服饰各不相同。人物神情面貌极富变化，种种情态杂居一画，使人感到变幻无穷。《朝元图》在艺术上巧妙地利用了寓动于静的构图方法，形象之间顾盼有神，表现出传统线描艺术的高度成就。

金

“金”在我国古代指金属乐器，大多由铜或铜锡合金制成，种类繁多，其中最主要的是钟类乐器，钹锣等也属此类。金属乐器的共同特性是声音宏亮、音质清脆、音色柔合，主要的代表乐器是编钟。钟是一种打击乐器，用于祭祀或宴饮，最初由商代的铜铙演变而来，按其形制和悬挂方式分为甬钟、钮钟、镈钟等。频率不同的钟依大小次序成组悬挂在钟架上，形成合律合奏的音阶，称之为编钟。钟的大小和音的高低直接相关，商代的钟为三枚一套或五枚一套，西周中晚期有八枚一套的，东周时增至九枚一套或十三枚一套。春秋战国时期编钟风靡一时，是王室显贵的陪葬重器，最有名的一套编钟是出土于湖北随州的曾侯乙墓编钟。

石

“石”在我国古代指石类乐器，主要是磬。磬最早用于乐舞活动，在商代就已广泛之作和运用，后来逐渐成为历代帝王或上层统治者进行殿堂宴享、宗庙祭祀、朝聘礼仪活动的礼器。磬由坚硬的大理石或玉石制成，石质越坚硬声音就越铿锵宏亮。磬分为特磬、编磬等，编磬由十六枚大小或厚薄各不相同的磬编悬而成，可以敲击出旋律，声音清脆优雅，常和编钟一起演奏，是“雅乐”中不可或缺的重要乐器。

丝

“丝”在我国古代指用蚕丝制弦的乐器。商周以前，丝弦乐器只有琴和瑟两种，秦汉以后才出现筝、箜篌、阮、秦琴、三弦、琵琶、胡琴等。丝弦乐器的代表是古琴，又称瑶琴、玉琴、七弦琴等，是我国最古老的弹拨乐器，在春秋战国时代就已经非常盛行，流传三千余年不曾中断，至今依然鸣响在书斋、舞台之上，现在还有唐宋时代的古琴存世。

竹

“竹”在我国古代指竹类制成的乐器，主要有箫、笛、管等。汉代以前，横吹竖吹的单管乐器统称为笛或篴，所谓的“箫”仅指排箫。唐宋时期的尺八、箫管和竖篴才是明清时期以至现代箫的前身。为区别横吹之笛，明代将竖吹之篴称为箫，清代《律吕正义后编》记载：“明时乃直曰箫，不复有竖篴。今箫长一尺八寸弱，从上口吹，有后出孔。笛横吹，无后出孔。则今之箫乃古之笛，信矣。”

匏

“匏”是一种葫芦，也叫匏瓜，古人用干老的匏瓜壳制成乐器就是匏类乐器。匏类乐器包括笙和竽等。其中笙的历史可以追随到3000多年前，战国以前就已在民间极为盛行。起初笙和排箫有点相似，既没有簧片，也没有笙斗，只是用绳子或木框把一些发音不同的竹管编排在一起，后来才逐渐增加了竹质簧片和匏质笙斗，和排箫区别开来。笙斗用葫芦制作，吹嘴由木头制成，十几根长短不等的竹管呈马蹄形状排列在笙斗上面。笙的音色明亮甜美，高音清脆透明，中音柔和丰满，低音浑厚低沉，同时也是我国传统吹管乐器中唯一能够吹出和声的乐器，在和其他乐器合奏时，能起到调和乐队音色、丰富乐队音响的作用。

土

“土”在我国古代是指用土制成的乐器，主要有缶和埙两种。缶的形状很像小缸或火钵，是一种春秋战国时很普遍的打击乐器，现在已经非常少见，但北京奥运会开幕式上的击缶表演，又使它引起了人们的注意。埙的历史非常悠久，是拥有7000年历史的古老乐器，它的起源与先民的劳动生产活动有关，最初可能是先民们模仿鸟兽叫声而制作，用以诱捕猎物。最初的埙只有一个吹口，无音孔，而后慢慢演变为八孔埙、十孔埙和半音埙。埙的音色柔美、音质圆润，神秘古朴、柔婉凄美。

革

“革”在我国古代指以野兽皮革制成的乐器，最主要的代表是鼓，也是古代人民最初使用的乐器。鼓的历史非常悠久，据《礼记·明堂位》的记载，在传说中的“伊耆氏”之时就已有“土鼓”，即陶器的鼓。由于鼓有良好的共鸣作用，声音雄壮而传声很远，所以很早就被华夏祖先作为军队上的助威乐器。相传黄帝征服蚩尤的涿鹿大战中，“杀夔，以其皮为鼓，声闻五百”。鼓的作用很多，平时可当乐器，以配合舞蹈节拍，在战时可激励士气，在国乐团中是不可或缺的乐器。

木

“木”在我国古代指用木头制成的乐器乐器，最初有柷、敔、拍板等，后来又出现木鱼、梆子等。柷是一种祭祀用的启奏乐器，而敔是一种停止音乐的乐器，这两种乐器除了在孔庙以外，普通乐团不容易看到。拍板又称檀板、绰板，简称板，用于戏曲、曲艺和器乐合奏，古时由西北传入中原。木鱼原为佛教“梵吹”的伴奏乐器，清代以来流行于民间。梆子又名梆板，是和拍板类似的打击乐器，约在明末清初随着梆子腔戏曲的兴起而流行，梆子腔即以使用梆子击拍而得名。

李延年

李延年是汉武帝时著名的音乐家，中山（今河北定州）人，出身倡家，父母兄弟妹均通音乐，都是以乐舞为职业的艺人，代表作为《佳人曲》，“倾国倾城”

一词即源于此曲。李延年“性知音，善歌舞”，很受汉武帝器重，被封为乐府协律督尉。他不但善歌习舞，而且长于音乐创作，作曲水平很高，技法新颖高超。李延年把搜集的大量民间乐歌进行加工整理，并编配新曲，使其得以广为流传，对当时民间乐舞的发展起了很大的推动作用，对汉代音乐风格的形成及我国后来音乐的发展做出了卓越的贡献。

万宝常

万宝常是我国隋代著名音乐家，江南人，其父万大通曾随梁朝部将归附北齐，后图谋逃返江南，事情泄露被杀，万宝常因此获罪，配充乐户，成为身份卑贱的乐工。万宝常幼年时追随音乐家祖诞学习祖氏家传的洛阳旧曲，并能娴熟地演奏多种乐器，曾为宫廷制造玉磬，深受隋炀帝喜爱。万宝常听觉异常灵敏，曾于席间论乐时，用竹筷敲击大小碗盏什物，奏出和谐的曲调，博得“知音”之名。万宝常自撰《乐谱》六十四卷，论述“八音旋相为宫之法，改弦移柱之变，为八十四调，一百四十四律，变化终于一千八声”等乐律理论。

李龟年

李龟年是我国唐代著名音乐家、演唱家，后人称其为“歌圣”。李龟年与兄弟李彭年、李鹤年都有文艺天赋，李彭年善舞，李龟年、李鹤年善歌，李龟年还擅吹筚篥、奏羯鼓，并且长于作曲，经常出入宫廷、王府和官宦之家，他创作的《渭川曲》深受音乐造诣极高的唐玄宗的赏识，一时风行海内。安史之乱后，李龟年流落江南，靠卖艺为生，晚景凄凉，杜甫《江南逢李龟年》一诗即作于二人相逢于江南之时。

公孙大娘

公孙大娘是唐玄宗开元年间宫廷中最著名的舞蹈家，擅长舞剑，舞姿惊动天下，以《剑器》舞闻名于世。公孙大年原在民间表演，因深受观众喜爱而名扬长安，应邀到宫中献艺，结果无人能比，获得玄宗的赏识。她在继承传统剑舞的基础上，创造了多种《剑器》舞，如《西河剑器》、《剑器浑脱》等。据说当年草圣张旭就是因为观看了公孙大娘的剑器舞，而茅塞顿开，成就了落笔走龙蛇的绝世书法。诗圣杜甫在少年时代曾观看过她的舞蹈，一直到晚年尚萦绕于怀，作《剑器行》一诗写尽当年公孙剑器之盛。锦衣玉貌的公孙大娘以矫若游龙剑器舞，挥洒出大唐盛世的万千气象，是盛唐艺术中浓重的一笔。

雷海青

雷海青（716—755），唐代清源郡（今福建莆田）人，是唐玄宗时的著名宫廷乐师，善弹琵琶。据《明皇杂录补遗》记载，安史之乱爆发后安禄山攻入长安，数百名梨园弟子成为俘虏，被迫为安禄山叛军演奏。雷海青悲痛而泣，曲不成调，安禄山大怒，再三逼迫与他，雷海青忍捺不住，以琵琶投掷安禄山，安禄山恼羞成怒，下令将雷海青在试马殿前肢解示众。安史之乱平定后，唐肃宗赠封死难大臣，地位低贱的雷海青因其义举名列其中，为后世所敬仰。

朱载堉

朱载堉（1536—1611），字伯勤，青年时自号“狂生”、“山阳酒狂仙客”，又称“端靖世子”，祖籍安徽凤阳，生于怀庆府河内县（今河南焦作沁阳市），明太祖朱元璋九世孙，明代著名的音律学家，有“律圣”之称，同时也是历法学家、数学家、艺术家。朱载堉对古代文化的最大贡献是创建了十二平均律，这是音乐学和音乐物理学的一大革命，也是世界科学史上的一大发明。他在总结前人乐律理论的基础上，通过精密计算和科学实验，成功地发现十二平均律的等比数列规律，称其为“密率”，并在其《律学新说》卷一中概述了十二平均律的计算方法。

华彦钧

华彦钧(1893—1950)，江苏无锡人，民间音乐家，因双目失明，又被称为“瞎子阿炳”，“阿炳”是无锡一带对盲人的泛称，并非华彦钧之名。华彦钧在音乐上的成就远远超越了家传师承的藩篱，他博采众长、广纳群技，把对痛苦生活的感受全部通过音乐反映出来，作品渗透着传统音乐的精髓，透露出一种来自人民底层的健康而深沉的气息，情真意切，扣人心弦，充满着强烈的艺术感染力。华彦钧创作有数百首作品，但因突然病逝而未能记录，现在流传的有《二泉映月》、《听松》、《寒春风曲》、《大浪淘沙》、《龙船》、《昭君出塞》等，都堪称我国传统音乐中的经典。

刘天华

刘天华（1895—1932），江苏江阴人，民族音乐大师，是“中西兼擅，理艺并长，而又会通其间”的优秀民族乐器作曲家、演奏家、音乐教育家。刘天华早年学习西乐，后自学二胡，曾组织“国乐研究会”，历任北京大学音乐传习所国乐导师、北京女子高师和国立艺专音乐系科的二胡、琵琶、小提琴教授，在教学之余学习小提琴和西洋作曲理论，并在民族音乐的基础上吸收西洋音乐的演奏技巧，在民族器乐创作和演奏上取得了杰出成就。代表作有《病中吟》、《月夜》、《苦闷之讴》、《悲歌》、《空山鸟语》、《闲居吟》、《良宵》等，均为我国民族音乐中的经典。

六代乐舞

“六代乐舞”又称“六乐”或“六舞”，是中国奴隶制时期歌颂帝王的代表性宫廷乐舞作品，包括黄帝时期的《云门》、唐尧时期的《大咸》、虞舜时期的《大韶》、夏禹时期的《大夏》、商汤时期的《大蠖》以及周武王时期的《大武》。周代制定礼乐，规定六代乐舞为最高等级的乐舞，用于郊庙祭祀，《云门》用以祭祀天神、《大咸》用以祭祀地神、《大韶》用以祭祀四方、《大夏》用以祭祀山川、《大濩》用以祭祀周的始祖姜嫄、《大武》用以祭祀周的祖先。其中《大韶》也简称《韶》，或称为“韶乐”，是上古音乐中的经典之作，孔子称其为“至善至美”，对其推崇备至。

十部伎

“十部伎”是唐代乐舞的总称，是唐代对之前历代宫廷乐舞的集成。唐代乐舞初沿隋代大业时制定的“九部伎”旧制，奏九部乐，唐太宗贞观十四年 (640 年) 平高昌，收其乐舞交付太常，创制燕乐去礼毕曲，成十部伎。十部伎以民族音乐分类，分别为燕乐、清商乐、西凉乐、扶南乐、高丽乐、龟兹乐、安国乐、疏勒乐、康国乐、高昌乐。上演时，从第一伎“燕乐”至第十伎“高昌乐”全部依次演出，多姿多彩、曼妙非凡。十部伎自唐代中叶武后、中宗时期开始逐渐衰退，之后历经简化整合，余绪留存于后世宫廷乐舞中。

坐部伎

“坐部伎”是唐代宫廷乐舞两大类别之一，因演奏者坐于堂上而得名，规模较小，但等级较高，技巧难度也较大。坐部伎创于唐太宗时，玄宗时重新整理前代传统节目，并创制新舞，正式定下坐部伎之六部，一般演于朝廷宴享、朝会之时，由皇帝钦点，每次仅演其中几部。坐部伎舞者大抵三至十二人，舞姿典雅，服饰清丽，技艺精湛，用丝竹细乐伴奏。安史之乱后，艺人流散，坐部伎渐趋衰亡。

立部伎

“立部伎”是唐代宫廷乐舞两大类别之一，与坐部伎相对，因演奏者立于堂下而得名，级别次于坐部伎，技巧难度也介于坐部伎和雅乐之间，但演出规模很大，场面豪华宏伟，舞者多至一百八十人，最少也有六十四人。立部伎的内容以歌颂皇帝文治武功为主，舞蹈继承了晋隋宫廷舞和民间舞的因素并加以改编，初设于高宗仪凤年间，玄宗时整理前代传统节目，并创制新舞，正式定下立部伎八部，一般用于朝廷宴享、朝会之时，在坐部伎演奏后进行表演，安史之乱后趋于衰亡。

健舞

“健舞”是唐代广泛流行于宫廷贵族、士大夫家宴及民间堂会上的表演性舞蹈，因节奏明快、矫捷雄健、动作力度大而得名。《教坊记》、《乐府杂录》等书籍记录了许多健舞名目，有《剑器》、《柘枝》、《胡旋》、《胡腾》等。《剑器》即剑舞，唐代著名舞蹈家公孙大娘即善此舞。《柘枝》是从西域传入中原的女子独舞，伴奏以鼓为主，表演时舞女时而舞袖低垂，时而舞袖飞扬，配以刚健明快的舞步，身上的金铃发出有节奏的响声，热烈而奔放。《胡旋》和《胡腾》都是我国西北及中亚一带的舞蹈，经丝绸之路传入中原，前者以急速如风的旋转为特征，后者以急促多变的腾跃为特征，相传安禄山就善此舞。

软舞

“软舞”是唐代广泛流行于宫廷贵族、士大夫家宴及民间堂会中的表演性舞蹈，与“健舞”相对，因节奏舒缓、优美柔婉而得名。《教坊记》、《乐府杂录》等书籍中记录了许多软舞名目，有《绿腰》、《凉州》、《春莺啭》、《屈柘枝》等。《绿腰》又名《六么》，为女子独舞，节奏先慢后快，舞姿轻盈飘逸，以舞长袖为特色，名画《韩熙载夜宴图》中就有舞姬表演《六么》的场面。《凉州》又名《梁州》，是甘肃武威一带的舞蹈，颇具少数民族风韵，与现代一些少数民族执碗执筷而舞有渊源。《春莺啭》是一种糅合了龟兹歌舞风格的舞蹈，为女子独舞，进退旋转、婆娑缦妙，曾传入朝鲜和日本。《屈柘枝》在《乐苑》一书中有明确记载：“商调有《屈柘枝》，此舞因曲为名。用二女童，帽施金铃，抃转有声。其来也，于二莲花中藏，花坼而后见。对舞相占，实舞中雅妙者也。”

《秦王破阵乐》

《秦王破阵乐》是唐代宫廷乐舞中最著名的歌舞大曲之一，最初用于宴享，后用于祭祀，属武舞（与文舞相对）类。据《隋唐嘉话》、《旧唐书·音乐志》、《太平广记》等书籍的记载，620年，秦王李世民击败叛将刘武周，解了唐的危局，河东（今山西永济）士庶歌舞于道，军人利用军中旧曲填唱新词，欢庆胜利，遂成“秦王破阵”之曲流传于世，后来编入乐府，称为宫廷乐舞。贞观元年（627年），刚刚登基的唐太宗诏魏徵等人增撰歌词七首，命吕才协律度曲，最终订为《秦王破阵乐》。

《霓裳羽衣曲》

《霓裳羽衣曲》是唐代大曲中的法曲精品，唐代乐舞的集大成之作，音乐地位唐玄宗李隆基亲自创作，是我国音乐舞蹈史上一颗璀璨的明珠。《霓裳羽衣曲》描写唐玄宗因向往神仙而去月宫拜见仙女的神话故事，舞、乐、服饰都著力描绘虚无缥缈的仙境和舞姿婆娑的仙女形象，给人以身临其境的艺术感受。安史之乱后逐渐失传，南宋年间诗人、音乐家姜夔发现商调霓裳曲乐谱十八段，至今还保存在他的《白石道人歌曲》里。由于《霓裳羽衣曲》乐调优美、构思精妙，玄宗后各藩镇也纷纷排演此曲，唐代著名文人都有歌咏或笔录。

《阳春白雪》

《阳春白雪》原为春秋战国时期楚国两首高深的歌曲名，即《阳春》和《白雪》，是由楚国著名歌舞家莫愁女在屈原和宋玉的帮助下传唱开来的，至今已有2000多年的历史。现存琴谱中的《阳春》和《白雪》是两首器乐曲，相传是春秋时期晋国的师旷或齐国的刘涓子所作，乐曲产生的年代没有确切的史料可以考证。唐高宗显庆二年（657年）音乐家吕才曾依琴中旧曲配以歌词，《神奇秘谱》在解题中说："《阳春》取万物知春，和风淡荡之意；《白雪》取凛然清洁，雪竹琳琅之音。"后来泛指高深的、不通俗的文艺作品。

《高山流水》

《高山流水》取材于"伯牙鼓琴遇知音"的故事，有琴曲和筝曲两种谱本，系同名异曲之作，风格完全不同。早在战国时期已有关于《高山流水》的琴曲故事流传，故亦传《高山流水》系伯牙所作。现存乐谱最早见于明代《神奇秘谱》，书中分为《高山》和《流水》两曲，解题中说："《高山》、《流水》二曲，本只一曲。初志在乎高山，言仁者乐山之意。后志在乎流水，言智者乐水之意。至唐分为两曲，不分段数。至来分高山为四段，流水为八段。"2000多年来，《高山流水》古琴曲与伯牙鼓琴遇知音的故事一起，在民间广泛流传。1977年，《高山流水》曾作为世界现存最古老的乐曲之一，被美国"旅行者"号太空船带入太空，作为人类文明的代表和外星文明联系。

《十面埋伏》

《十面埋伏》是我国传统琵琶名曲之一，又名《淮阳平楚》，现存乐谱最早见于1818年华秋萍编著的《琵琶行》，描写了公元前202年楚汉战争垓下决战的情景。当时汉军用十面埋伏的阵法击败楚军，西楚霸王项羽自刎于乌江，刘邦取得胜利。明末清初，《四照堂集》中，曾记载了琵琶演奏家汤应曾演奏《楚汉》一曲时的情景："当其两军决战时，声动天地，屋瓦若飞坠。徐而察之，有金鼓声、剑弩声、人马声，使闻者始而奋，继而恐，涕泣无从也。其感人如此。"

《阳关三叠》

《阳关三叠》是我国古代音乐作品中难得的经典之作，千百年来被人们广为传唱，有着旺盛的艺术生命力。《阳关三叠》产生于唐代，是根据著名诗人、音乐家王维的名篇《送元二使安西》谱写而成的，因为诗中有"渭城"、"阳关"等地名，所以又名《渭城曲》、《阳关曲》。大约到宋代时原《阳关三叠》曲谱就已失传，目前所见的古曲《阳关三叠》是由一首琴歌改编而成的。

《梅花三弄》

《梅花三弄》是我国著名古琴曲，又名《梅花引》、《玉妃引》，是我国传统艺术中表现梅花的佳作。据明代音乐家朱权编辑的《神奇秘谱》中记载，此曲最早是东晋时桓伊所奏的笛曲，后由笛曲改编为古琴曲。全曲表现了梅花傲雪凌霜的高尚品性，借物咏怀，通过梅花来歌颂具有高尚节操的人。此曲结构上采用循环再现的手法，重复整段主题三次，每次重复都采用泛音奏法，故称为"三弄"。

《夕阳箫鼓》

《夕阳箫鼓》是我国古代琵琶曲的代表作品之一，又名《浔阳琵琶》、《浔阳夜月》、《春江花月夜》等。《夕阳箫鼓》是一首著名的琵琶传统大套文曲，明清就早已流传于世，乐谱最早见于鞠士林与吴畹卿的手抄本，1875年前后吴畹卿抄本传谱为共六段加尾声，无分段标题。其后各派传谱分段不一，1923年至1925年上海大同乐会的柳尧章、郑觐文将此曲改为丝竹合奏曲，同时根据《琵琶行》中的"春江花朝秋月夜"更名为《春江花月夜》，至今犹用此名。此曲以柔婉的旋律和安宁的情调描绘出人间的良辰美景。

《广陵散》

《广陵散》又名《广陵止息》，是我国古代一首大型琴曲，最迟在汉代就已经出现。《广陵散》的来历向来说法不一，历史上有嵇康创作的《广陵散》应该早已失传,现存的《广陵散》一般认为和《聂政刺韩王》琴曲有关。《聂政刺韩王》主要是描写战国时代铸剑工匠之子聂政为报杀父之仇，刺死韩王后自杀的悲壮故事，旋律激昂、慷慨，是我国现存古琴曲中唯一具有戈矛杀伐战斗气氛的乐曲，直接表达了被压迫者反抗暴君的斗争精神，具有很高的思想性及艺术性。

《渔舟唱晚》

《渔舟唱晚》为古筝独奏曲，时音乐家娄树华以古曲《归去来》为素材创作而成的，曲名取自唐代诗人王勃在《滕王阁序》中的名句"渔舟唱晚，响穷彭蠡之滨"。乐曲意境仿照诗句，形象地表现了古代江南水乡在夕阳西下的晚景中，渔舟纷纷归航，江面歌声四起的动人画面。

《百鸟朝凤》

《百鸟朝凤》原为流行于山东、河南、河北等地的民间乐曲，以热情欢快的旋律与百鸟和鸣之声表现了生气勃勃的大自然景象。1953年由山东省菏泽专区代表队作为唢呐独奏参加全国会演，受到热烈欢迎，之后又经过了多次加工和改编，在全国范围内广泛流传，成为婚庆节日的必选曲目。

《喜洋洋》

《喜洋洋》是我国著名民乐作品，以新板胡为主要演奏乐器，由我国已故民乐大师刘明源于 1958 年创作。乐曲节奏欢快轻松，充满喜庆氛围，适合婚礼和各种庆典。刘明源是我国著名板胡演奏家，天津人，擅长演奏民间传统乐曲，创作和改编的新板胡曲还有《幸福年》、《河南小曲》等。

《步步高》

《步步高》是广东音乐名家吕文成的代表作，是一首颇有特色的广东民乐。《步步高》乐谱出自 1938 年沈允升编著的《琴弦乐谱》，在当时已经非常流行。《步步高》曲如其名，旋律轻快激昂，层层递增，节奏明快，音浪叠起叠落，张弛有度，音乐富有动力，给人以奋发上进的动力。

《二泉映月》

《二泉映月》是我国著名民间音乐家华彦钧的代表作。华彦钧又名阿炳，经常在无锡二泉边拉琴，创作此曲时已双目失明，常在深夜卖艺回归小巷之际拉奏此曲，凄切哀怨，感人至深。这首乐曲自始至终流露的是一位饱尝人间辛酸和痛苦的盲艺人的思绪情感，作品展示了独特的民间演奏技巧与风格，以及无与伦比的深邃意境，显示了中国二胡艺术的独特魅力，拓宽了二胡艺术的表现力，是具有世界影响力的经典之作，日本著名指挥家小泽征尔曾说这是一首“应该跪下来听”的乐曲。

《金蛇狂舞》

《金蛇狂舞》取材于民间器乐曲《倒八板》，1934 年由音乐家聂耳整理改编，改名为《金蛇狂舞》，并且亲自指挥灌制成唱片，此后又陆续被改编成琵琶独奏曲，吉他曲等。《金蛇狂舞》旋律昂扬，热情洋溢，锣鼓铿有力，渲染了节日的欢腾气氛，在北京奥运会开幕式和闭幕式中，运动员入场时反复演奏的背景音乐就是《金蛇狂舞》。

《空山鸟语》

《空山鸟语》为二胡独奏曲，是著名音乐家刘天华的代表作，初稿写于 1918 年，10 年后才完成定稿。《空山鸟语》的名字来源于王维诗句“空山不见人，但闻人语响”的意境，创造性地运用三弦拉戏式的模进手法，描绘了深山幽谷、百鸟嘤啼的优美意境，是一首极富形象性的作品。乐曲营造出一种幽渺、静穆的意境，令人神往，表达了作者对美丽大自然的热情赞颂和对美好生活的热切追求。

《良宵》

《良宵》原名《除夜小唱》，是著名

音乐大师刘天华作于1927年除夕的即兴之作，也是他写作时间最短的一首二胡曲。乐曲表达作者在除夕之夜怡然自得、轻松愉快的心情，全曲音乐形象单一，但娴静纯属，具有很强的艺术感染力，是不可多得的音乐艺术小品。

《赛马》

《赛马》是著名作曲家黄怀海在1964年创作的二胡曲，乐曲表现的是我国内蒙古人民在传统节日“那达慕”盛会上进行赛马比赛时的场景。《赛马》的旋律来源于蒙古族民歌《红旗歌》，黄怀海先生从这首民歌中得到创作灵感，凭借自己娴熟的二胡演奏技巧，把一首仅有四句十六节的民歌升华为一首风靡全国，响彻海内外的传世之作。《赛马》把草原的辽阔美丽和牧民们的喜悦心情表现得酣畅淋漓，同时把二胡的演奏技巧提升到了新的水平。

藏族锅庄

锅庄又称为“果卓”、“歌庄”等，藏语意为圆圈歌舞，是藏族三大民间舞蹈之一，分布于西藏昌都、那曲，四川阿坝、甘孜，云南迪庆及青海、甘肃的藏族聚居区。锅庄是一种无伴奏的集体舞，有许多不同的名称，类似汉族的曲牌和词牌，比如叨唠半步舞、六步舞、八步舞、索例哆、猴子舞、孔雀舞、牧羊曲等。锅庄的舞步分为“郭卓”（走舞）和“枯舞”（转舞）两大类，载歌载舞，多为对唱问答比赛。锅庄是一种欢乐舞，所以凡遇佳节庆典，人们就不分老幼地欢跳，如迁居新房、结婚办喜事、春节等，男女老幼都要舞蹈通宵。藏族锅庄包含着丰富的藏族文化内涵，形式完整多样，地域特色鲜明，民族风格浓郁，有深厚的群众基础，其中蕴含着友爱、团结等传统的人文精神，有很高的艺术和社会价值。

蒙古长调

蒙古族长调是一种具有鲜明游牧文化特征的民歌演唱形式，以草原人特有的语言述说蒙古民族对历史文化、人文习俗、道德哲学和艺术感悟。多声部、无指挥、无伴奏是其主要特点，模拟鸟叫虫鸣、高山流水等自然之音是编创的一大特色。蒙古长调的主要内容是歌唱自然、劳动、爱情以及人间友谊，是人与自然、人与人之间的一种和谐之声，长调旋律悠长舒缓、意境开阔、声多词少、气息绵长，旋律极富装饰性，尤以“诺古拉”音演唱方式所形成的华彩唱法最具特色。蒙古长调也是一种跨境分布的文化，我国的内蒙古自治区和蒙古国是蒙古族长调最主要的分布区，是两国蒙古族人民天然的精神纽带。

侗族大歌

侗族大歌是我国侗族地区由民间歌

队演唱的一种多声部、无指挥、无伴奏、自然和声的民间合唱音乐，主要流行于侗语南部方言第二土语区，包括今黎平县岩洞、口江、双江、永从、肇兴、水口、龙额及从江县往洞、谷坪、高增、贯洞、洛香等乡镇。侗族大歌的代表性曲目有《耶老歌》、《嘎高胜》、《嘎音也》、《嘎戏》等，是我国目前保存完整的优秀古代艺术遗产之一，是最具特色的中国民间音乐艺术。侗族大歌不仅仅是一种音乐艺术，同时也是了解侗族社会结构、婚恋关系、文化传承和精神生活的重要资料，具有社会史、思想史、教育史、婚姻史等多方面的研究价值。

纳西古乐

纳西古乐由“白沙细乐”、“洞经音乐”和“皇经音乐”组成（皇经音乐现已失传），融入了道教法事音乐，儒家典礼音乐，甚至唐宋元的词、曲牌音乐，形成了独特的风韵，被誉为“音乐活化石”。据考证，这种古乐起源于公元 14 世纪，是云南省最为古老的音乐，也是中国甚至世界现存最古老的音乐之一。其乐曲忧伤哀怨，悱恻缠绵，节奏缓慢，风格柔婉，旋律舒缓清丽，是纳西族人民在接受以儒道文化为代表的中原文明影响下而创作出的艺术结晶。

朝鲜长鼓舞

长鼓舞素有朝鲜族舞坛明珠的美称，历来受到朝鲜族人民和全国各族人民的珍爱。长鼓舞具有上千年的历史，始终以其典雅飘逸的舞姿驰名海内外，长鼓舞的表演以柔软的扛手、伸肩、鹊雀步等动作为主，以肩挎长鼓，右手持鼓鞭，边舞蹈边敲鼓的形式表演，身、鼓、神融为一体，高度协调统一，曼妙非常。舞蹈的形式有独舞、双人舞、群舞等，现在流行的长鼓舞历经朝鲜族舞蹈家们的精心改编，增进了新的时代气息和民族特色，使这一舞蹈形式日趋完美。

新疆木卡姆

新疆维吾尔木卡姆艺术是一种集歌、舞、乐于一体的大型综合艺术形式，是流传于我国新疆的“十二木卡姆”、“刀郎木卡姆”、“吐鲁番木卡姆”和“哈密木卡姆”的总称，主要分布在南疆、北疆、东疆等各维吾尔族聚居区。维吾尔木卡姆艺术始于民间文化，发展于各绿洲城邦宫廷及都府官邸，经过整合润色后形成了多样性、综合性、完整性、即兴性、大众性的艺术风格，并成为维吾尔族的杰出艺术表现形式。新疆维吾尔木卡姆的唱词包括哲人箴言、先知告诫、乡村俚语、民间故事等，其中既有民间歌谣，又有文人诗作，是维吾尔族人民智慧的生动表现，是维吾尔人民创造出的巨大音乐财富，在世界上素有“东方音乐明珠”的美誉。

第五章：婚育寿诞

杂婚

杂婚是指远古人类在群体生活中实行杂乱配偶关系的一种所谓的“婚姻制度”。杂婚中只有男女性别之分，没有血缘辈分之分，因此没有固定的婚配方式，当然也就不可能构成家庭。杂婚其实根本就不能被称为“婚”，只是在早期人类中残存的动物性特征。

群婚

群婚是人类最初的婚姻形式，共分两个阶段。前期为血缘群婚，即由血缘集团内部同一辈分的男女成员互相婚配。后期发展为两个组织间的族外群婚，即一个集团的一群男子与另一集团的一群女子集体互相通婚，而集团内部的男女则禁止婚配。

对偶婚

对偶婚是指配偶双方在一定时间内保持比较稳定的同居生活：一个男子在许多妻子中有一个“主妻”，一个女子在许多丈夫中有一个“主丈夫”。主夫妻之间一定程度地脱离群体，过着相对稳定的同居生活。早在群婚制时期，对偶婚现象就有萌芽，并时有发生，但在当时的社会条件下并没有成为一种普遍的婚姻制度。在原始社会的一个相当长的时期内，对偶婚和群婚是并存的。

一夫一妻

一夫一妻的婚姻制度是由对偶婚发展而来的，建立这种婚姻制度的目的，在于确保所生子女出自一个父亲，以便继承家庭财产。一夫一妻制中的夫妻关系非常稳定，不过丈夫可以解除婚姻关系，而妻子没有这种权利。后世中国、阿拉伯地区所谓的“一夫多妻”其实都是“一夫一妻多妾”，并不是群婚中真正的“一夫多妻”。

三宫六院七十二妃

一提到中国皇帝的骄奢淫逸，人们首先想到的便是“三宫六院七十二妃”，这其实就是中国传统中的“一夫一妻多妾”制。“三宫六院”实有其事，以我国现存最完整的宫殿群故宫为例，皇帝和嫔妃们生活起居的内廷范围从乾清宫一直到神武门，乾清宫是皇帝的寝宫，坤宁宫是皇后的寝宫，两宫之间还有一个交泰殿，总称“三宫”。在“三宫”两边，有东路六宫和西路六宫，因各宫均为庭院格局，故总称“六院”，它们是嫔妃的住所,这就是所说的“三宫六院”。“七十二妃”则不是固定的数目，而是对皇帝嫔妃众多的概称。据《礼记》记载,周代“天子后六宫、三夫人、九嫔、二十七世妇、八十一御妻”，加起来竟达一百二十六个之多，远远超出了七十二个。清代的康熙皇帝先后有四个皇后，三个皇贵妃，四百一十八个嫔妃、贵人、常在、答应等，更是多得惊人。

拉帮套

“拉帮套”是新中国成立前东北地区流行的一种“招养夫婚”的婚姻形式，也叫做“招夫养夫”,俗称“拉帮套”。“帮套”原指拉大车时旁边的马匹，引申为帮助向前拉一把的意思。在这种婚姻形式中，大多是因为已婚女子丈夫患有重疾，丧失劳动能力，家境贫苦，无力抚养子女和老人。妇女如果离婚改嫁，原来的丈夫又无人供养，因此经丈夫同意后，妻子可以再找另一个男人，来到家里同居，由他担负起供养原丈夫及子女、老人的责任。这种“两夫一妻”式的婚俗随着社会经济的发展早已绝迹。

表亲婚

表亲婚是指兄弟的子女与姐妹的子女之间相互择配的婚姻形式，也叫“姑表婚”或“舅表婚”。古代时，舅家娶姑家的女儿做儿媳，被认为是对当年姑姑出嫁的一种赔偿和互换，而且被看做是“亲上加亲”，所以相当流行。但这种“表亲婚”是违背科学的，所生子女绝大多数有先天性遗传病症，甚至痴呆。所以我国现行《婚姻法》中规定“直系血亲和三代以内的旁系血亲禁止结婚”，“表亲婚”便在其中。

服役婚

在买卖婚姻的不良风气中，男方在娶妻子时要向女方家支付大量的彩礼，但有些地方也存在一种特殊的婚姻制度，可以不必支付彩礼，这就是“服役婚”。服役婚是指如果男子家里穷，没有足够的钱财娶妻，就可以与女方家协定，到女方家去服劳役，直到付出的劳动足以支付妻子的身价时，方可娶妻子回家，其实是买卖婚姻的变异形式。

典妻婚

“典妻婚”是买卖婚姻的一种形式，俗称“租妻”、“借腹生子”。这种临时婚姻的产生，主要是因为一些人因贫病交加或债务缠身急需钱用，只好“出租”妻子；而另一些人虽有积蓄，但又不足以用来结婚，或是娶妻之后妻子不能生育，需要临时“租借”妻子。在这种婚姻制度下，妇女在受典期内所生子女都归受典人所有；过了典期之后，妻子仍旧回到原丈夫家中。但如果妻子不愿回原丈夫家，而且受典人也愿意留下的话，则可托媒人与原丈夫商量，由受典人再出钱继续“留用”，甚至可以使其与原夫永远脱离关系。如果没有到期而原丈夫希望妻子提前回来，也可以托媒人和受典当人商量，退回一部分典钱把妻子赎回。这是一种古老的恶俗，宋代就已出现，元代更为盛行，明清甚至相沿成俗，直至新中国成立前夕还在个别地方存在。

倒插门

男女结婚往往都是“女往男家”，但也有“男往女家”的，这种婚姻形式就是俗称的“倒插门”，正式称谓是“招养婚”、“入赘”。倒插门其实是“服役婚”的遗留和发展，在我国有很久的历史，秦汉时叫做“赘婿服役”,宋代时叫做“舍居婿”、“赘婿补代”，元代时则叫做“赘婿养老”。招女婿的人家大多数是因为家里没有男子，所以需要一个男子从事劳动；也有少数是因为父母喜爱女儿，舍不得出嫁离家，所以把女婿招到家来共同生活。一般情况下，男子结婚后要改为女方姓氏并赡养女方老人，但同时也享有女方财产的继承权。所生儿女属于女家，为女家传宗接代。“赘”字本来就是“以物质钱”、“以身为质”的意思，所以过去倒插门的男子往往被人看不起，《史记》中就有“淳于髡为齐之赘婿，人皆轻之”的记载。

童养媳

新中国成立前，我国还有一种畸形的“童养婚”，这种婚姻中的女子被称为“童养媳”。把女儿许给人家或卖给人家做童养媳的人，大多是因为极其贫穷，迫不得已而为之。这是一种强制的、剥削的婚姻形式，年幼的养女到了男家，便成为一个劳动力，往往要干苦活累活，并且还要挨打受骂，苦不堪言。更为荒唐的是，有些人家在还没有儿子时，就先抱养或买一个幼女作为养女，等到生了儿子以后，再将养女转为童养媳；如果始终没有生育男孩，或因男孩出生太晚而致使二人年龄相差太大，便将养女嫁出去换取彩礼。

冥婚

冥婚是指父母为夭亡的儿女操办的婚姻，也叫“嫁殇婚”、“娶殇婚”，俗称“鬼婚”。这是一种极为迷信的婚俗，早在周代就曾被禁止过，但由于帝王将相都带头去做，所以在民间更是广为流行。三国时，曹操的幼子曹冲去世，曹操非常悲痛，聘甄氏亡女与曹冲合葬。这种陋俗在宋代尤为严重，竟然出现专为男女两家缔结“鬼姻”的“鬼媒人”，说亲、占卜、择期，男方家做衣服、帽子，女方家做衣服、裙子，一切都和活人的婚姻一样。台湾甚至还流行一种活人娶“鬼女”的更为离奇的恶俗。这其实都是人们一厢情愿的幻想，希望借此悼念死去的亲人，并求得心理上的安慰罢了。

婚龄

人们常说“男大当婚女大当嫁”，但到底什么年龄算是“大”呢？这是个有着很多答案的问题。周代时，男子二十岁行冠礼后、女子十五岁行笄礼后才可以婚嫁，这是最早的婚龄记录。后世婚龄规定不一，唐贞观令规定男二十岁，女十五岁；开元令规定男十五岁，女十三岁；宋嘉定令规定男十六岁，女十四岁；明洪武令和清通礼中的规定与宋相同。但也有些时候，统治者们为了繁衍人丁以增加劳动力和士兵数量，往往提倡甚至强迫早婚。例如，汉惠帝时就曾规定“女子年十五以上至三十不嫁，五算”，即交纳原应交纳税款的五倍。我国现行《婚姻法》中规定：“结婚年龄，男不得早于22周岁，女不得早于20周岁。”并且规定：“晚婚晚育应予鼓励。”

媒人

旧时有句民谣叫做“天上无云不下雨，地上无媒不成亲”，还有“父母之命，媒妁之言”的说法，可见媒人在旧时婚姻中的重要作用。媒人，就是指为男女两家撮合说亲的人，男方父母托的媒人叫“男媒”，女方父母托的媒人叫“女媒”。媒人多由中老年妇女充当，所以也常被称为“媒婆”，有的是以保媒为职业，有的则是被人委托临时充当。由于旧时男女双方都互不了解对方家里的具体情况，所以只能凭媒人到两家去说和。说和的内容一般包括彼此的经济情况，父母的为人，男女青年的年龄、相貌、人品、劳动技能等。媒人一般都只说好话，到女方家说小伙子如何如何好，到男方家则说姑娘如何如何好，意在尽量促成婚姻，于是民间就有了“媒人两条腿儿，两头抹油嘴儿”的说法。

月老

“月老”是对媒人的众多称谓中最为人所熟悉的一个，关于它的来历有一个曲折的故事。相传唐代有一位少年叫韦固，一天外出郊游，在城南的一家旅店住下。晚上，韦固乘月散步，来到后花园，见一位老人背着锦囊正在月下看书，就上前施礼，问他看的是什么书？老人笑道：“《婚牍》也。”韦固想，《婚牍》定是记载人间姻缘的书，又见那锦囊鼓胀且通体红光，便问里面装了什么。老人微笑道：“红绳。”韦固又问红绳有何用处，老人便从囊中掏出一根红绳，当空一晃，只见一道红光在韦固的脚下绕了一圈，然后朝北而去。老人告诉韦固，以此绳系男女之足，虽仇敌之家、贫贱悬隔、天涯异域，但终必好和，不可违背。韦固见自己的婚事已定，赶紧问婚配何人。老人答曰：“店北卖菜老妪之女也。”说完就不见了。第二天，韦固早起梳洗打扮一番，找到店北卖菜老妪，特意询问她的女儿，而见到的却是一个蓬头垢面、相貌丑陋的三岁女孩。他不禁火起，竟拔剑刺去，女孩惊呼，老妪高叫，韦固弃剑而逃。十几年后，韦固成为一名武将，娶相州刺史王泰之女香娘为妻。洞房之夜，韦固揭开香娘的红头盖，见妻子貌美非凡，但眉心贴着一朵红纸剪的小花，问其缘故。听香娘说罢，方知她就是当年卖菜老妪之女。夫妻彼此大为惊叹，而后恩爱有加，子孙满堂，白头偕老。“千里姻缘一线牵”说的就是这个意思。

红娘

红娘原是戏剧《西厢记》中一个“玲珑剔透百事精”的小丫鬟，她聪明热情、活泼勇敢、有胆有识、足智多谋，是个令人喜爱和赞叹的艺术形象。在剧中，她为了成全张君瑞和崔莺莺的婚事，从中穿针引线、传书递柬、不辞辛劳，甚至在“幽会”一场中，心甘情愿地不顾夜半更深，“立苍苔把绣鞋儿湿透”。事情败露后，她又冒着“今天个嫩皮肤倒将粗棍抽”的风险，在“棍子滴溜溜身上转”的形势下，理直气壮地反诘老夫人是“背信而忘恩，岂得贤手”，最后在她“一张利嘴”的说服与劝导下，顽固坚持门第观念的老夫人，不得不取消“崔家三代不招白衣女婿”的清规，将莺莺小姐许配给了张生，使“有情人终成眷属”。随着《西厢记》被广为传诵，“红娘”也不只是个小丫鬟的名字了。现在，凡是热心成全他人美事，善于介绍男女青年结合，乃至积极帮助别人牵线搭桥的中间人，都被赋予“红娘”这个美好而响亮的称谓。

门当户对

旧时的婚姻讲究男女双方的社会地位和经济情况相当，就是所谓的“门当户对”。古代的婚姻往往不是男女两人的事情，而是他们身后的两个家庭的事情，因为男女即便结婚以后，也必须生活在几代同堂的大家庭里，而大家庭中的氛围、文化，甚至生活方式都是一代一代沿袭下来的，即使社会环境变化也不会轻易改变。这样，如果两个家庭有相近的生活习惯，对现实世界有相近的看法，生活中便会有更多的共同语言，才能更加和谐，因此“门当户对”有其合理因素。但是，在今天这样社会化程度不断加深、生活独立性不断加强的情况下，“门当户对”必将逐渐淡出人们的视野。

纳采

纳采是古代婚姻“六礼”中的第一礼，其实就是俗称的提亲。提亲是说媒的第一步，当青年男女已经成年，到了谈婚论嫁的时候，由男方约请媒人到女方家去说亲。男方要准备一些礼物，古代时用大雁，这就是“采”。如果女方答应了求婚，收下礼物，便称做“纳采”，这就标志着全部婚姻程序的开始。纳采及此后的几个环节中，大雁常被用来作为礼物，这是因为大雁的配偶终身专一，象征婚姻坚贞和谐。后世因大雁难得，就改为了鹅。

相亲

纳采过后，由媒人安排一个男女双方见面的机会，就是所说的“相亲”。相亲一般有两种方式：一种是由男方父母或婶婶、姑姑等家长出面到女家，女方家长安排女儿出来露露面，如倒茶、点烟，男方家人乘势打量女子的容貌、身材、体态和举止等；另一种是男子本人由媒人或尊长带着到女家去，在观察女方的同时，也接受女方的审视，但女子只是稍微现身一下，主要由家长代为相看。相看过后，如果双方满意，男方一般就会有所表示，俗称“见面礼”；如果双方中任意一方有所不满，婚事就此告吹。

问名

问名是古代婚姻“六礼”中的第二礼，是为订婚所作的准备。问名一般是由男方委托媒人到女家询问女子姓名和生辰八字等信息，然后经过换庚帖、合八字、验五行、看属相等程序，决定男女双方是否适合婚姻。如果合适便可以订婚，如果不合适就很难结合。

换庚帖

“庚帖”是指写有出生年、月、日及时辰的一张红纸，俗称“允请书”、“年命帖”，一般折成三折，封在一个大红封套中。女方庚帖的封套正中写“敬允”二字，男方则写“恭求”二字，一般都写有四字吉祥话，如“百年好合”、“永结同心”、“天成佳偶”、“五世其昌”、“福寿绵长”等，下款则写“姻教弟某某顿首再拜”云云。生辰八字一般写在庚帖当中一折的正中，女子的称为“坤造”，男子的称为“乾造”。两家的“庚帖”通过媒人相互交换，故称“换庚帖”。

合八字

换庚帖后，男女两家根据“庚帖”上的“生辰八字”，请算命先生推算二人“相合”还是“相克”，俗称“合婚”。八字相合则可订婚，称为“天生一对，地配一双，白头偕老，子孙满堂”的“上等婚”；八字不合的话则千万不能订婚，不管男子如何有钱有才、女子如何漂亮贤惠。“生辰八字”是根据天干地支推算来的。天干地支是我国传统的纪时法，“天干”由甲、乙、丙、丁、戊、己、庚、辛、壬、癸十个字组成，“地支”由子、丑、寅、卯、辰、巳、午、未、申、酉、戌、亥十二个字组成，“天干”与“地支”按顺序两两搭配，共有六十个组合，这样就可以用来纪时了。用它们表示出来的年、月、日、时共有八个字，故称“八字”。

验五行

想弄明白“八字”合不合，就必须要验五行。“五行”是指金、木、水、火、土五种自然物质，以及由这五种物质为代表的、构成世界万物的五种元素，是我国古代哲学家解释世界构成的朴素唯物主义思想，但却被荒唐地运用到了占卜中。按照传统的说法，一个人命中五行如何，是由出生时间决定的，所以通过“八字”可以算出来。又因为五行有“相生相克”的关系，所以便被运用到了婚姻预测中：五行相克的人就是“不合”，不宜结婚；五行相生的人就是“合”，可以结婚。“相克”指的是“水克火、火克金、金克木、木克土、土克水”；“相生”指的是“木生火、火生土、土生金、金生水、水生木”。用“验五行”的方法断定婚姻嫁娶是非常荒唐的，千百年来不知为此拆散了多少美满姻缘。

看属相

除了复杂的“八字”、“五行”外，预测婚姻还有一种简单的方法，就是看属相。属相其实就是十二地支的形象化表达，每一个地支和每一种动物的结合也纯属偶然，但却被广泛地运用到了占卜中。按照传统的说法，一个人的属相不但能影响到婚姻，甚至可以对一生中的大事小情发生影响。比如，属羊的人宜生于春夏两季，因为春夏水草丰茂，羊不会挨饿，如果生于秋冬，则属于不吉利，这明显是无稽之谈。在婚姻上，属相“相克”的人不能结婚，否则不是男克女，就是女克男，民谚就有“白马犯青牛，羊鼠一旦休，蛇虎如刀错，龙兔泪交流，金鸡怕玉犬，猪猴不到头”的说法。相反，如果属相“相合”，便一定能够结成幸福美满的家庭，民间有“鼠配牛、虎配猪、羊配兔、马配狗”等很多说法。其实稍微思考一下，就会发现这是很荒唐的说法。

“女大三，抱金砖”

民间有许多预测婚姻的说法，其中“女大三，抱金砖”是最为大家所熟悉的。如果追根溯源的话，这种说法其实有其社会历史原因。过去，我国一直有早婚的习俗，男孩子在十四五岁就要结婚，如果娶了年纪相当的女孩子，不但不能劳动，而且一般也不能生儿育女，有“女大一，不成妻”的说法。因此，人们就会娶比男孩子大上三四岁的女子。十七八岁的女子既有生育能力、能及早传宗接代，又可以帮助公婆操持家务、从事田间劳动，有很多好处，所以才会说“女大三，抱金砖”。

纳吉

如果在“问名”的一系列程序中，男女双方都被证明是“天生一对、地设一双”的话，男家就可以备礼通知女家，决定缔结婚姻了，这就是古代婚姻“六礼”中的第三礼“纳吉”，意思是一切顺利，收纳吉祥。纳吉时，男家送给女家的礼物最早时是大雁，后来则用首饰、彩绸、礼饼、礼香、礼烛等，也有用猪羊的。因为并不是真正的订婚，只是决定订婚，所以礼物不需要太贵重，故称“放小定”，俗称“过小礼”，其实就是要表示一下男方已经把女方家的姑娘订下来了。

纳徵

“纳徵”是古代婚姻“六礼”中的第四礼，也是最重要的礼节之一，其实就是现在说的“订婚”。《仪礼》中说：“徵，成也，使使者纳币以成婚礼。”就是男家请人向女家送聘礼，以此定下亲事的意思，所以也称“完聘”。因为属于重要的礼节,所送聘礼也非常贵重,因此又称“大聘”、“过大礼”。古代最早、最主要的聘礼是“币帛”，不同时期、不同地方配以其他不同的东西。纳徵以后，婚姻就进入正式准备阶段了。

彩礼

彩礼就是聘礼的意思，来源于最古老的聘礼“币帛”。币帛是一个历史名词，不能按照字面意思理解为钱财和绸缎。“币”的意思是彩色丝，《说文解字》中就说：“币，帛也。”这也是后世“彩礼”一词的来历。周代，“凡嫁女娶妻，入币纯帛，无过五两，士大夫以玄纁束帛，天子加以榖圭，诸侯加以大璋”，有着很强的象征意义。隋唐聘礼固定为九种，有合欢、嘉禾、阿胶、九子蒲、朱苇、双石、棉絮、长命缕、干漆等，都有祝福夫妻爱情永固的意义。后世更看重彩礼的经济价值,彩礼也变得实际许多,除了绸缎，还包括饰物、牲畜或现金，彩礼开始成为夸耀、攀比的对象。

茶聘

茶在古代聘礼中是常见之物，所以下聘也叫“茶定”、“茶聘”，受聘叫“受茶”。茶是一种不易移栽的植物，以茶为聘礼就是取其本性不移的意思。《镜花缘》中写道：“茶树不喜移种，纵移千株，从无一活。所以古人结婚有‘下茶’之说，盖取其不可移植之义。”《红楼梦》中王熙凤也曾调侃林黛玉说：“你吃了我们家茶为什么不给我们家做媳妇？”至今拉祜族下聘礼时，什么都可以不送，茶是不能缺的，按照他们的话说，就是“无茶不成婚”。可见茶在婚礼中的重要作用。

信物

男女双方在确定婚姻关系以后，也可以在正式的聘礼之外互赠礼物表达爱慕之情，以此作为爱情的凭证，所以也被称为“信物”。当然，在私下的自由恋爱中，信物的使用更加频繁。互赠信物的方式在我国由来已久，早在春秋时期，郑国的男女就以当地盛产的芍药、香草相互赠送，陈国的姑娘则送一包花椒籽儿给她中意的小伙子。信物的种类很多，但大都有其特殊的爱情含义。

戒指

戒指又称指环，因其为圆形、环状，首尾相接，故蕴含着爱情永久的意思，所以是各种信物中最常见的，现在多由男子亲自把戒指戴到女子手上，以此表达爱意，但有些地方并不是这样。旧时的台湾，待嫁的姑娘由家中长辈妇女陪同到男方家中，未来的婆婆会仔细查看姑娘的手相，如果手相是“断掌”，即手掌上的纹路从左到右有一条很深的沟，就会被认为是命中注定要克死丈夫的，男方就会拒绝婚事。如果手相正常，未来的婆婆就会给未过门的媳妇戴上一只戒指，以此定下亲事。

手绢

手绢是常见的定情信物，至今仍在很多地方流行。最初，恋爱中的姑娘或小伙子在劳动、生活中，互送手绢揩汗、擦手，以此表示对恋人的关心。旧时手绢多为丝质，“丝”与“思”谐音，隐喻思念意中人的意思，所以便被广泛地作为定情信物。古典名著《红楼梦》中，便有宝玉、黛玉互赠手绢的动人故事。

荷包

荷包是常见的定情信物，因为多是姑娘一针一线亲手制作，所以比其他信物更饱含真情。荷包最早出现在少数民族地区，而且多是成双成对的“对子荷包”，即一个荷包由两个单独的部分组成，每个部分都有两个不同的面，一面是鼓起的，一面是平的，鼓起的一面上绣有相同的龙、凤、花、鸟、葫芦等图案，两个部分平面朝平面对起来，就组成了一个完整的“对子荷包”。青年男女相爱后，姑娘便把自己亲手绣的对子荷包中的一半送给小伙子，另一半自己留着，用以证明双方的爱情关系。这种习俗后来逐渐传到汉族地区，汉族人将荷包合两个为一个，而且里面装有香草，所以也称“香草荷包”。

红豆

红豆是最富盛名的定情信物之一，又叫“红漆豆”、“相思豆”、“郎君豆”、“鸳鸯豆”等等，是红豆树、海红豆或相思子等树上结的种子。红豆多为鲜红色、一头有黑色斑点，自古就是爱情的信物。如果男女天各一方，就会常常因看到情人所送的红豆而产生相思之情。写红豆最著名的诗作是唐代王维的那首《相思》：“红豆生南国，春来发几枝。愿君多采撷，此物最相思。”

请期

纳徵，也就是订婚之后，婚礼的准备就正式开始了。准备的第一步就是选定婚礼的日期，称做“请期”，是古代婚姻“六礼”中的第五礼。按照传统的说法，日期有吉凶之分，所谓吉日就是百事吉利、万事如意的日子。请期一般是由男家请算命先生通过占卜确定吉利的日子，然后交由媒人到女家征求意见，女家表面谦让一番后表示同意即可。吉日的选定一般也要依靠八字和属相，但和“问名”中所用的方法不尽相同。因八字测婚期非常“专业”，所以属相更为大众化。

属相与婚期

按照传统的说法，属相和婚期的选择有重要的关系。例如，鸡兔两个属相的人适宜于正月或七月结婚；猪蛇两个属相的人适宜于三月或九月结婚；马鼠两个属相的人适宜于六月或腊月结婚；牛羊两个属相的人适宜于五月或十月结婚；狗龙两个属相的人适宜于四月或十月结婚；虎兔两个属相的人适宜于二月或八月结婚。而从女子方面来说，不宜结婚的时间有这样一个口诀：子年忌兔相，丑年忌虎相，寅年忌牛相，卯年忌鼠相，辰年忌猪相，巳年忌狗相，午年忌鸡相，未年忌猴相，申年忌羊相，酉年忌马相，戌年忌蛇相，亥年忌龙相。

指腹为婚

“指腹为婚”是旧时一种很特殊、但也很流行的订婚方式，即双方家长在孩子尚未出生之前就约定为婚姻。指腹为婚中的家长因为怕男女长成后互不相认或一方不守信诺，所以会将衣襟裁为两幅，各执一幅以为凭证，所以又称“指腹裁襟”或“指腹割衿”。古代统治者有时也不支持这种婚姻方式，如《元史·刑法志二》中就有“诸男女议婚，有以指腹割衿为定者，禁之”的记载，但并没有什么实际效果，民间依然有许多人因为是很要好的朋友或亲戚，而为自己未来的子女订这种亲事。

嫁妆

“嫁妆”是指女家为待嫁女儿准备的财物，也叫“陪妆”、“妆奁”等。嫁妆一般分为两部分，一部分是送给男家的，一部分是送给女儿的。陪嫁妆的原因在根本上说有三点：一是因为古时出嫁后的女儿没有继承权，嫁妆其实就是预先分给她的一份遗产；二是为了女儿到婆家后生活地更好些，有自己的财产可供支用；三是用这种方式为女儿在夫家争取地位，同时也显示自家的经济实力。嫁妆的多少并无定规，不同的地方和不同的家境大不相同，但一般都包括红色碗筷、缎面棉被、各色衣料、剪刀尺子、箱柜盆瓶、金银首饰等。

上头

女子在结婚前夕“上头”是旧时很普遍的习俗，现在女子结婚时盘头、烫发还残留有这一习俗的影子。旧时上头的程序非常复杂，以江苏高邮一带为例，姑娘在出嫁前一两天，要请儿女双全的妇女做“上头妈”来“上头”。“上头妈”先打开姑娘原来的发辫，然后用梳子把包括刘海儿在内的所有头发梳向脑后，盘成一个发髻。然后在姑娘脸上涂好胭脂花粉，用两盘叠成双层的红纱带，从姑娘的前额梳向脑后，紧紧地梳成十二道，寓意一年十二个月，月月平安。在整个上头的过程中，即使姑娘的头皮被勒疼也不能嚷，只能忍耐。据说只有这样，到了婆家才能遇事忍耐，不发脾气。其实，一般人家的姑娘只须把辫子盘成发髻就算是上头了。

开脸

旧时女子婚前的准备，除了上头外还有“开脸”。开脸又称开面、绞面、绞脸，是婚前去除面部汗毛的仪式。开脸有上轿前在女方家进行的，也有过门后到男方家进行的，开脸人必须是父母子女齐全的妇人。开脸前，先用两个煮熟并染红的鸡蛋在新娘的脸上滚几下，然后用红纱布把披散在额头上的刘海儿抹上去，再用挑簪把短发向下挑齐，抹上香粉后将短发拔去。最后，用两股红色棉线相互绞合，把姑娘脸上的汗毛拔去。经过上头和开脸后的姑娘，便象征性地变成一个妇人了。

节食

除了上头、开脸等常见的婚前准备外，还有一些地区性的特殊婚俗。比如，居住在东北地区的满族和汉族姑娘，在结婚的前一天晚上便不能吃饭，第二天早上也只能吃一两个煮鸡蛋，而且一口水也不能喝。这种习俗从何而来已经说不清楚了，人们对此只能有几种猜测：一是避免新娘在坐车、坐轿时中途大小便，二是表示新娘离开娘家时的悲伤，三是让新娘的体态更窈窕动人。

安床

安床是男方家要做的婚前准备，一般都是在婚前几天，由一位“一世好运”的男性把新床移到适当的位置，位置要依男女双方的八字以及神位等决定，不可与桌柜、方橱的尖角相对。然后再由一位“儿孙满堂”的女性负责铺床，并摆上各式干果、红绿豆等。安床后，禁止成年人坐卧，尤其忌讳寡妇和失婚者，但可以先让婴孩在床上玩耍，寓意添丁发财。

亲迎

亲迎是古代婚姻“六礼”中的最后一礼，也是最为重要的一礼，其实就是现在所说的迎亲。迎亲始于周代，之后历代沿袭，不同的是，古代迎亲多是黄昏，而现在多是上午，而黄昏迎亲就是“婚”字的来历。迎亲在不同的历史时期有不同的形式，到清代时便和现在大致相同了。迎亲之日，新郎披红戴花，骑马或坐轿亲自到女方家，以花轿迎娶新娘。花轿由四人或两人扛抬，去时一般不能空着，而是要坐一名男孩，俗称压轿。临到新娘家时，女方家便放鞭炮迎接，此时小孩们便拦住轿子不让进前，抬轿的就要给些礼金。新娘按惯例要拖延上轿时间，俗称“捱上轿”，要在迎亲者“三请”、“四清”后，才穿霞披、戴凤冠，顶大红盖头出来。临上轿前，母亲要喂新娘一口“上轿饭”，意思是不忘养育之恩。现在的习俗无非是把轿子换成了汽车、把凤冠霞帔换成了婚纱而以，大同小异。

出门

“出门”是指新娘正式离开娘家的意思。迎亲那天，等到吉时，新娘由娘家的亲戚背上或抱上花轿，新娘的双脚不能沾地，传说沾地的话就会带来厄运。在有些地方，出门的时候新娘的嫂嫂不可以相送,因为“嫂”字和扫帚星的“扫”字谐音，人们认为不吉利。现在一些地方的新娘出门时，由伴娘撑起红伞保护新娘，取其开枝散叶的意思。新娘的众姐妹一边走，一边向空中、伞顶及花车顶撒米，据说是用来“喂金鸡”，鸡啄米后便不会啄新娘。上花车前，新娘子会向送行的亲友鞠躬，以示谢意。

花轿

在传统的迎亲方式中花轿是主角。花轿也叫喜轿，是婚礼中使用的特殊轿子，通体红色，装饰华丽，用以显示喜庆吉祥，因此俗称“大红花轿”。轿子原名“舆”，因为《史记》中就有记载，所以至迟在西汉时就已出现。魏晋时轿子就已经非常盛行。隋唐五代时,始有“轿”之名。相传轿子在北宋时只供皇室使用，宋高宗赵构南渡后，废除了限制乘轿的相关禁令，从此轿子来到民间，所以南方传说中花轿的来历就是源于高宗的御赐。南宋孝宗皇帝为皇后制造了一种“龙肩舆”，上面装饰着四条走龙，用朱红漆的藤子编成座椅、脚踏和门窗，内有红罗茵褥、软屏夹幔，外有围幛和门帘、窗帘，叫做“彩舆”。这个“彩舆”就是现在可知的最早的花轿。花轿何时用于婚礼已无从考证，但相关的传说却有很多。

花轿与高宗

江南流传最广的关于花轿用于婚礼的传说，和宋高宗赵构有关。相传北宋被金人灭亡后，幸免于难的康王赵构继承了皇位，是为宋高宗。当时战火未熄，中原不宁，在金军的威胁下，赵构流窜宁波。但途中遭金军拦截，冲出包围后仅剩自己一人，惶恐间又被一片湖水挡住去路。眼看追兵将至，赵构万般无奈之下准备投湖自尽。这时，正巧有个村姑在湖边浣纱，便指着湖水对他说：“这里水浅，相公快快下去，只管仰起鼻孔透气，我自有办法搭救于你。”赵构依言照办，村姑随即将手上的白纱迎风一抖，撒向湖面，正好把他完全遮住。金兵冲到湖边不见赵构踪影，便问村姑是否见到，村姑便伸手胡乱指了一个方向，金兵随即朝着村姑所指方向疾驰而去。待金兵走远后，村姑将赵构搀上岸来，带他回家换了衣服，并找船将他送到对岸。两年后，赵构在杭州站稳脚跟，传旨宁波府寻访那个救驾的村姑，但时过境迁，最终没能找到。于是赵构特下圣旨一道：

今后凡宁波女子出嫁，特许乘坐四抬轿子。四抬轿子是八抬鸾驾的一半，所以后世宁波人便自夸他们的花轿是“半副鸾驾”。后来，其他地方也在婚礼中使用轿子，这个风俗就传了下来。

花轿与二程

花轿用于婚礼的另一个传说与北宋洛阳的理学宗师“二程”有关。相传在古代婚俗中，大夫以上的家庭嫁女时有“反马”的规矩，即女方用车马把新娘送到夫家成亲后，如果夫妻在三个月左右的时间内相处和睦，夫家便留下车子，送还马匹，叫做“反马”。相反，如果两人合不来，新娘便可以骑马返回娘家。理学宗师程颐和他的哥哥程颢认为，夫妇终生相守合乎“天理”，解除婚姻的习俗简直是天理不容。于是他们便规定：程家送女儿出嫁时，一律不用车马，须由男方用“檐子”来迎娶，以此断绝“反马”之习。相应的，程家娶亲也照此办理。所谓“檐子”就是当时对轿子的俗称。此后，随着理学在南宋的兴盛，用“檐子”取代车马的迎亲习俗也流行起来。一方面，嫁出的女子从此失去返归娘家的自由；另一方面，她们在夫家的地位也因此有所巩固，“我是你们家用花轿抬过来的”成为妇女保卫自己权利时的常用语。

花轿与士族

花轿用于婚礼的众多传说中，最早的一个和唐代的士族有关。东汉魏晋以后，士族大姓自恃门第高贵，儿女婚事一直都在小圈子里进行，耻与异姓结亲。到唐代时，最显赫的士族是太原王氏、范阳卢氏、荥阳郑氏、清河及博陵崔氏、陇西及赵郡李氏这七大望族。唐高宗时，出身寒族的李义府官居宰相，想为儿子在这七大姓中娶个媳妇，竟然四处碰壁。他恼羞成怒，便劝说皇帝下诏，禁止这七姓子女互相通婚。同时，又组织重修《氏族志》，规定不论门第，凡得官五品以上者皆属士流。然而，这些望族不甘受此束缚，便偷偷议定婚姻，因为不敢公然冒犯天子诏令，就一改车马送亲、吹吹打打等公开热闹的方法，仅在天黑后弄一乘花纱遮蔽的小轿把新娘抬到男家，这样就算是完成了婚礼。这个方法后来慢慢传开，竟然成为一种习俗，轿子也就成了婚礼中不可或缺的喜庆之物。

双喜

和花轿一样，双喜也是婚礼中必不可少的喜庆之物。举行婚礼时，男家事先请人用红纸剪好或写好大大小小各种红双喜，在结婚的头一天晚上或当天一早贴在大门两旁、中堂两旁、新房的玻璃窗上以及家具、用具上面，有的地区还把红双喜绣在被褥和枕套上。红双喜，即红色的“囍”字，把“喜”字叠成双字，变成“囍”由来已久，相传是北宋宰相王安石双喜临门时留传下来的。红双喜象征吉祥如意、繁荣蓬勃，能够很好地增强婚礼的喜庆气氛，使人感到红火热闹。

双喜与王安石

据说，“囍”字是北宋宰相王安石最先发明的。传说王安石二十三岁那年赴京赶考，途经马家镇时天色已晚，便决定留在镇上歇宿。饭后无事的他上街闲逛，发现一个大户人家的宅院外面挂着一盏走马灯，灯上写着“走马灯，灯马走，灯息马停步”的半幅对子，王安石看后不由拍手称好，但却想不出下联。几天后，考场上的王安石发挥极佳，主考官见他聪明机敏，便指着厅前的飞虎旗说：“飞虎旗，旗虎飞，旗卷虎身藏。”王安石立刻想到马家镇上的那半幅对子，不假思索地答道：“走马灯，灯马走，灯息马停步。”他对得又快又好，令主考官赞叹不已。考试结束后，王安石又路过马家镇，特意去看了看那盏走马灯，不料却被宅子的主人马员外邀请对下联，王安石又是不假思索，随口说道：“飞虎旗，旗虎飞，旗卷虎身藏。”员外大喜，执意要将女儿许给他，原来这个上联正是为马小姐招婿所设的。王安石与马小姐完婚那天，又接到了高中的喜讯，王安石便带着三分醉意，挥毫在红纸上写了一个大大的“囍”字，让人贴在门上，并随口吟诗：“巧对联成双喜歌，马灯飞虎结丝罗。”从此，“囍”字在民间流行开来了。

哭嫁

“哭嫁”的习俗在我国流行很广，特别是少数民族地区。通常，待嫁的姑娘在出嫁前的半个月到一个月的时候便开始哭嫁，练习“哭嫁歌”，其内容有“哭爹娘”、“哭兄嫂”、“哭姐妹”、“哭祖先”、“骂媒人”等。在举行结婚仪式时，还有“哭梳妆”、“哭席”、“哭穿衣”、“哭上轿”、“哭百客”、“哭辞祖”等。哭的形式多种多样，有一个人的“独哭”，有同姐妹、兄嫂、父母、亲友一起哭的“同哭”。有的晚间哭，有的白天哭；有低声哭泣，有号啕大哭。都是边哭边诉说，有的诉说离别之情，有的诉说自身不幸遭遇等。藏族有句谚语说：“男人出征，虽为愁事，但要笑；女人出嫁，虽为喜事，但要哭。”

眼泪钱

有些流行哭嫁的地方，还有一项与之“配套”的习俗，就是眼泪钱。姑娘出嫁前要在家里连续哭几天，娘家的亲朋好友要是过来探望，就得赠送劝哭的“眼泪钱”。给钱的时候还要表演一番：客人做出掏钱的姿势，其实是掏香烟或火柴一类的东西，僵持一段时间后，客人才摸出钱来，其实是早已准备好的，多是一把零钱，看上去很多，实际并不多，这就叫“眼泪钱”。哭嫁在今天看来可能是难以理解的，但古时因为交通不便，女儿出嫁后再见家人的机会很少。即便条件允许，回家探亲也是一件需要经过婆家同意的事情，很是麻烦。此外，也有人认为哭嫁源自古时妇女不能拥有自由的婚姻，所以她们便用哭嫁的歌声来控诉不公平的婚姻制度。

骂媒人

哭嫁的内容中最有意思的要算是骂媒人了。媒人作为婚姻的促成者，本应受到新娘的感谢，为什么反而要挨骂呢？在湖南省桂阳县，姑娘出嫁之前的三天或七天，她的父母就要请媒人到家吃酒席。吃到中间，上鸡肉和黄花菜时，外面便会鞭炮齐鸣。女方家长起身向媒人敬酒，而姑娘则开始骂媒人，边哭边不住地骂："你这个媒人哪，我恨死你了！花言巧语，害死人啊！……你今天做媒，明日不得好死啊！"媒人只管接受主人的敬酒，对姑娘的咒骂反而好像没听见一样。不管姑娘怎样骂，媒人还是家中的贵宾。其实，姑娘的哭骂只是装模作样而已，是哭嫁中的一个环节。

下轿

迎亲的轿子一到，新郎家便会鞭炮齐鸣，各路亲眷也都会争先恐后地挤到门外去看新娘子，但新娘却并不会轻易地下轿，要等到婆婆家的接亲人三番五次请求，甚至要新郎亲自来鞠躬作揖才会下轿。但有些地方正好相反，虽然也是新娘迟迟不下轿，但并不是因为要"刁难"婆婆家，而是婆婆家要"刁难"新娘，不迎接她下轿，这叫做"压脾气"，是要告诉新娘子今后在婆婆家要遇事忍耐，不可像以前在娘家时那样颐指气使。其实无论是哪种"刁难"，都只是一种仪式，并不是真正的相互为难。

过门

"过门"与"出门"相对，是指新娘正式踏入男方家家门，拜见公公、婆婆及男方家其他长辈。过门以后，新娘便正式成了婆婆家的一员，与娘家正式脱离了关系，所以媳妇的性质才会有"没过门的"和"过门的"之分。据说，媳妇过门时，公公和婆婆不能在大厅直接看着她进门，因为这样会相冲。因此，新娘步入男方家后，公公和婆婆会从房间里出来，到大厅迎接她。清朝以后，满族的一些过门仪式流行起来，其中跨火盆和跨马鞍尤为突出。在这样的习俗中，新娘子下轿以后不能直接进门，要跨过一个火盆和一个马鞍，象征今后的日子红红火火、平平安安。

拜堂

拜堂是整个婚礼中的高潮，而且是传统上缔结夫妻关系的决定性仪式，一旦拜了堂就算是结成了夫妻，再也没有回旋余地了，所以"拜堂"和"成亲"总是连起来说。拜堂虽然重要，但却是一个很后起的礼仪，在周代的"六礼"

中并没有相似的仪式，是在宋代以后才流行起来的。婚礼中的新娘因为盖着盖头，所以要由新郎牵引，二人在众亲友的簇拥下走入喜堂。这时，婚礼司仪就会洪亮地高喊："一拜天地，二拜高堂，夫妻对拜，共入洞房。"新郎、新娘再按照指示依次恭拜。其中，拜天地代表着对天地神明的敬奉，拜高堂是孝道的体现，夫妻对拜则代表着夫妻相敬如宾。在某种程度上，夫妻对拜的确体现了一种男女平等的观念。

喜宴

中国饮食文化博大精深，平时一日三餐的小饭小菜很难看出，婚宴则是一个集中展现的大舞台。我国幅员辽阔，各地喜宴也千差万别，但有一些原则是大家共同遵循的。首先，菜肴的数目应为双数，八个菜象征发财，十个菜象征十全十美，十二个菜象征月月幸福等。其次，菜肴的命名应尽量选用吉祥用语，比如珍珠双虾取命为比翼双飞、红枣桂圆莲子花生羹取名为早生贵子、干炸春卷取名为金屋藏娇等。第三，婚宴菜单应遵循因人配菜的原则，因为我国是一个多民族国家，所以有很多饮食禁忌需要注意。第四，婚宴的选料不必名贵，但分量要充足，必须让参加婚礼的宾客吃饱。最后，婚宴中必须有一些寓意吉祥的原料，比如象征吉祥喜庆的鸡、象征年年有余的鱼等。总之，婚宴要喜庆祥和、丰盛可口。

洞房

拜天地中所说的"共入洞房"就是指新郎、新娘携手走进新房。在我国，很早以前就把新人完婚用的新房称做"洞房"，古人关于"洞房"的诗句也不胜枚举。西晋文学家陆机在《君子有所思行》中写道："甲第崇高闼，洞房结阿阁。"北周庾信在《三和咏舞诗》中写道："洞房花烛明，舞馀双燕轻。"唐朝诗人宋庆馀在《近试张水部》中写道："洞房昨夜停红烛，待晓堂前拜舅姑。"宋人洪迈在《容斋随笔》里更有脍炙人口的佳句："洞房花烛夜，金榜题名时。"可见，"洞房"一词由来已久。但为什么把新房称做洞房呢？据民间传说，这和尧帝以及华山三圣母有关。

洞房与尧帝

传说尧帝登基后，非常关心牧人的生活，在他亲临牧区视察时，遇到一位漂亮的女子手执火种从天而降。尧帝从牧民那里得知，这位女子就是"鹿仙女"。尧帝被她的美貌所倾倒，从此食不甘味，夜难安寝，于是便带领四个大臣到处寻访。一日，尧帝一行来到姑射仙山，忽然见到一只俏丽的梅花鹿悠然走来，尧帝知是"鹿仙女"，便迎上前去。突然，一条大蛇从林中窜出，刹那间尧帝措手不及，只见鹿仙女用手一指，大蟒便颤抖不已，仓皇而逃。鹿仙女感于尧帝的辛苦寻访，便与他结为夫妇。他们在姑射仙山的仙洞中完婚，成就了一段美好姻缘。从此，世间就有了把结婚时用的新房称做洞房的习俗。

洞房与三圣母

华山三圣母是神话“劈山救母”中沉香的母亲，但早于这个传说之前还有一个关于她的故事。相传秦朝时，秦始皇大兴土木建造阿房宫，并派大臣到民间强选美女。当时，有一位俊美而聪明的三姑娘被强迫送进阿房宫，但勇敢倔强的她不甘心过那种被奴役蹂躏的黑暗生活，就逃出宫外直奔华山。秦始皇当时还焚书坑儒，读书人也被迫逃命，其中有个叫沈博的书生也逃到了华山。三姑娘与沈博在华山相遇，同是天涯沦落人，便互相倾诉遭遇，逐渐产生了爱慕之情，于是二人插枝为香，对天盟誓结为夫妻。但身处荒山野岭，无处安身，他们便以巨石下的一个洞穴为新居，生活虽然困苦，但夫妻二人情投意合。他们的故事在民间广泛流传，后人对不畏强暴的三姑娘产生了由衷的崇敬和怀念，便在华山修建祠堂供奉她，被人们称为“三圣母”。三圣母结婚时的“洞房”逐渐成为民间对新房的称呼。

撒帐

新人共入洞房后，亲友也会紧随其后到洞房举行一个名为“撒帐”的仪式。“撒帐”是指将各色果子、谷物撒到新人床上，以此祝福他们早生子息的仪式，一般伴有喜庆的“撒帐歌”。撒帐所用的各色干果一般都依据谐音拥有都有特定的含义，比如枣与栗子是“早立子”的意思，桂圆是“早生贵子、幸福圆满”的意思，莲子是“连生贵子”的意思，荔枝是“利于生子”的意思，花生是“男女相隔、花着生”的意思等。撒帐婚仪起源于汉朝，《事物原始》中说：“李夫人初至，帝迎入帐中共坐，欢饮之后，预戒宫人遥撒五色同心花果，帝与夫人以衣裾盛之，云得果多，得子多也。”李夫人便是成语“倾国倾城”所指的汉武帝的宠妃，这也是有据可查的最早的撒帐仪式。

撒帐歌

撒帐歌是配合撒帐时朗诵的吉祥歌词，内容也多为祝福多子、夫妇和谐等。古代小说《快嘴李翠莲记》中就有一篇撒帐歌：

撒帐东，帘幕深围烛影红，佳气郁葱长不散，画堂日日是春风。

撒帐西，锦带流苏四角垂，揭开便见姮娥面，输却仙郎捉带枝。

撒帐南，好合情怀乐且耽，凉月好风庭户爽，双双乡带佩宜男。

撒帐北，津津一点眉间色，芙蓉帐暖度春宵，月娥苦邀蟾宫客。

撒帐上，交颈鸳鸯成两两，从今好梦叶维熊，行见珠蠙来入掌。

撒帐中，一双月里玉芙蓉，恍若今宵遇神女，戏云簇拥下巫峰。

撒帐下，见说黄金光照社，今宵吉梦便相随，来岁生男定声价。

撒帐前，沉沉非雾亦非烟，香里金虬相隐快，文箫金遇彩鸾仙。

撒帐后，夫妇和谐长保守，从来夫唱妇相随，莫作河东狮子吼。

揭盖头

盖头是婚礼中伴随新娘始终的喜庆物件，一般是绣有龙凤、花卉的边长三尺的大红色丝织品。最早的盖头出现在南北朝时，是妇女避风御寒使用的类似头巾的东西，仅仅盖住头顶。唐代初期演变成一种从头披到肩的帷帽，据说开元天宝年间，唐明皇李隆基为了标新立异，有意突破旧习，指令宫女以“透额罗”罩头，就是在帷帽上再盖一块薄纱遮住面额，作为一种装饰。此后，盖头便在民间流行，成为新娘不可缺少的喜庆装饰。另一种解释说，盖头源于古代的掠夺婚，是防止被劫的新娘认出道路逃回。盖头的来源虽不可考，但揭盖头的风俗却大致一样，一般都是入洞房后，由新郎用秤杆或马鞭将新娘的“盖头”挑下，然后抛到屋顶或帐篷顶，直到这时，新娘和新郎才算是见了第一面。

交杯酒

交杯酒是我国婚礼中的一个传统而重要的仪式，古时叫做“合卺酒”。“卺”的意思是一个葫芦分成两个瓢，“合卺”便由此引申为结婚的意思。据说这一习俗源于先秦，当时夫妇喝交杯酒用的就是瓢。唐代时除了用瓢作酒器外，也出现了用酒杯代替的情况。到了宋代时，新婚夫妇喝交杯酒便只用酒杯了，而且是先饮一半，然后再换杯共饮，饮完后将酒杯一正一反掷于床下，以示婚后百年好合。清末时，交杯酒仪式已发展成为“合卺”、“交杯”、“攥金钱”三部分。现在的婚仪中，“按杯于床下”之礼已被革除，“攥金钱”则为“掷金花”所代替，只有“交杯酒”仍然实行。

闹洞房

闹洞房是我国传统婚庆中不可缺少的一环，但其实并非中原文化的产物，很有可能来自北方草原民族。先秦汉初时的婚礼淳朴肃穆，《礼记·曾子问》中记载：“嫁女之家，三日不息烛，思相离也；娶归之家，三日不举乐，思嗣亲也。”根本没有喧嚷纷闹大操大办的场面。但汉末仲长统的《昌言》中便有了相反的记载：“今嫁娶之会，捶杖以督之戏谑醴以趣之情欲，宣淫佚于广众之中，显阴私于新族之间，污风诡俗，生淫长奸，莫此之甚，不可不断之也。”从中可以看出，闹洞房是汉末才兴起的，而且从出现伊始便被视为一种陋习。结婚本是神圣的事情，即便喜庆也要把握分寸，逗弄新娘、新郎本无伤大雅，可是一旦陷入低俗便是值得谴责的下流行为了。

闹洞房与紫微大帝

关于闹洞房的起源，我国民间有一个传说。相传很久以前的一天，紫微大帝下凡，在路上遇到一个披麻戴孝的女子，尾随在一伙迎亲队伍之后。他看出这是妖魔在伺机作恶，于是就跟着来到新郎家里，只见那女人已提前到达，并躲在洞房里。当新郎、新娘拜完天地要入洞房时，紫微大帝堵住门不让他们进去，告诉他们里面藏着妖魔。于是新郎便请他指点除魔的办法，紫微大帝建议说："妖魔最怕人多，人多势众魔鬼就不敢行凶作恶了。"于是，新郎请客人们在洞房里嬉戏说笑，一直到五更天，终于把妖魔逼走。传说当然不可信，但从中我们可以看出，闹房这一习俗从一开始就和驱邪避灾有一定的联系。

新婚第一天

婚后第一天，昨天的新娘子已经变成了今天的小媳妇。在我国很多地方，都有一些特别的礼仪须要新媳妇在新婚的第一天来履行。为了取得公婆的满意，新媳妇在第一天一定不能睡懒觉，而是要早早起床为公婆做第一顿饭，这是新媳妇展示厨艺的第一步。在有些南方地区，新媳妇还要为公婆泡茶、献茶，公婆则要给新媳妇红包。还有一些地方，新媳妇要在第一天的午饭时做一条鱼，以祈求今后年年有余等等。不管习俗差异有多大，其实质都是新娘身份的转变，都是新娘子开始履行媳妇义务的开始。

回门

回门是整个婚礼的最后一项仪式，是指女儿嫁出后第一次回娘家省亲，有女儿不忘父母养育之恩，女婿感谢岳父母养育妻子之恩的意思。回门一般都是在婚后的第三、六、七、九、十日或满月进行，由女婿携带礼品随新娘回家，拜谒岳父母及妻子家的众亲友，女家则设宴款待，新女婿入席上座，由女族尊长陪饮。这个习俗源于上古，初名为"归宁"，后世各地名称不一。宋代时称"拜门"，《东京梦华录》和《梦粱录》中都有记载。清代北方称"双回门"，南方称"会亲"，因为这是新婚夫妇第一次回娘家，所以称"双"，有好事成双之意。河北某些地区称"唤姑爷"，杭州则称"回郎"。现在回门通常固定在婚后第三天，所以又称"三朝回门"。回门过后，整个婚礼便算是圆满结束了，夫妻二人从此便开始了全新的生活。

京族对歌

京族的恋爱方式在我国西南少数民族里颇具代表性。每逢欢庆节假的时候，京族的姑娘和小伙子们便欢聚在一起，相互"对歌"，对完歌后便成群结队地到沙滩或树林中去。在沙滩的小伙子如果看中了哪个姑娘，便向她靠近，用脚尖往姑娘身上踢沙子，表示求爱。在树林中的小伙子如果看中了哪个姑娘，便折一枝树枝，将树叶撕碎，抛给姑娘。如果姑娘对小伙子有情意，也会用同样的方式回敬小伙子，表示接受他的求爱，恋爱关系就这样建立起来。以歌求爱是我国少数民族青年男女常用的方式之一。

壮族“碰蛋”

壮族聚居的巴马、都阳、江州一带有一种“碰蛋”的恋爱习俗。每年农历的三月初三，当地家家户户煮鸡、鸭、鹅蛋，并将煮熟的鸡、鸭、鹅蛋染上红色，青年男女拿着“红蛋”到外面去选择意中人。当小伙子看中某个姑娘时，便以红蛋和她的红蛋相撞，如果姑娘也有意，“碰蛋”之后，双方就到一个幽静的地方去倾吐爱慕之情，彼此相互了解。如果小伙子相中了某个姑娘，而姑娘不同意，则用手握住红蛋，不与小伙子相碰。这种习俗一直流传到今天，仍在一些地方沿用。

侗族“约标”

侗族聚居的某些地区有一种“约标”的恋爱方式，就是用草作为幽会的记号。侗族青年男女通过“大型歌会”彼此相识，在有了一定的感情，但还没有达到订婚程度的时候，为了进一步加深了解，便相约到一个地方幽会。约会时，小伙子要把“约标”的样式、方向告诉姑娘。第二天，小伙子在岔路口拔几根草，将草扭成三个草结，放在自己走过的路上。草标的头朝前，尾朝后，形成一个指路的箭头，姑娘来赴约的时候，在岔路口看见草标，便按草标所指示的方向去寻找小伙子。

佤族“烟媒”

佤族有一种特殊的爱情表达方式，就是青年男女之间以烟草为媒人。农闲节假时，三五名佤族小伙子便会相邀到一个姑娘家，大家一边闲聊一边抽烟。如果哪个小伙子看中了姑娘，便口唱小调，让姑娘给自己装烟点烟，用以试探姑娘是不是对自己也有好感。如果姑娘相中了这个小伙子，便给他装烟点烟。从此之后，这个小伙子便可以夜夜来姑娘家“串门”，直到订婚为止。

苗族“摇马郎”

苗族聚居的有些村寨流行一种叫“摇马郎”的恋爱习俗。“摇马郎”是玩耍的意思，是指农闲或节假日在村寨附近游玩，本寨中的姑娘和外寨来的小伙子一同参加。男女相聚后，两男两女一组相互对歌，如果双方有意，可以互赠礼物作为信物，然后回去告诉各自的父母，男方再请媒人前往女方家去说亲。但“摇马郎”时小伙子必须佩戴“花柴刀”，这种刀的刀面又窄又薄，上面镌有并蒂莲、彩凤、龙等花纹。佩戴花柴刀表示尚未婚配，所以女子选择意中人时，必须首先观察小伙子是不是戴有花柴刀。如果有，便去和他对歌玩耍，进而互相了解，决定是否确定恋爱关系。

傣族“卖鸡肉”

居住在西双版纳的傣族流行一种“卖鸡肉”的恋爱方式。每到节日期间，姑娘们便会杀鸡，清炖以后盛在一个小盆子里，拿到市场上去出售。如果姑娘没有相中来买鸡肉的小伙子，就会跟他多多要钱；如果姑娘相中了来买鸡肉的小伙子，则会羞羞答答地和他搭话，小伙子会意后，便与姑娘一起拿着炖好的鸡肉到僻静的树林里，二人边吃美味的鸡肉边谈话，彼此倾吐爱慕之情。这种独特的习俗一直延续到今天。

拉祜族“抢头巾”

“抢头巾”是拉祜族流行的恋爱方式。农闲或节假日时，拉祜族小伙子和姑娘们便相约在一起，大家一起唱歌、跳舞。在游戏中，如果小伙子相中了哪位姑娘，便跑上前去抢走姑娘的头巾，然后向着幽静的地方跑去。如果姑娘也有情意，便向小伙子跑的方向去追赶。二人跑到一个幽静的地方，便可以相互倾吐爱慕之情。经过一番了解，如果彼此都同意的话，就互相赠送一件东西作为定情的信物，恋爱关系也就此确立。

景颇族的“无字情书”

景颇族的青年男女之间有一种无字的情书。景颇族小伙子如果爱上了哪个姑娘，便用一个树叶包上树根、大蒜、辣椒、火柴送给姑娘。其中，树叶表示有许多话要跟姑娘说、树根表示对姑娘的思念之情、大蒜表示希望姑娘考虑与小伙子之间的感情、辣椒表示对姑娘爱情之热烈、火柴表示小伙子求爱态度之坚决。姑娘虽然收到这样无字的情书，但里面的含义却能看得一清二楚。

哈尼族的松枝与花束

哈尼族有许多很特别的婚恋习俗，其中以抛松枝和送花束最为有趣。“抛松枝”是指青年男女在劳动之余聚在一起，按性别分成两帮，彼此互相抛松枝做游戏。在娱乐中相互物色对象，双方都有情意者就可以建立恋爱关系，直到结成伴侣。哈尼族小伙子如果相中了哪个姑娘，便给她送去一束鲜花，花要有红黄两种颜色，用黑线捆绑，捆绑的线圈儿必须是双数。姑娘接到后，也要回敬一束鲜花，捆绑鲜花的线圈如果是单数，那就表示姑娘没有情人；如果是双数，则表示姑娘已经有了意中人，或者不喜欢这个小伙子。这些习俗一直保存到现在。

求子

我国自古就是一个宗法社会，即便在今天，宗法气息依然非常浓厚，因此传宗接代是极其重要的事情。因为婚姻是孕育新生命的开始，所以民间在婚姻缔结之初就开始了一系列求子的活动。清代光绪年间的《惠州府志·婚嫁》中记载："妇至门，必于亲好中取福寿兼全者扶之。"这里所谓的"福寿兼全者"就是"多子多福之人"，用这样的人搀扶新娘,就是为了保佑她今后多子多福。婚后，双方父母最关心的就是女儿或媳妇何时怀孕。怀孕之前，民俗中也有各种求子习俗，如北方地区拜泰山娘娘、南方地区拜临水夫人，全国大多数地方拜送子观音等。这种求子活动一直要持续到生产，因为所求并不是生育，而是生育能够"传宗接代"的男孩子。

泰山娘娘

北方地区笃信的"泰山娘娘"就是泰山神之女碧霞元君，道教中全称"天仙玉女碧霞元君"，民间称为"泰山老奶奶"。她的来历众说纷纭，泰山神之女只是其中之一，也有说是天帝之女、华山玉女等，早在宋代时泰山便有供奉她的庙宇。在北方民间信仰中，她是一位和观音菩萨一样乐善好施的女神，平易近人、和蔼可亲、有求必应、无所不能，明代王锡爵的《东岳碧霞宫碑》中记载："元君能为众生造福如其愿，贫者愿富，疾者愿安，耕者愿岁，贾者愿息，祈生者愿年，未子者愿嗣，子为亲愿，弟为兄愿，亲戚交厚，靡不相交愿，而神亦靡诚弗应。"可见她的神通之广。在她众多的神通中，最为人所膜拜的就是能保佑妇女生育并保护儿童成长，因此她是北方地区求子的主要对象。

临水夫人

福建、台湾等地区闽籍民众笃信的"临水夫人"也是一位保佑生育的女神，在民间又称大奶夫人、顺懿夫人。据传临水夫人姓陈名靖姑，或名进姑，福建人，生平事迹众说不一。《台湾县志》中记载："夫人名进姑，福州人陈昌女。唐大历二年生，嫁刘杞。孕数月，会大旱，脱胎祈雨，寻卒，年只二十四。卒时自言：'吾死必为神，救人产难。'"此外，《三教搜神大全》中记载："唐王皇后分娩艰难，乃至危殆，奶乃法到宫，以法催下太子。宫娥奏知，唐王大悦，敕封都天镇国显应崇福顺意大奶夫人。"可见，临水夫人是一位保佑妇女顺利生育的女神，因此受到广泛信奉。

说喜

在一系列求子活动后，一旦确定妇女怀孕，无论是孕妇的父母、公婆，还是丈夫、亲友，都会因此喜上眉梢、欢欣鼓舞，因为这是人生中的一大喜事。"说喜"其实就是今天的报喜，只是其中包含了许多民俗成分。说喜的对象很广，所有的亲戚朋友都包括在内，但最重要的是孕妇的娘家，因为从此时开始，两家就要共同开始为新生儿的到来做各项准备了。四川自贡地区的习俗，娘家要为孕妇准备产后的鸡、蛋、米和为即将出世的宝宝准备鞋袜、衣帽等。安徽含山地区的习俗，娘家要为孕妇准备婴儿用的衣、被、尿片等；婆家则于临产时炒制“阴米子”，即蒸熟晒干的糯米饭，俗称“催生米”，以便孕妇生育后用开水泡食。而在其他一些地区，如广东惠州，首先要做的事情是祭神拜租，一是向祖宗报喜，二向求诸神庇护。

孕妇饮食禁忌

妇女婚后一旦怀孕，在家里的地位便会迅速提升，按照传统，家人会对她采取一系列的保护，饮食是其中最重要的一项。孕妇要注意营养，多吃鸡鸭鱼肉、猪肝猪肾等补养身体，促使胎儿健壮。按照民俗，孕妇忌吃兔肉，认为如果吃了会生下兔唇胎儿，西晋张华的《博物志》中记载：“妊娠者不可啖兔肉，又不可见兔，令儿缺唇。”可见此项忌讳自古就有。此外全国各地其他禁忌甚多，主要有：不能吃狗肉，否则生下的孩子爱咬人；不能吃生姜，否则生下的孩子会六指；不能吃所有凶猛丑恶之物，否则生下的孩子会残暴；不能吃螃蟹，否则生下的孩子会咂泡沫流口水等。其实，这些禁忌中多数都是没有根据的迷信，但生孩子毕竟是一辈子的大事，所以一般人也都持“宁可信其有,不可信其无”的态度。

孕妇行为禁忌

除饮食上要小心翼翼外，我国传统习俗中对孕妇的行为也有许多规定，而且都有非常有趣的解释。比如孕妇不能看产妇分娩，不然自己将来要难产。其实这条禁忌颇有科学根据，因孕妇如果看到产妇分娩时的痛苦，就容易形成一种精神压力，到自己分娩时可能会因神经紧张而导致难产。广东惠州地区忌孕妇在坟旁方便，认为这会亵渎土地神，生出的孩子会畸形；忌在家钉钉子，认为怀孕期间钉钉会损伤“六甲”，生出的孩子会兔唇或瞎眼。海南琼崖一带忌把刀放在灶上，因孩子投胎时，须经灶君菩萨的允许，把刀放在灶上就是对灶君不满，灶神会将原已答应送子的主意打消，因此生下的孩子多为死婴或造成流产等。浙江各地忌孕妇跨越绳索，认为绳索像胎儿脐带，跨后要缠身难产等。其实这些禁忌都是在科学尚不发达时，人们对难产、怪胎等无能为力而产生的一些牵强的解释，并没有太多的依据。但怀孕期间多休息、适当运动、不做危险动作、远离危险事物还是非常必要的。

胎教

除了被动的各项禁忌外，其实我国自古就非常重视主动对胎儿实施胎教。

《大戴礼记·保傅》中记载："周后妃任成王于身，立而不跛，坐而不差，独处而不倨，虽怒而不詈，胎教之谓也。"古人认为，胎儿在母体中能够受到孕妇情绪、言行的感化，所以孕妇必须谨守礼仪，给胎儿以良好的影响，这就是传统所说的胎教。《列女传》中记载太任怀周文王时讲究胎教的事例，一直被奉为胎教典范。后人在此基础上提出了孕期有关行为、摄养、起居各方面的注意事项，如除烦恼、禁房劳、戒生冷、慎寒温、服药饵、宜静养等节养方法，以此达到保证孕妇身体健康，预防胎儿发育不良，以及防止堕胎、小产、难产等目的。一些诗礼世家更是教育女儿、媳妇在孕期内"目不视恶色，耳不听恶声，口不出恶言"等，并为她们诵读诗书，演奏礼乐。这些认识即使在今天看来也是很有道理的，值得我们全面学习。

催生

所谓"催生"，是指孕妇娘家送给孕妇婴儿用品或其他有一定寓意的物品，以此希望女儿快生、顺产的一种民俗。宋代吴自牧《梦粱录》中记载："杭城人家育子，如孕妇入月，期将届，外舅姑家以银盆或彩盆，盛粟杆一束、上以锦或纸盖之，上簇花朵、通草、贴套、五男二女意思，及眠羊卧鹿，并以彩画鸭蛋一百二十枚、膳食、羊、生枣、粟果及孩儿绣绷彩衣，送至婿家，名'催生礼'。"由此可知这项民俗由来已久。"催生礼"一般有衣食两项，"衣"包括婴儿出生后所需的衣服、鞋帽、包被、尿布等，"食"包括鸡蛋、红糖、挂面、桂圆、核桃等。婆家收下衣物和大部分食品，退回少部分，并将收下的食品分赠亲友、邻居。全国各地催生礼各不相同：在浙江温州，母亲要送"快便肉"给女儿，肉约一寸见方，切得要端正，烧熟送去，认为吃了这样的肉孕妇可以顺产；杭州有些地方送红漆筷子十双，取快生之意。

接生

中国有句古话，叫做"十月怀胎，一朝分娩"，经过全家，尤其是孕妇十个月的辛苦后，新生命一下子就呱呱坠地了。婴儿降生，民间俗称"添喜"、"临盆"、"落地"等。古代医疗条件有限，孕妇大多在家生育，由民间的"接生婆"到家中接生。接生时，需要清除杂人，同时要打开所有房门、家具门的锁，寓有"松关"之意，以此祈愿孕妇分娩顺利。由于没有助产技术及设备，所以一旦遇上孕妇难产，家人能做的就只有烧香磕头了，除此之外便束手无策，只好听天由命。所以，分娩可以说是整个生育过程中风险最大的一个环节。

弄璋弄瓦

宗法社会催生出的重男轻女思想，使得好不容易来到世上的小生命，从一落地便开始受到区别对待。《诗经·小雅·斯干》中说："乃生男子，载寝之床，载衣之裳，载弄之璋；乃生女子，载寝之地，载衣之裼，载弄之瓦。"后人因此称生男为"弄璋"，生女为"弄瓦"。璋即圭璋，是一种宝玉，是古时诸侯朝见天子时所执之物，让男孩弄璋就是希望他长大后做官；瓦是古代纺织时用的纺锤，让女孩弄瓦就是希望她将来勤于纺织等劳动。随着社会的发展，重男轻女的思想已经变得越来越淡薄了，男女平等的思想已经被广泛接受，"弄璋弄瓦"也随之逐渐变成了一种平常的代称，失去了原先的寓意。

生育庆祝

"十月怀胎"的辛苦和"一朝分娩"的危难过后，一个新生命便诞生了。虽然囿于重男轻女的思想，对这个新生命的态度大不相同，但这无论如何是个值得庆祝的事情。先秦时，新生儿出生后，如果是男孩，就在门的左边挂一张木弓，希望男婴将来充满男性的阳刚之气；如果是女孩，就在门的右边挂一块手帕，希望女婴将来拥有女性的阴柔之德。山东有些地区在孕妇平安分娩后，要办的第一件事是"挑红"，就是在大门上挂一块红布，告诉乡邻孩子已经平安降生。有些地方还要在屋门上挂一枝桃枝，桃枝上用红线系着葱、枣和栗子，寓意孩子将来聪明伶俐，能够早日成家立业。无论是男孩还是女孩，这些庆祝都蕴含着对他们美好的祝愿。

报生

婴儿降生后，除了自家要庆祝，还要派人向产妇娘家"报生"。娘家接到顺产的消息，要再次送来鸡、蛋、挂面等礼品，以示庆贺，并让产妇补养身体。报喜人一般都由产妇的丈夫亲自担任，还要随身携带礼品。比如在安徽一些地区，女婿要备黄酒、红蛋送到岳父家报喜。黄酒要满壶，壶嘴朝前为男，反之为女。亲族中每户分送鸭蛋四个或八个、十二个，只能是双数。在湖南一些地区，女婿要带一只大公鸡、一壶酒和一篮鸡蛋去岳父家报喜。如果生男，就在壶嘴插一朵红花；如果生女，就在壶身贴一个"喜"字。广东客家地区生男则送黄酒两瓶，大公鸡一只，生女则送红鸡蛋七个，母鸡一只。虽然各地报生男女有别，但都充满喜庆的气氛。

洗三朝

孩子出生后可以尽情庆祝，但按照传统习俗，家人要在三天后才可以抱孩子。三天后的婴儿不仅可以抱，而且可以洗澡，这就是所谓的"洗三朝"。根据现有的记载，至迟在唐朝就已经有了洗三朝的习俗，白居易就有一首洗儿诗，"玉芽珠颗小男儿，罗荐兰汤浴罢时"、"洞房门上挂桑弧，香水盆中浴凤雏。还似初生三日魄，嫦娥满月即成珠"。诗中提到的"兰汤"、"香汤"都说明远在唐朝时，洗儿所用的水就不是清水。孙思邈曾说："儿生三日，宜用桃根汤浴。"所谓"桃根汤"，就是指用桃根、李根、梅根各二两，以水煮二十沸后去除渣滓的药汤，据说用这样的水洗澡能够"去不祥，令儿终身无疮疥"。民间还有在洗三朝时，外婆送喜蛋、十全果、挂面、香饼的习俗。此外，在给婴儿洗澡时还要念诵"长流水，水流长，聪明伶俐好儿郎"、"先洗头，做王侯，后洗沟，做知州"等喜歌，以此祝愿孩子长大后能光耀门楣。

洗三朝与唐明皇

相传洗三朝的习俗与唐明皇有关。唐明皇李隆基的太子李亨之妻，也就是日后的唐肃宗之妻郭氏生李豫，明皇钦赐金盆洗浴，并前去观看。新生的李豫身体孱弱，于是保姆便换了一个体格健壮的孩子来冒充皇孙，没想到被明皇一眼看破，无奈只能将真的皇孙抱来，明皇看后大喜并预言"福过其父"。回宫后还大排筵宴，让高力士去请太子李亨来一起饮酒，因为"一日见三天子"实在是件令人高兴的事情。后来的历史证明了故事中李隆基的预测，李亨、李豫父子俩不仅先后当了皇帝，而且李豫因在安史之乱后登基，福气确实高过了其父李亨。

洗三朝与安禄山

关于洗三朝，还有一个流传甚广的发生在唐明皇身边的故事。唐玄宗天宝十年，即751年正月初一，是藩镇大将安禄山的生日，唐玄宗和杨贵妃都赏赐了许多礼物，"后三日，召禄山入内，贵妃以绣绷子绷禄山，令内人以彩舆舁之，欢呼动地。玄宗使人问之，报云：'贵妃与禄山作三日洗儿，洗了又绷禄山，是以欢笑。'玄宗就观之，大悦，因加赏赐贵妃洗儿金银钱物，极乐而罢。"故事里的"洗儿钱"在王建的《宫词》里也出现过："妃子院中初降诞，内人争乞洗儿钱。"所谓的"洗儿钱"，应该和婚礼上使用的"撒帐钱"类似，也是一种特制的喜钱。从这个故事中可以看出，唐玄宗和杨贵妃是何等宠信安禄山，但利益面前无亲疏，这并没有挡住日后安禄山的叛乱。

取名

我国俗语有"行不更名，坐不改姓"之说，可见人们对自己名字的珍视。人之所以要取名，据东汉许慎在《说文解字》中说："名，自命也，从口从夕。夕者，冥冥不相见，故以口自命。"姓名本是代表人的符号，与本人并无必然联系，但由于它是人的代号，所以也就被认为和命运有重大联系，因此名字的好坏关系重大。按照我国的习惯，名字有乳名和学名两类，乳名多由祖父母或父母等长辈提前起好，在出生那天向亲友宣布；学名则多是入学时请老师或有文化的人来取。因为古时医疗条件差，婴儿的夭折率极高，所以取乳名也就有了很多的讲究：一种是恶名，比如臭蛋、狗剩、老歪等；一种是硬名，如石头、拴住、长根等；一种是撞名，即孩子出生时父亲出门碰上什么就叫什么，如石碌、磨盘等。其实无论是哪种名字，都包含有好养活的意思，都是希望孩子无病无灾地长到成年。

坐月子

“坐月子”是指产妇生下孩子后，按照传统过着为期一个月的特殊生活。北方民间的传统做法是：三日之内不准下床，一月以内不许出门，更不准上街，只准在室内吃住。坐月子主要是为了照顾好产妇与婴儿的身体，因为传统上认为，月子期间落下的病是终身不治的。因此，坐月子期间就有产生了许多禁忌，如饮食要有节制，尤其不能吃得太饱；要多吃小米粥、鸡蛋、挂面、面条，大米与其他食物要少食用；禁止产妇多说话，否则会得舌疾；禁止产妇干活，否则会得劳疾；禁止产妇用冷水洗手，否则会伤到关节等。产妇房中就连自己家人一般也不许进入，只许产妇的母亲、婆婆、丈夫等照料起居。南方地区的习俗虽有不同，但大致也是这几个方面，目的都是为了保护婴儿及产妇的健康和平安。

满月

我国绝大多数地方都会在孩子出生整一月后，为他或她举行最隆重庆祝，称之为“满月”。满月礼是我国非常古老的传统之一，唐高宗龙朔二年七月，皇子李旭做的满月是我国最早的记载。后来这个习俗推广到民间，并逐渐变得隆重浩大。做满月时，亲朋好友四方云集祝贺，主家则大摆筵席待客，称做“弥月之喜”，“弥”就是满的意思。贺喜的亲友都要给孩子带上礼品，包括小儿衣物、食品，或是小银锁、红包等。未满月的婴儿因为体质尚弱，所以一般不能见生人，满月以后就可以让亲朋好友随便看了。一般情况下，贺喜的亲朋都要夸孩子长得漂亮，但惠州有个特别的风俗,就是非常忌讳别人夸孩子“漂亮”、“长得好”等，客人们不但不能说好话恭维，还必须“丑话”连篇，这和取恶名是一个道理，都是希望孩子能够健康成长到成年。

移巢

“月子”期满以后，产妇就可以走出房间了。旧时风俗有产妇做完月子后抱婴儿回娘家住一段时间的做法，这就是所谓的“移巢”。广东惠州在生产满月后，产妇和婴儿便都可以出门，有些地区就会把小孩及产妇接回娘家小住一段。安徽徽州的习俗，婴儿第一次走亲戚必须到外婆家，俗称“移窝”。外婆家要置酒宴迎接，外婆还要给婴儿挂“长寿百岁钱”，并抱婴儿到锅灶前，沾锅底黑烟焦少许，涂于婴儿鼻尖，以示婴儿像猫狗那样易于长大成人。此外还馈送万字糕，以示孩子成年后步步高升。移巢后的产妇和婴儿已经度过了最危险的时期，从此他们的行动就可以适当自由些了。

百家衣

在各种各样的满月礼品中，有一样是非常特别的，那就是百家衣。百家衣是我国典型的民俗服装，它是用从各家讨取的小布片经过悉心拼合做成的，讨的人家越多越好，布的颜色也是越多越好。各色花布中紫色最难讨到,因为“紫”谐音“子”，人们不愿把“子”送人，所以一般只能向孤寡老人讨取。百家衣颜色鲜明，风格质朴，令人倍感温馨，在我国北部的陕西、山西、甘肃、河南、河北、山东等地十分流行，南方某些地区也有这种习俗。百家衣源于一种汉族育儿风俗，即父母认为孩子的健康成长，需要托众人的福。要托众人的福，就要吃百家饭、穿百家衣。民间认为，婴儿穿上百家衣后就能保长命百岁，无病无灾。还有一种说法，穿百家衣的孩子就像取恶名的孩子一样命贱，而命贱的孩子是最好养活的。

剃发

我国很多地方流行满月时或满月后给婴儿理发的习俗，俗称“铰头”。理发要在上午进行，还要请同族的未婚姑娘，在婴儿头上从上到下先剪三圈，剪下的胎毛要用红布包好，缝在婴儿的枕头里，现在也有做成胎毛笔的习惯。理发时舅舅要在场，理完发还要取一个剥了皮的熟鸡蛋，在婴儿头顶上滚动数下，据说这可以解除胎气。头发对保护脑袋非常重要，尤其是对脑袋还未发育完全的婴儿，所以第一理发如此隆重，也有其合理的一面。

百日

孩子出生后一百天是一个重要的日子，我国大多数地区都会在这一天举行仪式庆祝。在四川自贡地区，婴儿百日时要请福寿双全的老人以酒肉涂抹婴儿口，称为“开荤”。在山东青岛地区，将婴儿百日称为“百岁”，亲戚朋友要前往庆贺，送一些衣服作为礼物，所以有“姑家的裤子姨家的袄，妗子家的花鞋穿到老”的谚语。在全国很多地方，百日时还要给婴儿戴“长命锁”,又叫“百家锁”，由亲朋好友凑份子请银匠打制，上有“长命百岁”或“长命富贵”等字样。百日这一天一般还要喝喜酒、吃喜面，亲朋好友欢聚一堂，祝贺孩子长命百岁。

周岁

孩子周岁时要过平生第一个生日，所以庆祝活动也非常隆重，除了一般的庆祝外，还有一项很特殊的民俗，叫做“抓周”，也叫“抓龟”。这一习俗早在南北朝就已经在民间流行，据《颜氏家训》

中记载，在孩子周岁时为其洗澡、打扮，然后在男孩子面前放置弓箭、纸笔、饮食、珍宝、玩具等，在女孩子面前加上刀尺针线，看孩子抓取什么东西，以此占卜他将来的兴趣爱好和人生道路，当时称之为“试儿”。如果孩子抓取书、笔，预示他将来喜爱读书；如果抓取算盘、秤，则预示他将来善于经商等。唐代时这项习俗渐盛，武则天就曾将皇孙们召集到大殿，看他们嬉戏，并“取西国所贡玉环钏杯盘，列于前后，纵令争取，以观其志”。“抓周”总的来说在我国流传很广，影响也很大，但富裕家庭较之贫寒家庭则更为盛行。

冠礼与笄礼

我国古代最传统的成年礼是冠礼和笄礼。冠礼是为跨入成年的男子加冠的礼仪,《礼记》中说,“夫礼,始于冠”、“男子二十,冠而字”、“凡人之所以为人者,礼义也。礼义之始在于正容体、齐颜色、顺辞令……故冠而后服备，服备而后容体正、颜色齐、辞令顺……已冠而字之,成人之道也”等，可见冠礼是非常重要的，而且是非行不可的，否则就没有“成人”的资格。冠礼的具体的仪式是，受礼者在宗庙中将头发盘起来，戴上礼帽。由于要穿戴的服饰很多，包括冠中、帽子、幞头、衣衫、革带、鞋靴等，所以共分为三道程序，分三次将不同材料制成、代表不同含义的帽子一一戴上，这就是所谓的“三加”。“三加”之后，还要由父亲或其他长辈、宾客在本名之外另起一个“字”，因为只有“冠而字”的男子才具备日后择偶成婚的资格。与男子的冠礼相似，女子的成年礼叫做笄礼，也叫加笄。在女子十五岁时由家长替她把头发盘结起来，加上一根簪子，以改变发式表示少女时代的结束，从此之后就可以嫁人了。后世婚前的“上头”其实就是笄礼的另一种表现形式。

漆齿文身

漆齿和文身是傣族、布朗族等少数民族成人礼的重要组成部分。漆齿就是染齿，在这些民族中，不染齿者不能公开参加社交活动。染齿前，须先吃酸性水果，或用酸汁涂抹牙齿，然后点一束松明，让松脂滴在瓦块或木片上，用黑烟熏齿，连染数日，直至将雪白的牙齿染成黑色。布农族的孩子甚至要在十五六岁时拔掉两颗门牙。文身是指用针在身上、腿上刺花纹，在这些民族中，有“蛙腿尚有花纹，男人之腿怎可没有花纹”的说法，男性以文身为荣，身上不刺纹者人格低下，不如水中青蛙，会被姑娘们视为懦夫，很难得到女性青睐，只能孤独终生。文身一般在十四五岁时举行，刺纹时受刺者先服用一些有麻醉性的药物，文身师用墨在皮肤上绘出图案轮廓，然后用针蘸上颜料扎入皮肤，让颜料渗入皮肤内，形成永不消退的痕迹。

换裙换裤

摩梭族、纳西族、普米族、彝族等少数民族都是通过更换服饰表示成年，女的换裙、男的换裤，换过之后才可以谈情说爱。摩梭族孩子十三岁便要举行成年礼，民间传说古时天神向地上所有生物赐寿，人只能活十三年，而狗却能活六十年，后来人与狗换寿，十三岁便成了人的成年标志。成年礼一律在农历大年初一凌晨举行，行礼时男孩站在正房左边“男柱”下，女孩站在右边“女柱”下，一只脚踩着猪膘肉，一只脚踩着粮袋，象征终生吃用不尽。女孩由阿妈为其穿上漂亮的金边衣、百褶裙，扎上红腰带，盘缠发辫，佩上彩色项链、耳环、手镯等饰物。男孩则由舅舅为其穿戴簇新的男装，扎上腰带，佩上腰刀。四川凉山彝族少女的换裙礼称为“沙拉洛”，意即换童裙。彝族妇女把换童裙和出嫁视做女性一生中非同小可的两件大事，换童裙一般由母亲或长辈妇女主持，并只请女性亲戚和女性朋友参加。

宰牛唱诗

基诺族男孩长到十五六岁时，便由家长秘密操办十分隆重的成人礼。届时，需要购买一头牛，并在寨内公开剖杀，以祭祀祖先。祭毕，将牛肉按村内老幼人头分派，受礼者的份肉用芭蕉叶包好摆在桌子上。准备工作做好以后，以突然袭击的方式，把受礼的男孩抓来，让他恭立桌前参加仪式。仪式请村社长老主持，长老带领大家唱史诗，内容有基诺族传统的风俗习惯、道德礼仪、生产方法与技巧等，同时还包括婚姻恋爱和家庭生活的相关规矩，其实是用说唱的形式对青年人进行多方面的常识教育。仪式结束后，父母向儿子赠送一套劳动工具并更换一套服饰，从此他便是一个自食其力的成年人了。

度戒

瑶族男孩也是长到十五六岁就要举行名为“度戒”成人礼，接受“上刀山”、“过火炼”、“睡阴床”、“跳云台”等近十种危险考验。现在的度戒仪式已经大大简化，以跳云台为重要内容。云台是将四根四米多长的木柱摆成正方形，一边扎以横木作梯的装置。受戒者在师公的带领下登上云台，等师公念完戒词，受戒者便发誓不杀人放火、不偷盗抢掠、不奸女拐妇、不虐待父母、不陷害好人等。誓毕，将火掷进一个水碗中熄灭，寓意受戒者如有不轨，其命运便如此火。最后，受戒者团身抱膝，从台上翻至云台下那张铺有稻草的藤网中，刚一落下，下面的人就会拉起藤网一齐用力旋转，四周随即欢呼雀跃，赞扬孩子的勇敢无畏，祝贺他以自己的勇敢取得了成年的资格。

幼年年龄代称

按照我国的习俗，不同的年龄一般

都有不同的特殊词语来表示，幼年阶段的年龄代称主要有：襁褓、孩提、始龀、垂髫、总角和豆蔻等。襁褓原指包裹婴儿用的带子和小被子，后被用来指代未满周岁的婴儿。“孩”本指小儿笑，“提”是抱的意思，连起来就是会笑但还需要大人抱的孩子，指两到三岁的幼童。始龀是指儿童开始换牙，所以指代七八岁左右的孩子。垂髫是指小孩头发散乱下垂，借指三五岁到七八岁的小孩子。古代儿童将头发分作左右两半，在头顶各扎一个结，形如羊角，故称“总角”，并以此指代八九岁到十三四岁的儿童。豆蔻本是一种植物，因开花于初夏，故被用来代指十三四岁到十五六岁的女子。

成年年龄代称

成年阶段的年龄代称主要有：弱冠、及笄、花信、而立、不惑、知天命等。弱冠和及笄是指男孩和女孩行过了冠礼和笄礼，分别指二十岁的男青年和十五岁的女青年。花信本指各个季节花开的信息，因我国传统上有“二十四番花信”之说，故用以指代女子二十四岁。而立、不惑、知天命都来自于《论语》中孔子对自己一生的总结：“吾十有五而志于学，三十而立，四十而不惑，五十而知天命，六十而耳顺，七十而从心所欲，不逾矩。”所以分别指代三十岁、四十岁和五十岁。

老年年龄代称

老年阶段的年龄代称主要有：还历、花甲、耳顺、耆、古稀、杖朝、耄耋和期颐等。还历和花甲都指传统历法天干地支走了一圈，故都是六十岁的代称。耳顺前面已经说过，也是六十岁的代称。《礼记》上说六十为耆，但后世常用来泛指年老。唐代大诗人杜甫有诗句“人生七十古来稀”，后世便以古稀指代七十岁。《礼记》中规定只有八十以上的老者才可以持拐杖上朝，故杖朝被用来指代八十岁。耋指七八十岁，耄指八九十岁，故耄耋连称指代八九十岁。“期”指已满百岁，“颐”指颐养天年，故期颐用来指代百岁老人。

寿诞名称

我国传统上有许多不同年龄寿诞的名称，多用拆字法为之，颇有情趣。比如：喜寿是指七十七岁寿诞，因为草书“喜”字近似“七十七”；伞寿是指八十寿诞，因为草书“伞”字近似“八十”；米寿是指八十八岁寿诞，因为“米”字可以拆分成“八十八”；卒寿中的“卒”字读音为“足”，因其可拆分成“九十”，故成为九十岁寿诞的代称；白寿是指九十九岁寿诞，因为“白”字可以看做“百”字减去“一”字；茶寿是指一百零八岁寿诞，因为“茶”字可拆为两个“十”字和“八十八”，相加就是一百零八。

寿星

寿星是我国神话中的长寿之神，为福禄寿三星之一，又称南极老人星，画像常衬托以鹿、鹤、仙桃等，象征长寿。寿星本为威严的星官，《史记·天官书》中记载，秦朝统一天下后在咸阳建造寿星祠，供奉南极老人星。但供奉的理由却与现在大不相同，那时认为见到寿星便会天下太平。后因这位星官是位老人，便被逐渐赋予了尊老的伦理价值观念。东汉明帝在位期间，曾主持一次祭祀寿星的仪式，他亲自奉献供品，宣读表达敬意的祭文，同时还安排了一次特殊的宴会，与会者是清一色的古稀老人。普天之下，只要年满七十岁，无论贵族还是平民，都有资格成为汉明帝的座上客。这也许就是天上的寿星和人间的长寿发生联系的开始。

寿桃

寿桃一般是指寿庆上用面做的桃形点心，但也有用鲜桃的。神话中王母娘娘做寿时要设蟠桃会款待群仙，所以民间就有了用桃来做庆寿物品的习俗。桃子味甜、色鲜、纤维素含量高，而且富含抗衰老的维生素E，所以民间有“宁吃鲜桃一口，不吃烂杏一筐”的谚语。相传孙膑十八岁离开家乡，到千里之外的云蒙山拜鬼谷子为师学习兵法，一去就是十二年。五月初五那天，孙膑猛然想到这天是老母八十岁生日，便向师父请假回家看望母亲。师父摘下一个桃送给孙膑，作为他送给孙膑母亲的寿礼。孙膑回到家里，从怀中捧出师父送的桃给母亲，没想到老母亲还没吃完，容颜就变年轻了，全家人都非常高兴。人们听说孙膑的母亲吃了桃以后变年轻了，也都想让自己的父母长寿健康，便都纷纷效仿孙膑，在父母过生日的时候送鲜桃祝寿。但是鲜桃的季节性强，于是人们在没有鲜桃的季节里，便用面粉做成寿桃给父母拜寿。

寿面

寿面是寿宴上必不可少的食物，相传这种习俗源于汉武帝。汉武帝崇信鬼神又相信相术，一天与众臣聊天，谈到人的寿命长短时，说《相书》上讲，人的人中越长寿命就越长，如果人中长一寸，就可以活到一百岁。汉武帝身边的大臣东方朔听后大笑起来，众臣莫名其妙，都怪他对皇帝无礼，汉武帝也问他为什么笑。东方朔解释说：“我不是笑陛下，而是笑彭祖。人活一百岁，人中长一寸，彭祖活了八百岁，他的人中岂不是要八寸长了么，那他的脸该有多长啊！”众人听了也大笑起来，觉得他说的很有道理。但人们毕竟还是希望长寿，于是便想了个变通的办法来表达自己的愿望：“脸”就是“面”，那么“脸长”就是“面长”，因此长长的面条就可以用来祝福长寿了。渐渐地，这种想法演化为习俗，所以称之为“寿面”。

第六章：节日风俗

春节

春节古称“元旦”、“元日”，是我国最盛大的传统节日。“元旦”这一名称，据说来自传说中的三皇五帝时，他们以农历正月为“元”、初一为“旦”，故称元旦。“元”是“开始”、“第一”的意思，“旦”是“早晨”、“一天”的意思，元旦也就是一年中的第一天。吴自牧《梦粱录·正月》中说：“正月朔日，谓之元旦，俗呼为新年。”中国的汉字意味深长，拿“旦”字来讲，下边的一横代表着波涛汹涌的海面，一轮红日正从海上喷薄而出，这个象形字生动地反映了旭日东升的形象。把“元”和“旦”合在一起来称呼新年，就是要人们以蓬勃的朝气来迎接崭新的开始。辛亥革命后，把公历的1月1日称为新年，农历的正月初一改称为春节。1949年9月27日，中国人民政治协商会议第一次全体会议通过，使用世界通用的公历纪元，把公历的1月1日定为“元旦”，农历的正月初一正式称为“春节”。

年

甲骨文中，“年”字是上“禾”下“人”，意为人背着成熟的庄稼，这其实就是指庄稼的成熟周期。我国是传统的农业国，春耕夏作、秋收冬藏，只有一年之终的冬季才能休息，所以在这个时候举行盛大的节日迎接春天也就不足为奇了。还有一种传说，说“年”是远古时一种凶猛异常的怪兽，一进腊月就出来挨家挨户地吃人，人们只好把一些肉食放到门外，然后紧闭大门不敢出来，一直到次日早晨才敢开门，大家见面后互相作揖道喜，庆幸未被“年”吃掉。这个传说和很多年俗都有关系，比如爆竹、守岁、拜年等。

小年

春节虽然是庆祝新年的节日，但并非开始于农历的正月初一，而是开始于旧年的腊月二十三祭灶，止于新年的正月十五元宵节。我国习惯上把从祭灶开始的岁终称为“小年”。民间习俗，到了腊月二十三，家家户户都要把农具、纺织用具等放进库房，把灶台、桌案、锅碗、盆碟等炊具彻底洗涮干净，晚上吃过饺子后举行祭灶仪式，这被称为“过小年”。“小年”意味着旧的一年即将结束，为新年所做的准备工作正式开始。我国民间流传有一首准备过大年的儿歌，非常生动：

二十三，灶升天。二十四，扫房子。
二十五，磨豆腐。二十六，买年肉。
二十七，洗疚疾。二十八，贴窗花。
二十九，去打酒。年三十，贴对子。

祭灶

俗话说有“二十三，祭灶官”，灶官

就是灶神，在民间又称为“灶君”、“灶王爷”等，是上自皇帝下至庶民，家家户户都要供奉的神明。民间的祭灶是一系列小年活动中最大的祭祀。祭灶习俗早在先秦时期就有记载，灶王和土地神、井神、门神一样，因与人们饮食起居有密切关系，所以早就成为崇拜和祭祀的一项内容。传统习俗从这一天起，大小衙门一律“封印”关门，不理民事，回家送灶。当时无论贫富，只要顶门成家过日子，灶台上就会贴张灶王神像，像两侧贴有“上天言好事，下界保平安”的对联,把灶王奉为“一家之主”。民谚有：“灶王爷，本姓张，骑着马，挎着枪。到上方，见玉皇，好话要多说，孬话要少讲。供奉糖果堵住嘴，回来多带五谷杂粮。”传说灶糖是灶神最喜欢的食品，给他贡献灶糖后灶神就会在上天述职时多说好话，保佑人们来年一年万事如意。

扫房

在祭灶前后，家家户户都要进行一次彻底的大扫除,这一风俗留传至今。“腊月二十三，掸尘扫房间”，扫房的风俗由来已久。“帚”字最早见于甲骨文，商周时代的青铜器上就有“子持帚作洒扫形”的铭文，可见在几千年前先民就用笤帚扫除了。宋代吴自牧《梦粱录》中记载：“十二月尽……不论大小家，俱洒扫门闾，去尘秽、净庭户……以祈新岁之安。”这说明我国人民很早就认识到污秽、尘沫与传播疾病有关,《秘奥造宅经》中就有“沟渠通浚，屋宅洁净，无秽气，不生瘟疫”的记载。后来，这种预防疾病的大扫除逐渐演变成年终的一项活动，从腊月二十三开始到年终,均为“扫年”时间。扫年的风俗反映了我国人民爱清洁、讲卫生的优良传统。

年货

旧时春节期间所有店铺都会歇业过节，所以人们便在小年期间把春节所用的所有食品、衣料、礼品等一次采购齐全，因为这些东西都用于过年，所以统称为年货。在经济落后、商品贫乏的过去，年货无疑是令人鼓舞的年终大采购，尤其是不谙世事孩子，更为能够穿新衣、吃饺子而欢呼雀跃。在经济发达、商品丰富的今天，虽然年货本身已经变得越来越无足轻重，但办年货也正在成为一种仪式，让人在忙碌的喜悦中感到新年的到来，在琐碎的温暖中传递脉脉温情。时代的发展使得年味越来越淡，杀猪宰羊、裁衣戴花的热闹场面一去不回，但年货承载的文化会永远流传。

年画

年画是我国人民群众喜闻乐见的一种民间绘画形式，它是伴随着春节送旧迎新的活动而产生的。年画的历史相当悠久，最早的年画是门画，俗称门神画，是传说中的神荼和郁垒的画像。正式的年画始于清代，画作题材非常广泛，出现了许多反映劳动人民理想、心愿和生活情趣的作品，如迎春接福、五谷丰登、六畜兴旺、风调雨顺，以及戏曲故事、风景、花卉等。年画绘制的工艺到清代时也越来越精美，出现了天津杨柳青、山东杨家埠、河南朱仙镇、苏州桃花坞等著名的木刻套色年画，表现了各地不同的欣赏情趣和艺术风格，至今仍在全国享有盛名。此外，四川绵竹、河北武强、广东佛山等地的年画，也非常富有乡土色彩，受到人们的喜爱。每逢新春佳节，家家户户都会在屋子的墙上、门上贴几张这样的年画，以示辞旧迎新，显得喜气洋洋、红红火火。

窗花

旧时玻璃是贵重物品，多数人家都是用白纸糊窗。每当新春佳节，家家户户便会在一扇扇洁白的窗户上，贴上大红色的窗花。窗花是剪纸的一种，剪纸则是我国历史悠久的民间艺术，它是一种用剪刀或刻刀剪、刻彩纸而成的装饰性手工艺品，在我国已有一千多年的历史。剪纸内容丰富，题材广泛，人物、花鸟、虫鱼、灵兽、戏曲故事等等，无所不包。其中，我们常见的有岳飞、花木兰、王昭君、蔡文姬、关羽等历史人物，丹凤朝阳、孔雀开屏、鲤鱼跳龙门等灵瑞动物，空城计、武松打虎、西厢记、八仙过海等戏曲故事，牡丹、芍药、梅花、玉兰等美丽花卉。春节贴的窗花多为大红色，衬以新贴的雪白的窗纸，洋溢着喜庆祥和的节日气氛，散发着强烈的艺术感染力。

春联

春联是一种春节时贴在门户两侧的特殊对联。对联又称“对子”，是我国独有的一种文学形式。对联的字数一般在三字以上，最多的有五百多字，一般情况上下两联字数必须相等，意义相近、相关或相反，结构相同，词性相当，平仄相协。春联的特殊性不仅体现在它的内容多为辞旧迎新之语，还体现在它不仅只有上下两联，还有一个贴在门楣上的横批，而横批一般是对上下两联的归纳总结。春节贴春联的习俗相当古老，宋代王安石就曾写道：“爆竹声中一岁除，春风送暖入屠苏，千门万户曈曈日，总把新桃换旧符。”桃符就是现在春联和门神的前身。相传，我国最早的春联出现在五代时期，叫做“新年纳余庆，嘉节号长春”，和现代春联的立意大体相同。

门神

门神是一种特殊的年画，在春节时张贴在大门上，用以祈福消灾。门神在我国由来已久，一说起源于神将神荼和郁垒，一说起源于唐太宗李世民的大将秦叔宝和尉迟恭，各有典故，饶有趣味。门神分为三类：文门神、武门神和祈福门神。文门神即身着朝服、温文尔雅的文官形象，如天官、仙童、刘海等；武门神即身穿铠甲、威武雄壮的武官形象，如秦琼、尉迟恭、关羽、张飞等；祈福门神即福禄寿三星，送子娘娘，仙鹤、梅花鹿等瑞兽和灵芝、人参等仙草。这些门神虽然体现着不同的地域文化，但现在都被人们普遍信仰，其中影响最深的是武门神中的神荼、郁垒、秦琼、尉迟恭等。

门神与《山海经》

门神信仰由来已久，《山海经》上说，大海中有一座度朔之山，山上有一棵大桃树，枝干蜿蜒盘伸三千里，桃枝的东北有一个万鬼出入的鬼门。门旁有两个神将，一个叫神荼，一个叫郁垒，他们负责把守鬼门，监视那些害人的恶鬼，一旦发现他们作恶，就用芦苇做的绳索把他们捆起来，扔到山下喂老虎。黄帝对他们敬之以礼，岁时祀奉，令人民在门上画神荼、郁垒和老虎的形像，并挂上芦苇绳，认为若有凶鬼出现，二神便会抓之喂虎。后来《山海经》中这种以神荼、郁垒为辟鬼之神的说法被人们承传下来，晋代干宝的《搜神记》中记载："今俗法，每以腊终除夕，饰桃人，垂韦索，画虎于门，左右置二灯，象虎眠，以驱不祥。"这就是后世门神、对联、桃木剑等避邪之物来历。

门神与唐太宗

关于门神的来历，民间还有两种流传甚广的说法，都和唐太宗李世民以及他的大将秦叔宝、尉迟恭有关。一种说法见于《西游记》，说是唐太宗本答应要为犯了天条的泾河龙王说情，请魏徵放他一马，但不料魏徵在梦中斩了泾河龙王。于是他的阴魂便以李世民不守信用为名，天天到宫中胡闹，弄得李世民六神不安。李世民无奈只好调秦叔宝和尉迟恭到宫中守门，果然从此便得安宁。但李世民体念他俩守门辛苦，便令画师将二人形象画于门上，结果照样管用，于是民间也兴起了这种方法，久而久之就形成了门神。另外一种说法见于《隋唐演义》，故事情节大体相同，只是引起李世民不安的不是龙王，而是被他在玄武门之变中杀死的李建成、李元吉两兄弟。这两个故事虽属杜撰，但可以说明为什么在民间秦叔宝和尉迟恭是最受民众欢迎的门神。

福字

除了春联和门神外，春节期间最受欢迎的张贴物就要属"福"字了。每到春节，家家户户都在屋门上、院墙上、箱柜上张贴大大小小、各式各样的"福"字。最常见的是红纸金字的"福"字，也有画了五谷丰登、鲤鱼跳龙门、龙凤呈祥等图案的福字。按照传统，很多人都把"福"字倒贴，因为"倒"和"到"谐音，所以这个贴法有"福到了"的寓意。民间还有一个传说，说朱元璋当上皇帝后疑心大增，天天怀疑有人造反，于是频繁派人在京城侦查，把可疑分子门上的福字倒过来作为标记，好在侦查的第二天抓捕。他的妻子马皇后是个宅心仁厚的妇女，听了这个消息后非常不安，于是连夜派人把城中所有人家的福字都倒了过来。后来人们知道了这件事情，都感到异常庆幸，慢慢便成了一种风俗。

年历

年历是历书和绘画相结合的具有装饰作用的日用品，一般上半部为画，可以是人物、动物或风景等，下半部为日月数字和二十四节气等时令。在过去，因为它是过小年时专门贴在灶头上的，所以又称“灶画”。新中国成立后，年历画作为一种艺术品，得到迅速发展，图画题材逐年扩大,品种式样不断翻新。就画而言，有国画、水彩画、版画、油画等多种类型，还增加了摄影等新兴艺术形式。年历品种式样繁多，有可以随身携带的小年历画片，也有挂在房内的单页条幅和分月成册的挂历，以及摆放在书案床头的台历等。年历很受大家欢迎，因为人们不仅可以用它准确地查找时间，还能从中得到艺术的享受，获得丰富的知识。

贺年片

很多人都误以为贺年片是典型的舶来品，其实我国春节时互赠贺年片的风俗由来已久。据周密《癸辛杂识》记载，早在宋代就有投递“拜年帖”的风气，叫做“送门状”、“送飞帖”。明代时，贺年片有了新的发展，并在民间普遍流行，当时叫“贺年帖”。辛亥革命后,这种“贺年帖”均被通称为贺年片。现在的贺年片虽然在形式和图案上推陈出新，制作上也精巧美观，但和古时所起的作用并无二致。现在常见的贺年片有单片、合页、连页、书笺等多种样式，所绘图案有山水、花木、鸟兽、鱼虫等，甚至还有出现了带音乐和香味的，在“赏心”和“悦目”之外又加上了“悦耳”和“沁脾”。

爆竹

爆竹是春节中必不可少的热闹之物，民谚有“闺女戴花，小子放炮”之说。爆竹起源于远古，可能是先民发现火烧竹子会发出噼噼啪啪的爆炸声后，便以此来惊吓猛兽，后来才逐渐演变为一种节日活动。晚至晋朝，人们所说的爆竹还是以真竹着火爆之，到了火药出现后，才有了纸卷填火药的所谓“爆竹”。清代时，放爆竹辞旧迎新就已经非常普遍了，《帝京岁时记胜》中记载：“除夕之次，夜子初交，门外宝炬争辉，玉珂竞响。……闻爆竹声如击浪轰雷，遍于朝野，彻夜无停。”可见当时庆祝新年的热闹场面。如今，由于人们不断的加工和改进，爆竹的品种和样式越来越多，除了传统的单响、双响、百子鞭炮外，还有出现了许多花炮，而且都有文雅、诗意的名称，如“金菊吐艳”、“飞雪迎春”、“仙女散花”、“白雪红梅”、“金猴腾空”等。

除夕

除夕是一年的最后一个夜晚，民间也叫“大年三十”或“大年夜”。“除”是除旧布新的意思，“夕”是夜晚，除夕就是辞旧迎新的夜晚。我国古时有除夕之夜通宵不寐的“守岁”风俗，相传源于先秦时期。据《吕氏春秋》记载，古人在新年的前一天晚上，要击鼓驱邪，除夕是“一年日月今宵尽，更岁星辰子夜新”、“一夜连双岁，五更分二年”的令人留恋的时刻，所以大家要围坐话旧，通宵畅谈。民间还有一种传说，说“夕”是和年一样的食人怪兽，人们为了保证安全，总是在它出没的年关前后闭门不出，而且燃竹驱赶它，所以有了守岁和放爆竹的习俗。后来人们齐心合力除了这个怪兽，所以将年末的最后一晚称为“除夕”，而且为此进行大规模的庆祝活动。

饺子

按照我国习俗，任何人无论身处何方，除夕时都要赶回家中，全家围坐共同吃一顿年夜饭。无论时代怎么变化，饮食如何发展，北方地区年夜饭的主角永远是饺子。饺子是我国的传统面食，由于形状像元宝，所以也被称做“元宝”，吃饺子也就有了“捞元宝”的美称。每到除夕，家家户户都开始忙碌，剁肉、切菜、拌馅，忙得不亦乐乎，因为除夕和初一的饺子都要三十晚上包出来。旧时煮饺子要在初一早上鸡叫之前，那时子时刚过，新的一年刚刚到来，所以有“岁更交子”之说，“饺子”就是“岁交子时”的意思。也有人说，饺子因有两个尖角，所以宋代称做“角儿”，后来才演变为“饺子”。北方有些地区还在饺子里面包上硬币，认为吃到它的人新的一年里会财源滚滚。总之，饺子是一种承载了深厚文化的吉祥食品。

年糕

像北方人吃饺子一样，年糕是南方人过春节时必不可少的食品。我国是一个幅员辽阔的国家，南方、北方因气候不同差异极大。北方的主要农作物是小麦，所以北方人以面食为主食；南方的主要农作物是水稻，所以南方人以大米为主食。北方人在争相“捞元宝”的时候，南方人也在纷纷“年年高”，年糕就是因为这个谐音而被看做是吉祥的食品。据说，吃年糕的习俗起源于吴国百姓纪念为国为民、后来惨死的伍子胥，类似的传说在我国还有很多，可见饮水思源、不忘恩情是我国人民的传统美德。

迎神

在物质和文化都不发达的古代，人们的愿望似乎必须求助于神的帮助才能实现，所以先民对神寄予极大的希望。每到除夕半夜十二点时，人们都会抢先燃放三挂大鞭炮，象征岁之元、月之元和日之元“三元”大吉。这时，就会有人拿着财神像挨家挨户散送并讨要钱财，他们一般都会在大门口高喊：“送财神来了！”家中主人便会大声回答：“快接进来！”即便已经有了财神像，也不能说“不要了”，而要说“我们家已经接来了”。随后，家里大人会带着孩子打着灯笼，向东南方向走一百步左右，不论遇到男女老少还是飞禽走兽，都要烧香、放炮、磕头，之后才能回家，这就象征着把喜神接到了家中。初一早上天将亮时还要请灶神，就是由男性家长把“请”来的灶神像贴在灶台上，然后焚香上供、祈祷灶王爷保佑一家人幸福安康。虽然财神、喜神和灶神都是编造出来的，但这些仪式毕竟寄托了人们的美好愿望。

祭祖

除夕祭祖是我国非常古老的传统习俗，而且从远古一直流传到今天。祭祖，一方面是源于“百善孝为先”和“慎终追远”的传统观念，在辞旧迎新之际对祖宗先辈表示孝敬之意和表达怀念之情；另一方面是由于人们深信祖先神灵可以保佑子孙后代，使子孙后代兴旺发达。这一传统习俗代代相传，人们每逢除夕总要举行祭祀仪式，感恩追始，祈求保佑。过去，祭祖仪式一般于除夕下午在族人祠堂举行，身穿盛装的同一姓氏宗族共同参加，仪式非常隆重。现在，老百姓一般都只在吃年夜饭之前，在家中的先祖神龛前面摆起美酒佳肴进行简单的拜祭。

拜年

大年初一早上吃完饺子以后，人们要做的第一件事就是拜年。大年初一是新一年的第一天，家家户户都要更换新衣，敬神祭祖后磕头拜年。家里的子孙辈要按照辈分给长辈磕头拜年，长辈则要给未成年的孩子分压岁钱。之后还要走家串户，互相登门拜年，人们见面的第一句话总是“过年好”，透着暖暖的人情味。拜年的方式多种多样，有单人活动的，也有结伴而行的，现在还有机关、单位聚在一起互致祝贺的，这一方式称为“团拜”。拜年不仅是祝贺春节的一种好形式，也是人们交流思想、联络感情、增强团结的一种手段。

压岁钱

大年初一，晚辈给长辈拜年后，长辈就要给一个红包，俗称“压岁钱”，这是春节中一项必不可少的习俗。“岁”与“祟”谐音，压岁钱就是压住邪恶鬼祟、让孩子平平安安度过一年的意思。压岁钱一般要用红纸包好，大多数地区是在拜年后由长辈当着众人的面给孩子；也有些地方是在除夕夜等孩子睡着后，悄悄塞到孩子枕头下边；还有些地方是长辈故意不给压岁钱，等着孩子来讨要，以此逗弄孩子取乐。民间还有一种说法，说如果有恶鬼妖怪向孩子纠缠时，孩子可以用钱去讨好它们，以此达到逢凶化吉、消灾免祸的目的。无论是哪种传说，压岁钱都寄托着长辈祝愿孩子健康成长的美好愿望。

舞龙狮

无论南方北方，新春佳节之际，都有舞龙、舞狮的习俗。龙是古代传说中的神异动物，它蛇身、鹿角、鹰爪、马脸，浑身金光灿灿，两须威风凛凛。在民间传说中，它是消灾降雨的“龙王”；在历代统治者那里，它又是皇权的象征。狮子是现实中的动物，虽然不产于我国，但很早就从中亚、非洲地区传入，它是“百兽之王”，是雄伟、威武的象征。舞龙狮不仅仅是一种增强节日气氛的文艺节目，同时也是一种民间祭祀活动。龙执掌降雨、狮威震百兽，所以古人认为舞龙舞狮可以保佑新的一年风调雨顺、五谷丰登、不遭邪祟、不得祸害。

耍龙灯

与舞龙和舞狮相似，我国还有一种耍龙灯的习俗。耍龙灯也叫龙舞、龙灯舞，是我国独具特色的传统民间体育娱乐活动。耍龙灯与舞龙的不同，主要在于所舞之“龙”的不同，龙灯较之一般的“龙”要更为精致。民间的龙灯一般用竹、木、纸、布扎成，节数不等，但都是单数，每节内都燃有蜡烛，故而称为龙灯。广义的龙灯一般可分为三种：第一种是看龙，讲究装饰，通常有十三节至十七节，龙衣有用布涂上颜色的，也有用绸缎加以刺绣的，特别注意突出龙头，因为它专供观赏。第二种是舞龙，它和看龙在形式上并无多大差别，但制作上远不及看龙精制。第三种就是通常所说的龙灯，一般也有十三至十七节，多用竹篾糊上透明面筋纸做成，竹篾里燃有蜡烛，夜间翩舞犹如火龙。

踩高跷

除了舞龙、舞狮和龙灯之外，春节期间我国还有许多别的文娱活动，主要有踩高跷、扭秧歌和跑旱船等。踩高跷是我国民间流行的一种舞蹈，表演之前都要先化妆，身穿戏服，扮成各种角色，如唐僧、孙悟空、猪八戒等，然后踩在三四尺高的木跷上，边扭边翻跟头，时而做些高难动作，惹人哄堂大笑。踩高跷是群众喜闻乐见的一种艺术形式，大都是民间自演自唱的自娱活动，演出场地也多在城乡的街道上或住户旁。

扭秧歌

扭秧歌是我国城乡人民非常喜爱的群众性娱乐节目。秧歌流传于我国广大的北方地区，如粗犷豪迈的陕北秧歌，诙谐风趣的河北秧歌，舒展大方的山东秧歌，火红热烈的东北秧歌。其中东北地区的秧歌流行最广，艺术水平也很高。东北秧歌在表演形式上一般分为大场和小场，大场是由几十人或几百人分别扮成渔夫、货郎、小丑、俊妇、少女、丑婆、和尚、老道等形象，同时扭动，表演各种队形的变换；小场则是由两三人跳的舞蹈或二人转小戏。

跑旱船

跑旱船又名撑旱船、划旱船或采莲船，是我国的一种节庆民间舞蹈，流行于许多地区。旱船的船体多用竹、木或秫秸扎成，外皮蒙上一层绘有船形的彩布或绸，系在扮演妇女者的腰间，像船身的样子；另一人化装成船夫模样，手持像桨一样的木板，做划桨姿势，如同船在水面上行走，两人边舞边歌，表现劳动或爱情生活。旱船的表演形式大致分三种：一为大船，船体较大，船内坐有抱婴儿的妇女两人，船体随艄公挥桨飘摆，二人运转船身、摇动首尾与艄公动作紧密配合，快步如飞，大有乘风破浪之势；二为三只船，每船各乘少妇一人，由艄公导引，互相穿插飞舞，时而尾随、鱼贯而行，时而并进、相顾而舞，如同在水面飞行；三为九只船，以三只船为一组，共计三组，表演形式与三只船相仿，但队形编排与游走路线不同于三只船，它比较平稳，整个船队彩锦缤纷，翩翩自如，缓缓行进，宛如游龙。

观冰灯

我国南北气候差异极大，春节到来的时候，东北地区高寒大雪，而华南地区却繁花似锦，因此而产生了大不相同的新春民俗。一进腊月，东北地区的哈尔滨、齐齐哈尔和佳木斯等城市就开始准备春节期间每年一度的冰灯会。其中以哈尔滨的“冰灯游园会”和“冰城灯展”最为壮观宏伟。夜间，在冰雪的世界和灯火的海洋里，既有雄伟壮观的大型建筑群，又有玲珑别致的小物品；既有栩栩如生的古今中外人物，又有引人入胜的各国神话雕塑；既有千姿百态的花卉，又有惟妙惟肖的动物。五光十色，美不胜收，把冰城装扮得分外妖娆。冰灯是北方特有的一种民间艺术，在我国已有一百多年的历史。冰灯的制作可分为冷冻和冰雕两种，春节期间观冰灯的同时，也开展形式多样的冰雕比赛。

逛花市

当东北的人们在欣赏冰灯的时候，南方的广州按历代习俗，正在举办一年一度的年宵花市。年宵花市从前称为除夕花市，大约始于明代。当时广州河南岸三十三乡的百姓，多半是以种花为生的花农，他们从南岸到北岸来卖花，就是从五仙门附近的码头渡河登岸，后人称此地为花埠头，这就是广州最早的花市，后来逐渐演变成现在的年宵花市。为了迎接年宵花市的到来，花匠们提前几个月便绞尽脑汁，精心培育各种鲜花，花商们一入冬就马不停蹄，飞昆明，跑苏州，四处采购新花。年宵花市到来前几天，广州花市已陆续搭架，许多市民纷纷前往，买回一把艳丽夺目的鲜花插在瓶内，把家里点缀得生机勃勃，春意浓浓。

新年诗话

古往今来，许多文人墨客在新春之时，往往有感而得、诗兴大发，给后代留下了许多名篇佳句。唐代诗人孟浩然几次进京赶考，但都由于官府腐败而不被录取。于是，他写了不少反映现实生活的诗歌，《田家元日》就是写在故乡过春节的心境："昨夜斗回北，今朝岁起东，我年已强壮，无禄尚忧农。桑野就耕父，荷锄随牧童，田家占气候，共说此年丰。"北宋王安石的《元日》，也是一首脍炙人口的咏春节诗："爆竹声中一岁除，春风送暖入屠苏，千门万户曈曈日，总把新桃换旧符。"诗人把春节人们忙着鸣放鞭炮，张贴春联的热烈气氛，描写得有声有色。现代有董必武的《元旦》诗，写出"共庆新年"、"举杯互敬"的欢乐情景："共庆新年笑语哗，红岩士女赠梅花，举杯互敬屠苏酒，散席分尝胜利茶。只有精忠能报国，更知乐土可为家。陪都歌舞迎佳节，遥视延安景物华。"

元宵节

农历正月十五夜，是我国的传统节日元宵节，也是整个春节欢庆活动的最后高潮和尾声。古代称正月为"元月"，夜为"宵"，正月十五是一年中第一个月圆的夜晚，所以称为"元宵"。又因元宵节张灯、看灯，所以又称为灯节。相传早在两千多年前，汉文帝平定"诸吕之乱"以后登上皇帝位，而平定之日恰是正月十五。于是，每年的这天夜里，汉文帝都要出宫与民同乐，逐渐把正月十五这一天定为了元宵节。隋以后，唐宋元明清历代都沿袭这种习俗。正月十五除了闹花灯、猜灯谜之外，我国大多数地区还有吃元宵的风俗。

元宵节与东方朔

关于元宵节的来历，民间还有一个关于东方朔的传说。相传汉武帝时，有个宫女名叫元宵，她非常思念父亲，但在深宫禁院难以和家人团聚。东方朔足智多谋，想成全她，便散布谣言，说正月十五有一场天火，要烧毁京都长安，并向汉武帝建议，十五日晚上宫里的人全部外出避灾，再叫全城在街巷和庭院挂上红灯，这样就可以躲避天火。汉武帝答应后，许多宫女在元宵的带领下，纷纷走出深宫与家人团聚。从此，每逢正月十五夜，各地都要放灯，而且把这一天叫做"元宵节"。

花灯

我国有元宵节张灯结彩的传统，所以元宵节也叫"灯节"。灯古时又称"镫"，一般点燃于屋内，如果拿到室外就需要防风设备。古人用竹条做骨架扎成笼形，再糊以纸、纱等做成灯罩，便成了能够防风的灯笼，综合绘画、剪纸、扎纸、编织、刺绣等多种工艺的灯笼叫彩灯。现在的节日彩灯已经有了很多改进，竹、铁、木条、藤条、麦秆等都可做灯架，扎成各种赏心悦目的形状，外面贴上五光十色的纸、绢、纱、绸、玻璃等，油灯、蜡烛也都成为历史，现在的彩灯一般使用电灯取光，晶莹璀璨、变幻多姿。彩灯的种类很多：以材料来分，有铁丝纸灯、竹架纱灯、藤灯、绸灯、绢灯、玻璃灯、羊角灯、冰灯等；以悬挂方式来分，有门灯、檐灯、吊灯、灯柱、灯树、灯楼、牌坊灯、走马灯等；以形状来分，除了上边提到的以外，还有圆纱灯和宫灯等。

灯谜

猜灯谜在我国有着悠久的历史，它来源于民间口谜，后经加工成为精美的谜语。因为人们在中秋节时，常把谜语写于纸条，贴在彩灯或墙壁上，人们一边欣赏彩灯，一边猜谜取乐，所以称为“灯谜”。古时每到正月十五元宵夜，就会有文人墨客在那些画有花鸟虫鱼、百态千姿的彩灯上，写下包罗万象的新春谜语，吸引男女老少争相观看、苦思冥想，古典名著《红楼梦》中就有正月十五猜灯谜的情节。时至今天，每逢正月十五前后，各地文化宫、俱乐部、企事业单位、商场超市等，也都会举行猜谜活动。因为猜谜不仅能锻炼思维，而且还充满情趣，所以深受大家喜爱，已经成为我国富于民族色彩的文艺形式，并成为文娱活动中不可缺少的部分。

元宵

元宵是元宵节必不可少的食品。元宵节吃元宵这一风俗是从宋代开始的，《平园续稿》一书中有“元宵煮浮圆子”和“节食所尚，则乳糖圆子、澄沙团子”的记载，这种“糖圆子”就是现在的元宵。元宵有两种，一种是实心的，只流行于少数地区；另一种是带馅的，流行于全国大多数地区。元宵馅分甜、咸、香、辣、酸等五种，甜、咸两种口味最普遍，有豆沙、芝麻、果仁、猪肉等。元宵节吃元宵寓意一家团圆，以及在新的一年中美满、幸福。如今，元宵已经不再是应时食品，除了正月十五家家吃元宵的风俗不变外，也成了四时皆备的风味小吃。

汤圆与袁世凯

元宵在北方地区也被称为汤圆，有人说这是古时“糖圆”一词的演变，但也有一种流传更广的和袁世凯有关的传说。话说1912年，袁世凯篡夺辛亥革命的果实，当上了“民国大总统”。但当上“民国大总统”的他并没有满足，而是冒天下之大不韪登基称帝，建立了所谓的“中华帝国”。袁世凯称帝后立即遭到了全国人民的反对，各路革命军起事于江南，北京城内也是暗流涌动。袁世凯因此一天到晚提心吊胆、神经兮兮。1913年元宵节临近时，他发现“元”和“袁”同音，“宵”和“消”也同音，便认为“袁消”有“袁世凯被消灭”的含义，所以就下令把元宵改称汤圆。但这并不能挽救他注定失败的命运，袁世凯只当了83天“皇帝”，就在全国人民的唾骂声中退了位，不久便气病交加而死，但汤圆一词却在北方保留了下来。

元宵诗话

元宵节也是令古今文人诗兴大发的节日，元宵盛况在历代诗人的诗作中都有生动的描写。大业二年和大业六年正月，隋炀帝为显示国力强盛，举国招待少数民族首领，曾两次调集数万民间艺人进京，表演各种歌舞杂技，戏场绵延数里，夜以继日，张灯结彩，号称“万户皆集会，百戏尽前来，竟夕鱼负灯，彻夜龙衔烛”。隋炀帝还特意赋诗一首：“法轮天上转，梵声天上来。灯树千光照，花焰七枝开。月影凝流水，春风含夜梅。幡动黄金地，钟发琉璃台。”这首诗生动地记录了当时元宵节的盛况，但同时也暴露了这个封建帝王的穷奢极欲。到了唐朝，元宵之夜观灯游乐已极为盛行，文人多赋诗纪盛，其中苏味道写的《正月十五夜》被称为绝唱：“火树银花合，星桥铁锁开。暗尘随马去，明月逐人来。游妓皆秾李，行歌尽落梅。金吾不禁夜，玉漏莫相催。”

清明节

清明节是我国最重要的传统节日之一，又名冥节，与农历的七月十五、十月十五合称“三冥节”，是人们缅怀、祭奠先人的节日。但这仅仅是从今天的眼光来看，如果以历史的眼光来看清明节的话，我们就会发现，清明节其实是一个“复合型”的节日。在我国漫长的文明史中，一些节日消失了，一些节日的内容发生了重大改变，还有一些节日与其他节日合并，成为清明节这样的“复合型”节日。清明节主要是由源于农事的清明节气、源于鬼神信仰的冥节和源于上古的寒食节三者复合而成的，农事的成分逐渐退去后，才形成了现在大家熟知的清明节。如今，清明节已经成为我国的法定假日之一，人们在假日里既可以扫墓祭祖，也可以踏青游玩。

清明与农事

清明是我国传统的二十四节气之一，始于周代，已有两千五百多年的历史。清明前后，雨水增多，天气变暖，大地呈现出春和景明之象，万物随之“吐故纳新”，无论是大自然中的植物，还是与自然共处的人体，都在此时结束了冬天的蛰伏，迎来了春天的气息，按照传统说法，就是实现了由“阴”到“阳”的转化。因此，清明前后是春耕春种的大好时节，有“清明前后，种瓜点豆”、“清明谷雨两相连，浸种耕田莫迟延”、“植树造林，莫过清明”等许多农谚。

清明与寒食

清明本和农事相关，为什么后来成为祭祖扫墓的节日呢？这一方面和古人的鬼神信仰有关，但更重要的，是因为清明和寒食的合并。寒食节是一个古老的节日，据南朝梁代的《荆楚岁时记》中记载：“去冬节一百五日，即有疾风甚雨，谓之寒食，禁火三日。”冬节即冬至，冬至后一百零五天，就是清明前两三天。因为时间接近，所以清明节和寒食节就逐渐合并成一个节日了。而寒食是民间禁火扫墓的日子，所以合并后的清明节也就有了这个习俗。

寒食节与介子推

相传，寒食节的由来和晋文公重耳的大臣介子推有关。春秋时，晋国公子重耳因国内动乱，带领一帮家臣流亡国外十九年，介子推就是随行者中的一个。流亡期间因为缺少粮食，介子推曾割下自己大腿上的肉给重耳吃。后来重耳返国即位，就是春秋五霸之首的晋文公。他在大赏有功之臣的时候，竟然忘记了介子推，而介子推羞于表功，就背着老母躲进绵山。晋文公在旁人的提醒下想起了介子推，大为懊悔，便亲自前往寻找，却怎么也找不到，于是想通过放火烧山把介于推逼出来。不料介子推却和母亲抱着一棵大树，宁愿被烧死也没出山。晋文公非常伤心，便下令把绵山改称介山，绵山所在的定阳改称介休，还把介子推被烧死的那天定为寒食节，命令这一天要禁止生火，吃冷饭，以表示对介子推的追怀之意。

祭祖扫墓

祭祖扫墓是清明节最重要的活动之一。祭祖扫墓的风俗源远流长，最早大约可追溯到原始社会的祖先崇拜时期。我国历来尊崇孝道，在各种祭祀中，祖宗和神仙的待遇是一样的。这种思想为历朝历代所继承和发展，一直流传到今天，在墓前祭祀祖先并打扫墓园被称为扫墓。秦朝以前就有祭墓的习俗，到了唐代后开始盛行。春分以后，冰消雪化，草木复苏，人们在清明节上坟，要清除杂草，添土整坟，同时摆上供品，焚烧纸钱以寄托尊祖敬宗的孝思。如今，每逢清明节，人们除了到祖先、亲人坟上扫墓外，还纷纷到烈士陵园扫墓，寄托对先烈的哀思，尽我们的“思时之敬”，也是一件很有意义的事情。

踏青游春

踏青游春，古时又叫探春、寻春，今天则统一叫做春游。我国幅员辽阔，各地回春时间差异很大，因此踏青游春的时间也不相同。福建一带盛行踏青的日子在农历二月初二，陕西一带则在三月初三，东北地区则迟至五月初五。虽有差异，但大多数地区都在清明前后开始踏青，因此踏青也就成了清明节的主要活动。踏青有很多吉祥的寓意，比如人如青山、长生不老，人如青草、万代不绝等，福建地区至今还流行一首民谣："踏青草，踏青草，大家好呢呢，年年像青草。"踏青游春令人们获得身心的陶冶，憋闷一冬的人们出来踏青，心情会感到格外舒畅。

荡秋千

清明前后空气清爽，是游玩嬉戏的好时候，我国古代就有荡秋千和放风筝的习俗。早在原始社会，我们的祖先为了获取食物，就要经常攀爬树木，于是在劳动中创造了荡秋千的游戏。秋千一般分为吊秋、磨秋和转秋三类。吊秋是用粗木做架，在架上悬挂粗绳，下端拴一横板，荡秋千者或坐或站。磨秋是把一根长两米的粗木栽在地上做轴，上架一根长横木成天平状，两人各坐一端，上下来回升降旋转。转秋是用木条做成纺车状，在边轴上挂绳索及横板，一般供四人乘坐，前后上下旋转、升高和降落。荡秋千不仅可以增强人的体质，而且还能培养人的勇敢精神，因此千百年来一直是一种受人喜爱的游戏。

放风筝

清明节除了荡秋千外，放风筝的习俗也流传甚广。风筝古时叫做"纸鸢"或"鹞子"，鸢和鹞都是猛禽，可见风筝在古时多为猛禽状。因为上面多安装有哨子，遇风可以发声，所以叫做"风筝"。风筝最早由我国发明，历史非常悠久，古书上就有"鲁班削竹为鹊，成而飞云"和"公输般变木鸢，以窥宋城"的记载。现在风筝的外形多种多样，最多的是蝴蝶，还有孔雀、大雁、喜鹊、仙鹤、蜈蚣、金鱼、巨龙，以及各色人物等等。风筝产地以山东潍坊最为著名，被世界誉为"风筝之都"，每年一度的"潍坊国际风筝节"也是世界上规模最大的风筝节。风筝很早就从我国传到国外，被英国科学家李约瑟誉为中华民族的重大发明之一。

斗禽鸟

斗禽鸟也是古时清明节的主要活动。斗禽鸟包括斗鸡、斗鸭、斗鹌鹑等，以斗鸡最为流行。斗鸡的游戏由来已久，早在战国时代就有记载，《战国策·齐策》中就记载说，临淄人善"斗鸡走犬"。斗鸡游戏起源于民间，后来传入宫廷，成为王公贵族们的主要取乐活动之一，唐明皇李隆基就非常喜欢斗鸡。由于每年斗鸡的季节是固定的，又与清明节的时间大致吻合，久而久之，斗鸡就成为清明节的节日活动之一了。除了斗鸡外，民间的斗鸭、斗鹌鹑，以及斗鹅等活动都是基于斗鸡的原理发展而来的。今天，清明节斗鸡的习俗已经失去了古代的普遍性，但在我国部分地区和少数民族中，仍保留着斗鸡的习俗。

清明饮食

清明节也有许多特别的节日食品，其中春饼是比较普遍的一种。春饼是一种用面粉蒸制或烙制的小圆薄饼，卷上豆芽菜、韭黄、粉丝等清炒的“合菜”来吃，古人认为有“清明祭日冬残存，春到人间一卷之”的意趣。除春饼外，各地还有其他一些清明食品：“子推燕”又名“蒸面燕”，用白面蒸成，相传是为了纪念忠臣义士介子推；“清明狗”流行于浙江地区，是用嫩莲拌糯米粉蒸成的点心；“青团”是上海、苏州等地的清明食品，用雀麦草汁和糯米粉制成，包有豆沙馅；“欢喜团”是四川成都地区清明节时的食品，是炒米做成的、用线穿起来染成各种颜色的饭团；杭州地区清明节喜欢吃螺蛳，并把螺蛳壳扔到房瓦上，据说这样可以避虫。

清明诗话

清明节的各项活动，无论是祭祖扫墓还是踏青游春，都蕴含着浓郁的诗情。所以，历朝历代歌咏清明的诗作非常之多，仅以《清明》为题者就举不胜举。黄庭坚《清明》写道：“佳节清明桃李笑，野田荒冢只生愁。雷惊天地龙蛇蛰，雨足郊原草木柔。人乞祭余骄妾妇，士甘焚死不公侯。贤愚千载知谁是，满眼蓬蒿共一丘。”寄托了深沉的人生感受。高翥《清明》则写：“南北山头多墓田，清明祭扫各纷然。纸灰飞作白蝴蝶，泪血染成红杜鹃。日落狐狸眠冢上，夜归儿女笑灯前。人生有酒须当醉，一滴何曾到九泉。”鲜明的景物中蕴含的是悲凉的心境，读之令人回味。清明诗作中最著名的还是杜牧那首《清明》：“清明时节雨纷纷，路上行人欲断魂。借问酒家何处有，牧童遥指杏花村。”

端午节

农历五月初五的端午节是我国最重要的传统节日之一。“端”即事物的边缘，引申为开始的意思，而五月按地支计算是“午月”，初五又是五月的第一个“五”日，所以称为“端午”。因为按照传统的说法“五”是阳数,所以端午又称“端阳”，表示炎热季节的开始。端午节也是一个“复合型”节日，它的来历大致可分为两个系统：一个主要是驱恶除邪，因为古人认为五月是“恶月”，五日又是“恶日”，所以端午前后疾病流行，要举行一系列仪式来祛除,比如喝雄黄酒、挂香袋、门上悬艾和菖蒲等；一个主要是纪念历史人物，最普遍的说法是纪念屈原，也有纪念伏羲、女娲等说法，吃粽子、划龙船等习俗就和纪念屈原有关。

端午与屈原

在众多关于端午节起源的传说中，

纪念屈原的说法最为我国人民所熟知。屈原，名平，楚国人，曾担任楚国左徒，是我国著名的爱国诗人。他博闻强识、才华出众，虽有改变楚国贫弱状况的志愿，但因为楚国政治黑暗，一直没能实现自己的抱负。秦国看透了楚国的虚弱后便出兵伐楚，在很短的时间内楚国就失地千里、横尸遍地。屈原看到国破家亡，而自己又无能为力，就在公元前 278 年农历的五月五日投汨罗江而死。江上的渔夫和百姓闻讯赶来打捞，可是最终也没有找到屈原的尸首。于是大家就拿来很多食物抛入江中，想让鱼虾吃饱后别再吃屈原的尸体；并且在江面划船呐喊，想要吓走吃屈原尸体的鱼虾。久而久之，这些活动就形成了端午节。

龙舟

赛龙舟是端午节期间最重要的活动之一，在南方地区尤其盛行。龙舟是船身画有龙或做成龙形的船，赛龙舟是我国民间传统水上体育娱乐项目，已有两千多年的历史。关于赛龙舟起源的说法有很多，其中纪念爱国诗人屈原的传说流传最广。据说，屈原投江以后，附近的百姓都纷纷乘船打捞，但始终找不到尸体，于是他们就在江面上划船呐喊，希望以此驱散吃屈原尸体的鱼虾，后世便逐渐形成赛龙舟的习俗。赛龙舟不仅可以锻炼人们的身体，还可以激发人们拼搏向上、激流勇进的精神，同时也能培养人们的爱国主义和集体主义精神，所以从古到今深受广大群众的喜爱。

粽子

粽子的起源也和屈原有关。据说屈原投江后，大家找不到他的尸体，又怕被江里的鱼虾吃掉，所以便将饭团投入江中，希望鱼虾吃了就不再毁坏屈原的尸体。这种投江的饭团后来逐渐发展成了粽子，并成为端午节的必备食品。粽子在古代又叫角黍、筒粽。“角黍”之名是因其形状有棱角，内包有糯米而得；“筒粽”之名则源于最初的粽子是用竹筒贮米烧煮而成的制作方法。经过千百年的发展，粽子的品种已经非常丰富。从用料上看，粽子大体可分为三类：一是纯米粽，也叫蜂蜜凉粽子；二是有馅的粽子，包有豆沙、枣泥、芝麻或火腿等；三是夹果粽子，一般以枣、栗、柿、银杏与糯米包夹而成。从形状上看，有角粽、锥粽、秤锤粽、小脚粽、枕头粽、筒粽之分；从包叶上看，有棕叶粽、竹叶粽、苇叶粽、莲叶粽等。

雄黄酒

雄黄酒是我国大多数地区过端午节时必备的饮品。传统认为农历五月是炎热季节的开始，各种毒虫开始活跃，各种传染病也开始流行，所以要喝雄黄酒驱邪避灾。雄黄又名鸡冠，是一种矿物质，《本草纲目》中说它性味辛温，具有解毒、杀虫、祛痰的功效，所以《白蛇传》中的白娘子就是因为喝了雄黄酒而现出原形的。因此每到端午节时，成年人都要喝一杯雄黄酒，小孩子则在脑门、耳、鼻、手心、脚心上涂一点雄黄酒，有些地区还把雄黄酒洒在床、帐、墙壁及厨房中。但据现代医学临床实践，雄黄含有砷的成分，只能适用于环境消毒，不可多喝，否则将对人的肝脏有害。

艾蒿和菖蒲

端午节悬挂、佩戴香草也是祛除疫气的一种方法，我国大多数地区都在门首悬挂艾蒿或菖蒲。《荆楚岁时记》中记载："五月五日，四民并踏百草，又有斗百草戏，采艾以为人，悬门户上，以禳毒气。"古诗中"唯有儿时不可忘，持艾簪蒲额头王"，说的就是端午节这天，孩子们手拿艾叶，头戴菖蒲，用雄黄酒在额头上写"王"字以辟邪防病。艾蒿是多年生草本植物，《名医别录》里说："艾叶味芳、微温、无毒，主灸百病，可作煎、止下痢、吐血。"菖蒲也是多年生草本植物，具有去寒热、除三尸九虫、通神提窍和杀菌等作用。人们在端午节前到野外采集菖蒲，悬在门上或拴在小孩的脖子上祛病辟邪，有的地区还把菖蒲泡在酒中来喝，据说可以延年益寿。

香囊

我国北方农村在端午节时，还有让孩子佩戴虎形包、穿虎头鞋、戴虎头帽的习俗，认为孩子在虎这种灵兽的护持下可以长命百岁，另外还有佩戴香囊的习俗。香囊又叫香袋、香包，有用五色丝线缠成的，也有用碎布缝成的，里面装有白芷、川芎、芩草、排草、山奈、甘松等中药香料，佩戴在胸前。端午节佩戴香囊的习俗由来已久，《岁时广记》所说"端午以赤白彩造如囊，以彩线贯之，搐使如花形"指的就是佩戴香囊。佩戴香囊有很多讲究：老年人的香囊一般做成梅花、菊花、桃子、荷花等形状，既庄重又吉祥的形状；青年人的香囊则做成象征夫妻恩爱、家庭和睦的娃娃骑鱼、娃娃抱公鸡、双莲并蒂等形状；小孩的香囊多做成老虎、豹子、猴子、公鸡等动物形状。

长寿线

长寿线又称续命缕、延年缕、五彩缕等，名称虽然各不一样，但形制功用大体相同。长寿线多是用青、红、白、黑、黄五种颜色的丝线搓成或编成的细索，在端午节这天系在儿童的手腕、脚腕和脖子上，或挂在床帐、摇篮等处，认为可以驱恶免疾，保佑孩子长命百岁。这种风俗非常古老，东汉《风俗通》里就有记载："五月五日以五彩线系臂者，辟鬼及兵，令人不病瘟。"心灵手巧的人还用长寿线编成各种工艺品佩戴，清代《燕京岁时记》中就有这样的记载："每至端阳，闺阁中之巧者，用续罗制成小虎及粽子、壶卢、樱桃、桑葚之类，以彩线穿之，悬于钗头，或系于小儿之背。”

朱符

古时候，尤其是宋朝以后，有不少地方过端午节时都有道士沿门兜售一些物件，其中有以钟馗、财神、姜太公像以及聚宝盆、摇钱树等图案为内容的中堂画、辟五毒的符咒和盖有朱印的黄纸等。这种盖有朱印的黄纸就叫“朱符”。所谓“朱印”，本指地方官的官印，道教认为，贴挂这样的朱符可以镇妖祛邪。随着人们文化水平的提高和移风易俗、破旧立新的变革，悬挂朱符这一习俗在今天已经销声匿迹了。

蛤蟆锭

端午节的趣味风俗很多，捉蛤蟆制作蛤蟆锭就是其中的一项。全国很多地方的人们，在端午节这天早早起来，到河边、池塘边捕捉蛤蟆，捉到后向蛤蟆嘴里吹进一锭墨，再将蛤蟆带回家，悬挂在屋梁上，或其他背阴的地方，慢慢晾干，做成“蛤蟆锭”。蛤蟆锭是一种具有消肿、清热、解毒功效的外用药。如果得了腮腺炎或身上出了肿痈疙瘩，涂上一些研成末的蛤蟆锭就会渐渐消肿祛炎。有意思的是，到了端午节这天，蛤蟆就好像知道人们要捉拿它们似的，都纷纷躲了起来，就像七月初七早晨看不到喜鹊，说喜鹊去为牛郎和织女会面搭桥一样，于是人们便总结出“蛤蟆躲端午”这句俗语。其实，蛤蟆躲藏起来是端午前后气候变化引起的，并不是要躲人。

端午诗话

在浩如烟海的古代诗词中，吟咏端午佳节盛况的诗歌非常之多。唐代诗人张建封在吟咏龙舟竞渡的诗中，明快热烈地写道：“鼓声三下红旗开，两龙跃出浮水来。棹影斡波飞万剑，鼓声劈浪鸣千雷。鼓声渐急标将近，两龙望标目如瞬。坡上人呼霹雳惊，竿头彩挂虹霓晕。前船抢水已得标，后船失势空挥桡。”两船竞渡夺标的紧张热烈气氛，顿时跃然纸上。抗战初期，我国著名作家老舍正在武汉主持全国文艺界抗敌协会工作，端午节时在友人家写了这样一首七律：“端午偏逢风雨狂，村童仍着旧衣裳。相邀情重携蓑笠，敢为泥深恶草堂。有客同心当骨肉，无钱买酒卖文章。前年此会鱼三尺，不似今朝豆味香。”这首诗则深刻地反映了抗日战争的艰苦。同是端午佳节，不同的境遇决定了两首诗作不同的风格特征。

七夕

农历七月初七在我国被称为“七夕”，是所有传统节日中最浪漫的一个，有“中国情人节”之称。古时，因为这个节日的主要参与者是少女，节日活动也以乞巧为主，所以也称为“女儿节”或“乞巧节”。七夕来源于古人对星宿的崇拜，最为大家所熟知的就是牛郎星和织女星的故事，其实除此之外还包括对北斗七星的崇拜。北斗七星是二十八星宿中最亮的，七颗星中的第一颗叫做魁星，又称魁首。所以，在科举制度中，中状元叫做“大魁天下士”，读书人也因此把七夕叫做“魁星节”或“晒书节”。

鹊桥会

传说每到七夕，被王母娘娘隔在银河两岸的牛郎和织女就可以通过喜鹊架的桥见面了，这就是通常所说的“鹊桥会”。这个传说非常古老，宋代时就有这样的记载：“涉秋七日，鹊首无故皆秃。相传是牛郎与织女会于汉东，役喜鹊为梁以渡，故毛皆脱去。”汉东就是银河之东，喜鹊的头秃了就是因为要为牛郎和织女搭桥。地上的人怎么知道天上的牛郎和织女是不是渡过银河了呢？据说如果在“七夕”看到银河白气腾腾，光跃五色，就表明织女正在渡河与牛郎相会。民间认为看到这样的情景要立刻下拜，可以求巧、求福、求财、求子等，但只能求得一样，不能兼得，谚语“织女渡河天门开，金银珠宝落下来”说的就是这个。鹊桥会的故事反映了我国劳动人民的美好心灵和善良愿望，以及丰富的想象力和创作才华。

乞巧

乞巧是七夕最主要的民俗活动，因此七夕也被称为“乞巧节”。乞巧的历史非常悠久，早在汉代就有记载。乞巧来源于牛郎织女鹊桥会的故事，因为传说织女心灵手巧，所以人们就选择七夕这一天，在庭院中摆上香案望空礼拜，向渡银河与牛郎见面的织女乞巧。民间还流传有《乞巧歌》：“年年七月七，牛郎会织女；天上织女姐，听俺唱支歌；俺给你送馍，你教俺学做活；俺给你送汤，你教俺扎鞋帮；俺给你送菜，你教俺学剪裁；俺送你净水，你教俺纳鞋底；俺给你送瓜，你教俺纺棉花；俺给你送醋，你教俺织布；俺给你送油，你教俺梳头。”七夕除乞巧外，还有乞子、乞福和乞爱情等，民谣有“乞手巧、乞容貌、乞心慧、乞婚配，乞姐妹亲骨肉，乞爹娘千百岁”的说法。

穿针乞巧

穿针是最早的乞巧方式，起源于汉代，流传于后世，历朝历代都有记载。《西京杂记》中说：“汉彩女常以七月七日穿七孔针于开襟楼，人具习之。”《荆楚岁时记》中说：“七月七日，是夕人家妇女结彩楼穿七孔外，或以金银鍮石为针。”《舆地志》中说：“齐武帝起层城观，七月七日，宫人多登之穿针。世谓之穿针楼。”《开元天宝遗事》中说：“七夕，宫中以锦结成楼殿，高百尺，上可以胜数十人，陈以瓜果酒炙，设坐具，以祀牛女二星，妃嫔各以九孔针五色线向月穿之，过者为得巧之侯。动清商之曲，宴乐达旦。土民之家皆效之。”《长生殿》中杨贵妃与唐明皇月下盟誓就源于这个记载。

蜘蛛测巧

乞巧的结果如何，在古人看来是可以测到的。《荆楚岁时记》中便有记载：“是夕，陈瓜果于庭中以乞巧。有喜子网于瓜上则以为符应。”《开元天宝遗事》也说：“七月七日，各捉蜘蛛于小盒中，至晓开；视蛛网稀密以为得巧之候。密者言巧多，稀者言巧少。民间亦效之。”《东京梦华录》说：“以小蜘蛛安合子内，次日看之，若网圆正谓之得巧。”《乾淳岁时记》说：“以小蜘蛛贮合内，以候结网之疏密为得巧之多久。”由此可见，历代验巧之法不同，南北朝看网的有无，唐代要看网的稀密，宋代则要看网的圆正，后世多遵循唐俗。

投针验巧

投针验巧是穿针乞巧的变体，源于穿针而又不同于穿针，是明清两代盛行的风俗。明代《帝京景物略》中说：“七月七日之午丢巧针。妇女曝盎水日中，顷之，水膜生面，绣针投之则浮，看水底针影。有成云物花头鸟兽影者，有成鞋及剪刀水茄影者，谓乞得巧；其影粗如锤、细如丝、直如轴蜡，此拙征矣。”《直隶志书》中也说：“七月七日，妇女乞巧，投针于水，借日影以验工拙，至夜仍乞巧于织女。”清代《日下旧闻考》中引《宛署杂记》说：“燕都女子七月七日以碗水暴日下，各自投小针浮之水面，徐视水底日影。或散如花，动如云，细如线，粗租如锥，因以卜女之巧。”

七夕诗话

七夕以其独特的浪漫气质，激发了古今诗人的诗情。崔颢写有《七夕》诗：“长安城中月如练，家家此夜持针线，仙裙玉佩空自知，天上人间不相见。”这首诗说明远在唐代时，穿针乞巧就是一种很普遍的风俗。众多的七夕诗作中，宋代词人秦观的《鹊桥仙》堪称千古绝唱：“纤云弄巧，飞星传恨，银河迢迢暗渡。金风玉露一相逢，便胜却人间无数。柔情似水，佳期如梦，忍顾鹊桥归路。两情若是久长时，又岂在朝朝暮暮！”这首词深情地描写了牛郎和织女每年相会时百感交集的心态，尤其是最后两句，万分无奈中又蕴含着爱情的伟大力量，鼓舞着一代又一代的有情人。

中秋节

农历八月十五是我国最重要的传统节日之一中秋节。按照我国传统历法的解释，农历八月在秋季中间，所以叫做“仲秋”，而八月十五又在“仲秋”之中，所以被称为“中秋”。“中秋”一词始见于《周礼》：“中春昼，鼓击士鼓吹豳雅以迎暑；中秋夜，迎寒亦如云。”可见中秋节历史之悠久。中秋之夜，秋高气爽，月圆如盘，月色如洗，圆圆的满月被看做是团圆的象征，因此我国传统上要在中秋节这天全家团圆，所以中秋节也被称为“团圆节”。中秋佳节正是月色美好、丹桂飘香的时候，所以民间广泛流传着观月、赏花、吃月饼的风俗。现在，中秋节已经成为国家的法定节假日，人们可以在假日里尽情享受中秋的自然美景和团圆的人伦之爱了。

祭月

传说中月神的名字有很多种，如月姑、太阴星君、月宫娘娘，还有嫦娥就是月神的说法。但无论是那种说法，月神都是女性的，所以传说中月神大多主宰人间的婚姻。即便传说中的“月下老人”是男性,但也脱离不了与月亮的干系。中秋祭拜月神的方式也有很多，一般都是遥向清空对月祭拜。祭月多由妇女主祭，因为根据传说月神属阴而男子属阳，所以我国有“男不拜月，女不祭灶”的说法，但是也有极个别的地方男子也拜月神。中秋祭月既包含了人们对月神的崇拜，也体现了对未来美好生活的热切追求。

赏月

中秋时节恰值酷热难耐的夏季已经过去，寒气逼人的冬季尚未到来之时，天气凉爽，温度适中，同时也是一年辛苦劳作后庄稼已经收获的时节，因此人们感到无比的舒适、轻松和愉悦。中秋之夜，“暮云收尽溢清寒，银汉无声转玉盘”，皎洁的满月冉冉升起，晶莹夺目，清爽明澈，正是全家团团围坐赏月的大好时间。每到中秋节夜暮降临之时，千家万户都会在庭院里摆上供桌，桌上放满月饼、苹果、梨子、红枣、葡萄、柿子、花生、香蕉等食品供奉月神，然后便在柔和的月光下一边赏月一边分享供品，男女老少其乐融融。

嫦娥奔月

嫦娥奔月是我国古代著名的神话故事，最早见于战国时代的《归藏》一书，那时的记载还很简单：“昔嫦娥以西王母不死之药服之，遂奔月为月精。”到汉朝时已经加入了神箭手后羿,《淮南子》上就说：“羿请不死之药于西王母，嫦娥窃以奔月，怅然有丧，无以续之。”此后历代都对嫦娥奔月的故事进行了进一步的美化、丰富和发展，虽各不相同，但各种版本的嫦娥奔月都说她是吃了不死之药后奔上月宫的，而且后来都非常后悔，唐代大诗人李商隐的《嫦娥》写的就是这种情感：“云母屏风烛影深，长河渐落晓星沉。嫦娥应悔偷灵药，碧海青天夜夜心。”

玉兔吴刚

玉兔捣药、吴刚伐桂的故事和嫦娥奔月一起，构成了美丽的月宫神话。吴刚伐桂的故事起源于隋唐小说，传说吴刚是西河人，因学仙时犯了过错而被罚到月宫砍伐桂树，但月宫中的那棵桂树根本无法砍倒，因为这棵树随砍随合，所以吴刚就只能一直砍下去。玉兔则是在月宫中陪伴嫦娥的可爱小兔，据说总是在桂树下捣药，和吴刚伐桂一样，总有捣不完的药。至今，每当八月十五明月当空时，人们还能隐隐约约地看到吴刚砍树和玉兔捣药的影子。其实，那些承载了人类美好幻想的影子，只是月球上山脉和沟壑的影子罢了。

桂树

月宫中的桂树只是人们的美好幻想，真正的桂树只在人间才有。桂树是一种常绿乔木，最高能达两丈余，叶革质、对生，呈带尖椭圆形，每到中秋开花两次，花朵虽小但清香浓郁，故俗称“九里香”。桂花还可入药或制作糕点，是天然、健康的香味剂。桂树品种繁多，按照花色来分，有银桂、金桂、丹桂等；按花期来分，有月桂、四季桂等。我国素有中秋赏桂之风：杭州灵隐寺有大片桂树，白居易、苏东坡都曾在这里赏桂吟诗；四川新都有桂湖，湖畔桂树达二百余株，绵延数里，历来是赏桂的好去处；广西桂林的八月，更是桂香滋远，清新宜人，着实令人流连忘返。

月饼

月饼是盛行于我国各地的中秋食品，因形如满月，又在中秋食用，故称月饼。月饼历史悠久，古称胡饼、宫饼、小饼、月团、团圆饼等，本是古代中秋祭拜月神用的供品，后以此形成了中秋吃月饼的习俗。早在殷周时代，江浙一带就有一种纪念商朝太师闻仲的边薄心厚的“太师饼”，是月饼最早的“始祖”。汉代张骞出使西域时，从西域引进芝麻、胡桃等物，为月饼增添了新的馅料，故名为“胡饼”。据说到了唐代，唐玄宗嫌“胡饼”名字不雅，杨贵妃遂命名为“月饼”，这便是月饼一名的由来。北宋皇家在中秋节时喜欢吃一种“宫饼”，民间俗称为“小饼”、“月团”，其实就是月饼。苏东坡诗云：“小饼如嚼月，中有酥和饴。”到了明代，中秋吃月饼之俗才在民间逐渐流传开，此后月饼便成为广受人们青睐的中秋佳节必备食品。

月饼与李靖

民间传说，中秋节吃月饼的习俗始于唐代。话说唐初年，北方草原的游牧民族突厥经常兴兵南下，骚扰唐的边境地区，闹得边疆人民流离失所、家破人亡。于是，唐太宗李世民派大将李靖带兵出征突厥，战事顺利，当年八月十五便班师凯旋。全国人民庆祝大捷，举国狂欢，驻京城长安的吐蕃使者也献胡饼向太宗祝贺。唐太宗对月感慨，高兴地说：“应将胡饼邀明月。”并将胡饼分与文武百官共食。从此，每逢八月十五，全国上下都要吃胡饼庆祝胜利，而且称这种胡饼为“月饼”，渐渐地形成了一种习俗。

月饼与刘基

月饼的起源还有一种传说，和鼎鼎大名的刘伯温有关。话说元朝末年，统治中国的蒙古贵族荒淫残暴，各地人民纷纷起义抗元。朱元璋想联合各路反抗力量共同起义，但朝廷官兵搜查严密，传递消息非常困难。军师刘伯温想出一条计策，命令属下把藏有“八月十五夜起义”的纸条藏到饼子里面，派人分头传送到各地起义军中。这个办法果然躲过了官军的盘查，八月十五那天，各路义军一同起义，以星火燎原之势迅速蔓延开来。没过多久，大将徐达就攻克了元朝的都城大都，其时正值中秋佳节，朱元璋便传下口谕，让全体将士与民同乐，并将当年起兵时秘密传递信息的饼子作为节庆糕点赏赐群臣，这种“饼子”就是后世月饼的雏形。

中秋观潮

中秋观潮是南方地区盛行的习俗，而观潮之处又以钱塘江为最佳。钱塘江口横亘着一条巨大的沙坎，潮水涌入时受到沙坎阻挡，速度减慢，而后面的潮水又迅速涌上来，后浪推前浪，潮头也就越来越高。而且，夏秋季节常刮东南风，风向与潮水方向大致相同，这就更加助长了潮水的声势。中秋钱塘江观潮从唐宋开始就非常盛行，观潮的最佳地点在海宁县境内，这里建有观海台、观潮亭和镇海塔等建筑。这里的江面只有两三千米宽，潮势最盛，潮头并列一线，有“海宁宝塔一线潮”之称。海潮涨入江口之后，因南北岸势不同，渐成两段，南段速度快，北段速度慢，当南段荡回与北段汇合时，潮头相撞，声如山崩地裂，异常壮观。

中秋求子

在我国很多地区，认为中秋之日是求子的最佳时机。人们把葫芦挂在床上，作为求子的象征，因为葫芦多籽，“籽”与“子”谐音。在南方的不少地区，都有“摸秋求子”的风俗，俗称“偷瓜求子”、“摸秋”。江苏等地的一些地方，求子的妇女要在中秋之夜偷人家的南瓜，因为“南”与“男”谐音，被认为是“宜男之兆”。无论是哪种求子方法，都带有浓厚的封建迷信色彩，但同时也表达了人们希望子孙满堂、阖家团圆的美好愿望，作为一种民俗，也为中秋节增加了一道风景。

兔儿爷

兔儿爷也叫“彩兔”，是一种泥塑玩偶，中秋节用来祭拜月亮。兔儿爷是老北京的传统民俗工艺品，兔儿爷摊子是北京中秋节的一景，从八月初开摆，一直到八月十五中秋节。兔儿爷的产生源于兔子居月宫的神话，兔儿爷一般为人形兔脸长耳，制作简单的只是捣药的小白兔，复杂一些的则要戴金盔、披战袍，左手托个小小的臼，右手拿个小小的杵，背上还要插着纸伞或小旗。兔儿爷的坐骑有狮子、老虎、梅花鹿和骆驼等，也有坐在莲花宝座上的，做工精致，生动逼真。兔儿爷大者一米左右，小者十五厘米左右，种类很多。随着社会经济的发展，兔儿爷已经不仅仅是一种中秋玩偶，更成为一种广受大家喜爱的、精美的室内装饰品和旅游纪念品。

中秋诗话

中秋佳节是合家团圆的喜庆节日，人们饮酒赏月其乐融融。但美丽的月光也照耀着许多离家之人，圆圆的月亮只能勾起他们对家乡的怀念。李白的“举头望明月，低头思故乡”，杜甫的“露从今夜白，月是故乡明”，王安石的“春风又绿江南岸，明月何时照我还”，无一不是充满着游子之思和怀乡之情。岳飞的“好山好水看不足，马蹄催趁月明归”，则描绘了一个爱国将领戎马生涯的温柔侧面。“今夕明月人尽望，不知秋思在谁家”、“海上生明月，天涯共此时”，这些脍炙人口的诗句，道出的不仅仅是诗人的思乡之情，更是我们整个民族的心声。宋代大文豪苏东坡的那首《水调歌头》可以说是中秋诗作中的绝唱：“明月几时有，把酒问青天。不知天上宫阙，今夕是何年？我欲乘风归去，又恐琼楼玉宇，高处不胜寒。起舞弄清影，何似在人间？转朱阁，低绮户，照无眠。不应有恨，何事长向别时圆？人有悲欢离合，月有阴晴圆缺，此事古难全。但愿人长久，千里共婵娟。”

重阳节

农历九月初九是我国传统节日重阳节，“重阳”来自《易经》，因为按照《易经》的说法，“九”是阳数，“九月初九”就是两阳重叠，所以称“重阳”。重阳节历史悠久，战国时期的爱国诗人屈原在他的《远游》中就有“集重阳入帝宫兮”的诗句。到了汉朝，重阳节逐渐盛行，每年九月初九，都在皇宫举行庆典，文武百官都要吃蓬饵、戴茱萸、饮菊花酒，以求健康长寿。三国时，曹丕曾写道：“岁往月来，忽复九月九日，九为阳数，而日月并应，俗嘉其名。”点出了“重阳”的由来。又因为“九”在所有数字中最大，而且和“久”谐音，所以重阳又寓有长寿的意思，因此重阳节也被称为“老人节”。重阳节时，我国多数地区都是秋风送爽、金菊怒放的好天气，所以全国各地都有登高望远、赏菊饮酒、尊老敬老的节日活动。

登高望远

重阳节登高望远的习俗自古就有，唐代大诗人王维在那首妇孺皆知的《九月九日忆山东兄弟》中就曾写道：“独在异乡为异客，每逢佳节倍思亲。遥知兄弟登高处，遍插茱萸少一人。”直到现在，我国大部分地区仍然盛行重阳节登高望远的习俗。农历九月，是一年中的黄金季节，又是庄稼丰收之时，橙黄橘绿、栗开榴绽、丹桂飘香、金菊争艳。古人便趁着农闲到山里采摘野果、药材和其他有用的山野植物，俗称“小秋收”。随着时间的发展，这种原本纯粹的劳动慢慢演变成一种节日风俗，人们在重阳节这天郊游登山、饮酒赏菊，和家人一起在秋日里享受美好的节日时光。

赏菊花

我国是菊花的故乡，早在《礼记》上就有“季秋之月，鞠有黄华”的记载。相传，在8世纪初期的唐代，菊花从中国东渡日本，日本人把它视为高贵的“皇室专用花”；12世纪，菊花渡过英伦海峡，传入英国；17世纪传遍欧洲后，于19世纪又传到美洲。重阳赏菊是我国自古就有的习俗，《东京梦华录》中记载：“九月重阳，都下赏菊，有数种。其黄、白色蕊者莲房曰‘万龄菊’，粉红色曰‘桃花菊’，白而檀心曰‘木香菊’，黄色而圆者‘金龄菊’，纯白而大者曰‘喜容菊，无处无之。”菊花婀娜多姿、香气纯正，不但可以观赏，而且还能够入药，重阳节喝菊花酒在我国也非常流行。此外，人们喜爱菊花，不仅仅因为它的美丽，更因为它有不畏严寒、不屈风霜的刚强气质。

插茱萸

插茱萸是重阳节的又一重要风俗。茱萸雅号“辟邪翁”，又称“越椒”或“艾子”，因出产于吴地的茱萸质量最好，因此又叫“吴茱萸”。茱萸是一种常绿小乔木，可以长到一丈多高，羽状复叶，初夏开绿白色小花，结实似椒子，秋后成熟。果实嫩时呈黄色，成熟后变成紫红色，有温中、止痛、理气等功效，茱萸叶可治霍乱，根还可以杀虫，因此古人认为佩带茱萸可以辟邪去灾。重阳佩戴茱萸的习俗在唐代就已非常盛行，有插在头上的、佩带在手臂上的，也有做成“茱萸囊”随身佩戴的。宋代时，还有将彩缯剪成茱萸形状相赠佩带的习俗。但宋元之后，佩戴茱萸的习俗就逐渐稀少了，菊花慢慢成为重阳节的唯一主角。

重阳糕

重阳节的饮食中，除了茱萸酒、菊花酒之外，最有名的就是重阳糕了。据《西京杂记》的记载，我国汉代时就已经有了重阳节吃“蓬饵”的习俗，这就是最早的重阳糕。到宋代时，重阳吃糕之风大盛，因为“糕”与“高”谐音，有“节节高”、“年年高”之意，因此受到人们的广泛青睐，古诗有云：“篝火鸣机夜作忙，织工一饮登高酒。依然风雨古重阳，蒸出枣糕满店香。”其实，“重阳糕”只是个笼统的称呼，各地自有各地的做法，糙花糕、细花糕、金钱花糕等，各不相同，凡是重阳节吃的松软糕类都统称为重阳糕。最讲究的重阳糕要作成九层，状似宝塔，上面还要做两只小羊，以喻“重阳”之义。有的还在上面插一面小红纸旗，用来代替茱萸。更有甚者还要点上蜡烛，以“点灯”、“吃糕”表达“登高”之意。

重阳诗话

“九九重阳重九诗，九九亲朋诗酒会”，每逢重阳佳节，亲朋好友三五成群，身佩茱萸、携带美酒，登山远眺、饮酒赋诗，饱览金秋美景。历代诗人以重阳为题的名篇佳作甚多。陶渊明曾写道：“菊花知我心，九月九日开。客人知我心，重阳一同来。”诗人与菊花俨然知心好友。白居易《重阳席上赋白菊》写道：“满园花菊郁金黄，中有孤丝色白霜。还似今朝歌舞席，白头翁入少年场。”无奈与豪情并显。唐代农民起义军领袖黄巢的《菊花》则写道：“待到秋来九月八，我花开后百花杀。冲天香阵透长安，满城尽带黄金甲。”豪迈与自信跃然纸上。毛泽东《采桑子·重阳》中“岁岁重阳,今又重阳，战地黄花分外香”一句也堪称流传千古的不朽诗句。

冬至

冬至是二十四节气中最重要的节气之一，同时也是北方非常重要的传统节日，俗称“冬节”、“亚岁”。冬至是北半球全年白天最短、黑夜最长的一天，早在春秋时期，我国已经用土圭观测太阳，准确地测定出了冬至的时间，并对冬至有了非常科学的解释：“阴极之至，阳气始生，日南至，日短之至，日影长之至，故曰冬至。”我国古代对冬至非常重视，有“冬至大如年”的说法,《汉书》中就说：“冬至阳气起，君道长，故贺。”认为过了冬至，白昼渐长，阳气回升，是一个节气循环的开始，所以应该庆贺。现在还有很多地方把冬至作为节日来过，北方地区有冬至宰羊、吃饺子、吃馄饨的习俗，南方地区则有吃冬至米团、冬至长线面的习俗。

羊肉饺子与张仲景

我国北方许多地方都有在冬至吃羊肉饺子的习俗，相传这是为了纪念医圣张仲景。张仲景是东汉著名医学家，河南南阳人，他所著的《伤寒杂病论》被历代医家奉为经典。张仲景曾说：“进则救世，退则救民；不能为良相，亦当为良医。”他的人生就是这样。张仲景曾任长沙太守，后因政治腐败，毅然辞官回乡行医。一年冬天，他发现乡亲们由于饥寒交迫，很多人的耳朵都被冻烂了，于是就让其弟子在南阳东关搭起医棚，并支起大锅，在冬至那天施舍“祛寒娇耳汤”，用以医治乡亲们的冻疮。他把羊肉、辣椒和一些驱寒药材放在锅里熬煮，然后将羊肉和药物捞出来切碎，用面包成耳朵样的“娇耳”，煮熟后分给乡亲们。乡亲们吃了后，浑身暖和，两耳发热，冻伤的耳朵也都被治好了。于是，后人就学着张仲景的做法，冬至的时候吃羊肉饺子预防冻疮。至今，张仲景的家乡南阳仍有“冬至不端饺子碗，冻掉耳朵没人管”的民谣。

九九歌

过了冬至，各地气候都进入一个最寒冷的阶段，有“冷在三九，热在三伏”的说法。大约从南北朝起，我国就有“数九”的说法。“数九”就是把冬至后的八十一天分成九个时段；“九九歌”就是人们按照“数九”总结出的气候变化歌谣，各地都有根据自己气候总结出的“九九歌”。北京的九九歌是：“一九二九不出手；三九四九冰上走；五九六九沿河看柳；七九河开，八九雁来；九九加一九，耕牛遍地走。”陕西的九九歌是：“头九温，二九暖，三九四九冻破脸，五九六九沿河看柳，七九八九过河洗手，九九归一九，耕牛遍地走。”湖南的九九歌是：“冬至是头九，两手藏袖口；二九一十八，口中似吃辣椒；三九二十七，见火亲如蜜；四九三十六，关住房门把炉守；五九四十五，开门寻暖处。六九五十四，杨柳树上发青绦；七九六十三，行人脱衣衫；八九七十二，柳絮满地飞；九九八十一，穿起蓑衣戴斗笠。”

九九消寒图

除九九歌外，民间还流行填九九消寒图的风俗。九九消寒图通常是一幅双钩描红书法作品，上有繁体的“庭前垂柳珍重待春风”九字，每字九划，共八十一划。从冬至开始，每天填充一个笔划，每过一九就填好一个字，直到九九春回大地后，一幅九九消寒图就大功告成了。每天填充所用的颜色根据当天的天气决定，晴为红、阴为蓝、雨为绿、风为黄、雪为白。此外，也有图画版的九九消寒图，称做“雅图”，是在白纸上绘制九枝寒梅，每枝九朵，每天根据天气填充一朵。最雅致的九九消寒图是九体对联，每联九字，每字九划，每天在上下联各填一笔，如上联写有“春泉垂春柳春染春美”，下联则对“秋院挂秋柿秋送秋香”，又称为九九消寒迎春联。不管哪种九九消寒图，都能在消磨时日、娱乐身心的同时，简单地记录气象变化，以此大致推测出一年的雨水多寡和丰歉状况。

冬至诗话

冬至现在虽然过得并不隆重，但在古代却是一个重要的节日，所以历史上关于冬至的诗歌也有很多。诗圣杜甫就有《小至》诗：“天时人事日相催，冬至阳生春又来。刺绣五纹添弱线，吹葭六管动飞灰。岸容待腊将舒柳，山意冲寒欲放梅。云物不殊乡国异，教儿且覆掌中杯。”白居易也写有《邯郸冬至夜思家》：“邯郸驿里逢冬至，抱膝灯前影伴身。想得家中夜深坐，还应说著远行人。”寒冷的天气和离家的愁思相交织，令人感慨。

腊八

顾名思义，“腊八”就是腊月初八的节日。“腊”有三个含义：第一，“腊者，接也”，寓有新旧交替的意思；第二，“腊者同猎”，指田猎获取禽兽以祭祀祖先、神鬼；第三，“腊者，逐疫迎春”，就是祛除疫病、迎接春天。腊八是一个“复合型”的节日，有两个基本来源：一是古代在腊月举行的祭祀，二是佛教中佛祖得道的日子。作为腊月的祭祀，腊八的历史非常久远，上古三代时就很盛行。作为佛教节日的腊八起源较晚，因为佛教传入我国是在汉代，但随着佛教在我国的发展和兴盛，作为佛教节日的腊八逐渐压倒了传统的腊祭，成了腊八节的主流。

腊八与腊祭

腊八虽然源自远古的腊祭，但腊祭的日子原先却并不是腊月初八。春耕夏作、秋收冬藏，农业文明中的人们只有在冬季才能休息，所以我国的先民们就在十二月举行祭祀，欢庆丰收、感谢祖先和神灵的佑护。这种祭祀在夏代称为“嘉平”，在商代称为“清祀”，在周代称为“大蜡”，“蜡”与“腊”相通，所以十二月就被称为腊月，腊祭这一天则被称为腊日。先秦的腊日在冬至后的第三个戌日，《说文解字》中记载：“冬至后三戌日腊祭百神。”可见汉代时还没有变化。但是随着佛教在中国的盛行，从南北朝开始这个腊月的节日就固定在初八了。

腊八与佛祖

佛教在汉代传入我国后，原本的腊月祭祀就逐渐染上了佛教的色彩，并最终成为一个具有中国特色的佛教节日。相传，佛教的创始者释迦牟尼本是古印度北部迦毗罗卫国净饭王的儿子，他见众生深受生、老、病、死等痛苦的折磨，又不满当时婆罗门的神权统治，便舍弃王位、抛弃妻子，到深山里去修行。他在山中静坐六年，饿得骨瘦如柴，一度想要放弃苦修，此时恰遇一位牧羊女，送他乳糜食用，他食罢盘腿坐于菩提树下，于十二月初八之日悟道成佛，这一天遂称为“佛成道节”。中国信徒出于对佛教的虔诚，就把这个“佛成道节”与固有的腊日祭祀融合，形成了后世的腊八节，并在这一天举行隆重的仪礼活动来纪念。

腊八粥

吃腊八粥的习俗由来已久，北京儿歌中唱道：“老婆儿老婆儿你别馋，过了腊八就是年。腊八粥，喝几天，里里拉拉二十三。”腊八粥又叫“七宝粥”、“五味粥”等。《武林旧事》中说：“用胡桃、松子、柿栗之类作粥，谓之腊八粥。”《燕京岁时记》中称："腊八粥者，用黄米、白米、红米、小米、菱角米、栗子、去皮枣泥等，合水煮熟，外用染红桃仁、杏仁、瓜子、花生、榛穰、松子及白糖、红糖、葡萄等以点染。"这样的腊八粥，当然是色味俱佳。腊八粥用料各地不同，近年来，有的地方增加了黏秫米、珍珠米等，也有的放百合、白果、莲子、绿豆、龙眼肉等，再配上蜜饯果品，不仅营养丰富，而且具有健脾开胃、补气安神、清心养血的功能。

腊八粥与佛教

据说腊八粥本是一种佛教食品，源于佛祖苦修时牧羊女所赠的"乳糜"。相传当年释迦牟尼入山修行，独自在山中静坐六年，每日仅食一麻一米，后得牧羊女所赠之"乳糜"，食用后于菩提树下得道。后世信徒便效仿这个故事，用香谷、果实等煮粥供佛，称为"腊八粥"。腊八粥不仅用于供佛，还被分赠给门徒和善男信女，慢慢在民间流传开来。旧时寺院在腊月初八以前由僧人手持钵盂沿街化缘，将收集来的米、栗、枣、果仁等煮成腊八粥散发给穷人，传说吃了以后可以得到佛祖的保佑，所以穷人也把腊八粥称做"佛粥"。据说杭州名刹天宁寺内建有"栈饭楼"，专门储藏寺内每天的剩饭，这些剩饭被晒干后积攒起来，到腊月初八煮成腊八粥分赠信徒，称为"福寿粥"、"福德粥"，据说吃了以后可以增福增寿。

腊八粥与朱元璋

关于腊八粥的起源还有一种说法，和明朝开国皇帝朱元璋有关。相传当年朱元璋曾落难受牢狱之苦，当时正值数九寒冬，又冷又饿的朱元璋万般无奈之下只好掏牢房里的老鼠洞，不料竟然刨出红豆、大米、红枣、莲子、栗子等七八种食品。朱元璋便把这些东西熬成了一锅粥，因那天正是腊月初八，朱元璋便自称这锅杂粮粥为腊八粥，美美地饱餐了一顿。后来朱元璋平定天下，当上了明朝的开国皇帝，为了纪念在监牢里的那些日子，他就把这一天定为腊八节，并把自己那天吃的杂粮粥正式命名为腊八粥。

皇家腊八粥

清代皇室笃信藏传佛教，雍正皇帝就曾施舍自己的雍亲王府，建造了喇嘛庙雍和宫。雍和宫因其特殊的皇家寺庙地位，在腊八节时所熬制的腊八粥也被称为"皇家腊八粥"。雍和宫内有一口直径为两米、深一点五米的古铜大锅，重约四吨，专门用于熬制腊八粥。每年腊月初一起，皇宫总管内务府就派司员把粥料和干柴运到雍和宫。粥料品种繁多，有上等奶油、羊肉丁、五谷杂粮、干果、红枣、桂圆、栗子、花生、菱角、核桃仁、葡萄干、瓜子仁、金糕、青红丝等，到初五晚方能准备就绪。初六皇帝派大臣会同内务府总管大臣，率领三品以上官员及民夫到庙里称粮、运柴。初七清晨，皇帝派来的监粥大臣下令生火，并一直监视到初八凌晨粥全部熬好为止。据史料记载，每锅粥用小米十二石，杂粮、干果各一百斤，干柴一万斤，共熬六锅：第一锅供佛，第二锅献给皇帝及宫廷，第三锅给王公大臣和大喇嘛，第四锅给文武官员和各省的封疆大吏，第五锅分给雍和宫的众喇嘛，第六锅作为普通施舍。

腊八诗话

旧时腊八是一个热闹的节日，文人墨客的歌咏也非常之多。杜甫有《腊日》写道："腊日常年暖尚遥，今年腊日冻全消。侵凌雪色还萱草，漏泄春光有柳条。纵酒欲谋良夜醉，还家初散紫宸朝。口脂面药随恩泽，翠管银罂下九霄。"节庆畅饮之时仍不忘君恩。陆游有诗《十二月八日步至西村》："腊月风和意已春，时因散策过吾邻。草烟漠漠柴门里，牛迹重重野水滨。多病所须惟药物，差科未动是闲人。今朝佛粥交相馈，更觉江村节物新。"清新中蕴含着温暖的人情。道光皇帝曾作《腊八粥》一诗："一阳初夏中大吕，谷粟为粥和豆煮。应时献佛矢心虔，默祝金光济众普。盈几馨香细细浮，堆盘果蔬纷纷聚。共尝佳品达沙门，沙门色相传莲炬。童稚饱腹庆州平，还向街头击腊鼓。"可以想见施散腊八粥和皇家食用腊八粥时必然是万头攒动，人涌如潮。

藏历新年

藏历新年是藏族人民最隆重的传统节日，从藏历元月一日开始，到十五日结束，持续十五天。据说，唐代以前藏族以麦熟为新年，后来由于文成公主入藏，中原文化随之传入，使西藏改变了以麦熟为新年的习惯，于是就有了现在的藏历新年。新年的准备工作一般在十二月初就开始了，除了像汉族人民一样购买年货外，家家户户还要制作一个名叫"切玛"的五谷斗，即在绘有彩色花纹的木盒左右分别盛放炒麦粒和酥油拌成的糌粑，并插上青稞穗和酥油做成的彩花。除此之外，还要用水浸泡一碗青稞种子，让它在新年时节长出一两寸长的青苗。然后把"切玛"和麦苗一起供奉在神案正中，祈祷来年五谷丰登。临近节日时，男人们忙着打扫庭院，妇女们则精心制作"卡赛"，卡赛是一种酥油炸成的面食，有耳朵形、蝴蝶形、条形、方形、圆形等各种形状，涂以颜料，裹以砂糖，既是装饰神案的艺术品，又是款待客人的佳肴。

古尔邦节

古尔邦节又叫宰牲节、库尔班节、尔德节等，是我国信仰伊斯兰教各民族的共同节日，新疆地区的穆斯林尤为重视。古尔邦节在阿拉伯语中称做"尔德·古尔邦”，也称“尔德·艾祖哈”。“尔德”的意思是节日，“古尔邦”和“艾祖哈”都含有“宰牲、献牲”之意，因此通常把这一节日的名称译为“宰牲节”，即宰牲献祭的节日。我国新疆的维吾尔、哈萨克、柯尔克孜等民族将其音译为“库尔班节”。古尔邦节的时间是伊斯兰教历的十二月十日。过节前，家家户户都把房舍打扫得干干净净，忙着制作节日糕点。节日清晨，穆斯林要沐浴熏香，严整衣冠，到清真寺去参加会礼。新疆的维吾尔族在古尔邦节时，无论是城市或农村的广场上都要举行盛大的麦西来甫歌舞集会。广场四周色彩缤纷的伞棚、布棚、布帐、夹板房内，铺设着各式各样的木桌、板车、地毯、毛毯、方巾，上面备有花式繁多的食品小吃。在新疆的哈萨克、柯尔克孜、塔吉克、乌孜别克等民族，节日期间还要举行叼羊、赛马、摔跤等比赛活动。

开斋节

开斋节又叫“肉孜节”、“小尔德”、“回族年”等，是我国信仰伊斯兰教各民族的共同节日，回族尤为重视。“开斋节”是阿拉伯语“尔德·费土尔”的意译，“肉孜”则是波斯语“斋戒”的意思。开斋节在各地的称谓虽不相同，但实际上就是斋月后一次规模盛大、礼仪隆重的庆祝节日，对于回族来讲，就相当于汉族过的春节。开斋节前夕，无论身处何地的回族穆斯林，都要提前赶回家中准备过节。开斋节一共三天，第一天的早上要到清真寺做会礼，之后由阿訇带领游祖坟，并念《古兰经》追悼亡人。节日期间，家家户户都要炸撒子、油香、课课、花花等传统点心，宰鸡、兔、羊等做肉食，还要做凉粉、烩菜等食品。除了一般的相互拜节外，已婚和未婚的女婿还要带上礼品给岳父母拜节。拜节的时间要早，回族俗话说“初一、初二拜节，初三、初四拜鳖”，可见如果拜节迟了是件非常无礼的事。除此之外，各地回族群众还有一些特色活动：辽宁鞍山的回族青年在节日里喜欢耍狮子、踩高跷；河北沧州的回民在节日里喜欢表演武术；西北一些青年喜欢在节日里唱花儿、摔跤、扳手腕、拔腰等。

那达慕

“那达慕”是蒙古语“娱乐”、“游戏”的意思，每年农历六月初四开始，是蒙古草原上一年一度的传统盛会。那达慕历史悠久，据《成吉思汗石文》记载，那达慕起源于蒙古汗国建立的初期。那时，成吉思汗被推举为蒙古大汗，他为了检阅军队，维护和分配草场，便在每年的七八月间举行大聚会，将各个部落的首领召集在一起，以示团结友谊并祈庆丰收。起初只举行射箭、赛马或摔跤中的某一项比赛；到元明时，射箭、赛马和摔跤比赛结合在一起，成为固定的形式，这就是蒙古族简称此三项运动为那达慕的原因。过去的那达慕大会要举行大规模的祭祀活动，喇嘛们要焚香点灯、念经颂佛、祈求神灵消灾消难。现在的那达慕大会以摔跤、赛马、射箭、套马、下蒙古棋等为主，有的地方还有田径、拔河、排球、篮球等体育活动。节日期间的夜晚，草原上会飘起悠扬激昂的马头琴声，篝火旁的男女青年轻歌曼舞，人们都沉浸在无比的欢乐之中。

泼水节

泼水节是傣、阿昌、德昂、布朗、佤等民族的传统节日，也是傣历新年。泼水节在傣历六月底开始，为期三到五天：第一天叫做“腕多桑利”，意为除夕；最后一天叫做“腕叭腕玛”，意为新年;中间一天叫做“腕脑”，意为“空日”。节日的第一天划龙舟、放“高升”，第二天泼水，第三天“丢包”。第一天的划龙舟在风光旖旎的澜沧江举行，而“高升”则是孔明灯，相传是纪念当年安抚西南的蜀国丞相诸葛亮。第二天的泼水是节日的高潮。刚开始时，人们还彬彬有礼地说着祝福的话，用竹叶、树枝蘸盆里的水互相洒。但过不了多久，人们就用铜钵、脸盆，甚至水桶盛水，在大街小巷嬉戏追逐，虽然全身湿透，但都兴高采烈，到处充满欢声笑语。第三天的“丢包”最为浪漫，是傣族未婚青年的游戏。“包”是象征爱情的信物，由姑娘用花布精心制作，内装棉籽，四角缀有五彩花穗。丢包时,男女青年在草坪上各站一排，先由姑娘掷给小伙子，小伙子再掷给姑娘，以此交流感情。当感情交流到一定程度后，双方就悄悄退场，找一个幽静的地方谈情说爱。

火把节

火把节是彝、白、纳西、哈尼、基诺、拉祜等民族的传统节日,有“东方狂欢节”之称。不同民族举行火把节的时间并不相同，但大多是在农历的六月二十四，主要活动有斗牛、斗羊、斗鸡、赛马、摔跤、歌舞、选美等。节日庆祝共有三天：第一天祭火，第二天传火，第三天送火。祭火这天，人人都要身穿盛装，村村寨寨都要宰牛杀羊摆宴席。等到夜幕降临时，人们会在老人们选定的地点搭建祭台，用击石的传统方式点燃圣火，由祭司“毕摩”诵经祭火。祭祀之后，人们都要从毕摩手里接过用蒿草扎成的火把，游走于田间地头。传火这天，人们聚集在祭台圣火下，举行各种传统活动：小伙子们赛马、摔跤、斗牛、斗羊、斗鸡；姑娘们身穿美丽的衣裳，撑着伞，唱“朵洛荷”、跳达体舞。这一天最重要的活动是彝族的选美，年长的老者要以传说中阿体拉巴的勤劳勇敢、英武神俊和阿诗玛的善良聪慧、美丽大方为标准，从小伙子和姑娘中选出一年一度的美男和美女。送火这天，当夜幕降临时，人人都要手持火把竞相奔走。最后，人们将手中的火把聚在一起，形成一堆堆巨大的篝火，欢乐的人们聚在篝火四周尽情歌唱、跳舞，场面极其壮观，是整个火把节的高潮。

女儿会

农历七月十二的“女儿会”是土家族一年一度的盛大节日，也是土家族在华夏大地上独显女性文化特征的一朵艺术奇葩。“女儿会”是土家族具有代表性的区域民族传统节日，同时也是一种独特而新奇的节俗文化，被誉为“东方情人节”。女儿会保存着古代巴人原始婚俗的遗风，是偏僻的土家山寨中与封建包办婚姻相对立的一种恋爱方式，是土家族青年在追求自由婚姻的过程中，自发形成的以择偶为主要目的的节日盛会。每到“女儿会”的早上，土家姑娘们就会起得格外早，她们精心梳妆打扮，把最漂亮的衣服穿在身上，里长外短，让一层层镶边衣服翻成笋壳状，寓意“节节高”。衣服的布料通常是土家姑娘自己用老式的织布机亲手纺织出来的土布，然后一针一线缝制成精美的衣服，为的是在“女儿会”上让小伙子们赞赏自己的心灵手巧。她们还要佩戴最好、最珍贵的首饰，穿上轻巧的绣花鞋，所有的心愿就是在集会上选一个如意郎君。“女儿会”的主要特征是以歌为媒，自主择偶，体现了土家族强烈的女性意识。喜庆繁华而又朴素典雅的“女儿会”能让人感受到远古巴人真善美的脉搏和灵魂，看到土家人追求幸福、积极向上的民族精神。

第七章：主要宗教

道教

道教是我国土生土长的宗教，产生于东汉中叶，距今已有一千八百余年的历史。道教主要有四方面的来源：一是远古的神鬼思想，二是古代的巫术、方术，三是春秋战国时的道家，四是汉代形成的谶纬之学。因为道教奉老子为教主，将许多道家著作列为经典，且在思想层面上与道家有许多相通之处，所以很多人把道教和道家混为一谈，这是非常错误的。道家是一个哲学派别，而道教是一个宗教，二者虽然联系紧密，但决不可混为一谈。道教教义虽多，但大体不出四个方面：第一是信仰“道”，道是虚无的本体，是天地万物的本源；第二是信仰老子，老子是“道”的化身；第三是“道”可以通过修炼得来,即为“得道”；第四是得道可以成仙，可以拥有各种神通。道教有许多教派，传承关系也极为复杂，最主要的有五斗米道、太平道、全真道等。

五斗米道

五斗米道是道教最早的派别，又称天师道、正一道。东汉顺帝时期，由张道陵在四川鹤鸣山创立，因入道者须出五斗米，故此得名。又因教徒尊张道陵及其后人为天师，所以又称“天师道”。

张道陵死后，先后由其子张衡和其孙张鲁掌教。东汉末年，张鲁割据汉中近三十年，建立起政教合一的政权，后投降曹操。西晋后，五斗米道逐渐分化，一部分传播于上层官僚中，另一部分仍秘密活动于农民中。东晋时，五斗米道领袖孙恩、卢循领导了长达十余年的农民起义。北魏时，嵩山道士寇谦之"革新"五斗米道，自称奉太上老君之命清整道教，创立新天师道，此后五斗米道正式改称天师道。唐宋以后，道教正一派上承三张世系，以江西龙虎山天师府为中心，成为江南各符箓道派的正宗，与北方的全真道平分秋色。五斗米道中，初入教者称"鬼卒"，骨干称"祭酒"，分天下为二十四"治"，以"治"为传教单位，初期规矩严整，后变化甚繁。

太平道

太平道是道教早期派别之一。东汉灵帝年间，巨鹿人张角自称大贤良师，利用《太平经》传播道教，通过跪拜首过、符水咒语为人治病，以此在民间扩大影响。张角分遣弟子八人使于四方，以"善道"教化天下，仅仅十余年间，徒众便增至数十万，遍布青、徐、幽、冀、荆、扬、兖、豫等八州。他按照军事组织形式，把信徒分为三十六"方"，大方万余人，小方六七千人，各立"渠帅"以统其众。时值东汉末年，天灾人祸交织，人民流离失所，苦不堪言。张角顺应时势，以"苍天已死，黄天当立，岁在甲子，天下大吉"为口号，号召教众反抗汉朝统治。184年起事后，张角自称天公将军，其弟张梁称地公将军，张宝称人公将军，起义者皆头戴黄巾为标志，故称"黄巾军"。张角登高一呼，天下响应，朝野震动。东汉朝廷立即派遣重兵围剿，经十个月的激战，张角病死，张梁、张宝阵亡，起义归于失败。但幸存教众仍在各地继续活动，直至汉献帝建安初年才被曹操降服。此后，太平道在民间传播中，逐渐融合于五斗米道。

全真道

全真道是道教最大的派别之一，金代初年，由陕西人王嚞创立。王嚞，号重阳子，故世称王重阳，他出身地方豪门，早年曾为金国小吏，后辞职还家，自称在甘河镇遇仙，得授金丹口诀，遂隐居终南山修道三年。大定年间，出关到山东传教，招收马钰、谭处端、刘处玄、丘处机等七大弟子，号称"全真七子"，全真道至此正式成立。全真道力主三教合一，以《道德经》、《般若心经》、《孝经》作为必读经典。修行以内丹为主，不尚外丹符箓，认为修真养性是得道成仙的唯一正途。全真教规定道士必须出家住观、严守戒律，对犯戒者惩罚严厉，从跪香、逐出乃至处死。金元之际丘处机嗣教，全真道的发展达到顶峰。元朝统一江南后，全真道与原南宋地区专修内丹的紫阳派合并，成为当时最大的道教教派。明清朝廷重视正一教，全真教势力相对削弱，丘处机所传龙门派在清初虽一度复兴，但最终与其他道教教派一起走向衰落。

张道陵

张道陵是五斗米道的创始人，同时也是道教的创始人，本名张陵，东汉沛国丰邑（今江苏丰县）人。据记载，张道陵为汉留侯张良八世孙，生于建武十年（公元 34 年），七岁读《道德经》即明其义。长为太学生，通晓天文、地理等，从学者千余人。二十六岁时以直言极谏科中，拜巴郡江州令。因素志于黄老之道，又见世风日下，不久即弃官隐居于洛阳之北邙山，朝廷屡次征召皆不就。后与弟子王长入江西云锦山炼九天神丹，三年丹成而龙虎见，故云锦山被后人称为龙虎山。后闻蜀中民风纯厚，遂入蜀之鹤鸣山修道，并在此创立五斗米道。永寿二年（公元 156 年）传位于子张衡，与夫人雍氏升仙归天，享年一百二十三岁。唐玄宗赠号“太师”，唐僖宗封“三天扶教大法师”，宋理宗加封“正一静应显佑真君”，元成宗加封“正一冲玄神化静应显佑真君”。被道教尊为祖天师、泰玄上相、降魔护道天尊等。

葛洪

葛洪是东晋著名的道教学者、炼丹家、医药学家，字稚川，自号抱朴子，江苏句容人，世称“小仙翁”。葛洪曾受封为关内侯，后隐居罗浮山炼丹修行，著有《神仙传》、《抱朴子》、《肘后备急方》、《西京杂记》等。葛洪继承并改造了早期道教的神仙理论，系统地总结了晋代以前的各种方术，尤其精通炼丹。他所著的《抱朴子·内篇》虽为丹书，但也为我们提供了原始实验化学的珍贵资料。葛洪还精通医药学，主张道士兼修医术，以此强身健体，进而得道长生。他所著的《肘后备急方》是我国历史上第一部临床急救手册，主要记述各种急性病症或慢性病急性发作的治疗方法。书中对天花、恙虫病、脚气病以及恙螨等的描述均属首创，提倡用狂犬脑组织治疗狂犬病，被认为是免疫思想的萌芽。

王重阳

王重阳是金代著名的道教领袖，道教全真派的创始人。原名中孚，字允卿。后改名世雄，字德威。入道后改名嚞、字知明，号重阳子。王重阳祖籍陕西咸阳大魏村，1112 年出生于庶族地主家庭。幼好读书，后因应试不第而弃文习武，虽中武举，但始终郁郁不得志，愤而辞官入道。金正隆四年（1159 年）弃家出游，自称于甘河镇遇异人授以内炼真诀，遂悟道出家。金大定元年，在南时村挖墓穴，取名“活死人墓”，自居其中，潜心修持两年。大定三年，功成丹圆，迁居刘蒋村。四年后，独自乞食，东出潼关，前往山东布教，建立全真道，先后收即马钰、谭处端、刘处玄、丘处机、王处一、郝大通、孙不二等七名弟子，后世称为“全真七子”。大定十年（1170年），携马钰、谭处端、刘处玄、丘处机四人返归关中，途中卒于开封，归葬于终南山中刘蒋村故庵。先后被元世祖和元武宗封为“重阳全真开化真君”和“重阳全真开化辅极帝君”。

全真七子

全真七子指全真道创派祖师王重阳的七名开门弟子，他们分别是丹阳子马钰、长真子谭处端、长生子刘处玄、长春子丘处机、玉阳子王处一、广宁子郝大通和清净散人孙不二。其中，孙不二为马钰之妻。因七人均属全真道北宗，故又被称为“北七真”。全真七子在全真道中都创立有各自的小门派：马钰创遇仙派，被封为丹阳抱一无为真人；谭处端创南无派，被封为长真水云蕴德真人；刘处玄创随山派，被封为长生辅化明德真人；丘处机创龙门派，被封为长春演道主教真人；王处一创嵛山派，被封为玉阳体玄广度真人；郝大通创华山派，被封为广宁通玄太古真人；孙不二创清净派，被封为清净渊真顺德真人。七人中以丘处机最为著名，七派中也以龙门派最为兴盛。

丘处机

丘处机是金元两代著名的道教领袖，全真龙门派创始人，字通密，号长春子，山东登州栖霞人。金大定年间学道于王重阳，与另外六名弟子合称为“全真七子”或“北七真”。王重阳死后，他先后隐居于陕西皤溪和陇州等地，潜心修炼，声名渐起。曾被金世宗召至中都传教，并主持皇家法事，后还乡隐居于栖霞山。继王重阳、马钰、谭处端、刘处玄之后，执掌全真教务。金兴定三年，即1219年，成吉思汗于西征途中闻丘处机之名，遂遣使相召。1220年秋，丘处机率弟子从山东莱州出发，经今河北省至呼伦贝尔草原，穿越蒙古高原、今新疆地区和今中亚地区，于1222年初夏，在今阿富汗兴都库什山与成吉思汗见面。成吉思汗向他请教长生之道，他乘机进言“敬天爱民为本”，“清心寡欲为要”，被成吉思汗尊称为“神仙”。东归后，受命在燕京太极宫主管天下道门，死后遗骸葬于白云观，元世祖封他为“长春演道主教真人”。其徒李志常所著《长春真人西游记》，即记其西行之事。

张三丰

张三丰是元明两代的著名道士，本名通，字君实或君宝，号玄玄子，又因不修边幅，被称为张邋遢。张三丰自称张天师后裔，传说其丰姿魁伟、大耳圆目、须髯如戟，善书画、工诗词，曾举茂才并任中山博陵令，后辞官云游，踪迹不定。传说他在宝鸡金台观时曾经死而复活，故道徒称其为“阳神出游”。入明后自称“大元遗老”，时隐时现、行踪莫测。明太祖及明成祖都曾遣使寻访，但均未得其游踪。他先后被明朝君主封为“通微显化真人”、“韬光尚志真仙”和“清虚元妙真君”等。元代中叶后，道教在与佛教的抗衡中已经逐渐败北，张三丰在明代时于武当山创立道教新派“三丰派”，掀起了中国道教发展史上最后的一个高潮，并成为武当派武术的创立者。

《道藏》

《道藏》即道教经籍的总集，是按照一定的编纂意图、收集范围和组织结构，将许多经典编排起来的大型道教丛书。南北朝时，道教学者陆修静就编有《三洞经书目录》，是后世《道藏》的先声。唐代编修的《开元道藏》是我国历史上第一部正式的、完整的《道藏》，之后历代均有编修，但大都因天灾人祸而佚失，现存最早的《道藏》为明代版本，原收藏于北京白云观，现由中国国家图书馆收藏。此外，当代还编有《藏外道书》、《敦煌道藏》、《中华道藏》等。《道藏》的编排按照“三洞、四辅、十二类”的分类方法：“三洞”即洞真部、洞玄部和洞神部，“四辅”即太玄部、太平部、太清部和正一部，“十二类”即本文类、神符类、玉诀类、灵图类、谱录类、戒律类、威仪类、方法类、众术类、记传类、赞颂类和章表类。

《道德经》

《道德经》即《老子》，因道教尊老子为教主，所以其书也被列为经典，而且被尊为“众经之首”。《道德经》分为上下两篇，原本上篇《德经》、下篇《道经》，不分章节；后改为《道经》在前，《德经》在后，并分为八十一章，共五千余言。它是中国历史上首部完整的哲学著作，在《道藏》中列于“洞神部”。相传老子姓李名耳，楚国苦县厉乡曲仁里人，即今河南省鹿邑县人。传说他的母亲怀了八十一年身孕，并从腋下将他产出，而且一生下来就是白眉毛白胡子老人，所以被称为老子。老子曾在周朝国都洛邑任藏室史，主管国家书籍档案，曾为孔子讲“礼”。晚年乘青牛西去，途径函谷关时应守关之长尹喜的请求写下《道德经》，后出关西去羽化登仙。

“四子真经”

“四子真经”是指道教中的四部经典，分别为《庄子》、《文子》、《列子》和《庚桑子》，这四部书本是战国诸子中道家的作品，后被唐玄宗敕封为“真经”，同时也将作者庄子封为“南华真人”，文子封为“通玄真人”，列子封为“冲虚真人”，庚桑子封为“洞虚真人”。因此，四部经典也被称为《南华真经》、《通玄真经》、《冲虚真经》和《洞灵真经》。其中，《南华真经》、《冲虚真经》和《洞灵真经》在《道藏》“洞神部”的“本文类”，《通玄真经》在“洞神部”的“玉诀类”。

《老子化胡经》

《老子化胡经》是一部非常独特的道

教经书，是佛道两教长期激烈论争的产物。《史记》中记载老子“去而不知终所”，故自东汉起就有老子西去天竺国化为佛教化胡人之说。当时佛教初入我国立足未稳，故对此说持容忍、利用的态度，但随着佛教在我国的发展，佛道两教冲突日益严重。西晋惠帝时，天师道“祭酒”王浮与沙门帛远争邪正，遂依此说造《化胡经》一卷，后陆续增广改编为十卷，成为道教攻击佛教的主要依据之一。此经引起了佛道两教的激烈冲突，因此唐高宗、中宗都曾下令禁止。元世祖下令焚毁《道藏》伪经时，第一种即为《化胡经》，此经因此亡佚，故明《正统道藏》中不存。清末敦煌发现此书唐写本残卷，有题作《老子西升化胡经》，有题作《太上灵宝老子化胡妙经》等，系同书异名，都是十卷本《化胡经》，并非王浮原书。

《太上感应篇》

《太上感应篇》是道教“劝善书”之一，简称《感应篇》，作者不详。《太上感应篇》篇幅不长，共一千二百余字，主要借“太上”之名阐述“天人感应”和“因果报应”的思想。“太上”就是太上老君，即老子。《太上感应篇》最初只在民间流传，南宋时开始获得官方的重视，历经宋、元、明、清久盛不衰。它虽然是道教经典，却融合了不少佛儒思想，不再局限于虚无的说教，而是建立了现实的封建伦理准则，有利于规范人们的言行，特别有助于保证国家、社会、家庭的严谨秩序，因此博得历代统治者的重视。宋理宗就曾在卷首亲题“诸恶莫作，众善奉行”八字。此后，为之作序、作注者甚多，影响十分广泛，日本、朝鲜等国都有流布。

鹿邑太清宫

鹿邑太清宫位于河南省鹿邑县城东十里的太清宫集，相传为老子的诞生地。据史料记载，太清宫始建于东汉延熹八年，即165年，始名老子庙。唐高祖武德三年，即620年，李渊为抬高家族地位，认老子为祖宗，派人在汉老子庙的基础上加以扩建，规模如同京城王宫，并作为皇室家庙。后唐高宗追封老子为“太上玄元皇帝”，并增建“紫极宫”、“太清楼”，改庙名为“玄元庙”。武则天时又册封老子之母为“先天太后”，在汉李母庙的基础上扩建成洞霄宫，位于太清宫北一里。玄宗封老子为“大圣祖高上金阙天皇大帝”，改庙名为太清宫，并大规模扩建，占地共八顷七十二亩，周围四十里，宫内琼楼玉宇，金碧辉煌。后历经损毁与重建，现存主体建筑太极殿五间，铁柱一根，古柏三株，碑刻九件，望月井一眼。洞霄宫仅存清代建筑三圣母殿五间，娃娃殿三间，宋碑一通。

洛阳上清宫

洛阳上清宫为道教名观，位于河南省洛阳市北邙山翠云峰，相传为太上老君炼丹之处。据史料记载，上清宫始建于唐玄宗开元年间，原为一座青砖庙院，坐落于邙山翠云峰上，此峰为洛阳北郊的制高点。山势险峻、林木青葱，因此被称为“翠云峰”。因唐代尊老子为“玄元皇帝”，故上清宫又称玄元皇帝庙；因道教追尊老子为太上老君，所以也称老君庙。诗人杜甫曾于 749 年登上此宫，在此一览洛阳的山河形势，写了“山河扶绣户，日月近雕梁”的名句。大画家吴道子在此创作出《五圣千官像》，苏东坡也曾于此题句刻石。金元时期上清宫已废，此后历代多次重修，民国时也曾整修，但抗日战争期间惨遭日军轰炸，仅翠云洞、洞上平台和三间五脊歇山顶老君殿幸存。

青城山常道观

据文献记载，常道观本为黄帝祠，因东汉时张道陵曾在此修行，并创立了天师道，故又称“天师洞”。隋大业年间改名延庆观，唐朝时改称常道观。唐开元年间，常道观一度被佛教占用，并改为寺庙，后唐玄宗手敕归还道士，观中即存有唐玄宗手诏碑。宋时一度改称昭庆观，但现在仍延用唐名，民间仍称为天师洞。常道观现存建筑建于清康熙年间，由住持陈清觉主持修建。1980 年以来，青城山道教协会又筹资对天师殿、三清殿、黄帝殿、上茅庵及山门、道舍、斋堂等进行了全面维修，重塑神像，使千年古刹焕然一新，同时也为青城山水增色不少。常道观依山势分布在白云溪和海棠溪之间的山坪上，庄严的殿堂与曲折环绕的外廊随地形高低连成一片，四周峭壁陡岩、群山拱揖，金碧辉煌的宫殿和清幽自然的山水交相辉映，素有“千崖迤逦藏幽胜，万树凝烟罩峰奇”之称。

龙虎山天师府

天师府位于江西省鹰潭市贵溪县上清镇，是天师道历代天师的府邸。据史料记载，天师府始建于宋崇宁四年，原在上清镇关门口，元延佑六年迁建于上清镇长庆坊，明洪武元年移建今址，明嘉靖年间进行了大规模的修缮和扩建。清康熙十三年大部分建筑被焚毁，乾隆四十三年再次重建，咸丰七年又遭战火之灾，同治年间第六十一代天师张仁政予以维修。新中国成立后，第六十三代天师张恩溥移居台湾，多年失修的天师府被改做他用。改革开放后开始修缮，并于 1988 年交由道教界管理。现在的天师府以府门、仪门、二门和私第为中轴线，修建了玉皇殿、天师殿、玄坛殿、法箓局和提举署、万法宗坛等，把道教宫观与王府建筑合为一体，是道教建筑中的精品，也是龙虎山中的名胜。

武当山太和宫

武当山太和宫是著名道教宫观，位于湖北省丹江口市境内的武当山天柱峰山腰，在紫金城南天门外。太和宫建于明代永乐十四年，即 1416 年，当时有殿堂道舍等建筑五百一十间，现仅存正殿、朝拜殿、钟鼓楼、铜殿等。太和宫正殿额题“大岳太和宫”，殿内仅存真武大帝铜像及四大元帅、水火二将、金童玉女等塑像，殿门两侧各置铜碑一座，一是明代嘉靖二十九年敕建苍龙岭雷坛设金像之御碑，一是明代嘉靖三十一年遣工部左侍郎陆述等人致祭碑。正殿前是朝拜殿，左右是钟鼓楼，钟楼内悬明代永乐年间所铸造铜钟一口。殿前有一岩，形如宝莲，名曰“小莲峰”，刻有“一柱擎天”四字，并嵌有李宗仁游武当山之题诗碑刻。岩顶崇台之上有铜殿一座，高、宽、深各近三米，铸造于元代大德年间，原在天柱峰巅，明代永乐年间移置于此，故名“转运殿”或“转展殿”。太和宫整体建筑处于孤峰峻岭，依山傍岩，结构精巧，布局巧妙，四周峰峦迭嶂、起伏连绵、烟树云海、气象万千，是武当山胜景之一。

重阳万寿宫

重阳万寿宫是著名道教宫观，全真道的祖庭、祖庵，位于西安市户县祖庵镇。重阳宫为道教全真派三大祖庭之首，是全真道祖师王重阳早年修道和最后葬骨之地。王重阳主张儒、释、道三教合一，以“三教圆通，识心见性，独全其真”为宗旨，故名其教为“全真”。王重阳卒后，弟子护送其遗骨葬于旧居。长徒丹阳子马钰袭掌全真教，于其地建立道观，手书“祖庭”二字为额。其后，王处一又请于其址建灵虚观，丘处机改名为重阳宫。元世祖时更名为“敕赐大重阳万寿宫”，因全真教的鼎盛而享有“天下祖庭”、“全真圣地”之尊称。元代时，重阳宫殿堂建筑共计五千余间，徒众近万人。明代以后重阳宫开始衰落，规模逐渐缩小。现存的灵官殿、七真殿均为清同治年间重建，建制和规模远逊色于元代。宫内有祖庵碑林、脚印石、遇仙桥和活死人墓等著名景点。

北京白云观

北京白云观是全真道龙门派祖庭，也是全真道三大祖庭之一，位于北京市西便门外。白云观始建于唐，原名天长观，金世宗时加以扩建，更名为十方大天长观，藏有珍贵的《大金玄都宝藏》。金末不幸毁于大火，后重建为太极殿。丘处机赴雪山应成吉思汗之请后，回京即奉旨居于太极宫，元太祖因其道号长春子，诏改太极殿为长春宫。丘处机羽化之后，弟子尹志平等在长春宫东侧建下院，即今天的白云观，并于观中构筑处顺堂，安放丘处机灵柩。丘处机是全真龙门派创派祖师，因此白云观被奉为龙门派祖庭。现存的白云观是清康熙四十五年（1706 年）重修，有彩绘牌楼、山门、灵官殿、玉皇殿、老律堂、丘祖殿和三清四御殿等建筑。1957 年成立的中国道教协会就设在白云观。

纯阳万寿宫

纯阳万寿宫又名永乐宫，是全真道

三大祖庭之一，位于山西省芮城县龙泉村。永乐宫原址位于芮城县西南的黄河北岸，相传该地是八仙之一吕洞宾的家乡，吕洞宾号为纯阳真人，故永乐宫的前身名为“纯阳观”，而纯阳观是在宋代“吕祖祠”的基础上建设的。相传全真教“披云真人”宋德方在山西平阳玄都观校刻道藏时，见永济纯阳观残破，便倡议扩建为宫。后在尹志平、李志常等人的推荐下，以燕京都道录潘德冲主持开始建造，前后历经一百余年才最终建成，几乎与元朝相始终。永乐宫是典型的元代建筑风格，粗大的斗拱层层叠叠交错，雕饰不多，比明清建筑更为简洁明朗。永乐宫为世人所熟知的是其主殿三清殿内的壁画《朝元图》，壁画高四米有余，全长近百米，总面积达四百多平方米，描绘了众神朝拜老子及吕洞宾、王重阳传教施法的宗教故事，是我国古代壁画中存留不多的精品。1959年因修建三门峡水利工程，永乐宫被精心切割并移至现址。

三清四御

“三清”原指道教所尊的玉清、上清、太清三清境，但同时也指居于三清仙境的三位尊神，所以三清的全称是“虚无自然大罗三清三境三宝天尊”。三清是道教中地位最高的神，分别是玉清元始天尊、上清灵宝天尊和太清道德天尊。按照道教的解释，“天尊”就是“极道之尊，至尊至极”的意思。“四御”则是辅佐三清的四位尊神，所以又称“四辅”，分别是中天紫微北极大帝、南极长生大帝、勾陈上宫天皇大帝、承天效法后土皇地祇。三清与四御合称“七宝”，道教认为三清是宇宙万物的创造者，而四御是统率天地万神者。此外，四御还协助玉皇执掌天道：中天紫微北极大帝执掌天经地纬日月星辰四时气候；南极长生大帝执掌人间寿天祸福；勾陈上宫天皇大帝执掌南北极与天、地、人三才和人间兵革之事；承天效法后土皇地祇执掌阴阳生育，万物生长和大地河山之秀等。

玉皇王母

在道教中，玉皇是众神之王，神阶不是最高，但神权却是最大。按照道教的说法，玉皇大帝居于昊天金阙弥罗天宫，是天界至尊之神、万天帝王，总管三界十方、四生六道一切阴阳祸福。传说每年腊月二十五，玉皇要亲自巡视下界，依据众生善恶良莠进行赏罚。正月初九是传说中的玉皇圣诞，俗称“玉皇会”，相传各路神仙在这一天都要隆重庆贺，而玉皇会在那天下午结束巡视回銮天宫。王母也叫做金母、瑶池金母、西王母，民间则称为王母娘娘。王母原是掌管刑罚和灾疫的怪神，在先秦的典籍中都是人面兽身的怪物，后在流传过程中逐渐女性化和温和化，从美貌的中青年妇女变为和蔼的老年妇女，成为民间与玉皇大帝并称的重要神祈。值得注意的是，玉皇和王母的关系并非夫妻，夫妻之说仅仅是一种民间想象。

关圣帝君

关羽本为三国蜀汉大将，因生前忠勇威猛，死后成为民间信仰中重要的崇拜对象，所以被儒、释、道三教共尊为神祇。儒家称其为关圣帝君、文衡帝君，是与“文圣人”孔子并称的“武圣人”。佛教说他曾在玉泉山显圣并皈依佛门，因此尊他为护法伽蓝神、盖天古佛。道教则流传有宋代时关羽应龙虎山张天师之召，在御前降魔除怪的故事，封其为协天大帝、翔汉天神、武圣帝君、武安尊王、三界伏魔大帝、文衡圣帝等，成为道教中重要的尊神。其实道教中还有许多这样由人成神的例子，比如老子、庄子、张良，甚至孔子和颜回。

雷公电母

传说中的雷公和电母是一对夫妻。雷公又称雷神或雷师，是古代神话传说中的司雷之神，后被道教奉为施行雷法的役使神。早期传说中的雷公为兽形，而且以猴形居多；后状如力士，背有双翅，额生三目，脸赤若猴，足如鹰隼，左手执楔，右手持锥，旁悬数鼓，击鼓即为轰雷。传说雷公能辨善恶，并击杀有罪之人，尤其是不孝之人。电母又称“金光圣母”，是从远古雷神信仰中分化而出的。早期传说中雷神兼掌雷与电，有“雷公电父”之称，后来逐渐从雷神中分化出一个专掌闪电的女性神，并且把二神的关系定位为夫妻，共同执掌雷电。

城隍土地

“城隍”一词原指护城壕，后在古代祭祀中逐渐演化为神，被道教整合吸收后，成为城市守护神和阴间派驻各城市的监察神，所以在道教中城隍的职责是剪除凶逆，领治亡魂等。城隍崇拜起于南北朝，兴于唐宋，明代开国皇帝朱元璋因出生于城隍庙，所以对这种崇拜大为提倡，曾封开封、临濠、東和、平滁四城的城隍为王，封各府、州、县城隍为公、侯、伯等。城隍神大多都是于该城市有关的英雄或名臣，如苏州祀春申君，上海祀秦裕伯，北京祀杨椒山，杭州祀周新、文天祥等。土地神在道教神仙系统中虽然地位不高，但在民间信仰中却极为重要和普遍，旧时相传，凡有人烟处就有土地神。土地神起源于远古的“社神”，是掌管一小块土地的神祈，后逐渐成为民间信仰中的地方保护神。土地神的形象大都平易近人、慈祥可亲，多为须发皆白的老者，而且一般还有配偶，民间称为“土地奶奶”，与土地神共受香火，但没有什么特殊职司。

文武财神

财神崇拜在我国民间也极为兴盛，按照民间的说法，财神有文武之分。武财神为赵公明，相传为战国秦人，避战乱入终南山修道，能驱雷役电、除瘟灭疫。后因守护张道陵炼丹有功，被玉帝封为正一玄坛元帅，掌管赏罚诉讼、买卖求财等，因此被民间尊为财神。其像黑面浓须，头戴铁冠，手执铁鞭，身跨黑虎，故又被称为“黑虎玄坛”。民间也有奉关羽为武财神的，但信奉者多为合伙经商者。文财神为范蠡，是春秋末年的楚国人，后为越王勾践谋士，与文种共同辅佐勾践兴越灭吴。在帮助勾践成就霸业之后，范蠡急流勇退，民间传说他变易姓名，与西施隐遁于今天山东省的定陶县，农牧之外经营商业，很快便发了大财，因自号为“朱公”，所以后人也称他为“陶朱公”，并把他奉为文财神。

八仙

八仙是在民间广为流传的道教中的八位神仙。八仙所指在明代以前众说不一，有汉代八仙、唐代八仙、宋元八仙之说，所列神仙各不相同。至明吴元泰《八仙出处东游记》始定为：铁拐李、汉钟离、张果老、蓝采和、何仙姑、吕洞宾、韩湘子和曹国舅八人。传说中，八仙分别代表男、女、老、少、富、贵、贫、贱八类人，由于八仙均为凡人得道，所以个性与普通百姓较为接近，所以受到民间的欢迎。八仙所持的檀板、扇、拐、笛、剑、葫芦、拂尘、花篮八件宝物在民间被称为“八宝”，是传统的吉祥图案。元代全真教南北合并之后，为了回应这种民间崇拜，曾把汉钟离和吕洞宾列入全真北五祖。民间文艺作品中，以八仙过海和八仙献寿的故事最为有名。

妈祖

妈祖又称天妃、天后、娘妈等，是历代船工、海员、旅客、商人和渔民共同信奉的神祇。旧时在船舶启航前，都要先祭祀天妃妈祖，祈求航行一帆风顺，在船舶上也立天妃神位供奉。相传妈祖在历史上实有其人，是福建莆田望族九牧林氏后裔，祖父林孚官居福建总管，父亲林惟殷在宋初任都巡检。妈祖原名林默，小名默娘，故又称“林默娘”，传说诞生于宋建隆元年农历三月二十三日，逝世于宋太宗雍熙四年九月初九。相传她不仅精通医药，还广识天文，能预测海上天气，终身未婚却行善济人，故死后被尊为神灵。宋、元、明、清历代都曾给予封号，并把对她的祭祀列于国家祀典。北至天津，南至澳门，沿海各处均有妈祖庙，澳门的英文名即来源于“妈祖”的音译。除中国外，妈祖信仰还被华人带到了世界各地。妈祖在道教中的正式封号为“辅兜昭孝纯正灵应孚济护国庇民妙灵昭应弘仁普济天妃”。

汉传佛教

佛教是世界三大宗教之一，发源于古代印度，大约在两汉之际经过西域传入我国。据史料记载，汉哀帝元寿元年，即公元前2年，博士弟子景卢出使大月氏，其王使人口授《浮屠经》。东汉永平十年，即公元67年，汉明帝梦见有金人来自西方，于是派人到西域迎来迦叶摩腾和竺法兰两位高僧，随行带来许多佛像和佛经，用白马驮回首都洛阳。明帝命人修建房屋供二位高僧居住，并翻译《四十二章经》，在此基础上就形成了白马寺。因此在中国佛教史上，多以汉明帝永平十年作为佛教传入中国之年，以《四十二章经》为我国第一部汉译佛经，以白马寺作为我国第一座佛教寺院。佛教在我国经历了长期的传播和发展，形成具有民族特色的中国佛教，汉传佛教就是其中之一。汉传佛教又称汉语系佛教，属大乘教派，先后形成性、相、台、贤、禅、净、律、密等八大宗派。

三论宗

三论宗，又名法性宗、性宗，是汉传佛教八大宗派之一。在中国佛教史上，三论宗并不是一个实质的宗派，凡是研究“三论”宗旨的都可称为三论宗。三论宗真正形成宗派，是在传至日本之后，而三论宗的立名也始于日本佛教。三论宗始于鸠摩罗什译出龙树的《中论》、《十二门论》与提婆的《百论》等“三论”，奠基于南北朝僧肇、辽东僧朗、兴皇法朗、茅山大明、吉藏大师，因依“三论”立宗，故名为三论宗，是印度龙树、提婆“中观学说”的直接继承者。

法相宗

法相宗，又名唯识宗、慈恩宗、相宗，是汉传佛教八大宗派之一。法相宗原在印度，由弥勒菩萨、无著菩萨和无著之弟世亲一脉相传，原名瑜伽宗。因无著依瑜伽论创唯识论，故又称“唯识宗”。唐代高僧玄奘入天竺后，受之于那兰陀寺的戒贤，返唐后传于弟子窥基。窥基号称“百部论师”，著作甚多，学问广博，是法相宗的奠基者。因玄奘和窥基曾在大慈恩寺共译佛经，所以法相宗又名“慈恩宗”。

天台宗

天台宗，又名华严宗、止观宗，是汉传佛教八大宗派之一，也是中国佛教最早创立的宗派。天台宗发源于光州大苏山净居寺，因创始人智顗常驻浙江天台山说法，故称天台宗。天台宗自称有九祖，分别为龙树、慧文、慧思、智顗、灌顶、智威、慧威、玄朗、湛然。天台宗因尊奉《妙法莲华经》，因此也被称为“法华宗”；又因为以修行止观为主，所以又称“止观宗”。天台宗在9世纪初被日本僧人最澄传入日本，在13世纪时分化出日莲宗，至今仍是日本非常兴旺的两个佛教宗派。

华严宗

华严宗，又名贤首宗，是汉传佛教八

大宗派之一。此宗以《华严经》为根据，故称“华严宗”；又因创始人为唐代首贤国师法藏，所以又名“首贤宗”。华严宗本有五祖，分别为唐代杜顺和尚、云华智俨法师、贤首法藏法师、清凉澄观法师、圭峰宗密禅师，在宋朝又加入了印度的龙树和马鸣，所以也有“七祖”之说。华严宗从盛唐时立宗，至武宗灭佛后逐渐衰微。唐代道璇律师于日本天平八年将华严宗传入日本。

禅宗

禅宗，又名佛心宗，是汉传佛教八大宗派中影响最大的一派。禅宗虽为正宗的中国佛教，但“禅”的概念却仍来自印度。禅是音译“禅那”的简称，意译应为静中思虑的意思，是一种精神的集中和有层次的冥想。据佛经记载，佛祖在灵鹫山说法时，闭口不言，拈花而立，只有摩诃迦叶尊者破颜微笑。于是，佛祖就在众人不明的情况下，以“佛心印心”的方式传法于摩诃迦叶尊者。因其“不立文字，教外别传”，故又称为“佛心宗”。因此，摩诃迦叶便成为印度禅宗的初祖。摩诃迦叶尊者之后，法脉迭传至第二十八祖菩提达摩，达摩到中国弘法后，成为中土禅宗初祖。不过，这只是佛教教义中的说法，禅宗的发扬光大者其实是唐代六祖慧能。

净土宗

净土宗，又名莲宗，是汉传佛教八大宗派之一。净土宗因专修往生阿弥陀佛净土法门而得名；又因中国第一代祖师慧远曾在庐山建立白莲社，故又称“远公白莲社”。“净土”也是一个来源于印度的概念，是指“清净国土、庄严刹土”，是诸佛、菩萨为了渡化众生而成就的国土。净土宗始于东晋慧远大师，经唐代善导大师发扬光大，流传于中、日、韩、越等地。净土宗虽有“九祖”、“十二祖”或“十三祖”之说，但实际创立者为善导大师，且历代祖师之间基本没有前后传承的法统。

律宗

律宗，又名南山宗，是汉传佛教八大宗派之一。律宗因着重研习和传持戒律而得名；又因中国第一代祖师道宣在终南山修行，所以又称南山宗。“律”就是戒律，相传佛祖在世时，为约束僧众，制订了各种戒律，后因各派对这些戒律的理解不同，故所传戒律也有差异。据佛经记载，三国年间印度僧人昙柯迦罗将戒律引入中国；安息国僧人昙谛翻译了法藏部羯磨，从此中国僧众即依此受戒；其弟子法聪讲说《四分律》并口授道覆《四分律疏》，被称为“四分律师”；及至慧光造《四分律疏》并删定羯磨，始奠定律宗基础；后经道云、道洪、智首传至道宣，律宗才在道宣手中正式形成。

密宗

密宗，又名秘密教、秘密乘、金刚

乘、真言乘、瑜伽密教、真言宗等，是汉传佛教八大宗派之一。密宗历史悠久，许多仪式与修行方法可以追溯到早期的印度教传统，但真正兴起的时间则是印度大乘佛教晚期，是大乘佛教修行者吸纳了印度教修行方式而形成的特殊教派。密宗特色是充满神秘色彩，重视神通、鬼神和神秘体验，以秘密教典作为修行的主要依据，在师徒之间秘密传授，所以得名“密宗”。密续极为庞杂，汉传佛教分为杂密、胎藏界和金刚界三部。其中，杂密部多为仪轨、咒语，讲究神通和驱使鬼神等内容，是密宗最早的雏形。

慧远

慧远是我国东晋高僧，净土宗的初祖。慧远于334年生于今山西宁武，俗姓贾，少通六经与老庄之学，后闻道安法师在恒山弘扬佛学，遂往拜谒，被道安的人格和学识所折服，拜道安为师出家修道。之后，随道安四处传法，声名渐起。378年，前秦攻陷襄阳，道安滞留城内，慧远遂别师南下投靠同学慧永。慧远初住庐山龙泉精舍，后移居东林寺。因慧远内精佛理，外通群书，所以成为当时南方佛教的领袖，庐山东林寺也成为南方佛教的中心。贵族名士谢灵运钦敬慧远为人，为他在东林寺中开东西两池，池中遍种白莲，故慧远所创之社被称为“白莲社”，后来的净土宗又称“莲宗”。416年，慧远在东林寺圆寂。

法显

法显是我国东晋高僧、旅行家、佛经翻译家。法显于337年生于今山西长治襄垣县，俗姓龚，三岁出家，二十岁受戒，有“志行明敏，仪轨整肃”之誉。东晋隆安三年，即399年，六十五岁的法显深感佛经的翻译滞后于佛教发展的需要，特别是由于戒律经典的缺乏，使广大僧众无法可循，上层僧侣甚至趁此穷奢极欲、无恶不作。为了匡正佛法，年近古稀的法显毅然决定赴天竺求取戒律。法显与同学十数人结伴从长安出发，历尽艰险一路西行，于义熙六年到达狮子国，即今斯里兰卡。法显在古都阿耨罗陀城参学后，携带多部梵文典籍从海路回国，途中遇风暴经耶婆提国等地，最后在今山东青岛上岸。法显回国后定居南京，与佛驮跋陀罗合译经、律、论共六部二十四卷。所著《佛国记》是研究古代中亚、南亚历史、地理、风俗和佛教的重要资料。420年，法显圆寂，享年八十四岁。

鸠摩罗什

鸠摩罗什是我国后秦高僧、著名佛经翻译家，生卒年不详。鸠摩罗什生于西域龟兹国，其父鸠摩罗炎是从印度逃亡到西域的贵族后裔，其母是龟兹国王的妹妹。鸠摩罗什七岁时同母亲一起出家，初学小乘佛法，后转学大乘佛教。

前秦建元十五年即379年，长安高僧道安力劝苻坚延请罗什入中土，苻坚求之不得，遂于382年派大将吕光率兵七万伐龟兹。两年后罗什被俘，以天文堪舆之学赢得吕光的信任。不久前秦灭亡，吕光自立为帝建立后凉，罗什被软禁于凉州。后秦弘始三年，即401年，姚兴攻灭后凉，罗什随军抵达长安，被后秦奉为国师。此后十数年间潜心钻研佛学，翻译佛经七十四部，共三百八十四卷；并广收门徒，弟子道生、僧肇、道融、僧睿有“四圣”之誉。

菩提达摩

菩提达摩是中国禅宗初祖，自称印度禅宗二十八祖，生平事迹多为民间传说或佛经故事。相传达摩为中天竺人，在南朝梁武帝时航海到广州，闻梁武帝笃信佛教，便到都城建业拜会他。但二人因理念不同不欢而散，达摩遂以一苇渡江，北上北魏都城洛阳，卓锡嵩山少林寺。他在寺中面壁九年，传衣钵于慧可后，出禹门游化终身。传说东魏天平三年卒于洛滨，葬于熊耳山。达摩后中国始有禅宗，禅宗讲究“直指人心，见性成佛，不立文字，教外别传”，后经二祖慧可、三祖僧璨、四祖道信、五祖弘忍、六祖慧能而发扬光大，有“一花五叶，盛开秘苑”之誉，成为汉传佛教最大宗门。除“一苇渡江”、“面壁九年”外，关于达摩的传说还有“断臂立雪”、“只履西归”等，可见禅宗和达摩在中国文化中的分量。

玄奘

玄奘又称三藏法师、俗称唐僧，是我国唐代高僧、佛教学者、旅行家，与鸠摩罗什、真谛并称为中国佛教三大翻译家，唯识宗创始者之一，我国历史上最著名的、家喻户晓的佛教人物。玄奘俗姓陈，名袆，602年生于洛阳偃师儒学世家。自幼出家，十三岁即破格受戒，遍访天下名师，二十多岁就誉满京城。后感于各派学说纷乱难定，便于贞观初年从凉州出玉门关西行，经数年跋涉抵达天竺。初于那烂陀寺学习，后游学于天竺各地。玄奘曾在曲女城无遮辩论法会上等待十八天，结果无人敢于和他辩论，因此不战而胜，名声鹊起，威震整个天竺。玄奘于贞观十七年，即645年回到长安，共从天竺取回佛经六百五十七部。在唐太宗的支持下，玄奘在长安慈恩寺组织译经，二十年间译出经、论七十五部，共一千三百三十五卷，世称“新译”。玄奘口述《大唐西域记》是为研究印度、尼泊尔、巴基斯坦、孟加拉国以及中亚等地古代历史地理的重要资料。玄奘取经的故事在民间广为流传，明代吴承恩的《西游记》为集大成者，不仅在中国，在朝鲜半岛和日本也是妇孺皆知。玄奘于麟德元年，即664年圆寂，初葬于白鹿原云经寺，后改葬于少陵原，建有舍利塔、兴教寺。

鉴真

鉴真是我国唐代著名高僧，中国律宗传人、日本律宗开山祖师。鉴真俗姓淳于，688 年生于扬州，十四岁入扬州大云寺出家，后随道岸禅师入长安。鉴真勤学好问，不拘泥于门派之见，广览群书、遍访高僧，除佛学之外，在建筑、绘画，尤其是医学方面，都有很高的造诣。三年后，鉴真回到扬州，在大明寺修行，成为当地的佛教领袖。从 742 年开始，鉴真应日本僧人之邀，先后六次东渡，历经磨难，才于 753 年年底抵达日本萨摩。鉴真到达日本后，受到孝谦天皇和圣武上皇的隆重礼遇，曾为圣武、光明皇太后以及孝谦之下皇族和僧侣约五百人授戒，被封为“大僧都”、“传灯大法师”，统领日本所有僧尼，在日本建立了正规的戒律制度。除佛法外，鉴真一行还将我国书法、医药、建筑和诸多手工业技术带到日本，在中日两国都享有极高的声誉。唐宝应二年、日本天平宝字七年，即 763 年，鉴真卒于日本唐招提寺，享年 76 岁。

慧能

慧能是我国唐代高僧、禅宗六祖，是我国历史上影响最大的佛教人物之一。慧能于 638 年生于今广东新兴县，祖籍北京，为范阳卢氏后裔，早年丧父，自幼以卖柴为生。相传惠能在一次卖柴回家的路上，听到有人读诵《金刚经》，由此蒙生学佛之念，遂拜五祖弘忍为师。其时弘忍年事已高，急于传承衣钵，遂命弟子作偈，查验他们的修行。弟子神秀偈曰：“身是菩提树，心如明镜台，时时勤拂拭，莫使惹尘埃。”弘忍不置可否。惠能听后亦诵一偈，请人题于壁上：“菩提本无树，明镜亦非台，本来无一物，何处惹尘埃。”弘忍见后大奇，为他宣讲《金刚经》并传衣钵，是为六祖。慧能受师命南归岭南弘扬禅宗，主张“顿悟”之说，影响华南诸宗派，人称“南宗”。与此同时，惠能同门师兄神秀则主张“渐悟”之说，在华北势力颇盛，号称“北宗”。唐玄宗开元二年，在河南滑县的无遮大会上，惠能弟子、日后的七祖荷泽神会，辩倒了神秀门人崇远、普寂，使得“南宗”成为中国禅宗的正统。唐玄宗先天二年，即 713 年，慧能圆寂于家乡新兴县国恩寺，享年 76 岁。

布袋和尚

布袋和尚是我国传说中五代后梁时期的高僧，姓名和来历均不详，自称“契此”。据说他是浙江宁波奉化人，平日蹙额大腹，笑口常开，佯装疯颠，随遇而安。因他常年肩荷布袋，所有物品都放在袋中，所以被称为“布袋和尚”。布袋和尚一生中的奇事不胜枚举，比如高兴就躺在雪里，雪不沾身，能预卜吉凶和气候等，被当时人奉为是奇人。相传布袋和尚于梁贞明三年，即 917 年端坐在明州岳林寺东廊下的一块磐石上圆寂，临终前口诵一偈："弥勒真弥勒，分身千百亿。时时示时人，时人自不识。"众人这才知道布袋和尚是弥勒菩萨的化身。相传没过不久，有人在别的地方看见他仍背着布袋到处云游，于是世人竟相描绘他的图像供奉在家中，汉传佛教中的大肚弥勒形象即以他为原型。

道济

道济是我国传说中南宋时期的高僧，又被称为济颠、济公。相传道济原名李修缘、李心远，浙江台州人，天台临海督尉李文和的远孙，十八岁时在杭州灵隐寺出家，拜慧远为师，法号道济。传说道济不喜颂经打坐，不戒酒肉，语言诙谐，身穿破衣破帽，手持破扇。因其行为不检，被众僧告到慧远面前，慧远庇护他说："佛门之大，岂不容一颠僧！"故又被称为济颠。慧远圆寂后，道济被迫转到净慈寺，因他医术精湛，常常救助百姓，则被百姓称济公活佛，民间传说是降龙罗汉转世。道济于宋嘉定二年，即1209年圆寂，临终曾作一偈："六十年来狼籍，东壁打到西壁。如今收拾归来，依旧水连天碧。"葬于虎跑，后人建有济公塔院。济公的传说起源于南宋末期，明清之际被许多民间说书人采用，至清朝时被集成《济公全传》一书。济公的形象在融入民间信仰后，逐渐变成带有佛道两家特色的神明，在民间广受欢迎。

白马寺

白马寺位于河南省洛阳市，创建于东汉永平十一年，即68年，是佛教传入中国后兴建的第一座寺院，有中国佛教"祖庭"和"释源"之称。白马寺是中国佛教的重要传播中心之一，历朝历代都有全国各地即周边国家的僧侣来此学习、交流。唐朝时，武则天任命宠臣薛怀义为白马寺主持，对寺院进行了大规模的扩建，白马寺的发展达到历史顶峰，吸引各国佛教徒前来参观朝拜。此后白马寺又几经兴废，明嘉靖年间和清康熙五年间的两次重修，奠定了现在的格局。现在的白马寺北依邙山，南临洛河，占地三万余平方米，有大小建筑百余间。寺院坐北朝南，为中轴对称格局，布局规整，主次分明。寺内主要建筑都分布在中轴线上，自南向北依次有山门、天王殿、大佛殿、大雄殿、接引殿和毗卢阁等，两侧还有钟鼓楼、门堂、云水堂、客堂、斋堂、祖堂、禅堂、方丈院等附属建筑，是政府确定的国家重点佛教寺院。

少林寺

少林寺位于河南省登封市中岳嵩山，是汉传佛教禅宗祖庭，也是少林武术的发祥地，有"天下第一名刹"之誉。南北朝时，天竺僧人菩提达摩到中国弘扬禅法，得北魏孝文帝礼遇，遂于嵩山为佛陀立寺，因寺庙位于少室山丛林中，故名少林寺。寺庙几经损毁与重建，在隋代时成为北方一大禅寺。唐初李世民消灭王世充时，曾得少林寺僧人援助，因此受到唐王室的优待，唐高宗、武则天等都曾经亲临少林礼佛。唐武宗禁佛时寺院大半被毁，之后逐渐走向衰落。直到元世祖时，命福裕和尚住持少林，并封其为大司空、开府仪同三司，统领嵩山所有寺院，中外僧众云集少林演武礼佛，一度达到两千人之多。明代时，先后有八位皇子到少林寺出家，寺院规模因此有所发展。清代康熙、雍正、乾隆诸帝都崇奉少林，或亲书匾额，或巡游寺宇，对少林寺的发展起了推动作用。少林寺在近代屡经战火，现存建筑有常住院及附近的塔林、初祖庵、二祖庵及达摩洞等，虽闻名天下，但远非昔日可比。

相国寺

相国寺位于河南省开封市市区，原为战国时魏公子信陵君故宅，北齐天宝六年，即555年始建佛寺，是我国历史上著名的佛教寺院。北齐所建寺院后毁于战火，唐景云二年，即711年重建。相传唐睿宗为纪念他以相王身份入继皇位，故赐名曰相国寺，并御书“大相国寺”匾额。唐宋时的相国寺规模宏大，据说仅中庭两庑即可容纳万人。明代之前，寺内还藏有大量艺术珍品，如唐“画圣”吴道子、“塑圣”杨惠之的作品，以及北宋大文豪苏东坡的手迹等，但不幸于明末毁于黄河洪灾。清乾隆三十一年，即1766年再次重建，寺院规模远逊于唐宋，但基本完整地保留到今天。相国寺不仅在佛教史上占有重要地位，在整个中国文化史上也举足轻重，李清照、赵明诚夫妇就经常在寺外集市收集金石字画，《水浒传》中所描绘的鲁智深倒拔垂杨柳、林教头结识鲁智深等精彩故事，就发生在相国寺菜园中。

法门寺

法门寺位于陕西省宝鸡市扶风县，据传始建于东汉末年,有“关中塔庙始祖”之称。据文献记载，至迟在北魏时就有法门寺，当时称为“阿育王寺”，隋朝时改为“成宝寺”，唐初李渊改为“法门寺”。唐朝是法门寺的鼎盛时期，自贞观年间起，唐朝政府就花费大量人力、物力和财力对法门寺进行扩建和重修，形成了拥有二十四个院落的宏大寺院，寺内僧尼一度多达五千余人。法门寺以皇家寺院的显赫身份，和先后七次迎请佛骨的盛大法事，对唐朝的佛教和政治产生了巨大影响。唐代以后，法门寺的辉煌一去不返，直到1987年4月3日，寺内真身宝塔地宫被打开，法门寺才再一次成为公众关注的焦点。地宫中出土有佛祖释迦牟尼真身舍利一枚、唐代金银器百余件、伊斯兰风格玻璃器二十余件、一度在历史中消失的秘色瓷十三件、包括武则天裙子在内的丝织品七百余件，包括十三枚玳瑁开元通宝在内的钱币两万七千余枚，以及佛经、佛像等众多稀世珍宝，成为当时轰动世界的重大考古发现。

寒山寺

寒山寺位于江苏省苏州市，相传始建于六朝时期的梁武帝天监年间，初名“妙利普明塔院”。唐贞观年间，传说当时的名僧寒山和拾得从天台山来此作住持，遂改名寒山寺。寒山寺在佛教发展史上也许并不重要，但因唐朝诗人张继的千古绝唱《枫桥夜泊》而闻名中外。“月落乌啼霜满天，江枫渔火对愁眠。姑苏城外寒山寺，夜半钟声到客船。”短短二十八字，便成就了张继在中国文学史上的崇高地位。宋朝太平兴国初年，节度使孙承祐建七层佛塔，绍兴四年僧法迁重建。明朝洪武、永乐、嘉靖、万历各帝都曾重修寒山寺。嘉靖年间，僧本寂铸大铜钟和并建钟楼。近年来，各地游客，尤其是是日本、韩国游客经常专程在新历元旦、旧历除夕到寒山寺听新年钟声，渐成寒山寺一景。

栖霞寺

栖霞寺位于江苏省南京市栖霞山山脚，始建于南齐永明七年，即489年，是汉传佛教三论宗的发源地。栖霞寺原名栖霞精舍，唐时改名功德寺，鉴真第五次东渡失败后，曾驻锡于此。五代十国时改为妙因寺，宋代又改名为普云寺、栖霞寺、崇报寺、虎穴寺等。明洪武五年，即1372年复称栖霞寺。清乾隆帝五次南巡俱设行宫于栖霞，备受殊荣。清末太平天国与清兵作战时，栖霞寺毁于战火，于1919年重建，奠定今日格局。栖霞寺占地四十多亩，寺前有波平如镜的明镜湖和形如弯月的白莲池，四周是葱郁的树木花草，景色幽静秀丽。寺内主要建筑有山门、弥勒佛殿、毗卢宝殿、法堂、念佛堂、藏经楼、过海大师纪念堂、舍利石塔等，依山势层层上升，格局严整美观。寺前有明徽君碑，寺后有千佛岩等众多名胜。

灵隐寺

灵隐寺位于浙江省杭州市西湖西北，在飞来峰和北高峰之间得灵隐山麓中，是我国最早的佛教寺院之一，也是杭州历史悠久的游览胜地。灵隐寺始建于东晋咸和元年，即326年，相传印度僧人慧理到中国弘扬佛法，见此处景色奇幽，认为是“仙灵所隐”之处，就在此建立寺院，并取名为“灵隐”。五代时，吴越国王钱俶笃信佛教，对灵隐寺的建设倍加关心。据说，当时的灵隐寺达到了九楼、十八阁、七十七殿堂、僧众三千的规模，是江南地区的佛教名刹。传说康熙南巡时曾即兴为灵隐寺题匾，书写时把“雨”字写得太大，于是索性在“雨”字下加一“云”字，题为“雲林禅寺”，现在寺内天王殿前的“雲林禅寺”巨匾，就是当年康熙皇帝的御笔。

著名僧侣永明延寿、大慧宗杲等都曾担任灵隐寺住持，传说中的济公和尚也是在此出家。

和尚

和尚是从梵文词语几经转译而成的音译词，在西域读做“乌阇”、“鹘社”，在汉地读做“和尚”，意译为“亲教师”。和尚一词在汉传佛教中的意思与原意相比，发生了很大的扭曲。“和尚”本为尊称，有一定资格、堪为人师的佛教徒才能称为和尚，并非任何佛教徒都可获此称号。而且，这个称呼也并不限于男子，出家的女性佛教徒如果有资格，也可以称为和尚。但是，随着佛教在中国的本土化，“和尚”逐渐成为对一般出家人的普遍称呼，而且一般当做是男性教徒专用的名词。

僧尼

“僧”是梵语音译词“僧伽”的简称，是“大众”的意思。“僧伽”是佛教徒的团体，至少要四人以上才能组成僧伽，所以一个人不能称为僧伽，只能称为僧人。佛教徒无论男女都在僧伽之内，所以不仅男教徒可称僧人，女教徒也可称为僧人，把僧尼作为男女教徒的区别是不对的。“尼”是梵语音译词“比丘尼”的简称，只有满二十岁并受了具足戒的女性佛教徒方可称比丘尼，所以称所有女性佛教徒为“尼”也是佛教汉化过程中出现的讹误。“尼姑”一词是民间对女性佛教徒的俗称。

观音菩萨

观音菩萨是汉传佛教四大菩萨之一，在广大汉族佛教信众中拥有无与伦比的崇高地位。“观音”一词来源于梵语，为鸠摩罗什之译，原为“观世音”，后因避唐太宗李世民之讳，简称观音。观音菩萨在印度佛教中原为男身，相传为印度转轮王之子，名叫不旬，和父亲、弟弟一起跟随佛祖出家，修得正果后，转轮王成为阿弥陀佛，不旬和弟弟分别成为观世音菩萨和大势至菩萨。佛教传入中国的初期，观音菩萨的造像仍为男身。相传唐代时，女皇武则天笃信佛教，臣下为了奉承她，便将观音菩萨造像变为女身。其实观音诸法相中本就有数种女身，兼之观音菩萨大慈大悲、普度众生，所以在民间也被女性化了。

四大金刚

“四大金刚”是汉传佛教对四大法王的俗称。四大法王是佛教护法神，所以又称护法四天王，是佛教二十诸天中的四位天神，位于娑婆欲界第一重天，所以在汉传佛教寺院中，四大金刚的塑像通常分列在佛寺第一重殿的两侧。四大金刚分别是：东方持国天王，名多罗吒；南方增长天王，名毗琉璃;西方广目天王，名毗留博叉；北方多闻天王，名毗沙门。

在印度佛教的中国化过程中，四大金刚也被汉化，在《封神演义》中成为“佳梦关魔家四兄弟”：持国天王成为魔礼寿，手持碧玉琵琶；增长天王成为魔礼青，手持青锋宝剑；广目天王成为魔礼红，手持混元珠伞；多闻天王成为魔礼海，手持紫金花狐貂，在民间多以这四种形象流传。

十八罗汉

十八罗汉是汉传佛教中十八位永住世间、护持正法的阿罗汉。印度佛教中只有“十六罗汉”之说，而且他们都是历史人物，均为佛祖释迦牟尼的弟子。从佛教初入中国的东汉到唐代，都只有十六罗汉之说，一直到唐末才出现十八罗汉。从宋代开始一直到现在，则盛行十八罗汉之说。十八罗汉的出现也是佛教中国化的结果，可能与中国文化中对十八的偏好有关。在中国文化中，“十八”是一个吉祥的数字，如“十八般武艺”、“十八学士”等。再加上佛教中原本就有许多“十八”，如《十八部论》、“十八界”、“十八层地狱”等，所以十六罗汉变成十八罗汉也就不足为奇了。

藏传佛教

藏传佛教也称藏语系佛教，俗称喇嘛教，是佛教三大分支之一，流传于我国西藏、内蒙古等地区。藏传佛教始于公元7世纪中叶，当时的吐蕃赞普松赞干布迎娶尼泊尔尺尊公主和唐朝文成公主时，两位公主分别将释迦牟尼八岁等身像、十二岁等身像，以及大量佛经带入吐蕃。松赞干布在两位公主的影响下皈依佛教，建造大昭寺和小昭寺。南来的印度佛教、东来的中国佛教，以及吐蕃固有的宗教相结合，于公元10世纪形成了独特的藏传佛教。随着佛教在西藏的发展，上层喇嘛逐步掌握地方政权，最后形成了政教合一西藏地方政权。藏传佛教以密宗为主，分为噶当、萨迦、宁玛、噶举、格鲁、希解、觉宇、觉囊、郭扎、夏鲁等派，其中流传至今有噶当、萨迦、宁玛、噶举、格鲁五派，其他几派已逐渐在历史舞台上消失。五派中，又以萨迦、宁玛、噶举、格鲁四派为主流的四大派别。

噶当派

在藏语中“噶”指佛语，“当”指教授，“噶当”即用佛的教诲来指导凡人接受佛理。噶当派的奠基人是印度著名僧人阿底峡，该派以修习显宗为主，主张“先显后密”的修行途径。噶当派在历史传承中形成了三个主要支派，即教授派、教典派和教诫派，都有各自所依的典藉和教义。13世纪晚期，一位名叫泅丹惹迟的噶当教典派僧人，把噶当派纳塘寺中保存的大量藏译佛经编为《甘珠尔》和《丹珠尔》，成为藏文《大藏经》最早的编纂本。噶当派由于教理系统化、修持规范化，因而对藏传佛教其他各派都有重大影响。噶举派和萨迦派的一些重要僧人都曾向噶当派学习，而格鲁派则是直接在噶当派的基础上建立起来的，有“新噶当派”之称。但格鲁派在15世纪兴起后，便将教义相同的噶当派并入其中，原属噶当派的寺院逐步归入格鲁派，从此噶当派就不再以独立的教派存在于西藏社会中了。

萨迦派

在藏语中“萨迦”意为灰白土，因该派主寺所在地呈灰白色而得名。由于萨迦派寺院围墙涂有象征文殊、观音和金刚手菩萨的红、白、黑三色条纹，故又被称做“花教”。萨迦派不禁娶妻，但规定生子后不能再接近女人，故萨迦派采用款氏家族世代相传的传承方法。萨迦派在13世纪发展成具有强大政治势力的教派,出现过著名的“萨迦五祖”。其中，四祖贡噶坚赞于1247年率西藏各部归顺蒙古，为元朝统一作出重要贡献。五祖八思巴极受元朝皇帝恩宠，被封为“国师”、“帝师”、“大宝法王”，并奉命创制蒙古“八思巴文”。八思巴文一度通用于蒙古全境，巩固了蒙古的统一，促进了蒙古的发展。明朝时，萨迦派地位已一落千丈，但其首领仍被明廷封为“大乘法王”，并一直流传至今。

宁玛派

在藏语中“宁玛”意为“古”、“旧”，因为该派是藏传佛教中最古老的派别之一，而且以研究吐蕃时期的旧译密教经典为主。由于宁玛派僧人只戴红色僧帽，故又被称做“红教”。宁玛派产生虽早，但直到十六七世纪才拥有较大规模的寺院，在五世达赖的支持下才取得较大发展。因为宁玛派是最早传入西藏的密教，所以吸收了西藏原始宗教苯教的一些内容，在祈祷和占卜方面最为著名。因此，从五世达赖开始，历届西藏地方政府每逢战争、灾荒、瘟疫等，都要请宁玛派僧人作法禳解，宁玛派高僧一直是西藏地方噶厦政权的专门祈祷师和占卜师。宁玛派早在14世纪就传播到不丹和尼泊尔，近代以来又传播到印度、比利时、希腊、法国和美国等国，成为具有世界影响力的佛教派别。

噶举派

在藏语中“噶举”意为“口授传承”，因该派主要学习《四大语旨教授》，而“语旨”即佛语的意旨，由师徒口耳相传、代代延续。由于噶举派僧人按照印度佛教传统只穿白色僧衣，故又被称为“白教”。噶举派创立者为玛巴译师和米拉日巴二人，但他们都没有修建寺庙、招聚僧人，所以传法有限，直到第三代领袖达布拉吉才建立冈布寺并招聚门徒。噶举派是藏传佛教诸派中支派最多的，有“四系八支”之说，遍布于藏区各地。元明两朝，帕竹噶举和噶玛噶举的上层僧侣受朝廷诰封，先后统治西藏地方政权，直到格鲁派兴起后才逐渐走向边缘，但止贡、噶玛、达隆、主巴等四系仍保有一定势力。

格鲁派

在藏语中“格鲁”意为善规、善律，因该派倡导僧人应严守戒律而得此名。由于格鲁派僧人戴黄色僧帽，故又被称为“黄教”。格鲁派创立者为宗喀巴大师，他曾先后在萨迦、噶举、夏鲁和噶当等派学法，具有高深的佛学造诣。在宗喀巴生活的年代，藏传佛教上层僧侣不但直接参与地方政权，而且热心经济活动、生活腐朽堕落，逐渐丧失民心。有感于此，宗喀巴以重视戒律为号召，积极推动西藏佛教的改革。格鲁派作为藏传佛教中最晚形成的派别，正是因为管理制度严密、学经制度健全而后来居上，成为藏传佛教中最重要的派别。格鲁派在佛法之外，还重视文法、修辞、工巧、医药、历算等，对藏族思想文化的发展起了重要的推动作用。

活佛

信奉藏传佛教的藏蒙地区把佛学修养高深、能根据自己意愿转世的高僧称为“朱毕古”或“呼毕勒罕”，意为“转世者”、“化身”，汉族地区则习惯地称之为“活佛”。活佛转世制度是藏传佛教的重要特点之一，实际上是一种以灵魂转世为根据、为解决宗教首领继承问题而产生的宗教制度。活佛转世制度初创于噶举派的噶玛支派，该支派的首领都松钦巴逝世时，曾留给弟子“将转世再来”的遗嘱，弟子们以此认定噶玛拔希为其师的转世灵童，后经寺庙十年的培养，正式以该派首领的身份参与教务活动，成为西藏第一位转世活佛。后起的格鲁派也采用活佛转世制度，并将其发扬光大，最终形成达赖和班禅两大藏传佛教活佛系统，一直延续到今天。

达赖喇嘛

达赖喇嘛是藏传佛教格鲁派两大活佛之一，也是藏传佛教中地位最高的宗教领袖。“达赖喇嘛”的称号始于1578年，当时三世达赖索南嘉措到青海地区传教，说服土默特部的首领俺答汗皈依佛门，俺答汗赠给索南嘉措“圣识一切瓦齐尔达喇达赖喇嘛”的尊号。“圣”表示超出凡间；“识一切”意为通晓一切，表示在显宗方面取得最高成就；“瓦齐尔达喇”是梵文，意为“执金刚”，表示在密宗方面取得最高成就；“达赖”是蒙古语，意为“大海”,表示学识如大海一样渊博;“喇嘛”是藏语，意为“大师”。合起来的意思就是，“在显宗和密宗两方面都有最高成就的、超凡入圣且学问渊博犹如大海一样的大师”。后明朝政府正式承认这一称号，并派使节进行正式的敕封，索南嘉措之前的两世达赖为后人追认。清朝顺治皇帝沿用此尊号，并正式册封为“西天大善自在佛所领天下释教普通瓦赤喇怛喇达赖喇嘛”。从此，“达赖喇嘛”的封号开始具有政治意义和法律效力。

班禅大师

班禅大师是藏传佛教格鲁派中与达赖喇嘛并列的两大活佛之一，也是藏传佛教中地位仅次于达赖喇嘛的宗教领袖。17世纪初，格鲁派领袖罗桑却吉坚赞因精通佛学，被人尊称为“班禅”，是“班禅”这一称号的肇始。“班”是梵语“班智达”的简称，意为博学之士；“禅”是藏语，意为“大”，“班禅”就是大班智达，即大学者、大师的意思。1642年，蒙古和硕特部领袖顾实汗在西藏建立地方政权，并于1645年赠给罗桑却吉坚赞“班禅博克多”的称号，“博克多”是蒙古语中对智勇兼备之人的尊称。罗桑却吉坚赞圆寂后，其弟子五世达赖为他寻找转世灵童，从此建立了班禅活佛系统，罗桑却吉坚赞为四世班禅，前三世均为追认。康熙五十二年，清朝中央政府派官员进藏，封五世班禅罗桑意希为“斑禅额尔德尼”，“额尔德尼”在满语中意为珍宝。从此，“班禅”的封号开始具有政治意义和法律效力。

转世灵童

达赖和班禅两大活佛系统的转世有着复杂而神圣的传统程序，包括大师生前的转世预言、圆寂前后的各种征兆、护法神师的种种神谕等，都是寻访转世灵童的依据。如十三世达赖圆寂时面向东方，而且由拉萨至东北方向得天空出现异样彩云，这预示了转世灵童诞生在东方。然后又在加查县群科加寺圣母湖观看神谕，湖中幻影显示出一条道路将尽处的农家，门前有一棵巨柳，柳树旁有一匹白马，一位妇女抱着小孩立于树下。于是，活佛们按照这些征兆和景象寻访到了十四世达赖。转世灵童的寻访要秘密进行，被选派的都是有声望的活佛或近侍弟子，他们都要在闭关静修后，才能化装分赴各地寻访灵童。对初选的候选灵童要进行遗物验证，即将前世常用的法器或其他用品与同样的物品放在一起，让候选儿童从中认出前世的遗物，并按照辨认的准确程度对他们进行筛选淘汰，最终确定谁是真正的转世灵童。

金瓶掣签

由于达赖和班禅以及藏传佛教诸大活佛都享有极高的宗教威望和政治权力，所以在清康熙至乾隆年间，蒙古各部汗王和西藏各种势力都用尽手段控制灵童的遴选，企图借此控制西藏、青海和蒙古等藏传佛教地区的政权。乾隆四十九年，噶举派活佛确朱嘉措外逃廓尔喀，并挑唆廓尔喀国王发兵入侵西藏。乾隆皇帝派大将福康安平定廓尔喀后，与达赖和班禅等僧俗要员一同商议制订《钦定二十九条章程》，用以规范西藏的各项制度，第一条就是遴选灵童时的金瓶掣签制度。此项制度规定遴选灵童时，所有候选灵童的名字和出生年月都要分别写在签牌上，用纸包好后放入钦赐的金瓶内，由德高望重的活佛当众抽取一名，即为正式的转世灵童。如候选灵童只有一人，则添加一支白签进行抽取，如抽出白签则必须重新确定候选灵童。用于掣签的金瓶共有两个：一个供奉于北京雍和宫，专供蒙古地区大活佛转世灵童掣签之用；另一个供奉于拉萨大昭寺，专门供西藏、青海等地大活佛转世灵童掣签之用。

布达拉宫

布达拉宫位于西藏自治区首府拉萨市的红山上，相传是松赞干布为迎娶文成公主所建，后两次毁于兵火，于1645年由五世达赖喇嘛重修并扩建，成为历代达赖喇嘛的驻锡之地和政教合一的政权中心，从五世达赖喇嘛起，西藏重大的宗教和政治仪式都在此举行。“布达拉”为梵语音译词，通常译做“普陀罗”或“普陀”，是观音菩萨所居之岛，故布达拉宫有“第二普陀山”之誉。布达拉宫共十三层、高百余米，占地十多万平方米，是一座规模宏大的宫堡式建筑群。整座宫殿分为白宫和红宫两部分：白宫横贯两翼，是达赖喇嘛生活起居之地；红宫居中，供奉有各种佛像数千尊，以及历代达赖喇嘛灵塔。布达拉宫不仅以建筑宏伟而著称，还以宫内收藏的珍贵文物而闻名，不仅是藏族古代建筑艺术的精华，同时也是西藏艺术的宝库。

扎什伦布寺

扎什伦布寺位于西藏自治区日喀则市的尼玛山上，相传为格鲁派祖师宗喀巴最小的弟子、一世达赖喇嘛根敦珠巴，在后藏大贵族曲雄郎巴·索朗白桑和琼杰巴·索朗班觉的资助下兴建，于1600年由四世班禅进行大规模整修和扩建，从此成为历代班禅额尔德尼的驻锡之地和灵塔供奉地。扎什伦布寺全名为“扎什伦布白吉德钦曲唐结勒南巴杰瓦林”，意为“吉祥须弥聚福殊胜诸方州”。扎什伦布寺占地十五万平方米，整个寺院依山而建，宫墙沿山势蜿蜒长达三千米。寺内有经堂五十余间，房屋三千六百余间，殿宇依次递接、疏密均衡，主建筑群金顶红墙、雄伟壮观。扎什伦布寺与拉萨的“三大寺”甘丹寺、色拉寺、哲蚌寺合称藏传佛教格鲁派“四大寺”；四大寺又与青海的塔尔寺和甘肃的拉卜楞寺并称为格鲁派“六大寺”。

大昭寺

大昭寺位于西藏自治区首府拉萨市老城区中心，相传是松赞干布为供奉释迦牟尼八岁等身像所建，该佛像是他迎娶的尼泊尔尺尊公主从加德满都带入西藏的。大昭寺建造时曾以山羊驮土，因此最初被命名为“羊土神变寺”；1409年格鲁派祖师宗喀巴为宣扬佛祖释迦牟尼的功德，召集藏传佛教各派僧众在寺内举行传昭大法会，故改名为“大昭寺”。大昭寺是西藏现存最辉煌的吐蕃时期建筑，也是西藏现存最古老的土木结构建筑，有“先有大昭寺，后有拉萨城”之说。大昭寺融合了藏、唐、尼泊尔、印度等多种建筑风格，成为藏式宗教建筑的典范。大昭寺在西藏拥有至高无上的地位，藏传佛教寺院多归属某一教派，而大昭寺则是各教派共尊的神圣寺院。不仅旧时的西藏地方政府“噶厦”设在大昭寺内，遴选大活佛转世灵童的金瓶掣签仪式也都在大昭寺举行。

甘丹寺

甘丹寺位于西藏自治区拉萨市达孜县境内的旺波日山上，由藏传佛教格鲁派祖师宗喀巴于1409年亲自筹建，是格鲁派六大寺中地位最特殊的一座，可以说是格鲁派的祖寺。宗喀巴的法座继承人、历世格鲁派甘丹“赤巴”即居于此寺，圆寂后的灵塔也供奉于此寺。“甘丹”是藏语音译，意为“兜率天”，在佛教中是未来佛弥勒所教化的世界。甘丹寺所在的旺波日山愿望犹如卧伏的巨象，驮载着布满山坳、规模庞大的甘丹寺建筑群，充分体现了传统藏传佛教寺院因地制宜的特点。整座寺庙由佛殿、喇章宫殿、僧院札仓和米村及其附属建筑单元组成，错落有致、疏密均衡。寺中藏有大量珍贵文物，其中二十四幅由十六罗汉和四大天王等组成的缂丝唐卡最为著名，展示这套唐卡的活动形成了该寺一年一度的“甘丹绣唐节”。

哲蚌寺

哲蚌寺位于西藏自治区拉萨市西郊的更丕乌孜山下，由格鲁派祖师宗喀巴弟子绛央却杰于1416年兴建，为历代达赖喇嘛的母寺，第二、三、四、五世达赖喇嘛均在此举行坐床典礼，五世达赖即在此掌领西藏地方政教大权。“哲蚌寺”藏语意为“堆米寺”或“积米寺”，全称为“吉祥积米十方尊胜州”。哲蚌寺建筑结构严密，殿宇相接，群楼层叠，每个建筑单位基本上分为三个层次，即落院、经堂和佛殿，形成由大门到佛殿逐层升高的格局，强调和突出了佛殿的尊贵地位。其中规模宏大、雄奇庄严的措钦大殿，粗厚古朴、不拘一格的德阳扎仓，富丽堂皇、气度不凡的甘丹颇章都是西藏大型建筑的杰出代表。哲蚌寺内收藏有数以万计的文物古籍，其中以藏传佛教经典《甘珠尔》和《丹珠尔》各百余部最为著名，是藏传佛教和藏族文化的结晶，对于研究西藏历史、宗教、艺术等都具有极其重要的价值。

色拉寺

色拉寺位于西藏自治区拉萨市北郊的色拉乌孜山山麓，由格鲁派祖师宗喀巴弟子绛钦却杰兴建于1419年兴建，是拉萨三大寺中建成最晚的一座。“色拉”在藏语中意为野玫瑰，传说修建该寺时山上开满野玫瑰，故此得名。绛钦却杰在建寺前曾代表宗喀巴大师应召赴南京觐见永乐皇帝，被封为“妙觉圆通慈慧普应辅国显教灌顶弘善西天佛子大国师”，颁赐印诏，并赠送大量经书、佛像、僧衣、法杖、绸缎和金银，成为日后修建色拉寺的基础。色拉寺在平面布局上并无整体规划，但所有建筑密而不挤、杂而不乱、因地制宜、主体突出，体现了格鲁派大寺的特有风格，全然一座袖珍的宗教城。色拉寺内收藏有大量的珍贵文物，其中以二百余函用金汁写成《甘珠尔》和《丹珠尔》经书最为珍贵。

塔尔寺

塔尔寺位于青海省湟中县的莲花山山坳中，是藏传佛教格鲁派祖师宗喀巴的诞生地。塔尔寺原名塔儿寺，因先有纪念宗喀巴大师的圣塔而后才有寺庙而得名。塔尔寺始建于1379年，占地面积六百余亩，共有一千多座院落和四千五百多间殿宇、僧舍，分布于莲花山山坳两面的山坡上。整座寺庙依山叠砌，蜿蜒起伏，错落有致，气势磅礴。位于寺中心的大金瓦殿绿墙金瓦、灿烂辉煌，是塔尔寺的主建筑，集汉藏建筑技术于一体，是藏式建筑的经典。寺内的酥油花、壁画和堆绣被誉为“塔尔寺艺术三绝”。此外，寺内还珍藏有许多佛教典籍，以及历史、文学、哲学、医药和法律等方面的学术专著。由于塔尔寺是宗喀巴大师的诞生地，所以成为藏传佛教信徒心中的圣地，第三、四、五、七、十三、十四世达赖喇嘛和第六、九、十世班禅大师均曾在此驻锡。

拉卜楞寺

拉卜楞寺位于甘肃省甘南藏族自治州夏河县，是历代嘉木样活佛的驻锡之地，也是甘南地区的政教中心。“拉卜楞”是藏语“拉章”的转音，意为“佛宫”。拉卜楞寺是一世嘉木样活佛应青海和硕特前首旗贝勒察汗丹津之请而兴建的，历代嘉木样活佛都有不同规模的扩建，历经二百多年的发展，形成一个拥有六大学院、四十八座佛殿和五百多座僧院的庞大建筑群。整个拉卜楞寺气势雄伟，各个建筑鳞次栉比，错落有致，有“安多地区第一名刹”之誉。这些建筑可分为石木结构和土木结构两大类，形式上有藏式、汉式和藏汉混和式等，可以称为是藏传佛教建筑的博物馆。

雍和宫

雍和宫位于北京市区，始建于清康熙三十三年，即1694年，初为康熙四子雍亲王胤禛的王府。胤禛登基后，于雍正三年改为行宫，始称雍和宫。又因乾隆皇帝诞生于此宫，所以雍和宫走出两位皇帝，成了所谓的“龙潜福地”，因此宫中殿宇为黄瓦红墙，与紫禁城皇宫规格相同。乾隆九年，即1744年，雍和宫改为喇嘛庙，并特派总理事务王大臣负责管理，是全国规格最高的佛教寺院。雍和宫由牌坊和天王殿、大雄宝殿、永佑殿、法轮殿、万福阁等五座宏伟大殿组成，另外还有东西配殿、讲经殿、密宗殿、数学殿、药师殿等“四学殿”。整个院落建筑布局从南向北渐次缩小，而殿宇则依次升高，形成“正殿高大而重院深藏”的格局，巍峨壮观，具有汉、满、蒙、藏等多民族特色。

中国伊斯兰教

伊斯兰教是与佛教、基督教并称的世界三大宗教之一，7世纪初兴起于阿拉伯半岛，由穆罕默德创立。7世纪中叶，伊斯兰教开始传入中国，历史上称做大食法、天方教、清真教、回回教等。经过长期的传播、发展和演变，最终形成具有民族特色的中国伊斯兰教，先后有回、维吾尔、哈萨克、乌孜别克、柯尔克孜、塔吉克、塔塔尔、东乡、撒拉、保安等十个少数民族信奉伊斯兰教。伊斯兰教对各穆斯林民族的历史文化、伦理道德和生活方式产生了深刻得影响，并由此丰富了中华民族的历史文化宝库。目前，我国共有穆斯林近两千万人，遍布全国各地。历史上著名的穆斯林有赛典赤、扎马鲁丁、萨都剌、常遇春、海瑞、左宝贵、马本斋、马连良等等，为中华民族的发展作出了伟大的贡献。

中国伊斯兰教派

伊斯兰教主要分为逊尼派和什叶派两大教派，中国绝大多数穆斯林属于逊尼派中的哈乃斐学派，只有新疆极少数穆斯林属于什叶派的伊斯玛仪派。历史上，由于伊斯兰教传入各民族地区的时间、途径以及各民族的社会历史环境和文化背景不同，伊斯兰教在中国的传播与发展中又分为内地汉语系伊斯兰教和新疆突厥语系伊斯兰教两大支。伊斯兰教传入宁夏后，在发展过程中逐渐形成格底木派、虎非耶派、哲合林耶派、格底林耶派和伊合瓦尼派五大派别，在清代时又形成许多著名的门宦。“门宦”是清代对苏非教团的意译，门宦制度就是教主制度，即每个门宦都有一个被神化了的世袭教主，既是本门宦的精神领袖，也是教众的世俗领袖。

格底木派

“格底木”是阿拉伯语，意为“古老的”或“尊古的”。该派是中国伊斯兰教最古老的派别，源于阿拉伯地区的逊尼派，约有半数宁夏穆斯林皈依此派，尤以泾源、西吉、固原、同心、灵武、平罗各县和吴忠、青铜峡市最为集中。此派实行互不隶属的单一教坊制，教权结构较为松散。其教坊通常以一个清真寺为中心，寺中设开学阿訇、治坊阿訇、二阿訇、掌学阿訇等，开学阿訇是教坊的最高首领，主要职责是率众礼拜、开经讲学、传授经典、执掌教规教法、料理宗教事务等。在长期的发展过程中，此派受汉族儒家思想影响，在一些宗教仪式中掺入了汉族习俗。

虎非耶派

“虎非耶”为阿拉伯语，意为“悄悄的”或“暗暗的”，该派主张低声念诵经籍，所以又称“低念派”。虎非耶派念记主词时，要停止呼吸并连续不断地低声默诵，其修行人员多是一种巡游的苦修者，通常没有固定的行教区，也没有隶属的教坊和清真寺。该派支系甚多，互不统属，各自为教。清末以来，该派在宁夏形成了洪门、鲜门、通贵三个门宦。洪门门宦的创始人是同心县人，传统的中心地在同心县洪岗子，故亦称“洪门”；鲜门门宦已有二百多年的历史，首领称太爷，其第一代太爷姓鲜，故亦称“鲜门”；通贵门宦于民国初年创始于贺兰县通贵乡，以此得名，主要在贺兰、永宁、平罗诸县传播。

哲合林耶派

“哲合林耶”为阿拉伯语，意为“公开的”或“响亮的”，该派主张高声念诵经籍，与虎非耶派正相反，故又称“高念派”。哲合林耶派形成于清乾隆年间，其创始人为马明心，曾于雍正年间在也门沙孜林耶道堂留学，回国后在循化、河州等地传授哲合林耶教旨。清代时，哲合林耶派曾掀起数次大规模的武装行动，以金积堡为中心的西北回民反清首领马化龙就是该派第五任教统。该派在宁夏的门宦主要有两个，即沙沟门宦和板桥门宦，前者又称北山派，后者又称南川派。沙沟门宦的传教地在西吉县沙沟，教众主要分布在西吉、海原、固原、泾源等县和吴忠市；板桥门宦的传教地在吴忠的板桥，教徒主要分布在吴忠、灵武、固原等地。该教派曾因多次抗清而遭血腥屠杀，故此也常自称为“血脖子教门”。

格底林耶派

“格底林耶”为阿拉伯语，意为“大能者”。该派受佛道二教影响较重，主张通过静修参悟、诵念“无字真经歌”达到认主的目的，所以又有清真和尚、清真道士的别名。相传该派源于苏非派卡迪里教团，在中国的创始人为穆罕默德的二十九世后裔和卓阿布都·董拉希。宁夏的格底林耶派主要分为韭菜坪门宦和齐门门宦。前者以韭菜坪拱北为中心，教徒主要分布在固原地区；后者主要分布在固原县七营、梁家堡和同心县的石岑等地。

伊合瓦尼派

“伊合瓦尼”为阿拉伯语，意为“同教兄弟”，因该派反对门宦制度，提倡穆民皆兄弟而得名。该派主张遵经立教，所以也被称做“遵经派”。该派在民国初年首先出现于同心、吴忠一带，至1934年才在马鸿达的扶持下发展起来。伊合瓦尼派是受18世纪阿拉伯半岛兴起的瓦哈比派及该派所进行的伊赫万运动的影响下产生的，带有革新色彩。伊合瓦尼派提出的遵经革俗，主要是要改革一些陈旧的习俗和非伊斯兰的礼仪。例如，念经不应接受报酬，不应以尊贵的《古兰经》作为谋生发财的工具；定期的盖德尔拜、白拉提夜拜、登霄夜拜等副功拜是异端，应予禁止；不应为圣人修拱北、拜拱北，不应作圣纪等。

回回

“回回”通常指回族，或泛指信奉伊斯兰教的人或国家，也可指代伊斯兰教。北宋沈括《梦溪笔谈》中已有此词，当时一般指西北游牧民族回鹘。南宋周密《癸辛杂识》和元人所修《辽史》则指伊斯兰教徒和伊斯兰教国家，如南蕃回回、回回蕃客、回回国、回回大食部等。《元史》及《元典章》则主要指伊斯兰教和伊斯兰教徒，如回回法、回回寺、回回人、回回令史等。明清两代文献则主要指回族，如回回人、回人或回民，一直延续至今;但有时也指伊斯兰教，如回回教门、回回教、回教等。清代也对信奉伊斯兰教的其他少数民族称以“回”字，如称新疆维吾尔等族为缠回，称甘肃东乡族为东乡回，称青海撒拉族为撒回，并把新疆天山以南地区称做回疆、回部等。

清真

“清真”一词并非阿拉伯语，而是地地道道的中国本土词语。“清真”一词最早见于李白的诗句“圣代复元古，垂衣贵清真”，指诗歌创作要自然质朴、摒弃雕琢。唐宋时期，许多文人喜欢用“清真”写诗,道教也以“清真”来命名宫观。明太祖朱元璋写的《御制至圣百字赞》中，盛赞伊斯兰教“清真”，所以明代中叶以后,自称回回的穆斯林逐渐垄断了“清真”一词。现在所讲的清真寺，就专指伊斯兰教的礼拜寺；清真言就专指伊斯兰信仰核心：“万物非主，唯有安拉；穆罕默德是安拉的使者”；清真食品则专指遵守伊斯兰教法所生产的食品。“清真”二字已经成为伊斯兰在中国的代名词。

回族姓氏

我国有“十个回回九个马”的俗语，可见回族中马姓之多。究其原因，是因为伊斯兰教创始人“穆罕默德”在明初多被译为“马哈麻”，所以大量回民在改姓汉姓的时候，出于对先知的深厚感情，取“马哈麻”的首字为姓，也有取“哈”和“麻”为姓的。回族取汉姓的方法一般有三种：一是以本人原名的首字字音为姓，如“撒敢达”为“撒”姓的来源；二是以先人之名中的一音为姓，如“纳速拉丁”的后裔就分别姓“纳”、“速”、“拉”

和“丁”；三是直接仿汉姓，张、王、李、赵等汉族大姓在回族中也有许多。

瓶牌

我国内地穆斯林经营的饮食摊前一般都挂有一个纸牌，纸牌上画着一个盛水用的瓶子，下面还缀有红红绿绿的布条，成为穆斯林食品的标志。即便是规模很大的穆斯林饭店，也会在招牌上画一个这样的瓶子，这不是普通的商业招牌，而是穆斯林一种古老习俗的演化。伊斯兰教在诞生之初，就非常强调穆斯林的个人卫生，认为这是对真主的尊敬。教内规定，在进行大的宗教活动之前，每个穆斯林都要按照一定的规矩沐浴，即便在日常饮食之前，也必须用清水净手。现在西北地区的穆斯林宴席上，还保留有专门净手用的水壶。这一习俗在内地穆斯林中逐渐退化成一种形式，就是饮食之处悬挂画有水瓶的牌子。

东干族

东干族是原苏联境内的少数民族，在苏联解体后分散于吉尔吉斯斯坦德莫斯科区、哈萨克斯坦德江布尔州、乌兹别克斯坦的奥什州等地。东干族是近百年内产生的新兴民族，源自于我国甘肃和陕西的回族。清朝同治年间，回民领袖白彦虎于1862年至1870年以“反清保回”为口号发动起义，清廷派左宗棠率军镇压，其中一支起义军逃入当时俄国的七河地区；其后，俄国政府将伊犁地区交还中国，大批回民因此陆续迁入俄国境内，两次迁徙近万余人。经过百余年的融合，这批回民的后代已成为当地民族的一员，但仍保留黑眼睛、黑发、黄皮肤等东方人面貌。传说这支回族迁入中亚时，自称来自“东甘”，即甘肃东部，故此得名。1942年，俄国以“东干”一词正式为这支民族命名。但是，其实东干族人自称为“中原人”或“回民”，他们当年所办的报纸即取名《苏联回族报》。

沿海四大清真寺

唐宋以来，东南沿海对外贸易兴盛，沿海各港口阿拉伯富商云集，伊斯兰教由海路传入中国。这些阿拉伯人在中国政府的支持下，修建了一批宏伟的清真寺，是我国内地历史上最早的一批清真寺。其中，以广州怀圣寺、泉州清净寺、杭州凤凰寺、扬州仙鹤寺最为著名，并称为“沿海四大清真寺”。广州怀圣寺始建于唐朝贞观年间，是我国最古老的清真寺；泉州清净寺始建于北宋大中祥符二年，是我国唯一使用花岗石和辉绿石建造的典型阿拉伯风格的清真寺；杭州凤凰寺始建于唐代，宋代毁于战火后又在元代重修，在阿拉伯国家都享有盛誉；扬州仙鹤寺始建于宋代，这个寺庙保存完整，是中阿建筑风格的巧妙揉合，一直为海内外穆斯林所珍视。

西北四大清真寺

伊斯兰教传入西北的时间略晚于东南沿海地区，大约在五代、北宋之际，一直到元代初期，新疆地区的佛教还可与伊斯兰教平分秋色。元明易代之际，西北伊斯兰教开始大规模扩展，明清两代覆盖了新疆、甘肃、宁夏、青海和陕西等地，在西北的地位巩固了下来。在这个过程中，穆斯林修建了大批的清真寺，其中以喀什艾提卡尔清真寺、西宁东关清真大寺、兰州桥门寺、西安化觉寺最为著名，并成为“西北四大清真寺”。喀什艾提卡尔清真寺始建于明正统年间，不仅是新疆最大的清真寺，也是我国规模最大的清真寺；西宁东关清真大寺始建于明洪武年间，是明初回族将领、西平侯沐英奏请朱元璋后兴建的；兰州桥门寺始建于明代，清康熙年间有当地著名穆斯林刘伯阳捐地扩建；西安化觉寺相传始建于唐天宝年间，但现存寺院为明清重建，是一座汉族宫殿建筑风格的清真寺。

第八章：文化教育

学在官府

“学在官府”是西周教育的显著特点，是对西周教育制度的高度概括，也是奴隶社会教育制度的重要特征。学术和教育为官方所把持，有文字记录的法规、典籍文献以及祭祀典礼的礼器全部掌握在官府。主要体现在：礼不下庶人，学术和教育为王公及各级政府把持，礼器也全由官府掌握，民间没有条件举行学术活动，更无学校；官师不分，学校设在官府之中，官吏既是教育官员，也是学校教师；政教合一，教育机构与行政机构不分，教育与行政合一。由于只有官府有学，民间无学术，所以要学习专门知识只有到官府之中才有可能。春秋时期，奴隶制崩溃而转向封建制，经济、政治的大变化，也变化在教育上，为旧经济旧政治服务的受贵族垄断的“学在官府”的教育才走向没落。

中央官学

国家的中央官学，在汉朝正式创办。魏晋南北朝时期政局纷乱，官学时兴时废，及至唐朝，中央官学繁盛，制度完备，南宋以后逐渐走下坡路。到了封建社会后期，中央官学逐步衰败，成为科举制度的附庸，名存实亡。清朝末年，完全被学堂和学校所代替。在中央官学当中，太学和国子监是中国封建国家的最高学府，是封建王朝培养人才的主要场所。太学和国子监在办学育才、繁荣学术、发展中国古代文化科学方面，积累了许多宝贵经验，在中国和世界教育史上占有重要地位。历代太学、国子监都注重考试，但考试形式和方法不尽相同。汉初定岁试，后实行二岁一试。考试分口试、策试和设科射策。东汉桓帝永寿二年(156年)，更定课试之法，每两年考一次，不限录取名额，以通经多寡授以不同的官职。这种注重课试、以试取士的做法，打破了世卿世禄、任人唯亲的制度，对于选拔封建贤德之才，具有积极的意义，在当时世界教育史上也属罕见。唐代中央官学的旬试、岁试、毕业试；宋代太学的三舍试法；明清国子监一年积满八分为合格的积分试法，都可看成是汉朝太学课试方法的继承和发展。太学、国子监强调自修、自由探究学术。以后历代均不同程度地继承和发扬汉代太学这一优良传统，并培养出许多大学问家。

太学

太学之名始于西周，汉代始设于京师。汉武帝时，董仲舒上“天人三策”，提出“愿陛下兴太学，置明师，以养天下之士”的建议。武帝建元六年(前135年)在长安设太学。太学之中由博士任教授，初设五经博士专门讲授儒家经典《诗》、《书》、《礼》、《易》、《春秋》。宣帝时博士增至十二人，王莽当政时又增至三十人。学生称为“博士弟子”或“太学弟子”。太学初建时为五十人，汉昭帝时增至一百人，王莽时增至一万人，“博士弟子”有免除赋役的特权。“博士弟子入选”，内由太常负责选择，外由郡国察举。武帝还下令天下郡国设立学校官，初步建立起地方教育系统。太学和郡国学主要是培养统治人民的封建官僚，但是在传播文化方面，也起了重要作用。魏晋至明清或设太学，或设国子学，或两者同时设立，均为传授儒家经典的最高学府。

国子监

西晋武帝咸宁四年(278年)，始立国子学，设国子祭酒和博士各一员，掌教导诸生。北齐改名国子寺。隋文帝时，改寺为学。不久，废国子学，唯立太学一所，省祭酒、博士；置太学博士，总知学事。炀帝即位，改为国子监，复置祭酒。唐沿此制，国子监下设国子、太学、四门、律算、书等六学，各学皆立博士，设祭酒一员，掌监学之政，并为皇太子讲经。后代多沿此制，宋代时，国子监成为掌管全国学校的总机构，凡太学、国子学、武学、律学、小学、州县学等训导学生、荐送学生应举、修建校舍、画三礼图、绘圣贤像、建阁藏书、皇帝视察学校，皆属其主持筹办。明初设中都国子学，后改为国子监，掌国学诸生训导的政令。清代国子监总管全国各类官学(宗学、觉罗学等除外)，设管理监事大臣一员；祭酒，满、汉各一员；司业，满、蒙、汉各一员。另设监丞、博士、典簿、典籍等学官。光绪三十三年(1907年)，并归学部。

博士

作为官名，最早出现在战国时期。秦代至汉代，博士的职责主要是掌管图书，通古今，以备顾问。秦始皇时，有博士七十人。汉代博士为太常属官，官秩为六百石，员额多至十人。汉代武帝采用公孙弘建议，设五经博士，专掌经学传授。到了唐代，设置国子、太学、四门等博士。另有律学博士、书写博士、算学博士，府学、州学、县学博士之称，均为教授官，而非中央官学传授儒经学官的专称。如魏晋以后，常任用精于礼仪的人为太常博士，掌宫廷礼仪；任用通晓音律的人为太乐博士，掌宫廷祭祀享宴作乐歌舞；任用精通医术的人为术医博士、医药博士；任用精通天文、星历、卜筮之术的人为天文博士、漏刻博士、历博士、太卜博士、卜博士等，专掌天文、历法、占卜等事。博士的选用，西汉和东汉以前采取征拜和荐举的办法，而且有一定的标准，正如《汉书·成帝记》中所说的那样，博士须是“明于古今，温故知新，通达国体”的人。到了东汉，任博士还须经过考试，只有精通《易》、《书》、《孝经》、《论语》的人，方能被荐为博士。

地方官学

中国古代的地方官学自西汉景帝时文翁在蜀郡设学宫开始。汉武帝对文翁设学宫甚为赞许，并诏令天下郡国皆设学宫。从此以后，有些郡开设学宫，至汉平帝元年始建立了地方学制度。汉平帝元始三年，建立了地方学校制度，按制度规定，郡曰学，县道邑侯国曰校，乡曰庠，聚曰序。学校名称由此而来。校、学置经师一人。序、庠置孝经师一人。所习内容为儒家“五经”。东汉时期，由于地方官吏多系儒者，对于修缮学宫，提倡兴学比较重视，因而郡国学校得以普遍建立，官学和私学交织发展，形成了“学校如林，庠序盈门”的景象。

府学、州学、县学

明代设于地方府、州、县的学校。明代的学校大体沿袭宋元旧制，但设置更为普遍，管理更为严密。中央在北京和南京有国子监，地方除府、州、县学外，都司、行都司和卫所（见都司卫所）亦有设学者，统称儒学。明代府学设教授一人，训导四人；州学设学正一人，训导三人；县学设教谕一人，训导三人。教授、学正、教谕掌教诲，所属由生员训导佐之。各级生员因供给廪膳，称廪膳生。后来数额扩充，又有增广生、附学生的编制。廪膳生在京府学六十人，在外府学四十人，州、县学依次减少十人。增广生的数目与廪膳生相同，附学生数额不定。初入学的都是附学生，考试合格后升为增广、廪膳生。府、州、县学的学习内容与国子监相似，但程度略低，以礼、乐、射、御、书、数设科分教。

学在四夷

私学产生于春秋时期，以孔子私学规模最大，对后世影响最深。春秋战国时，统一的奴隶制国家周日趋衰落，礼崩乐坏，各诸侯国势力强盛，原属中央的办学权力随着政权的分裂而分崩离析，各诸侯国对人才的渴求又进一步促使了私学的兴盛，相对自由的环境促进了学术的发展，各种思想都有自己的发展空间，有能力的知识分子，甚至有一技之长的人都能招徒授业，学术和教育由“学在官府”变为“学在四夷”，实现了历史上重要的变革。

诸子百家

春秋时，原来西周的官吏到各诸侯国去谋出路，各诸侯国甚至各卿大夫需要士为他们服务，于是争相养士，士的出路渐广，于是出现了“士”阶层。士的培养也就成为迫切的要求，私学便应运而生。士阶层中出现了各种学派，代表着不同阶级或阶层的利益。各个学派为了培养自己的人才，向各诸侯宣传各自的主张，求各诸侯采纳，以扩大政治上的势力。其中影响较大的是儒、墨、道、法四家，在学术上各家有长短。历代封建帝王基本上并非专取一家，乃合各家成帝王之术，为巩固封建制度和各个王朝的统治服务。这四家均有私学。到了战国时期，秦、齐、楚、燕、韩、赵、魏七国争雄，“邦无定交，士无定主”，士的身价越来越高，养士的风气有增无减，私学更加盛行。“从师”之风盛极一时，于是私学更多，出现“百家争鸣”的局面。

杏坛

即是传说中孔子聚徒讲学的地方。孔子是儒家学派的创始人，也是我国第一个大教育家，他提倡“有教无类”，收学生不论他们地位贵贱，都一律平等地进行教育。孔子兴办私学，打破了官府对文化教育的垄断。据说孔子教过的学生有三千多人，其中著名的有七十二人。《庄子·杂篇·渔父第三十一》说：“孔子游乎缁帏之林，休坐乎杏坛之上。弟子读书，孔子弦歌鼓琴。”可以说杏坛是私学的起源，后世也将杏坛作为教书授人的代称。

稷下

“稷”是齐都临淄一处城门名，“稷下”即齐都临淄城稷门附近，齐国君主在此设立学宫。学宫因处稷下而称“稷下学宫”。稷下学宫，是战国时期政治咨询、学术文化交流中心和诸子百家争鸣的重要场所，也是战国之世闻名列国的文化教育中心。战国中期，诸侯兼并战争加剧，齐国为实现“一匡天下”的理想，于齐都临淄稷门附近建稷下学宫，广招天下贤良博学之士到稷下学宫传道授业、著书论辩。稷下学宫存在的一百五十年间，各派云集、平等共存，百家争鸣、学术自由，求实务治、经世致用，孕育或发扬了儒、道、法、名、阴阳、兵、杂等各家学说，使齐国成为天下学术文化的中心。稷下学宫实行“不任职而论国事”、“不治而议论”、“无官守，无言责”的方针，学术氛围浓厚，思想自由，各个学派并存。人们称稷下学宫的学者为稷下先生，随其门徒，被誉为稷下学士。

岳麓书院

岳麓书院位于长沙市湘江畔岳麓山下，是我国古代四大书院之一，其前身可追溯到唐末五代（958年）智睿等二僧办学。北宋开宝九年（976年），潭州太守朱洞在僧人办学的基础上，正式创立岳麓书院。嗣后，历经宋、元、明、清各代，至清末光绪二十九年（1903年）改为湖南高等学堂，尔后相继改为湖南高等师范学校、湖南工业专门学校，1926年正式定名为湖南大学至今，历经千年，弦歌不绝，故世称“千年学府”。初创的书院分有“讲堂五间，斋舍五十二间”，其中“讲堂”是老师讲学道的场所，“斋堂”则是学生平时读书学习兼有住宿的场所。岳麓书院的这种中开讲堂、东西序列斋舍的格局一直流传至今。南宋理学家朱熹等曾在此讲学，据说，鼎盛时期从学者有千人之众。

白鹿洞书院

白鹿洞书院，位于江西九江庐山五老峰南麓的后屏山之阳，江西省星子县内。南唐升元年间，白鹿洞正式辟为书馆，称白鹿洞学馆，亦称“庐山国学”。后又与吉安白鹭洲书院、铅山的鹅湖书院、南昌的豫章书院并称为“江西四大书院”。这是一所与金陵（今南京）国子监相类似的高等学府。北宋初年，江州的乡贤明起等，在白鹿洞办起了书院，“白鹿洞书院”之名从此开始，但不久即废。直到著名理学家朱熹重修书院之后，白鹿洞书院才扬名国内。朱熹不仅重修了白鹿洞书院，而且还建立了严格的书院规章制度。《白鹿洞书院教条》不但体现了朱熹以“格物、致知、诚意、正心、修身、齐家、治国、平天下”等一套儒家经典为基础的教育思想，而且成为南宋以后中国封建社会七百年书院办学的样式，也是教育史上最早的教育规章制度之一。

应天府书院

应天府书院又称睢阳书院，前身南都学舍，原址位于河南省商丘县城南，由五代后晋杨悫所创，并列中国四大书院之一，宋初书院多设于山林胜地，唯应天府书院设于繁华闹市，历来人才辈出。北宋时应天府书院当时的执教者均为书院的名师，授以儒家经典，以“六经”为教材。应天府书院提供免费教育，学生多为贫寒好学之士，形成刻苦严谨的学风。应天府书院被纳入地方官学管理后，宋初政府通过赐书、赐匾额、赐学田等加强对书院的控制，但在教育方针和教学方法上，书院仍有保留私学教育的特点。宋仁宗天圣年间，文学家晏殊任应天知府时，曾为书院聘请名师任教，书院规模得以进一步发展。后范仲淹因母亲去世辞去了兴化县令的职务，在应天府居丧时，亦于此地任教，四方学子纷纷慕名就学，其治学精神和忧国忧民的言行誉满全国，书院在全国声望空前，一时“人乐名教，复邹鲁之盛”，俨然为中州一大学府。

嵩阳书院

嵩阳书院在河南省郑州登封市嵩山南麓。创建于北魏孝文帝太和八年（484年）时，时称嵩阳寺，至唐代改为嵩阳观，到五代时周代改建为太室书院。宋代理学的“洛学”创世人程颢、程颐兄弟都曾在嵩阳书院讲学，此后，嵩阳书院成为宋代理学的发源地之一。明末书院毁于兵燹，清代康熙时重建。嵩阳书院经历代多次增建修补，规模逐渐形成，布局日趋严整。书院的建制，古朴雅致，大方不俗。嵩阳书院与河南睢阳书院（又名应天书院）、湖南岳麓书院、江西白鹿洞书院并称为我国四大书院。

石鼓书院

建于湖南衡州石鼓山，故名。唐朝刺史齐映，建合江亭于山的左侧。宪宗元和年间，州人李宽筑屋山巅，读书其中。宋太宗至道三年（997年），李士真请求郡守在这里建立书院，招收生徒讲学。朝廷赐“石鼓书院”敕额。《文献通考》列为“宋兴之初天下四书院”之一。仁宗时一度荒废，到南宋孝宗时，因旧址复院扩建，规模益增，迄宁末不废。朱熹曾为之作记。经唐、宋、元、明、清各朝，书院屡经扩建修葺，韩愈、周敦颐、朱熹、文天祥、徐霞客、王夫之等接踵至此，或讲学授徒，或赋诗作记，或题壁刻碑，或寻幽揽胜，其状蔚为壮观。书院主要建筑有武侯祠、李忠节公祠、大观楼、七贤祠、敬业堂、合江亭。

东林书院

东林书院，亦名龟山书院，是我国古代著名书院之一。院址在江苏无锡县。创建于北宋政和元年（1111年），当时为北宋理学家程颢、程颐嫡传高弟、知名学者杨时（号龟山）长期讲学之地。元代废为僧舍。“东林书院”名称来历与杨时游庐山时所写“东林道上闲步”这首诗有关。明万历三十二年（1604年），革职吏部郎中顾宪成，偕弟允成于杨时讲学旧址重建书院，榜其门额曰“东林书院”，与同好高攀龙共主其事。书院除以朱熹制订的《白鹿洞规》为院规外，又订出《东林会约》，主旨是要求师生继承杨时的精神，上承周敦颐、程颢、程颐，下接朱熹等理学大师，反对王学的陋习。初纯事讲学，与时政无关。嗣后顾宪成等在讲学之余，“讽议朝政，裁量人物”，抨击阉党。一时“士大夫抱道忤时者，率退处林野，闻风响附”，一部分在职官吏也“遥相应合”（《明史·顾宪成传》），被称为东林党。天启五年（1625年），党祸大作，书院天启六年四月被毁。崇祯年间，又稍复修。清代许献等著《东林书院志》二十二卷，述东林史事甚详。

龙门书院

上海龙门书院是上海中学的前身，由道台丁日昌于1865年在上海倡办，最初借用其他学堂进行教学，1867年，道台应宝时拨银一万两在吾园建设成讲堂、楼廊及学舍四十一间。1876年道台冯光拨款增建校舍十间。1905年清朝废除科举制度后，书院改为苏松太道立龙门师范学校，增建了楼房三十一幢，并将原二十二铺小学堂，改为附属小学堂，供师范生作实习用。1912年改名为江苏省立第二师范学校。1927年与江苏省立商业学校合并成为江苏省立上海中学。1933年上海中学在吴家巷的新校舍落成，占地约五百亩，上海中学即迁往新址。贵阳“龙门书院”位于浮玉桥南岸的翠微园内。1708年因贵州巡抚刘荫枢而更名为“刘公祠”。刘荫枢先后三次在贵州任职十四年，“政绩卓著，吏民讴歌”，故设祠祀奉。后祠堂建筑修茸，仍用“龙门书院”原名。

《三字经》

《三字经》是我国古代的儿童识字课本，自南宋以来，已有七百多年历史，可谓家喻户晓，脍炙人口。三字一句的韵文极易成诵，内容包括了中国传统的教育、历史、天文、地理、伦理和道德以及一些民间传说，广泛生动而又言简意赅。全文长达一千七百二十字，是我国不可多得的宝贵文化遗产。

《百家姓》

《百家姓》是一本关于中文姓氏的书，成书于北宋初。本是北宋初年钱塘（杭州）的一个书生所编撰的蒙学读物，将常见的姓氏编成四字一句的韵文，像一首四言诗，便与诵读和记忆，因此，流传至今，影响极深。《百家姓》本来收集姓氏411个，经增补到504个姓，其中单姓444个，复姓60个。其次序不是依各姓氏人口多少排列，而是根据读来顺口，易学好记的原则编排。《百家姓》与《三字经》、《千字文》并称为“三百千”，是中国古代幼儿的启蒙读物。“赵钱孙李”成为《百家姓》前四姓是因为百家姓形成于宋朝的吴越钱塘地区，故而宋朝皇帝的赵氏、吴越国国王钱氏、吴越国王钱俶正妃孙氏以及南唐国王李氏成为百家姓前四位。

《千字文》

《千字文》是我国古代儿童启蒙读物。根据史书记载，是南朝梁武帝在位时期（502—549）编成的，其编者是梁朝散骑侍郎、给事中周兴嗣。据唐代李倬《尚书故实》记载梁武帝命大臣殷铁石模次王羲之书碣碑石的字迹，又要求拓出一千字都不重复，以赐八王。殷铁石拓出后，此千余字互不联属，梁武帝又命令周兴嗣将这一千字编成有意义的句子，“卿有才思，为我韵之。”结果周兴嗣竟写成了《千字文》，头发都白了。古人多简称其为《千文》。《千字文》在“三百千”中虽排在最后，但其成书时间却是最早的，也是“三百千”中唯一确切知道成书时间和作者的一部书。《千字文》在中国古代的童蒙读物中，是一篇承上启下的作品，同时也是中国优秀传统文化的一个组成部分。

《增广贤文》

《增广贤文》是我国古代儿童启蒙书目。又名《昔时贤文》、《古今贤文》。书名最早见之于明代万历年间的戏曲《牡丹亭》，据此可推知此书最迟写成于万历年间。后来，经过明清两代文人的不断增补，才改成现在这个模样，称《增广昔时贤文》，通称《增广贤文》。作者一直未见任何书载，只知道清代同治年间儒生周希陶曾进行过重订，很可能是民间创作的结晶。《增广贤文》从表面上看似乎杂乱无章，但只要认真通读全书，不难发现有其内在的逻辑。该书对人性的认识以“性本恶”为前提，以冷峻的目光洞察社会人生、亲情被金钱污染，把社会诸多方面的阴暗现象高度概括，冷冰冰地陈列在读者面前。《增广贤文》绝大多数句子都来自经史子集，诗词曲赋、戏剧小说以及文人杂记，其思想观念都直接或间接地来自儒释道各家经典，从广义上来说，它是雅俗共赏的“经”的普及本。不需讲解就能读懂，通过读《增广贤文》同样能领会到经文的思想观念和人生智慧。

《颜氏家训》

《颜氏家训》是南北朝时期记述个人经历、思想、学识以告诫子孙的著作，颜之推撰，共七卷二十篇。颜之推是我国南北朝时期著名思想家、教育家、诗人、文学家，他是当时最博通、最有思想的学者，经历南北两朝，深知南北政治、俗尚的弊病，洞悉南学北学的短长，当时所有大小学问，他几乎都钻研过，并且提出自己的见解。他的理论和实践对于后人颇有影响，《颜氏家训》是他对自己一生有关立身、处世、为学经验的总结，被后人誉为家教典范，影响很大。从总体上看，《颜氏家训》是一部有着丰富文化内蕴的作品，不失为我国古代优秀文化的一种，它不仅在家庭伦理、道德修养方面对我们今天有着重要的借鉴作用，而且对研究古文献学，研究南北朝历史、文化有着很高的学术价值；同时，作者在特殊政治氛围（乱世）中所表现出的明哲思辨，对后人有着宝贵的认识价值。

六经

“六经”是《诗经》、《尚书》、《礼经》、《乐经》、《周易》、《春秋》六部经典的统称。班固在《汉书·艺文志》中称之为“六艺”。其中《乐经》散失，只留存下来《乐记》一篇，并入《礼记》中。

《诗经》有齐、鲁、韩三家，都立于学官。毛公亦传，未得立。后来三家诗亡缺，毛诗独传，因此又称《毛诗》。今存305篇，各篇时代早晚不一，早至周初期，晚至春秋中期。《诗经》不仅有很高的艺术价值，而且是了解先秦社会风貌的珍贵材料。

《尚书》是我国上古时代王室诰命、誓辞和追述古代史迹的著作汇编。最初只泛称为《书》，其后分为夏、商、周书，以后才称为《尚书》，义谓上古之书。秦汉之际，《尚书》多亡，独秦博士济南伏生壁藏之书。汉初，伏生求得其书，存28篇，教授于齐鲁之间。这部《尚书》以汉代通行的隶书写定，故称《今文尚书》。此外，汉代还有《古文尚书》，据说比《今文尚书》多出16篇。

《礼经》，汉时指《仪礼》，后世指《礼记》。《仪礼》是春秋战国时期一部礼仪制度的汇编。汉世所传有戴德本、戴圣本和刘向《别录》本。《礼记》是西汉时人所编定的儒家关于礼的阐释，分为《小戴礼》和《大戴礼》两种，戴圣所编49篇并由郑玄作注的为《小戴礼》，戴德所编85篇称为《大戴礼》。

《周易》包括经、传两部分。经的部分共六十四卦，每卦六爻。卦辞和爻辞共约5000字，可能是西周初年编定的。它不但对了解殷周时代的哲学思想、社会生活有极重要的意义，而且保存了一些相当罕见的商周史事材料。传包括系辞、说卦等十个部分，旧称“十翼”，是东周时人所写的对于《周易》经部分的解释。

《春秋》是鲁国的编年史。它按年、时、月、日记载史事，以春秋代表四时，故名《春秋》。现存《春秋》从鲁隐公元年（前722）到鲁哀公十四年（前481），共记242年间史事。虽然文句简短，但对当时政治事件都有自己的见解和评价。后人为其作注解，流传下来的有《左传》、《公羊传》和《谷梁传》。

十三经

“十三经”是指在南宋形成的十三部儒家经典。分别是《诗经》、《尚书》、《周礼》、《仪礼》、《礼记》、《周易》、《左传》、《公羊传》、《谷梁传》、《论语》、《尔雅》、《孝经》、《孟子》。“十三经”是由汉朝的五经逐渐发展而来的，最终形成于南宋。“十三经”是儒家文化的基本著作，就传统观念而言，《易》、《诗》、《书》、《礼》、《春秋》谓之“经”，《左传》、《公羊传》、《谷梁传》属于《春秋经》之“传”，《礼记》、《孝经》、《论语》、《孟子》均为“记”，《尔雅》则是汉代经师的训诂之作。这十三种文献，当以“经”的地位最高，“传”、“记”次之，《尔雅》又次之。

四书五经

“四书五经”是“四书”和“五经”的合称，是中国儒家经典的书籍。“四书”

指的是《大学》、《中庸》、《论语》和《孟子》，“五经”指的是《诗经》、《尚书》、《礼记》、《周易》和《春秋》。

《大学》原本是《礼记》中一篇，在南宋前从未单独刊印。传为孔子弟子曾参（前505—前434）作。自唐代韩愈、李翱维护道统而推崇，至北宋二程百般褒奖宣扬，到朱熹撰《四书章句集注》时，便成了“四书”之一。按朱熹和宋代另一位著名学者程颐的看法，《大学》是孔子及其门徒留下来的遗书，是儒学的入门读物。所以，朱熹把它列为“四书”之首。《中庸》原来也是《礼记》中一篇，在南宋前从未单独刊印。一般认为它出于孔子的孙子子思(前483—前402)之手。与《大学》相同，到朱熹撰《四书章句集注》时成“四书”之一。其观点和《孟子》大体上相同，而现存的《中庸》，已经经过秦代儒者的修改，大致写定于秦统一全国后不久，所以每篇方式已不同于《大学》，不是取开头的两个字为题，而是撮取文章的中心内容为题。

《论语》是记载孔子及其学生言行的一部书。孔子（前551—前479），名丘，字仲尼，春秋时鲁国陬邑（今山东曲阜）人。儒家学派创始人，中国古代最著名的思想家、政治家、教育家，对中国思想文化的发展有极其深远的影响。《论语》成书于春秋战国之际，是孔子的学生及其再传学生所记录整理。《论语》是记载孔子及其学生言行的一部书。《论语》涉及哲学、政治、经济，教育、文艺等诸多方面，内容非常丰富，是儒学最主要的经典。在表达上，《论语》语言精炼而形象生动，是语录体散文的典范。在编排上，《论语》没有严格的编纂体例，每一条就是一章，集章为篇，篇章之间并无紧密联系，只是大致归类，并有重复章节出现。

《孟子》是记载孟子及其学生言行的一部书。孟子（约前372—前289），名轲，字子舆，战国中期邹国（今山东邹城东南人），离孔子的故乡曲阜不远。是著名的思想家、政治家、教育家，孔子学说的继承者。到南宋孝宗时，朱熹编“四书”列入了《孟子》，正式把《孟子》提到了非常高的地位。元明以后又成为科举考试的内容，更是读书人的必读书了。

二十四史

二十四史是我国古代二十四部正史的总称，即:《史记》（汉·司马迁）、《汉书》（汉·班固）、《后汉书》（南朝宋·范晔）、《三国志》（晋·陈寿）、《晋书》（唐·房玄龄等）、《宋书》（南朝梁·沈约）、《南齐书》（南朝梁·萧子显）、《梁书》（唐·姚思廉）、《陈书》（唐·姚思廉）、《魏书》（北齐·魏收）、《北齐书》（唐·李百药）、《周书》（唐·令狐德棻等）、《隋书》（唐·魏征等）、《南史》（唐·李延寿）、《北史》（唐·李延寿）、《旧唐书》（后晋·刘昫等）、《新唐书》（宋·欧阳修、宋祁）、《旧五代史》（宋·薛居正等）、《新五代史》（宋·欧阳修）、《宋史》（元·脱脱等）、《辽史》（元·脱脱等）、《金史》(元·脱脱等)、《元史》(明·宋濂等)、《明史》(清·张廷玉等)。二十四史总共3249卷，约有4000万字。它记叙的时间，从第一部《史记》记叙传说中的黄帝起，到最后一部《明史》记叙到明崇祯十七年(1644年)止，前后历时4000多年，用统一的本纪、列传的纪传体编写。二十四史的内容非常丰富，记载了历代经济、政治、文化艺术和科学技术等各方面的事迹。

世卿世禄

卿是古代高级官吏的称呼。世卿就是天子或诸侯国君之下的贵族，世世代代、父死子继，连任卿这样的高官。禄是官吏所得的享受财物。世禄就是官吏们世世代代、父死子继，享有所封的土地及其赋税收入。世袭卿位和禄田的制度在古代曾十分盛行，亦称世袭制，盛行于夏、商、周时代。原始社会末期，“天下为公”选贤与能的禅让制被破坏后，出现了“大人世及以为礼”的世袭制。世袭制的特点是王权与族权统一。它通过家族血缘关系来确定政府各级官员的任命，依血缘亲疏定等级尊卑和官爵高下。凡定爵位与官职者都世代享有采邑和封地。

客卿食客

“食客”之风起于春秋战国之际,“客”者依附于主人，主人则负责“养客”，养客多者达三千余人。“食客”型的算命术士同样也是依附于某个主人，通常都是投靠到王公贵族之家，或是周游于士大夫官僚之间，为他们预卜前程，趋吉避凶，或者充当“谋士”、“军师”。客卿也是古代官名，春秋战国时授予非本国人而在本国当高级官员的人。秦有客卿之官。请其他诸侯国的人来秦国做官，其位为卿，而以客礼待之，故称。后亦泛指在本国做官的外国人。收客卿与养食客都是古代重用人才的表现。

荐举

科举之前，官吏选拔的制度为荐举。举荐的标准主要是德行、才能，而非全靠家世，它冲破了先秦贵族血缘世袭制的藩篱。西汉的察举、征辟制的出现，是荐举制成熟的标志，而魏晋南北朝“九品中正制”的施行，表明其走向衰败。荐举作为选官的形式之一，可上溯到先秦。自秦始皇建立统一的中央集权国家之后，随着朝代的更迭、时间的推移，荐举从内涵到外延都发生了深刻变化：一是从春秋战国时的“立贤无方”向“有方”(即制度化)的发展，二是从义务向权力的过渡(即渐成为官吏依品级、地位享有的权力及政治待遇之一)，三是荐官与举士的分途及荐官专门化的倾向，四是逐渐向吏干及资序的倾斜。上述变化正是在封建官僚体制的逐步完善、封建社会从形成到成熟进而走向僵化的过程中实现的。

察举

察举是从汉代至隋代的一种选官制度。察举，原为选拔之意。由丞相、御史、列侯、刺史、守相等推举，经过考核，任以官职。起于汉初，至武帝时成为定制，有孝廉、贤良文学、秀才等科，是两汉重要出仕途径之一。皇朝根据不同需要设立各种科目，指定有关官员担任举主，依规定贡上相应人才，经朝廷检验后给予录用或升迁。定期的察举科目称为常科或岁举，如孝廉、秀才科；由皇帝不定期地下诏要求贡举的为特科或诏举，如贤良、文学、明经、有道等科。察举的对象，既有平民，也有现任的吏员。

孝廉秀才

汉代选举入仕分两类：一类是贤良方正，由公卿郡国选举，天子予以策试，诏举无定期。一类是孝廉秀才，由州郡察举。孝廉是汉武帝时设立的察举考试的一种科目，孝廉是孝顺父母、办事廉正的意思。孝廉是察举制常科中最主要、最重要的科目。汉武帝时，采纳董仲舒的建议于元光元年（前134年）下诏郡国每年察举孝者、廉者各一人。不久，这种察举就通称为举孝廉，并成为汉代察举制中最为重要的岁举科目，“公巨卿多出之”，是汉代政府官员的重要来源。秀才别称茂才，原指才之秀者，始见于《管子·小匡》。汉以来成荐举人才的科目之一。

对策射策

汉代选士的考试方法。对策是汉代察举制度的一种考试方法，又称“策试”。所谓对策，就是把策题书于简册之上，使应举者作文答问。策问有君主“求言于吏民”之意，策题一般以政事、经义等设问；答策则相当于“应诏陈政”，发表政见。王朝往往因灾异、动乱而下诏特举，使应举者对策进言。君主常常亲自主持策问并阅读策文。所以，对策兼有征询政见与考核才识的双重意义。射策是选士的一种以经术为内容的考试方法。主试者提出问题，书之于策，覆置案头，受试人拈取其一，叫做“射”；按所射的策上的题目作答。射是投射之意。两汉时射策的题目，都和经义有关，东汉时甚至分经出题，录取时还限定每一种经应录取的名额。汉代射策之法，一般应用于太学诸生的考试，选补博士以及明经、察举的考试。魏晋南北朝时孝廉、明经等选士科目的经术考试仍称“射策”，但也常常称“对策”，二语已不甚区分。

寒族、士族

所谓“寒族”，是指士、农、工、商、兵、其他半自由民，及非自由民如奴婢、门客等，基本上由地位低下的平民百姓构成。士族则是魏晋南北朝时期地主阶级中部分享有政治、经济特权的家族所构成的一个特殊阶层。东汉世家豪族发展的延续，是士族的渊源；而魏晋统治阶级的政策是导致士族形成的直接原因。曹魏九品中正制规定门第为定品的主要条件，使当朝显贵子弟官运亨通，故魏晋士族必是当朝显贵。东晋是士族势力发展的鼎盛时期，士族势力平行甚至超越皇权，皇权政治演化成门阀政治。士族为维护自身利益，故修撰族谱，禁止与非士族的寒门联姻，拒绝与寒门往来。

九品中正

"九品中正"制是魏晋南北朝时期一种重要的官吏选拔制度。又名九品官人法，分为九个等级，作为政府选用官吏的依据。中正，即有名望的推荐官，人才的等级由他们评定。是魏文帝曹丕为了拉拢士族而采纳陈群的意见。曹丕称帝前夕即延康元年(220年)由魏吏部尚书陈群制定。此制至西晋渐趋完备，南北朝时又有所变化。这一制度创始于曹魏，发展成熟于两晋，衰落于南北朝时期，废除于隋朝，随之科举制形成。

隋唐科举

我国古代科举制度最早起源于隋代。隋朝统一全国后，为了适应封建经济和政治关系的发展变化，为了扩大封建统治阶级参与政权的要求，加强中央集权，于是把选拔官吏的权力收归中央，用科举制代替九品中正制。隋炀帝大业三年开设进士科，用考试办法来选取进士。进士一词初见于《礼记·王制》篇，其本义为可以进受爵禄之义。当时主要考时务策，就是有关当时国家政治生活方面的政治论文，叫试策。这种分科取士，以试策取士的办法，在当时虽是草创时期，并不形成制度，但把读书、应考和做官三者紧密结合起来，揭开中国选举史上新的一页。推翻隋朝的统治后，唐王朝的帝王承袭了隋朝传下来的人才选拔制度，并做了进一步的完善。由此，科举制度逐渐完备起来。

宋元科举

宋代的科举大体同唐代一样，有常科、制科和武举。相比之下，宋代常科的科目比唐代大为减少，其中进士科仍然最受重视，进士一等多数可官至宰相，所以宋人以进士科为宰相科。进士科之外，其他科目总称诸科。宋代科举，在形式和内容上都进行了重大的改革。宋代的科举放宽了录取和作用的范围，确立了三年一次的三级考试制度，从宋代开始，科举开始实行糊名和誊录，并建立防止徇私的新制度。元代开始后，科举考试进入中落时期,但以"四书"试士，却是元代所开的先例。

明清科举

明王朝建立，科举制进入了它的鼎盛时期。明代统治者对科举高度重视，科举方法之严格也超过了以往历代。明代时进学校却成为了科举的必由之路。明代入国子监学习的，通称监生。参加乡试的，除监生外，还有科举生员。只有进入学校，成为生员，才有可能入监学习或成为科举生员。明代的府学、州学、县学、称做郡学或儒学。凡经过本省各级考试进入府、州、县学的，通称生员，俗称秀才。取得生员资格的入学考试叫童试，也叫小考、小试。童生试包括县试、府试和院试三个阶段。正式科举考试分为乡试、会试、殿试三级。明代乡试、会试头场考八股文。而能否考中，主要取决于八股文的优劣。清代的科举制度与明代基本相同，但它贯彻的是民族歧视政策。满人享有种种特权，做官不必经过科举途径。清代科举在雍正前分满汉两榜取士，旗人在乡试、会试中享有特殊的优特，只考翻译一篇，称翻译科。以后，虽然改为满人、汉人同试，但参加考试的仍以汉人为最多。科举制发展到清代，日趋没落，弊端也越来越多。清代统治者对科场舞弊的处分虽然特别严厉，但由于科举制本身的弊病，舞弊越演越烈，直至最终消亡。

隋代科举分科

隋代分科取士，以具科举制的雏形。开皇三年（583年）正月，隋文帝曾下诏举“贤良”。开皇十八年（598年）七月，又令京官五品以上，总管，刺史，以“志行修谨”、“清平干济”二科举人。隋炀帝大业三年（607年）四月，诏令文武官员有职事者，可以“孝悌有闻”、“德行敦厚”、“结义可称”、“操履清洁”、“强毅正直”、“执宪不饶”、“学业优敏”、“文才秀美”、“才堪将略”、“膂力骄壮”等十科举人。大业五年（609年）正月，又诏令诸郡以“学业该通，才艺优洽”、“膂力骄壮，超绝等伦”、“在官勤慎，堪理政事”、“立性正直，不避强御”等四科举人。这些虽都是临时取人之法，尚未形成制度，但已具有分科举人的特征。大业年间，隋炀帝还曾设置明经，进士二科，并以“试策”去士，这标志着科举制已经诞生。

唐代科举分科

在唐代，考试的科目分常科和制科两类。每年分期举行的称常科，由皇帝下诏临时举行的考试称制科。常科的科目有秀才、明经、进士、俊士、明法、明字、明算等五十多种。其中明法、明算、明字等科，不为人重视。俊士等科不经常举行，秀才一科，在唐初要求很高，后来渐废。所以，明经、进士两科便成为唐代常科的主要科目。

明经、进士

明经和进士是唐代科举考试的重要科目。明经、进士两科，最初都只是试策，考试的内容为经义或时务。后来两种考试的科目虽有变化，但基本精神是进士重诗赋，明经重帖经、墨义。所谓帖经，就是将经书任揭一页，将左右两边蒙上，中间只开一行，再用纸帖盖三字，令试者填充。墨义是对经文的字句作简单的笔试。帖经与墨义，只要熟读经传和注释就可中试，诗赋则需要具有文学才能。进士科得第很难，所以当时流传有“三十老明经，五十少进士”的说法。

武举

唐代武则天始创选拔武将的武举考试。至清朝时改称武科。历史上武举一共进行过约五百次。相对于文科举，武科举较不受重视。历朝的武举时而被废，时而恢复。而武举出身的地位亦低于文科出身的进士。唐代的武举主要考举重、骑射、步射、马枪等技术；此外对考生外相貌亦有要求。宋代时规定武举不能只有武力，要“副之策略”，问孙吴兵法等。到了明朝时更改为“先之以谋略，次之以武艺”，如果在答策的笔试中不及格，不能参加武试。至清朝时，改为先试马步射，马射二回六矢，中三为合。步射九矢中五为合。之后比力气，包括拉硬弓、舞刀、举石。弓分八、十、十二力；刀分八十、一百、百二斤；石分二百、二百五十、三百斤。合格者才考笔试。

乡试、会试

明清两代每三年在各省省城举行的一次考试，由秀才参加，考取的叫举人，取得参加中央一级的会试的资格，第一名叫解元。会试每三年在京城举行的一次，在乡试的第二年举行，各省的举人及国子监监生皆可应考，录取三百名为贡士，第一名叫会元。

殿试

是科举制度最高级别的考试，殿试试题由内阁预拟，然后呈请皇帝选定。有时由读卷官预拟后径送皇帝圈定或由皇帝直接拟题。殿试题一开始是策问，后来改为诗赋，到明清时，主要仍是策问。录取分三甲，赐“进士及第”的称号，第一名称状元（鼎元），第二名称榜眼，第三名称探花，合称“三甲鼎”；二甲若干名，赐“进士出身”的称号；三甲若干名，赐“同进士出身”称号。

童生、生员

童生即儒童，也叫文童。明清两代，凡习举业的读书人，在没有通过考试取得生员（秀才）资格以前，不论年龄老少，均称童生。唐国学及州、县学规定学生员额，因称生员。明清指经本少各级考试入府、州、县学者，通名生员，习称秀才，亦称诸生。生员常受本地教官（即教授、学正、教谕、训导等）及学政（明为学道）监督考核。生员的名目分廪膳生、增广生、附生。初入学为附学生员，廪、增有定额，据岁考、科试成绩递补。廪生给廪米，故名。增广生亦名增生，因于廪生外增额，故名。

监生

在国子监肄业的生徒。宋代除国子监及其下属各学生员称监生外，司天监也有监生。其名始于唐宪宗元和二年(807年)置东都监生一百人(唐原称在监肄业者为国子生)。明初由各省选送了行俱优的生员入监为监生，举人会试落第者亦可入监。清入监肄业的有贡生(即“贡监”，包括岁贡、因贡、副贡、拔贡、优贡、例贡)、监生(恩监、优监、荫监、例监)、官生(七品以上官子弟之聪敏好学者)、经提学官考选提拔的廪增附生及满州勋臣子弟、先贤后裔等。乾隆以前，考课很严，后渐成虚文，生徒不常在监读书。同治与光绪初年，稍有起色，旋又废弃。清后期捐纳监生泛滥，此类监生多以之求官，监生之名，遂为人贱视，与往日状况不同。

贡生

科举时代，挑选府、州、县生员(秀才)中成绩或资格优异者，升入京师的国子监读书，称为贡生。意谓以人才贡献给皇帝。明代有岁贡、选贡、恩贡和细贡；清代有恩贡、拔贡、副贡、岁贡、优贡和例贡。清代贡生，别称“明经”。会试考中的考生被称做“贡士”，第一名为“会元”。

举人

地方科举考试中试者之称。原意为举到之人，为应举者的通称。唐代以各地乡贡中试者，须入京应试，故有此称。宋为乡试(贡举考试)各科中试者的统称，俗称举子。宋举人被解送礼部前，须经考试，略如后之乡试。举人在礼部应试落第者，仍须再应乡举，可方参加下科考试。举人登科即可授官，但无“出身”，可免丁役。金元亦如此。明清沿袭，为乡试中试者的专称，俗称孝廉。且作为一种出身资格，即初步具备入仕资格。清末又有法科举人、理科举人等。从光绪三十一年(1905年)起，考试回国留学生，最优者给予进士出身，优等及中等者给予举人出身，并各加某学科字样。

进士

科举殿试及第者之称。意为可以进授爵位之人。此称始见于《礼记·王制》。隋炀帝大业年间始置进士科目。唐亦设此科，凡应试者谓之举进士，中试者皆称进士。元、明、清时，贡士经殿试后，及第者皆赐出身，称进士。且分为三甲：一甲三名，赐进士及第，第一名称状元、鼎元，第二名榜眼，第三名探花，合称三鼎甲；二甲赐进士出身；三甲赐同进士出身。二、三甲第一名皆称传胪，进士榜用黄纸书写，故叫黄甲，也称金榜，中进士称金榜题名。

三元

“三元”即解元、会元、状元的合称。三者分别指明清时代开科取试的乡试、会试、殿试的第一名，历史上连中三元者寥寥无几。“文三元”15 人：唐朝的张又新、崔元翰，宋朝的孙何、王曾、宋庠、杨置、王若叟、冯京，金朝的孟宋献，元朝的王崇哲，明朝的黄观、商辂，清朝的钱棨、陈继昌和戴衢亨。“武三元”2 人：明朝的王名世，清朝的王玉璧。

状元、榜眼、探花

科举考试以名列第一者为状元，乡试第一称解元，会试第一称会元。殿试中考取第一名的称状元。唐制，举人赴京应礼部试者皆须投状，因称居首者为状头，故有状元之称。明清两代称殿试考取一甲第二名的人为榜眼。其名始于北宋初。初时第二、三名俱称为榜眼，意思是第二、三名分立状元左右，如其两眼。至北宋末年，只以第二名为榜眼，第三名则称探花。“探花”一名在唐代的科举就已出现，当时中进士者会园游庆祝，称“探花宴”。以进士中的年少貌美者为“探花使”，到各名园采摘鲜花，迎接状元。

翰林

翰林是我国古代官名。它的由来可以一直追溯到唐朝。唐玄宗时，从文学侍从中选拔优秀人才，充任翰林学士，专掌由皇帝直接发出的极端机密的文件，如任免宰相、宣布讨伐令等。由于翰林学士参与机要，有较大实权，当时号称“内相”。首席翰林学士称承旨。北宋时，翰林学士开始设为专职。明代，翰林学士作为翰林院的最高长官，主管文翰，实权已相当于丞相。清代沿用明代制度，设置翰林院，主管编修国史，记载皇帝言行的起居注，进讲经史，以及草拟有关典礼的文件；其长官为掌院学士，以大臣充任，属官如侍读学士、侍讲学士、侍读、侍讲、修撰、编修、检讨和庶吉士等，统称为翰林。

天子门生

所谓天子门生，是指参加殿试被录取的进士。因为在科举时代，士子科考被录取后，称监考官员为宗师，自称学生。考官与考生以师生关系的名义互相勾结，朋比为奸。而殿试是国家最高级考试，皇帝为了防止大臣特别是宰相借做考官扩充势力，在殿试时往往亲自充当考官，那么在殿试中录取的进士自然为天子门生。

科考形式

在明代以前，科举考试的形式有墨义、口试、帖经、策问、诗赋、经义等。墨义就是围绕经义及注释所出的简单问答题。在一张卷子中，这类题目往往多达30道至50道。口试则是口头回答与墨义同类的问题。帖经就像现代诗卷的填空与默写。考官从经书中选取一页，摘其中一行印在试卷上。根据这一行文字，考生要填写出与之相联系的上下文。策问即议论，依据考官提出的有关经义或政事问题，考生发表见解，提出对策。策问所及范围较广，有政治、教育、生产、管理等，比起帖经、墨义来难度更大，有的也还有一些实用价值。唐高宗时有人认为明经多抄义条，议论只谈旧策还是表现不出真才实学，建议加试杂文两篇，一诗一赋，这就是最早的诗赋考试。经义是围绕书义理展开的议论，如果说策问还有考生发挥的余地，经义便已经无所谓个人的思想，考生唯朝廷指定的“圣贤书”是遵，最后发展到极致就是八股文。

八股

八股也称时文、时艺、制艺、制义、八比、四书文等，是明朝考试制度所规定的一种特殊文体。八股文滥觞于北宋，王安石变法时认为唐代以诗赋取士，浮华不切实用，于是并多科为进士一科，一律改试经义，文体并无规格。元代科举考试基本沿袭宋代。明代时对制度、文体都有了明确要求，不过写法初无定规。成化年间，经王鏊、谢迁、章懋等人提倡，逐渐形成比较严格的程式，此后一直沿用下来，由明中期而泛滥整个清代，直到戊戌变法后才随着科举考试的停止而废除。八股文专讲形式、没有内容，文章的每个段落死守在固定的格式里面，连字数都有一定的限制，人们只是按照题目的字义敷衍成文。分为破题、承题、起讲、入手、起股、中股、后股、束股等组成部分。

仓颉造字

仓颉，又称苍颉，姓侯刚，号史皇氏，黄帝时史官，相传曾把流传于先民中的文字加以搜集、整理和使用，在汉字创造的过程中起了重要作用，为中华民族的繁衍和昌盛作出了不朽的功绩。但普遍认为汉字由仓颉一人创造只是传说，不过他可能是汉字的整理者，被后人尊为“造字圣人”。

有典有册

出自《尚书·多士》:“唯殷先人，有典有册。”“典”的原义是指一种陈列或安置在桌几上的具有重要意义的文书，它的作用相当于公告牌、公约板、神谕碑、法规文书和行为规范告示。它可能是从契约演化来的，即把小巧的便于收藏的契约大型化、公开化、庄严化，其材质可以是木板、竹板、石板或金属材料，也可能是皮革、丝帛（附着在硬质材料上）。典的进一步演化就是册，册就是后来的竹简或木简，它们是由典的不断小型化、轻便化、折叠化、卷曲化而形成的。此外，典可能也是鼎（铸有重要文字）

的前身或雏形。典册用于教育，面向贵族子弟传授祭典、礼乐、军事和伦理等内容。

文房四宝

是中国独有的文书工具，即笔、墨、纸、砚。文房四宝之名，起源于南北朝时期，因为中国古代文人要经常使用毛笔、墨、宣纸、砚台，它们是文人书房中必备的四件宝贝。“文房四宝”在南唐时指诸葛笔、徽州李廷圭墨、澄心堂纸，江西婺源龙尾砚。自宋朝以来“文房四宝”指湖笔（浙江省湖州）、徽墨（安徽省徽州）、宣纸（安徽省宣州）、端砚（广东省肇庆，古称端州），它们不仅具有实用价值，也是融绘画、书法、雕刻、装饰等为一体的艺术品。

笔的别名

毛笔在我国古代有许多别称，比如玉管，“今来承玉管，布字改银钩”（隋·薛道衡《初学记·咏苔纸》）；翠管，“玉窗抛翠管，清袖掩银鸾”（唐·李远《观廉女真葬》）；银管，“蜀王宫树雪初消，银管填青点点描”（元·袁桷《薛涛笺》）；象管，“象管细轴映瑞锦，玉麟棐几铺云肪”（宋·米芾《寄薛郎中绍彭》）；毫，“夜开金钥诏辞臣，对御抽毫草帝纶”（宋·王安石《题中书壁》）；柔毫，“忆挈柔毫就石渠，春风花药袭襟裾”（清·姚鼐《过程雨门墓下作》）；毛颖，“陶泓面冷真堪唾，毛颖头尖漫费呵”（金·庞铸《冬夜直宿省中》）；霜兔，“自矜霜兔健，安有鲁鱼乖”（元·倪瓒《画竹寄张天民》）；栗尾，“书来乞诗要自写，为把栗尾书溪藤”（宋·苏轼《孙莘老求墨妙亭》）；鸡距，“鸡距初含润，龙鳞不自韬”（宋·梅尧臣《九华隐士居陈生寄松管笔》）；毛锥，“驿书驰报儿单于，直用毛锥惊杀汝”（宋·陆游《醉中作行草数纸》）；退锋郎，“秃友退锋郎，功成鬓发伤”（清·陶谷《清异录·文用》）。

螺子黛

螺子黛是隋唐时代妇女的画眉材料，制作精致。相传唐代宝历年间，隋炀帝的妃子吴绛仙本是吴越民间女子，隋炀帝游江南时，强征十五六岁的“殿脚女”为他拉彩色缆绳，吴绛仙是其中之一。隋炀帝被她长长的蛾眉吸引，立刻将吴绛仙纳入宫中，封为崆峒夫人，极为宠爱，并为之供应从波斯人带来的“螺子黛”画眉。经济萧条期间，隋炀帝给其他嫔妃改用“铜黛”，唯独给吴绛仙的依旧是每颗价值十金的“螺子黛”。此墨出产于波斯国，它是一种经过加工制造，已经成为各种规定形状的黛块。使用时只用蘸水即可，无需研磨，因此螺子黛受到当时女性的喜爱，到了宋代，画眉墨的使用更加广泛。

薛涛笺

薛涛笺，唐代名笺纸，又名“浣花

笺”“松花笺”、“减样笺”、“红笺”。薛涛，唐朝女诗人。其父为宫廷乐官，安史之乱入蜀逃避战祸，定居成都。薛涛幼年丧父，生活无着，落入娼籍。早年居成都浣花溪，善制诗笺。“薛涛笺”的形制是红色小幅诗笺，9世纪初造于成都郊外浣花溪的百花潭。这种红色小笺曾被薛涛用以写诗与元稹、白居易、杜牧、刘禹锡等人相唱和，因而名著于文坛。薛涛笺虽只深红一色，但颜色、花纹甚精巧鲜丽。薛涛笺在我国制笺发展史上，占有重要地位，后历代均有仿制。宋代发展了胭脂版纸笺也称薛涛笺，用产于嘉州（今四川乐山县）的胭脂树花染色。

四大名砚

即端砚、歙砚、洮砚和澄泥砚。砚台不仅是文房用具，由于其性质坚固，传百世而不朽，又被历代文人作为珍玩藏品之选。从唐代起，广东端溪的端砚、安徽歙县的歙砚、甘肃南部的洮砚和河南洛阳的澄泥砚被并称为“四大名砚”，其中尤以端砚为最佳。端砚石出产在肇庆市东部的烂柯山和肇庆市七星岩北面的北岭山一带，尤以老坑、麻子坑和宋坑三地之砚石为最佳。砚石多为青紫色、猪肝色、天青色，其上有凤眼、鹦哥眼者属上品，而眼中呈现出翠绿色者最为难得。属佳品者其上又多伴有冰纹、胭脂晕、马尾纹、金线纹，或单一纹路，或兼而有之，组合成一幅瑰丽多彩的画图。端砚以石质坚实、润滑、细腻、娇嫩而驰名于世，用端砚研墨不滞，发墨快，研出之墨汁细滑，书写流畅不损毫，字迹颜色经久不变，好的端砚，无论是酷暑，或是严冬，用手按其砚心，砚心湛蓝墨绿，水气久久不干，古人有“哈气研墨”之说。

有教无类

孔子的教育主张。《论语·卫灵公》：“子曰：‘有教无类。’”东汉马融注：“言人所在见教，无有种类。”意思是人们有分贵贱贤愚，也不分地区种类，都可作为教育对象。周代，学在官府，只有贵族子弟才有受教育的机会。孔子主张有教无类，兴办私学，他说：“自行束脩以上，吾未尝无诲焉。”把受教育的对象扩大及庶民，因而他的学生很多，其间不少是平民。这个主张对传播文化有积极意义。

因材施教

孔子的教育主张，即教师要从学生的实际情况、个别差异出发，有的放矢地进行有差别的教学，使每个学生都能扬长避短，获得最佳发展。出自《论语·为政》“子游问孝”、“子夏问孝”，朱熹集注引宋程颐曰：“子游能养而或失于敬，子夏能直义而或少温润之色，各因其材之高下与其所失而告之，故不同也。”

举一反三

孔子所提倡的教育方法。《论语·述

而》："举一隅不以三隅反，则不复也。"意思是物有四隅，举其一隅，而不能推知其他三隅的人，即不必教导。隅，即方面、角落；反，即类推。后以"举一反三"来比喻由此及彼的推理方法。

锲而不舍

出自《荀子·劝学》："锲而舍之，朽木不折；锲而不舍，金石可镂。"是说学习同镂金石一样，刻一下就停下手来，烂木头也刻不断，不停地刻下去，即使是坚硬的金属和石头，也可以把它们刻穿，所以学习要有"锲而不舍"的精神，持之以恒、坚持不懈才会有成效。

师法家法

师法，即师长传授之法，特指汉代的经学传授。汉初博士教授经书，俱凭口授，由于口耳相传，难免错误，必遵大师所讲的经说为准绳，遂成师法。如某一经的大师，被立为博士以后，他的经说便为"师法"。家法，指汉代传经师法相承，各自名家。弟子们按照一家的师法讲经，称为"守家法"。《后汉书·儒林传序》曰："于是立五经博士，各以家法教授。"西汉重"师法"，东汉重"家法"。师法重传授，明本源；家法重立法，争派别。故"先有师法，而后能成一家之言，师法者，溯其源，家法者，衍其流"（皮锡瑞《经学历史》）。

三师

太师、太傅、太保古称三公，周代开始设置。在周代，权力很大，相当于后世的宰相。在周天子年幼或不能行使权力的时候可以总理政务。历代沿置，仅为虚衔，无实职。用于加授给年高望重的大臣。自以九品十八级区分官员等级以来，均为正一品官。太师、太傅、太保自北魏以后又称三师。

西席

西席即"老师"。古代以西东分宾主，家塾教师和做官僚们私人秘书的"幕客"，都称为"西宾"，又称"西席"，主人称为"东家"。据《称谓录》卷八记载："汉明帝尊桓荣以师礼，上幸太常府，令荣坐东面，设几。故师曰西席。"古时以面向东方为最尊。西席，就是"坐西面东"的座次，明帝这样安排是表示对老师的尊敬。由于皇帝安排老师坐西席，于是人们就把家庭教师，甚至所有老师尊称为西席了。

经筵

中国古代皇帝研读经史而举行的御前讲席。宋代制度：每年二月至五月，八月至冬至，每逢单日举行经筵，由讲官轮流入侍讲读，名曰春讲、秋讲。明清两代基本沿用其制。举行经筵主要有两个方面：一是"味道研经"，探究经书中的微言大义；一是"以古证今"，亦即以史为鉴，吸取封建统治经验教训。经筵例不由阁臣兼之。清顺治九年（1652年）后始以大学士知经筵事，以尚书、左都御史、通政史、大理卿、学士侍班、翰林等二人侍讲。经筵设御桌、讲官案。清代皇帝在文华殿行经筵仪，先讲“四书”、“五经”，然后由皇帝宣示满、汉文御论，各官听讲。事毕，由各官行礼，于文渊阁赐茶。

束脩

古代学生与教师初见面时，必先奉赠礼物，表示敬意，名曰“束脩”。早在孔子的时候已经实行。唐代学校中仍采用束脩之礼并同国家明确规定，不过礼物的轻重，随学校的性质而有差别。教师在接受此项礼物时，还须奉行相当的礼节。束脩的致送，表示学生对教师的尊敬。

投卷

唐代科举取士，不仅看考试成绩，还要有知名人士的推荐。因此，考生纷纷奔走于公卿门下，向他们投献自己的代表作，叫投卷。向礼部投的叫公卷，向达官贵人投的叫行卷。唐代传奇小说的兴盛，就与投卷有一定的关系。因为应考者需要有比诗赋更能吸引人的作品来引起潜在推荐人的注意，小说显然是最好的选择。《幽径录》、《传奇》以及在宋代还广泛流传的唐诗数百种，都是当时考生们的投献之作。投卷确实可以使一些有才能的人显露头角，但弄虚作假、欺世盗名之辈也不乏其人。

出恭

从元代起，科举考场中设有“出恭”、“入敬”牌，以防士子擅离座位，用以严肃考纪，提醒士子如厕时要安静规矩，但后来“出恭”被调侃地当成了如厕的代名词，一直流传至今。

糊名誊录

从宋代开始，科举开始对试卷实行糊名和誊录，并建立防止徇私的新制度。从隋唐开科取士之后，徇私舞弊现象越来越严重。对此，宋代统治者采取了一些措施，主要是建立糊名和誊录的制度。糊名，就是把考生考卷上的姓名、籍贯等密封起来，又称“弥封”或“封弥”。宋太宗时，根据陈靖的建议，对殿试实行糊名制。后来，宋仁宗下诏省试、州试均实行糊名制。但是，糊名之后，还可以认识字体笔迹。根据袁州人李夷宾建议，将考生的试卷另行誊录。考官评阅试卷时，不仅不知道考生的姓名，连考生的字迹也无从辨认。这种制度，对于防止主考官徇情取舍的确产生了很大的效力。但是，到了北宋末年，由于政治日趋腐败，此项制度也就流于形式了。宋代在考试形式上的改革，不但没有革除科举的痼疾，反而使它进一步恶化。

金榜题名

金榜是科举时代殿试揭晓的黄榜，题名即写上名字，指科举得中。出自五代王定保《唐摭言》第三卷，“何扶，太和九年及第；明年，捷三篇，因以一绝寄旧同年曰：‘金榜题名墨上新，今年依旧去年春。花间每被红妆问，何事重来只一人？’”金榜题名是古代士人终生追求的目标，与“洞房花烛夜”、“久旱逢甘霖”、“他乡遇故知”一起被看做人生中最惬意的四件事情。

独占鳌头

科举时代，称状元及第，谓独占鳌头。传说居住于东海之滨天台山的羲和部落具有非常丰富的天文知识，他们最早识别北斗七星并把离斗柄最远的一颗命名为魁。其后人伯益成为部落首领时曾在扶桑山鳌头石梦遇魁星，受其点化而著《山海经图》。后人遂尊魁星为文运功名禄位之神（赤发蓝面，翘足，捧墨斗，执朱笔，立于鳌头之上），并在天台山鳌头石后修建魁仙阁（遗址尚存）。据此典故，自唐代始考生在迎榜时都是让头名状元站在殿阶的浮雕巨鳌头之上，称为“魁星点斗，独占鳌头”，喻占首位或第一名之意。

名落孙山

“名落孙山”指名字落在榜末孙山的后面，指考试或选拔没有被录取，是一种委婉的或自我解嘲式的说法。出自宋代范公偁的《过庭录》：“吴人孙山，滑稽才子也。赴举他郡，乡人讬以子偕往。乡人子失意，山缀榜末，先归。乡人问其子得失，山曰：‘解名尽处是孙山，贤郎更在孙山外。’”

下篇　多彩的世界

下篇　多彩的世界

第一章：地理概况

亚洲

亚洲，即亚细亚洲的简称，意为太阳升起的地方。是七大洲中面积最大、人口最多的一个洲。其覆盖地球总面积的 8.6%。人口总数约为 40 亿，约占世界总人口的 60%。亚洲绝大部分土地位于东半球和北半球。亚洲与非洲的分界线为苏伊士运河，苏伊士运河以东为亚洲。亚洲与欧洲的分界线为土耳其海峡、乌拉尔山脉、高加索山脉、里海和黑海。乌拉尔山脉以东及高加索山脉、里海和黑海以南为亚洲。亚洲大陆东至白令海峡的杰日尼奥夫角，南至努沙登加拉群岛，西至巴巴角，北至切柳斯金角，最高峰为珠穆朗玛峰。跨越经纬度十分广，东西时差达 11 小时。西部与欧洲相连，形成地球上最大的大陆块欧亚大陆。亚洲东面是太平洋，北面是北冰洋，南面则濒临印度洋，西面以乌拉山脉、乌拉河、里海、高加索山脉、黑海、土耳其海峡及爱琴海与欧洲分界，西南面隔亚丁湾、曼德海峡、红海与非洲相邻，东北面隔白令海峡与北美洲相望。

非洲

非洲，即阿非利加洲的简称，意为阳光灼热之地。面积占全球总陆地面积的 20.2 %，是世界第二大洲；人口约有 9 亿，约占全球总人口的 14%。非洲拥有着非常丰富的自然景观，赤道附近为广大的热带雨林；它还有世界最大的沙漠——撒哈拉沙漠，面积比澳大利亚还大；另外还有世界最长的尼罗河，长约 6400 千米。非洲地形大致以高原、地堑为主，西部沿海则可见平原。非洲东北端有苏伊士运河，使之与亚洲相隔；北面则是地中海和与其隔海相望的欧洲。非洲民族以高加索人种的闪族、含族，以及黑种人的黑族和苏丹黑人、班图黑人为主。不过由于过去发展缓慢，文化程度普遍较低，虽然各地皆有丰富矿产，如金、铜、铁、锰、铀及非金属矿等，但只有少部分被开发，且过去都属于欧洲殖民地，经济结构并不健全；加以自然环境恶劣，不是太干就是过湿，而许多小国政治未臻稳定，且又种族复杂，遂造成非洲各国普遍处于贫穷状态。

欧洲

欧洲，即欧罗巴洲的简称，意为西方日落之地。世界第六大洲，面积1000万平方千米，人口7亿多，是世界人口第三多的洲，仅次于亚洲和非洲，人口密度平均每平方千米70人，共有48个已独立国家，欧洲东以乌拉山尔脉、乌拉尔河，东南以里海、高加索山脉和黑海与亚洲为界，西、西北隔大西洋、格陵兰海、丹麦海峡与北美洲相望，北接北极海，南隔地中海与非洲相望。欧洲最北端是挪威的北角，最南端是西班牙的马罗基角。欧洲与亚洲合称为欧亚大陆，而与亚洲、非洲合称为欧亚非大陆。欧洲的地形样貌颇为丰富，有平原、丘陵、山脉、冰河峡湾等多种地形。欧洲境内还有数条大河流经，其中著名的是莱茵河、多瑙河、易北河等。欧洲还有着悠久而辉煌的历史，也是近代资本主义的发源地。

北美洲

北美洲，即北亚美利加洲的简称，是为纪念著名航海家亚美利哥·维斯普奇而得名。位于西半球北部，东临大西洋，西临太平洋，北濒北冰洋，南以巴拿马运河为界与南美洲相分。北美洲还包括加勒比海中众多岛屿。北美洲面积2422.8万平方千米，约占世界陆地总面积的16.2%，是世界第三大洲。人口5亿2872万，居世界第四位。北美洲大陆地形基本上是南北走向的山脉分布于东西两侧与海岸平行，大平原分布于中部。北美洲地跨热带、温带、寒带，气候复杂多样。密西西比河是北美洲最大的河流，按长度为世界第四大河。重要的河流还有：马更些河、育空河、圣劳伦斯河和格兰德河等。北美洲的河流上多瀑布，落差最大的瀑布是约塞米蒂瀑布，落差达700米。北美洲多湖泊，淡水湖总面积约40万平方千米，居各洲首位。中部高原区的五大湖：苏必利尔湖、休伦湖、密歇根湖、伊利湖、安大略湖，是世界上最大的淡水湖群，有“北美地中海”之称。

南美洲

南美洲，即南亚美利加洲的简称，是为纪念著名航海家亚美利哥·维斯普奇而得名。位处南半球，西临南太平洋，东面则是大西洋，北面则是加勒比海。南美洲是美洲大陆南面的一部分，西面有海拔数千米的安第斯山脉，东向则主要是平原，包括亚马孙河森林。南美洲拥有多样化的地形，有绵长高耸的折曲山地、古老的结晶高地、河流冲积的平原及盆地。美洲上有数条河流，较为著名的有亚马孙河、奥利诺科河及拉布拉他河；主要湖泊则有的的喀喀湖和马拉开波湖。南美洲最宽广的地区接近赤道，温带陆地面积较小，以致温带范围小、热带范围大。南美洲拥有多样的环境资源，但受殖民地式经济与大地主制影响，独立后并未出现经济经济腾飞的现象，多为发展中国家。南美洲的文化原以印第安人的文化为主，欧洲殖民者于印第安人大量死亡后引进黑奴以补充劳力，使其文化血统复杂。

大洋洲

大洋洲意为大洋中的陆地，是世界上最小的一个洲，也是人口最少的一个洲。大洋洲主要分为两部分：澳大利亚大陆与太平洋各岛屿，它是亚非之间与南、北美洲之间船舶、飞机往来所需淡水、燃料和食物供应站，又是海底电缆的交汇处，在交通和战略上具有重要地位。大洋洲有14个独立国家，其余十几个地区尚在美、英、法等国的管辖之下。在地理上划分为澳大利亚、新西兰、新几内亚、美拉尼西亚、密克罗尼西亚和波利尼西亚六区。全洲65%的人口分布在澳大利亚大陆。各岛国人口密度、差异显著。欧洲人后裔约占70%以上，此外还有混血种人、印度人、华人和日本人等。土著居民为黄种人和黑种人。大洋洲矿产资源丰富，镍、铝土矿、金、铬、磷酸盐、铁、银、铅、锌、煤、石油、天然气、铀、钛和鸟粪石等较丰富。近年来大洋洲各国家重视发展旅游业，旅游业收入已经成为了各国家国民收入的主要来源。

南极洲

南极洲是一个基本上位于南极圈以南的洲。位于地球最南端，土地几乎都在南极圈内，四周濒太平洋、印度洋和大西洋。是世界上地理纬度最高的一个洲。南极洲是1820年被俄国探险家拉扎列夫发现的。南极洲由围绕南极的大陆、陆缘冰和岛屿组成。南极洲大部分是2000米以上的山地与高原，上面又覆盖着平均1.6千米厚的冰帽，是全世界淡水的主要所在地。南极洲气候异常寒冷、终年覆盖冰雪，为寒带冰原气候，号称世界风库、寒极、干极。全洲降水少，空气干燥，因此又有“白色荒漠”之称。南极洲蕴藏的矿物有220多种，含量丰富，主要有煤、石油、天然气、铂、铀、铁、锰、铜、镍、钴、铬、铅、锡、锌、金、铜、铝、锑、石墨、银、钻石等。但是1959年《南极条约》规定：南极洲仅用于和平目的，保证在南极洲地区进行科学考察的自由，促进科学考察中的国际合作，禁止在南极地区进行一切具有军事性质的活动及核爆炸和处理放射物，冻结目前领土所有权的主张，促进国际在科学方面的合作。

太平洋

太平洋是世界第一大洋。从北极一

直延伸至南极，其西面为亚洲、大洋洲，东面为美洲，面积 15 555.7 万平方千米，覆盖着地球约 46% 的水面及约 32% 的总面积，比地球上所有陆地面积加起来还要大。太平洋水温随纬度而异，在极地附近接近冰点，在赤道则为 25℃至 30℃。整体来说，太平洋的海水要比大西洋的温暖。海水的含盐量则在中纬度较高。在太平洋水系中，最主要的是中国及东南亚的河流。太平洋岛屿众多，主要分布于西部和中部海域，按性质分为大陆岛和海洋岛两大类。其中美拉尼西亚群岛多为大陆岛，玻里尼西亚群岛的夏威夷群岛是著名的火山群岛，密克罗尼西亚群岛几乎都是珊瑚岛。太平洋资源丰富，有着丰富的渔业资源和矿产资源，但是目前开发程度不高。

大西洋

大西洋是世界第二大洋。位于欧洲、非洲与北美洲、南美洲之间，北接北冰洋，南接南极洲，西南以通过合恩角的经线与太平洋为界，东南以通过厄加勒斯角的经线与印度洋为界。大西洋东西两侧岸线大体平行。南部岸线平直，内海、海湾较少；北部岸线曲折，沿岸岛屿众多，海湾、内海、边缘海较多。岛屿和群岛主要分布于大陆边缘，多为大陆岛。在几个大洋中，大西洋入海河流流域面积最广，流域面积达 4742.3 万平方千米。大西洋南北伸延、赤道横贯中部，气候南北对称和气候带齐全是明显特征。同时受洋流、大气环流、海陆轮廓等因素影响，各海区间气候又有差别。大西洋上的气温分布与太平洋基本相似，既沿纬度方向延伸，又从赤道地区向高纬递减。大西洋中的海洋资源相当丰富，已勘探和利用的资源主要是矿产资源和水产资源。

印度洋

印度洋是世界第三大洋。位于亚洲、大洋洲、非洲和南极洲之间。印度洋的主要属海和海湾是红海、阿拉伯海、亚丁湾、波斯湾、阿曼湾、孟加拉湾、安达曼海、阿拉弗拉海、帝汶海、卡奔塔利亚湾、大澳大利亚湾、莫桑比克海峡等等。印度洋有很多岛屿，其中大部分是大陆岛，如马达加斯加岛、斯里兰卡岛、安达曼群岛、尼科巴群岛、明打威群岛等。印度洋大部分位于热带，经常有热带气旋产生。于十月至隔年四月有强烈东北风吹拂，五月至十月则有盛行南风及西风。阿拉伯海上强烈的季风为印度次大陆带来了降雨，南半球的风大多温和，但毛里求斯附近的暴风雨却十分剧烈。印度洋中石油资源极为丰富，波斯湾、红海、阿拉伯海、孟加拉湾、苏门答腊岛与澳大利亚西部沿海都蕴藏有海底石油。波斯湾是世界海底石油最大的产区。印度洋的地理位置非常重要，是沟通亚洲、非洲、欧洲和大洋州的交通要道。

北冰洋

北冰洋是世界第四大洋，又称北极海，位于位于北极圈内，大致以北极点为中心。北冰洋是世界五大洋中最小最浅的。面积1405.6万平方千米，约占世界大洋面积的3.6%。平均深度1200米至1300米，为世界大洋平均深度的三分之一。北冰洋洋面上有长年不化的冰层，占北冰洋面积的三分之二，厚度多在2米至4米。中央的海冰已持续存在300万年，是永久性的海冰。水温大部分时间在0℃以下。由于严寒，北冰洋区域内的生物种类很少。植物以地衣、苔藓为主。动物有北极熊、海象、海豹、鹿、鲸等，但数量已日趋减少。北冰洋岛屿很多，数目仅次于太平洋，总面积达400万平方千米。主要岛屿有格陵兰岛、斯瓦尔巴群岛、北极群岛等。

文化圈

文化圈是社会学与文化人类学描述文化分布的概念之一。它涉及的地域范围比文化区和文化区域更为广泛。文化圈概念是由德国民族学家R.F.格雷布纳首先提出的。他在1911年出版的《民族学方法论》一书中使用文化圈概念作为研究民族学的方法论。他认为，文化圈是一个空间范围，在这个空间内分布着一些彼此相关的文化丛或文化群。从地理空间角度看，文化丛就是文化圈。文化圈不仅限于一个地理空间范围，它在地理上不一定是连成一片的。世界各地可以同属一个文化圈，一个文化圈可以包括许多部族和民族，是一个民族群。在一个文化丛相关的不同地带，只要有一部分文化元素是相符的，它们就同属一个文化圈。文化圈是独立持久的，也可以向外迁移。一个文化圈之内的整个文化，包括人类生活所需要的各个部分，如器物、经济、社会、宗教等。向外迁移的不仅是整体文化的个别部分，也可能是整个文化模式。

汉字文化圈

“汉字文化圈”指历史上受中国政治及中华文化影响，过去或现在仍使用汉字，曾共同使用文言文作为书面语言，并覆盖东亚及东南亚部分地区的文化区域。汉字文化圈从地理角度可以称为东亚文化圈，从文化角度可称为儒家文化圈（儒教文化圈），以器物戏称为稻米文化圈、筷子文化圈。汉字文化圈具体包括中国、越南、朝鲜半岛以及日本等国家和地区。它的基本要素为汉字、儒学、中国式律令制度与农工技艺、中国化佛教。这些要素给东亚诸国的语言文字、思想意识、社会组织结构、生产力发展水平以深刻影响。

印度文化圈

“印度文化圈”又称南亚文化圈、梵

文文化圈，主要指自古以来在文化、语言、政治、宗教等方面受印度影响的国家和地区。印度文化圈主要位于南亚次大陆和东南亚的大部分地区，后者包括：缅甸、泰国和柬埔寨等。而东南亚的马来西亚和印度尼西亚在伊斯兰教传入以前同样深受印度文化影响。另外还包括了几个印度洋岛屿国家、阿富汗和中国西南的西藏、云贵等地区。地区内总人口达17亿。这些地区具有相似的文化，包括文学、哲学、政治体系、建筑、音乐、宗教信仰（印度教和小乘佛教）等。

伊斯兰文化圈

“伊斯兰文化圈”又称做阿拉伯文化圈、中东文化圈，其区域主要包括印度半岛、阿拉伯半岛、东南亚（泰南、马来西亚、印尼及菲律宾棉兰老岛）及非洲的部分地区。其特征为民众多信仰伊斯兰教，阿拉伯字母使用广泛。阿拉伯字母为阿拉伯语的书写形式，类似于希伯来文。它属于亚兰字母体系，共有28个表示辅音的字母。阿拉伯语是连续书写的，这不同于每个文字都单独书写的象形文字。这意味着阿拉伯字母的书写形式会受到语境的影响。伊斯兰教与佛教、基督教并列为世界三大宗教之一。与犹太教，基督教同属亚伯拉罕系。7世纪初兴起于阿拉伯半岛。其创始者为先知穆罕默德。“伊斯兰”一词原意为顺从、和平，即顺从真主意志的宗教。信奉伊斯兰教的人称为穆斯林，意为顺从者。伊斯兰教主要传播于西亚、北非、西非、中亚、南亚、东南亚等。

东正教文化圈

“东正教文化圈”又称斯拉夫文化圈、西里尔文化圈，其范围主要包括俄罗斯、东欧以及巴尔干半岛等地。其特征为：多为斯拉夫民族，民众多信奉东正教，西里尔字母使用广泛。西里尔字母源于脱胎自希腊字母的格拉哥里字母，普遍认为是由基督教传教士圣西里尔和圣梅笃丢斯，在9世纪为了在斯拉夫民族传播基督教方便所创立的，被斯拉夫民族广泛采用，因此有时也称为斯拉夫字母。东正教是基督教中的一个派别，主要是指依循由东罗马帝国（又称拜占庭帝国）所流传下来的基督教传统的教会。它是与天主教、基督新教并立的基督教三大派别之一。斯拉夫民族发源于今波兰东南部维斯杜拉河上游一带，于1世纪时开始向外迁徙，至6世纪时期居住地已经遍布东欧以及俄罗斯地区。依居住地的不同，斯拉夫民族可分成东、西、南三支，其中东支主要分布于俄罗斯境内，分布在东欧各地者以西、南两支为主。

西方基督教文化圈

“西方基督教文化圈”又称西欧文化圈，包括西欧、北美和澳大利亚等地区，信奉基督教新教和罗马天主教，经济发达。西欧是西方文化发源地，美国、加拿大、澳大利亚、新西兰是以英裔为主的欧洲移民国家，文化深受西欧，尤其是英国的影响。西欧温带海洋性气候造就乳畜生产文化，居民普遍使用刀叉。不同风格的西方古典建筑，各种基督教节日庆典，展示了浓郁的西方文化风情。

东亚

东亚是亚洲大陆东部的一个区域，包括中华人民共和国、蒙古国、朝鲜民主主义人民共和国、大韩民国和日本国等国家。东亚地区位于亚洲东部，太平洋西岸。总面积约 12 000 000 平方千米，约占全球大陆面积的 9%。地形西高东低，成三级阶梯：第一级为青藏高原，第二级为盆地和高原，第三级为低平原、丘陵和一些海岛。东部沿海地区季风气候显著，气候湿润温和；西部内陆地区温带大陆性气候典型，属干旱、半干旱气候区；青藏高原地区为高地气候区。本区人种以蒙古利亚人种为主，集中在沿海及河谷平原。本区劳力密集的农业和手工业较为发达。目前，本区域在世界上的政治、经济重要性正日益提升。

东南亚

东南亚是第二次世界大战后期才出现的一个新的地区名称。它位于亚洲东南部，包括越南、老挝、柬埔寨、泰国、缅甸、马来西亚、新加坡、印度尼西亚、文莱、菲律宾、东帝汶等 11 个国家。本区各国的经济差异很大，新加坡繁荣进步，生活水平达到发达国家的标准；马来西亚、菲律宾、印度尼西亚和泰国经济发展有一定基础;越南、缅甸、柬埔寨、老挝和东帝汶经济落后；文莱虽然人均 GDP 和发达国家相若，但经济并不发达，主要以石油出口和天然气出口为主，财富和中东产油国一样只集中在少数富裕阶层。

南亚

南亚指亚洲南部地区，介于东南亚与西南亚之间。南亚共有 7 个国家：尼泊尔、不丹、印度、巴基斯坦、孟加拉国、斯里兰卡、马尔代夫。本区域大部分地区属热带季风气候，一年分热季（3 月至 5 月）、雨季（6 月至 9 月）和旱季（10 月至次年 2 月）。本区域盛产水稻、小麦、甘蔗、黄麻、油菜籽、棉花、茶叶等，有煤、铁、锰、云母、金等矿藏。南亚既是世界四大文明发源地之一，又是佛教、印度教等宗教的发源地。早在 5000 年前，恒河—印度河流域就出现了繁华的城市。西方殖民势力入侵后，本区域经济就处于相对停滞状态，一度沦为最贫穷落后的地区之一。二战后，英国“分而治之”的政策又使得本区域内长期动荡不安。

中亚

中亚指亚洲中部地区，包括哈萨克斯坦、乌兹别克斯坦、吉尔吉斯斯坦、土库曼斯坦和塔吉克斯坦这五个国家。本区域地貌总体上呈现东南高、西北低的趋势。境内所有河流都没有通向大洋的出口，河水除了被引走用于灌溉外，或者消失于荒漠，或者注入内陆湖泊。锡尔河是流经中亚的最长的河流，全长3019千米，发源于天山山区西部。它所灌溉的费尔干纳和塔什干绿洲，是中亚最重要的经济区。阿姆河全长2394千米，是中亚水量最充沛的大河，发源于帕米尔山区，落差大，拥有丰富的水电资源。由于地处大陆腹地，本区域呈现典型的温带沙漠、草原的大陆性气候，境内多荒漠、沙漠和草原。本区矿藏资源丰富，尤其是煤炭、铁矿等资源。本区域人口密度较小，居民多信仰伊斯兰教。

西亚和北非

西亚又称西南亚，位于位于亚、非、欧三洲交界地带，在阿拉伯海、红海、地中海、黑海和里海（内陆湖泊）之间，故有“五海三洲之地”之称。包括的国家有伊朗、伊拉克、格鲁吉亚在亚洲的地区、亚美尼亚、阿塞拜疆在亚洲的地区、土耳其在亚洲的地区、叙利亚、约旦、以色列、巴勒斯坦、埃及在亚洲的地区、沙特阿拉伯、巴林、卡塔尔、也门、阿曼等国。

北非即非洲大陆北部地区，习惯上为撒哈拉沙漠以北广大区域。包括阿尔及利亚、苏丹、埃及、利比亚、突尼斯、西撒哈拉、摩洛哥等国家。现代地理学科将西亚和北非合成了一个地理区域。本区多为阿拉伯人，信仰伊斯兰教。沙漠广布，气候干旱。但是本区具有丰富的石油资源，经济水平较高。

撒哈拉以南非洲

撒哈拉以南非洲指撒哈拉沙漠以南的非洲地区，又称亚撒哈拉地区、下撒哈拉、黑非洲，是尼格罗人种的故乡，至今居民中仍以黑种人占绝大部分。其历史文化发展同沙漠以北的阿拉伯人和柏柏尔人不同。本区地形以高原为主，地表多山脉，是热带气候的集中地区。本区域有富饶大陆之称，自然资源丰富，包括铁，锰，铜，煤炭、铝土、石墨等。这里主要出口工业原料或半成品、初级产品，一般价格低廉。此外本区还有独具特色的文化艺术及风土人情。非洲的音乐、歌舞、绘画、雕刻是世界艺术宝库中的瑰宝。

西欧

西欧指欧洲西部濒临大西洋的地区和附近岛屿，包括英国、爱尔兰、荷兰、比利时、卢森堡、法国和摩纳哥等国家。本区地形以平原为主，次为高原；山地面积较小，主要分布于英国西北和法国东南。有世界最繁忙的海运通道英吉利海峡和多佛尔海峡，以及莱茵河、塞纳河、卢瓦尔河、泰晤士河等河流。大部分地区属温带海洋性气候，地处西风带内，气候温和湿润，降水丰沛且均匀，是近代科学技术发展最早的地区，也是世界经济最发达的地区之一。有发达的工业、农业和对外贸易，有煤、石油、天然气、铁、钾盐等矿产。欧洲西部的居民以白种人为主，是世界白种人主要分布区。有5亿多人口，是世界人口稠密区之一，也是世界人口自然增长率最低的，有些国家如匈牙利还出现了负增长。

东欧和北亚

东欧和北亚包括俄罗斯、白俄罗斯、保加利亚、捷克、斯洛伐克、波兰、匈牙利、罗马尼亚、乌克兰、摩尔多瓦等国家。本区地形以平原为主，中有乌拉尔山脉分隔东欧和北亚；大河众多，但由于气候原因，河流经常封冻，航运价值较低；遍布原始针叶林，由于气候及运输等原因，开发较少。气候属于亚寒带大陆性气候，南部属温带大陆性气候，较为寒冷。经济上重工业发达，轻工业颇为薄弱，但近年来有所发展；农业为农牧并重，农作物丰富；渔业相当繁荣；原始矿产丰富，但限于技术及气候原因，较难开发；总体而言，与西欧还是有相当的差距。本区民族以俄罗斯人为主，人口分布东疏西密，多数人信仰东正教。

北美

北美指的是美洲的最北部地区，是北美洲的一部分，但与北美洲有明显的不同，它不包括墨西哥、中美洲和加勒比地区。本区域以温带大陆性气候为主，易受飓风侵袭。本区域矿产丰富，森林资源和水利资源尤为丰富。本区域国家经济发达，工业基础雄厚，生产能力巨大，科学技术先进。农业生产已经达到专门化、商品化和机械化。中部平原是世界著名的农业区之一，农作物以玉米、小麦、水稻、棉花、大豆、烟草为主，其大豆、玉米和小麦产量在世界农业中占重要地位。

拉丁美洲

拉丁美洲指美洲大片以罗曼语族语言作为官方语言或者主要语言的地区。因为罗曼语族衍生于拉丁语，拉丁美洲由而得名。拉丁美洲主要包括美洲西班牙语和葡萄牙语盛行的地区：墨西哥、大部分的中美洲、南美洲以及加勒比海地区。本区主要是印欧混血种人和黑白混血种人，其次为黑人、印第安人和白种人。拉丁美洲地形复杂，四分之三处于热带范围之内，气候条件最为优越。本区河流众多，水力资源极为丰富，境内著名河流有亚马孙河。本区矿藏资源也非常丰富，是世界矿石主要出口地区。本区主要粮食作物有稻米、小麦和玉米。经济作物以甘蔗、咖啡、香蕉、棉花最重要。拉美工业以轻工业为主，巴西、阿根廷、墨西哥和智利是拉丁美洲工业发展水平较高的国家。

日本海

日本海是西太平洋边缘海，西至亚洲大陆的俄罗斯和朝鲜，东至日本和库页岛。基本上以日本群岛与太平洋分隔开，介于北纬32度至北纬52度的中纬地带，日本海面积约为100万平方千米。整个海域略呈椭圆形，南北长为2300千米，东西宽为1300千米，平均水深1350米，容积为171.3万立方千米,最大深度3742米。南经对马海峡和大韩海峡与东海沟通，北经拉佩鲁兹海峡和鞑靼海峡与鄂霍次克海连接，东经关门海峡与濑户内海相接。大部分属温带气候，海域的北部和东南部都是丰富的渔场。海洋上层鱼类包括鲐鱼、马鲛鱼、沙丁鱼、鲱鱼、海鲤、鱿鱼等，底层有蓝鱼、阿特卡鲐鱼等。此外，海底有丰富的天然气及石油资源，都是各国希望得到的重要资源。

黑海

黑海是欧洲东南部和亚洲小亚细亚半岛之间的内海。是世界上最大的内陆海，因水色深暗、多风暴而得名。黑海向西通过博斯普鲁斯海峡、马尔马拉海、达达尼尔海峡与地中海相通，向北经刻赤海峡与亚速海相连。黑海形似椭圆形。东西最长1150千米，南北最宽611千米，中部最窄263千米,面积42.2万平方千米，海岸线长约3400千米。平均水深1315米，最大水深2210米。黑海经由其西南角的博斯普鲁斯海峡、马尔马拉海、达达尼尔海峡、爱琴海以及地中海与遥远的大西洋海域相通。注入黑海的大河流有多瑙河、聂伯河、聂斯特河和顿河。黑海海水含盐量几乎只有世界各大洋海水含盐量的一半。黑海在航运、贸易和战略上具有重要地位，是联系乌克兰、保加利亚、罗马尼亚、格鲁吉亚、俄罗斯西南部与世界市场的航运要道。北部沿岸，尤其是克里米亚半岛，是东欧人的度假、疗养胜地。

红海

红海是非洲东北部和阿拉伯半岛之间的狭长海域。面积约45万平方千米。红海由埃及苏伊士向东南延伸到曼德海峡,长约2100千米。曼德海峡连接亚丁湾，然后通往阿拉伯海。红海最宽处为306千米。西岸的埃及、苏丹、衣索比亚和东岸的沙特阿拉伯、也门隔海相对。在北端，红海分成两部分：西北部为水浅的苏伊士湾，东北部为亚喀巴湾，水深达1676米。苏伊士运河连接苏伊士湾和北面的地中海，使红海成为欧洲、亚洲间的交通航道。重要港口有苏伊士、埃拉特、亚喀巴、苏丹港、吉达、马萨瓦、荷台达和阿萨布。红海地区发现有5种主要类型的矿藏资源：石油沉积、蒸发沉积物、硫磺、磷酸盐及重金属沉积物，均在主要深海槽底部的淤泥中。

地中海

地中海被北面的欧洲大陆、南面的

非洲大陆和东面的亚洲大陆包围着。东西共长约 4000 千米，南北最宽处大约为 1800 千米，面积约为 251.2 平方千米，是世界最大的陆间海。以亚平宁半岛、西西里岛和突尼斯之间突尼斯海峡为界，分东、西两部分。地中海处在欧亚板块和非洲板块交界处，是世界是强地震带之一。地中海地区有维苏威火山、埃特纳火山。地中海的沿岸夏季炎热干燥，冬季温暖湿润，被称做地中海性气候。地中海西部通过直布罗陀海峡与大西洋相接，东部通过土耳其海峡和黑海相连。西端通过直布罗陀海峡与大西洋沟通，最窄处仅 13 千米，航道相对较浅。东北部以达达尼尔海峡—马尔马拉海—博斯普鲁斯海峡连接黑海。东南部经 19 世纪时开通的苏伊士运河与红海沟通。

爱琴海

爱琴海是地中海东部的一个大海湾，位于地中海东北部、希腊和土耳其之间，也就是位于希腊半岛和小亚细亚半岛之间。爱琴海是世界上岛屿最多的海，所以爱琴海又有“多岛海”之称。爱琴海南通地中海，东北经过达达尼尔海峡、马尔马拉海、博斯普鲁斯海峡通黑海，南至克里特岛。爱琴海海岸线非常曲折，港湾众多，共有大小约 2500 个岛屿。爱琴海的岛屿可以划分为 7 个群岛：色雷斯海群岛、东爱琴群岛，北部的斯波拉提群岛、基克拉泽斯群岛、萨罗尼克群岛、多德卡尼斯群岛和克里特岛。爱琴海的很多岛屿或岛链实际上陆地上山脉的延伸。爱琴海属地中海气候,冬季温和多雨，夏季炎热干燥、蒸发旺盛。爱琴海海岸线曲折，有无数海湾、港口和避风小港。处于亚欧板块与非洲板块积压碰撞的地带，为地壳不稳定区，多火山、地震。爱琴海是黑海沿岸国家通往地中海以及大西洋、印度洋的必经水域，在航运和战略上具有重要地位。

加勒比海

加勒比海是大西洋西部的一个边缘海，面积约 275.4 平方千米，是世界上最大的内海。有人曾把它和墨西哥湾并称为“美洲地中海”，海洋学上称中美海。南接委内瑞拉、哥伦比亚和巴拿马海岸，西接哥斯达黎加、尼加拉瓜、洪都拉斯、危地马拉、伯利兹和犹加敦半岛，北接大安地列斯群岛，东接小安地列斯群岛。由于处在两个大陆之间，西部和南部与中美洲及南美洲相邻，北面和东面以大小安的列斯群岛为界。加勒比海东西长约 2735 千米，南北宽在 805 千米至 1287 千米，容积为 686 万立方千米，平均水深为 2491 米，为世界上深度最大的陆间海之一。加勒比海地区一般属热带气候。但因受高山、海流和信风影响，各地有所不同。多米尼克部分地区年平均雨量高达 889 厘米。每年 6 月至 9 月，热带风暴在北部和墨西哥湾比较常见，南部则极为罕见。

白令海峡

连接白令海与北极海的海峡（西经169° 0'，北纬 65°30'），并在亚洲和北美洲大陆距离最近处将之分隔。平均深度为 30 米至 50 米，最狭处约 85 千米；峡内岛屿罗列，包括代奥米德群岛及海峡南边的圣劳伦斯岛。美俄国界在此穿过。白令海的部分海水流经本海峡入北极海，但大部分回流太平洋。冬季常有暴风雪，海面为 1.2 米至 1.5 米厚的冰原所覆盖，仲夏仍有浮冰留存。白令海峡是沟通北冰洋和太平洋的唯一航道，也是北美洲和亚洲大陆间的最短海上通道。

马六甲海峡

马六甲海峡是位于马来半岛与苏门答腊岛之间的海峡。马六甲海峡连接安达曼海（印度洋）和南海（太平洋）的水道，西岸是印度尼西亚的苏门答腊岛，东岸是西马来西亚和泰国南部，面积为65000 平方千米。海峡长度为 800 千米，状似漏斗，其南口宽只有 65 千米，向北渐宽，到印尼的沙璜和泰国的克拉地峡之间的北口已宽达 249 千米。马六甲海峡因沿岸有马来西亚古城马六甲而得名。海峡现由新加坡、马来西亚和印度尼西亚三国共管。海峡处于赤道无风带，全年风平浪静的日子很多。海峡底质平坦，多为泥沙质，水流平缓。马六甲海峡东端有世界大港新加坡，海运繁忙。每年约有 10 万艘船只通过海峡。日本从中东购买的石油，绝大部分都是通过这里运往国内的。

霍尔木兹海峡

霍尔木兹海峡位于亚洲西南部，介于伊朗与阿拉伯半岛之间，东接阿曼湾，西连海湾，呈人字形。由于它是海湾与印度洋之间的必经之地，霍尔木兹海峡素有“海湾咽喉”之称，具有十分重要的战略和航运地位。海湾沿岸产油国的石油绝大部分通过这一海峡输往西欧、澳大利亚、日本和美国等地，合计承担着西方石油消费国 60% 的供应量，西方国家把霍尔木兹海峡视为“生命线”。连接波斯湾和阿曼湾与阿拉伯海。宽 55 千米至 95 千米，在伊朗和阿拉伯半岛之间。峡中有格什姆岛、荷姆兹岛和亨加姆岛。是往来波斯湾各港的油轮必经之地，具有重要战略意义和经济意义。

直布罗陀海峡

直布罗陀海峡是沟通地中海与大西洋的海峡。位于西班牙最南部和非洲西北部之间（西经 5° 36'，北纬 35° 57'），长58 千米。海峡西端，在北部的特拉法加尔角与南部的斯帕特尔角之间，宽 43 千米；海峡东端，在北部的直布罗陀岩赫丘利斯柱与南部的休达正东的阿科山之间，宽23千米。海峡风向多为东风或西风，从北方进入西地中海的浅冷气团，往往成为低层高速东风穿过，当地称为累凡特风。从大西洋有流速为 2 节的表面洋流向东经过海峡流入地中海，其流量大于在深约 122 米向西流动的较重、较冷、较咸的洋流，因此海峡的存在使地中海避免成为一个萎缩的盐湖。由于直布罗陀海峡海峡具有重大的战略和经济价值，早期为大西洋航海家所利用，至今仍然是经大西洋通往南欧、北非和西亚的重要航路。

英吉利海峡

英吉利海峡又称拉芒什海峡，是隔离英国与欧洲大陆之间的海峡。其最狭窄的水域为多佛尔海峡，多佛尔隔海与法国加莱相望。历史上曾在此发生多次军事冲突和海战。英吉利海峡自西向东渐窄，最宽处约 180 千米，最狭处 34 千米，位于英国多佛和法国加莱之间。英吉利海峡东端有多佛海峡接北海。面积约 75000 平方千米，在欧洲大陆棚的浅海中最小，平均深度由 120 米向东递减至 45 米。20 世纪由于深水捕鱼业的发展、海洋资源耗尽及海峡中往来频繁的油轮和渡轮的污染，海峡中的传统渔业已衰落。朴次茅斯和朴里茅斯是衰败中的军港，南安普敦和哈佛港则逐渐失去越洋旅客，而增加大量的货柜船和炼油容量。英法两国皆使用海峡的水来冷却核能发电站。海峡两岸许多港口有定期渡轮往来。

土耳其海峡

土耳其海峡全长 31.5 千米，最宽处 3200 米，最窄处 550 米，平均深度 62 米，最深处 118 米。土耳其海峡呈东北—西南走向。东北端为博斯普鲁斯海峡，西南端为达达尼尔海峡，两海峡之间是土耳其内海马尔马拉海。海峡中央有一股由黑海流向马尔马拉海的急流，水面底下则有一股逆流把含盐的海水从马尔马拉海带到黑海。由于鱼群季节性地通过海峡往返黑海，海峡地区渔业颇盛。两岸树木葱郁，村庄、别墅星罗棋布。土耳其海峡是连接黑海与地中海的唯一通道，包括博斯普鲁斯海峡、达达尼尔海峡以及马尔马拉海，古往今来皆为兵家必争之地，战略地位十分重要。冷战时期，美苏均将黑海海峡确立为全球最重要的海上咽喉之一。冷战后，北约仍视黑海海峡为欧亚大陆的战略要点之一。海峡最窄处隔岸分别修建了两座军事堡垒，亚洲部分的名叫阿纳多卢城堡，建于 1390 年，欧洲部分的叫色雷斯城堡，建于 1452 年。

麦哲伦海峡

麦哲伦海峡是南美洲大陆南端和火地岛之间沟通大西洋和太平洋的海峡。长 560 千米，东端与阿根廷相接。东起大西洋畔的维尔赫纳斯角与圣埃斯皮里图角，西至德索拉西翁岛皮勒角抵太平洋。海峡主要港口阿雷纳斯角在伯伦瑞克半岛，为智利羊肉集运港。葡萄牙人麦哲伦于1520年10月21日至11月28日在该海峡航行，并终于完成第一次环球航行。海峡水道曲折迂回，且寒冷多雾，在建成巴拿马运河前是重要海上航线。

贝加尔湖

贝加尔湖是世界上容量最大、最深的淡水湖。位于布里亚特共和国和伊尔库次克州境内。湖型狭长弯曲，宛如一弯新月，所以又有“月亮湖”之称。它长636千米，平均宽48千米，最宽79.4千米，面积3.15万平方千米，平均深度744米，最深点1680米，湖面海拔456米。贝加尔湖湖水澄澈清冽，其总蓄水量23600立方千米。湖上风景秀美、景观奇特，湖内物种丰富，是一座集丰富自然资源于一身的宝库。湖中的动植物比世界上任何一个淡水湖里的都多，其中1083种还是世界上独一无二的特有品种。最令科学家感兴趣的是生物的古老性，其中有很多西伯利亚其他淡水湖已绝迹的物种。

里海

位于亚欧大陆腹部，亚洲与欧洲之间，里海的东北为哈萨克斯坦，东南为土库曼斯坦，西南为阿塞拜疆，西北为俄罗斯，南岸在伊朗境内，是世界上最大的湖泊，也是世界上最大的咸水湖，属海迹湖。位于辽阔平坦的中亚西部和欧洲东南端，西面为高加索山脉。整个海域狭长，南北长约1200千米，东西平均宽度320千米。面积约386400平方千米。湖水总容积为76000立方千米。里海湖岸线长7000千米。有130多条河注入里海。里海中的岛屿多达50个，但大部分都很小。海盆大体上为北、中、南三个部分。数百年间，里海的面积和深度曾多次发生变化。里海为沿岸各国提供了优越的水运条件，沿岸有许多港口，有些港口与铁路相连系，火车可以直接开到船上轮渡到对岸。里海在这一地区交通运输网中，以及在石油和天然气的生产中也具有重大意义，其优良的海滨沙滩日益被用做疗养和娱乐场所。

死海

死海，在亚洲西部，巴勒斯坦和约旦交界处。死海，原来在希伯来语中被称为“盐海”，湖面海拔为−400米，是世界陆地的最低点。死海南北长约82千米，东西最宽18千米，平均深146米，最大深度395米，面积1049平方千米。死海含盐量极高，表层的231‰，底层为332‰，比一般海水含盐量高5至8倍。死海湖水比重为1.172至1.227，而人体比重只有1.021至1.097，比死海湖水比重小，因此人们可以像躺在床上一样仰卧在死海水面上，即使不会游泳的人，也不会淹死。死海水中含有很多矿物质，水分不断蒸发，矿物质沉淀下来，经年累月而成为今天最咸的咸水湖。人类对大自然奇迹的认识经历了漫长的过程，最后依靠科学才揭开了大自然的秘密。

北美五大湖

北美五大湖是指苏必利尔湖、休伦湖、密歇根湖、伊利湖和安大略湖。这五大湖处加拿大和美国交界处，是闻名世界的五大淡水湖。五大湖总面积约245660平方千米，是世界上最大的淡水水域。五大湖流域约为766100平方千米，南北延伸近1110千米，从苏必利尔湖西端至安大略湖东端长约1400千米。其中苏必利尔湖是北美洲五大湖最西北和最大的一个，也是世界最大的淡水湖之一，是世界仅次于里海的第二大湖。休伦湖为北美五大湖中第二大湖。密歇根湖也叫密执安湖，是北美五大湖中面积居第三位，唯一全部属于美国的湖泊。伊利湖是北美五大湖的第四大湖，东、西、南面为美国，北面为加拿大。安大略湖是北美洲五大湖最东和最小的一个，北为加拿大，南是美国。

乞力马扎罗山

乞力马扎罗山是非洲最高的山脉，是一个火山丘，海拔5896米，面积756平方千米，它位于坦桑尼亚乞力马扎罗东北部，邻近肯尼亚，是坦桑尼亚与肯尼亚的分水岭，坐落于南纬3度，距离赤道仅300多千米。乞力马扎罗山素有“非洲屋脊”之称，而许多地理学家则喜欢称它为“非洲之王”。乞力马扎罗山国家公园和森林保护区占据了整个乞力马扎罗山及周围的山地森林。乞力马扎罗山国家公园由林木线以上的所有山区和穿过山地森林带的六个森林走廊组成。乞力马扎罗山四周都是山林，那里生活着众多的哺乳动物，其中一些还是濒于灭绝的种类。

阿尔卑斯山

阿尔卑斯山是欧洲中南部大山脉，是一条不甚连贯的山系中的一小段，该山系自北非阿特拉斯延伸，穿过南欧和南亚，直到喜马拉雅山脉。阿尔卑斯山脉从亚热带地中海海岸法国的尼斯附近向北延伸至日内瓦湖，然后再向东一东北伸展至多瑙河上的维也纳。阿尔卑斯山脉长约1200千米，最宽处201千米以上，是西欧自然地理区域中最显要的景观。阿尔卑斯山脊将欧洲隔离成几个区域，是许多欧洲大河和多瑙河许多支流的发源地。从阿尔卑斯山脉流出的水最终注入北海、地中海、亚得里亚海和黑海。经过多少世纪演变出来的与众不同的阿尔卑斯型畜牧经济，自19世纪以来已有改变，这里以当地原料和发展水电为基础已兴办起工业。阿尔卑斯山脉已经成为数百万欧洲人和其他世界各地观光客的夏季和冬季游乐场。山地河流上游，水流湍急，水力资源丰富，又有利于发电。此外，此地栖息着各种动植物，代表有阿尔卑斯大角山羊、山兔、雷鸟、小羚羊和土拨鼠等。

落基山

落基山脉又译做洛矶山脉，是美洲科迪勒拉山系在北美的主干，由许多小山脉组成，被称为北美洲的“脊骨”，从阿拉斯加到墨西哥，南北纵贯4500多千米，广袤而缺乏植被。巍峨的落基山脉绵延起伏，自北向南，有数千千米之长。整个落基山脉由众多小山脉组成，其中有名称的就有39条。这条巨大的山脉南北狭长，北至加拿大西部，南达美国西南部的得克萨斯州一带，几乎纵贯美国全境。除圣劳伦斯河外，北美几乎所有大河都源于落基山脉，是大陆重要分水岭。这里有终年积雪的山峰、茂密的针叶森林、宽广的山谷、清澈的溪流、开阔的天空和丰富的矿藏资源，数百万人在这里居住和劳作，每年更有数百万人到此旅行游览。落基山脉有北美大陆最受欢迎的旅游胜地之一。

安第斯山

安第斯山脉是世界上最长的山脉，几乎是喜玛拉雅山脉三倍半，属美洲科迪勒拉山系，是科迪勒拉山系主干。南美洲西部山脉大多相互平行，并同海岸走向一致，纵贯南美大陆西部，大体上与太平洋岸平行，其北段支脉沿加勒比海岸伸入特立尼达岛，南段伸至火地岛。跨委内瑞拉、哥伦比亚、厄瓜多尔、秘鲁、玻利维亚、智利、阿根廷等国，全长约8900千米。整个山脉的平均海拔3660米，有许多高峰终年积雪。地质上属年轻的褶皱山系，地形复杂。南段低狭单一，山体破碎，冰川发达，多冰川湖；中段高度最大，夹有宽广的山间高原和深谷，是印加人文化的发祥地；北段山脉条状分支，间有广谷和低地，多火山，地震频繁。

湄公河

湄公河是东南亚最长的河流，总长约4350千米，流域总面积81.1万平方千米，为世界第十二大河，亚洲第七大河。发源于我国青海省，流经西藏自治区与云南省，此后成为缅甸与老挝之间以及老挝与泰国之间的部分国际边界，还流经老挝、柬埔寨与越南，然后在西贡南面注入南海。老挝首都万象与柬埔寨首都金边均在岸边。湄公河约四分之三的流域面积在其下游流经的四国——老挝、泰国、柬埔寨与越南。其河岸三角洲平均海拔不足2米，面积4.4万平方千米，地势低平，水网密集，土壤肥沃，为东南亚重要的的稻米产区之一。

恒河

印度北部大河，自远古以来一直是印度教徒的圣河。其大部分流程为宽阔、缓慢的水流，流经世界上土壤最肥沃和人口最稠密地区之一。恒河发源于喜马拉雅山脉，注入孟加拉湾，流域面积占印度领土四分之一，养育着高度密集的人口。恒河流经恒河平原，这是印度斯坦地区的中心，亦是从公元前3世纪阿育王的王国至16世纪建立的蒙兀儿帝国为止一系列文明的摇篮。恒河全长2700千米，流域面积106万平方千米，河口处的年平均流量为每秒2.51万立方米；其中在印度境内长2071千米，流域面积95万平方千米，年平均流量为每秒1.25万立方米。恒河用丰沛的河水哺育着两岸的土地，给沿岸人民以舟楫之便和灌溉之利，用肥沃的泥土冲积成辽阔的恒河平原和三角洲，勤劳的恒河流域人民世世代代在这里劳动生息，历史学家、考古学家的足迹遍布恒河两岸，诗人、歌手行吟河畔。至今，这里仍是印度、孟加拉国的精粹所在。

尼罗河

尼罗河是世界第一长河，非洲主河流之父，位于非洲东北部，是一条国际性的河流。尼罗河发源于赤道南部的东非高原上的布隆迪高地，干流流经布隆迪、卢旺达、坦桑尼亚、乌干达、苏丹和埃及等国，最后注入地中海。干流自卡盖拉河源头至入海口，全长6670千米，是世界流程最长的河流。支流还流经肯尼亚、埃塞俄比亚和刚果、厄立特里亚等国的部分地区。流域面积约335万平方千米，占非洲大陆面积的九分之一，入海口处年平均径流量810亿立方米。所跨纬度从南纬4度，至北纬31度，跨度达35度。尼罗河最下游分成许多河流注入地中海，这些河流都流经三角洲平原。三角洲面积约24000平方千米，地势平坦，河渠交织，是古埃及文化的摇篮，也是现代埃及政治、经济、文化中心。

苏伊士运河

苏伊士运河是一条海平面的水道，在埃及贯通苏伊士地峡，连接地中海与红海，提供从欧洲至印度洋和西太平洋附近土地的最近的航线。它是世界使用最频繁的航线之一，是亚洲与非洲的交界线，是亚洲与非洲人民来往的主要通道。运河北起塞得港南至苏伊士城，长168千米，在塞得港北面掘道入地中海至苏伊士的南面。苏伊士运河是条明渠，无闸。虽然全长是直的，但也有8个主要弯道。运河西面是尼罗河低洼三角洲，东面较高，是高低不平且干旱的西奈半岛。这条运河允许欧洲与亚洲之间的南北双向水运，而不必绕过非洲南端的好望角，大大节省了航程。对黑海沿岸来说，它是一条在国际航运中具有重要战略意义的国际海运航道。

莱茵河

西欧第一大河莱茵河，发源于瑞士境内的阿尔卑斯山北麓，西北流经列支敦士登、奥地利、法国、德国和荷兰，最后在鹿特丹附近注入北海。全长1320千米，它发源于瑞士境内的阿尔卑斯山，流经德国注入北海。莱茵河在欧洲是一条著名的国际河流，沿途的列支敦士登、奥地利、法国和荷兰都留下了它的痕迹。自1815年维也纳会议以来，它已成为国际航运水道，通航长约869千米，远至瑞士—德国边境上的莱茵费尔登。流域面积超过22万平方千米。莱茵河是具有历史意义和文化传统的欧洲大河之一，也是世界上最重要的工业运输大动脉之一。莱茵河航运十分方便，是世界上航运最繁忙的河流之一。

多瑙河

多瑙河在欧洲仅次于伏尔加河，是欧洲第二长河，被人赞美为“蓝色的多瑙河”，像一条蓝色飘带蜿蜒在欧洲大地上。它发源于德国西南部的黑林山的东坡，自西向东流经奥地利、斯洛伐克、匈牙利、克罗地亚、塞尔维亚、保加利亚、罗马尼亚、摩尔多瓦、乌克兰，在乌克兰中南部注入黑海。它流经10个国家，是世界上干流流经国家最多的河流。支流廷伸至瑞士、波兰、意大利、波斯尼亚—黑塞哥维那、捷克以及斯洛文尼亚、摩尔多瓦等国，最后在罗马尼亚东部的苏利纳注入黑海。全长2850千米，流域面积81.7万平方千米。多瑙河在中欧和东南欧的拓居移民和政治变革方面都发挥过极其重要的作用。它两岸排列的城堡和要塞形成了伟大帝国之间的疆界；而其水道却充当了各国间的商业通衢。在20世纪，它仍继续发挥着作为贸易大动脉的作用。

伏尔加河

欧洲最大的河流，同时也世界上最大的内流河。俄罗斯内河航运干道。伏尔加河发源于俄罗斯加里宁州奥斯塔什科夫区、瓦尔代丘陵东南的湖泊间，源头海拔228米，河水流速缓慢，沙洲、浅滩、牛轭湖、废河道广为分布，是一条典型的平原河流。伏尔加河自源头向东北流至雷宾斯克转向东南，至古比雪夫折向南，流至伏尔加格勒后，向东南注入里海。伏尔加河是俄国的历史摇篮。被称为俄罗斯人的母亲河。伏尔加盆地占俄罗斯欧洲部分的五分之二，居民几乎占俄罗斯联邦全部人口的二分之一。伏尔加河巨大的经济、文化和历史的重要性，还有河流及其盆地的巨大面积，使其跻身于世界大河之列。

密西西比河

世界第四长河，也是北美洲流程最长、流域面积最广、水量最大的河流。位于北美洲中南部。干流发源于苏必利尔湖以西，美国明尼苏达州西北部海拔501米的、小小的艾塔斯卡湖，向南流经中部平原，注入墨西哥湾。全长3950千米；若以发源于落基山脉东坡的最大支流密苏里河的源头起算，长

6262千米。流域北起五大湖附近，南达墨西哥湾，东接阿巴拉契亚山脉，西至落基山脉，面积322万平方千米，约占北美洲面积的八分之一。作为高度工业化国家的中央河流大动脉，已成为世界上最繁忙的商业水道之一。这条难以驾驭的河流流经北美大陆一些最肥沃的农田，现已完全由人类控制得当。洪水已被控制，水资源得到充分利用。如今处处是绿色的河岸，生气勃勃的工业城镇星罗棋布。

亚马孙河

亚马孙河全长6440千米，域面积705万平方千米，约占南美大陆总面积的40%；与尼罗河同为世界第一长河，世界上流量最大、流域面积最广的河。从秘鲁的乌卡亚利—阿普里马克水系发源地起，全长约6751千米，亚马孙河干支流蜿蜒流经南美洲7个国家。从秘鲁的伊基托斯至巴西的马瑙斯叫索利默伊斯河，内格罗河河口至大西洋段才称亚马孙河。它最西端的发源地是距太平洋不到160千米高耸的安第斯山，入海口在大西洋，每年注入大西洋的水量约6600立方千米，相当于世界河流注入大洋总水量的六分之一。这里蕴藏着世界最丰富多样的生物资源，各种生物多达数百万种。亚马孙河最以其为世界淡水观赏鱼主要产地而闻名。其丰富绮丽的淡水热带观赏鱼一直牵动全世界观赏鱼爱好者和生物学家的心。

巴拿马运河

巴拿马运河是巴拿马共和国拥有和管理的水闸型运河，切过狭窄的巴拿马地峡，连接大西洋和太平洋。其长度，从一侧的海岸线到另一侧海岸线约为65千米，而由大西洋的深水处至太平洋的深水处约82千米。巴拿马运河是世界上最具有战略意义的两条人工水道之一，另一条为苏伊士运河。沟通太平洋和大西洋的重要航运要道，被誉为世界七大工程奇迹之一，并被誉为“世界桥梁”。巴拿马运河是由美国建成的，自1914年通航至1979年间一直由美国独自掌控。在1979年运河的控制权转交给巴拿马运河委员会（由美国和巴拿马共和国共同组成的一个联合机构），并于1999年12月31日将全部控制权交给巴拿马。运河的经营管理交由巴拿马运河管理局负责，而管理局只向巴拿马政府负责。

平壤

朝鲜民主主义人民共和国首都平壤市是朝鲜的第一大城市，也是政治、文化和经济中心。平壤位于朝鲜半岛西北部，平壤平原北端，地势北高南低，跨大同江两岸。平壤冬寒夏暖，年平均气温9.4℃，1月平均气温−8.1℃，8月平均气温24.4℃，年较差大。年降水量925毫米，主要集中在每年的7至8月。现有行政区18个，市区居住面积占20%，其余80%

为公园和绿化用地，是世界上绿化面积最大的城市之一。市内处处是苍松翠柏，加上山清水秀的天然景致，使平壤成为一座花园城市，被世人称为“花中之城”。平壤还享有“柳京”之称，其意是“柳树遍布的京城”，这是因为城内生长着很多柳树，流经市区的大同江以及普通江两岸更是柳树成行，随风摇曳，招人喜爱。朝鲜人民对柳树有着特殊喜爱，早在12世纪朝鲜诗人郑知常已写下“紫陌春风细雨过，轻尘不动柳丝斜”这样赞美柳树的绝句，借此来表达对柳树的感情。

首尔

首尔是大韩民国的首都，位于朝鲜半岛的中心，东经126度，北纬37度的地方。原名汉城，是沿用李朝汉字名，2005年1月起用首尔名称，正式名称为首尔特别市。首尔是韩国最大的城市，人口1000多万，是世界最大城市之一。首尔都市圈人口达2300万，是世界第二大都市圈。韩国近一半的人口居住在首尔都市圈。首尔位于韩国西北部的汉江流域，是朝鲜三国时期百济的故地，也是原李氏朝鲜的国都，曾举办1988年夏季奥林匹克运动会。首尔是韩国的经济、科技和文化中心，世界十大金融商业城市之一，消费水平世界第五，在亚洲是仅次于东京的城市。

奈良

奈良县位处日本近畿地方，首府为奈良市。有人口约143.9万，面积3691.09平方千米。县域是旧时令制国中大和国。古代日本国家起源于此地。奈良县是日本历史文化遗产的宝库，县政府所在地的奈良市是日本著名的历史城市和国际观光城市。从6世纪开始这里就是日本佛教文化的中心，也是日本的古都。奈良市和中国古都长安关系密切，奈良市的唐招提寺是日本的佛教律宗的总寺院，是由中国唐代鉴真和尚主持兴建的，保留着中国唐代的建筑风格，现在被确定为日本国宝和世界文化遗产。

东京

东京为位于日本本州岛东部的都市。明治维新后即成为日本的实质首都所在地至今，同时也是日本政治、经济、文化、交通等的中心。东京都的总面积为2162平方千米，包括23个特别区、26个市、5个町和8个村，并与周边的千叶、神奈川、埼玉等县构成“首都圈”。各特别区、市、町、村皆设有独立的行政役所，东京都厅则位于西新宿。目前东京都约有1255万人口，整个东京都会区总人口高达3375万，是全球最大的都会区。每天约有数百万人从首都圈外围地区通勤至东京上班，使得东京的中心区域白天经常人声鼎沸，新宿、丸之内、日本桥等办公大楼林立的区域聚集了不少上班族；到了夜晚，人潮则转移至银座、涩谷、六本木、台场等休闲娱乐场所林立的区域，开启夜生活的序幕。东京不但人口密集，同时也是各种物资与各类资讯的巨大集散地。除了长期作为亚洲金融、贸易等经济活动的要地之外，近年来亦成为亚洲流行文化的传播中心。尽管东京在都市发展上如同许多国际大都市，经常出现日新月异的变化，但在发展的同时仍旧保留了许多历史文物、古迹与一些传统仪式、活动，现代与传统共存成为这座城市的一大特征。

阿拉木图

阿拉木图是哈萨克斯坦的前首都和经济、文化中心。它位于哈萨克斯坦东南部，东邻中国新疆。面积 10.51 万平方千米。人口包括阿拉木图市在内为 203.2 万。位于外伊犁阿拉套山脉北麓伊犁河支流大、小阿尔马廷卡河畔的人工灌溉绿洲中。海拔 650 至 950 米。原属中国，1854 年被沙俄侵占。曾名韦尔内，因盛产苹果于 1921 年改称今名（哈萨克语意为“苹果城”）。有铁路支线与土西铁路相连，公路枢纽、航空要站、输气管道从布哈拉通此，是哈萨克斯坦最大的工业中心，以食品加工（肉类、奶制品、水果罐头等）和棉纺织为主，还有重型机械制造及火电厂等。有哈萨克斯坦科学院和高等院校多所，是著名的疗养区，也是旅游和体育中心之一，附近有高山溜冰场。

顺化

顺化是越南中部城市，是承天顺化省首府。跨香河两岸，距海 8 千米，人口 25 万，历史故都。1635 年起曾为历代封建王朝都城。附近产稻和荷莲，稻米集散中心之一。有碾米、水泥、机械、纺织、锯木等厂，以象牙雕刻工艺闻名。铁路和 1 号公路北通广治，南通岘港，14 号公路通昆嵩和波来古等地。香江西岸的古皇城有古代宫殿，市郊有 6 座皇陵，还有许多名胜古迹。设有顺化大学。该市位于市东南部、紧靠码头的东波市场，是购物的地方，土特产十分丰富，如干鲜海产、全国闻名的顺化斗笠。顺化市是越南末代王朝——阮朝的都城，现已被联合国教科文组织列入世界人文景观之一。市区和市郊最著名的景点有皇陵、皇城、天姥寺等。在四处陵寝中，启定王陵（末代皇帝保大王的父亲）是融合西方和越南传统的建筑，最令人印象深刻。

曼谷

曼谷是泰国的首都，东南亚第二大城市，主要港口和政治、经济、文化中心，被誉为是“佛教之都”。泰国人称曼谷为“军贴”，意思是“天使之城”。将其泰文全称转为拉丁文字，长达 167 个字母，其意为：“天使之城，伟大的都市，玉佛的宿处，坚不可摧的城市，被赠予九块宝石的世界大都会，充满着似统治转世神之天上住所的巍峨皇宫，一座由因陀罗给予、毗湿奴建造的大都会。”1767 年，吞武里王朝兴起时，曼谷逐渐形成了一些小集市和居民点。1782年，曼谷王朝拉玛一世把都城从湄南河以西的吞武里迁至河东的曼谷。拉玛一世在此造宫殿、修城墙，并兴建了9条街道，其中以三聘街最为著名。拉玛二世和三世统治时期（1809—1851），城内增建了许多佛寺。拉玛五世时期（1868—1910），曼谷的大部分城墙被拆除，新建了马路和桥梁。1892年，曼谷城里通了电车。1916年建立拉玛隆功大学。1937年曼谷划分成曼谷和吞里武两市。第二次世界大战后，城市发展迅速，人口、面积大大增加。1971年两市合并成曼谷—吞武里都市区，称大曼谷。

仰光

仰光是缅甸联邦的原首都（2006年迁都内比都）和最大城市，仰光素有“和平城”的美称。地处缅甸最富饶的伊洛瓦底江三角洲，是缅甸的政治、经济、文化中心。主要出口有米、柚木、石油、棉花和各类金属矿藏等。仰光是一座具有热带风光的美丽的海滨城市。城区三面环水，东面是勃固河，南面是仰光河，西有伊洛瓦底江入海汉河之一的莱河。从濒临仰光河的南部，沿东西两河之间向北扩展，是繁华的商业区，一条条笔直宽敞的大街上，花圃里鲜花盛开，人行道上绿树成行。市内的民间建筑具有传统的缅甸风格，同时也有不少西式建筑。缅甸政府大楼、中央银行、海关、仰光车站、邮电大楼等都是英国式建筑。市内的北边有茵雅湖，南边有干基道湖，湖水清澈，波光滟潋。

马尼拉

马尼拉是菲律宾共和国的首都，也是全国最大的港口城市。它地处菲律宾群岛中最大的岛屿——吕宋岛西岸，也称“小吕宋”，濒临天然的优良港湾——马尼拉湾。马尼拉建在巴石河两岸。河流把城市分成两大部分，14个区中的7个区在巴石河北岸，6个区在南岸，1个区被分成两部分，河上的6座桥梁把城市南北两部分连结起来。1976年11月，菲律宾政府决定把马尼拉、奎松、卡洛奥坎、帕萨伊4个市和玛卡蒂等13个区合并，组成大马尼拉市，面积达626.58平方千米，人口约800万，是亚洲最大的城市之一，被称为“亚洲的纽约”。而现今的马尼拉更被评为世界级城市。

雅加达

印度尼西亚首都雅加达是东南亚第一大城市，世界著名的海港。雅加达位于爪哇岛西部北岸，在芝里翁河口，濒临雅加达湾，人口有850万。多数居民为爪哇人，少数为华人、华侨、荷兰人等。绝大部分居民信奉伊斯兰教、佛教，部分信奉基督教。国语为印度尼西亚语。雅加达是一座历史悠久的名城。几百年以前，就已经是输出胡椒和香料的著名海港，称为巽达加拉巴，意思是“椰林密布之地”或“椰子林的世界”。1527年，穆斯林首领领导印尼人民打败了葡萄牙殖民者的舰队，收复了龚达加拉巴，把这里改名为查雅加尔达，意思是“胜利之城”、“光荣的堡垒”，雅加达的名称就由此演变而来。华侨称它为“椰加达”或“椰城”。1596年后，荷兰殖民主义者统治了印度尼西亚，换上了荷兰的别名“巴达维亚”。1800年，印尼成了荷兰的一部分，称为“荷属东印度”，巴达维亚成了荷兰殖民者剥削、奴役印尼的大本营。第二次世界大战中，日本帝国主义又侵占了印度尼西亚，直到1945年印度尼西亚宣布独立以后，雅加达这个名字才得到恢复,并定为首都。今天的雅加达，已经成为印度尼西亚的政治、经济、文化中心，海陆交通的枢纽，是太平洋与印度洋之间的交通咽喉，也是亚洲通往大洋洲的重要桥梁。国内外的许多船只都把雅加达作为一个停靠站，在这里加水维修。郊区的国际机场，是世界上最大的国际航空站之一。

德里

印度前首都德里分为旧德里和新德里两部分，新德里为于南部，与旧城隔着一座德里门。新旧德里犹如两个贫富悬殊的邻居，住在同一块土地上。旧德里街道狭窄，两三层高的残旧建筑、牛车、单车、电车充斥在横街窄巷里。相反，新德里到处街道宽阔，是印度整个国家的经济行政中心。新旧德里的总人口为1130万。德里是全国铁路和公路交通中心之一，有国内民用机场和帕拉姆国际机场。市内多寺庙、古建筑物和纪念碑。主要的现代工业集中在德里的西部，德里大学在市区北部。

加德满都

尼泊尔首都加德满都，分为新旧两部分。加德满都新城的建筑物混合传统尼泊尔式和西方格调，而旧城部分除了多出一条主要商业干道叫做新路外，其余仍旧保有昔日原始建筑风貌。加德满都位于加德满都河谷西北部，巴格马提河和比兴马提河交汇处，四周群山环抱，到处苍松翠柏，阳光灿烂，四季如春，素有“山中天堂”的美称。加德满都是一座拥有1000多年历史的古老城市，它以精美的建筑艺术、木石雕刻而成为尼泊尔古代文化的象征。加德满都建于723年，当时主持建城的古那加玛德瓦帝王将它命名为“康提普尔”,梵语中意为“光明的城市”。16世纪，李查维王朝的国王在市中心用一棵大树修造了一幢三重檐的塔庙式建筑，称之为“加斯达满达尔”，在梵语里意为“独木之寺”或“树林与庙宇”，后来简称为“加德满都”，在尼泊尔语中意为“独木大厦”。后来，人们以这座建筑为中心，大兴土木，修造房屋，向外扩展，加德满都也就沿用为城市的名称。自1768年以来，加德满都一直是沙阿王朝的首都。

巴格达

巴格达古称报达，是伊拉克首都，同时它也是伊拉克巴格达省的首府。巴格达人口约577万，在中东地区位于开罗、德黑兰和伊斯坦布尔之后列第四位。在历史上，巴格达曾是伊斯兰文明的中心。底格里斯河流经巴格达市中心。巴格达这个名称来自于波斯语，含义为“神的赠赐”。随着阿拉伯王朝不复昔日光辉，巴格达先于1258年被蒙古人攻陷；1508年和1534年分别被波斯和土耳其人占领。1638年后巴格达长期受土耳其人的统治。1917年巴格达落入英军之手。直到1921年伊拉克独立后，巴格达被定为首都。

大马士革

大马士革是叙利亚的首都，人口约为387万。这座城市已经存在了4000多年，是亚洲也是世界上最古老的城市之一，是《天方夜谭》中时常提及的地方。大马士革位于距离地中海80千米的内地，面积105平方千米，四周环绕着山脉，位于海拔680米的高原上。大马士革的大部分城区，包括最负盛名的老城区，都位于巴拉达河北岸。新城区一直拓展到北岸。大马士革被一个绿洲环绕，水源自巴拉达河。绿洲面积由于城市住房和工业的迅速发展而一直在缩小，并因为城市交通，工业和污水而受到污染。

麦加

麦加是伊斯兰教的第一圣地，是一个宗教古城，也是伊斯兰教的圣地，非穆斯林不得进入。位于沙特阿拉伯西边，是穆斯林每天朝拜的方向，也是570年伊斯兰教先知穆罕默德的出生地。麦加是伊斯兰教石造圣堂的所在地，传统认为是亚伯拉罕所建造的。麦加是每个穆斯林在一生中必须试图朝圣的宗教中心，2004年的人口约100万。伊斯兰学者认为麦加是地球的中心，它坐落在沙特阿拉伯西部赛拉特山区一条狭窄的山谷里，这里四周群山环抱，层峦起伏，景色壮丽。

耶路撒冷

耶路撒冷是位于近东黎凡特地区的一座历史悠久的城市，在地理上位于犹大山地，介于地中海与死海之间。人口72.4万，居民主要是犹太人和阿拉伯人。相传公元前10世纪，以色列的大卫王曾在此筑城建都，是巴勒斯坦最大城市。位于犹地亚山区顶部，海拔790米，是古代宗教活动中心之一。犹太教、基督教和伊斯兰教，分别根据自己的宗教传说，都奉该城为圣地。城圈面积约1平方千米，划为4个区。东部为穆斯林区，包括著名的神庙区，神庙区的圣地有摩哩山的岩顶（伊斯兰教、犹太教）及岩顶上的圣殿（伊斯兰教）、阿克萨清真寺、哭墙（犹太教）；西北部为基督教区，有基督教的圣墓教堂；西南部为亚美尼亚区；南部为犹太教区；城西南面的锡安山为犹太教又一重要圣地；城东的橄榄山有基督教与犹太教圣地。第二次世界大战后曾由联合国管理，1948 至 1949 年以色列占领了耶路撒冷西部建立了新市区，约旦则占领城东旧区。1967 年第三次中东战争后，以色列占领了整个耶路撒冷。1988 年 11 月 15 日巴勒斯坦国宣布定都于此。市区面积 109 平方千米，大部分在城圈以西。主要工业有金刚石琢磨、家具、制药、化学药剂、制鞋、铅笔、纺织与服装(斗篷)等。旅游业甚盛。

伊斯坦布尔

伊斯坦布尔地跨欧亚两洲的伊斯坦布尔，是土耳其最大的城市、最大的港口、工商业中心和主要的旅游胜地，也是伊斯坦布尔省省会。全市面积254平方千米，人口大约 1180 万，98% 的居民信奉伊斯兰教。公元前 658 年始建于巴尔干半岛东端、博斯普鲁斯海峡南口西岸，位于金角湾与马尔马拉海之间地岬上，称拜占庭。330 年改建为拜占庭帝国首都，名君士坦丁堡，别称新罗马。1453 年土耳其人作为奥斯曼帝国首都后，始称伊斯坦布尔，但西方国家仍习称君士坦丁堡。1923 年土耳其迁都安卡拉，伊斯坦布尔成为正式名称。现市区已包括海峡中、南段两岸以及与之相连的马尔马拉海北岸地段，包括海峡东岸的于斯屈达尔，成为地跨欧亚两洲的大城市。1973 年筑成跨越海峡的博斯普鲁斯公路桥。有纺织、食品、陶瓷、玻璃、机械、汽车制造、船舶修造等工业，也是重要渔港。有苏里曼尼耶清真寺等名胜古迹。伊斯坦布尔还是一座文化古城，拥有伊斯坦布尔大学、海峡大学等 34 所大学和高等学府。

开罗

埃及首都开罗横跨尼罗河，气魄雄伟，风貌壮观，是整个中东地区的政治、经济和商业中心。它由开罗省、吉萨省和盖勒尤卜省组成，通称大开罗。大开罗约有 1675 万人口，是埃及和阿拉伯世界最大的城市，也是世界上最古老的城市之一。古埃及人称开罗为“城市之母”，阿拉伯人把开罗叫做“卡海勒”，意为征服者或胜利者。尼罗河，这条世界上著名的大河，流贯市区后，分为两支，继续北去，注入分隔欧非大陆的地中海，形成了广阔富饶的尼罗河三角洲。通都大邑开罗，就在这个三角洲的南部。开罗为全国最大的经济中心和金融中心，工业高度集中，制造业产值占全国近半数，纺织工业尤其是棉纺工业占重要地位，传统工艺品很有特色。城南的卫星城赫勒万是全国最大的钢铁工业中心，同时发展了石化、机械制造、汽车等一系列工业，为一新兴的重工业区。

伦敦

伦敦是英格兰和英国的首都、第一大城及第一大港，也是欧洲最大的都会区之一，自2000多年前罗马人建立这座都市起，伦敦一直在世界上具有极大的影响力。其核心地区伦敦市，仍保持着自中世纪起就划分的界限。然而，最晚自19世纪起，“伦敦”这个名称同时也代表围绕着伦敦市开发的周遭地区。这些卫星城市构成了伦敦的都会区和大伦敦区。伦敦是世界四大城市之一，与美国纽约、法国巴黎和日本东京并列。伦敦未获英国城市地位，正式来说算不上是城市，但因为自18世纪起一直是世界上最重要的政治、经济、文化、艺术和娱乐中心之一，一般人都误以为它是一座城市。从19世纪初到20世纪初，作为世界性帝国——大英帝国的首都，伦敦因在其于政治、经济、文化、科技发明等领域上的卓越成就，而成为全世界最大的都市。伦敦是一个非常多元化的大都市，其居民来自世界各地，具有多元的种族、宗教和文化；城市中使用的语言超过300种。同时，伦敦还是世界闻名的旅游胜地，拥有数量众多的名胜景点与博物馆等。2005年，伦敦的人口为750万，都会区的人口则超过1200万人。

巴黎

巴黎是法国的首都和最大城市，处于法国北部，塞纳河西岸，距河口（英吉利海峡）375千米。塞纳河蜿蜒穿过城市，形成两座河心岛（斯德和圣路易）。首都巴黎人口为215万，包括市区和郊区的巴黎大区人口1149万。城市本身踞巴黎盆地中央，属温和的海洋性气候，夏无酷暑，冬无严寒。1月平均气温3℃，7月平均气温18℃，年平均气温10℃。全年降雨分布均衡，夏秋季稍多，年平均降雨量619毫米。狭义的巴黎市只包括原巴黎城墙内的20个区，面积为105平方千米，人口230万。大巴黎地区还包括分布在巴黎城墙周围、由同巴黎连成一片的市区组成的上塞纳省、瓦勒德马恩省和塞纳—圣但尼省。巴黎市、上述三个省以及伊夫林省、瓦勒德瓦兹省、塞纳—马恩省和埃松省共同组成巴黎大区。这片地区在古代就已经被称做“法兰西岛”。巴黎是法国的政治中心。从历史上讲，1789年7月14日以前，巴黎是法国历代王朝的京都。此后，便一直是法国权力机构的所在地。今天，法国总统府——爱丽舍宫、国民议会和参议院等也都设在这里。巴黎是法国的经济和金融中心。巴黎的纺织、电器、汽车、飞机等工业都非常发达，时装和化妆品工业更是举世闻名。巴黎设有许多世界性的大银行、大公司、大交易所，它们以巴黎为基地，积极开展国际性业务，构成了一个国际性营业网。

柏林

柏林是德国首都，也是德国的最大城市。位于德国东北部，四面被勃兰登堡州环绕。施普雷河和哈韦尔河流经该市。柏林扼东西欧交通要冲，北部距离波罗的海、南部距离捷克都不到200千米。柏林位于欧洲的心脏，是东西方的交汇点。城市面积883平方千米，其中公园、森林、湖泊和河流约占城市总面积的四分之一，整个城市在森林和草地的环抱之中，宛若一个绿色大岛。现有居民约340万。柏林是德国第一大城市，有750年历史，2000年成为德国的新首都。柏林的建筑多姿多彩，蔚为壮观。人们徜徉街头，随处可见到一座座古老的大教堂、各式各样的博物馆和巍然挺立的连云高楼。既有巴洛克风格的灿烂绚丽的弗里德里希广场，也有新古典主义风格的申克尔剧院；既有富丽堂皇的宫殿，也有蜚声世界的现代建筑流派作品。这些美不胜收而又经历了历史沧桑的各具特色的建筑，使人强烈感受着柏林的古典与现代、浪漫与严谨的氛围。柏林是座文化名城，全年几乎都有文化节，常常是转眼间，街道就变成了舞台，行人变成了观众。柏林是世界重要的文化学术交流场所之一，有柏林爱乐乐团、柏林电影节，还有音乐剧目“巴黎圣母”和众多国际著名的展览和博物馆。

布鲁塞尔

布鲁塞尔是比利时最大的城市，也是欧洲联盟的主要行政机构所在地。位于布鲁塞尔首都区的布鲁塞尔市，是比利时的首都。人口约100万，是全国政治、经济、文化中心，位于荷比法铁路干线的心脏地带，被誉为欧洲最美丽的城市。布鲁塞尔是北大西洋公约组织(NATO)和欧洲联盟的总部所在地，同时也是佛兰德区的首府和比利时法语区的中心。布鲁塞尔的建筑物，从带有浓郁中世纪风格的大广场到充满后现代艺术意味的欧盟建筑群，包含了多种元素和文化符号。布鲁塞尔最著名的建筑包括布鲁塞尔大广场及在广场中心的布鲁塞尔市政厅、圣弥额尔圣古都勒主教座堂、以巨大的玻璃温室著称的拉肯皇家城堡等。其地标性建筑之一就是布鲁塞尔王宫。布鲁塞尔另一个标志性景观，就是小于连尿童雕像，被誉为“布鲁塞尔第一公民”塑像，这座铜像是游客的必游之地。

日内瓦

日内瓦是瑞士第三大城市，位于日内瓦湖西南角，湖上的大喷泉是日内瓦的象征。地属北温带，受海洋性气候和大陆性气候交替影响，气候变化较大。日内瓦湖光山色四季皆具吸引力，它同时是世界各国际机构云集的国际化城市。日内瓦以其深厚的人道主义传统、多彩多姿的文化活动、重大的会议和展览会、令人垂涎的美食、清新的市郊风景及众多的游览项目和体育设施而著称于世。日内瓦也是世界钟表之都，钟表业与银行业成为日内瓦的两大精神支柱。日内瓦也是瑞士有名的游览胜地，有许多名胜古迹。有著名的宗教改革国际纪念碑、圣—皮埃尔大教堂、大剧院、艺术与历史博物馆、日内瓦大学等。据资料表明，早在冰河时期稍后，已有人类聚居于流入现今日内瓦湖的隆河河口两岸。1 世纪，日内瓦已经是一个重要的商贸中心，直至瑞士同盟经历重组时期，才为日内瓦带来了知识产业及财富，于 1536 年瑞士宣布成立共和国前，多方的势力不断侵扰此城市，1602 年沙维斯公爵企图攻占日内瓦，而当时的市民猛烈抵抗，甚至将煲、壶等厨具作为武器猛掷侵略者，结果公爵未能得逞，此日成为后来每年的庆典。

马德里

马德里是西班牙首都，全国第一大城市，全国经济、交通中心，马德里省首府。市区面积 607 平方千米，人口约 310 万，包括郊区和卫星城镇在内，面积 1020 平方千米，人口约 452 万。位于伊比利亚半岛梅塞塔高原中部，瓜达拉马山脉东南麓的山间高原盆地中，海拔 670 米，为欧洲地势最高的首都。南下可与非洲大陆以水为界的直布罗陀海峡相通，北越比利牛斯山可直抵欧洲腹地，在历史上因战略位置重要而素有“欧洲之门”之称。冬季多雪，气候寒冷。自入夏之后，则气温升高，很少下雨，天空常常一片蔚蓝。当地人常以“三月如冰九月如烘”来形容这种季节分明的特点。地形闭塞，气候大陆性显著，降水少，气温年差较大。马德里是西班牙中央经济区的综合性经济中心，在当地农业原料基础上发展了纺织、食品等工业。也全国主要的陆上交通枢纽，巴拉哈斯机场为全国最大的国际航空港。马德里还是金融和商业的一大中心，南欧文化名城之一，具深厚的文化传统，市内多博物馆，有名的普拉多博物馆，主要收藏 15 至 19 世纪初西班牙和意大利的绘画，以戈雅和委拉斯开兹的作品尤受推崇。还有王宫等古建筑。公园和绿地众多，绿化面积达 2800 万平方米。城市分新旧城两部分，旧城建于 15 至 18 世纪，街道狭窄；新城为 20 世纪新建的市区，街道宽阔整齐，现代化高层建筑群与旧城的古老格局对照鲜明。城市北部和南部主要是工业区和居民住宅区。

罗马

罗马是意大利的首都、第一大城。位于台伯河下游平原，东距第勒尼安海 25 千米。市区跨台伯河两岸，架有桥梁 24 座。全国政治、经济、文化和交通中心，人口 283 万。古罗马的发源地。约 4000 年前，罗马人从东北移居于此。公元前 8 世纪至前 4 世纪筑城堡，逐步形成早期罗马城。756 年至 1870 年为教皇国的首都，1870 年意大利王国统一后成为意大利首都（教皇国退至梵蒂冈）。工业有食品、纺织、机械、印刷、化工、电子和塑料等。意大利电影工业的主要中心。西北沿海的奇维塔韦基亚为其主要港口。世界最著名的游览地之一。占城区面积 40% 的古罗马城多规模宏大的古代建筑（如弗拉维安半圆形剧场、科洛西姆大斗兽场、大杂技场、潘提翁神庙、戴克里先公共浴场等）和艺术珍品。城西北的梵蒂冈为罗马教廷所在地。有教堂、宫殿、博物馆、大学（建于1303年）、科学院和图书馆等。

威尼斯

威尼斯，意大利东北部城市，亚得里亚海威尼斯湾西北岸重要港口，人口34.3万。主建于离岸4千米的海边浅水滩上，平均水深1.5米。由铁路、公路、桥与陆地相连。由118个小岛组成，并以177条水道、401座桥梁连成一体，以舟相通，有“水上都市”、“百岛城”、“桥城”之称。452年兴建，8世纪为亚得里亚海贸易中心，10世纪曾建立城市共和国，中世纪为地中海最繁荣的贸易中心之一。新航路开通后，因欧洲商业中心渐移至大西洋沿岸而衰落。1866年并入意大利王国。工商业发达，有炼铝、化学、炼焦、化肥、炼油、钢铁等工业。以生产珠宝玉石工艺品、玻璃器皿、花皮革制品、花边、刺绣等著称。陆上的马尔盖拉港是重要油港和客运港。是驰名的旅游中心，年有三百万游客。古老的圣马可广场是城市活动中心，广场周围耸立着大教堂、钟楼等拜占庭和文艺复兴时期的建筑物。离岸2千米处的线状沙洲——利多是欧洲最著名的海滨浴场。

维也纳

维也纳，奥地利首都，享誉世界的文化名城，面积414.65平方千米，是奥地利最小的一个联邦州，也是唯一一个不同其他国家相邻的联邦州。人口170万，占全国人口五分之一以上。维也纳的海拔从151米的多瑙河上的罗堡岛，到542米的维也纳森林中的最高峰。维也纳的东面是三月河平原，东南面是多瑙河草原国家公园。维也纳的居民区主要集中在空气质量较好的城市西部，而工业区则集中在城市东部，维也纳森林环抱市区，多瑙河从市区静静地流过。著名的维也纳森林从西、北、南三面环绕着城市，辽阔的东欧平原从东面与其相对，到处郁郁葱葱，生机勃勃。维也纳环境优美，景色诱人，素有“多瑙河的女神”之称。由于维也纳的重要地位，它是拥有全奥地利最大交通和建筑面积的联邦州，既有“音乐之都”的盛誉，又有以精美绝伦、风格各异的建筑而赢得的“建筑博览会”的美称。维也纳的新年音乐会已成为国际性的音乐盛会。还拥有西欧至巴尔干半岛的铁路枢纽——多瑙河港。

雅典

雅典，希腊首都，也是希腊最大的城市。雅典位于巴尔干半岛南端，三面环山，一面傍海，西南距爱琴海法利龙湾8千米，属亚热带地中海气候。基菲索斯河和伊利索斯河穿城而过。市内多小山。雅典是世界上最古老的城市之一，有记载的历史就长达3000多年。现在雅典是欧洲第八大城市。雅典是希腊经济、财政、工业、政治和文化中心。雅典也是欧盟商业中心之一。市区人口330万，加上郊区人口共有380万人口。城市的面积为39平方千米，加上郊区为412平方千米。古雅典是一个强大的城邦，是驰名世界的文化古城。希腊是哲学的发源地，是柏拉图学院和亚里士多德的讲学场所的所在地。苏格拉底、希罗多德、伯里克利、索福克勒斯、阿里斯托芬、欧里庇得斯、埃斯库罗斯和其他著名的哲学家、政治家和文学家都在雅典诞生或居住过，雅典也因此被称做“西方文明的摇篮”和民主的起源地。公元前5世纪和公元前4世纪在文化和政治上的成就对欧洲及世界文化产生重大影响。雅典至今仍保留了很多历史遗迹和大量的艺术作品，其中最著名的是雅典卫城的帕提农神庙，是西方文化的象征。雅典是奥运会起源的地方。1896年曾举办过第一届夏季奥运会。2004年，第二十八届夏季奥林匹克运动会也在此举行。

莫斯科

莫斯科，俄罗斯联邦首都，俄罗斯政治、经济、科学文化及交通中心。整个莫斯科人口达到了1460万，是欧洲人口最多的城市，占据了整个俄罗斯人口的七分之一。莫斯科面积1081平方千米，市区东西长30千米，南北长40千米。莫斯科建城于1147年，迄今已有800余年的历史。俄罗斯首都莫斯科在希腊语中为“城堡”之意，斯拉夫语为“石匠的城寨”。莫斯科地处俄罗斯欧洲部分中部，跨莫斯科河及其支流亚乌扎河两岸。莫斯科优美的自然环境给人民提供了很好的休息环境。在夏季，空闲时人们常在公园或路边小憩，或是在郊外烧烤和游泳。莫斯科有极富民族特色的纪念品——套娃，它几乎是莫斯科传统工艺品的象征。

圣彼得堡

圣彼得堡位于俄罗斯西北部、波罗的海沿岸，是列宁格勒州的首府，也是仅次于莫斯科的俄罗斯第二大城市。圣彼得堡位于芬兰湾的最入处。为大涅瓦河和小涅瓦河汇聚的三角洲地带，在18世纪初，这里还是一片沼泽。随着圣彼得堡市的建造，人工运河在市内纵横交错，这些运河是在叶卡捷琳娜二世时期开凿，以缓解因芬兰湾水浅而倒灌进入圣彼得堡的海水。圣彼得堡共有42个小岛，由423座桥梁连接。该市于1703年由俄国沙皇彼得一世下令建造，由该城的第一座建筑物——扼守涅瓦河河口的圣彼得保罗要塞命名。1914年，第一次世界大战爆发后，俄国出现反日耳曼情绪，沙皇政府遂将圣彼得堡改名为彼得格勒。其后苏联成立，为纪念领导者列宁于十月革命时曾在该市发动革命，于1924年列宁逝世后，将市名改为列宁格勒。1991年苏联解体后，经市民投票，恢复圣彼得堡的旧名。

基辅

基辅，乌克兰首都，在乌克兰中北部，是其经济、文化中心。位于第聂伯河中游两岸，及其最大支流普里皮亚季河与杰斯纳河汇合处附近。面积 777 平方千米，人口约 260 万。城市西部地势高亢，东部低平、宽阔。属温和的大陆性气候。历史悠久。始建于 5 世纪下半叶，9 世纪至 13 世纪为第一个俄罗斯国家基辅罗斯的都城和中心，有“俄国城市之母”之称。1793 年并入俄国。自古为贸易要冲。19 世纪末成为俄国西南部重要商业城市和甜菜制糖中心。1934 年乌克兰首都由哈尔科夫迁此。第二次世界大战中曾被德军占领。战后重建，工业基础不断扩展。全市分 10 个行政区。市中心处于高岸上的旧城区，第聂伯河蜿蜒而过。保留着旧街道格局，拥有全市大部分历史建筑，包括以壁画闻名的索菲亚大教堂，基辅—彼切尔斯克修道院、威杜比次克修道院和安德烈耶夫教堂等。旧城北侧原为贸易和犹太人区，后有河港。南侧为政府机关所在地。中心区四周是工业住宅郊区。河两岸之间有公路和铁路桥相联接。市内设有基辅大学等高等院校，众多科研机构，以及博物馆、美术馆等。

伏尔加格勒

伏尔加格勒，1925 年前称“察里津”，1925 年至 1961 年名为“斯大林格勒”，俄罗斯名城，重要河港，伏尔加格勒州首府，位于伏尔加河下游，人口 97.4 万。建于 1589 年，18 世纪起为军事要塞。水陆交通要冲和贸易中心。伏尔加河—顿河运河凿通后，成为俄罗斯欧洲地区东南部水陆交通枢纽。1918 年至 1919 年和 1942 年至 1943 年在此进行著名的察里津战役和斯大林格勒战役。工业以机械制造（拖拉机、船舶、石油设备及建筑机具）、电力、优质钢冶炼、炼油（年加工能力 800 万吨）及石油化工为主，还有炼铝、木材加工等。有 7 所高等学校和多处科研机构。伏尔加格勒是一个南方城市，平均气温夏季为 26℃，冬季为 −9 C，城市位于伏尔加河畔，受伏尔加河的滋润，风景秀丽，气候宜人，物产丰富，历来被称为俄罗斯的“南部粮仓”。

华盛顿

华盛顿是美国首都，位于美国东北部，全称“华盛顿哥伦比亚特区”，是为纪念美国开国元勋乔治·华盛顿和发现美洲新大陆的哥伦布而命名的，别称常青州。华盛顿在行政上由联邦政府直辖，不属于任何一个州。华盛顿临近大西洋，位于马里兰州和弗吉尼亚州之间的波托马克河与阿纳卡斯蒂亚河汇流处，小型海轮可达。市区面积 178 平方千米，特区总面积 6094 平方千米，总人口 91 万，黑人占 60％至 70%。华盛顿是美国的政治中心，白宫、国会、美国最高法院以及绝大多数政府机构均设在这里。国会大厦建在被称为“国会山”的全城最高点上，它是华盛顿的象征。白宫是一座白色大理石圆形建筑，是华盛顿之后美国历届总统办公和居住的地方。国会大厦和白宫之间有“联邦三角”建筑群，其中包括联邦政府机构以及国家美术馆、国家档案馆、泛美联盟、史密森国家博物馆和联邦储备大厦等。华盛顿面积最大的建筑是位于波托马克河河畔的美国国防部所在地五角大楼。华盛顿还是美国的文化中心之一，全市有乔治敦、乔治·华盛顿等 9 所高等院校。创建于 1800 年的国会图书馆是驰名世界的文化设施，华盛顿歌剧院、美国国家交响乐团、肯尼迪艺术中心等都是美国著名的文化机构。此地有相当多博物馆，国际女性艺术博物馆就是其中之一。华盛顿还有美国国家艺术博物馆、自然历史博物馆、宇航博物馆等许多著名博物馆。

纽约

纽约是美国人口最多的城市，包括其都会区，它拥有世界上最大的城市区——纽约城市群。超过一个世纪的时间，纽约是世界上最主要的商业和金融中心，并评选为世界级城市。纽约在全球范围内直接影响着媒体、政治、教育、娱乐以及时尚界，其中联合国总部也位于该市。纽约是美国最大城市及第一大港，同时也是世界第一大城市。位于美国大西洋海岸的东北部，纽约州东南部。该市有曼哈顿区、皇后区、布鲁克林区、布朗克斯区、斯塔滕岛区等五个区。在人口方面，纽约也是全美国人口最密集的城市，估计约有 800 万人在 790 平方千米的土地上。纽约在众多美国城市中，有着独特的大众运输系统，并在人口族群上有着其多样性及高密度。在 2005 年，该市有将近 170 种不同的语言及 36％的人口是非美国当地出生的。因为该市广大、二十四小时营业的地下铁路系统，以及繁华的建筑物、交通及拥挤的人流，所以纽约也常被称为不夜城。如今，该市有非常多的地标、社区是世界知名的。自由女神像欢迎着数百万移民在 19 世纪到 20 世纪初的到来；位于曼哈顿下城的华尔街，则是自第二次世界大战后主导全球的国际金融，纽约证券交易所也位于此地。

匹兹堡

匹兹堡位于宾夕法尼亚州西南部，奥里格纳河与蒙隆梅海拉河汇合成俄亥俄河的河口。宾夕法尼亚州第二大城市，阿利根尼县县治。2000 年人口 30 万。匹兹堡曾是美国著名的钢铁工业城市，有“世界钢都”之称，但近年来因中国钢铁产量上升，在匹兹堡的钢铁业务已经淡出。近年在生物科技及机器人科技工业上有颇大发展。匹兹堡交通便利，公路、铁路和水面运输发达，匹兹堡国际机场位于城市西部，为美国东部著名的大型航空港，驻扎有 18 家航空公司。城中匹兹堡大学和卡内基梅隆大学是美国著名的高等学府。

底特律

底特律是美国密歇根州最大的城市，也是韦恩县的县治所在。1701年由法国毛皮商建立，是位于美国中西部，加拿大温莎以北、底特律河沿岸的一座重要的港口城市、世界传统汽车中心和音乐之都。城市得名于连接圣克莱尔湖和伊利湖的底特律河，意为“海峡之河”。2005年，底特律以80万的居民数位列全美第十一人口大市，但这个数目已不及20世纪50年代人口顶峰时期的一半。底特律成为美国过去50年中城市人口削减最多的城市之一。底特律的城市治安与种族问题还依然困扰着它的发展。同时，由于财政预算不足，城市的公共服务也不断变糟。不过，随着康博软件总部的兴建、文艺复兴中心的翻修、三座赌场及新体育场的投入使用，底特律的城区正在复苏之中，城市正逐渐成为整个都市圈的娱乐中心。

芝加哥

芝加哥位于美国中西部，属伊利诺伊州，东临密歇根湖，辖区内人口约290万。芝加哥及其郊区组成的大芝加哥地区，人口超过900万，是美国仅次于纽约市和洛杉矶的第三大都会区。芝加哥地处北美大陆的中心地带，为美国最重要的铁路、航空枢纽。芝加哥同时也是美国主要的金融、文化、制造业、期货和商品交易中心之一。自1833年建市以来，经过一百多年的发展，逐渐成为具有世界影响力的大都市之一。芝加哥常见的别名包括“第二城”、“风城”、“芝城”等。

旧金山

旧金山，本名圣弗朗西斯科，又名“金门城市”、“湾边之城”、“雾城”，是美国加利福尼亚州的一个合并市县，在人口上是加州的第四大城市。位于加州北部海边，旧金山半岛的北角，东临旧金山湾，西临太平洋。在行政区划分上也包含在旧金山湾里的恶魔岛和金银岛。城南边是硅谷，两者加上奥克兰以及北边的马林县合称旧金山湾区。最早到旧金山的欧洲人是西班牙人，1776年建城。1848年淘金期开始大发展。1906年旧金山大地震对城市造成了极大的破坏，但是很快就得到了重建。旧金山住有很多艺术家、作家和演员，在20世纪一直是叛逆文化和近代自由主义的中心之一。旧金山最有名的风景是缆车、金门大桥、海湾大桥、和泛美金字塔。

洛杉矶

洛杉矶是一座位于美国西岸加州南部的城市，按照人口排名，洛杉矶是加州的第一大城，也是美国的第二大城，仅次于纽约市，面积为1214.9平方千米。

洛杉矶于1781年创建，曾是西班牙的一部分，自1821年墨西哥从西班牙赢得独立后属于墨西哥。1848年，墨西哥在美墨战争中失败，将加利福尼亚割让给美国。1850年4月4日，洛杉矶正式建市，5个月之后，加利福尼亚成为美国的一个州。洛杉矶市也是洛杉矶县的县治所在。洛杉矶是全世界的文化、科学、技术、国际贸易和高等教育中心之一，还拥有世界知名的各种专业与文化领域的机构。该市及紧邻的区域，在大众娱乐，诸如电影、电视、音乐方面构成了洛杉矶的国际声誉和全球地位的基础。

休斯顿

休斯敦是美国得克萨斯州的第一大城，全美国第四大城，墨西哥湾沿岸最大的经济中心。面积达1440平方千米，市名是以当年得克萨斯共和国总统山姆·休斯敦命名的。创建于1836年，合并于1837年，是美国成长最迅速的大城市之一，也是全美最大的一个没有规划法的大城市。1900年，休斯敦有4.5万人口，排名美国第85位。2000年据美国人口统计，城市人口总数达到190万人。大休斯敦都会区是美国第七大都会区。休斯敦以其能源（特别是石油）、航空工业和运河闻名世界。休斯敦港是世界第六大港口，美国最繁忙的港口，外轮吨位第一。财富500强总部仅次于纽约市。休斯敦是得克萨斯医疗中心的所在地，世界最大和最重要的研究和治疗机构的集中地。休斯敦还是美国27个超过170万人口的重要大都会地区中生活消费和房价最低的。休斯敦被全球化和世界城市研究小组和网络称为“全球城市”。休斯敦的官方绰号为“太空城”，因为它是约翰逊航空中心的所在地，任务监控中心也设在这里（“休斯敦”是在月球上说的第一个词）。许多当地人喜欢称做“牛沼城”。休斯敦是一个拥有多重文化的城市，许多外来移民的社区在此发展。其美术馆区是许多文化机构和展览的天堂，每年吸引将进700万的游客，在休斯敦常能看见活跃的视觉表演艺术。

渥太华

渥太华是加拿大首都和政治文化中心。作为加拿大第四大城市，无论从城市规模还是国际知名度看，渥太华都比不上多伦多、温哥华和蒙特利尔。但独特的文化个性、优美的城市风光、闲适的生活情调，使渥太华不仅受到加拿大人民的钟情，而且成为世界人民旅游观光向往的城市之一。渥太华位于安大略省东部与魁北克省交界处，渥太华河下游南岸，与魁北克省隔河相望。面积2054平方千米，人口105万，相当于北京市人口的十分之一。渥太华与对岸的赫尔市连成一大片城市区域，称为渥太华—荷尔地区，共有居民70多万，在这里能同时领略魁北克的法国风格和渥太华的英式情调。市内有渥太华河由西向东湍流而过，将整个城市南北分开。南部居民是英国移民后代，讲英语；北部居民是法国移民后代，讲法语。里多河自南向北穿城而过，注入城北的渥太华河。渥太华为加拿大第四大城市，是水、陆、空交通枢纽。水力资源丰富，以轻工业为主，有造纸、木材加工、食品、机械制造等工业。渥太华处于低地，平均海拔约 109 米，周围几乎完全被加拿大地盾的岩石群所包围。属大陆性寒温带针叶林气候。夏季空气湿度较大，有海洋性气候的特点。冬季由于北面没有横亘的山脉，来自北极的干燥强冷气流，可以毫无阻挡地横扫渥太华大地，气候干燥寒冷，是世界上最寒冷的首都之一，最低气温曾达 −39℃，故有人称其为“严寒之都”。春天一来，整个城市布满了色彩艳丽的郁金香，把这座都城装扮得格外美丽，因此渥太华有“郁金香城”的美誉。

多伦多

多伦多是加拿大安大略省的首府。多伦多市的人口超过 250 万，是加拿大最大的城市，亦是北美第五大城市。多伦多市坐落于安大略湖西北岸，是大多伦多地区的心脏地区，也是安大略省南部人口稠密区的一部分，有 500 万居民。作为加拿大的经济中心，多伦多是一个世界级城市，也是世界上最大的金融中心之一。多伦多在经济上的领先地位在于金融、商业服务、电信、宇航、交通运输、媒体、艺术、电影、电视制作、出版、软件、医药研究、教育、旅游、体育等产业。多伦多的国际性人口体现出它是前往加拿大移民的重要落脚点。而市内 49% 的人口是在加拿大以外诞生，也造就多伦多成为世上种族最多样化的城市之一。目前多伦多的低犯罪率、洁净的环境、高生活水准，以及对多样文化的包容性，令该市被多个经济学智囊团列为世界上最宜居的城市之一。多伦多于 2006 年被列为加拿大生活成本最高的城市。

墨西哥城

墨西哥城是墨西哥合众国的首都，位于墨西哥中南部高原的山谷中，海拔 2240 米。墨西哥城面积达 1500 平方千米，人口多达 1800 多万，是世界第二大城市。它集中了全国约二分之一的工业、商业、服务业和银行金融机构，是全国的政治、经济、文化和交通中心。墨西哥城的古老可以追溯到印第安人时期，它的前身是 1325 年建立的特诺奇提特兰城，意为“太阳和月亮之子”。阿兹特克人在这里创造了辉煌的文明。他们填湖建城，修筑水道，建起了一座座宏伟壮丽的庙宇、宫殿，整个城市相当繁华。1521 年西班牙侵入后，又修建了许多欧式宫殿、教堂、修道院等建筑物，此时定名为墨西哥城，并以“宫殿之城”而誉满欧洲。如今的墨西哥，既保留了浓郁的民族文化色彩，又是一座绚丽多姿的现代化城市。墨西哥城是世界著名的旅游城市。南北略长，东西略窄。东北是古文化区，西南是现代化的新兴工业区。宪法广场是墨西哥城中心，广场的正中央有根粗大的旗杆，每天的升降旗仪式吸引着众多海内外游客。广场周围有国家宫殿、市政大厦、博物馆和大教堂。各式各样的建筑融古涵今、景色独特。阿兹特克人的大祭坛、殖民时期的大教堂以及以外交部为主体的乳白色现代化大厦，集中展现了该城600多年来的沧桑巨变。墨西哥城群山环绕，气候温和，四季如春，大大小小的花园，镶嵌在全城的各处，景色秀丽。城市东北郊的有举世闻名的玛雅文明古迹，太阳金字塔和月亮金字塔，每天吸引成千上万游客。

哈瓦那

哈瓦那是古巴首都和全国经济、文化中心，也是西印度群岛中最大的城市和著名良港。位于古巴岛西北哈瓦那湾阿尔门达雷斯河畔，扼守着墨西哥湾通往大西洋的大门，具有重要的战略地位。大哈瓦那由瓜纳瓦科阿、马里亚瑙、雷格拉、圣玛丽亚—德尔罗萨里奥等卫星城组成，面积721平方千米，人口270万。曾为西班牙在美洲的主要堡垒和西半球最大港口，现是西印度群岛最大城市。始建于1515年，1607年起为首都。港湾狭长，近岸水深12米，可容纳远洋巨轮，湾底建有地道，连接两岸交通，全国一半以上的进出口货物经此。输出以糖、雪茄烟、热带水果等为大宗商品。全国工业中心，有制糖、酿酒、烟草、化学、纺织、造船、造纸、制革、冶金、石油提炼等工业。交通中心，铁路和公路通全国各地，城郊有何塞·马蒂国际机场。有教堂、大学、城堡）、广场、博物馆、纪念碑等建筑物，公园、图书馆众多，为著名的旅游胜地。1898年起成为首都。地处热带，气候温和，四季宜人，有“加勒比海的明珠”之称。哈瓦那可分为旧城和新城两部分。旧城位于哈瓦那湾西侧的一个半岛上，至今还留有许多西班牙式的古老建筑，是总统府所在地。大部分华侨也集居于此。哈瓦那老城是建筑艺术的宝库，拥有各个时期不同风格的建筑，1982年被联合国教科文组织列为“人类文化遗产”。新城濒加勒比海，是拉丁美洲著名的现代化城之一。

里约热内卢

里约热内卢位于巴西东南部，是巴西第二大城，仅次于圣保罗，面积1256平方千米，人口600万，是巴西的旧首都。1889年设州，1975年瓜纳巴拉州并入，首府由尼泰罗伊迁至里约热内卢市。沿海低地气候湿热，内地高原气候温和。重要河流有帕拉伊巴河等。工农业和服务业均甚发达，服务业占就业人口约37%和收入的一半。工业以钢铁、纺织、食品、印刷、石油化工为主。有石油、铝土、铁、煤、大理石等矿产。渔业和盐业兴盛。农业主产甘蔗、柑橘、香蕉、蔬菜、棉花、水果、稻，饲养牲畜。水、陆、空交通发达。风景优美，每年吸引大量游客到此观光，市境内的里约热内卢港是世界三大天然良港之一，而里约热内卢基督像也是世界新七大奇迹之一。

布宜诺斯艾利斯

布宜诺斯艾利斯，阿根廷首都和政治、经济、文化中心，享有“南美巴黎”的盛名。在西班牙语中意为“好空气”。东临拉普拉塔河，西靠“世界粮仓”潘帕斯大草原，风景秀美，气候宜人。海拔25米，地处南回归线以南，气候温暖，终年无雪。年平均气温16.6℃左右。四季温差不大。年平均降水量为950毫米。布宜诺斯艾利斯面积约200平方千米，人口近300万，若包括郊区，面积达4326平方千米，人口则有1383万人，约占全国人口的三分之一以上，是南半球仅次于圣保罗的第二大城市。居民98%为欧洲移民的后裔。城市坐落于潘帕斯平原上，拉普拉塔河与里亚丘埃洛河交汇处。地势平坦，城市绿化好，绿化面积约占市区面积的15%，景色宜人。

堪培拉

堪培拉是澳大利亚的首都，一个年轻的城市。总人口32.5万人。总面积2395平方千米，50%以上的面积为国家公园或保留地，在首都直辖区东北部。东北距悉尼240千米，西南距墨尔本500千米，人口30万。城市位于澳大利亚山脉区的开阔谷地上。海拔760米。莫朗格洛河横贯市区，西流入马兰比吉河。原为牧羊地，1913年按规划始建，1927年联邦政府从墨尔本迁此。全国政治中心。银行、饭店和公共服务业为主要经济部门。有铁路连接各大城市。有澳大利亚国立大学、堪培拉大学和国立图书馆。市区西南有宇宙航行跟踪站。旅游业甚盛。气候温和，四季分明，全年降雨量平均，四季都有阳光普照的日子。堪培拉的城市设计十分新颖，环形及放射状道路将行政、商业、住宅区有机地分开。城市中心的格里芬湖喷泉，即为纪念库克船长上岸200周年而建的“库克船长纪念喷泉”，水柱高达140米，极为壮观。全市树木苍翠，鲜花四季，每年九月，堪培拉都举办花节，以数十万株花迎接春天的到来，被誉为“大洋洲的花园城市”。

悉尼

悉尼位于澳大利亚的东南岸，是澳大利亚新南威尔士的首府，也是该国人口最稠密的城市，都会区人口超过420万。悉尼是欧洲的首个澳大利亚殖民地，1788年由英国第一舰队的船长——阿瑟·菲利普于悉尼湾建立。由于悉尼市围绕杰克逊港（包括悉尼港）而建，该市曾被称为“海港城市”。悉尼是澳大利亚最大的金融中心，也是国际主要的旅游目的地，以海滩、歌剧院及港湾大桥等闻名。悉尼曾举办过形形色色的体育盛事，包括1938年大英帝国运动会、2000年夏季奥运会及2003年橄榄球世界杯。

第二章：世界历史

四大文明区

四大文明区一般用来指古巴比伦、古埃及、中国、古印度四个人类文明最早诞生的地区。但对古文明由于缺乏准确的文献记载，其具体诞生时间学术界尚有争论。人类今天所拥有的很多哲学、科学、文学、艺术等方面的知识，都可以追溯到这些古老文明的贡献。四大文明都是建立在容易生存的河川台地附近。在北半球的两河流域，尼罗河流域，黄河、长江流域以及印度河、恒河流域相继产生了世界四大文明。四大文明区在距今7000年至4000年，相继由新石器时代进入青铜时代，进而步入铁器时代。社会制度大多采用奴隶制，国家政权则较晚诞生。古埃及的诺姆是迄今所知世界上最早的文明。四大文明区都有自己的神话传说。他们利用神话来加强自己的专制主义统治。古埃及的法老自称是“太阳神的儿子”，古巴比伦的统治者汉谟拉比自称“月神的后裔”，中国的君主自称天子。四大文明区都有自己的历法，一年都分12个月并且有闰月。各个文明都创造了自己的文字。印度河、黄河、两河流域的文明都使用陶轮制陶，埃及和两河流域都计算了圆周率，古巴比伦和中国都发现了勾股定理，古印度则发明了阿拉伯数字。

古埃及文明

古埃及文明是指从公元前4000多年开始直到公元前332年被亚历山大大帝征服而结束，位于尼罗河流域的文明。作为一个基于灌溉的文明，它是水力帝国的经典范例。在古埃及南北分治期间的疆域最大，南部尼罗河河谷地带的上埃及的领域有现在的苏丹到埃塞俄比亚，而北部三角洲地区的下埃及除了现在的埃及和部分阿尔及利亚以外，其东部边界越过西奈半岛直达迦南平原。但由于邻近地区的民族不断壮大，使古埃及的版图不断缩少。及至克娄巴特拉自杀之后，原来神庙的官员把埃及语变成用希腊字母书成的科普特文明继续流传下去，直到近代的17世纪欧洲开始入侵非洲时，为传教士所焚毁。古埃及的居民是由北非的土著居民和来自西亚的塞姆人融合形成的。公元前4000年后半期，逐渐形成了国家，至亚历山大大帝征服埃及为止，共经历了前王朝、早王朝、古王国、第一中间期、中王国、第二中间期、新王国、后王朝，共8个时期31个王朝的统治。罗塞塔石碑上同时记录了古代埃及象形文字圣书体、世俗体以及古希腊文，成为后人解读古埃及象形文字的关键。古埃及的文化非常丰富，创造的象形文字对后来腓尼基字母的影响很大，而希腊字母是在腓尼基字母的基础上创建的。此外，金字塔、亚历山大灯塔、阿蒙神庙等建筑体现了埃及人高超的建筑技术和数学知识，在几何学、历法等方面也有很大的成就。

古希腊文明

古希腊文明持续了约650年（前800—前146）。古希腊的地理范围，除了现在的希腊半岛外，还包括整个爱琴海区域和北面的马其顿和色雷斯、亚平宁半岛和小亚细亚等地。早在古希腊文明兴起之前约800年，爱琴海地区就孕育了灿烂的克里特文明和麦锡尼文明。大约在公元前1200年，多利亚人的入侵毁灭了麦锡尼文明，希腊历史进入所谓“黑暗时代”。因为对这一时期的了解主要来自《荷马史诗》，所以又称“荷马时代”。在荷马时代末期，铁器得到推广，取代了青铜器；海上贸易也重新发达，新的城邦国家纷纷建立。希腊人使用腓尼基字母创造了自己的文字，并于前776年召开了第一届古代奥林匹克运动会。奥林匹克运动会的召开也标志着古希腊文明进入了兴盛时期。前750年左右，随着人口增长，希腊人开始向外殖民。在此后的250年间，新的希腊城邦遍及包括小亚细亚和北非在内的地中海沿岸，在诸城邦中，势力最大的是斯巴达和雅典。公元前五六世纪，特别是希波战争以后，希腊经济生活高度繁荣，产生了光辉灿烂的希腊文化，对后世有深远的影响。古希腊人在文学、戏剧、雕塑、建筑、哲学等诸多方面有很深的造诣。这一文明遗产在古希腊灭亡后，又被古罗马延续下去，从而成为整个西方文明的精神源泉。

古巴比伦文明

古巴比伦位于美索不达米亚平原，大致在当今的伊拉克共和国版图内，在公元前3000年左右，这里的人们建立了国家，到公元前18世纪，这里出现了古巴比伦王国。“美索不达米亚”是古希腊语，意为“两条河中间的地方”，故又称为两河流域。两河指的是幼发拉底河和底格里斯河。两河流域目前发现的最早的古文明距今已有6000多年。虽然巴比伦现已消失，但其影响（尤其宗教方面）却很多流存至今。古巴比伦文明大致以今天的巴格达城为界，分为南北两部分。北部以古亚述城为中心，称为西里西亚，或简称亚述；南部以巴比伦城为中心，称为巴比伦尼亚，意思为“巴比伦的国土”。巴比伦尼亚又分为两个地区，南部靠近波斯湾口的地区为苏美尔，苏美尔以北地区为阿卡德，两地居民分别被称为苏美尔人和阿卡德人。美索不达米亚文明最初就是由苏美尔人创造出来的。苏美尔几乎和古埃及人同时发明了文字。他们用削尖的芦苇做笔，把文字刻在泥胚上，然后把泥胚烘干，成为泥板。由于这种文字形状成尖劈形，所以被称为楔形文字。公元前2007年，阿摩利人入侵两河流域，摧毁了阿卡德人和苏美尔人建立的乌尔王朝。公元前1894年左右，阿摩利人建立起一个以幼发拉底河河畔的巴比伦城为首都的王朝。从那时起，美索不达米亚就被称为“巴比伦尼亚”，那里所有居民都被称为巴比伦人。古巴比伦王国时期是两河流域历史上最辉煌的时期之一。这个国家出现了一位著名的君主——汉穆拉比。汉穆拉比用武力统一了两河流域后，建立了一个中央集权的专制国家。他个人集宗教、军事、行政、司法和水利建设等各种大权于一身。为了更有效的统治自己的国家，他颁布了著名的《汉穆拉比法典》。法典共282条，刻在一块高2.25米的黑色玄武岩石柱上，是迄今发现的最早完备成文的法典。古巴比伦王国在汉穆拉比统治时期达到极盛，但是汉穆拉比死后，帝国就瓦解了。王国先后受到赫梯人、喀西特人的入侵，直到公元前729年终于被亚述帝国吞并。

古印度文明

古印度文明诞生于公元前约2500年，在现今巴基斯坦，古城哈拉巴及穆罕耶达罗的遗迹留有许多这早期文明的烙印。在距今五十万年前，印度次大陆就已有了远古先民，他们同样是刀耕火种、渔猎采集，在此一代代地繁衍生息。到了距今一万年左右的新石器时代，印度境内遍布了居民点，居民已有度量衡及文字，并挖沟渠及运河，在堡垒之下的城市是在一严谨计划下筑成的，神庙、住宅、浴室、街道，几何形的布局及卫生系统设计的排水沟、运河等，并开始从事农业，驯养家畜，制造精美的生活用具。同时作为人类文明的发源地之一，古印度在文学、哲学和自然科学等方面对人类文明作出了独创性的贡献。在文学方面，创作了不朽的史诗《摩诃婆国多》和《罗摩衍那》。在哲学方面，创立了“因明学”，相当于今天的逻辑学。在自然科学方面，最杰出的贡献是发明了目前世界通用的计数法，创造了包括“0”在内的10个数字符号。所谓阿拉伯数字实际上起源于印度，只是通过阿拉伯人传播到西方而已。公元前6世纪，在古代印度还产生了佛教，后来先后传入中国、朝鲜、日本等国。

中国文明

中国是人类重要的发祥地之一。早在约八百万年以前，在云南的开远、禄丰等地已经生活着古猿。此后，经过漫长时间的进化，产生了不同时期的原始人、氏族部落，如元谋人、蓝田人、北京人、山顶洞人及半坡人等，同时经历了原始人群、母系社会和父系社会几个阶段。中国又是一个有着辉煌文明的古老国度。从步入文明的门槛之日起，中国先后经历了夏朝、商朝、西周、春秋、战国、秦朝、西汉、东汉、三国、西晋、东晋十六国、南北朝、隋朝、唐朝、五代、宋辽夏金、元朝、明朝和清朝等历史时期。历代统治者，以其各自的政绩在历史舞台上演出了内容不同的剧目，或名垂青史，或遗臭万年。其中在夏、商、西周和春秋时代，经历了奴隶社会发展的全部过程。从战国开始，封建社会孕育形成，秦朝则建立了中国历史上第一个中央集权的大一统封建帝国。此后，两汉王朝是封建社会迅速成长的阶段，唐宋时期经历了封建社会最辉煌的时代，至明清两代，封建社会盛极而衰，并最终步入多灾多难的近代社会。在数千年的古代历史上，中华民族以不屈不挠的顽强意志和勇于探索的聪明才智，谱写了波澜壮阔的历史画卷，创造了同期世界历史上极其灿烂的物质文明与精神文明。万里长城、大运河、明清故宫以及多姿多彩的各种出土文物，无不反映出大胆、高超的生产技术；在思想文化、科学技术领域产生了无数杰出的人物，创造出无比博大、深厚的业绩；而包括指南针、造纸术、火药和印刷术这“四大发明”在内的无数科技成就，更使全人类获益非浅。

玛雅文明

玛雅文明是古代位于墨西哥东南部、危地马拉和犹加敦半岛等中南美洲区域的文明。通常，玛雅文明被划分为三个时期，公元前 1500 年至公元 300 年称为前古典期或形成期；公元 300 年至 900 年为古典期；公元 900 年至 16 世纪为后古典期。传说玛雅人在 3000 年前就开始建造宗教性建筑，最早的遗迹是由一些简单的土坟所组成，后来才进一步演化为金字塔。公元前 200 年至公元 800 年是玛雅文化最兴盛的时期。玛雅人在这地区发展了数百座城市，蒂卡尔是其中最大的一个，学者估计在最高峰时，此城有 10 万至 20 万居民。他们发展成许多个农业密集、城市集中的城邦。其中最为显著的遗迹是建于宗教中心的金字塔和伴随它们的皇宫。其他重要的考古学遗迹还有雕刻石板，这些用象形文字写成的石板主要描述宗谱、战争胜利和其他的成就。帕伦克是古典时代最美丽的玛雅城市，以至于人们甚至将它誉为“美洲的雅典”。另外一座著名的城市叫做科潘，从现代遗迹的规模来看可以把蒂卡尔、科潘和帕伦克视为玛雅文明古典时期最大的三个城邦。9 世纪开始，古典玛雅文明的城邦突然同时走向衰落，这种现象多少让人感到惊讶，其原因现在仍然是历史学家研究的课题。到了 10 世纪，曾经繁荣的玛雅城市均被遗弃在丛林之中。此后，以奇琴伊察为首，犹加敦半岛北部兴起一些玛雅城邦，这时开始史学上称做玛雅文明后古典时期。奇琴伊察城邦政权于 1224 年被推翻，继之以玛雅潘为首的城邦联盟。1450 年，玛雅潘政权因内乱而瓦解。当西班牙人登上美洲大陆时，玛雅人的地区实际处于分崩离析的状态。奇琴伊察和玛雅潘时期的玛雅后古典文明，同以蒂卡尔、科潘和帕伦克时期的古典文明相比，在各个方面相差很大，只能说是玛雅文明最后的残存。

波斯帝国

波斯帝国又称阿契美尼德王朝，从米索不达美亚横跨到印度，由里海伸展到波斯湾，势力括及今天的伊拉克、伊朗和阿富汗。为了要控制今天的叙利亚、土耳其、巴勒斯坦、以色列、埃及和阿拉伯，波斯人与罗马人和后来的拜占庭人作战。波斯帝国的首都是戴西丰，即今天的巴格达。前550年，居鲁士领导波斯各部落推翻米堤亚王国，建立阿契美尼德王朝(一说始于前558年)，定都苏萨，是为波斯帝国之始。继而向外扩张，征服小亚细亚、两河流域、叙利亚等地，又向东占领大夏(巴克特里亚)、粟特等，但在和北方游牧部落马萨盖特人作战时居鲁士失败被杀。其子冈比西即位后，率兵征服埃及(前525年)，因发生高墨达政变(前522年)，返国途中暴卒。大流士一世镇压高墨达政变和各地起义，夺得政权，实行巩固中央集权的改革，继续扩张领土，帝国疆域东起印度河，西至爱琴海及非洲东北部(埃及)。前5世纪初(大流士一世在位时)，波斯不断西进导致持续约半个世纪的希波战争，最后以波斯失败告终。波斯的统治激起各地人民的不断反抗，境内经常爆发反波斯统治的起义。前4世纪以后，国势转衰(前404至前343年埃及曾获独立)。前333年，大流士三世被马其顿亚历山大大帝彻底打败，前330年被杀，波斯帝国灭亡。

马其顿帝国

马其顿帝国是古希腊西北部的一个王国。其历史上最辉煌的时刻，是由国王亚历山大三世（大帝）开创。亚历山大帝国是历史上继波斯帝国之后第二个地跨欧、亚、非三洲的帝国，其疆域东自阿富汗及印度的西北部，西抵意大利，北从中亚细亚、里海和黑海起，南达印度洋和非洲北部。马其顿本是古希腊的一个省，地处希腊中北部，西接艾普鲁斯省，东邻思雷斯省。其民族渊源尚无定论，可能是伊利里亚人、色雷斯人（Thracians）和希腊的多利亚人的混血后裔。由于偏僻落后，而且实行帝制而非民主制，因此被繁荣的希腊称为野蛮人。约在公元前6世纪下半叶，马其顿完成了统一，实行君主制。公元前5世纪末，国都从西北山区的埃格（Aigai）迁往东南沿海的佩拉。到公元前4世纪，摄政王腓力二世（前359—前336）废黜幼主，自立为王，推行了一系列改革，使马其顿在经济、军事上都强大起来。在国势强大后，趁着希腊处于城邦混战之际南下侵略希腊。第二年，腓力在科林斯召集各邦开会，宣布什腊各城邦成立联盟，几乎全希腊都承认了马其顿的霸权，并决定进攻波斯。公元前336年，腓力在他女儿的婚宴上遇刺身亡，王位由其子亚历山大（即亚历山大大帝）继承。亚历山大凭借其军事天才和强大的武力打败波斯帝国，先后征服埃及、印度。公元前324年初，亚历山大将巴比伦作为新都，建立了一个庞大的帝国——亚历山大帝国。公元前323年6月，亚历山大突然患恶性疟疾，发病10天后就离世，年仅33岁。后人称亚历山大征服的土地为亚历山大帝国，因为这个帝国的兴衰和亚历山大个人的人生历程紧密地联系在一起，亚历山大的辉煌，就是帝国的辉煌，亚历山大生命的终结，也就是帝国的终结。亚历山大死后，由于他的遗言“把王位交给最强的人”，所以帝国被四位大将分割。最终，公元前301年在弗里基亚的伊浦苏斯之役(又被称为继承者之役)结束了争执。

莫卧儿帝国

莫卧儿帝国是巴布尔建立的印度王朝。该帝国的官方语言是波斯语，但是统治者是有突厥血统的蒙古人，是帖木儿的后裔，信奉伊斯兰教。1526年，中亚封建主蒙古一突厥族后裔巴布尔入侵印度。在第一次帕尼巴特战役中战胜洛迪苏丹，宣布为印度斯坦皇帝，标志着莫卧儿王朝统治印度的开始。之后，巴布尔又经过1527年的坎努战役和1529年的戈格拉战役，统一了北印度。1530年，胡马雍继位(1530—1556)。1540年，胡马雍在曲女城战役中被比哈尔阿富汗酋长舍尔沙击败，流亡波斯和阿富汗，莫卧儿王朝在印度的统治暂告中断。1555年，胡马雍重征印度平原，占领德里和亚格拉，恢复了莫卧儿王朝在印度的统治。1556年，阿克巴继位，实行了进步的内政改革，采取宽容的宗教政策，扩大了莫卧儿王朝统治印度的社会、政治基础。他建立中央集权制，开疆拓土，统一了次大陆广大地区，推动了印度社会经济的向前发展。到查罕杰(1605年—1627年在位)和沙·贾汉(1628年—1658年在位)时代，莫卧儿王朝国势日盛。文化艺术亦进入一个新的发展阶段。这一时期的艺术特点，是民族传统与中亚及波斯艺术相结合，举世闻名的泰姬·玛哈尔陵，可以作其典型代表。奥朗则布统治时期，向南印度进行军事扩张，王朝版图几乎囊括了整个南亚次大陆。但他强制推行政教合一的政治体制，并恢复对印度教臣民迫害的政策，因而引起拉杰普特封建主、锡克教徒及马拉特人的激烈反抗。奥朗则布死后，各省总督纷纷独立割据，莫卧儿帝国陷于四分五裂。1740年至1761年期间，德里的莫卧儿皇帝先后成为入侵印度的波斯人、阿富汗人及马拉特封建王公的傀儡，莫卧儿王朝名存实亡。1764年，莫卧儿皇帝阿拉姆沙在布克萨尔战役中投降英国东印度公司，莫卧儿王朝沦为英国殖民者的附庸，名义上存在到1858年。

罗马帝国

罗马帝国(前27—395)，中国古书称为大秦、扶菻和骊轩，是古代罗马文明的一个阶段，理论上是共和制，实际上是一个专制的政体。罗马帝国可以用来表示所有在罗马统治之下的土地。罗马的扩张使罗马超出了一个城邦的概念，成为一个帝国。罗马疆域的全盛时期是图拉真在位末年 (117 年)，罗马帝国此时总共控制了大约 590 万平方千米的土地，是世界古代史上最大的国家之一。屋大维建立帝国后，创立元首制，称奥古斯都。罗马帝国一般被分为前期帝国（前 27—192）和后期帝国（193—476）两个阶段。前期帝国经朱里亚·克劳狄王朝、弗拉维王朝，至安敦尼王朝（五贤帝时代）达到全盛。国家稳定、社会繁荣，被称之为罗马的黄金时期。后期帝国从 3 世纪危机起，经伊利里亚诸帝、戴克里先的四帝共治、君士坦丁大帝的帝国，至狄奥多西一世死后将帝国正式分为两部分（395 年）。西部在内忧外患中衰落，在 476 年奥多亚克废黜最后一个西罗马帝国皇帝罗慕路 · 奥古斯都路斯，西罗马帝国灭亡。而东部帝国直到 1453 年为奥斯曼土耳其帝国所灭，史学家多称其为东罗马帝国或拜占庭帝国。

拜占庭帝国

拜占庭帝国是在西罗马帝国崩溃后依然存在的罗马帝国东半部。拜占庭帝国通常被认为从 395 年直至 1453 年（实际始于 8 世纪）。在其上千年的存在期内它一般被人简单地称为“罗马帝国”。拜占庭的文化和语言大多数是希腊的，军事上已经与古罗马大相径庭了。在罗马分裂东西之后，西罗马继承了古罗马的步兵方阵的战斗方式，而东罗马则开始尝试着以重骑兵代替步兵作为战斗主力。但拜占庭人将自己视为罗马人，对东罗马的罗马人来说，这并不自相矛盾。他们的语言是希腊语，他们的文化在许多世纪中是希腊文化，但到 7 世纪为止其官方语言是拉丁语。他们周围的国家（东方的波斯帝国和阿拉伯帝国，西方的欧洲国家，北方的俄罗斯）都将他们称为罗马人。一直到 17 世纪这个帝国还不被称为拜占庭帝国，从 17 世纪开始，西方的历史学家为了区分古代的罗马帝国与中世纪的罗马帝国引入了拜占庭帝国这个称法。这个称呼来源于其首都君士坦丁堡的前身：古希腊的殖民地拜占庭城。拜占廷帝国的民族构成极为复杂，包括希腊人、叙利亚人、科普特人、亚美尼亚人、格鲁吉亚人及希腊化的小亚细亚人等。外族入侵期间又迁入哥特人（4 至 5 世纪）、斯拉夫人（6 至 7 世纪）、阿拉伯人（7 至 9 世纪）、土耳其人（11 至 13 世纪）。长时期以来，各族人民逐渐融合。在政治经济生活中起决定作用的是希腊人，帝国语言 4 至 6 世纪以拉丁语为主，7 至 15 世纪以希腊语为主。拜占廷帝国融合罗马帝国的政治传统、希腊文化和希腊正教，创造了具有独特风格的拜占廷文化。建筑艺术方面，如圣索菲亚大教堂，尤以雄伟庄严著称，还有皇帝圣宫和竞马场驰名于当时。拜占廷帝国将文字和东正教传给斯拉夫人。它所保存的希腊、罗马古典文化，对意大利的文艺复兴运动起了一定的作用。拜占廷帝国在国际经济和文化交流方面还起过东西方的“金桥”作用。历史学家普罗科匹厄斯的《哥特战记》载有中国蚕子传入拜占廷的情况。中国从 4 世纪（魏晋时代）已与拜占廷有贸易、文化联系。中国由拜占廷输入的商品有琉璃、珊瑚、玛瑙等。拜占廷的民间幻术传入中国，与中国传统技艺相结合发展成为今天的中国杂技艺术。另外，拜占廷的宗教传入中国（景教），开欧洲宗教传入中国的先河。

查理曼帝国

查理曼帝国，中世纪西欧早期的封建帝国。因建立者查理大帝（即查理曼）而得名。查理原是法兰克王国加洛林王朝国王，故又称加洛林帝国。查理大帝统治时期（768—814），版图西南至厄布罗河，北临北海，东至易北河和多瑙河，南面包括意大利北半部。800 年查理接受罗马教皇加冕，号称“罗马人皇帝”，称查理曼帝国，定都亚琛（在今德国境内）。查理死后，帝国陷于内战。843 年，根据《凡尔登和约》，帝国分裂为三部分：莱茵河以东地区称东法兰克王国；斯海尔德河、默兹河以西地区称西法兰克王国；北起北海，循莱茵河而南，包括罗讷河，直到中部意大利，仍承袭皇帝称号。大体奠定了近代德意志、法兰西、意大利三国的雏形。

神圣罗马帝国

神圣罗马帝国，全称为德意志民族神圣罗马帝国或日耳曼民族神圣罗马帝国（962—1806），在西欧和中欧的封建帝国。早期为统一的国家，中世纪后演变为一些承认皇帝最高权威的公国、侯国、伯国、宗教贵族领地和自由市的政治联合体。其帝国国祚，因自称奉天承运，被日耳曼人追溯为承继罗马帝国而来，而称之为神圣罗马帝国。德国人在论述其帝国历史时，将其定义为“第一帝国”；与后来的德意志帝国（1871 年至 1918 年，史称为第二帝国）与希特勒执政时期（1933 年至 1945 年，史称为第三帝国）加以串连论之。严格地说，神圣罗马帝国和罗马帝国没有合法的直接关系，相反地，它是作为罗马帝国侵略者之一出现在历史舞台上的。但是 962 年，罗马教廷承认了神圣罗马帝国是西罗马帝国的合法继承者，后来君士坦丁堡的拜占庭帝国也承认了它的这一地位。直到 1806 年神圣罗马帝国被拿破仑一世推翻，从而宣告解体。

阿拉伯帝国

阿拉伯帝国（630—1258）是中世纪时阿拉伯人建立的伊斯兰教国家。唐代以来的中国史书，如《经行记》、《旧唐书》、《新唐书》、《宋史》、《辽史》等，均称之为大食国，而西欧则习惯将其称做萨拉森帝国（在拉丁文中意指“东方世界帝国”）。同时称阿拉伯人为摩尔人，称穆斯林的苏丹为摩尔人的国王。7世纪崛起于阿拉伯半岛，在穆罕默德领导下创立了政教合一的“哈里发”（意为继承人），作为穆斯林君主也是帝国名副其实的皇帝。8世纪初（712年兵取西班牙被认为其鼎盛时期的开端），疆域东起印度；西临大西洋及与法兰西接壤。南至莫桑比克苏丹国（在东非的殖民地，阿拉伯人建立）北迄高加索山，形成横跨亚非欧三洲的封建大帝国。帝国的政治宗教中心原在麦加和麦地那，倭马亚王朝时移至大马士革，阿拔斯王朝时又迁至巴格达。8至9世纪为极盛时期，商人足迹遍及世界广大地区，在继承发展古代文明、沟通东西方文化上作出了重要贡献。后因民族矛盾和内部分裂等原因，逐渐衰弱。1055年，塞尔柱突厥人攻陷巴格达。1258年，蒙古人入侵，占领伊拉克，阿拔斯帝国灭亡。

蒙古帝国

蒙古帝国，是一个历史上横跨欧亚大陆的大帝国，为原大蒙古国的延伸，其也是历史上世界最大的帝国与国家之一，蒙古帝国最大疆域时面积达3300万平方千米，东到太平洋，北抵贝加尔湖（一说达北冰洋），西达黑海沿岸，南至南海。占了世界土地面积的22%，超越了五分之一，为20世纪时苏联的1.5倍，现今俄罗斯的1.9倍，涵盖了当时疆域内1亿人口。唐朝之后，蒙古各部移居到蒙古高原。10世纪到12世纪，蒙古高原先后臣服于辽朝和金朝。至1200年左右，随着金朝的逐渐衰落及蒙古势力的逐渐强盛，蒙古不再向金朝进贡。13世纪左右，成吉思汗铁木真统一蒙古各部，在斡难河（今鄂嫩河）源头召开大会，即蒙古大汗位，号“成吉思汗”，国号“大蒙古国”。蒙古草原结束了长期混战的局面，成吉思汗四处征伐，直至1227年在贺兰山病死。当时的蒙古帝国包括蒙古高原，中国西北、东北和华北的一部分和中亚、西亚大部分。此后成吉思汗后裔不断开拓土地，后在蒙古帝国建立了建立大汗汗国、察合台汗国、钦察汗国、窝阔台汗国、伊利汗国。大汗汗国即元朝。

奥斯曼帝国

奥斯曼帝国为土耳其人所创立之国。始王奥斯曼一世，初居中亚，并奉伊斯兰教为国教，后迁至小亚细亚，日渐兴盛。极盛时势力达欧亚非三大洲，领有南欧、中东及北非的大部分，西达摩洛哥，东抵里海及波斯湾，北及奥地利和罗马尼亚，南及苏丹。自灭亡东罗马帝国后，定都君士坦丁堡，且以罗马帝国继承人自居。故其帝视自己为天下之主，继承了罗马帝国及伊斯兰文明，东西文明在其手中因而得以统合。其国位处东西文明交汇处，并掌握东西文明之陆上交流达六个世纪之久。在其存在其间，不止一次实行伊斯兰化及现代化改革，使得东西文明之界限日趋模糊，其对西方文明影响举足轻重。于 16 世纪，苏莱曼大帝在位之时，日趋鼎盛，在 17 世纪，其领土达最高峰。而在赫伊尔丁（海雷丁）带领下，其海军掌控地中海。由 17 世纪开始逐渐趋于没落，国土日削，国权日丧。并最终于第一次世界大战战败。国民陷于水深火热之中，今土耳其国父凯末尔因而领导国民起义，击退西方势力，据小亚细亚立国，废哈里发，更国号为土耳其共和国。

奥匈帝国

奥匈帝国是 1867 年至 1918 年间的一个中欧的“二元君主国”、“共主邦联国家”。在这段时间里，匈牙利王国与奥地利帝国组成联盟，这个联盟的全称是“帝国议会所代表的王国和领地以及匈牙利圣史蒂芬的王冠领地”。在这情况下，匈牙利国王与奥地利国王均是同一个人。匈牙利对内享有一定程度地于立法、行政、司法、税收、海关等享有自治权；对外事务方面（外交和国防）则与奥地利一样，统一由帝国中央政府处理。奥匈帝国是匈牙利贵族与奥地利哈布斯堡王朝在争取维持原来的奥地利帝国时所达成的一个折中解决方法。它的首府设在维也纳，是当时仅次于俄罗斯帝国的欧洲第二大国，人口仅次于俄罗斯帝国及德意志帝国，居于第三位。它是一个多民族国家，内政主要由组成它的 11 个主要民族之间的商议所决定。当时欧洲各地民族独立思想不断发展，虽然奥匈帝国在其成立期间不断有民族起义和其他纠纷，但在它所存的约 50 多年间整个国家的经济不断发展，国家实现了现代化，许多开明的改革得以施行。第一次世界大战后奥匈帝国解体。

俄罗斯帝国

俄罗斯帝国通常简称为俄国或沙俄。14 世纪中期，从蒙古帝国之金帐汗国独立出来的诸罗斯公国之一的莫斯科公国日渐强大，兼并周围小国。1546 年，莫斯科公国大公伊凡四世加冕称沙皇，沙皇俄国诞生。1613 年 7 月 11 日，俄罗斯帝国沙皇米哈伊尔・费奥多罗维奇・罗曼诺夫在莫斯科圣母大教堂举行加冕典礼，开创罗曼诺夫王朝。1721 年，彼得大帝与瑞典进行的北方战争胜利后，使俄罗斯参政院授予“全俄罗斯皇帝”的头衔，俄国成为正式意义上帝国。后领土不断扩张成为世界性大帝国，长期充当“欧洲宪兵”的角色。1917 年“二月革命”后，俄罗斯帝国皇帝尼古拉二世被迫签署退位声明，俄罗斯帝国灭亡，共 304 年。在全盛时期其领土面积达到 2500 万平方千米，最东曾拥有阿拉斯加（后卖给美国），势力范围广大。人口 1.7 亿（1914 年）。自留里克王朝起首都为莫斯科，1712 年后迁至圣彼得堡（彼得格勒）直到 1917 年。

大英帝国

大英帝国是指一个以英国为中心的

大帝国（最大的帝国有争议），在20世纪初达到鼎盛，大约有4至5亿人口，占当时世界人口的四分之一，领土约3300万平方千米。到20世纪中期，尤其是第二次世界大战结束之后，随着全球民族主义运动的兴起，英国殖民统治发生严重危机，在这种情况下，英国被迫允许广大的殖民地独立或半独立，为了继续在前广大殖民地地区发挥重要影响力，英国政府倡议督导建立了一个和平组织——“英联邦”，前英国大部分殖民地独立而成的国家加入了该组织，但也有少数没有加入。大英帝国的形成是300多年来贸易、移民与武力征服的结果，期间也有和平的商业外交活动和帝国的萎缩。帝国的领土遍及包括南极洲在内的七大洲、四大洋，被形容为“日不落帝国”，它在1890年至1914年间达到最高峰。

绳纹时代

绳纹时代（约前10000—前300年），日本的新石器时代。因使用绳纹式陶器而得名。其文化称绳纹文化。以日本的北海道到九州直至琉球群岛均有这一时代的遗迹。绳纹时代人们以村落的形式聚居在河边或沿海地区，以狩猎、捕鱼和采集为生，晚期出现稻米种植。人们用弓箭狩猎，捕鱼工具有鱼叉和渔网。住房是竖穴式的，屋内设有炉灶。绳纹式陶器的烧成温度较低，为600℃至800℃，多为黑褐色或茶褐色。有人认为绳纹是表示上升的双螺旋纹，是对东方日出的崇拜符号。当时还流行陶质偶人，形象怪异，与宗教信仰有关。居民有青春期拔牙的习俗，推测是被接受为氏族正式成员时举行的一种成年仪式。人死后埋入公共墓地，除随身装饰品外，一般缺少随葬器物。在绳纹时代，形成了日本人种和语言原型，社会处在原始氏族制阶段。

弥生时代

弥生时代（约前300—300），日本古代使用弥生式陶器的时代。其文化称弥生文化。1884年这种陶器首次在东京都文京区弥生町发现，故名。弥生时代在绳纹时代之后，古坟时代之前，约当前3世纪至3世纪。可分前、中、后三期。弥生文化是在绳纹文化的基础上，受到大陆（包括中国和朝鲜半岛）文化的影响而产生的。它首先出现于九州北部并逐渐向东发展，到了后期基本上遍及除北海道以外的日本全境。弥生时代普遍有了以种植水稻为主的农业；开始使用铜器和铁器；原始社会开始逐渐向阶级社会过渡；与中国、朝鲜半岛交往频繁，深受大陆文化的影响。弥生时代中、后期的日本，在《后汉书·东夷传》和《三国志·魏志·东夷传》中有比较详细的记载。当时日本总称为“倭”，分成许多小国，有“王”、“大夫”、“下户”、“生口”等不同的阶级和阶层。

古坟时代

古坟时代，又称大和时代，日本继弥生时代之后的时代，从300年开始，迄于600年，因当时统治者大量营建“古坟”而得名。古坟时代的分布基本上遍及本州岛岛南部，以奈良、大阪的大和盆地为主，北海道则未发现。这一时期的坟墓为巨大的穴式土堆，四周有壕沟，“前方后圆”形式的墓制最具代表性，坟的周遭围绕着中空的黏土塑像，这些筒状土制人偶可能是殉葬用的，称之“埴轮”。建筑这些坟墓需要花费大笔金钱，只有少数的统治阶级能够负担，目前发现有七十一座，钥匙孔形的古坟最常见，大阪的大山冢，又名“仁德天皇陵”，有些历史学家认为这是全世界最大的古坟。古坟里通常有许多铜镜、珠宝等物品，到了后期，古坟里还有兵器和盔甲。古坟时代分为前期、中期、后期。从8世纪初开始，火葬流行，古坟逐渐势微，并开启了佛教建筑的时代。日本最早的史书《古事记》、《日本书纪》也于此时相继编成，从而进入日本的历史时代。

飞鸟时代

飞鸟时代，约始于600年，止于迁都平城京的710年，上承古坟时代，下启奈良时代。此期以政治中心为奈良县的飞鸟地方（即当时的藤原京）而得名，较为重大的事件有圣德太子改革、大化改新等。相应时期的文化称为飞鸟文化。飞鸟文化带有明显的国际性。大陆移民在飞鸟文化的发展中的作用不能忽视。由于与东亚大陆诸国联系的加强，先进的汉文化也随之源源不断地输入日本。在输入汉文化的过程中，汉族移民起着重要作用。据《新撰姓氏录》记载，畿内地区，共有1182氏，其中外国移民有324氏，占全体总数的三分之一。有名的汉族移民有山城的秦氏、河内的文氏，大和的汉氏等。大陆移民大都身怀一技之长，因而受到日本朝廷的重用。根据史籍记载，大陆移民中有掌管国库内藏、大藏的，有担任使节的，有到朝鲜半岛诸国和中国开展外交事务的。大陆移民对日本的经济发展发挥了积极作用，通过他们将先进生产技术引进日本，如绢、缣、锦等的丝纺以及土木、水利工程技术。飞鸟文化正是在大量输入汉文化的前提下应运而生的。

奈良时代

奈良时代，始于迁都于平城京（今奈良）的710年，止于迁都于平安京的794年，历经八代天皇。元明女帝是奈良时代的第一代天皇。她死后，还有元正（女）、圣武、孝谦（女）、淳仁、称德（原孝谦）、光仁、桓武。在奈良朝共出现了四位女天皇，共统治三十年。圣武这一代几乎时皇后光明子掌政，淳仁这一代也是上皇孝谦的天下。此时的奈良朝受中国盛唐文化的影响，又通过唐朝接受到印度、伊朗的文化，从而出现了日本第一次文化全面昌盛的局面。遣唐使、派往中国的留学僧和留学生在日本文化和美术繁荣方面，起着极大的作用。全国大兴造寺、造像，堂皇的绘画、华丽的装饰艺术，今天仍见于奈良的寺院和正仓院宝物中。这个时期由于国家极力保护佛教，因此，佛教文化，特别是佛教美术开始繁荣起来。如7世纪初期开创日本佛教文化的飞鸟文化，7世纪后期独具一格的白凤文化，8世纪中叶在唐代鼎盛期文化的影响下以写实手法体现人类丰富情感的天平文化等。与佛教美术相媲美，这个时期文化方面的金字塔是《万叶集》。《万叶集》收集了8世纪中叶前约400年间，下至庶民上至天皇所作的大约4500首和歌，如实反映了古代日本人的朴素的生活情感。此外，现在还保存着的日本最古老的历史书籍《古事记》（712年）、最古敕撰历史书《日本书纪》（720年）、最古的汉诗集《怀风藻》（751年）等都是这个时期的文化遗产。

平安时代

平安时代是日本古代的最后一个历史时代，它从794年桓武天皇将首都从奈良移到平安京（现在的京都）开始，到1192年源赖朝建立镰仓幕府一揽大权为止。在奈良朝末期，朝廷与贵族势力之间的矛盾激化。为了削弱权势贵族和僧侣的力量，桓武天皇于784年决定从平城京迁都到山城国的长冈（今京都市），在那里筹建新都，命名为平安京，希望借此获得平安、吉利、安宁与和平。由于平安京于794年完工，故史学家常把794年作为平安朝的开始（有的把784年决定迁都的时间作为平安朝的开始）。平安时代的称呼来自其首都的名字。它之前的时代是奈良时代，它之后的时代是镰仓时代。平安时代是日本天皇政府的顶点，也是日本古代文学发展的顶峰。在平安时代中武士阶层得到发展，到这个时代的后期，武士阶层从贵族手中夺取了权力，后来建立了幕府。平安时代日本与中国有非常紧密的交往，在日本儒学得到推崇。同时佛教得到发展。894年废止遣唐使之后，发展了日本独自的国风文化。

镰仓时代

镰仓时代（1185—1333），是日本历史中以镰仓为全国政治中心的武家政权时代。始于1185年（文治元年）镰仓幕府成立，终于1333年（正庆二年，元弘三年）幕府灭亡，经历149年。日本从此诞生了武士政权，由此产生了武家政治和公家（指朝廷公卿、贵族）政治的对立。13世纪后期，幕府的武士统治开始面临困难，镰仓幕府逐渐走上灭亡的道路。源赖朝在打败平氏以后，在后白河天皇（时为法皇）的挑拨下，与他的弟弟源义经交恶，后来义经转投奥州藤原氏，赖朝迫奥州藤原氏杀死义经，但义经死后两月，奥州藤原氏被镰仓幕府所灭。源赖朝结束后，幕府的政权开始被他的妻子北条政子与外父北条时政掌握，北条政子又称为尼将军。北条氏借执权一职架空将军的权力，甚至在第三代将军死去以后，从京都迎接贵族藤原氏甚至皇子出任将军。此后，幕府的政权被北条氏所世袭的执权所领导。在北条时宗在位的时候，元世祖忽必烈曾两次侵日未果。后期，幕府的统治日渐衰败，无法维持，终于天皇举兵，然后被讨伐大将、上野国大族足利尊氏的倒戈而灭亡。

室町时代

室町时代（1336—1568），是日本史中世时代的一个划分。镰仓幕府后期，随着公卿与武士之间矛盾的加深，从镰仓幕府倒戈的足利尊氏利用社会混乱和矛盾，决意重建武士政治体制。足利氏原是上野国豪族，而且更是镰仓幕府将军源赖朝同族。以 1336 年 11 月 7 日公布的《建武式目》为标志，拉开了足利幕府的统治序幕。幕府成立后，曾先后控制南朝势力，平定接踵而来的“土岐氏之乱”(1391 年) 与“明德之乱”(1391 年 12 月)。1392 年足利义满统一南北朝，使日本真正得以树立稍微安定的政权。1467 年，围绕将军继承问题，幕府内部形成分裂，细川氏与山名氏两大名的倾轧白热化。以细川胜元为统率的 16 万东军挟天皇、将军与以山名持丰、大内政弘为首的 11 万西军在京都展开大战。势均力敌的两支大军经过十一年的持久战，难决雌雄。及至胜元、持丰两氏相继病死，政弘返回周防，双方部队才开始撤去。长期的战争使得当时的京都千疮百孔，荒芜人烟，一些巨刹、邸宅多数为战火所毁。公卿们因为不堪生命之危险与经济之困窘，大多逃离京都，避难于地方。至此幕府权威完全扫地。当时的将军义政无意于政治，不仅在战乱中大兴土木，营造别墅银阁寺，还在戈矛声中饮酒作乐，过着风雅生活。其子义尚继位后，曾想重整幕府威势，却于亲征近江的六角高赖时阵亡。于是幕府之势已是风前之烛，岌岌可危名存实亡了。

战国时代

室町幕府自足利义满之后便分扰不断，嘉吉元年 (1441 年)6 月 24 日，播磨、美作、备前三国的守护赤松满佑在京都自宅刺杀将军足利义教。引发应仁之乱，导致了幕府的衰败。而天正十年，1582 年 6 月 2 日，一代枭雄织田信长在日本京都本能寺，遭到部将明智光秀的反叛，此次本能寺之变导致了丰臣秀吉的崛起。应仁、文明之乱以后，幕府、将军与守护大名的固有权威失坠，代之而起的则是战国大名的登场。守护大名乃室町时代由幕府任命，将地方分国委由其支配管理者。应仁之乱以后，除了部分边境地区外，许多的守护大名相继没落，进而从次层级的守护代或国人当中，产生一些实力派的新贵阶级，称为战国大名。

由于战国时代起于1480年末，并延续至1590年左右，因此习惯上常称战国时代为“战国百年史”。战国大名的人数到底有多少位，伴随着对战国大名的认定条件之基准点不同，则有不同的数额。一般而言，有一百至三百位左右。战国大名得以生存的要件各式各样，有的仰赖庄园制而生存，有的则凭藉幕府守护制而屹立不摇。支配区域的领国规模也是决定能否被认定为战国大名的重要关键。然而，例如尼子氏与毛利氏是拥有十个分国以上广大领地的大名；相对而言，浅井氏则仅领有三个郡，却依然能独立自主。

江户时代

1603年，德川家康被任命为征夷大将军，在江户设幕府，至第三代将军德川家光时，幕府机构大体完备。幕府领地约占全国土地四分之一，其余由大名(诸侯)领有，称藩国。将军是全国最高统治者，下设老中，决定政策，统辖政务，负责控制朝廷、大名与外交；大名是各藩国的统治者，下设家老、年寄等，直接统治人民，拥有领地的行政、司法和年贡征收权等。幕府设巡见使及被称为目付的监察官监督各藩国，并采取大名参觐交代和大名改易等办法控制大名，但各藩国仍具有相对独立性。因此形成在德川将军控制下的各藩国分割统治的政治体制。17世纪末，由于商品经济发展，幕藩体制出现危机，表现为幕藩财政困难，农民起义频繁。为应付危机，幕府在18世纪中叶至19世纪40年代实行改革，但并未奏效。1854年日本开国后，民族危机又加剧了封建制危机。萨摩、长州等西南强藩，在改革派下级武士推动下，逐渐采取与幕府不同的政策，殖民兴业，抵抗外敌。在幕末农民起义和萨长等西南强藩为中心的倒幕运动压力下，第十五代将军德川庆喜于1867年末被迫宣布奉还大政。1867年12月9日倒幕派发动王政复古政变，宣布废除幕府制度。新成立的明治天皇政府经1868年至1869年的戊辰战争，彻底打倒幕府势力。至此，日本的封建幕府政治结束。

明治维新

明治维新是日本历史上的一次政治革命。它推翻德川幕府,使大政归还天皇，在政治、经济和社会等方面实行大改革，促进日本现代化和西方化的进程。明治维新的主要领导人是一些青年武士，他们以“富国强兵”为口号，企图建立一个能同西方并驾齐驱的国家。1871年废藩置县，摧毁了所有的封建政权。同年成立新的常备军。1873年实行全国义务兵制和改革农业税。另外还统一了货币。在19世纪70年代中期，这些改革遭到两方面的反对：一方面是失意的武士，他们纠集对农业政策不满的农民多次兴行叛乱；另一方面是受西方自由主义思想影响的民权论者，他们要求实行立宪，召开议会，万事决于公论。明治政府在各方面的压力下，1885年实行内阁制，翌年开始制宪，1889年正式颁布宪法，1890年召开第一届国会。在政治改革的同时，也进行经济和社会改革。明治政府的主要目标是实现工业化。军事工业以及交通运输都得到很大发展。1872年建成第一条铁路，1882年成立新式银行。为了满足现代化的需要，大量介绍西方的科学技术。到20世纪初，明治维新的目标基本上已经完成，日本在现代工业国的道路上前进。

甲午战争

甲午战争是1894年至1895年日本侵略中国和朝鲜的战争。1894年（光绪二十年）爆发，按中国干支纪年，时年为甲午年，故称甲午战争。甲午中日战争是一场非正义的战争。1894年春，朝鲜爆发东学党农民起义，朝鲜政府请求清政府派兵协助镇压。清政府派直隶提督叶志超、太原镇总兵聂士成率淮军2500人赴朝。日本亦派兵入朝，并不断向中朝两国挑起事端，发动战争。8月1日（七月初一），中日政府同时宣战。甲午战争开始。中日甲午战争的整个过程，包括三个阶段：第一阶段，1894年7月25日至9月17日。在朝鲜半岛及海上进行，陆战主要是平壤之战，海战主要是黄海海战。第二阶段，从1894年9月17日至11月22日。战争在辽东半岛进行，有鸭绿江防之战和金旅之战。第三阶段，从1894年11月22日至1895年4月17日。战争在山东半岛和辽东两个战场进行，有威海卫之战和辽东之战。威海卫之战是保卫北洋海军根据地的防御战，也是北洋舰队对日的最后一战。1895年2月17日，日军在刘公岛登陆，威海卫海军基地陷落，北洋舰队全军覆没。随着战争失利，清政府进一步加紧乞降活动。2月11日，决定派李鸿章为全权大臣，赴日议和。4月17日，李鸿章与日本内阁总理大臣伊藤博文及外务大臣陆奥宗光在马关春帆楼签订《马关条约》,包括《讲和条约》11款,《另约》3款,《议订专条》3款，以及《停战展期专条》2款。该条约的签订，使中国社会的半殖民地化进一步加深，同时也成为中国近代民族觉醒的一个重要转折点。

日俄战争

日俄战争是指1904年至1905年间（清朝光绪三十年至三十一年），日本与沙皇俄国为了侵占中国东北和朝鲜，在中国东北的土地上进行了一场帝国主义战争。中日甲午战争之后，日本军国主义的侵略野心更加增强，疯狂推行其侵略中国、吞并朝鲜的“大陆政策”。这样，就同沙皇俄国推行的侵略中国、吞并朝鲜、独占亚洲、称霸太平洋的“远东政策”发生了尖锐矛盾。1900年，中国爆发义和团运动，沙俄乘机出兵占领东北全境，企图据为己有，遭到中国人民的坚决反对和世界舆论的指责。日本借机与英国订立反俄军事同盟，要求俄国撤出在中国东北的占领军，双方谈判没有结果。日本便依仗英国的军事支持和英美等国的经济援助，于1904年2月8日派遣海军偷袭停泊在旅顺港外的沙俄太平洋舰队，并击沉在朝鲜仁川的俄国军舰。日俄两国遂于2月10日同时宣战。战争持续到1905年五六月，当时俄国因国内爆发俄国1905年革命，无心再战；日本由于战争消耗，已筋疲力尽，也急欲结束战争。美国担心日本过分强大，就从中调停。1905年9月5日，日俄两国在美国签订了《朴次茅斯和约》，背着中国，擅自在中国东北划分了“势力范围”。日俄战争是一场帝国主义之间不义之战，是交战双方站在对立的立场同时侵略中国、重新划分势力范围、争夺利权的战争。战争期间，中国东北是双方陆上交锋的战场，当地人民蒙受极大的灾难，生命财产遭到空前的浩劫。这场战争不仅是对中国领土和主权的粗暴践踏，而且使中国东北人民在战争中遭受了巨大的损失和人身伤亡。

日本帝国

大日本帝国是从1867年到1945年期间日本的正式国号。庆应三年（1867年）10月，德川幕府第十五代将军德川庆喜向登基不久的明治天皇归还政权，称为“大政奉还”。同年12月，朝廷发布王政复古大号令，根据大号令，以讨幕派的萨摩藩和长州藩为核心组成了新的政府，天皇正式掌握政治实权。1889年，日本将国号改为大日本帝国，国家元首为天皇，政体为君主立宪制，内阁及国会也渐次设置。后来，“日本”、“日本国”、“大日本”、“日本帝国”、“大日本帝国”都曾经使用过，直到昭和十一年（1936年），国号正式统一为“大日本帝国”。第二次世界大战结束后的第二年，也就是昭和二十一年（1946年），战败后的日本新的国家体系形成，国号改为“日本国”。

现代日本

第二次世界大战，日本战败投降，法西斯军国主义彻底失败。20世纪60年代，日本政府制定了《农业基本法》，通过法律使大批农民涌入城市，以补充工业发展对劳动力的需求，使得日本经济实现了长期持续高速增长。1968年日本国民生产总值大幅度提高，成为资本主义世界仅次于美国的第二经济大国。

吠陀文化

已知的最古老的印度文明是公元前2000年至前1000年的印度河流域文明，通常以其代表遗址所在地哈拉帕（在西旁遮普）命名，称为哈拉帕文化。哈拉帕文化是一个分布范围非常广大的文明，在时间上大致与古代两河流域文化及古埃及文化同时。这一文化在达到相当发达和成熟的情况下，由于至今不明的原因而衰落以至最终彻底消失。取代哈拉帕文化的是由西北方进入印度的雅利安人带来的新文化体系，这一文化（有时以其圣典的名字称为吠陀文化）是古典印度文化的起源。早期吠陀时代的历史几乎完全无从考查；梨俱吠陀描述这一时期雅利安人的主要活动是祭祀、迁徙和对土著居民（可能是达罗毗荼人）进行征服。雅利安人在这时的主要祭祀对象是代表自然力量的因陀罗、阿耆尼诸神。在吠陀时代晚期，雅利安人的文化相较以前有了很大发展；他们从早期主要居住的旁遮普移入恒河流域地区。种姓制度在这时大概已经出现。崇拜梵天、毗湿奴、湿婆三大神的婆罗门教代替了敬奉自然神灵的早期吠陀信仰，这种宗教的一个显着特点是抬高祭司阶层（婆罗门）的地位。往世书和印度大史诗描述这一时期雅利安人分成不同的部落集团，而且人民中已经有被称为“罗阇”的领导者出现。敌对的部落集团之间进行频繁的战争，最终形成了为数众多的早期印度国家。在前600年时，印度有不少于20个这样的国家，吠陀时代到这时通常认为已经结束。这一历史时期是所谓的列国时期，因为佛教产生于这一时期，也常称为佛陀时期。列国时代的印度精神生活十分活跃，出现了许多哲学或宗教流派，其中影响最为久远的即是佛教和耆那教。通常称这次思想爆发为“沙门思潮”，新涌现的许多思想潮流的一个共同点是，它们都反对婆罗门在印度社会中的特权地位。

十六雄国

十六雄国是印度十六个强盛的王国或共和国，其范围涵盖肥沃的印度河—恒河平原，其实也有其他较小的国家，散布在这个范围内。通常所指的十六雄国是：迦尸、憍萨罗、鸯伽、摩揭陀、弗栗恃（跋耆）、末罗、支提、跋蹉、俱卢、般遮罗、摩差耶、修罗色那、阿湿波、阿盘底、犍陀罗和甘菩遮（剑洴沙）。在许多印度邦国之中，位于今比哈尔邦的摩揭陀国逐渐居于优势地位。印度可信的政治史开始于频毗娑罗（瓶沙王）统治摩揭陀的时期。往世书和各教派的典籍证明了这位君主的存在，以及他积极的政治活动导致摩揭陀的实力大大增强。频毗娑罗之子阿阇世（未生怨王）执行扩张政策，大概在北印度确立了某种盟主地位；他支持佛教的发展，使佛教在王舍城举行第一次结集。大约从前4世纪开始，难陀王朝统治了摩揭陀；这个王朝的建立人摩诃坡德摩·难陀是一个比阿阇世还要强大得多的统治者，甚至德干高原的某些地区也服从他的王权。

孔雀王朝

亚历山大撤出印度之后不久，被称为月护王的旃陀罗笈多推翻了摩揭陀的难陀王室。旃陀罗笈多建立起印度历史上的第一个帝国式政权孔雀王朝。他赶走了希腊人在旁遮普的残余力量，逐渐征服北印度的大部分地区。月护王在位后期击退了亚洲最强有力的希腊统治者塞琉古一世的入侵，并获得对阿富汗的统治权。孔雀王朝终于在阿育王时期到达颠峰，这位伟大的君主完成了对南方羯陵伽的征服，这样除了极南端的一些国家以外整个印度都在形式上统一于帝国政权之下了。阿育王大力支持佛教，广泛进行传教活动。但是，孔雀王朝的强盛在阿育王去世之后即告终止。摩揭陀的力量退缩回它本来居有的地区，印度恢复列国时代的那种分裂状态。从前2世纪初开始，大夏希腊人、塞人和安息人先后侵入印度；塞人的侵略尤其广泛，他们在整个西印度建立了许多公国。大月氏人成为最成功的侵入者，他们在北印度建立了强大的贵霜帝国，这个国家被列举为古典世界的四大帝国（罗马、安息、贵霜和汉朝）之一。贵霜时代的宝贵产物是大乘佛教和犍陀罗艺术。

笈多王朝

贵霜帝国在强盛了若干世纪之后分裂为一些小的政治力量。取代他们在北印度的优势地位的是旃陀罗笈多一世建立的笈多王朝。笈多王朝是孔雀王朝之后印度的第一个强大王朝，也是由印度人建立的最后一个帝国政权，常常被认为是印度古典文化的黄金时期。与孔雀王朝一样，笈多王朝的发源地是在摩揭陀；这个王朝的头几位君主都是征服者，他们统一了北印度，但在南方则并没有扩张得太远。旃陀罗笈多二世取得了一次对塞人的辉煌胜利，常常被认为是印度传说中的伟大英雄超日王。中国僧人法显在旃陀罗笈多二世在位时访问了印度，他描写这位国王的贤明统治使印度人民安居乐业。笈多王朝的文化非常繁荣。婆罗门教再度兴起，不过此时它已经开始向现代印度教转变；佛教和耆那教继续拥有广泛信徒。笈多君主的宗教政策总体上来说是容许所有教派传播。在文学上，出现了古代印度最伟大的诗人迦梨陀娑。

拉奇普特

大约在7世纪北印度兴起了一种新的力量，即拉其普特人。他们在7至8世纪之后的印度历史中起了突出作用。从7世纪中叶直到12世纪末穆斯林征服北印度之间的历史时期常常被称为拉其普特时期。在这段时间里，几乎所有的北印度政权都是拉其普特人建立的；南方的遮娄其人也是拉其普特人的一支。拉其普特人并不是一个统一的民族，他们中特别重要的有瞿折罗—布罗蒂诃罗人、兆汉人和遮娄其人。各拉其普特王国之间混战不已，同时又激烈抵抗伊斯兰教力量对印度的侵略，以致拉其普特人常被认为是印度教的保卫者。阿拉伯人在8世纪初征服了印度西北部的信德，揭开了穆斯林入侵印度的序幕。9至11世纪在南印度出现了几个强大的王国，如朱罗国（注辇）和潘地亚。其中朱罗国曾经侵入印度尼西亚诸岛屿。

伊斯兰时期

伊斯兰时期可分德里苏丹国和莫卧儿帝国两个时期。伊斯兰对印度的真正征服开始于 11 世纪，是由中亚的突厥人进行的。伽色尼王朝的苏丹马茂德入侵印度 12 次以上，在北印度造成严重破坏。伽色尼王朝在中亚的领土于 1173 年被其位于阿富汗的原附庸廓尔王朝吞并。廓尔王朝的统治者穆伊兹—乌德—丁·穆罕默德（廓尔的穆罕默德）在 1192 年的第二次德赖战役中决定性地击败了兆汉人；他留在印度的总督（出身奴隶）顾特卜—乌德—丁·艾伯克于 1206 年采用苏丹头衔统治被穆斯林征服的北印度地区，定都德里。此后直到莫卧儿帝国建立，北印度的历史即为德里苏丹国的历史。但德里苏丹国并非统一了整个印度的帝国，充其量只是北印度的一个最大的王国。在整个德里苏丹国存在时期，叛乱和王室内讧层出不穷。各地的分立势头从未被有效遏止，几个著名的苏丹都曾镇压过大规模的叛乱。外部入侵的威胁开始主要是来自蒙古人，后来则是中亚的征服者帖木儿。帖木儿的可怕入侵终于使摇摇欲坠的苏丹政权彻底崩溃。德里苏丹国在帖木儿撤离之后不久解体，独立王国林立各地，虽然还有名义上的苏丹，但他们的权力几乎只限于德里和旁遮普。德里苏丹国瓦解造成的权力真空并没有持续很长时间，1526 年，帖木儿的直系后代巴卑尔从中亚进入印度，在第一次帕尼帕特战役中击溃了罗第王朝的最后一个苏丹易卜拉欣·罗第，占领了德里并被尊为“印度斯坦的皇帝”。他继而在 1527 年击败拉其普特人，1529 年又消灭了阿富汗人的残存力量。由巴卑尔建立的政权被称为莫卧儿帝国，意为“蒙古人的帝国”。巴卑尔的统治只是莫卧儿帝国的肇始，其孙阿克巴才是莫卧儿帝国的真正建立人和最伟大的皇帝。他在漫长的统治期间征服了印度北部全境，并把帝国的版图第一次扩展到印度南方。由于对拉其普特人采取怀柔政策，大多数好战的拉其普特部族都归顺了帝国的统治。对异教的宽容是阿克巴的显著特点，他不仅免除了非穆斯林的人头税，还企图倡导一种融合印度教与伊斯兰教的宗教改革。以苏巴（省）为单位的全国行政制度形成了，印度教徒也被允许担任政府官员。阿克巴时代的印度是伊斯兰世界最强大的帝国之一。阿克巴去世后，莫卧儿帝国先后由贾汉吉尔和沙阿·贾汉统治。这是两个才能较为逊色的统治者，沙阿·贾汉终于被自己的儿子奥朗则布推翻失去了皇位。奥朗则布是莫卧儿王朝最重要但也最具争议的皇帝。他加强了伊斯兰教的宗教地位，企图使印度完全伊斯兰化。这些短视的政策导致帝国境内的非穆斯林与政府的矛盾突然尖锐起来，并很快演变成武装斗争。另一方面，由于奥朗则布力图消灭他的政治对手，莫卧儿帝国的疆域在他在位时扩张到最大限度。除了次大陆极南端和马拉塔王国以外，奥朗则布统一了整个印度。奥朗则布去世后的莫卧儿帝国称为“后期莫卧儿”。这一时期的特点是，皇帝大都昏庸无能，马拉塔人愈战愈强，大有取莫卧儿而代之的趋势。但是，决定印度命运的因素是欧洲列强。

英统时期

英统时期指印度次大陆在 1858 年到 1947 年间为英国人所统治，包括今印度共和国、孟加拉国、巴基斯坦和缅甸。这期间上述地方在英国的殖民统治下，成为大英帝国的一部分。自从这些国家独立以来，他们独立前的状态被广泛地称为英属印度，尽管在独立之前，条约仅仅提到次大陆的一部分是在以前设于加尔各答，后来设于德里的英国行政机关的直接统治之下的。许多在英国统治下的领土在这段时间并没有直接由英国所控制，而是名义上的独立土邦。土邦是在王公、王侯和行政长官所统治的，统治者接受了条约，承认英国君主是他们至高无上的君主和领地的最高统治者。这种模式被成为协助联盟。亚丁从 1839 年成为了英属印度的一部分，缅甸则是从 1886 年开始。两者在 1937 年成为分离的英国直辖殖民地。这段时期从 1858 年开始，亦即是英国东印度公司向维多利亚女王移交权力之时；直到 1947 年时，即将独立的印度由于印度教和穆斯林之间的仇恨而被划分为两个主权独立国——印度和巴基斯坦。虽然锡兰处于印度次大陆的周边，但是它并没有被看做英属印度的一部分，而是由从伦敦直接控制的英国直辖殖民地所统治，更胜于作为印度总督所管辖的印度帝国的一部分。法属印度和葡属印度由沿海被包围的领土所组成，分别为法国和葡萄牙所统治。这两部分在独立以后统一到了印度的范围里。

印巴分治

第一次世界大战对印度民族主义的发展带来了重大影响。印度精英阶层在战时积极支持英国，希望以此换取民族自治；但英国在战后的行为令他们大失所望。英政府在战争结束后继续执行军管法令,而且还制定了新的镇压法案(《罗拉特法》)。1919 年 4 月 13 日发生英军屠杀印度群众的阿姆利则惨案。这些事实使已经成为国大党主要人物的莫罕达斯·卡拉姆昌德·甘地转变了对英政府的态度，并于 1920 年改组国大党。国大党在两次世界大战之间多次领导反英斗争，其指导方针是甘地提倡的非暴力不合作。然而，印度教徒和伊斯兰教徒之间的分歧也在加深。穆罕默德·阿里·真纳崛起为国大党内的穆斯林领袖，与掌握了印度教群众的甘地分庭抗礼。1928 年的尼赫鲁报告因为主要反映了印度教徒的意愿，曾引起穆斯林的强烈反弹。英国当局在 1930 年至 1932 年召集全印王公和政治领袖举行了三次伦敦圆桌会议，并于 1935 年通过了新的印度法案

（1935年印度政府法案），在使国大党掌握重大权力的同时也加剧了两派之间的不和。在第二次世界大战中，印度民族运动继续发展。1944年甘地与真纳的会晤以失败告终，而印度穆斯林已经广泛支持建立独立的伊斯兰教国家。二战结束后，英国实力急剧衰落，其在印度的殖民统治已经不可能维持。1946年暴发印度皇家海军起义，之后英国立刻派遣内阁特使团前来谈判，主要内容在于讨论国大党和穆斯林联盟之间的矛盾以便移交政权。1947年英国提出蒙巴顿方案。根据该方案，巴基斯坦和印度两个自治领分别于1947年8月14日和8月15日成立，英国在印度的统治宣告结束。

盎格鲁—撒克逊

盎格鲁—撒克逊的本意就是盎格鲁和撒克逊两个民族结合的民族，是一个集合用语，通常用来形容5世纪初到1066年诺曼征服之间，生活于大不列颠东部和南部地区，在语言、种族上相近的民族。他们使用非常相近的日耳曼方言，被毕德认为是三个强大的日耳曼部族——源自日德兰半岛的盎格鲁人、朱特人以及来自之后称做下萨克森地区的撒克逊人的后裔。盎格鲁人有可能来自安格尔思，也有资料描述他们的整个国家的人都来到了不列颠，留下他们空空的古老大地。盎格鲁—撒克逊人的祖先来自欧洲大陆，是日耳曼人中的盎格鲁人、撒克逊人。大不列颠岛的土著居民是来自比利牛斯半岛的伊比利亚人，他们以创造了巨石文化而著称。后来，凯尔特人中的不列颠人、别尔格人等从大陆进入大不列颠岛，同化了土著居民，形成盎格鲁—撒克逊人的最早基础。从5世纪起，盎格鲁人、撒克逊人进入不列颠。他们同化、消灭了一部分凯尔特人，将另一部分凯尔特人驱赶到西南和西北部的山区。9世纪，丹麦人对不列颠的侵略，促进了盎格鲁—撒克逊人的形成。1066年，来自法国的诺曼人征服了不列颠，他们在英法百年战争后融合在盎格鲁—撒克逊人中。

诺曼底王朝

诺曼底王朝(1066—1135)是英格兰的一个王朝，一共有四位国王曾先后统治英格兰，统治时间由征服王威廉之后的1066年开始，直至1154年。11世纪中叶英国的国王本是英国本土的贵族哈罗德。当时欧洲大陆上的许多国家正急于扩张自己的势力范围，开拓更大的疆土。其中位于现在法国的诺曼底公国的公爵威廉意欲用武力从哈罗德夺取王位，征服英国，建立自己的王国。于是运用外交手段争取同盟者，组成了反对哈罗德的欧洲联盟军。最终在黑斯廷斯打败英军，取得了胜利，成为了英国国王，从此开始了英国历史上的诺曼底王朝。威廉一世死后相继由两个儿子威廉二世和亨利一世继位。亨利一世在其独生子溺毙以后，立女儿马蒂尔达公主为继承人。但亨利一世死后，威廉一世的外孙斯蒂芬继承了王位，并一直与马蒂尔达派作战。1153年,双方达成沃林福德条约。规定斯蒂芬死后王位须由马蒂尔达的儿子安茹伯爵亨利继承。第二年，斯蒂芬去世。其外甥亨利即位，诺曼底王朝宣告终结。

金雀花王朝

金雀花王朝（1154—1458）是12至14世纪统治英国的封建王朝。1154年由亨利二世开创。王朝名称的由来，一说亨利二世的父亲安茹伯爵杰弗里经常在帽子上饰以金雀花枝，故有此名。除英国本土外，该王朝在法国的安茹、诺曼底、布列塔尼等地拥有大量领土，史称安茹王朝。亨利二世依靠城市支持，不断加强王权，扩大国王法庭的司法权限，推行陪审团制度以取代神判法。国王法庭活动的加强导致形成全国统一的普通法。此外，还进行军事改革。实施盾牌钱制度，加强国王的军事力量。理查一世（狮心王，1189—1199年在位）长期在外作战，征敛繁多，招致贵族不满。约翰（失地王，1199—1216年在位）即位后，和贵族的冲突愈演愈烈，引起贵族的反抗，约翰被迫接受大宪章。亨利三世统治时期（1216—1272）封建经济繁荣，骑士阶层多转向经营土地，在政治斗争中崭露头角。亨利三世即位初年曾多次重新承认大宪章，表示接受贵族监督。后因向教皇献纳过多，又任用法国封建贵族执政，引起英国贵族反对。1258年贵族武装集会，强迫国王实行改革。时年6月亨利三世被迫接受《牛津条例》，决定组织15人会议，非经会议同意国王不能做出任何决定。不久，反对派阵营因骑士和贵族利益冲突而分裂，亨利三世趁机否认《牛津条例》，内战爆发。1264年5月14日刘易斯战役中，国王及王子被以孟福尔为首的贵族俘获。孟福尔控制局势，1265年他召集贵族、骑士、城市市民集会议事，是为英国议会之始。1265年8月孟福尔兵败被杀。亨利三世恢复王位。爱德华一世（1272—1307年在位）制定一系列法令,保障封建主利益。1279年的《教产法》规定，如果没有国王同意土地不能转为教产。1290年的《买地法》规定封臣得以代替方式自由转移封土，从此不能再创立新的封土，是为封土制瓦解的开始。他倚靠骑士、市民等加强王权,1295年召集的议会被称为模范议会。1297年他颁布《宪章的追认》文件，确认了没有议会同意国王不得征税的原则。爱德华三世在位期间（1327—1377），为争夺在法国的领地，挑起百年战争。战争使英国贵族从大陆掠得大批财富，但却加剧了英国农民的痛苦。爱德华三世死后，爆发了瓦特·泰勒起义。1399年理查二世（1377—1399年在位）被兰开斯特家族的亨利废黜，金雀花王朝至此结束。

兰开斯特王朝

兰开斯特王朝，金雀花王室的幼支。在15世纪中出现3位英格兰国王——

亨利四世、亨利五世和亨利六世。1267年亨利三世的幼子驼背埃德蒙（1245—1296）被封为兰开斯特伯爵时，这个家族的名称第一次出现。在埃德蒙的第二个妻子阿图瓦的布朗歇所生的儿子中，有两个人继承了这个称号：兰开斯特伯爵托马斯（1322年卒）和兰开斯特伯爵亨利（1345年卒）。亨利的儿子兰开斯特第一公爵亨利（1361年卒）去世时，只有两个女继承人。长女莫德嫁给巴伐利亚公爵，无后。于是兰开斯特的继承权归于次女布朗歇和她的丈夫。1399年，他们的儿子兰开斯特的亨利废黜了理查二世，自立为国王，称亨利四世。他即位后，兰开斯特的公爵领地便并入王室，于是亨利四世、亨利五世和亨利六世代表兰开斯特王室统治英格兰60多年。

约克王朝

约克王朝于15世纪后半叶与兰开斯特王朝争夺王位，其起因在于约克王朝和兰开斯特王朝均是金雀花王朝的旁支，最后这场争夺导致了玫瑰战争。战争命名的原因是两个王朝的家徽上均有一朵玫瑰：约克王朝的是一朵白玫瑰，兰开斯特王朝的是一朵红玫瑰。约克家族是1385年建立的，当时爱德华三世的第四个儿子兰利的埃德蒙被封为约克公爵。亨利六世在位时约克公爵三世金雀花的理查提出他应该是真正的英国国王。最后金雀花的理查与亨利六世达成了一个协议，在这个协议中亨利六世承认理查的王位合理性，而理查则承认亨利六世是当时的在位国王，他不希望在位国王被废黜，亨利六世死后由约克王朝继承王位。英国议会批准了这个协议。但并非所有兰开斯特王朝的人都同意这个协议，尤其亨利六世的王后希望她的儿子威尔士亲王继承王位。1455年她建立了一支军队来达到她的目的，这样玫瑰战争就开始了。1460年金雀花的理查在韦克菲尔德战役中阵亡，他的长子爱德华四世于1461年继位，成为约克王朝的第一位国王，但是战争还在继续。1470年至1471年亨利六世曾短暂复辟，但爱德华四世在丢克斯伯里战役中取得决定性胜利，威尔士亲王被杀，亨利六世被送进伦敦塔，不久也遇害。玫瑰战争这才告一段落。1483年爱德华四世薨，他十二岁的儿子爱德华五世登上王位，但是他的叔叔理查将爱德华五世和他的弟弟关入伦敦塔，当年6月26日理查自己登上了王位，成为理查三世，爱德华兄弟从此销声匿迹。1485年8月22日理查三世阵亡，约克王朝败绩，玫瑰战争结束。

都铎王朝

都铎王朝，是1485年至1603年间统治英格兰和爱尔兰的专制王朝。该王室远祖来自韦尔斯，由欧文·都铎和瓦卢瓦的凯特琳创立。曾出过5位英格兰国王。虽然都铎王室成员仅是兰开斯特王室的母系后裔，但在最终赢得“玫瑰战争”，首领亨利·都铎得以继承王位，是为亨利七世，都铎王朝开始对英格兰和爱尔兰的118年的统治，共经历了五代君主。始于亨利七世1485年入主英格兰、威尔士和爱尔兰，结束于1603年伊丽莎白一世的去世。虽然历时不长，但都铎王朝处于英国从封建社会向资本主义社会转型这样一个关键时代，因而其实施的各项政策也极具时代特色。这也是英格兰历史上的黄金时代之一。

无敌舰队海战

无敌舰队海战，也称“英西大海战”。“无敌舰队”指16世纪后半叶的西班牙海军，当时为了保障其海上交通线和其在海外的利益，西班牙建立了一支拥有100多艘战舰、3000余门大炮、数以万计士兵的强大海上舰队，最鼎盛时舰队有千余艘舰船。这支舰队横行于地中海和大西洋，骄傲地自称为“无敌舰队”。那时，英国的资本主义处于萌芽状态。轻工业的发展，迫使它急于寻找海外商业市场；舰船制造和航海技术的革新，更加膨胀了英国夺取殖民地的勃勃野心。对于西班牙来说，自然不允许其他国家分占它来自殖民地的利益。英国的海上抢劫以及对美洲的掠夺严重地威胁着西班牙对殖民地的垄断地位，引起西班牙国王腓力二世的仇视。为了争夺海上霸权，西班牙和英国于1588年8月在英吉利海峡进行了一场举世瞩目、激烈壮观的大海战。这次海战，西班牙实力强大，武器先进，战船威力巨大，且兵力达3万余人，号称为“最幸运的无敌舰队”。而当时英国军队规模不大，整个舰队的作战人员也只有9000人。两军相比，众寡悬殊，西班牙占据绝对优势。但是，出人意料的是这场海战的结局以西班牙惨遭毁灭性的失败而告终，“无敌舰队”几乎全军覆没。从此以后西班牙急剧衰落，“海上霸主”的地位被英国取代。这次战争是人类历史上最重要的海战之一，它决定了近代早期欧洲的命运，并且在一定程度上，对近代早期的世界都产生了影响。它标志着17世纪英国海上力量的崛起，自此西班牙的霸权开始向英国转移。无敌舰队惨败后50年间，西班牙仍旧保持着大国地位，但显然其根基已经动摇。西班牙慢慢退出了历史的主要舞台，英国第一次以强国的姿态向欧洲大陆发出了声音，并迅速进入世界海洋霸权和商业霸权的争夺中心。

斯图亚特王朝

斯图亚特王朝，初名为斯迪瓦特王朝，是1371年至1714年间统治苏格兰、1603年至1714年间统治英格兰和爱尔兰的王朝。其王室成员的祖先可以追溯至11世纪法国布列塔尼半岛的地方贵族。斯图亚特是第一个成功统治英伦三岛的王室，但其统治实际上并不稳定，经历数次革命，两位君主被革命所推翻。同时由于斯图亚特王室的天主教背景，导致新教徒为主的英格兰民众经常质疑君主的宗教倾向，令英伦三岛的不稳定因素增加不少。不过，这些因素促使英国议会权力愈来愈大，令英国最早成为议会制国家，也使英国的民主步伐领先于欧陆诸国。

汉诺威王朝

汉诺威王朝，是于1692年至1866年统治德国汉诺威地区和在1714年至1901年间统治英国的王朝。汉诺威王朝是德国布朗史维希王朝的分支之一，因此又称为布朗史维希王朝汉诺威分支。汉诺威王朝和布朗史维希王朝的前身，都是韦尔夫王朝，祖先最早可以追溯到萨克森及巴伐利亚公爵亨利。而亨利的幼子威廉成为吕讷堡公爵。布朗史维希王朝吕能堡分支，经过多年发展后，在1692年成为汉诺威选侯国。自此以后，王室人员以国为姓氏，改称为汉诺威分支，亦即是汉诺威王朝。1692年，哈布斯堡王朝的神圣罗马皇帝利奥波德一世，委任布朗史维希—吕能堡公爵为第9位世袭选帝侯，是为汉诺威选帝侯，以增加哈布斯堡王室成员当选皇帝的胜算机会。自此以后，布朗史维希—吕能堡公爵及其后代便以封国为姓，改姓汉诺威。自1714年起，汉诺威选帝侯开始兼任英王，汉诺威和大不列颠王国以及爱尔兰结成共主邦联。而汉诺威选帝侯国，在1803年被法军占领，直至1814年拿破仑倒台后，汉诺威在列强同意下，选帝侯国被升级为王国。1814年10月，维也纳会议上决定，为了给予英王在德国事务上的发言权，决定将汉诺威选帝侯国提升为汉诺威王国，并与英国组成共主邦联。但这个共主邦联很快瓦解，当1837年英王威廉四世驾崩后，英国王位传给了血缘关系较近的肯特郡主维多利亚。但因德意志地区施行撒利法，禁止女性继承王位。维多利亚三伯父的汉诺威王位传给了她的五叔坎伯兰公爵。但此时，普鲁士已经开始密谋统一德国的大业。1866年，普奥战争期间，普鲁士突然派兵占领汉诺威王国，并改编为普鲁士的一个省。汉诺威王朝灭亡。

温莎王朝

温莎王朝，自1917年统治英国和其海外领地的家族，其前身为萨克森—科堡—哥达王朝，而其家族实际姓氏为韦廷。其父系祖先为韦廷家族，后来其中一个分支被分封到萨克森—科堡—哥达公国（即今日德国的图林根州），该分支便自此以国为王朝名，但保留韦廷作为私人姓氏。该分支的成员通过婚姻或获选多国国王，如葡萄牙、比利时和保加利亚国王等。1840年2月10日，英女王维多利亚和她的表弟萨克森—科堡—哥达公国的亲王阿尔伯特结婚，萨克森—科堡—哥达这个德国姓氏就此带入英国王室。1901年1月22日，维多利亚女王驾崩，其长子继位为爱德华七世，爱德华成为第一位萨克森—科堡—哥达王朝的君主。1914年8月4日，英国加入第一次世界大战，与德国作战。由于经历多年复杂的联姻，此时欧洲各国的君主，多是表兄弟的关系。但英国王室带有德国姓氏，令英国人觉得不顺。为安抚民心，当时在位的英王乔治五世，在1917年7月17日颁布一道枢密院御令，宣布将英国王室名和王室父系子裔私人姓氏，改为温莎。温莎一名来自温莎堡，是英国最古老的王宫之一，由英王征服者威廉一世选址奠基的。温莎王朝经历两次世界大战，两次皆成功令英国成为战胜国。而另一方面，英殖民帝国在二战后迅速瓦解，殖民地陆续宣布独立，令英国在世界的影响力大不如前，陆续失去爱尔兰国王和印度皇帝等称号。但通过各种妥协方式，令英国在前殖民地区的影响力依然举足轻重。这些妥协包括成立英联邦和允许一些国家独立自主，但仍奉英王为国家元首。直至今天，仍有15个国家奉英王为国家元首，其中包括加拿大、澳大利亚等，令英王至今依然为名义上统治最大面积领土的君主。

高卢

高卢是指现今西欧的法国、比利时、意大利北部、荷兰南部、瑞士西部和德国莱茵河西岸的一带。在英语中，“Gaul”这个词也可能是指住在那一带的居民。不过更多时候，这个词是指广泛分布于欧洲并且在罗马时期扩张至安那托利亚中部的使用高卢语（凯尔特语族的一个分支）的那些人。古罗马时代高卢人广阔的分布在欧洲并分成了两族，除了住在法国的高卢人，还有一部分居住在意大利北部的平原，其他的高卢人移民到了在现时的西班牙一带。对于罗马的统治，高卢的部落首脑韦森盖托里克斯（前72—前64）曾经带领高卢起义，后被恺撒击败，投降后被判绞刑。

西法兰克王国

西法兰克王国是西欧的一个君主制国家，存在时间为843年至987年。843年，法兰克国王路易的三个儿子，洛泰尔、日耳曼人路易及秃头查理签署《凡尔登条约》，把查理曼大帝遗留下来的法兰克王国一分为三。秃头查理得到王国西部的领土，并建立君主制国家，称西法兰克王国。而法兰克王国东部和中部的领土则分别由日耳曼人路易及洛泰尔继承。西法兰克王国的领土包括了阿基坦、布列塔尼、勃艮第、加泰罗尼亚、弗兰德尔、加斯科涅、普罗旺斯、图卢兹及法兰西岛等。870年，秃头查理及日耳曼人路易再次勘定边界，签署《墨尔森条约》，瓜分洛泰尔子嗣遗留下来的中法兰克王国。在这份条约下，西法兰克王国得以瓜分中法兰克王国西部领土，这逐渐形成法兰西王国版图的邹型。虽然原来法兰克王国的卡洛林王朝得以继续延续，但境内的大家族却逐渐崛起，使得王权旁落。9世纪中叶，北欧的诺曼人侵扰西欧、不列颠一带，西法兰克王国派罗贝尔抗击诺曼人，并成功阻止他们的入侵。尔后，罗贝尔的儿子巴黎伯爵厄德同样抗击诺曼人有功，令他领导的卡佩家族声望日隆，而厄德也曾经被推举为王。这使得卡洛林王室和卡佩家族进行长期的斗争，以争夺西法兰克的王位。987 年，卡洛林王朝的路易五世去世，由于他无嗣，使得西法兰克王国的卡洛林王朝绝嗣。其后，神职人员及贵族们推举卡佩家族的继承人于格·卡佩为西法兰克国王。于格·卡佩建立起卡佩王朝，西法兰克王国终由法兰西王国所取代。

卡佩王朝

卡佩王朝（987—1328）因建立者于格·卡佩（987 年—996 年在位）而得名。卡佩王朝的历代国王通过扩大和巩固王权，为法兰西民族国家奠定了基础。王朝初年，法兰西是封建割据国家。王室领地狭小，只限于塞纳河和罗亚尔河中游包括巴黎和奥尔良在内的分散领地。从 11 世纪末起，王权开始加强。路易六世（1108 年—1137 年在位）击败了王室领地的大小封建领主，对城市颁发公社特。许状，把卡佩王朝和城市的利益结合起来。腓力二世(1180 年—1223 年在位）统治时期，拥有英国国王头衔的法国安茹家族占有大片领地，总面积超过法国王室领地的 5 至 6 倍，阻碍了法兰西统一。1203 年法国征服了诺曼底，合并了安茹等大片领地，英王在法国的领地只剩下阿基坦和普瓦图的一部分。路易九世（1226 年—1270 年在位）实行司法财政改革，设立高等法院，审理重大案件，限制封建主法庭的权力。腓力三世在位期间（1270—1285），王权在南部地区牢固建立。腓力四世(1285 年—1314 年在位）因向教会征收财产税与罗马教皇卜尼法斯八世(1294 年—1303 年在位)发生冲突。为了谋求社会各阶层的支持，1302 年第一次召开三级会议。罗马教廷一度迁至阿维尼翁，由法国国王控制，史称阿维尼翁之囚。卡佩王朝统治时期，农村多次发生农民起义，南部城市流行基督教异端阿尔比派，后遭到教皇的镇压。随着生产的发展和社会的进步，法兰西的文化也取得很大成就。13 至 14 世纪，在巴黎、图卢兹和奥尔良等城市相继创办大学，巴黎成为学术中心。1328 年，法国卡佩家族男嗣断绝，瓦卢瓦家族的腓力六世继位（1328—1350），开始了瓦卢瓦王朝的统治。

百年战争

百年战争是指英国和法国，以及后来加入的勃艮第，于 1337 年至 1453 年间的战争，是世界历史上持续时间最长的战争，断断续续进行了长达 116 年。百年战争中，发展出不少新战术和武器。12 世纪中叶，英国金雀花王朝在法国占有广阔领地，12 至 13 世纪，法国国王逐渐夺回部分被英国占领的土地。14 世纪初，英国仍占据法国南部阿基坦地区，成为法国政治统一的最大障碍。双方还争夺富庶的佛兰德地区。佛兰德毛纺业主要依赖英国的原料，英国则从羊毛贸易中获取巨利。1328年,法国占领佛兰德,英王爱德华三世（1327年—1377年在位）下令禁止羊毛出口。佛兰德因失去原料来源，转而支持英国。战争的导火线主要是王位继承问题。1328年，查理四世去世，法国卡佩王朝绝嗣，支裔瓦卢瓦王朝的腓力六世继位，英王爱德华三世以法王查理四世外孙的资格，与腓力六世争夺王位，触发战争。1337年11月英王爱德华三世率军进攻法国，战争开始。1340年，英法两国发生海战，法军战败。英国控制了英吉利海峡。1346年8月，双方在克雷西会战，英军大捷，乘胜进入诺曼底。1347年攻占法国的加来。1356年9月，普瓦提埃之战，法军大败，法王约翰二世（1350年—1364年在位）及众臣被俘，英国借此向法国索取巨额赎金。1360年法国王子查理被迫签订屈辱的《布勒塔尼和约》，把加来及法国西南部大片领土割让给英国。1364年,王子查理继位,称查理五世(1364年—1380年在位)。为了夺回失地，他改编军队，整顿税制，紧张备战。1369年起连续发动攻势，几乎收复全部失地，1396年双方缔结二十年停战协定。1415年8月，英王亨利五世（1413年—1422年在位）趁查理六世（1380年—1422年在位）即位后法国统治阶级发生内讧之机，领兵进攻法国，10月占领法国北部。1420年，双方签订《特鲁瓦条约》，条约规定法国王太子的王位继承权转归英王亨利五世。亨利五世与查理六世之女结婚。这项条约实际上将法国分为由亨利五世、勃艮第公爵和法国王太子查理分别统辖的三个部分。1422年法王查理六世与英王亨利五世先后去世，英方宣布由未满周岁的亨利六世（1422—1461，1470年—1471年在位）兼领法国国王。1428年10月，英军围攻通往法国南方的要塞奥尔良城，形势危急。法国人民组成抗英游击队，袭击英军。1429年，法国女民族英雄贞德率军击退英军，解奥尔良城之围。此后，法国人民抗英运动继续高涨，英军节节败退。1429年7月，王子查理在兰斯加冕，称查理七世。1435年勃艮第公爵臣服于法王。1453年10月，驻波尔多英军投降,除加来外,法国领土全部收复。至此，百年战争以法国的胜利而结束。

瓦卢瓦王朝

瓦卢瓦王朝，14至16世纪统治法国的封建王朝。1328年法王查理四世死后，因卡佩家族嫡系无男嗣，由卡佩家族的旁支瓦卢瓦伯爵查理之子腓力六世继承王位(1328—1350)，建立瓦卢瓦王朝。瓦卢瓦王朝时期，内外战争频繁发生。王朝初建，英王爱德华三世以法王腓力四世外孙的名义与腓力六世争夺王位，爆发英法百年战争。战争期间，1358年发生马塞尔领导的巴黎市民起义和扎克雷起义。15世纪初，瓦卢瓦家族的两个旁系奥尔良公爵和勃艮第公爵互相倾轧，内讧延续近30年之久。从1494年起，瓦卢瓦王朝同哈布斯堡王朝为争夺意大利而连年作战，直至1559年《卡托—

康布雷西条约》缔结后才停战。1562年至1598年又爆发宗教战争。百年战争时期，王权一度衰落，15世纪初，王权逐渐加强，路易十一基本完成了法国的统一，法兰西斯一世(1515年—1547年在位)，建立君主专制。瓦卢瓦王朝时期，市民阶层迅速崛起，作为第三等级的代表开始与特权等级角逐。文艺复兴达到高峰。1589年8月1日，亨利三世(1574年—1589年在位)遇刺身亡，因无子嗣，王位由纳瓦尔的亨利四世继承(1589年—1610年在位)。至此，瓦卢瓦王朝结束，波旁王朝开始。

波旁王朝

波旁王朝是一个在欧洲历史上曾断断续续地统治纳瓦拉(1555—1848)、法国(1589—1848)、西班牙(1700年至今)、那不勒斯与西西里(1734—1816)、卢森堡(1964年至今)等国和意大利若干公国的跨国王朝。由于其父系祖先为卡佩王室成员，因此也被称为卡佩王朝波旁分支。波旁王室，顾名思义便是起缘于法国中部的波旁地区。而这个采邑最早出现于13世纪初，是法王一位家臣，即是今天波旁王室成员的母系祖先的私人封地。而其成员的父系祖先可追溯到来自卡佩王室的法王路易九世。路易九世之子克莱蒙伯爵罗贝尔与其子孙通过他和波旁领地的女继承人勃艮第的比阿特丽斯的婚姻，获得了对波旁公国的统治权。他们的长子路易在1327年获封为波旁公爵。自此以后，他的子孙以封国波旁为姓，因此这次受封被视为波旁王室的起源。其后波旁公爵的后代亨利·德·波旁以纳瓦拉王国为基础，趁法国宗教战争之时，入主法国，为亨利四世。亨利四世即位后，主动结束了困扰法国多年的宗教战争，令法国的经济得以复苏。1598年，亨利四世颁布了南特敕令，施行宗教宽容政策，令很多信奉基督新教的手工业者留在法国，促进了法国经济的繁荣。但亨利四世的宗教宽容政策，随着他的逝世而被终止施行。其后经济衰退、社会矛盾加剧，加上美国独立战争引起民主思潮和法国国内的启蒙运动思潮，引发了法国大革命，而波旁王朝也终于在1792年8月10日被巴黎民众的起义推翻。最终，路易十六在1793年1月21日成为法国历史上唯一一位被送上断头台的君主。其后波旁王朝虽经过复辟，但君主的保守政策令波旁王朝渐失民心，最终导致1830年七月革命的爆发。革命过后，法国国会让奥尔良公爵路易·菲利浦三世以法王路易十三的后代支系第八代孙的身份继承王位，正式称号为“法兰西人的国王”路易·菲利浦。由于他以波旁—奥尔良为姓氏，因此他的七月王朝，亦被称为波旁—奥尔良王朝。路易·菲利浦采取中间路线，但依然无法解决法国经济持续衰退的问题。1846年的工农业萧条，令他被迫于1848年退位。自此以后，没有任何一位波旁王室及其分支成员能再次统治法国，而法国波旁王朝而正式落下帷幕。

法国大革命

法国大革命是1789年在法国爆发的一场革命，法国的君主专制政体被推翻。大革命的结束时间有多种说法，其中一种观点认为1794年7月雅各宾派统治的结束为革命的终结；另有观点认为1799年的雾月政变为革命终结的标志。18世纪资本主义在法国部分地区已相当发达，资产阶级已成为经济上最富有的阶级，但在政治上仍处于无权地位。由天主教教士组成的第一等级和贵族组成的第二等级，是居于统治地位的特权阶级。资产阶级、农民和城市平民组成第三等级，处于被统治地位。18世纪末第三等级同特权阶级的矛盾日益加剧。1789年5月国王被迫召集三级会议，继而改为国民议会和制宪议会。7月14日巴黎人民起义，攻占巴士底狱，革命爆发。8月26日制宪会议通过《人权与公民权宣言》(简称《人权宣言》)，确立人权、法制、公民自由和私有财产权等资本主义的基本原则。革命初期，代表大资产阶级和自由派贵族利益的君主立宪派（斐扬派）取得政权。1791年6月20日路易十六乔装出逃，企图勾结外国力量镇压革命，中途被识破押回巴黎。广大群众要求废除王政、实行共和，但君主立宪派则主张维持现状、保留王政。君主立宪派制定了《1791年宪法》，召开立法会议，维护君主立宪制，反对革命继续发展。第一、二等级和大资产阶级取得了妥协，但和占法国人口大多数的农民和城市平民的矛盾依然没有缓和，1792年8月10日，巴黎人民再次起义，推翻君主立宪派的统治，逮捕国王路易十六。9月21日召开国民公会，次日宣布成立法兰西共和国。8月10日巴黎人民起义后，吉伦特派取得政权，成立了法兰西第一共和国。1793年1月21日，国民公会经过审判以叛国罪处死路易十六。吉伦特派把主要力量用于反对雅各宾派、巴黎公社和巴黎无套裤汉。从1792年秋季起，人们不满他们的温和政策，要求打击投机商人和限制物价，吉伦特派却颁布法令镇压运动。1793年5月31日至6月2日巴黎人民于发动第三次起义，推翻吉伦特派的统治，建立起雅各宾派专政。雅各宾派颁布《雅各宾宪法》，废除封建所有制，平定吉伦特派叛乱，粉碎欧洲君主国家的武装干涉；但仍保持反劳工的《列·霞飞法》和《农业工人强迫劳动法》，并镇压忿激派和埃贝尔派。雅各宾派过激和恐怖的政策，也使它走向分裂和内讧。1794年7月27日，雅各宾中被罗镇压的右派势力发动热月政变，逮捕了罗伯斯比尔和圣鞠斯特，建立热月党人统治。热月党人于10月解散国民公会，成立新的政府机构督政府。恐怖时期结束，但政局仍然不稳，波旁王朝无人敢出任国君。1796年至1797年，督政府派拿破仑·波拿巴远征意大利取得重大胜利，军人势力开始抬头。1797年立法机构选举时，许多王党分子当选。督政府为打击王党势力，宣布选举无效。1798年立法机构选举时雅各宾派的残余势力大批当选，督政府再次宣布选举无效。这种政策历史上称为“秋千政策”。1799 年英国又组成第二次反法联盟，以西哀士为首的右翼势力要求借助军人力量控制局面。11 月 9 日（共和八年雾月 18 日）拿破仑·波拿巴发动雾月政变，结束了督政府的统治，建立起临时执政府，自任执政。法国大革命匆匆收场。拿破仑在滑铁卢战役失利后，路易十八在外国军队保护下复辟了波旁王朝。恢复了国王的权利，并且大肆血洗革命者。1830 年 7 月巴黎人民发动七月革命，经过 3 天战斗，攻下王宫，国王查理十世逃往英国，建立了以路易·菲利浦为首的七月王朝，至此法国大革命彻底结束。

第一共和国

法兰西第一共和国是法国历史上第一个资产阶级共和国。1792 年 9 月 22 日由国民议会宣告成立。经吉伦特派掌权（1792 年—1793 年）和雅各宾派专政（1793 年 6 月—1794 年 7 月）。“热月政变”后，又相继有热月党人（1794 年 7 月—1797 年）、督政府（1797 年—1799 年 11 月）和执政府时期（1799 年 11 月—1804 年 5 月）等阶段。政治体制差别较大，曾先后颁布了《1793 年宪法》、《1795 年宪法》、《1799 年宪法》等。在雅各布宾派专政期间，它具有最民主的特征。“热月政变”后，第一共和国基础日益削弱。在法历雾月十八日政变后名存实亡，在 1804 年 5 月拿破仑称帝后，被“法兰西第一帝国”所代替。

第一帝国

法兰西第一帝国是法国拿破仑一世建立的君主制国家，又被称为拿破仑帝国，对 19 世纪初的欧洲大陆影响甚大。1804 年 5 月拿破仑称帝，1804 年 12 月加冕，结束法国执政府的统治。第一帝国在对第三次反法同盟中取得胜利，击败奥地利、普鲁士、俄罗斯、葡萄牙等国，其中包括奥斯特里茨战役 (1805 年) 及弗里德兰战役 (1807 年) 等。欧洲战争于 1807 年 7 月，蒂尔西特条约的签订下结束。法国对外的一系列战争被称为拿破仑战争，把法国的影响力扩至整个西欧及波兰。1814 年 4 月拿破仑第一次退位，后一度复位；1815 年 6 月再次退位，第一帝国告终。

拿破仑战争

拿破仑战争是指拿破仑称帝统治法国期间（1804—1815）爆发的各场战事，这些战斗可以说是自 1789 年法国大革命所引发的战争的延续。它促使了欧洲的军队和火炮发生重大变革，特别是军事制度。因为实施全民征兵制，使得战争规模庞大，史无前例。法国国势迅速崛起，雄霸欧洲，但是在侵俄战役惨败后，一落千丈。拿破仑建立的帝国，最终战败，让波旁王朝得于 1814 年和 1815 年两度复辟。随着拿破仑在滑铁卢被打败，各交战国签订巴黎条约后，拿破仑战争终于在1815年11月20日结束。

第二共和国

法兰西第二共和国，简称第二共和，是1848年11月4日到1852年12月2日间统治法国的共和政体。1848年法国二月革命爆发。二月革命成功后，七月王朝崩溃，资产阶级取得政权，建立了法兰西第二共和国，后被法兰西第二帝国取代。在历史上，第二共和国是存在时间最短的政体。它是最后一个经暴力革命建立的政权，期间男性公民的普选权首次得到确认，奴隶制度也被正式废除。

第二帝国

法兰西第二帝国又简称为第二帝国，是波拿巴家族的路易·拿破仑·波拿巴在法国建立的君主制政权(1852—1870)。法兰西第二共和国总统路易·拿破仑·波拿巴于1851年12月2日发动政变。翌年1月14日颁布宪法，加强总统权力，削弱议会的立法权。1852年11月7日，元老院颁布法令建议恢复帝制。随即举行公民投票，绝大多数表示赞成。12月2日宣布恢复帝国，波拿巴为法兰西人皇帝，称拿破仑三世。根据多次补充的帝国宪法，皇帝是国家元首，统率军队，有宣战、媾和、结盟、订立商约和特赦，任命政府与地方官员，批准公共建设工程，决定是否将法案送交立法团讨论等权力。帝国立法体制分成三部分：参政院由皇帝任命，约50人组成，任务是维护宪法与保证皇帝统治，准备法案和审查法令修正案；凡年满21岁并在某地居住超过半年的法国男子皆有选举权，立法团由选举产生的200多名议员组成，它的主席和副主席由皇帝任命，立法团仅有权讨论和表决法案；元老院由皇帝任命，由约100名亲王、元帅、主教组成，批准立法团通过的法令。大臣们执行皇帝命令，各自对皇帝负责。参政院对省长进行监督。地方政权掌握在省长手中，他们领导全省警察，控制社会舆论。

第三共和国

法兰西第三共和国是在1870年至1940年统治法国的共和政府。共和国采用议会民主模式并在1870年9月4日成立。共和国在第二帝国因普法战争的失败而倒台、巴黎公社被成功镇压后而建立。一直到1940年时，因为纳粹德国入侵法国而垮台。第三共和虽然从未被认为能长期执政，但却是法国第一个长久而稳定的共和国，并赢得法国人对共和政体的支持。

维希政府

是第二次世界大战期间，德国占领下的法国傀儡政府。1940年6月德国侵占巴黎后，以贝当为首的法国政府向德国投降，1940 年 7 月政府所在地迁至法国中部的维希，故名。正式国号为法兰西国。统治大约五分之三的法国领土。二战法国即将战败时，一战英雄贝当任副总理，他要挟总理让位给他，并向德国投降。随后在维希举行国会投票，利用他的崇高威望，使国会选举他为元首，改国号，实行法西斯独裁。国会成为咨询机构。当时除英国之外的国家都承认维希政府为代表法国的政府。在 1944 年盟军登陆法国后，维希政府迁往德国的希格马林根，次年垮台。不少的维希政府官员与成员在战后都受到法国政府的通缉与囚禁，维希政府首脑之一的赖伐尔战后被处死刑，贝当原本也要处死刑，但是因为一战战功之故改判无期徒刑，而被囚禁在大西洋中岛屿的一个要塞中至病故。

自由法国

1940 年 6 月，国防部次长夏尔·戴高乐在维希法国投降时，逃亡至英国，于 6 月 18 日透过英国广播公司（BBC），发表《告法国人民书》的演说，号召法国人民不要放弃希望，“法国抵抗的火焰都不能熄灭，也绝不会熄灭”，这标志了“自由法国”运动的开始。当时，英国也处于纳粹德国的威胁之中，于是承认戴高乐建立的自由法国，与德意志第三帝国和维希法国抗衡。但这只是一个流亡政府，而全球所有国家（除了英国），皆承认维希法国为正式的法国政府。但自由法国获得了当时法属非洲地区的承认。初期的自由法国，没有很多军队，于是先与法属殖民地取得联络，并将法属殖民地从纳粹阵营夺回。此时，全国（指流亡政府），有 70000 多人，其主力集中在非洲，并参与解放埃塞俄比亚（由意大利占据）。1944 年 7 月，法国解放，自由法国政府解散。

第四共和国

法兰西第四共和国为 1946 年到 1958 年的法国共和政府，是法国在第二次世界大战后建立的资产阶级共和国。1945 年法国光复后，围绕政体问题，各派政治力量展开激烈斗争。1946 年 10 月制宪议会通过新宪法，宣告第四共和国正式建立。该宪法确立两院议会制，并对共和国总统的权力作了严格的限制。第四共和国建立初期由共产党、社会党、人民共和党组成联合政府，随着国际冷战的发展，共产党于 1947 年 5 月被逐出政府。此后，该政府受到以共产党为首的左翼和以法兰西人民联盟为首的右翼的两面夹击，只能依靠被称为第三势力的松散多数的支持，显得软弱无力。但第四共和国在发展经济方面取得一定成就，通过实施现代化和更新设备的莫内计划，1950 年法国的生产水平超过战前最高年份 25%。但法国战后经济的发展在一定程度上受美援制约，同时存在通货膨胀等问题。在外交上，第四共和国在冷战、北大西洋公约组织和德国问题上追随美国，同时也着手推行欧洲一体化政策。在其推动下，1951 年 4 月法国、联邦德国、意大利、荷兰、比利时、卢森堡6国签订《建立欧洲煤钢共同体条约》(通称《巴黎条约》)，建立欧洲煤钢联营。1957 年 3 月，6 国在罗马签订《建立欧洲经济共同体条约》和《建立欧洲原子能共同体条约》(通称《罗马条约》)，建立欧洲共同市场和欧洲原子能联营，向欧洲经济一体化迈出决定性的一步。在军事上，第四共和国长期进行越南战争和阿尔及利亚战争。1956 年 10 月入侵埃及苏伊士运河区，造成了国际声望下降、财政严重困难、国内动乱加剧。1958 年 4 月至 5 月，法国出现政府危机，5 月 13 日阿尔及尔发生暴乱，导致政府垮台。6 月 1 日戴高乐出任政府总理，并于 9 月通过新宪法，第四共和国遂告结束。

日耳曼

日耳曼人是古代占据中欧和东欧广大地区的部族，自称德意志人，古罗马人称之为日耳曼人。分布在莱茵河以东、维斯瓦河以西、多瑙河以北地区，从事游猎、畜牧为主，长期处于原始氏族社会阶段，其语系属于印欧语系日尔曼语族。1 世纪末至 2 世纪初，部分日耳曼人由游牧生活转向农业生活，出现了土地分配不均的现象。少数军事贵族往往占有更多土地，军事首领及其亲兵以征战为职业，战利品通过抽签方式来分配，首领分到的战利品常常多于亲兵。此时的日耳曼人已处于原始社会末期的军事民主制阶段。随着罗马帝国陷入危机，日耳曼人从北方多瑙河一带不断进入罗马帝国境内并展开袭击。罗马帝国后期(3—5 世纪)分布在莱茵河以东的日尔曼各部族，主要包括法兰克人、伦巴德人、盎格鲁人、撒克逊人、汪达尔人等，以及迁到多瑙河下游和黑海北岸的哥特人。4 世纪末，日耳曼人各部族在来自东方的匈奴人的压力下，相继卷入了欧洲民族大迁徙的洪流，从而加速了西罗马帝国的灭亡。那些进入罗马帝国境内的日耳曼人，纷纷在西罗马帝国的废墟上建立起日耳曼人王国，在整个日尔曼人的王国中，时间最长、影响最大的是法兰克王国。

东法兰克王国

东法兰克王国为中欧的一个君主制国家，存在时间为 843 年至 10 世纪。843 年，法兰克王国查理曼大帝的三个后人，洛泰尔、日耳曼人路易及秃头查理签署《凡尔登条约》，共同瓜分整个法兰克王国。当中，日耳曼人路易分得了王国东部的领土，建立起一个称为“东法兰克王国”的君主制国家。另外，法兰克王国的剩余领土则分裂成西法兰克王国及中法兰克王国。然而，路易所处的东部领土，是一片被征服不久的德意志地区，比其他地方落后。870 年，日耳曼人路易与西法兰克国王秃头查理签署《墨尔森条约》，瓜分洛泰尔后人所遗留下来的中法兰克王国领土。这个条约使得东法兰克王国领土得以扩张，并确立今天德国领土的邹形。899年，国王阿尔努夫病逝，其子路易继位。由于他年少，因此权力落入美因兹大主教的手上。不久后，路易在911年病死，东法兰克的卡洛林王朝绝嗣。后来，法兰克尼亚公爵康拉德继位，称康拉德一世，完全取代卡洛林王朝的统治。数年后，康拉德去世，王位辗转落入萨克森公爵捕鸟者亨利的身上。亨利一世在936年去世后，其子奥托继位。他力主建立一个得以凌驾于各公国的王权，因此大力镇压各公国的叛乱。962年，教宗约翰十二世为他加冕，称之为“罗马人的皇帝”，成为神圣罗马帝国皇帝。自此，东法兰克王国逐渐过渡到后来的神圣罗马帝国。

德意志邦联

德意志邦联（1815年6月8日—1866年8月23日）是在1815年根据维也纳会议而成立的一个松散组织，目的是团结在1806年神圣罗马帝国被废除后余下的德意志邦国。设有邦联议会，以奥地利帝国代表为主席。其组织松散，各邦保持完全的主权。普鲁士与奥地利之间经常争夺德意志的领导权。1866年普奥战争中奥地利被普鲁士打败，邦联瓦解。

普法战争

普法战争是普鲁士为了统一德国并与法国争夺欧洲大陆霸权而爆发的战争。战争是由法国发动，最后以普鲁士大获全胜、建立德意志帝国告终。在德法两国，此战役称为德法战争。普鲁士为了统一德国，在1864年及1866年先后击败了丹麦及奥地利，但法国却仍然在幕后操控着南德意志诸邦，阻碍德国统一。为此，在普鲁士首相俾斯麦的策动下，以西班牙王位继承问题制造争端，并发出“埃姆斯密电”激发出普法两地人民的民族仇恨，令法皇拿破仑三世于1870年7月19日对普宣战，普鲁士借此团结德意志民族，进攻法国。战争最终以法兰西第二帝国的垮台和法国投降而告结束，而于1871年1月18日，普王威廉一世在凡尔赛宫的镜厅宣告建立德意志帝国，他本人成为首任皇帝，德国遂告统一。但德法两国于这次战争中的结怨，为日后的第一次世界大战的爆发埋下伏线。

德意志第一帝国

德意志第一帝国，即神圣罗马帝国，全称为德意志民族神圣罗马帝国或日耳曼民族神圣罗马帝国，是962年至1806年在西欧和中欧的一个封建帝国。神圣罗马帝国早期为统一的国家，中世纪后演变为由一些承认皇帝最高权威的公国、侯国、伯国、宗教贵族领地和帝国自由城市组成的政治联合体。955年，德意志国王奥托一世在勒赫菲尔德战役中击败马扎尔人，收复各边区。962年，奥托加冕为皇帝，建立神圣罗马帝国。今奥地利地区自此归属神圣罗马帝国，直到其于1806年崩溃。其帝国国祚，因自称奉天承运，被日耳曼人追溯为承继罗马帝国而来，而称之为神圣罗马帝国。德国人在论述其帝国历史时，将其定义为“第一帝国”；与后来的德意志帝国（1871年—1918年，史称为第二帝国）与希特勒执政时期（1933年—1945年，史称为第三帝国）加以串连论之。

德意志第二帝国

德意志第二帝国是指1871年到1918年的德意志帝国，它是普鲁士通过三次王朝战争统一起来的。1870年在普法战争中，普鲁士击败法国，1871年1月18日普鲁士在首相奥托·冯·俾斯麦的领导下，先后在普丹战争、普奥战争和普法战争获胜，完成统一德意志的大业。1871年1月18日，国王威廉一世在巴黎凡尔赛宫镜厅正式登基为皇帝，德意志帝国建立。后历经腓特烈三世、威廉二世统治。1914年德国参与第一次世界大战，使德国经济陷入萧条，战事的拖延及高的死伤人数使人民厌倦战争，男丁被征召，国内士气低落，自1915年起不断出现粮食暴动、罢工等现象。后虽有宪政改革，但不能满足人心，1918年10月威廉港水兵叛变，触使全国爆发大规模叛变，局势急转直下，宰相在11月9日辞职，新宰相弗里德里希·艾伯特上任，当天下午德国社会民主党人腓力·赛德曼在国会大楼宣布共和国成立，威廉二世在晚间出走，德意志帝国灭亡。11月11日，德国宣布无条件投降。威廉二世的退位未使德国国内恢复秩序，但共和国的成立已经把此残局交给魏玛政府处理。

魏玛共和国

魏玛共和国是指1919年至1933年期间统治德国的共和政体。由于魏玛共和国的宪法（一般称之为《魏玛宪法》）是在魏玛召开的国民议会上通过的，因此这个共和政府被称为魏玛共和国。魏玛共和国于德意志帝国霍亨索伦王朝崩溃、德国在第一次世界大战中战败后成立。虽然共和国废除帝制，但仍然保留以前的正式国号德意志帝国。“魏玛共和国”一称呼，是后世历史学家的称呼，从来不是共和国的官方名字。魏玛共和国是德国有史以来第一次走向共和制的尝试，因十一月革命而生，因阿道夫·希特勒与纳粹党在1933年上台而结束。虽然1919年魏玛的共和国宪法在法律上在第二次世界大战结束前仍然有效，但纳粹党政府在1933年采取的一体化政策已经彻底破坏了魏玛共和国的民主制度，所以魏玛共和国在1933年已经名存实亡。

德意志第三帝国

德意志第三帝国，即纳粹德国，通常指1933年至1945年间的德国，当时它处于阿道夫·希特勒的独裁和国家社会主义（法西斯主义和社会主义的变体）的意识形态的坚固统治之下。1929年，世界经济危机爆发后，魏玛共和国的政局开始转向法西斯化。以希特勒为领袖的纳粹党在1933年1月30日开始掌握了德国的政权。希特勒执政后，对内实行白色恐怖，残酷镇压异己分子，通过冲锋队、党卫军和盖世太保及其遍布各地的劳动营和集中营实行法西斯专政。希特勒是通过鼓吹强烈的民粹主义上台的，上台后的他开始了对犹太人疯狂的种族压迫。1933年12月1日通过《保证党和国家统一法》。1934年8月1日通过《德国元首法》等，加强了法西斯独裁统治。希特勒将国家经济纳入战争轨道，加快重整军备的步伐。1935年3月16日，希特勒突破《凡尔赛条约》的封锁，宣布实施普遍义务兵役制，建立起50万人的军队，次年宣布实行由戈林主持的“四年计划”，工业发展速度超过西方各国。1936年3月7日，希特勒将德军开进莱茵非武装区，7月武装参与西班牙内战。11月25日德日缔结《反共产国际公约》，1939年5月22日，德国和意大利于柏林订立钢铁同盟，至此，三国正式结盟，被称为轴心国。1938年3月德国吞并奥地利，9月，在慕尼黑会议上，希特勒表示“取得苏德台区以后，德国不再有领土要求”，英法在绥靖政策的驱使下签订《慕尼黑协定》。10月，德国背约占领捷克斯洛伐克。1939年9月1日，德国以闪电战进攻波兰，第二次世界大战正式开始，随后迅速占领了丹麦、挪威、荷兰、比利时和卢森堡等国。1940年，击败英法联军，并占领了法国。随后占领了南斯拉夫和希腊等国。1941年6月22日，德国开始进攻苏联。1942年冬，斯大林格勒战役开始，德军失利，成为第二次世界大战的转折点。1944年6月6日，美英联军在法国诺曼底登陆，1945年5月8日德国宣布无条件投降。第二次世界大战结束后，根据雅尔塔协定，苏、美、英、法分区占领德国，柏林作为特殊单位由4国共同管理。1949年5月，美、英、法3国占领区合并，成立德意志联邦共和国，同年10月，苏联占领区宣布成立德意志民主共和国，德国分裂为两个国家。

东德西德

二战以后德国被分为两部分，民主德国和联邦德国，分别成为原苏联和美国殖民地，原苏联殖民的东德走社会主义路线，美国殖民的西德是走资本主义路线，1955年又分别加入华沙条约组织和北大西洋公约组织，两德长期相互对峙。

两德合并

1989年底，民主德国政局发生激烈变化。1990年3月，基督教民主联盟主席德梅齐埃上台组阁，两德政府就统一问题正式谈判。5月18日，签署了关于建立两德货币、经济和社会联盟的国家条约。规定从7月1日起，两德都使用西德马克，国家的经济基础是社会市场经济，实行西德的劳动法规。8月31日，又签署了关于两德实行政治统一的第二个国家条约。规定民族恢复1952年7月行政区划改革前的5个州建制，东西柏林合并成一个州，于10月3日按西德《基本法》集体加入联邦德国。9月12日，两德外长又与美苏英法外长签署最后解决德国问题的条约，使德国的统一得到前战胜国的同意。1990年10月3日，民主德国正式加入联邦德国，两德实现统一。12月2日，全德举行议会选举。基督教民主联盟获胜，科尔任成为统一后德国的第一任总理。1990年10月3日0时，分裂长达45年之久的德国重新统一，在柏林帝国议会大厦前，伴随着联邦德国的国歌声，特制的旗杆上徐徐升起了黑红黄三色的联邦德国国旗，从此走资本主义路线，称德国。

东斯拉夫

俄罗斯人的祖先是斯拉夫人，一些学者认为他们的最初居住地是森林茂密的平斯克沼泽。东斯拉夫人沿着两条线路，一条从基辅到苏兹达尔和穆罗姆，一条从波洛茨克到大诺夫哥罗德和罗斯托夫，来到日耳曼人西迁留下的空地并逐渐在俄罗斯西部定居下来。从7世纪开始，东斯拉夫人逐渐成为俄罗斯西部人口最多的民族，并缓慢而和平地吸收了当地使用芬兰—乌戈尔语的族群。

基辅罗斯

9世纪中至12世纪初在东欧平原上建立的以基辅为首都的早期封建国家，又称古罗斯、罗斯国。到9世纪，这些部落以基辅为中心，结成一个大公国，称“基辅罗斯”，这是最早的俄罗斯国家。当时它只是一个南自基辅，北到拉多加湖，西从普斯科夫，东到木罗姆的一个东欧内陆小国。

莫斯科公国

莫斯科公园，13世纪由弗拉基米尔大公国分封而成，首都莫斯科。14世纪初起，陆续合并四周王公领地，国势渐强。14世纪20年代后，接受金帐汗国册封，取得代征全俄贡纳的权力。到40年代成为全罗斯最强的公国。1480年莫斯科大公伊凡三世击败金帐汗国分裂后的大帐汗国，使得俄罗斯从大帐汗国独立出来。到16世纪30年代，以莫斯科公国为中心的俄罗斯中央集权国家基本形成。1713年，以莫斯科公国为核心的俄罗斯统一集权国家正式形成，改名为俄罗斯帝国。

罗曼诺夫王朝

罗曼诺夫王朝是1613年至1917年统治俄罗斯的王朝。俄国封建王朝。1613年1月，米哈伊尔·费多罗维奇·罗曼诺夫(1596—1645)被推举为沙皇，开始了罗曼诺夫王朝在俄国的统治。18世纪初彼得一世在位时，俄国迅速强盛，建立俄罗斯帝国。后不断扩张领土，成为横跨欧亚两洲的强国，农奴制日益加强。1741年，伊丽莎白·彼得罗夫娜继位，男嗣断绝，外戚当权，但仍袭用罗曼诺夫王朝的名号。1861年废除农奴制后，俄国资本主义经济有所发展。19世纪末形成军事封建帝国主义国家。1917年二月革命中被推翻，末代沙皇尼古拉二世被迫退位。次年7月17日，沙皇一家在叶卡捷琳堡(今斯维尔德洛夫斯克)被处决。罗曼诺夫王朝统治期间，对内实行专制的农奴制度，对外推行侵略扩张政策，镇压人民革命。罗曼诺夫王朝统治俄国三百多年，是俄罗斯历史上第二个也是最后一个王朝，它也是俄国历史上最强盛的王朝。在该王朝时期，俄国由东欧一个闭塞的小国扩展为世界范围的强国之一。这个王朝几乎从所有邻国身上吞下肥肉，攒下了2200多万平方千米的江山，从彼得大帝时代开始，大步流星追赶世界文明的潮流。直到它覆灭时为止，留下的仍然是世界一流的强国。

十月革命

十月革命，也称为“布尔什维克革命”或“十月社会主义革命”，俄国工农兵在以列宁为首的布尔什维克领导下推翻资产阶级临时政府，建立了人类第一个无产阶级专政国家的革命。十月革命发生于1917年11月7日（俄历10月25日），在列宁和托洛茨基等人的领导下，俄国共产党（布尔什维克）领导工人士兵发动武装起义，建立了苏维埃政权，这是无产阶级政党领导的第一次成功的社会主义革命。革命推翻了俄罗斯克伦斯基领导的俄国资产阶级临时政府。十月革命胜利后颁布了一系列革命法令。随即苏维埃俄国退出了第一次世界大战。帝国主义阵营对于无产阶级政权极为恐惧仇恨，他们在1918年至1920年多次发动干涉性进攻，并且支持俄国的反动势力，妄想扼杀革命，苏维埃俄国在以列宁为首的布尔什维克党的坚强领导下，更在广大工人农民支持下，取得了俄国国内革命战争的胜利，粉碎了协约国的武装干涉性进攻。经过艰苦卓绝的努力，苏俄各族人民都建立了革命政权，为了实现社会主义革命政权的联合，1922年底苏维埃社会主义共和国联盟成立。

苏联

苏联（1922年12月30日—1991年12月26日），习惯上从俄罗斯苏维埃社会主义联邦共和国建立，也就是从1917年十月革命后开始算起。十月革命后，布尔什维克党领导人民群众推翻了沙俄的统治，获得政权，随即与德国签订《布列斯特和约》退出第一次世界大战。在随后的几年里，由托洛茨基指挥的红军通过残酷的内战击败了白军和协约国的干涉。1921年3月，苏维埃政权开始实施新经济政策，并且首先从解决农民问题入手，变余粮无偿征集为市场买卖。1922年12月30日，俄罗斯、乌克兰、白俄罗斯和外高加索联邦共同组成了苏联。1924年1月21日，列宁逝世，约瑟夫·维萨里奥诺维奇·斯大林获得政权。他通过残酷的手段清洗了所有的政治对手，推行农业集体化政策，同时以肃反的方式对苏联共产党、国家和军队的领导人展开了“大清洗”。在斯大林的领导下，苏联共产党对苏联的的经济生产方式进行了大改造，成功地把苏联改造成了一个工业和军事强国。1932年，苏联的第一个五年计划提前完成，建设1500个大型工业企业，开始大规模的农业集体化，一大批新兴的工业部门出现，苏联从农业国变成工业国。1937年，第二个五年计划完成，苏联建成4500个大型工业企业，工业生产总值跃居欧洲第一、世界第二，工业技术水平大幅度提高。1938年开始第三个五年计划，继续加强国民经济基础，兴建大批新型工厂，实行备战。1939年，第二次世界大战爆发。1941年6月22日凌晨3时，德国军队突袭苏联。经过浴血奋战，苏联红军和盟军在1945年攻占了纳粹德国全境，赢得了第二次世界大战。二战后，赫鲁晓夫与其他社会主义盟国建立了华沙条约组织（简称华约），同以美国为首的北大西洋公约组织约（简称北约）相抗衡。1953年斯大林逝世。苏联共产党高层领导人之间进行了几年的政治斗争，最后赫鲁晓夫掌握了政权。他在1956年苏共二十大上的秘密报告上批判了斯大林及其个人崇拜的严重后果，苏联的政治斗争从此向更加人道的方式转变。由于意识形态上的分歧，从1959年开始，苏联共产党与中国共产党进行了一系列的辩论和争吵。1964年，赫鲁晓夫下台，勃列日涅夫获得政权。1968年，苏联入侵捷克斯洛伐克；1979年，苏联入侵阿富汗。这两次行动都遭到了国际社会的一致谴责，1985年戈尔巴乔夫上台后推行一系列改革政策，在此政策的直接影响下，发生了东欧剧变，发生了“8·19”事件，苏联国家解体的形势已无法逆转，1991年12月25日晚19时25分，戈尔巴乔夫在电视讲话中宣布辞职，苏联从此成为历史。

冷战

冷战是指美国和苏联及他们的盟友在1945年至1990年代间在政治和外交上的对抗、冲突和竞争。从第二次世界大战结束开始，随着20世纪80年代苏联的经济危机和戈尔巴乔夫的民主改革，促成共产主义国家倒台，到90年代初苏联解体，冷战正式结束。由于第二次世界大战刚结束，在这段时期，虽然分歧和冲突严重，但对抗双方都尽力避免导致世界范围的大规模战争（世界大战）爆发，其对抗通常通过局部战争、科技和军备竞赛、外交竞争等“冷”方式进行，即“相互遏制，却又不诉诸武力”，因此称之为“冷战”。朝鲜战争、中东战争、越南战争、阿富汗战争（1979）和两伊战争是几个东西方国家发生区域冲突的例子，但是大多数时候只是对立双方之间的冲突。在这些冲突中，主要强国只是通过资金和武器援助各自支持的国家或组织。这么做就减少了两大阵营冲突的紧张性。

俄罗斯联邦

1991 年 8 月 24 日，俄罗斯苏维埃联邦共和国宣布独立，成为俄罗斯联邦。从此之后，俄罗斯联邦虽然保持了大国的地位，但始终面临经济困境。俄罗斯联邦实行的是联邦民主制。总统是国家元首，任期 4 年，2008 年修宪改为 6 年，由人民直选产生。总统拥有相当大的行政权力，有权任命包括了总理在内的高级官员，但必须经议会批准。总统同时也是武装部队的首领以及国家安全会议的主席，并可以不经议会通过直接颁布法令。总统不可以连任超过 2 届。俄罗斯联邦议会，简称联邦议会，采用两院制，下议院称国家杜玛，代表联邦各主体；上议院称联邦院，代表联邦。俄罗斯联邦由 83 个不同的行政分区组成。联邦内有 21 个享有极大自由的共和国，这些共和国往往是俄罗斯联邦的少数民族聚居区。剩下的行政区包括了 46 个州、9 个边疆区、4 个自治区、1 个自治州，以及 2 个联邦直辖市莫斯科和圣彼得堡。2000 年 5 月 13 日普京签发命令决定按地域原则在俄罗斯建立 7 个联邦区（中央联邦区，西北联邦区，南方联邦区，伏尔加河沿岸联邦区，乌拉尔联邦区，西伯利亚联邦区，远东联邦区）。

英属北美殖民地

英属北美殖民地是十六七世纪英国在北美洲大西洋沿岸所设立的从属于英国却相对独立自治的殖民地的总称，由英王特许，赋予政治自治权利，但不能占据议会席位。1607 年至 1732 年间有 16 个，由于兼并就只剩 13 个，它们也就是美国建国之初的 13 个州。它们的建立方式有三：公司殖民地，由公司取得国王特许而建立，代表为弗吉尼亚、马萨诸塞；领主殖民地，由国王赐封给贵族的殖民地，这一种占绝大多数；自治殖民地，由当地人民自己创建，互相签署盟约，再与英国签订宪章，如康涅狄格和罗得岛。

独立战争

美国独立战争（1775—1783），或称美国革命战争，一开始是主要发生于大英帝国和其北美十三州殖民地的革命者之间的一场战争。18 世纪中叶，英国在美洲的殖民地与英国之间已有了裂痕。殖民地的扩张，使他们觉得受到英国的迫害，萌生独立的念头。1773 年，波士顿倾茶事件，反对英国对殖民地倾销。1774 年，来自 13 州的代表聚集在费城，召开所谓第一次大陆会议，希望能寻出一条合理的途径，与英国和平解决问题。然而英王却坚持殖民地必须无条件臣服于英王，并接受处分。1775 年，在马萨诸塞州莱克星顿点燃战火；1776 年 5 月，在费城召开第二次大陆会议，坚定了战争与独立的决心，并发表著名的《独立宣言》，提出充分的理由来打这场仗。1777 年 10 月，萨拉托加大捷，扭转了独立战争初期的不利的态势。此役使人民信心大增，并得到了国际上的支援。1778 年 2 月法美签订军事同盟条约，法国正式承认美国。法国、西班牙、荷兰相继参战。1781 年，约克城战役大捷，美军赢得决定性的胜利。约克敦战役后，除了海上尚有几次交战和陆上的零星战斗外，北美大陆战事已基本停止。1782 年 11 月 30 日，英美签署《巴黎和约》草案，1783 年 9 月 3 日，英国正式承认美国独立。

美利坚合众国

北美殖民地于 1776 年脱离英国统治后，13 州的殖民地代表一同发表了《美国独立宣言》，在经历艰苦的独立战争后，于 1783 年与英国签订了《巴黎条约》，从此受到世界各国的承认。革命的成功，使美国人民有了以立法形式表达他们政治观念的机会。1787 年，在费城举行联邦会议，会上华盛顿被推为主席，他们采取一项原则，即中央的权力是一般性的，但必须有审慎的规定和说明。同时，他们也接受一项事实，那就是全国性政府必须有税收、铸造货币、调整商业、宣战及缔结条约的权力。此外，为了防止中央权力过大，而采取孟德斯鸠的均权政治学说，即政府中设置三个平等合作与制衡的部门——立法、行政、司法三种权力相互调和，制衡而不使任何一权占控制地位。经过 200 多年的发展，美国国土不断拓展，37 个州陆续加入联邦旗下。目前有 50 个州、1 个联邦直辖特区，以及若干境外领土。国土面积超过 962 万平方千米，国土面积位居世界第三或第四名。美国人口约 3 亿人，其数量为世界第三，民族多元，以白人为主，有大量移民人口。美国国旗上的 50 颗白色星星代表 50 个州；每当有新州加入联邦时，美国国旗会在次年的独立日 (7 月 4 日) 时增加一颗星。国旗上红色及白色横条各为 7 条及 6 条，总计 13 条，纪念最初独立的 13 个州。

西进运动

美国西进运动指在北美殖民地时期开始的向西移民的活动和对西部的开发，同时也是美国文化本土化的发展历程。1830 年 5 月，安德鲁·杰克逊总统通过了《印第安人迁移法》，把印第安人押送出密西西比河以东地区，殖民事业在这一地区迅速发展。美国西进运动中有大量印第安人死亡，所以这一运动所行之路又被称为印第安人的血泪之路。与此同时，美国也向密西西比河以西扩张，用购买和战争手段兼并了法国、西班牙、英国的殖民地和墨西哥的大片国土。美国南北战争爆发后，为调动广大人民参加反对南方叛乱战争的积极性，林肯总统签署了《宅地法》。该法是美国西部开发中最具民主色彩的土地政策，它使大批贫苦百姓获得土地，对于促进西部开发具有划时代意义。西进运动对美国的政治、经济生活都有重大的影响。广大的西部土地并入美国，使美国成为幅员辽阔、自然资源丰富的国家；西部的开拓，带动了大规模铁路的建筑和大批移民的流入，使美国形成了广大的国内市场。

南北战争

南北战争（1861—1865），又称美国内战，是美国历史上一场大规模的内战，参战双方为美利坚合众国（简称联邦）和美利坚联盟国（简称邦联）。当时美国南部11州以亚伯拉罕·林肯于1861年就任总统为由而陆续退出联邦，另成立以杰斐逊·戴维斯为“总统”的政府，并驱逐驻扎南方的联邦军，而林肯下令攻打“叛乱”州。引起南北战争的原因，不单是经济上、政治上、军事上的问题，还包括了思想上的冲突。此战不但改变当时美国的政经情势，导致奴隶制度在美国南方被最终废除，也对日后美国的民间社会产生巨大的影响。内战暴露了美国的弱点。对这个国家的存在，作了一番考验。经过了这次考验，美国才步向一个中央集权化之现代国家的坦途。南北之间，为奴隶问题而起争执，南方在全国政治上的主要方针，就在保护和扩大“棉花与奴隶”制度所代表的利益；而北部各州，主要是制造业、商业和金融的中心，这些生产无需依赖奴隶，这种经济上和政治上的冲突都是由来已久的。19世纪60年代初期，11个南方的州脱离联邦，另组政府，北方则表示，为了统一将不惜付出任何代价。1861年，内战爆发了，这场美国人面对面的流血战，进行了四年，南方遭到严重的破坏，而且留下深深的伤痕。1865年，北方战胜了南方，这项胜利不但使美国恢复统一，而且从此全国各地不再施行奴隶制度。

迅速崛起

19世纪初期，美国开始工业化，而内战之后则步入成熟阶段。在从内战至第一次世界大战的不到50年时间内，美国从一个农村化的共和国变成了城市化的国家。机器代替了手工，产品大量增加。全国性的铁道网，增进了货品流通。银行业提供贷款，促成工商业经营的扩大。所以从1890到1917年的近30年间被称为所谓“进步时期”。1914年，第一次世界大战爆发；1917年，美国被卷入一战漩涡中，并且在世界上尝试扮演新的角色。第一次世界大战使欧洲元气大伤，美国却因置身事外，损失不多，声望大为增加。在整个20世纪20年代，农产品价格不断降低，工业利润大幅增长，美国经济发展得异常繁荣。这波经济成长还被信贷上升和股票市场的兴盛推波助澜。终于股市在1929年大崩盘，随之而来的是经济大恐慌。为了复苏经济，富兰克林·德拉诺·罗斯福政府实行新政，大幅增加政府对经济的干预。然而新政却没有完全生效，美国经济直到第二次世界大战后才彻底复苏。在日本偷袭珍珠港后，美国加入反法西斯同盟以对抗轴心国。接下来的战争成为美国历史上代价最高昂的一场战争，然而前线和大后方创造的大量工作机会以及军工产业带动的生产复苏，使美国经济完全走出了大恐慌的阴霾。美国妇女也因此大规模踏入职场。第二次世界大战期间美国研制出原子弹，并在1945年投向日本迫使日本投降。在战争胜利后，以英国为首的欧洲国家，元气进一步大伤。美国尽管在二战中付出沉重代价，由于美国本土未曾遭战火波及，损失却是战胜国中相对地小。美国借着其经济和军事力量，成为世界头号大国，与苏联平起平坐，并引发了冷战。

两极世界

两极世界，存在于20世纪50年代初期到1990年，以两德统一为终点。表现在以美国和苏联为首的北约和华约的军事对峙，对第三世界的争夺，经济上的相互的禁运和封锁，军备上的疯狂竞争，妄图取得战胜对手的优势，意识形态上的相互攻击。总的来说，就是以美国和苏联为首的两大集团在世界的权利结构中占据绝对主导位置，相互敌视、对峙，但是又不能击败对手的世界权力划分形势。其特点在于政治上两种不同社会制度国家势不两立；军事上两大集团强烈对抗；两种类型经济并行发展，交往很少；两大阵营内部基本是一元结构，一个中心；两极格局长期相对稳定。

现代美国

美国在苏联解体后成为了世界上唯一的超级大国。实力之强横，使美国在国际上有着超然无比的地位。美国这时在海外依旧进行着各种军事行动，1991年海湾战争美国就成功战胜伊拉克，并对伊拉克实行经济制裁。1992年比尔·克林顿上台后，得益于数字革命和互联网带来的巨大机遇，美国经济迎来了其历史上持续时间最长的增长。反映科技股的纳斯达克指数一度升上历史高位，最后在2001年崩溃。2001年9月11日，美国遭遇“9·11”事件，由奥萨马·本·拉登策划的恐怖活动袭击了纽约世界贸易中心和华盛顿五角大楼。作为回应，美国总统乔治·W·布什下令军队进入阿富汗并推翻了庇护本·拉登的极端势力塔利班政权。2003年，布什以反恐为名，推翻伊拉克独裁政府并抓捕了萨达姆·侯赛因。第二次伊战受到了大部分国家的赞同，但也有少数国家表示反对。2000年美国总统选举是美国历史上结果最为接近的一次总统选举，也预示着政治两极化的到来。2005年8月，卡特里娜飓风引发的洪水严重摧毁了新奥尔良和密西西比州沿海地区，美国政府因灾前准备和灾后援救工作效率低下、动作缓慢而备受批评。2008 年的次贷风暴导致美国再次陷入经济衰退的危机之中，同时由于次贷风暴造成的信用危机使美国多家大型金融从业机构破产或被政府接管，受此影响爆发 2008 年环球股灾，引发新一轮的全球性金融危机。2009 年 1 月 20 日巴拉克・奥巴马宣誓就任第 44 任美国总统，成为美国历史上首位非洲裔总统。

第三章：历史人物

皇帝

中国古代君王的称号。皇者，古为上天，光明之意，“因给予万物生机谓之皇”；帝者，生物之主，兴益之宗，“因其生育之功谓之帝”。皇为上，帝为下，古人的皇帝意指天地。秦朝以前中国最高统治者的身份为“天子”，称号为“王”，如“周武王”。秦朝建立后，秦始皇为彰显自己地位的尊崇，取“三皇”及“五帝”合成“皇帝”一词来称呼自己以及后世继承者，自此“皇帝”取代了“王”，成为此后两千多年来中国封建社会最高统治者（即所谓“天子”）的称呼。近代以来，“皇帝”也是对其他强大帝国的国君的翻译。

大帝

大帝是对历史上一些政绩斐然的伟大君主的赞美称号。“大帝”一词主要来源于外语。在中国一般不将皇帝称之为大帝，只是民间有玉皇大帝等少数的道教神仙如此称呼，“大帝”一词的普遍应用主要是近代。在西方，人们一般将那些很有作为，特别是武功卓著的君主冠以大帝的称号。英文一般是 The Great，为了区别皇帝的称法，在翻译时一般翻译做大帝。获得大帝的称号可以是自己使用，也可以是官方尊崇，或被大众所接受，没有一定的程序。在历史上享有大帝名号的人也很多，既有世界级的也有民族级的。比如亚历山大大帝、恺撒大帝、君士坦丁大帝、拿破仑大帝等就可谓世界级的，还有如叶卡捷琳娜大帝（沙俄）等只有本国里享有盛名，外国人也只是出自该国人的习惯，如此称谓。近来年，也有人将中国的一些皇帝称呼为“大帝”，如“康熙大帝”、“汉武大帝”等，这些称呼不见于历史文献，仅仅是民众普遍公认的，这一文化现象值得注意和认真辨析。

天皇

天皇是日本国君主的称号，也是日本国家元首和国家的象征。天皇是世界历史最长的君主制度，大约开始于公元前660年。日本君主原来的称呼是“大王”，自唐高宗用天皇称号与天后武则天并称二圣时起，日本君主受此影响，开始使用“天皇”的称号。到了近代，日本战败后，在美国的主持下建立了议会民主制。但为了顺应日本民意，天皇作为象征性的国家元首被保留了下来。现任日本天皇为明仁，年号平成，1989年即位。日本历史上著名的天皇还有明治天皇。

沙皇

沙皇是1546年到1917年期间，俄罗斯帝国皇帝的称呼。15世纪，君士坦丁堡落入土耳其人手中，拜占庭帝国和皇帝的权利落入了莫斯科大公的手里。后伊凡四世认为大公的称号不够宏大，便于1547年加冕为沙皇。伊凡四世也就成为了俄罗斯历史上第一位沙皇。1917年“二月革命”后,沙皇尼古拉二世退位，俄国沙皇时期宣告结束。除了俄罗斯之外，拜占庭皇帝、蒙古大汗、保加利亚国王也被称为过“沙皇”。

法老

法老是古埃及君主的尊称。“法老”一词原指大房屋，在古王国时代，仅仅指国王居住的宫殿。到了新王国第十八王朝时期，开始用于国王自身，并逐渐的引申为对国王的尊称。第二十二朝时期，成为了国王的正式头衔。习惯上，我们将古埃及的国王统称为法老。法老是国家政权的最高代表，掌握着军、政、神权。法老还是太阳神阿蒙之子，是神在人间的代言人和化身。古埃及人对法老的崇拜近乎疯狂，仅仅是法老的名字就具有不可抗拒的魔力，官员们以亲吻法老的脚而感到自豪。古埃及历史上著名法老有统治时间最长的拉美西斯二世、以金面具著称的年轻法老图坦卡蒙，还有以美艳著称的女法老克娄巴特拉等。

元首

“元首”一词在不同的历史时期不同国家有着不同的意思。罗马共和国时期，元首是指首席元老，他有一定的指责、监督执政官的权利。到了屋大维时代，元首和执政官合二为一，成为了罗马君主的称号。到了现代，元首逐渐成为了主权国家对内对外的最高代表，成为了国家机构的重要组成部分。它主要是指共和制、联邦制的总统、国家主席等和君主制的皇帝、国王等。可能握有实际权力，比如美国总统等；也可能只是礼仪性的，比如英国的国王等。二战前后，德国纳粹党还将其党魁阿道夫·希特勒称为“元首”。

可汗

可汗又称可寒、大汗，亦可简称为汗。古代北亚游牧民族鲜卑、回纥、柔然、高车、突厥、吐谷浑、铁勒、女真等建立的汗国，其政治首领皆称可汗。最初，这个称呼是部落里一般部众对首领的尊称，原意是神灵和上天。可汗作为一国之主的称号，最早始于402年柔然首领统一漠北自称丘豆伐可汗。

苏丹

苏丹是伊斯兰教中的头衔，最初是指阿拉伯语中的抽象名词“力量”、“权力”或“统治权”，后来用来代表依照沙里亚法规所设立的穆斯林统治者。其在任内握有几乎全部的宗主权，但不拥有伊斯兰王权。苏丹也用来指回教国王管区内的国家的有权统治者。而苏丹所统治的王朝与区域则称为苏丹国。在中亚的哈萨克汗国与叶尔羌汗国苏丹有“王子”的意思。历史上第一个使用苏丹称号的君主是阿富汗迦色尼王朝哈茂德君主。

哈里发

哈里发意为真主使者的继承人，是伊斯兰教的宗教及世俗的最高统治者的称号，也是历史上阿拉伯帝国统治者的称号，中国穆斯林俗称“海里凡”。“哈里发”是阿拉伯语音译词汇，原意为“代理人”或“继承人”。《古兰经》中有“我必定在大地上设置一个代理人”的经文。最初的阿拉伯帝国哈里发相当于阿拉伯帝国国王和伊斯兰教教皇，1055年，塞尔柱突厥攻入阿拉伯帝国，哈里发失去一切世俗权利，成了伊斯兰教的教皇。真正的世俗大权落入塞尔柱“苏丹”手中。阿拉伯帝国灭亡之后，“哈里发”的头衔作为伊斯兰教宗教领袖的名称，一直保存了下来。直到1924年，哈里发制度最终才由凯末尔废除。

摄政王

摄政王是在一个国家的君主未能管理国家时，代替君主处理国政者。在实行君主制的国家，摄政王通常在君主仍然幼小、患病，或不在国内等情况下执行职务。摄政王大多由在位君主的继承人，如王子，或由君主的兄弟姊妹、母亲，甚至外祖父等外戚担任。历史上著名的摄政王有中国古代为周成王摄政的周公，对顺治帝摄政的多尔衮，英国的理查德·格洛斯特公爵，日本的裕仁亲王等。由于帝王年纪幼小，摄政王多掌握军政大权，因此也有君主成年后，摄政王不愿还政于君，遂起暴乱篡位的事情，例如著名的王莽篡汉。

执政官

执政官，希腊语原意为领导人、统治者。古希腊时期，执政官指多城邦的主要地方行政官，可以是一人，也可以是数人。他们分担过去由国王一人独揽的宗教、军事和司法职责。他们出身贵族，终身享有执政官的权利。公元前594年，梭伦改革了执政官制度，打破了贵族垄断的情况，执政官直接由公民大会选出。古代罗马共和国的最高行政长官也称执政官，一年选举两名。他们实际上就是国家元首，负责统帅军队，主持元老院会议，执行元老院通过的法令，并在外交事务中代表国家。执政官一般出身富有的贵族家庭。他们一般为两人，是王权的继承人，均拥有充分的“治权”，而且作为同僚拥有平等支配权，由此，每个执政官都可以充分地实行统治行为，除非他的同僚通过行使否决权阻止他。

首相

首相为“首席宰相”的缩写，是君主立宪制国家中内阁首脑的中文通称。在君主立宪制下，首相多为国会多数党的党魁或多数派的首领。中文里并非所有君主制国家的政府首脑都称为“首相”。一些君主制国家的政府首脑习惯上译为“总理”，例如澳大利亚和加拿大。有些国家则按照原称，称为“内阁总理大臣”，例如日本，简称“首相”或“总理”。在君主独裁制度下，首相通常由君主任命，是替君主执行命令的内阁最高官员，甚至维持至某形式的君主立宪制。在议会制中，例如英国，首相是政府的首脑，而国家元首（国王或总统）只有仪式上的职能。在一些君主立宪的国家中，首相可实行宪法上授予君主的权力，而无需经国会批准。首相除了是政府首脑外，也有其他职能，例如，而在第二次世界大战时，英国首相丘吉尔兼任国防大臣。在一些国家，首相不是法定的职位，而是约定俗成的政府首脑。例如在英国，法律意义上的首相应为大法官，但是实际上的群臣之首却是第一财政大臣。

总统

总统是对共和制国家元首的称呼。在总统制国家，总统兼任政府首脑，有的甚至实行独裁。美国、印尼、菲律宾、埃及，以及拉丁美洲的不少国家实行总统制。在议会制国家，作为国家元首的总统只是象征性职位，真正行使行政职权的是总理（或称首相），如德国、意大利、印度、新加坡、以色列等。在半总统制（又称双首长制）国家，总统与总理职权的划分，不同国家不尽相同，实行“合法性二元化”措施，但总统的权力普遍比总理大。如法国、俄罗斯、韩国等也可视为半总统制或与半总统制类似。在委员制国家，委员会主席（总统）在法律上与总统制类似，是国家元首和政府首脑；但其权力及地位都不比其他委员高，如同内阁制下的元首。实行这一制度的只有瑞士一国。

主席

主席一般指一个机构内的领袖，根据机构的类型有多种不同称谓，如会长、社长、总干事等。公司的主席又称董事长。有些社会主义国家的国家元首也会称为主席。“主席”一词是中国人发明并流传到世界各地的，在清末又由留学生引回中国。中国古代没有桌椅，人们席地而坐。席地而坐也颇讲究，先铺上房间那么大小的席子叫“筵”，每个人坐的小垫子叫

"席"。入席时，客人有客座，主人中的长辈独自坐在正位或主家席位，以示尊重叫做主席。

总理

总理，主要是指政府的第一执行长官，负责统领政府的行政工作。这一职务在君主制国家称为首相（我们称的泰国总理、马来西亚总理等，是为了习惯等原因沿袭下来的），在某些社会主义国家称为部长会议主席。中国历史上第一次出现"总理"职位，是1911年的大清帝国内阁总理大臣。使用这一名称是受到了较早年（1885年）日本设立的内阁总理大臣的影响。某些社会主义国家的政府首长被称做部长会议主席，与总理是同一个概念。有的政党、社团的领导人也称总理。如孙中山是中国国民党的总理，在香港，某些慈善团体，如东华三院、保良局等给予主要捐款者的称号为总理。

世宗大王

世宗大王（1397—1450），姓李名祹，字元正，即位前被封为忠宁大君，是朝鲜王朝第四代国王。由于他对国家作出了巨大贡献，所以后世史学家通常都尊称他为世宗大王。世宗生于1397年，是朝鲜太宗的第三个儿子。世宗12岁被封为"忠宁大君"，和沈氏（后来的正妃昭宪王后）结婚。世宗才华横溢，很受太宗喜爱。1418年8月，太宗退位两个月后，世宗登基。不过太宗在宫内仍保留一定权力，并掌握军事大权直到他1422年去世。世宗在位期间朝鲜社会得到长足发展，国家繁荣强大。1419年5月，世宗在太宗的建议下，己亥东征，清除了对马海峡倭寇的侵扰。1433年，世宗派金宗瑞击败女真部落，收复朝鲜半岛东北部土地。目前朝鲜半岛的领土基本上与世宗时期相符。世宗被认为是朝鲜王朝的最出色的国王之一。1450年，世宗去世，初葬广州献陵，睿宗元年移葬骊州城山英陵。

金日成

金日成（1912—1994），原名金成柱，朝鲜民主主义人民共和国的创建人，也是朝鲜最高领导人金正日的父亲。1998年修改的朝鲜民主主义人民共和国宪法规定，他为国家"永恒的主席"。金日成生于平壤郊区的万景台，去世于平壤的主席官邸锦绣山纪念宫。1925年，他随父亲金亨稷逃亡到中国。1931年加入中国共产党，历任要职，并对中国的抗日事业作出了巨大的贡献。1945年抗战结束，他从苏联乘坐军舰返回朝鲜北部，成为北朝鲜地区的共产党头号人物。1948年9月9日，他在苏联的支持下建立了朝鲜民主主义人民共和国，并被选为朝鲜劳动党的委员长和内阁首相。1953年2月，被授予朝鲜民主主义人民共和国元首称号。1972年，他成为朝鲜民主主义人民共和国主席，并掌握了朝鲜党政军最高权力。1992年4月，他被授予朝鲜民主主义人民共和国大元帅称号。金日成于1994年7月8日凌晨2时因心肌梗塞在其官邸内病故，他的遗体现在保存在锦绣山纪念宫的水晶棺内。

朴正熙

朴正熙（1917—1979），号中树，韩国庆尚北道人。他是韩国第5任至第9任总统，由1961年上任至1979年，长达18年。朴正熙出生于韩国庆尚北道的龟尾市（大邱广域市附近），1937年毕业于大邱师范学校（曾在一小学任教），后于1944年在满洲军官学校毕业。1961年，朴正熙筹划发动“5·16”军事政变，推翻了当时的民选政府。1963年，朴正熙赢得总统大选的胜利。朴正熙被认为在韩国的经济发展中扮演了积极的角色。1964年，他主持韩日关系正常化，这一举动受到普遍反对，并造成了动荡。1979年10月26日朴正熙被韩国中央情报部金载圭暗杀身亡，终年62岁。朴正熙以俭朴著称，在任时期大力整肃歪风，坚定捍卫自由立场，即使身故多年仍然赢得韩国国民的爱戴。

丰臣秀吉

丰臣秀吉（1536—1598），日本战国时代、安土桃山时代的武将及大名，又名木下藤吉郎、羽柴秀吉等。日本战国时代末期封建领主，是继室町幕府之后，完成近代首次统一日本的日本战国时代大名。秀吉的出身并非显贵，父亲为一贫困农户。青年时代的秀吉是个谋求武士职位的浪人。1554年，他以足轻的身份成为了织田信长的家臣，深得信长喜爱，在织田家的地位不断提升。1564年与浅野长胜的养女弥弥结婚。1573年，秀吉被封为近江国今滨城城主。1582年，秀吉趁本能寺之变，控制了京都一带，后经过多年征战，最终统一日本。1598年8月18日，丰臣秀吉在战役中逝世，死于伏见城，享年62岁。他一生政绩斐然，发展南蛮贸易，以乐座乐市和朱印船贸易等振兴商业；并利用控制都市及铸造货币等办法规范经济；以太合检地和刀狩等政策用来确立税制，使兵农彻底地分离，为江户时代的幕藩体制打下了稳定的基础。

德川家康

德川家康（1543—1616），日本战国时代末期杰出的政治家和军事家，江户幕府的第一代征夷大将军。被称为“战国第一忍者”、“战国最大的忍者”，官至正一位太政大臣。生于名古屋附近的冈崎，为冈崎城主松平广忠的正室水野于大之子（长子为阿久所生），原姓松平氏，小名竹千代，初名元信，后改名元康，最后改名家康，1566年奉敕改姓德川。德川家康终结了战国时代，统一全日本。他建立的江户幕府，其后统治日本达264

年，史称“江户时代”。现今日本日光东照宫等所供奉的神明东照大权现，就是德川家康。德川家康一生的最大业绩在于他继织田信长、丰臣秀吉之后，改组和强化了日本的封建秩序，把日本封建社会推向了一个新的阶段。他开创的德川幕府在日本历史上维持了长达260多年的和平统一局面，这给日本封建经济的发展，提供了比庄园制时代略好一点的社会环境。

明治天皇

明治天皇（1852—1912），日本天皇。名睦仁，出生于嘉永五年（1852年）11月3日，是孝明天皇的第二个皇子，母亲是英照皇太后。庆应三年，1867年倒幕运动开展之际，睦仁16岁继承皇位。在革命分子的鼓舞之下，他于翌年12月9日断然实行“王政复古”。1868年3月发布《五条誓约》，9月改元明治，采取“一世一元制”。同年7月改称江户为东京，翌年以旧江户城为皇宫，总揽统治大权。后在明治政府推动下，他接二连三的推出版籍奉还、废藩制县、制定徵兵令等前所未有的大改革，并颁布了相关的法律和《大日本国宪法》，形成了近代天皇制国家的基本法律和意识形态的支柱。1894年至1895年他亲自指挥甲午中日战争，1904年至1905年又挑起日俄战争。这些战争的胜利，也使得明治天皇确立了至高无上的地位。明治四十五年（1912年）7月30日凌晨0时43分，明治天皇由于尿毒症去世，享年61岁。他在位45年期间，日本资本主义迅速发展，并走上了军国主义、帝国主义的道路。

东条英机

东条英机（1884—1948），第二次世界大战日本法西斯主犯之一，日本陆军大将，日本统治派军官，日本军国主义的代表人物。在二战中，他是仅次于希特勒、墨索里尼的法西斯头目，是日本军国主义侵略亚洲、侵略中国的头号战争罪犯。在其出任日本陆军大臣和内阁总理期间，发动太平洋战争，日本军队策动攻击美国珍珠港，疯狂侵略、践踏亚洲10多个国家和地区，造成数以千万计的生灵涂炭。后来由于战局的失利，他于1944年7月18日辞去一切职务。战争结束后，东条英机自杀未遂，后在医院康复，然后被捕入狱，开始对其战争罪行审讯。东条英机被囚期间，在狱中引用孟子的话“诚者天之道也，思诚者人之道也”，显示了他当时的心境，临死时他仍觉得“自己所相信的东西都是一场梦”。1948年11月12日，东条英机被远东国际军事法庭判处死刑，1948年12月23日执行绞刑。

阿育王

阿育王（约前304—前232），又称无忧王，是印度孔雀王朝的第三代君主，频头娑罗王之子，是印度历史上一位伟大的君王。公元前273年频头娑罗逝世，阿育王在大臣成护的帮助下，在与其兄苏深摩争夺王位的斗争中取胜，并把王族政敌全部杀死。前261年，他征服羯陵伽国。继而，他又统一印度全境。其统治时期成为古代印度历史上空前强盛的时代。有史料称，阿育王由于在征服羯陵伽国时亲眼目睹了大量屠杀的场面，深感悔悟，于是停止武力扩张，而采用佛法征服。由于阿育王强调宽容和非暴力主义，他在民众的欢呼声中统治了长达41年的时间。公元前236年，阿育王枕着“护法名王”的尊号离开了他的子民。孔雀王朝的国祚不长，在他死后只延续了半个世纪便告终了，印度又重新陷入了分裂割据的局面。

阿克巴大帝

阿克巴大帝（1543—1605），印度莫卧儿帝国的第三位统治者，被认为是莫卧儿帝国的真正奠基人和最伟大的皇帝。阿克巴是莫卧儿皇帝胡马雍之子，生于信德省的乌马尔科特（今属巴基斯坦）。阿克巴在13岁时继承皇位，由白拉姆汗摄政。后者尽最大努力使莫卧儿王朝的领地不被各地方统治者乘机瓜分。1560年阿克巴开始自己掌握政权。他改变了几百年来穆斯林统治者的做法，允许印度教徒担任高级职务。他与印度人中的职业战士、好战的拉其普特人结成了同盟。在他统治时代，莫卧儿帝国的疆域大为扩张，东西从阿富汗的巴尔克到孟加拉湾，南北从北部的喜马拉雅山脉直到南方的戈达瓦里河。阿克巴的最大成就，是在莫卧儿帝国境内建立起一套有效率的管理机构，从而遏止了国家的分裂，促进了经济繁荣。阿克巴时代是莫卧儿王朝的黄金时代。

甘地

甘地（1869—1948），尊称圣雄甘地，是印度民族主义运动和国大党领袖。他带领国家迈向独立，脱离英国的殖民统治。他的“非暴力”的哲学思想，影响了全世界的民族主义者和争取和平变革的国际运动。甘地出生在印度西部的港口城市博尔本德尔的印度教家庭，他的父亲是当时的土邦首相。1888年，他留学英国，学习法律。1893年，他来到南非工作。开始抗议和游说，反对针对南非印度人的法律和种族歧视。一战后，他参与了国大党的独立运动。他以他的公民不服从不合作和以绝食抗议等的政治主张，获得了世界范围的关注，也引来了英国当局的不满而多次被逮捕。1920年4月，他当选印度自治同盟的主席。1921年12月，他又被授予国大党在同盟内的执行代表。在他的领导下，国大党重组，制定了新的章程。国大党由一个精英组织转变成了一个大众化政党。1933年5月8日，甘地开始了为期21天的绝食，以抗议英国政府对印度的压迫。1939年3月3日他又在孟买绝食抗议印度的独裁统治。二战时，甘地再次以绝食呼吁团结与和平。1948 年甘地遇刺身亡。

尼赫鲁

尼赫鲁（1889—1964），印度独立后的第一任总理。国大党主席。尼赫鲁出身于克什米尔的一个富裕婆罗门家庭，曾受到甘地的影响。1926 年尼赫鲁访问苏联，对马克思主义和社会主义制度感兴趣。1929 年当选国大党主席，宣布党的主要目标是争取印度完全独立，后多次被捕。1947 年印度独立，尼赫鲁开始任总理，直到他去世，长达 18 年，同时兼任国大党主席。尼赫鲁在印度实行一种基本为资本主义混合社会主义计划经济成分的经济政策，使得经济获得了较快的增长。在政治体制上，尼赫鲁仿照英国体制，包括司法、立法议会、政府和教育系统。尼赫鲁领导改革了古代的印度民法，维护寡妇的财产继承权，改革印度教，从法律上取消种姓制度。尼赫鲁坚决反对殖民主义，是不结盟运动和和平共处五项原则的倡导者之一。但是，尼赫鲁具有强烈的民族主义倾向。1962 年，尼赫鲁发动了对华侵略战争，最终以失败而告终。

真纳

真纳（1876—1948），是一位英属印度和后来巴基斯坦的政治家。他一开始为印度独立而奋斗，后来则领导要求在南亚建立一个独立的穆斯林国家的运动。他是巴基斯坦的缔造者，也是巴基斯坦的第一位总督。真纳出生于卡拉奇的一个穆斯林家庭，早年学习法律。1906 年，加入印度国民大会党，开始了政治生涯。他被认为是印度教徒和穆斯林的友好团结使者。印巴分治后，他出任巴基斯坦自治领首任总督。1947 年 8 月 14 日，真纳宣誓就任巴基斯坦总督，8 月 15 日，巴基斯坦内阁组成，巴基斯坦正式宣告独立，成为英联邦中的一个自治领，定都卡拉奇，这一天成为巴基斯坦独立日。真纳为使印度次大陆人民摆脱英帝国主义的殖民压迫和争取民族独立，不屈不挠地斗争了一生。1948 年 9 月 5 日，真纳得了肺炎，体质日衰，已精疲力尽。9 月 11 日晚与世长辞，鉴于真纳为创立巴基斯坦独立国家所作的不朽贡献，巴基斯坦人民称誉他为“巴基斯坦之父”。

居鲁士大帝

居鲁士大帝（前 599—前 529），古代波斯的缔造者，阿契美尼德王朝的第一位国王。他自幼遭到外祖父遗弃，10 岁时，才得以返回波斯。公元前 559 年，居鲁士成为波斯人的首领，统一了波斯的 10 个部落。公元前 553 年，居鲁士起义反抗米底，并于 3 年后攻克了米底都城，正式建立波斯帝国。前 546 年，他征服吕底亚和小亚细亚的各希腊城邦。公元前 545 年至前 539 年，他又相继征服德兰吉亚那、马尔吉安那、花剌子模、粟特、巴克特利亚、阿里亚、格多路西亚、萨塔吉底亚、阿拉科西亚、犍陀罗等地。公元前539年，居鲁士率波斯大军攻占巴比伦。此时居鲁士的扩张达到了顶峰；巴比伦以西直至埃及边界的许多国家纷纷自愿归顺波斯人。居鲁士已建成亘古未有的大帝国，巴比伦也成为他的行宫之一，他接受尊号为“巴比伦之王，众国之王”。公元前529年，居鲁士出征讨伐中亚的游牧部落马萨革泰人，战败被杀。

大流士一世

大流士一世（前558—前486），波斯皇帝。他在继位之后不到一年的时间里，以各个击破的策略，先后打了十八次大战役，铲除了八大割据势力的首领，使波斯帝国重归一统。他执行促进帝国商业和贸易的计划，开辟海上航路，派舰队探索印度洋，打通从印度河口到埃及的海上航线，开辟从尼罗河到苏伊士的运河；他的船队曾经到过迦太基（现在的突尼斯），探索过西西里岛和意大利。大流士一世功成名就，踌躇满志，开始巡行各地。在巡行至一个叫贝希斯敦的小村庄时，命人在附近的石壁上刻上了著名的《贝希斯敦铭文》，为自己歌功颂德，以便流芳百世。他自称为“王中之王，诸国之王”，后人尊称为“铁血大帝”。

霍梅尼

霍梅尼（1902—1989），伊朗伊斯兰什叶派领袖、伊朗伊斯兰共和国最高领袖。霍梅尼的祖父和父亲均为什叶派宗教领袖，他自幼深受影响。1979年，霍梅尼举行全民投票，建立了伊斯兰共和国，成为了伊朗政治和宗教的终身领袖。霍梅尼在国家生活各个领域推行彻底伊斯兰化，对外提出输出伊斯兰革命的口号，在他的死敌眼里，他是“近代最恶名昭彰的独裁者”，并且让伊朗“倒退了几个世纪”。但对热爱他的人来说，他却是一位无法替代的神。1989年，霍梅尼在德黑兰逝世。当他逝世的时候，伊朗人民争相撕取他的裹尸布以便可以带回去供奉，可见霍梅尼是伊朗人民心中不可替代的精神领袖。

拉美西斯二世

拉美西斯二世（前1314—前1237），古埃及第十九王朝法老，其执政时期是埃及新王国最后的强盛年代。据一些史料称他10岁就开始执政，并很快地学会了军事和建筑等方面的技能。成年后，拉美西斯二世进行了一系列的远征，以恢复埃及对巴勒斯坦的统治。他在叙利亚与同时代的另一强大帝国赫梯发生利益冲突，双方在前1286年发生一次著名的战役——卡迭石战役。对赫梯的战争一直持续到前1270年，最终以拉美西斯二世与赫梯国王卡图西尔三世缔结和约结束。这份和约也成为了世界历史上第一份国际协定。同时，他也是位杰出的建筑家。他在位期间主持修建了许多神庙、城市和宫殿，其中最为著名的有布塔大神庙和比一拉美西斯。这些城市与建筑彰显了他独特的建筑审美风格。但是由于这些巨大的开销，使得埃及的国力开始下降。他死后，埃及走上了下坡路。

克娄巴特拉

克娄巴特拉（前63—前30），古埃及托勒密王朝的最后一任法老，有“埃及艳后”之称。她在父亲的安排下，按照当时的习俗与她的异母弟弟结为夫妇，并共同执政，后被两位大臣赶到叙利亚。在那里，她开始筹集军队，准备以武力争夺埃及王位。她以美色为诱饵，使得恺撒为其夺取埃及王位。公元前44年，恺撒遇刺身亡，克娄巴特拉逃回埃及。同时，安东尼开始攻打埃及。她故技重施，以美貌征服了安东尼，并暂时保住了王位和埃及王国。安东尼当时为了讨好克娄巴特拉，把叙利亚东部地区、塞浦路斯岛以及纳巴特王国等罗马的占领地都赏赐给了埃及。这一做法遭到了罗马人的强烈反对。罗马新执政官屋大维在前31年率领大军进攻埃及，在亚克兴海战中和安东尼与克娄巴特拉的联军作战，大获全胜，当屋大维率领的罗马军队兵临城下的时候，克娄巴特拉试图诱惑屋大维，但是屋大维不为所动，她最终用毒蛇结束了自己的生命。她的死标志着古埃及王朝的覆灭。亚历山大仍然是埃及的首府，但埃及从此却成了罗马的一个省。

纳赛尔

纳赛尔（1918—1970），埃及的第二任总统，被认为是历史上最重要的阿拉伯领导人之一，阿拉伯民族主义的倡导者之一。纳赛尔出生在埃及亚历山大市，是一位邮政官员的后代。他童年时期大多在开罗生活。1952年7月23日，纳赛尔领导了军事政变，推翻了国王。1954年2月25日，纳赛尔成为了埃及总理。两年后，纳赛尔作为唯一的总统候选人，于1956年6月23日成为埃及的第二任总统。纳赛尔执政期间，可谓功过参半。他把埃及的权力集中，推行中央集权制，增加总统的权利，进行企业国有化改革，实行土地改革，也建造了大型公共项目，比如阿斯旺大坝。他在使埃及教育体系现代化的过程中发挥了巨大作用——教育免费使得不计其数的穷人家的孩子能够受到教育。他也热心支持艺术事业，大量修建剧场、电影院，以及鼓励乐器制造业。但是他对持不同政见者的血腥镇压与建立无数警察的秘密系统，对于今天的埃及其继任者们的政治镇压还留有痕迹。纳赛尔在发动给阿拉伯世界造成巨大创伤的“阿以六日战争”中所起的作用，使他的功绩黯然失色，并且缩减了他在中东地区的政治影响。

卡扎菲

卡扎菲（1942—2011），出生于利比亚南部费赞沙漠地区的一个柏柏尔人普通牧民家庭，是利比亚的现任领导人。1969年9月1日，卡扎菲秘密成立的“自由军官组织”发动了武装政变。9月5日，政变成功，卡扎菲成为利比亚的领导人。卡扎菲是一个有争议的人物，世人对他的评价毁誉参半。在本国人和第三世界国家的眼里，他是“大救星”、“民族英雄”、“革命领袖”；而在欧美人的眼里，他是“狂人”、“疯子”、“恐怖主义支持者”。但不管是他的支持者和反对者，都不得不承认这样一个事实：卡扎菲领导着这个约有六百万人口的国家摆脱了贫困，1981年利比亚人均国民收入曾高达一万多美元，成为非洲的首富。现在，在利比亚，居民都住上了新建的楼房和砖房，家家有汽车、电视和冰箱。高速公路纵横交错，全国实行免费医疗，教育事业蓬勃发展。利比亚革命成功后，尤其妇女的地位发生了重大变化。

苏莱曼大帝

苏莱曼大帝（1949—1566），奥斯曼土耳其帝国的苏丹，也是在位时间最长的苏丹。苏莱曼大帝是欧洲16世纪的一位杰出的君主。在他的统治下，奥斯曼帝国在政治、经济、军事和文化等诸多方面都进入了鼎盛时期。苏莱曼大帝亲自统帅奥斯曼军队征服了基督教重镇贝尔格莱德、罗得岛和匈牙利的大部分，奥斯曼人的扩张态势一直到1529年的维也纳之围才被暂时遏制。苏莱曼大帝在与波斯萨非王朝的战争中占领了大半个中东地区，并将西至阿尔及利亚的大部分北非地区纳入奥斯曼帝国版图。苏莱曼大帝在位期间，奥斯曼帝国舰队称霸地中海、红海和波斯湾。他还亲自开始了社会、教育、税收和刑律等方面的立法改革。他主持编撰的权威法典奠定了在他逝世后帝国数个世纪的法律制度基础。苏莱曼大帝将奥斯曼帝国在各方面都推上高峰，但是在他死后不久，奥斯曼帝国开始走上衰落的道路，最后沦为了任人宰割的“西亚病夫”。

帖木儿

帖木儿（1336—1405），帖木儿汗国的奠基人，帖木儿帝国开国君主。帖木尔1336年出生于西察合台汗国的一个信奉伊斯兰教的突厥化蒙古贵族家庭，是成吉思汗七世女系子孙。1369年，他杀死具有兄弟情谊的西察哈台汗忽辛，并宣称自己是成吉思汗的继承人，建立了帖木儿帝国。他在恢复西察合台汗国的秩序与版图之后，将东察合台汗国纳入麾下。随后征服波斯、花剌子模。1393年征服伊儿汗国和阿富汗，而后北上进攻金帐汗国。他在位期间，建立较为完善的司法制度和驿站制度。但是他作战沿袭蒙古人做法，他曾效法先祖成吉思汗，采取屠城政策，这给他所征服过的当地人民留下了痛苦的记忆。他逝世后，帝国四分五裂，最后为乌兹别克汗国所灭。

胡志明

胡志明（1890—1969），原名阮必成，越南共产主义革命家，越南民主共和国主席和政府总理，越南劳动党领袖。胡志明生于越南义安省南檀县金莲村的一个学者家庭。少年时期，参加了秘密的反法活动。1920年加入了法国共产党。1930年在香港组建了越南共产党。1945年领导八月革命成功，并于同年9月2日于河内巴亭广场发表《独立宣言》，宣告越南民主共和国成立。此后，胡志明作为越南党政领袖，在中国顾问的军事帮助下，于1954年取得了抗法战争的胜利。后又发动“抗美救国战争”（出于支持民族独立而援助这场战争的中华人民共和国称为“抗美援越战争”），攻击南越的非共政权，并最终打赢了这场旷日持久的战争。1969年9月2日，胡志明因心脏病逝世，享年79岁。他的遗体经防腐处理后被保存在由中国提供的水晶棺内，一直至今。胡志明逝世以后的1975年，北越军队攻占南越，完成越南的统一；南越原首都西贡市也为纪念胡志明而改名为胡志明市。

西哈努克

诺罗敦·西哈努克（1922—2012），柬埔寨前任国王。1922年10月31日生于金边，是诺罗敦和西索瓦两大王族后裔。1941年4月23日继承王位，1955年放弃王位，1960年任国家元首。后因政变长期流亡在中华人民共和国，一直受到元首待遇。1993年9月24日，柬埔寨恢复君主立宪制，他重登王位。2004年，因健康状况不佳，西哈努克正式宣布退位。西哈努克是中国人民的老朋友。他长期致力于中柬友好事业，并多次访问中国。他曾先后创作了《怀念中国》、《万岁，人民中国；万岁，主席毛泽东》和《啊，中国，我亲爱的第二祖国》等赞颂中柬友好的歌曲。他也曾多次慷慨解囊，向中国遭受自然灾害的地区捐款。

萨达姆

萨达姆（1937—2006），伊拉克第五任总统，革命指挥委员会主席，武装部队总司令，阿拉伯复兴党伊拉克地区领导机构总书记。萨达姆出生于伊拉克萨拉赫丁省提克里特市外的奥贾村，幼年生活坎坷。1956年10月加入反对亲英统治者的起义。1956年加入阿拉伯复兴社会党。1960年在埃及开始与美国中央情报局接触。1964年，他被选举为复兴党副总书记。1968年7月，回到伊拉克协助发动政变，推翻阿里夫总统。1972年6月1日起，他开始将外国的石油公司国家化，并将石油收入用来建造军队。1979年7月16日，萨达姆达到权力颠峰，当天他就任总统，成为伊拉克党和国家的领导人。1980年，他发动了持续八年之久的两伊战争。战争结束后，他继续镇压库尔德人。海湾战争爆发后，他下令人侵科威特。2002年，萨达姆在总统选举中以100%得票率当选。因违禁武器问题，美国于2003年开始实施“斩首行动”，发动了对伊拉克的攻击，并占领了巴格达。同年12月，萨达姆被捕。2004年7月1日，伊拉克临时政府特别法庭指控了萨达姆的罪行。2006年，萨达姆被判处绞刑，并于同年12月30日执行。

曼德拉

曼德拉（1918—2013），曾任南非总统，也是通过全面代议制民主选举所选出的首任南非元首。同时他还是积极的反种族隔离人士，也是非洲国民大会的武装组织“民族之矛”的领袖。1918年7月18日他出生于南非特兰斯凯的一个大酋长家庭，后来他放弃了继承人身份，开始走上了追求民族解放的道路。1944年他参加南非非洲人国民大会（简称非国大）。1950年任非国大青年联盟全国主席。1952年底，他成功地组织并领导了“蔑视不公正法令运动”，赢得了全体黑人的尊敬。1961年6月曼德拉创建非国大军事组织“民族之矛”，并出任总司令。后被捕入狱，度过了27年的牢狱生涯。1994年4月，非国大在南非首次不分种族的大选中获胜。同年5月，曼德拉成为南非第一位黑人总统。自种族隔离制度终结以来，曼德拉受到了来自社会各界的赞许，包括从前的反对者。曼德拉在40多年来获得了超过一百项奖项，其中最显著的便是1993年的诺贝尔和平奖。

伊丽莎白一世

伊丽莎白一世（1533—1603），英格兰和爱尔兰女王，都铎王朝的第五位也是最后一位君主，还是名义上的法国女王。她终身未嫁，因此被称为“童贞女王”，也被称为“荣光女王”、“英明女王”。她即位时英格兰正处于内部因宗教分裂的混乱状态，但她不但成功地保持了英格兰的统一，而且在经过近半个世纪的统治后，使英格兰成为欧洲最强大、最富有的国家之一。英格兰文化也在此期间达到了一个顶峰，涌现出了许多著名的人物，她的统治期在英国历史上被称为“伊丽莎白时期”，亦称为“黄金时代”，她也成为了英国历史上最受欢迎的君主之一。伊丽莎白终身未婚，她的死结束了都铎王朝的统治。

克伦威尔

克伦威尔（1599—1658），英国政治家、军事家、宗教领袖，是英国清教徒革命的首脑人物，是议会军的指挥官。从1653年开始掌权并实行独裁统治。克伦威尔生于亨廷登，曾就读剑桥大学的雪梨苏塞克斯学院，信奉清教思想。他进入政界后曾多次被选入英国议会，反对查理一世的统治。1649年英国成为共和国，他实际上掌握大权，派军队占领苏格兰和爱尔兰并肆意杀戮当地的人民，解散了名存实亡的残余议会，将整个英国置于军事管制下。1653年克伦威尔就任护国公，实行独裁统治。他执政期间奉行重商主义，使经济得到发展。宗教方面，他虽然给予英国人民部分宗教自由，但把清教徒戒律强加在所有人身上。克伦威尔在临终前宣布他的儿子理查·克伦威尔继承护国公一职。理查无法控制政府，君主制在1660年复辟。

丘吉尔

丘吉尔（1874—1965），英国政治家、演说家、军事家和作家，曾于1940年至1945年出任英国首相，任期内领导英国在第二次世界大战中联合美国、对抗德国，取得胜利，并于1951年至1955年再度出任英国首相。丘吉尔被认为是20世纪最重要的政治领袖之一，对英国乃至于世界均影响深远。此外，他在文学上也有很高的成就，曾于1953年获诺贝尔文学奖。丘吉尔出身贵胄，1900年，当选为议员，开始了政治生涯。1910年，丘吉尔升任内政大臣。1911年10月，丘吉尔获任命为第一海军大臣，与德国展开了海上军备竞赛。一战爆发后，丘吉尔职务被免。1917年，他重返政坛并任军需大臣。在职期间，他推出了许多新政策，扩大了坦克、飞机等的生产规模。二战爆发后，他加入战时内阁，并取得了美国的军事援助。1965年，丘吉尔因中风去世。

撒切尔夫人

撒切尔夫人（1925—2013），英国政治家，于1979年至1990年出任英国首相。撒切尔夫人是英国历史上迄今为止唯一的女首相和经选举而产生的主要政党女党魁。作为一位资深的保守党政治家，撒切尔夫人的政治哲学被通称为“撒切尔主义”，这种政治哲学包含了选择性地在部分领域减低公共开支、减低直接税、撤销对商业活动的管制、货币主义政策和私有化计划。在对外事务上，她与美国维持了“特别关系”，并与美国总统罗纳德·威尔逊·里根结成紧密的盟友。撒切尔夫人任首相期间，对英国的经济和文化面貌作出了既深且广的改变。总体上，对她的评价在英国社会中十分的两极化，其对于英国的贡献也存在了高度的争议。有些人赞扬撒切尔夫人的宏观经济改革挽救了英国，并成功使英国摆脱20世纪70年代以来的经济困境。可是，也有人认为，撒切尔夫人是十分自负的独裁主义者，又不满她解除英国作为福利国家的地位，以及打压本土制造业，使上百万人长期失业。

查理曼大帝

查理曼大帝（724—814），法兰克王国加洛林王朝国王，神圣罗马帝国开国皇帝。查理于742年出生在法兰克王国埃斯塔勒市一个贵族家庭。查理的父亲丕平三世，在教皇的支持下，创造了卡洛林王朝。这使查理继任后继续与罗马教皇保持联盟关系。768年，查理登基为王。771年，他合并了其弟卡罗曼的全部国土。查理通过多次战争，将法兰克王国的领土扩大了一倍。800年，查理应罗马教皇的求救，出兵意大利。同年，在罗马圣彼得堡大教堂加冕，并被称为“罗马人的皇帝”。从此，“法兰克王国”变成了“查理帝国”和“神圣罗马帝国”；“查理国王”变成了“查理曼”，“曼”就是大帝的意思。查理加冕标志着西欧文明不再是属于拜占庭的附庸。814年，查理因染风寒逝世。他死后不久，帝国分裂为三。

圣女贞德

圣女贞德（1412—1431），被称为“奥尔良的少女”，是法国的民族英雄、军事家，天主教会的圣女。在英法百年战争（1337—1453）中她带领法国军队对抗英军的入侵，最后被捕并被处决。贞德原本是一位法国农村少女，后她自称得到了“神的启示”，要求带兵收复由英格兰人占领的法国失地。1429年，她带兵解决了奥尔良之围，并打败了英格兰的入侵者。1430年，她为勃艮第公国所俘，不久为英格兰人以重金购去，由英格兰当局控制下的宗教裁判所以异端和女巫罪判处她火刑，于1431年5月30日在法国鲁昂当众处死。500年后她被梵帝冈封圣。贞德是西方文化的一个重要角色。法国的政治人物都曾以她的伟大形象进行宣传。主要的作家和作曲家，包括莎士比亚、伏尔泰、席勒、威尔第、柴科夫斯基、吐温、萧伯纳和布莱希特都创作了有关她的作品，而大量以她为题材的电影、戏剧和音乐也一直持续发展直到今天。

路易十四

路易十四（1638—1715），自号太阳王，是法国波旁王朝著名的国王。路易十四是法王路易十三的长子，出生于法国圣日耳曼昂莱，于1661年开始亲政。他的执政时期是欧洲君主专制的典型和榜样。路易十四在法国建立了一个君主专制的、巴洛克式的专制王国。他发动战争，在凡尔赛宫举行豪华的夜宴，资助艺术和科学的发展来为他自己增光。他将整个法国的官僚机构集中于他的周围，以此强化法王的军事、财政和机构的决策权。他还扩大了法国的疆域，使其成为当时欧洲最强大的国家和文化中心。在法国，路易十四因为自己使法国强大而受到尊敬，但他发动的战争使法国的国家经济破产，农民的负担增加，市民阶层对政策不满。这些都是导致1789年法国大革命的重要原因。

拿破仑

拿破仑（1769—1821），法兰西第一共和国第一执政（1799—1804）、法兰西第一帝国及百日王朝的皇帝（1804—1814，1815）、法兰西共和国近代史上著名的军事家、政治家。拿破仑出生于科西嘉岛，很小的时候就在军校接受教育。

1789 年法国大革命爆发后，拿破仑加入了支持革命的雅各宾派。1798 年，他远征埃及，失败后返回巴黎。1799 年 11 月 9 日，拿破仑发动了雾月反动并获得成功，成为法国第一执政，实际为独裁者。之后，他进行了多项政治、教育、司法、行政、立法、经济方面的重大改革，其中最著名并且直到今天依然有重要影响的是《拿破仑法典》。1804 年 11 月 6 日，拿破仑改法兰西共和国为法兰西帝国，并加冕称帝。1814 年，反法同盟占领巴黎，拿破仑退位。1815 年 2 月 26 日拿破仑逃回法国，并再次夺得政权。同年 6 月，他的军队在滑铁卢被英国威灵顿击退，他本人也被流放至圣海伦娜岛，并最终在岛上去世。

戴高乐

戴高乐（1890—1970），法国将军、政治家，曾在第二次世界大战期间领导自由法国运动，在战后成立法兰西第五共和国并担任第一任总统。戴高乐曾参加过第一次世界大战且在二战中被授予准将军衔。1940 年法国战败后，戴高乐在英国组织了自由法国运动并发表了著名的电台讲话，号召法国人民抵抗纳粹德国的侵略，这一讲话在历史上标志着法国抗击纳粹侵略的开始。1944 年法国解放后，戴高乐成为法兰西共和国临时政府主席直至 1946 年因政治斗争而辞去职务。1958 年，戴高乐因五月危机重返政坛，制定新宪法，成立法兰西第五共和国并当选第一任总统。戴高乐支持发展核武器、制定泛欧洲外交政策、努力减少美国和英国的影响、促使法国退出北约、反对英国加入欧洲共同体、承认中华人民共和国，这一系列思想政策被称为“戴高乐主义”。

腓特烈大帝

腓特烈大帝（1712—1786），普鲁士国王。统治时期普鲁士军事得到大规模发展，领土得到扩张，文化艺术得到支持，使普鲁士在德意志取得霸权。腓特烈在他的父亲“士兵国王”腓特烈 · 威廉一世严格、强硬和军事式的教育下长大，并于 1740 年登基。同年，他攻占奥地利经济富庶的西里西亚。并在 1750 年之后的七年战争中，以卓绝的军事才能，保住了西里西亚。在内政方面，他建立了廉洁高效的公务员制度，并对移民和小宗教信徒宽容开放。他还积极推行教育方面的改革，兴建了数以百计的学校。1786 年 8 月 17 日，腓特烈大帝于无忧宫中在他的沙发椅上安然逝世，享年 74 岁。

特蕾莎女皇

特蕾莎女皇（1740—1780），奥地利女大公，匈牙利女王，波西米亚女王。玛丽娅 · 特蕾莎出自无与伦比的哈布斯堡家族，凭借尊贵的血统得到了奥地利、匈牙利、波希米亚三顶王冠，而她也在战争与和平时期都取得了显著的成就。

她在位期间，爆发了奥地利王位继承战争和七年战争。在这些战争中，女皇充分展示了她的外交才能，争取到了法国、俄罗斯等强有力的盟友，一度将普鲁士国王腓特烈二世逼上绝路。在国内，她以“开明专制”为旗号进行了一系列的改革，缓解了国内矛盾，增加了国家的财政收入。从13世纪起延续到第一次世界大战前，奥地利一直是中欧举足轻重的大国。特蕾莎女皇通过两场艰苦的战争维持了这个国家的强势，也维持了中欧政治军事力量的平衡，并通过一系列的改革，使奥地利赶上先进国家的潮流，尤其是在终结落后的农奴制方面有突出的功绩。

俾斯麦

俾斯麦（1815—1898），普鲁士王国首相，德意志帝国第一任宰相（总理），人称“铁血宰相”、“德国的建筑师”及“德国的领航员”。俾斯麦出身于普鲁士的贵族世家，幼时受过良好的教育。1847年，俾斯麦成为普鲁士议会议员。1851年至1858年被任命为普鲁士邦驻德意志联邦代表会的代表。1859年任驻俄公使。1861年改任驻法公使。1862年任普鲁士宰相兼外交大臣，极力推行“铁血政策”，主张通过战争，由普鲁士统一德国。他相继发动了对丹麦、奥地利和法国的战争，逐步实现了德国统一。1871年俾斯麦出任新成立后的德意志帝国宰相，并受封为公爵。此后的20年间，他对内加强普鲁士和帝国政府的权力，促进容克和资产阶级的联盟和经济收益，镇压工人运动；对外采取现实主义态度，争霸欧洲，并向海外积极扩张。1890年，他被新皇威廉二世命令辞职，回到庄园。1898年去世。

希特勒

希特勒（1889—1945），德国国家社会主义工人党（即纳粹党）的主席和德意志第三帝国的元首，第二次世界大战时期，他兼任德国武装力量最高统帅，被公认为是二战的主要发动者。希特勒早在中学时，他就接触了狂热的民族主义思想，并发誓要“为德国复兴而奋斗”。一战时，他进入军队并立下战功。一战后，他加入德国工人党，并于1921年出任党魁。1923年，他口述完成《我的奋斗》一书，并在书中宣扬复仇主义、种族主义、民族沙文主义和反苏反共等思想。1933年，纳粹党发展成为国会中的第一大党，希特勒出任德国总理。1934年，希特勒兼任德国总统，开始独裁统治。1936年，与日本签订了《反共产国际协定》，从而形成了三大轴心国，并直接导致了二战的爆发。二战中，德军吞并奥地利，闪击波兰，占领丹麦与挪威，攻下荷兰、卢森堡和比利时，并发动苏德战争，继而对美国宣战。1945年，苏联红军攻入柏林，希特勒自杀。他的最大罪行就是二战中实行种族灭绝政策，对犹太人的大肆屠杀。

恺撒大帝

恺撒（前 102—前 44），罗马共和国末期杰出的军事统帅、政治家。恺撒出身贵族，历任财务官、祭司长、大法官、执政官、监察官、独裁官等职。前 60 年与庞培、克拉苏秘密结成“前三头同盟”，随后出任高卢总督，花了 8 年时间征服了高卢全境（范围大约是现在的法国），还袭击了日耳曼和不列颠。前 49 年，他率军占领罗马，打败庞培，集大权于一身，实行独裁统治。前 44 年，恺撒遭以布鲁图所领导的元老院成员暗杀身亡。恺撒死后，其甥孙及养子屋大维击败安东尼开创罗马帝国并成为第一位帝国皇帝。

奥古斯都

奥古斯都（前 63—14），盖乌斯·屋大维的尊称，他是罗马帝国的开国君主，统治罗马长达 43 年。14 年 8 月，在他去世后，罗马元老院决定将他列入“神”的行列。屋大维是恺撒大帝的甥孙和养子，亦被正式指定为恺撒的继承人。前 43 年，他与马克·安东尼、雷必达结成“后三头同盟”，打败了刺杀恺撒大帝的共和派贵族。前 36 年他剥夺雷必达的军权，后在阿克图海战打败安东尼，消灭了古埃及的托勒密王朝，回罗马后开始掌握一切国家大权。前 30 年，被确认为“终身保民官”。前 29 年获得“大元帅”称号。前 28 年获得“奥古斯都”（神圣、至尊的意思）称号，建立起了专制的元首政治，开创了罗马帝国。他结束了长达一个世纪的内战，使罗马帝国进入了相当长一段和平、繁荣的辉煌时期。历史学家通常以他的头衔“奥古斯都乌斯”来称呼他，这个称号是他在公元前 27 年的时候获得的，那时他 36 岁。

君士坦丁大帝

君士坦丁大帝（272—337），罗马第一位信仰基督教的皇帝。他信仰基督教并制定出许多鼓励该教发展的政策，使基督教从一个受迫害的宗教转变为在欧洲占统治地位的宗教起了重大的作用。君士坦丁出生于罗马帝国上麦西亚行省的内索斯，他是君士坦提乌斯一世的长子。306 年君士坦提乌斯一世去世，不列颠军团在英格兰北部城市约克宣布君士坦丁为奥古斯都。313 年，君士坦丁与李锡尼在麦地奥兰（今日之米兰）会晤。两位奥古斯都同时签署了米兰敕令，给予基督教在帝国境内的合法地位。后他击败了李锡尼，成为了罗马的唯一统治者。

查士丁尼大帝

查士丁尼大帝（约 483—约 565），拜占庭皇帝，也是希腊—罗马时代末期最重要的一位统治者，他的统治期一般被看做是历史上从东罗马帝国转化为拜占庭帝国的重要过渡期。他出身于希腊的一个农民家庭。他的叔父查斯丁一世因军功被选为皇帝，后来收他为养子并最终培养成自己的继承人。查斯丁一世死后他被选为皇帝。在位期间，他废除了执政官这个从罗马共和国遗留下来的官职，加强了皇帝作为神的代表地位。他还通过战争，重新占领了罗马帝国的大部分土地。总的说来，他的统治时期是希腊—罗马时代后期的一个黄金时代，他统治下的拜占庭也是地中海沿岸著名的霸权国家。

加里波第

加里波第（1807—1882），意大利著名的爱国志士和军人。加里波第早年热衷冒险，游历了大半个欧洲。后他加入了意大利海军，准备组织起义，失败后流亡南美洲。1841年，他加入了意大利军团，并将其彻底改组。在战争中，加里波第屡立战功。1847年，加里波第返回祖国，以游击战的方式，击退了入侵的奥地利军队。罗马共和国时期，他带领军队击退了两西西里王国的入侵。1854年，他又以游击战的方式配合了撒丁和法国的正面作战，再次击退奥地利军队。1860年，两西西里王国发生叛乱，加里波第带领红衫军开始远征，并取得胜利。同年11月，加里波第将意大利南部的土地献给撒丁国王后，到一个小岛隐居，这种无私的精神获得了许多意大利人的敬佩。

墨索里尼

墨索里尼（1883—1945），意大利王国第40任总理、法西斯主义的创始人。墨索里尼出生于铁匠家庭，1921年，墨索里尼建立了国家法西斯党。1925年1月，他又宣布国家法西斯党为意大利唯一合法政党，从而建立了意大利法西斯主义独裁的统治。1939年，他与希特勒签订意德钢铁条约。1940年6月10日意大利正式加入轴心国并进入第二次世界大战。1943年7月24日大法西斯议会通过了对墨索里尼的不信任动议。翌日，墨索里尼被埃马努埃莱三世国王解职并逮捕、软禁。同年9月12日，德国营救出被软禁的墨索里尼。随后墨索里尼在意大利北部建立意大利社会共和国。1945年4月27日，墨索里尼在逃亡途中被意大利抵抗运动的游击队发现并俘虏。翌日，墨索里尼和他的情人克拉拉·贝塔西在科莫省梅泽格拉的一个村庄被枪决。

伊凡雷帝

伊凡雷帝（1530—1584），又被称为“恐怖的伊凡”、“伊凡大帝”。俄国历史上第一位沙皇。伊凡3岁即位，并于1547年加冕称沙皇，开始独裁统治。对内，他反对大贵族分立主义，建立了沙皇特辖地区制，给贵族势力很大的打击。他消除了领主政体，建立沙皇专制政体，打击地方割据势力，统一俄罗斯，建立了中央集权。对外，他开始了俄罗斯对外的扩张。在1547年至1552年的远征中灭亡了喀山汗国，1556年阿斯特拉罕汗国也被吞并，然后又击败了诺盖人和巴什基尔人，使北高加索许多民族归顺了俄罗斯。伊凡雷帝时期，俄罗斯开始成为多民族国家。1557年，西伯利亚汗国也臣服并于17世纪被占领。1572年粉碎了被称为“奥斯曼土耳其之鞭”的克里米亚汗国政权。伊凡四世在俄罗斯历史上有着深远影响，在俄罗斯关于伊凡雷帝的神话传说不胜枚举，至今还在广为流传。

彼得大帝

彼得大帝（1672—1725），俄国罗曼诺夫王朝最伟大的统治者之一，俄国最杰出的沙皇。彼得4岁丧父，他的异母兄弟即位。后几经波折，他终于继位，并于1694年开始亲政。他执政期间，大力推动欧化运动。外交方面，为获得出海口而与瑞典、土耳其交战。为取得战争胜利，实行富国强兵的政策，在财政和行政改革中一面立足于农奴制，一面尽量发展经济，振兴教育，刷新文化。1708年实施地方机构改革，在全国各地设省。1711年设立元老院，改革货币制度。建设新的都城圣彼德堡，并于1712年迁都至此。1718年设立参议会。1721年废黜大牧首，代之以宗教事务管理局。经过彼得一世改革，到1721年与瑞典和谈时，俄罗斯已经成为面貌一新的欧洲强国。

叶卡捷琳娜二世

叶卡捷琳娜二世（1729—1796），俄国女皇。在俄国历史上，她与彼得大帝齐名。她原是德国人，14岁随母亲来到俄国，在一场政治婚姻中嫁给了俄国女皇叶丽萨维塔的外甥彼得三世，并皈依东正教，成为俄国王位的继承人。1762年，她率领近卫军发动政变而即位。对内，她主张开明专制，严厉的法治主义，法律面前人人平等。她还修改地方行政制度、司法制度，加强了贵族势力，使农民和农奴的生存状况更加恶化。对外，她发动战争，三次瓜分波兰，对土耳其作战，取得黑海沿岸地区，并吞并了克里米亚汗国。这个时期的俄国成为名副其实的欧洲最强国家之一。叶卡捷琳娜二世也因此被尊称为“大帝”。

亚历山大一世

亚历山大一世（1777—1825），俄国沙皇，保罗一世之子。亚历山大一世由祖母叶卡捷琳娜二世抚养，父亲被杀后即位。为维护君主专制、反对革命，亚历山大一世采取自由主义的政策，设立所谓“非正式委员会”解决各类问题。1802年设各部大臣制。1803年颁布自由耕作法，宣告被束缚在土地上的农奴有可能得到解放。他还开办了哈尔科夫大学和喀山大学。他参加第三、四次反法同盟。1807年与拿破仑签订提尔西特和约。之后得到法国支持，取得了和瑞典、土耳其战争的胜利，夺得芬兰和高加索的领地。1812年击退拿破仑对俄罗斯的远征。1814年率领俄罗斯军队进击到巴黎。不久活跃在维也纳会议上，作为有力的领导人之一，结成神圣同盟。1820年左右受奥地利首相梅特涅影响，排斥欧洲的自由主义和民族主义，公然推行反动政策，加强对国内和国外自由主义力量的压制。1825年，亚历山大一世离奇死亡。

列宁

列宁（1870—1924），著名的马克思主义者、革命家、政治家、理论家、布尔什维克党创立者、苏联建立者和第一位领导人。他发展了马克思主义，形成了列宁主义理论，马克思列宁主义者认知其为“全世界无产阶级和劳动人民的伟大导师和领袖”。1887年，列宁进入喀山大学攻读法律，因参加革命活动曾被捕。1894年至1915年，创作了许多关于共产主义的著作宣扬发展马克思主义，其间也经历了多次流亡生活。1917年3月，沙皇政府被推翻。在列宁的领导下，俄国人民终于取得了十月社会主义革命的胜利。这一伟大胜利开辟了人类历史发展的新纪元。革命胜利后，列宁当选为第一届苏维埃政府主席，他领导人民粉碎了帝国主义的三次武装进攻和国内的叛乱，使苏俄的经济建设逐步走上了正轨。1924年，列宁与世长辞。

斯大林

斯大林（1879—1953），苏联重要的领导人之一、国际共产主义运动活动家，曾任苏联共产党中央委员会总书记、苏联部长会议主席（总理），对20世纪的俄国（苏联）和世界产生了深远的影响。斯大林出生于第比利斯省哥里一个贫困的劳动者家庭。15岁参加革命，后加入俄国社会民主工党。十月革命之后，他因为支持列宁而得到重用。1922年斯大林成为苏联共产党的总书记。1925年，他放弃了列宁的“新经济政策”，全力推行工业化，并开始清除其他政党、党内的反对派和政治对手，大搞个人崇拜和个人集权。二战爆发后，斯大林指挥苏军取得了莫斯科保卫战的胜利，继而又取得了斯大林格勒保卫战和库尔斯克战役的胜利。1945年5月，苏联红军攻克德国首都柏林，德国无条件投降。同年，斯大林被授予苏联大元帅军衔。二战之后，根据美、苏、英等国对第二次世界大战结束后的世界格局的划分，斯大林确立了苏联在东欧的势力范围，并建立了以苏联为首的社会主义国家阵营。斯大林于1953年3月5日去世,享年74岁。

赫鲁晓夫

赫鲁晓夫（1894—1971），曾担任苏联最高领导人，任内对苏联各方面实行积极改革。赫鲁晓夫出身卑微，早年长期在乌克兰工作，曾任乌克兰第一书记。二战期间，曾参与指挥斯大林格勒攻防战及基辅保卫战。1953年9月7日至1964年10月14日，赫鲁晓夫任苏共中央第一书记。1958年至1964年，他担任苏联部长会议主席。在苏共二十大上，赫鲁晓夫通过秘密报告的方式，揭露了斯大林在大清洗中的暴行，结束了斯大林时代。而这份秘密报告震撼了世界和国际共产主义运动，掀起了世界范围的去斯大林化运动。赫鲁晓夫停止了苏联国内的大规模政治镇压，并在全国范围内平反了近千万人的冤假错案，释放了绝大多数古拉格中的政治犯。1964 年，其被夺权，强制退休。1971 年，在沉寂中病逝。赫鲁晓夫的新政策猛烈冲击了“神圣不可侵犯”的斯大林模式，打开了苏联社会主义改革的闸门，具有探索性和开创性。但是，由于缺乏正确的理论指导、总体的规划和科学的实验，他未能从根本上打破斯大林模式。

亚历山大大帝

亚历山大大帝（前 356—前 323），古代马其顿国王，世界古代史上著名的军事家和政治家，欧洲历史上最伟大的军事天才之一。亚历山大大帝出生在马其顿首都佩拉，16 岁的时候，他代父统治马其顿，并率领部队镇压马其顿北部的起义。前 336 年，20 岁的亚历山大被马其顿军队中的安提帕特派系推举为新国王。即位后，亚历山大开始了一系列的征服战争。前 335 年左右，他摧毁了底比斯。前 333 年，征服波斯。前 331 年，使埃及不战而降。前 330 年，进军巴比伦。前 327 年，攻克伊朗地区。前 326 年，又挥军阿富汗，进入印度，但是因为军队不肯东进，亚历山大返回波斯。西归途中，亚历山大逝世于巴比伦。亚历山大的远征不仅扩大了马其顿王国的版图，也为中东和中亚带来了希腊文明，促进了文化的交流。

伊莎贝拉一世

伊莎贝拉一世（1451—1504），卡斯蒂利亚的女王。她和丈夫斐迪南二世完成了收复失地运动，为日后他们的外孙查理五世统一西班牙奠定了基础。1454 年，伊莎贝拉继承王位。1478 年，伊莎贝拉在天主教教皇的批准下成立西班牙宗教裁判所，迫害非天主教人士。1479 年，她与丈夫费迪南二世成为了卡斯蒂利亚和阿拉贡的女王、国王。1480 年这对夫妇召集群臣和 34 位平民代表制定了一系列法律、法规，为未来的西班牙奠定了法理基础。1492 年，他们夫妇的军队又攻下了格拉纳达，完成了伊比利亚半岛基督教势力对伊斯兰势力数个世纪的征战收复失地运动。同年，伊莎贝拉还同意资助哥伦布去印度的探险。1492 年 3 月 31 日伊莎贝拉和斐迪南颁布法令，把西班牙的犹太人和穆斯林驱逐出境。他们还试图通过联姻和欧洲其他列强联合，以达到制衡法国和统一伊比利亚半岛的目的。1504 年，伊莎贝拉去世。

华盛顿

华盛顿（1732—1799），美国第 1 任

总统。华盛顿早年在法国印第安人战争中曾担任支持大英帝国一方的殖民军军官。之后在美国独立战争中率领大陆军团赢得美国独立，他拒绝了一些同僚怂恿他领导军事政权的提议，而回到了他在维农山的庄园恢复平民生活。在1787年他主持了制宪会议，制定了现在的美国宪法，并在1789年，成为美国第一任总统。他在两届的任期中设立了许多持续到今天的政策和传统。在两届任期结束后，他放弃了权力不再续任，因此建立了美国历史上总统的任期不超过两届的传统，维护了国家的发展。之后他便隐退在弗农山庄园。由于他扮演了美国独立战争和建国中最重要的角色，华盛顿通常被称为美国国父。学者们则将他和亚伯拉罕·林肯并列为美国历史上最伟大的总统。

杰斐逊

杰斐逊（1743—1826），美国第3任总统，同时也是美国《独立宣言》主要起草人，美国开国元勋中最具影响力者之一。其任期中之重大事件包括1803年路易西安那购地案、1807年禁运法案，以及路易斯与克拉克探勘。身为政治学家，杰斐逊制定了维吉尼亚宗教自由法，该法日后成为美国宪法第一修正案创设条文的基础。他创立并领导民主共和党，成为今日民主党的前身。除了政治事业外，杰斐逊同时也是农业学、园艺学、建筑学、词源学、考古学、数学、密码学、测量学、与古生物学等学科的专家，又身兼作家、律师、小提琴手，也是维吉尼亚大学的创办者。许多人认为他是历任美国总统中，智慧最高者。

门罗

门罗(1758—1831),美国第5任总统。美国对拉美政策的主要奠基人，即门罗主义的制定人。门罗出身于苏格兰移民的小农场主家庭，家境并不富裕。1776年，门罗入伍，并屡立战功，受到华盛顿的赏识。1782年，年仅24岁的门罗当选为弗吉尼亚州的众议员，并兼任州行政会议的成员，参与州内重大事务的决策。1783年至1786年，门罗当选为美国邦联国会议员。1799年，他当选为弗吉尼亚州长。1816年，他当选为美国总统。1821年他再次当选为总统。卸任后，门罗回到家乡。1831年7月4日，他病死于纽约。门罗任职时期的美国和平稳定、繁荣昌盛、版图扩大，因而赢得了“和谐时代”的美名。同时，他也是位卓越的外交家。他承继和发展前任者们主要是杰斐逊的外交思想，形成了美国外交史现。

林肯

林肯（1809—1865），美国政治家，第16任总统，也是首位共和党籍总统。在其总统任内，美国爆发内战，史称南北战争。林肯废除了南方各州的奴隶制度，但南北战争之后，北方有几个支持联邦政府的州，却仍被林肯允许可继续保留奴隶制度。林肯击败了南方分裂势力，维护了国家的统一。内战结束后不久，林肯遇刺身亡。他是第一个遭到刺杀身亡的美国总统。林肯出身于农民家庭，仅受过 18 个月的非正规教育。1832 年，他开始涉足政坛，当选为州议员。1854 年北方各州主张废除和限制奴隶制的人士成立了共和党。1860 年林肯代表共和党竞选总统，得到北方各州的鼎力支持，当选为美国第 16 任总统。1862 年，林肯颁布《解放黑奴宣言》。1864 年，林肯授权采用焦土战术打击南方军。1865 年，南北战争结束。同年，林肯被刺身亡。

西奥多・罗斯福

西奥多・罗斯福（1858—1919），人称“老罗斯福”，美国军事家，政治家，第 26 任总统。1901 年总统威廉・麦金莱被无政府主义者刺杀身亡，他继任成为美国总统，时年 42 岁，是美国历史上最年轻的在任总统。他的独特个性和改革主义政策，使他成为美国历史上最伟大的总统之一。在总统任期内，他对内的主要贡献是建立资源保护政策，保护了森林、矿产、石油等资源，并推动了巴拿马运河工程；建立公平交易法案，推动劳资和解。对外奉行门罗主义，实行扩张政策，建设强大军队，干涉美洲事务。西奥多・罗斯福因成功地调停了日俄战争，获得 1906 年的诺贝尔和平奖，是第一个获得此奖项的美国人。罗斯福是拉什莫尔山上唯一的 20 世纪就任的美国总统。学者们普遍认为他是现代美国的塑造者。

富兰克林・罗斯福

富兰克林・罗斯福（1882—1945），人称“小罗斯福”，美国第 31、32 任总统。他是 20 世纪世界经济危机和世界大战的中心人物之一。自 1933 年至 1945 年，他连续出任四届美国总统，是唯一一个连任超过两届的美国总统。20 世纪 30 年代美国经济大萧条期间，罗斯福推行新政，以提供失业救济与复苏经济，并成立各种机构。二战中，罗斯福利用租借法案向温斯顿・丘吉尔及英国军方提供援助，使美国成为同盟国主要的军火供应商和融资者，也使得美国国内产业大幅扩张，实现充分就业，并为非裔和妇女制造了新的机会。二战后，罗斯福对塑造战后世界秩序发挥关键作用，其影响力在雅尔塔会议及联合国的成立中尤其明显。罗斯福曾大胆地利用联邦政府导致新政联盟的建立，重组了民主党。鉴于这些功绩，罗斯福始终被学者认为是最伟大的美国总统之一。

肯尼迪

肯尼迪（1917—1963），美国第 35 任总统，是在美国颇具影响力的肯尼迪政治家族的一员，被视为美国自由主义的代表。在第二次世界大战期间，他曾在南太平洋英勇救助了落水海军船员，因而获得紫心勋章。肯尼迪在1946年至1960年期间曾先后任众议员和参议员，并于1960年当选为美国总统，成为美国历史上唯一信奉罗马天主教的总统。在他总统任期内的主要事件包括：猪湾入侵、古巴导弹危机、柏林墙的建立、太空竞赛、越南战争的早期活动，以及美国民权运动。1963年，肯尼迪遇刺身亡。他的遇刺被视为对美国历史的发展产生重大决定性影响的事件之一，因为这一事件在其后数十年中一直影响了美国政治的发展方向。

里根

里根（1911—2004），美国政治家，第40任总统。里根在1980年的选战中击败了当时的总统吉米·卡特，共和党也在同年选举赢得了26年来首次在参议院过半数的席次。在其任期，他全面推行供应面经济学的经济政策，降低所得税、减少通货膨胀、降低利率、扩大军费开支、增加政府赤字和国债、排除税赋规则的漏洞、继续对商业行为撤销管制，使美国经济在历经1981年至1982年的急剧衰退后，于1982年经济开始了非常茁壮的成长。在对外政策上，他大幅度扩张军备，对苏联的政策则由原本的围堵改为直接的对抗。里根的总统任期影响了美国20世纪80年代的文化，使得20世纪80年代也常被称为“里根时代”。

卡斯特罗

卡斯特罗（1926—2016），古巴前国务委员会主席和部长会议主席，古巴共产党第一书记。卡斯特罗出生于古巴东方省（现奥尔金省）比兰镇。他1950年毕业于哈瓦那大学，获法学博士学位。1953年7月26日，卡斯特罗领导发动反对巴蒂斯塔独裁政权的武装起义，攻打蒙卡达兵营，失败后被捕。1959年1月，他率领起义军推翻巴蒂斯塔独裁政权，成立革命政府，出任政府总理和武装部队总司令。1962年起担任古巴社会主义革命统一党第一书记。1965年该党改名为古巴共产党后，他担任中央委员会第一书记至今。他在任期间，同美国关系恶化，但与苏联保持着密切的联系。在国内，他推行土地改革、农村合作化、工业国家化等经济项目。他的这些政策符合国家的经济利益，同时这些项目的扩展也是国内社会发展蓝图中非常重要的基石。

切·格瓦拉

切·格瓦拉（1928—1967），阿根廷的马克思主义革命家、医师、作家、游击队队长、军事理论家、国际政治家及古巴革命的核心人物。自他死后，他的肖像已成为反主流文化的普遍象征、全球流行文化的标志，同时也是第三世界共产革命运动中的英雄和西方左翼运动的象征。年轻时代，他曾与菲德尔·卡斯特罗结识，并参加了推翻巴蒂斯塔政权的游击战争。古巴革命成功后，格瓦拉在新政府担任了数个要职。猪湾入侵中，他还成功击退了美军，并为古巴带来了苏联核武弹道导弹。格瓦拉于1965年离开古巴，前往刚果（金）沙萨及玻利维亚煽动革命，前者失败，而格瓦拉到了玻利维亚后，被当地由中央情报局协助的军队逮捕，并遭处决。格瓦拉是名荣辱参半的历史人物，常现身于传记、回忆录、文章、纪录片、歌曲及电影之中。

圣马丁

圣马丁（1778—1850），阿根廷将军，南美西班牙殖民地独立战争的领袖之一。他将南美洲南部从西班牙的统治中解放，与西蒙·玻利瓦尔一起被誉为美洲的解放者，被视为国家英雄。圣马丁出生于阿根廷拉普拉塔的亚佩尤土生白人殖民官吏家庭。圣马丁8岁的时候就随父亲去西班牙，1789年7月进入西班牙穆尔西亚步兵团为士官生。1791年随西班牙军队在非洲同摩尔人作战。1798和1801年分别与英军和葡军作战。1808年以后，参加西班牙抗击拿破仑入侵的民族战争，他屡建功勋，获中校军衔。1810年阿根廷开始了独立战争。1812年初，圣马丁返回祖国投身革命。1817年1月，圣马丁彻底击溃了敌人。1817年2月14日圣地亚哥解放。次年2月12日，智利宣布独立。1820年圣马丁以智利为基础，率军从海上进军秘鲁，并于翌年解放秘鲁与利马。1822年，他辞去秘鲁护国公之职，悄然隐退。

玻利瓦尔

玻利瓦尔（1783—1830），拉丁美洲革命家和军事家，由于他的努力，委内瑞拉、秘鲁、哥伦比亚、厄瓜多尔、玻利维亚和巴拿马六个拉丁美洲国家从西班牙的殖民统治中解放出来，获得独立。玻利瓦尔出生于委内瑞拉，父母具有西班牙贵族血统。1804年，他在巴黎参加了拿破仑的加冕礼，并成为拿破仑的随从官。1807年他经美国返回委内瑞拉，1808年拿破仑入侵西班牙，西班牙人奋起抵抗，玻利瓦尔参加了在拉美西班牙殖民地的反法斗争。1813年，他自愿流放海地。1819年他突袭波哥大，建立“大哥伦比亚共和国”。1821年解放委内瑞拉，第二年又解放厄瓜多尔。1830年，因为委内瑞拉内战隐退。同年，玻利瓦尔因肺结核病逝。

庇隆夫人

庇隆夫人（1919—1952），全名艾薇塔·庇隆，常被称为庇隆夫人，出生于阿根廷，阿根廷总统胡安·贝隆的第二任妻子，曾是阿根廷的第一夫人。她与胡安在1945年结婚。婚后，她极力支持丈夫的总统竞选。在1946年贝隆当选为阿根廷总统后，她也很快的提高了在政界的地位，出任劳工部部长，并成立了伊娃·贝隆基金会。到1949年，她已经成为当时阿根廷最有影响力的人物。1950 年她周游欧洲并与许多国家首脑会晤，宣传阿根廷。1951 年她试图竞选阿根廷的副总统，但遭到了军事首脑的抗议并被撤销提名。1952 年，她在布宜诺斯艾利斯去世，年仅 33 岁。她的一生，在英国音乐剧《艾薇塔》中得到再现，后又被改编为电影和连续剧，这些剧作也为她赢来了“阿根廷玫瑰”的称谓。

第四章：世界文学

诗歌

诗歌，文学的主要体裁之一。诗歌是有节奏、有韵律并富有感情色彩的一种语言艺术形式，也是世界上最古老、最基本的文学形式。诗歌起源于上古的社会生活，在产生的初期同音乐、舞蹈结合为一体，成为人们表现生活感受、抒发强烈情感的重要手段，并且在长期发展中逐渐形成了丰富的艺术特征。它具有强烈的抒情性和审美价值，结构也富于跳跃性。诗歌有着多种形式：从语言格式可以划分为格律诗和自由诗，从描述内容又可以分为抒情诗和叙事诗等。诗歌作为一种最古老的文学形式，受到了世界各国人民的喜爱，并且产生了许多著名的诗人。

散文

散文，文学的主要体裁之一。在中国古代，它泛指与韵文相对的一切散体文章，凡是不重视音韵格律、不拘于排偶对仗的文章都可以称为散文。在近代又泛指除去诗歌、戏曲以外所有的文学作品。到了现代，散文专指一种独立的文学体裁，它的特点是：描写对象广阔，不受时空条件的限制；注意表现作者的生活感受和特殊境遇，一般没有完整的人物与情节；结构自由灵活，形式较为短小精悍；形散神不散，整体浑然相融；语言简洁流畅、优美动人，具有很强的艺术与审美价值。散文包括许多具体的文学样式，譬如杂文、游记、报告文学、札记等，一般可根据内容具体分为抒情性散文、议论性散文和叙述性散文三大类。

小说

小说，文学的主要体裁之一。它通过塑造人物、叙述故事、描写环境来反映生活、表达思想，要求具有人物、情节、环境三个要素。中国小说发源于上古神话和先秦散文中的寓言，后经笔记小说、传奇话本和章回小说等阶段发展成熟。西方小说发源于希腊神话史诗，在文艺复兴时期逐渐成熟，后来成为西方文学体裁的一种重要形式。它的特点是：人物性格鲜明，具有较为完整的故事情节，可以通过人物与具体可感的环境的冲突来展现广阔丰富的社会生活；在艺术上，篇幅容量与描写手法比较自由，不受时空的限制。小说的分类标准多种多样，现代通用的分类方法是根据作品的篇幅容量分为长篇小说、中篇小说、短篇小说和微型小说等。

戏剧

戏剧是指以语言、动作、舞蹈、音乐等形式达到叙事目的的舞台表演艺术的总称。文学上的戏剧概念是指为戏剧表演提供的脚本，也称为“戏剧文学”。由于戏剧艺术是文学、音乐、舞蹈、美术等多种因素相结合的综合艺术，因此戏剧文学的创作必须适应戏剧表演的特点和需要。它的主要特点有：只对环境、动作等有少量的提示，没有一般性的叙述语言，戏剧文学主要通过人物语言塑造形象，故事的主要情节也通过人物语言表现出来。因此人物语言十分个性化、口语化，富有动作性。由于受到舞台演出的条件限制，戏剧文学中的人物、事件、时间、场景必须高度集中，戏剧文学中冲突格外强烈、尖锐。戏剧文学分类标准很多，根据篇幅容量可分为独幕剧与多幕剧；根据表演方式可分为话剧、歌剧、戏曲等；根据题材内容可分为历史剧、爱情剧、童话剧和神话剧等；按照戏剧冲突的性质和对读者的感染作用，可分为悲剧、喜剧和正剧等。

寓言

寓言，文学的主要体裁之一。它最早出现于先秦诸子散文，起初是民间口头创作，后经过先秦诸子百家的运用并在作品沉淀逐渐沉淀下来。它以比喻性的故事寄寓意味深长的道理，给人以启示，并具有以下的特点：它具有鲜明的教育性和强烈的讽刺性；故事情节多为虚构，主人公多为动物；寓言简洁精练，但是又极富表现力；一般篇幅短小，结构紧凑；常常运用比喻、夸张、象征等艺术手法。中国民间寓言极为丰富，闪耀着各族人民智慧和道德光芒。世界其他国家寓言作品也很丰富，著名的有《伊索寓言》、《克雷洛夫寓言》、《拉封丹寓言》等。

童话

童话是一种适合儿童阅读的文学体裁，它按照儿童的心理和思维特征，通过丰富的想象和夸张的艺术手法来塑造鲜明的艺术形象，并运用曲折动人的故事情节和浅显易懂的语言文字来反映生活，宣扬真善美，达到教育的目的。它具有以下的特点：人物形象具有“人格化”的倾向，可以是自然人，也可以是超自然人物的形象；逻辑性与现实生活相并不悖离；营造了一种荒诞的艺术美感，并运用象征的手法完成结局。世界著名童话有《格林童话》、《安徒生童话》等。

神话

神话是民间文学的源头之一，是人类最早的幻想性口头散文作品。神话产生于人类远古时代，是上古人类在生产力极其低下的背景条件下，为争取生存、提高生产能力与自然做斗争的精神产物。马克思曾这样阐释："任何神话都是用想像和借助想像以征服自然力，支配自然力，把自然力加以形象化；因而，随着这些自然力的实际被支配，神话也就消失了。"由此可见神话是"通过人民的幻想，用一种不自觉的艺术方式加工过的自然和社会形式本身"。它具有以下的特点：以充满想象、夸张的手法讲述了人类演化初期的故事，内容多为单一性的故事，具有地域性和区域性。神话一般可以分为三种类型：开辟神话、自然神话和英雄神话。

史诗

史诗，长篇叙事诗的一种，通常指以传记或重大历史事件为题材的古代长篇民间叙事诗。这类作品常与神秘的传说和民间故事融为一体，以再现民族历史、反映民族英雄的业绩为主要内容，结构宏伟，风格庄严崇高。史诗分为两种：一种是"传统史诗"，主要是以口头流传的形式世代相传，随着时间而增添情节，最后被整理、加工，以文字记载成为一部统一的作品。这类作品以《荷马史诗》为代表。还有一种是"文学史诗"，它是由文学家以特定的观念目的有意识编写而成的，代表作品为弥尔顿的《失乐园》。史诗具有以下的特点：以某个英雄式的人物为中心，宣扬一种救世般的英雄主义思想；背景设置广阔庞大；故事中多出现天使和魔鬼等神灵形象；故事题材多选择为大众所知的故事，增加读者的熟悉感；故事主人公的行程持久，且充满异国情调。

小品

小品，文体的一种，是随笔、杂感等短小文章的通称。它的内容很广泛，一人一事、一景一物都可以称为描写对象；形式活泼多样，记叙、议论、抒情兼有；篇幅短小，蕴含深厚。它往往从不引人注意的小事物或小事件中发掘出令人深思的内容，并以浓郁的诗意表现自然之美，带给读者知识与愉悦。它语言流畅、文笔隽永，具有很高的审美价值。

悲剧

悲剧是戏剧的主要体裁之一。它源于古希腊的酒神节祭祷仪式上的酒神颂歌。广义的悲剧指的是表现人生痛苦的戏剧，但在文艺理论范畴中，悲剧特指内容严肃深沉、格调崇高悲壮表现处于特定环境中的正面主人公及其事业由于受到种种主客观因素的限制而导致失败或毁灭的戏剧体裁。悲剧的主人公大多是人们理想、愿望的代表者。悲剧以悲惨的结局，来揭示生活中的罪恶，从而激起群众的悲愤及崇敬，达到提高思想情操的目的。悲剧可分为英雄悲剧、恐怖悲剧、家庭悲剧等。世界著名悲剧有《俄狄浦斯王》、《哈姆雷特》等。我国著名悲剧有《窦娥冤》、《赵氏孤儿》、《雷雨》等。

推理小说

推理小说是小说的一种，通常包含了凶杀和刑侦的内容，故事主人公往往以推理方式解开谜题找到凶手，揭示案情和破案的过程。推理小说在20世纪二三十年代的欧美流行，美国的爱伦·坡被公认为推理小说的鼻祖。著名的推理小说有柯南道尔的福尔摩斯系列等。我国的《包公案》是世界最早的推理小说。

现实主义

现实主义，文学史上最基本的创作原则之一。它是指作家在一定世界观的指导下，按照现实生活原有的样子塑造艺术形象，真实而典型地再现社会和人生，以揭示现实生活的某些本质方面。现实主义在中外都有着悠久的历史传统，这种创作原则具有以下特征：它注重现实，要求正视现实，忠实现实并反映现实，紧密结合人生；它按照生活本身的逻辑，描写生活中存在的事物；它运用典型化的手法对生活进行提炼、加工，塑造出典型环境下的典型人物；它较多的采用写实的方法，具有强烈的生活气息和逼真感。19世纪30年代，现实主义形成了一个较为自觉的流派，并取代浪漫主义成为欧洲文坛的主导，其中著名的现实主义作家有英国的萧伯纳、狄更斯，法国的巴尔扎克、司汤达，俄罗斯的契诃夫等。

浪漫主义

浪漫主义，文学史上最基本的创作原则之一。它是指作者在一定世界观的指导下，运用丰富的想象、夸张等手法，按照他所希望和理想的样子虚构艺术形象，从而艺术地再造生活，并突出表现作家的主观情感。浪漫主义源于法语中“Romance”（即“罗曼蒂克”）一词，在十八九世纪发展成为遍及欧洲的文学运动和文学思潮。其创作原则具有以下特征：它突出的表现为理想主义，侧重表现理想境界，注重主观情感的抒发；它按照作者主观的情感逻辑去想象和创造形象。描写的是生活中希望出现但事实上并不存在的事物；它通常运用幻想、夸张、象征、比喻的手法，但并不追求细节的真实。浪漫主义的代表作家遍及欧洲各国，著名的有英国的雪莱、华兹华斯，俄罗斯的普希金，波兰的裴多菲等。

唯美主义

唯美主义是指以艺术的形式美作为绝对美的一种艺术主张。19世纪80年代在欧洲形成一股重要的文艺思潮。它明确提出“为艺术而艺术”的口号，强调文艺应超然于现实功利之外，作品应着重表现创作者个人的特殊感觉，从而创作出一种脱离现实的技巧美。唯美主义者多强调以纯粹形式获取灵感，认为形式就是一切，但是他们片面强调艺术至上，是一种形式主义的理论学说。其代表人物有法国的波德莱尔、英国的王尔德等。

自然主义

自然主义，文学艺术创作中的一种倾向，出现于19世纪后半期的法国。自然主义的主要理论家和实践者是法国的左拉，他以实证主义哲学为基础，主张从生物学、病理学和遗传学角度去写人，用自然规律，尤其是生物学法则取代社会规律，忽视人的社会性和阶级性；强调以实验的态度观察和记录生活的自然形态；追求细节描写的真实性，反对艺术创造的典型化。由此也可以看出自然主义具有明显的极端性，即使是自然主义的提倡者左拉的作品也有摆脱自然主义束缚的一面。自然主义的代表作家还有法国的龚古尔兄弟、比利时的勒蒙尼耶等。

现代派

现代派又称为现代主义。它是存在于19世纪末期至20世纪中期欧美各国许多文学思潮和文学流派的总称，包括象征主义、意识流小说、表现主义、存在主义、荒诞派戏剧、新小说派、黑色幽默等。19世纪后期以来，资本主义社会矛盾和危机不断加剧，两次世界大战使得世界人民普遍产生了生存危机和信仰危机，与此同时，在西方产生了与传统思想文化不同的各种哲学思潮。在此背景下产生的现代主义文学具有以下特征：它在思想上突出地表现为对传统的叛逆，反映了人们在现代社会中的危机感、悲剧性以及精神上的创伤，体现了一种绝望虚无的情绪；它强调主观性和自我表现欲，通常在极度夸张中表现作者的基本心理活动；它在艺术形式上十分重视创新，在创作手法上进行了多层次的尝试。现代主义在一定程度上丰富了艺术表现手法和文学创作经验，但是它对极端主义的宣扬和悲观绝望的情绪，也显示出它的局限性。

象征主义

象征主义，西方现代主义文艺中出现最早、持续最久、影响深远的一种文艺思潮和创作流派。它最初起源于19世纪中期的法国诗坛，此后传遍欧美各国。象征主义作家以康德、叔本华、尼采等人的唯心主义哲学观为基础，把客观世界看做是主观世界的“象征”。他们认为现实世界是虚幻的、痛苦的，只有人的内心世界才是最高的真实，因此，诗歌就是竭力用可感的形式来体现理念，以象征的方法来暗示虚无的存在。他们反对夸张情感和客观摹写，主张通过个人的心里感受和想象来表达内心的微妙情感和复杂的联系。在艺术上，他们极力追求语言的纯音乐性和比喻的含蓄奇特。但是因此也使得象征主义文学过于艰深晦涩、扑朔迷离，并具有浓厚的悲观颓废和神秘主义色彩。

意识流

意识流，西方现代主义的一种文学思潮和小说流派，主要流行于20世纪20年代以后的英国、法国和美国等。它是在现代哲学和心理学基础上形成的，其代表作家有英国的沃尔夫、爱尔兰的乔伊斯、法国的普鲁斯特、美国的福克纳等。他们将创作中作者的主观感受视为艺术活动的中心，强调以人的潜意识流动状态代替客观现实。在创作中，他们打破了传统的逻辑联系和结构，不受时间、空间和因果关系的限制，往往通过梦呓般的语言和内心独白的方式，以象征暗示、虚实穿插等艺术手法来表现主人公内心意识的复杂变化。但是由于他们过于追求无理性、无逻辑的潜意识流动，使得作品存在着杂乱无章、艰深晦涩的消极色彩。

超现实主义

超现实主义，西方现代主义中一种重要的文艺流派和文艺运动。它由20世纪初法国的达达主义发展而来，此后盛行于欧洲文学及艺术界，其代表人物有法国的阿拉贡、苏坡、艾侣雅等。他们以伯拉森的直觉主义、克罗齐的直觉表现理论和弗洛伊德的精神分析学说为主要理论基础，认为文学艺术是超于现实的主观心灵创造，来源于人的幻觉、梦境和本能冲动等潜意识流域，主张放弃逻辑、有序的经验记忆，尝试将现实观念与本能、潜意识与梦的经验相融合。因此作者的创作应该是自动写作和记叙梦境，其作品也往往表现出梦幻离奇、神秘玄虚的怪诞特征，同时也表现出了明显的虚无主义和反理性主义倾向。

魔幻现实主义

魔幻现实主义，20世纪50至60年代在拉丁美洲具有深远影响的文学思潮和创作流派，其代表作家有哥伦比亚的马尔克斯、墨西哥的鲁尔福、智利的多诺索。该流派的作家深受拉美原始神奇的自然环境、印第安的神秘传说和欧美现代主义文学思潮的影响，执意于把现实投放到虚幻的环境和气氛中，并借助变形象征、隐喻夸张等艺术手法，使现实披上了一层光怪陆离的魔幻外衣。这些作品暴露了现实的黑暗，抨击了统治者的专制独裁，表现人民群众的疾苦，在一定程度上反映出作者的民主思想和积极的人道主义精神。在艺术上，这些作者运用现实主义的创作原则，并通过超现实、超自然的人物和情节广泛的展现了拉丁美洲错综复杂的历史、社会和政治现象。因此，作品中充满了神秘色彩和奇幻的情调。

后现代派

后现代派又称为后现代主义，是指

20世纪中后期在欧美各国流行的一种文化思潮，并在哲学、美学、艺术、文学等领域产生了重要的影响。后现代主义思潮是西方晚期资本主义进入后工业社会的产物，它在文化领域里反映出当代西方社会所面临的多重问题和矛盾。其代表作家有美国的约翰·凯奇，英国的塞缪尔·贝格特，法国的尤内斯库等。这些作家不再注目于现代主义的“异化”主题，而是更多地关注人们的日常公众生活和事务，在艺术上也体现出多元化、多向性的特征。

荒诞派戏剧

荒诞派戏剧，西方现代主义文艺的一种戏剧流派。因为它反对传统的戏剧规范，亦称为“反戏剧派”。它于20世纪50年代兴起于法国，后又风行于欧美其他国家，其代表作家有英国的塞缪尔·贝格特、法国的尤内斯库、美国的阿尔比等。荒诞派戏剧以存在主义哲学为思想基础，认为人与世界彼此对立，人与人之间无法沟通；人们在冷酷荒诞的世界中只能忍受着生存的痛苦，同时还对死亡充满着恐惧。因此在他们眼中，世界和人类的存在都是毫无意义、荒诞和无用的。在戏剧创作中，荒诞派作家打破了传统戏剧的创作原则和审美标准，以荒诞的形式来表现荒诞的存在，其作品没有统一完整的人物形象，情节支离破碎，对白前言不搭后语，戏剧冲突并不明显，主要着力表现世界的荒诞和人生的痛苦。这种独特的艺术追求必然给该流派的发展带来局限，其消极倾向和晦涩的内容也为历来文学批评家所诟病。

黑色幽默

黑色幽默，20世纪60年代兴起于美国的小说流派，也是二战后美国最重要的现代主义文学流派之一。“黑色幽默”小说的哲学基础是存在主义，它以一种无可奈何的嘲讽态度，用扭曲、夸超现实的艺术手法去表现世界的荒谬、黑暗和社会的对人的压迫、异化。其作品犹如一面哈哈镜将一切扭曲放大、变形，以达到了一种荒诞可笑的艺术效果，但是这种喜剧色彩往往又使人感到苦涩沉闷，因此这种幽默是黑色的，嘲讽也是玩世不恭的。在艺术上，这些作品往往情节缺乏逻辑、时序混乱、结构松散，主人公常为“反英雄”式的人物，其出现也有一定的寓意。其代表作品有海勒的《第二十二条军规》、平钦的《万有引力之虹》、威廉·盖迪斯的《小大亨》等。

荷马

荷马，古希腊的盲诗人。生卒年月已经不可考了，大约生活在公元前10世纪到公元前8世纪之间。荷马出生于希腊东部靠近小亚细亚一带，是一位出色的盲诗人。他根据民间流传的短歌将公元前12世纪到前11世纪的特洛伊战争及有关海上冒险故事的整理、编写为著名的史诗《伊利亚特》和《奥赛罗》。也是因为如此，荷马也被认为西方文学中至高无上的诗祖。

古希腊三大悲剧诗人

古希腊三大悲剧诗人指的是古希腊三位最著名的悲剧诗作家——埃斯库罗斯、索福克勒斯和欧利庇得斯。

埃斯库罗斯，古希腊悲剧的创始人，被称为“悲剧之父”。公元前525年，埃斯库罗斯出生于希腊阿提卡的埃琉西斯。他出身雅典贵族，政治上拥护民主派，参加过希波战争。公元前458年赴西西里，最后死于该岛南部的革拉城。他一生写过许多悲剧，今存7部。其剧作多写激烈的斗争和英雄人物，提倡民主精神和爱国思想，风格庄严雄厚，悲壮有力，富于哲理性和抒情性。其代表作有《被缚的普罗米修斯》、《乞援人》等。

索福克勒斯，生活于约公元前496到前406年。他出身于雅典富商家庭，早年受到过良好的教育，擅长音乐、体育。后来索福克勒斯进入政界，他拥护民主制度，反对专制，肯定独立自主精神。他的一生平静而成功，“生前完满，身后无憾”。他一生创作了120多部戏剧，今存7部。其作品动作性、情节性很强，结构布局严谨，语言浅俗易懂。代表作有《俄狄浦斯王》、《安提戈涅》等。

欧利庇得斯，古希腊三大悲剧诗人中最富民主倾向的悲剧诗人，生活于公元前485到前406年。他出生于贵族之家，曾全面而系统的学习过各类艺术，后醉心于哲学和诗歌。他拥护雅典的民主政治，反对侵略战争，同情下层人民，尤其同情妇女的悲惨遭遇。他的作品多细腻写实，心理刻画尤其精彩。他的代表作有《美狄亚》、《特洛伊妇女》等。

文艺复兴文坛三杰

文艺复兴文坛三杰指的是文艺复兴时期，出现在意大利的三位伟大的先驱者——但丁、彼特拉克和薄伽丘。

但丁（1265—1321），13世纪末至14世纪初意大利最著名的诗人。他出生于佛罗伦萨一个没落的贵族家庭，自幼喜爱读书写诗，知识广博。在政治上，他主张和平，反对内讧，反对教权对政权的僭越。也因为如此，他曾被教皇判处终身流放之刑。在但丁的一生中，创作了许多优秀的诗歌和学术著作，其中不朽传世之作是长诗《神曲》。他在自己的作品中表达自己的政治主张，介绍古今知识，论述自己的学术观点。所以恩格斯称其为“中世纪最后一位诗人，同时又是新时代的最初一位诗人”。

彼特拉克（1304—1374），文艺复兴时期意大利著名的抒情诗人，欧洲第一个人文主义者。自幼随父亲流亡法国，少年时代便喜欢古典文学和修辞。父亲去世后，他周游欧洲各国，并且当过神甫。他学术渊博，对希腊罗马文化有着精湛的研究。作为诗人，他的主要成就是创作了叙事诗《阿菲利加》和抒情诗集《歌集》。他的作品表现出了人文主义者对中世纪禁欲主义的不满和反抗，吐露了对爱情和幸福的渴望，语言精练，意韵绵长。

薄伽丘（1313—1375），文艺复兴时期意大利著名作家，人文主义者。他自幼喜爱文学，与许多人文主义诗人、学者、神学家、法学家都有广泛的交游，并接触到贵族骑士生活。他是西欧第一位通晓希腊文的学者，在翻译、注释古籍上有重大贡献，他还创作了欧洲第一部长篇小说《菲洛柯洛》，但是最具影响的还是故事集《十日谈》。他的作品始终贯穿着人文主义思想，反对禁欲主义，肯定现世幸福，情节生动，情调愉快。

塞万提斯

塞万提斯（1547—1616），文艺复兴时期西班牙享有世界声誉的现实主义作家。他幼年随父亲四处奔波，后追随红衣主教到文艺复兴的发源地意大利，在那里受到了人文主义思想影响。之后他又参加了西班牙对土耳其的战争并负伤。回国途中遭到海盗劫持，被囚五年。归国后，又遭诬陷，数次入狱。他一生的经历，是典型的西班牙人的冒险生涯。这种传奇性的坎坷经历对其创作产生了重要的影响。他的主要作品有歌颂西班牙人民反抗罗马入侵的悲剧《努曼西亚》、歌颂真挚爱情的小说《伽拉苔亚》、揭露时弊的短篇小说集《帕尔索斯游记》，其中最著名的还是长篇小说《堂吉诃德》。

莎士比亚

莎士比亚（1564—1616），文艺复兴时期英国著名的抒情诗人、剧作家。他出身于一个富裕的市民家庭，后因家道没落未能进入高等学校学习，仅凭自学成为博学之士。他从事过许多职业，最后转向写剧本。他的一生写过37个剧本、2部长诗和1部十四行诗集。早期他主要创作喜剧和历史剧，这些剧作反映了他的人文主义思想，这一时期的代表作有历史剧《亨利四世》和喜剧《威尼斯商人》、《仲夏夜之梦》等。中期作品以悲剧为主，残酷的现实使得作者的人文主义理想破灭，作者通过深层思考和剖析现实，开始通过格调悲壮的悲剧寄托自己的理想和抱负，这一时期的代表作有《李尔王》、《奥赛罗》、《哈姆雷特》等。晚期作品主要是传奇剧，是作者人文主义理想和现实的矛盾无法解决，企图在幻想中寻找出路的产物。这一时期的代表作是《暴风雨》。莎士比亚只用英文写作，但是其作品却影响到了整个世界，他因此被称为“人类文学奥林匹斯山上的宙斯”。

莫里哀

莫里哀（1622—1673），本名让·巴蒂斯特·波特兰，法国现实主义喜剧的创造者，欧洲最杰出的喜剧家之一。他不仅是剧作家也是戏剧活动家，“莫里哀”就是他从事戏剧表演的艺名。莫里哀生活在资产阶级勃兴的文艺复兴时期。他同情劳动人民，笔锋所向，揭露的是腐朽的贵族、坑蒙拐骗的僧侣、冒充博学的“才子”、利欲熏心的高利贷者等丑恶的剥削阶级。他的作品在内容上改造了喜剧、拓宽了喜剧反映生活的路子，并致力于人物性格的发掘；语言幽默欢快，充分发挥了寓教于乐的作用。他的代表作有《伪君子》、《吝啬鬼》、《可笑的女才子》等。

歌德

歌德（1749—1832），德国诗人、剧作家、思想家，启蒙文学最伟大的代表。他出身于一个富裕的家庭，自幼受到了良好的教育。青年时期，他当过律师，后来开始创作诗歌，并投入到狂飙突进运动中充当旗手。中年时期流亡意大利，在那里研究古代文化，后与席勒相识，交友十年。晚年闭门写作。他的作品充满了反叛精神，重视实践，肯定了开拓创造意志，肯定为人类幸福而献身的精神。其代表作有书信体小说《少年维特之烦恼》、诗集《西东合集》、诗体悲剧《浮士德》。歌德是德国民族文学的最杰出的代表，他的创作把德国文学提高到全欧的先进水平，并对欧洲文学的发展作出了巨大的贡献。

格林兄弟

格林兄弟，即雅科布·格林与威廉·格林，是德国的两位博学多识的学者及民间文学研究家、语言学家、历史学家。他们大致生活于18世纪末到19世纪，父亲是一位小官吏。他们曾任图书馆管理员、外交参赞、大学教授等职务。1806年，兄弟二人开始搜集民间故事和传说，并整理出版了《儿童和家庭童话集》和《德国传说集》。他们的童话一方面保持了民间文学原有的纯朴自然的特色，另一方面又进行了润色、加工，赋予了明快、风趣的艺术魅力。这些童话表达了德国人民的心愿和信仰，体现了德国民间文学的独特魅力，并为世界人民增添了童趣和欢乐。

安徒生

安徒生（1805—1875），丹麦著名童话作家、诗人、小说家和剧作家。他出身于丹麦一个贫困家庭，父亲是穷鞋匠。他自幼生活在贫民区，曾做过学徒和杂役，后在别人的资助下开始读书，并从事写作。早年曾写过诗歌、散文和小说。1835年起开始写童话，后来成为世界著名童话大师。他的童话作品充满了奇妙的幻想和清新的乡土气息，语言简洁生动，想象瑰丽奇妙，又有着深刻的思想性。他的童话作品飞越国界，被译成80多种语言，在世界各地广为流传，成为了老少咸宜、家喻户晓之作。

雪莱

雪莱（1792—1822），19世纪英国杰出的浪漫主义诗人，也是英国文学史上最有才华的抒情诗人。他受到启蒙主义思想影响，思想表现激进，后被迫离开英国开始流亡。他的诗歌节奏明快，积极向上，充满了强烈的革命热情和乐观精神，表达了作者不屈不挠的斗争精神。他的代表作《西风颂》、《致云雀》、《解放了的普罗米修斯》等，都是脍炙人口的传世佳作。

普希金

普希金（1799—1837），俄罗斯伟大的民族诗人，19世纪俄国浪漫主义文学的杰出代表，也是俄国批判现实主义文学的奠基人。他出身于贵族家庭，一生倾向革命，与黑暗专制进行不屈不挠的斗争。他创作了一系列歌颂自由的政治抒情诗，如《自由颂》和《致恰达耶夫》等。这些诗歌后来触怒了教皇，普希金遭到了流放。流放期间，他创作了《茨冈》、《高加索的俘虏》等作品。1824年，他被幽禁在故乡，创作了历史剧《鲍里斯·戈都诺夫》。1830年他在波尔金诺村羁留了三个月，这是他创作的高潮时期。这三个月他写了30多首诗、4部悲剧和5篇短篇小说和诗体小说《叶甫盖尼·奥涅金》。1831年迁居莫斯科之后，他又创作了小说《黑桃皇后》和《上尉的女儿》等作品。1837年，在政府的阴谋策划下与人决斗致死。他的创作对俄国文学和语言的发展和影响很大，被誉为现代标准俄语的创始人、俄国文学之父、俄国诗歌的太阳。

巴尔扎克

巴尔扎克（1799—1850），法国著名的小说家、批判现实主义文学最伟大的代表作家之一。他出身资产阶级家庭，幼时在教会学校学习，后进入大学攻读法律，兼文学和哲学。毕业后当过律师事务所文书，并开始为糊口化名发表作品。后因生意失败，负债累累，这些经历为他日后的创作积累了非常有利的经验和与众不同的感受。1829年，他以真名发表了历史小说《舒昂党的人们》，从此解开了《人间喜剧》的创作序幕。他20多年一共创作了91部传世的不朽之作。在这些作品中，他一共塑造了2400多个不同类型的人物形象，全面再现了1816年至1848年的法国社会，提供了一部法国上流社会的生活画卷。他的独具个性的幻想与写作，为世界文学史上建立了一座丰碑。

果戈理

果戈理（1809—1852），俄国著名作家，“自然派”的奠基人。他出生于地主家庭，后因结识普希金而走上了文学创作的道路。1831年发表的小说集《狄康卡近乡夜话》是他的成名作，作品歌颂了社会底层劳动人民，富于浪漫主义色彩。1935年出版的中篇小说集《米尔戈罗德》和《小品集》使他成为了“文坛盟主”。五幕讽刺喜剧《钦差大臣》的问世是其最为成功的作品之一，这部作品也使他遭到反动势力围攻，被迫离开俄国。1842 年发表的《死魂灵》是他最伟大的作品，它表现了强烈的批判现实主义精神。果戈理同普希金一起奠定了 19 世纪俄国批判现实主义文学的基础，对俄国小说艺术发展的贡献尤其显著，因此被称为“俄国散文之父”。

陀思妥耶夫斯基

陀思妥耶夫斯基（1821—1881），俄国 19 世纪最著名的小说家之一。他出生于医生之家，大学期间爱好文学，毕业一年后开始专门从事文学创作，后因参加革命小组活动而遭到流放。在此期间，他的思想发生了巨大的变化，由主张革命转变为提倡顺从忍让。他的创作具有独特的手法和风格：细致的剖析了社会各阶层人物的心理活动，揭露了资本主义社会的黑暗与罪恶，表达了对被侮辱被损害的小人物的深切同情，同时也宣传了自己的“忍耐”、“宽恕”哲学。他著作等身，其中最有代表性的作品是《罪与罚》、《被欺凌与被侮辱的》等。陀思妥耶夫斯基是一位伟大的人道主义者，也是一位杰出的心理分析大师，他的作品对后世西方文学产生了深远影响。

四大短篇小说家

世界四大短篇小说家是指美国的马克·吐温、欧·亨利，俄罗斯的契诃夫，法国的莫泊桑这四位著名的短篇小说作家。

马克·吐温（1835—1910），原名塞缪尔·朗赫恩·克莱门斯，19 世纪后期美国最著名的小说家、演说家、幽默大师。他自幼家贫，财富不多，但是他的幽默机智使他成为了美国知名人士之一。他的一生中创作了许多脍炙人口的作品，例如短篇小说《竞选州长》、长篇小说《镀金时代》、儿童小说《汤姆·索亚历险记》和《哈克贝利·费恩历险记》。他的作品融幽默与讽刺一体，既富于独特的个人机智与妙语，又不乏深刻的社会洞察与剖析；既是幽默辛辣的杰作，又是悲天悯人的严肃。

欧·亨利（1862—1910），原名威廉·雪德尼·波特，美国著名短篇小说家。他出生于一个医师家庭，一生经历传奇，曾经被捕入狱，在狱中用欧·亨利的笔名开始创作短篇小说。他的一生创作了近 300 篇短篇小说，其中最为著名的是《麦琪的礼物》、《警察与赞美诗》。他的作品在欢笑中杂糅着辛酸，文字活泼幽默，结局出人意料，意趣横生。

契诃夫（1860—1904），19 世纪俄国最后一位著名的小说家、戏剧家。他出生于一个小商人家庭，大学期间开始从事文学创作。他一生创作了 400 多篇中短篇小说，其中最著名的是《变色龙》、《一个官员之死》、《套中人》等。他的作品对俄国沙皇的黑暗统治充满了讽刺和嘲笑，刻画了资产阶级知识分子和官僚们的丑恶嘴脸，充满了对社会底层人们同情。

莫泊桑（1850—1893），19世纪法国著名小说家，素有“短篇小说之王”的美誉。他出生于没落的贵族家庭，从小爱好文学。他擅长从平凡琐屑的事物中截取富有典型意义的片断，以小见大地概括出生活的真实。他的短篇小说构思别具匠心，情节变化多端，描写生动细致，刻画人情世态惟妙惟肖，令人读后回味无穷。其中的代表作有《羊脂球》、《我的叔叔于勒》、《项链》等。

列夫·托尔斯泰

列夫·托尔斯泰（1828—1910），俄国作家，世界最杰出的批判现实主义作家之一。他出身名门贵族，受到良好的教育。他毕生主要从事创作，着力探讨人生的意义、社会的出路和人的自我完善，反对农奴制，也不赞成资本主义。晚年，他放弃了贵族特权，开始平民生活，对沙皇制度全面否定。他的创作把批判现实主义推向了高峰，其代表作有长篇小说《安娜·卡列尼娜》、《复活》、《战争与和平》以及自传体小说三部曲《童年》、《少年》、《青年》。他以自己一生的辛勤创作，登上了当时欧洲批判现实主义文学的高峰。他还以自己有力的笔触和卓越的艺术技巧成为了“世界文学中第一流的作家”，因此被列宁称颂为具有“最清醒的现实主义”的“天才艺术家”。

高尔基

高尔基（1868—1936），原名阿列克赛·马克西莫维奇·彼什科夫，苏联伟大的无产阶级作家，社会主义文学的奠基人。他出生于俄国社会底层，自幼生活贫苦，历尽艰辛。对社会底层人民痛苦生活的体验和深切了解，成为他创作中永不枯竭的源泉。他的作品表达了当时工人要求自由、渴望斗争的情绪，显示了革命理想和革命信念所具有的改造世界和改造人的强大力量。他的代表作有自传体三部曲《童年》、《在人间》、《我的大学》，散文诗《海燕》，长篇小说《母亲》等。高尔基的作品对于前苏联文学的发展及世界文学的发展都有着重大影响。

柯南道尔

柯南道尔（1859—1930），英国著名侦探小说家。他因塑造了著名侦探夏洛克·福尔摩斯而驰名世界。他出生于苏格兰首府爱丁堡，后进入爱丁堡大学学习医学，毕业后开始行医，在此期间开始文学创作。他的侦探小说有着非常强烈的画面感，其中其冲突设置集中，情节跌宕，引人入胜，使读者仿佛在欣赏电影。除了侦探小说之外，他还创作了科幻小说、历史小说、爱情小说、戏剧、诗歌等作品。

阿加莎

阿加莎（1890—1976），英国著名侦探小说家，有侦探推理小说女王之称。她童年生活美好，后因四处旅行，阅历丰富。她的作品中充满了神秘的异域风光和风土人情，其中还包含了作者经历的坎坷和对理想的努力追求。她还在其小说《无人生还》中创立了孤岛——暴风雪山庄模式。她的代表作品有《尼罗河上的惨案》、《阳光下的罪恶》和《东方快车谋杀案》等。

帕斯捷尔纳克

帕斯捷尔纳克（1890—1960），苏联诗人、小说家、翻译家。他生于画家家庭，参加过未来派文学团体。早期主要写抒情诗，抒发他对爱情、生死的主观感受，颇具象征主义色彩。十月革命后，他创作了一些歌颂列宁和革命先烈的诗歌。后因其作品提出反对暴力实现革命目标引起了争论，因此他的作品历来评价有褒有贬。他的代表作有《日瓦戈医生》等。帕斯捷尔纳克还精通多种语言，曾经翻译过莎士比亚、歌德、席勒的作品，译文优美，享有盛誉。

罗曼·罗兰

罗曼·罗兰（1866—1944），法国小说家、剧作家。他出生于小职员家庭，从小爱好音乐、戏剧、历史，曾在高等师范、考古学校深造，获得博士学位。后在巴黎高等师范学校和巴黎大学讲授艺术史，并开始创作。早年写历史剧，后改写革命剧。1903 年以后，他开始创作伟人传记并受到了社会好评。在他的作品中，最负盛名的是长篇小说《约翰·克里斯多夫》。罗曼·罗兰是一位倾向革命的进步作家，他坚持人道主义立场，反对战争，同情和支持苏联的十月革命，同时他对中国人民争取民族独立的斗争也十分关心。

爱伦·坡

爱伦·坡（1809—1849），美国诗人、小说家。父母是流浪艺人，两岁时成为孤儿由亲属抚养。20 岁开始写诗，但是由于生活坎坷，其诗内容颓废，形象怪诞，格调阴沉，充满了悲观和神秘恐怖的气氛，他的小说也充满了死亡和颓废的气息。他的代表作品有长诗《乌鸦》，短篇小说《金甲虫》、《厄舍府的倒　》、《红死魔的面具》等。爱伦·坡开创了心理分析的先河，被视为侦探小说的鼻祖、科幻小说的先驱，他的小说创作对后来侦探小说家产生了巨大的影响。

海明威

海明威（1899—1961），美国 20 世纪对文学有杰出贡献的小说家。他出生于医生之家，从小爱好渔猎和艺术。中学毕业后曾参加第一次世界大战，身中 237 块弹片。1919年他带着精神和肉体的双重创伤回到家乡。他的作品着力描写了一战后悲观颓废、沉醉于狂饮放纵的“迷惘的一代”。此类作品的代表有长篇小说《太阳照常升起》。1927年他转写了一批关于斗牛士、拳击手生活的小说，塑造了“硬汉性格”,代表作有《乞力马扎罗的雪》和《老人与海》等。1929年发表了长篇小说《永别了，武器》，这篇作品体现了他对正义战争的重新审视与肯定。1954年，海明威凭借《老人与海》获得了诺贝尔文学奖。但是获奖的喜悦并没有抚慰他抑郁的情绪和疾病缠身的痛苦。1961年，海明威用猎枪结束了自己的生命。

卡夫卡

卡夫卡（1883—1924），奥地利著名小说家，现代主义文学的奠基人之一。他出生于布拉格的一个犹太商人家庭。后在布拉格大学学习文学、法律，并获得博士学位。1904年开始创作小说，其早期作品颇受表现主义的影响。1912年以短篇小说《判决》的完成宣告了自己独特风格的建立。他的小说文笔明净，想象奇谲，常常采用寓言体，但是其中寓意却令人费解。这些作品有深意地抒发了他愤世嫉俗的决心和勇气。其别开生面的手法，令20世纪各个写作流派纷纷追认其为先驱。

紫式部

紫式部（978—1019），日本中古时期平安朝的著名女作家。她本性藤原，名不详，因其父兄均任式部，故称藤式部；又因其所著小说《源氏物语》中的女主人公紫姬的形象深入人心，后人便称她为紫式部。她出身名门，家道中落，夫亡之后带女儿过起了凄凉的孀居生活。因为她精通汉学，被召入宫中侍奉中宫娘娘。宫女的生活经历，早年坎坷的身世，为她日后的文学创作提供了条件和素材。她的代表作有《源氏物语》、《紫式部日记》、《紫式部集》等。在这些作品中，紫式部记述了宫中仪式、庆典、宴饮以及自己的苦闷与孤独，是研究当时历史、文化、风俗及她本人生活思想的重要资料。

松尾芭蕉

松尾芭蕉（1644—1694），江户时代前期的著名的俳句作家。他出生于伊贺的上野，父亲是一位低级武士。松尾芭蕉早年是当地领主藤堂良忠的侍童，二人均喜俳句创作。1664年，他在京都出版了自己的第一部俳句诗集，自此闻名京都。其后他又陆续出版了几部诗选，直到1676年他被公认为俳句大师，并拥有了一批追随自己的弟子。松尾芭蕉一生有过许多的长途旅行，这些游历经验使得他的俳句作品充满了对友好和自然的喜爱，并充满了禅的意境。他的代表作有《奥之细道》等。

波斯三大诗人

波斯文学史上的三大诗人是指菲尔

多西、萨迪和哈菲兹。

菲尔多西（940—1020），出生于贵族家庭，自幼受到了良好的教育，熟知民间的历史传说故事。他生活的时代是波斯人民爱国主义高涨的时代，他的代表作史诗《王书》就是波斯人民爱国热情的浓缩产物。

萨迪（1208—1292），出生于传教士家庭，自幼丧父，家境贫寒。由于战乱，半生在埃及、印度等国流浪。后隐居故乡，创作诗歌，一生写过各种类型的诗歌约600多首。其中最为著名的是《果园》和《蔷薇园》。他的作品语言精练，引用了大量的民间格言，不但可以引人向善，也是几百年来学习波斯文的典范。

哈菲兹（1320—1389），出生于商人家庭，但幼年丧父后家境困苦，少年时代开始创作诗歌。20岁时已经崭露头角，倍受瞩目。他的诗歌以手抄本和民间艺人吟唱的方式，广为流传。其中最具代表性的是约500首的《噶扎勒》。在这些诗歌作品中，他赞美了人与人之间的真挚情感，揭露嘲讽了社会的虚伪与宗教偏见，表现了对社会道德沉沦的不满和追求自由的激情。

夏目漱石

夏目漱石（1867—1916），日本著名小说家，原名夏目金之助，别号漱石。他生于江户一个没落小官吏家庭。自幼学习汉诗，少年时亦作过不少汉诗文。后进入东京帝国大学就读，毕业后留校任教，并参加了“俳句革新运动”。1900年被派往英国留学，回国后开始文学创作。1905年发表处女作《我是猫》，一举成名。这部长篇小说也因其强烈的讽刺精神和批评现实主义精神，成为了“余裕派”文学的奠基之作。此外，他还创作了三部曲《三四郎》、《其后》、《门》和自传体小说《道草》。这些作品剖析了知识分子忏悔、绝望的心理，具有揭露性和批评精神。夏目漱石一生创作了15部长中篇小说、7篇短篇小说，作品充满了强烈的现实主义精神，显示了作家高度的社会责任感和精湛的艺术技巧，为日本近代文学带来了世界声誉。

芥川龙之介

芥川龙之介（1892—1927），日本著名短篇小说家。父姓新原，后过继给其舅改姓芥川，因其生于辰年辰月辰时，故名龙之介。幼时博览群书，学习中国文学，后进入东京大学学习，毕业后进入杂志社工作并开始文学创作。1914年发表处女作《老年》，1915年发表代表作《罗生门》,1916年发表《鼻子》,一举成名。芥川是日本新技巧派文学的代表，他反对自然主义，主张文学虚构，提倡题材多样，形象鲜明，语言生动，讲究技巧，刻意冷静而理智的面对现实人生。芥川才华横溢，具有浪漫主义气质，但是严肃的现实使得他的理想幻灭，心情抑郁。1927年，芥川终于在不安和痛苦中自杀，时年35岁。他的代表作品还有《浮生三昧》、《地狱变》、《橘子》、《秋》等。

川端康成

川端康成（1899—1972），日本现代著名小说家，新感觉派的发起人之一，也是该派最具代表性、成就最高的作家。他出生于医生之家，父母早亡。自幼热爱文学，大学毕业后开始文学创作。他一生创作了100多篇中短篇小说，其中最著名是《千只鹤》、《古都》、《雪国》、《伊豆的舞女》等。他的作品多描写自己的孤儿生涯和生活经历，也有对下层人民，尤其是妇女的悲惨境遇和不幸命运的同情。1968年，川端康成获得了诺贝尔文学奖。但是晚年的川端被生活中的不幸遭遇和惨烈刺激缠绕，终在1972年以自杀结束了生命。

泰戈尔

泰戈尔（1861—1941），印度近代享有世界声誉的诗人、小说家、喜剧家、社会活动家。出生于贵族之家，受到良好的家庭教育并自学成才。后到英国留学，回国后开始专门从事文学创作。在长达60多年的创作生涯中，他创作了50多部诗集、30多种散文集、12部中长篇小说、百余篇短篇小说和20多部戏剧。其中最有代表性的还是他的哲理诗集《吉檀迦利》、《新月集》、《飞鸟集》和《园丁集》。他的作品传达了对人生的热爱，对人民优秀品质的赞美和对祖国命运的关心，充满了人道主义情怀。1913年，泰戈尔获得了诺贝尔文学奖，他是首位获得诺贝尔文学奖的亚洲人。

《荷马史诗》

《荷马史诗》是盲诗人荷马在民间口头创作的基础上加工整理而成的史诗作品，包括《伊利亚特》和《奥德赛》两部分。

《伊利亚特》，一译《伊利昂纪》。全诗24卷，15000余行，取材于公元前12世纪的特洛伊战争和古希腊的神话传说。特洛伊王子帕里斯拐走斯巴达王后海伦，由此引得希腊联军讨伐特洛伊。战争持续了10年，参战的还有奥林匹斯山上的神祗，最终以特洛伊的失败而告终。史诗以战争为主题，歌颂了部落英雄们的英勇善战和为维护部落利益而建立的功勋和战绩，表现了他们的集体主义精神和英雄主义精神，集中再现了军事民主时代希腊的社会生活。其中阿克琉斯、海伦、阿伽门农等人物形象鲜明，给人留下了深刻的印象。作品规模宏大，布局巧妙，剪裁得当；语言质朴自然善用比喻，风格雄浑激越。

《奥德赛》，一译《奥德修纪》。全诗24卷，12000余行，主要描写特洛伊战争结束后，希腊联军中的英雄伊加大国王奥德修斯返乡，归途中在海上漂泊10年，最后与家人团聚的故事。史诗歌颂了人类征服大自然的智慧和意志，反映了从氏族公社向奴隶制社会过渡时期古希腊的社会生活。作品以奥德修斯的个人遭遇为主线，运用倒叙、插叙的手法展开情节，集中描写回乡后40天左右的故事，并讲述了10年的惊险经历。史诗情节曲折，引人入胜，描写海上遇险部分富于浪漫主义色彩，叙述家庭生活部分又具有写实特点，格调深沉而舒缓。

古希腊三大悲剧

古希腊三大悲剧指的是《被缚的普罗米修斯》、《俄狄浦斯王》和《美狄亚》这三部作品。

《被缚的普罗米修斯》，古希腊悲剧诗人埃斯库罗斯的代表作，完成于公元前465年。作品讲述了古希腊神祇普罗米修斯因盗天火给人类而被宙斯惩罚的故事。作品以宙斯和普罗米修斯的矛盾暗示了新旧时期雅典民主派和贵族寡头两种社会力量的斗争，充满了民主制必胜的信心。作品结构简单，情节单一，矛盾集中，诗句瑰丽，想象力丰富。

《俄狄浦斯王》，古希腊悲剧诗人索福克勒斯的代表作，成书于公元前431年。剧本取材于古希腊神话，讲述了俄狄浦斯王拭父娶母的悲剧故事。剧本通过俄狄浦斯王的遭遇，表现了个人的坚强意志、英雄行为和与命运的悲剧冲突，既歌颂了主人公与命运抗争的精神，又宣扬了命运不可抗拒的宿命论思想。作品结构完整，情节紧凑，采用倒叙的方式展开剧情，使得开场成为悬念。剧情波澜起伏，动人心魄，充满着沉重的悲剧气氛。

《美狄亚》，古希腊悲剧诗人欧利庇得斯的代表作，完成于公元前431年。作品取材于古希腊神话中伊阿宋盗取金羊毛的传说，讲述了少女美狄亚帮助伊阿宋盗取金羊毛后却遭到无情遗弃并向伊阿宋疯狂复仇的故事。作品细腻的刻画了美狄亚前后心理的转变过程，成功塑造了具有反抗精神的女性美狄亚的形象，批判了不合理的婚姻制度和男子的不道德行为，对美狄亚寄予了深切的同情。剧本结构完整，富有强烈的感情色彩。

《伊索寓言》

《伊索寓言》，世界著名寓言集。相传为古希腊伊索所作，包含了三四百个古希腊民间流传的散文体动物寓言故事组成。作品采用拟人化的手法，借助动物的故事反映现实生活，揭露不平等的社会阶级关系，表达了下层人民的情感。其中著名的篇章有《农夫与蛇》、《狼与小羊》等。该作品形式虽然短小精悍，结构简单，但是艺术形象生动传神，比喻恰当，哲理性强，富有深刻的教育意义。

《神曲》

《神曲》，叙事长诗。意大利著名诗人但丁的作品，世界文学史上的杰作，有“中世纪史诗”之称，约成书于1307年至1321年。全诗14233行，分为三个部分：“地狱”、“炼狱”、“天国”。长诗讲述了35岁的诗人在古罗马诗人维吉尔和年轻时代的恋人贝雅特里奇的带领下游历了惩罚生前罪恶的地狱和忏悔罪恶、净化灵魂的炼狱以及上帝的居所的故事。作品通过幻游三界的经历，展示了人类从迷惘和错误中经历苦难和考验，达到至善至美的理想境界的历程，具有深刻的现实意义。《神曲》的结构宏伟而严密，内容广博，诗人广泛运用梦幻、象征、寓意的表现手法，成功的刻画了很多人物。《神曲》对中世纪政治、哲学、科学、神学、诗歌、绘画、文化，作了艺术性的阐述和总结。因此，它不仅在思想性、艺术性上达到了时代的先进水平，是一座划时代的里程碑，而且是一部反映社会生活状况、传授知识的百科全书式的鸿篇巨制。

《堂吉诃德》

《堂吉诃德》，长篇小说。西班牙文艺复兴时期著名作家塞万提斯的代表作，写于1605年至1615年，全名《奇情异想的绅士堂吉诃德·拉·曼却》，分为两部分。作品主要描写了堂吉诃德主仆游侠冒险的故事。穷乡绅吉哈达因为迷恋骑士小说，因而取名堂吉诃德，并雇请农民桑丘为侍从，开始了冒险旅程，并闹出了很多笑话。最终堂吉诃德意识到了自己的荒诞行为，认识到了骑士小说的毒害。作品吸收了流浪汉小说的写实手法，全面描写了现实社会生活，它的出现为欧洲近代长篇小说的发展奠定了基础。

莎士比亚四大悲剧

莎士比亚的四大悲剧指的是《哈姆雷特》《奥赛罗》《李尔王》和《麦克白》。

《哈姆雷特》，写于在德国留学的1601年。剧本讲述了一位古老的王子替父报仇的故事。在德国留学的王子哈姆雷特，因父暴亡回国奔丧，发现叔父克劳狄斯篡夺了王位并娶了母亲为妻。他夜会父王亡魂，得知父亲被叔父所害，并答应为父报仇。最终哈姆莱特怒杀克劳狄斯，自己却也中毒剑身亡，王后在为其子庆贺时也误饮毒酒身亡。全剧以哈姆雷特为父报仇为主线，穿插了雷欧提斯和挪威王子为父报仇的情节。三条复仇线索相互交织，多方面的展开矛盾冲突，剧情丰富而生动，戏剧气氛急缓多变。剧本塑造了众多个性化的人物形象，特别塑造了人文主义的典型哈姆雷特的形象，其精湛的独白充分揭示了人物的内心世界，提出了一些极富哲理的命题，堪称莎士比亚四大悲剧之首。

《奥赛罗》，写于1604年。作品取材于意大利，描写了一部人文主义理想遭到践踏的悲剧。威尼斯将领奥赛罗与元老勃拉班修的女儿苔丝德蒙娜相爱。后奥赛罗升职引起了旗官伊阿古德嫉妒，他设计使得奥赛罗亲手杀死了自己的妻子。奥赛罗得知阴谋之后，也拔剑自刎。该剧情节跌宕起伏，人物性格鲜明丰满，深刻揭示了主人公的内心冲突，多具有象征意味的抒情描述。

《李尔王》，写于1606年。作品取材于古老的不列颠传说。不列颠老王李尔因年迈欲将国土分给三个女儿。长女和次女花言巧语骗得了父亲的欢心，小女儿因为直言不讳，被取消继承权，远嫁法兰西。不久，李尔受到了长女和次女的虐待，流落荒野。小女儿闻讯带兵讨伐姐姐，不幸兵败战死，李尔也饮恨离开人世。本剧以家庭悲剧反映了新旧交替时代英国动荡的社会生活，批判了邪恶势力，说明了资产阶级利己主义已经渗透到了家庭之中，封建伦理关系已被破坏。

《麦克白》，写于1606年。作品描写了暴君麦克白弑兄篡位，残害大臣，屠杀人民，众叛亲离，最终落得枭首的下场。该剧是莎士比亚戏剧中心理描写的佳作，具有命运悲剧与性格悲剧的双重审美特质。

《浮士德》

《浮士德》诗体悲剧。19世纪德国著名作家歌德的代表作，写于1773年至1831年。作品取材于德国中世纪的民间传说，分为两部分，主要写浮士德一生对人生理想的探索。全剧没有首尾连贯的情节，仅以主人公思想发展为线索，展示了他所经历的知识悲剧、爱情悲剧、政治悲剧、美的悲剧和事业悲剧五个人生阶段。浮士德是位博学多闻的学者，但是苦读经书却不得真知灼见，陷入苦恼，几乎自杀。魔鬼乘虚而入，与他打赌并订下契约，自愿供浮士德驱使，满足其一切愿望，但是一旦浮士德感到满足，灵魂便归魔鬼所有。最终浮士德按契约倒地而死时，天使赶来搭救并带其灵魂升天，全剧以魔鬼的失败而告终。诗剧采用现实主义与浪漫主义相结合的创作方法，情节神奇多变又不失细腻写实；结构宏伟，富于变化；背景广阔，人物众多。另外作品广泛运用多种诗体，表现出丰富多彩的生活内容，抒情色彩浓厚；并包括辛辣的讽刺和寓意深刻的象征、比喻等多种手法，堪称一部史诗性的巨著。

《格林童话》

《格林童话》产生于19世纪初，是由德国著名语言学家格林兄弟收集、整理、加工而成的德国民间文学集。里面收录了700多篇童话，其中以《灰姑娘》、《小红帽》、《白雪公主》、《睡美人》、《青蛙王子》等最为著名。《格林童话》最突出的艺术特色是在每一个故事中都拥有个性鲜明的人物形象，善恶美丑一目了然，不用读者去思考和怀疑孰是孰非，符合少年儿童的阅读心理。同时很多主人公憨态可掬、滑稽可爱，使普通的人物散发出了奇异的光彩，从而使得故事更加妙趣横生，给小读者们带来更多的快乐体验。

《安徒生童话》

《安徒生童话》是19世纪丹麦著名

儿童作家安徒生的童话作品集。安徒生自30多岁开始专心从事儿童文学创作，一生中共写了168篇童话故事。其中的代表篇章有《丑小鸭》、《皇帝的新装》、《豌豆上的公主》、《夜莺》、《卖火柴的小女孩》、《海的女儿》等。《安徒生童话》具有诗意的美和喜剧性的幽默，充满了绮丽的想象和乐观的精神。晚期的童话作品更加的面对现实，着力描写了底层人民的悲苦命运，揭露了社会生活的阴冷、黑暗和人世间种种的不平等。

《人间喜剧》

《人间喜剧》是19世纪法国批判现实主义作家巴尔扎克系列小说的总称，包括91部作品，写作年限从1829年直至1848年。这一名称是巴尔扎克受到《神曲》的启发而命名的，意在通过现实人生舞台上的一幕幕生活戏剧，历史地、全面地、形象地描绘出一部法国资本主义社会的“风俗史”。作者将这些作品分为“风俗研究”、“哲理研究”和“分析研究”三大部分，其中风俗研究内容最为丰富，数量也最多。作品塑造的人物形象多达2400余人，其中不少已经成为世界文学画廊中著名的人物典型，具有重大的认识意义和艺术价值。其中最著名的代表作是《高老头》和《欧也妮·葛朗台》等。

《死魂灵》

《死魂灵》，长篇讽刺小说。19世纪俄国批判现实主义作家果戈理的代表作，1842年出版。小说描写了新兴资产阶级投机者乞乞科夫购买“死魂灵”的故事。“死魂灵”指的是已经死亡，但是还未注销户口的农奴。乞乞科夫计划通过低价购买死魂灵，然后抵押给政府骗取贷款以牟取暴利。于是他来到5个地主庄园，针对5个地主的不同性格，使用不同的伎俩，低价收购了400个死魂灵，但最终还是因为走漏风声，计划破产，只得仓皇逃离。乞乞科夫象征了新兴资产阶级，他的出现预示了俄国封建农奴制的腐朽和必将崩溃的历史命运。死魂灵则象征了已经堕落的地主官僚集团。作者在批评地主阶级的同时，也揭露了新兴资产者残暴、贪婪和极端利己主义的本性，从侧面表现了广大劳动人民的悲惨生活和反抗专制统治的情绪。作品最显著的艺术特点就是含泪的讽刺。作者运用夸张、对比、比喻、反语等手法，在喜剧形式中融入悲剧的因素，用“含泪的笑”来嘲笑、鞭挞生活中的丑恶现象，批判力极强。

《罪与罚》

《罪与罚》，长篇小说，19世纪俄国作家陀思妥耶夫斯基的代表作，发表于1866年。小说讲述了大学生拉斯科尔尼科夫的犯罪、赎罪以及和索尼娅的爱情故事，重点描写了主人公灵魂的痛苦。拉斯科尔尼科夫家境贫寒，为了证明自己的不凡，他杀死了放高利贷的老太婆阿缪娜和其妹妹。犯罪后，他结识了以卖淫养家但是心地善良的索尼娅，并与之相恋。后来在她的精神感召下，他投案自首，主动受苦赎罪，被流放至西伯利亚服苦役，索尼娅随之同去。在流放地，他皈依上帝，并感到灵魂得救。小说注重描写内心独白、梦境和幻觉，心理分析细腻而富有哲理性，对西方现代主义文学产生了巨大的影响。

《玩偶之家》

《玩偶之家》，社会问题剧，19 世纪挪威著名剧作家易卜生的代表作，完成于 1879 年。剧本描写了资产阶级妇女娜拉为追求自由生活和妇女权利而离家出走的故事。女主人公娜拉因为经济问题被丈夫海尔茂侮辱，决定以死解脱，但是海尔茂毫不动心。当海尔茂得知经济危险解除时，又换了副嘴脸，对娜拉百般劝慰。娜拉从丈夫前后态度的转变中意识到了他的虚伪和自己"玩偶"般的地位，毅然决定离家出走。剧本显示了妇女的觉醒和反抗，揭露了资本主义社会的罪恶及资产阶级庸俗的利己主义本质。

《战争与和平》

《战平争与和平》，长篇小说，19 世纪俄国作家托尔斯泰的代表作，写于 1863 年至 1869 年。这是一部史诗般的巨作，共 4 卷，100 余万字，涉及 559 个人物形象。小说以 1805 年至 1820 年十二月党人起义以前的这一历史时期为背景，以 1812 年卫国战争为中心，主要描写了俄国国外和本土的几次重大战役，以包尔康斯基、别祖霍夫、罗斯托夫和库拉金四大家族的生活为线索，将战争场景与和平生活交织在一起，构成了一幅广阔的社会历史画卷。小说的中心思想是赞颂在卫国战争中起决定作用的俄罗斯人民的爱国主义与乐观主义精神。小说构思宏伟，场景纷繁，情节复杂，气势磅礴。

《安娜·卡列尼娜》

《安娜·卡列尼娜》，长篇小说，19 世纪俄国作家托尔斯泰的代表作，写于 1873 年至 1877 年。小说描写了贵族妇女安娜追求爱情自由和乡村贵族列文探索社会改革、寻找贵族出路这样两个故事。安娜与官僚机器般的丈夫卡列宁感情不和，遇到了贵族军官沃伦斯基，并与之相恋。但是安娜的爱情既得不到社会的接受，又得不到法律的认可，再加之沃伦斯基的不理解，安娜被逼的卧轨自杀。列文求婚被拒，回乡探索贵族出路和自己的精神新生，后再次求婚成功，建立了美满的家庭。小说形象的反映了 19 世纪六七十年代俄国社会的巨大变动，探讨了重大的社会问题，思想内涵十分丰富。

《复活》

《复活》，长篇小说，19 世纪俄国作

家托尔斯泰晚年的代表作，写于1889年至1899年。小说的主要情节是：贵族陪审员聂赫留道夫在法庭上认出受审的嫌疑犯是自己10年前被自己诱奸过又被抛弃的玛丝洛娃。玛斯洛娃善良纯真，因为怀孕被赶出家门，几经磨难，沦为妓女，又被冤屈判刑。聂赫留道夫深感内疚，经过激烈的思想斗争，他忏悔了自己的罪行，决定营救玛斯洛娃，并与之结婚。他在上诉期间目睹了统治阶级的腐败黑暗，决定放弃贵族特权。在上诉失败后，他伴随玛斯洛娃赴西伯利亚流放。玛斯洛娃为不影响他的前程，拒绝了他的求婚，并嫁给了政治犯西蒙松，走向新生。聂赫留道夫皈依天主，开始了一种全新的精神生活。小说提出了俄国革命所要解决的重大问题，表达了俄国人民的反抗情绪和愿望，成为了一部“最清醒的现实主义作品”。

高尔基自传三部曲

高尔基自传三部曲包括《童年》、《在人间》和《我的大学》。

《童年》，高尔基自传体三部曲中的第一部。小说讲述了孤独孩子阿廖沙成才故事。三岁丧父的阿廖沙和母亲一起寄居在外祖父家，这是一个充满仇恨、令人窒息的家庭。外祖父性情粗暴、频临破产，舅舅们同样粗暴又自私市侩。阿廖沙自小受到虐待，生活痛苦不堪。唯有外祖母慈爱善良，给予他无限的温暖和关心。小说以阿廖沙为第一人称描写，讲述的却是作者本人童年的经历，再现了作者自己苦难的童年，反映了当时社会的一些典型的特征，描绘了一幅俄国小市民阶层风俗人情的真实图画。

《在人间》，高尔基自传体三部曲中的第二部。小说讲述了阿廖沙1871年到1884年的生活。为了生存，阿廖沙摘过野果、当过学徒，也做过洗碗工。他辛苦劳作，历尽坎坷，与社会底层人民来往密切。在这段时间里，他还有机会阅读大量书籍，从中获取到的知识使得阿廖沙大开眼界，他决心与环境做抗争，于是便离开了家乡奔赴喀山。在这部作品中，作者塑造了一系列充满智慧的社会底层劳动人民，并深刻的再现了他们的悲惨生活和思想情结。

《我的大学》，高尔基自传体三部曲中最后一部。小说讲述了阿廖沙来到喀山之后的经历。16岁的阿廖沙本以为到了喀山就可以完成自己上大学的美好愿望。但是残酷的事实使得他希望破灭，开始为了生存而受雇干活。在喀山的贫民窟、陋巷和码头，阿廖沙开始踏上了他人生之路的第一所社会大学。后来，他接触到了革命者与进步的青年学生，思想发生了变化。他阅读革命民主主义和马克思主义的著作，参加革命活动，在思想、学识等方面得到了一笔珍贵的财富。小说反映了当时俄国知识分子的生活和民粹派反抗沙皇统治的活动，展示了这一时期俄国知识分子的思想状况。

《福尔摩斯探案集》

《福尔摩斯探案集》，英国侦探作家柯南道尔的成名代表作，全书包括了4部长篇以及56个短篇小说。1886年,《血字的研究》公开发表，这篇作品获得了巨大成功。逐渐地，夏洛克·福尔摩斯和华生医生成为了英国文学乃至世界文学中的著名人物。其他著名故事还有《红发会》、《波宫秘史》、《四签名》、《博斯科姆比溪谷秘案》等。《福尔摩斯探案集》塑造了福尔摩斯这一栩栩如生、深得人心的形象。它情节离奇曲折，充满惊险气氛；结构布局精巧，丝丝入扣而悬念丛生；结局往往出人意料又耐人寻味，无愧为侦探小说中的经典之作。

《日瓦戈医生》

《日瓦戈医生》，长篇小说，苏联当代作家帕斯捷尔纳克的代表作。小说的主要情节是：经历过第一次世界大战的外科医生日瓦戈，在妻子冬妮娅外族的领地遇到了女友拉拉，并真诚相爱。拉拉丈夫是一名红军高级指挥员，在红军胜利之后遭到镇压而逃跑。后拉拉也与日瓦戈逃至瓦雷金诺。在那里律师马洛夫斯基将拉拉骗走，其丈夫得知后开枪自杀。日瓦戈徒步回到莫斯科，后在他上班的第一天因心脏病发猝死在人行道上。小说真诚地歌颂了自由与爱情，展现了知识分子对革命者的矛盾心理和他们在专制社会中的生存困境。

《约翰·克里斯多夫》

《约翰·克里斯多夫》，长篇小说，20世纪法国现实主义作家罗曼·罗兰的代表作，陆续发表于1904年至1912年。小说共10卷，以音乐家贝多芬为原型，描写了平民出身的德国音乐家约翰·克里斯多夫一生的奋斗历程。克里斯多夫出身贫苦家庭，但有着很高的音乐天赋。他勇于反抗且厌恶法国上流社会和所谓的“艺术”，也因此遭到了上流社会的仇视。他在一次搏斗中打死了警察，被迫逃亡瑞士。后由于女友葛拉齐亚的帮助得以重返法国，演出作品。晚年他专心于音乐创作，内心和谐而又宁静。这是一部史诗般的作品，真实的反映了十月革命前具有民主思想的资产阶级知识分子反抗、彷徨、追求和幻灭的历程，揭示出19世纪至20世纪西欧各国的社会矛盾，表现了为崇高理想而斗争的英雄主义精神。

《老人与海》

《老人与海》，中篇小说，20世纪美国著名小说家海明威的代表作，发表于1952年，荣获1954年诺贝尔文学奖。小说主要描写老渔民桑提亚哥与厄运搏斗的故事。桑提亚哥在海上连续84天没有捕到鱼，但是他并不灰心。第85天，他独自出海时终于遇到了一条大马林鱼。

老人与鱼搏斗了两天两夜，终将其捕获。但是返港途中，鱼血引来群鲨。老人接着与群鲨搏斗，但是大鱼仍被鲨鱼撕咬干净。老人最后只拖着一条十八英尺长的鱼骨架回家。小说情节简单，却寓意深刻。作者通过桑提亚哥的经历，赞颂了人类坚不可摧的精神力量。

《变形记》

《变形记》，短篇小说，20世纪初奥地利著名现代派作家卡夫卡的代表作，写于1912年。小说讲述了一个人变成甲虫的荒诞故事。旅游公司的推销员格里高尔一觉醒来，发现自己变成了一只甲虫，失去了说话能力，只会爬行。他的变形引起了家人的恐惧和厌恶，由此遭到了家人的禁闭。格里高尔最终在孤独和痛苦中悄然逝去，全家如释重负。小说深刻的揭示了资本主义社会中触目惊心的人变为非人的异化现象，表现了人与人之间缺乏理解、信任的孤独感和压抑感。

《追忆似水年华》

《追忆似水年华》，长篇小说，法国作家普鲁斯特的多卷集巨著，全书共7部15卷，创作于1905年至1922年。小说没有完整的故事情节，仅通过叙述者“我”的生活经历和内心活动，以回忆和联想的方式绘制出一幅19世纪末、20世纪初法国生活的广阔画卷。小说叙事者马尔塞勒家境富裕，才华横溢，但是体弱多病。他爱上了富商之女，但不久便宣告失恋。在海滨疗养时，他对少女阿尔贝蒂娜产生爱情，并将其禁闭，后少女不辞而别。他多方寻找，却得知少女已经去世。悲痛之余，他决定从事文学创作，让往昔的似水年华在笔下产生新的意义。小说旋律优美，含义深刻，开辟了现代小说的新篇章，被誉为意识流小说的先驱。

《百年孤独》

《百年孤独》，长篇小说，当代哥伦比亚著名作家马尔克斯的代表作，魔幻现实主义的重要作品，发表于1967年，1982年获诺贝尔文学奖。小说描写了虚构小镇马孔多的布恩迪亚一家七代人的生活经历。19世纪中叶，马孔多从荒漠沼泽地中兴起，直至布恩迪亚家族由于乱伦生下了一个带有猪尾巴的小孩，马孔多被一阵旋风卷走，布恩迪亚家族的最后一代也被蚂蚁吃掉，连同小镇一起完全消亡。小说深刻反映了拉丁美洲大陆的历史变迁，表达了作者反帝、反封建、反独裁的进步思想。小说构思奇特，情节荒诞，神话传说、梦幻幽灵与现实融为一体，形成了一种真中有假，假中有真的独特艺术境界。

《吉尔伽美什》

《吉尔伽美什》，古巴比伦的英雄史诗，也是世界文学史上第一部史诗，大约成书于公元前16世纪。全诗3000余行，主要讲述了古巴比伦军事民主制时期的英雄吉尔伽美什的传说故事。吉尔伽美什征服了勇士恩启都，并与他结为好友。二人一起战胜魔鬼，杀死天牛，为民除害。但因为得罪天神，恩启都受惩罚而死。吉尔伽美什为救好友，跋山涉水，历经艰险，寻求先祖，探索生死奥秘和长生不老之术。史诗反映了从原始社会向奴隶社会过渡时期的社会现实，赞美了古代的英雄为民建功立业思想和行为。作品充满了浪漫主义色彩，情节集中曲折，语言古朴明快，人物形象悲壮感人。

《源氏物语》

《源氏物语》，长篇小说，日本平安时期女作家紫式部的代表作，也是日本古典文学中最杰出的作品，大约成书于1001年至1008年间。全书分3部54回，近100万字。前两部写主人公源氏情场和官场的经历。第三部写源氏死后其子薰君的放荡生活和其所造成的悲剧。小说塑造了许多性格身份各异的贵族妇女形象：雍容的紫姬，薄命的夕颜，偏执的葵姬，端庄的明石姬等。小说深刻的表现了统治阶级内部的权利斗争及贵族生活的骄奢淫逸，展现了妇女被玩弄和被抛弃的悲惨命运，揭示了贵族政权必然崩溃的历史趋势。小说中引用了大量的汉诗、和歌，显示了作者深厚的汉学修养和卓越的艺术才华，使小说具有巨大的认识和审美价值。

《摩诃婆罗多》

《摩诃婆罗多》，印度古代两大史诗之一，相传为毗耶婆所作，其实是无数诗人、歌手在长期口头流传过程中不断积累、加工的产物，约成书于公元纪元以后。全书共18篇，10万颂，20万行。史诗主要讲述了古代印度以持国和般度为首的两大王族俱卢族和般度族之间争夺王位的斗争。般度与持国同为婆罗多王的后裔，般度本为王，有五子。般度死后，五子年幼，由持国继位。持国有百子，长子难敌为能继承王位，对五兄弟百般迫害，使之流亡为奴。后双方大战“俱卢之野”，般度族以弱胜强，夺得王位。史诗反映了氏族社会向奴隶社会过渡时期统治集团内部的斗争，揭示了得道多助失道寡助的道理。作品内容广泛，线索清晰，结构完整，人物形象鲜明，具有突出的艺术成就，被称为“诗体百科全书”。

《罗摩衍那》

《罗摩衍那》，印度古代两大史诗之一，被称为“最初的诗”。相传为跋弥所作，其实是在长期的传唱过程中逐步加工形成的。全诗2万颂，分为7篇，大约成书于前4世纪至2世纪。史诗主要描述了印度古代传说中的英雄罗摩和妻子悉多悲欢离合的故事。即将继承王位的罗摩被陷害，被迫携妻子悉多流放森林。悉多不幸被十首罗刹王罗波那劫走。罗摩在神猴的帮助下杀死魔王，救回妻子。当了君主的罗摩一再怀疑悉多不贞，将其弃于恒河对岸，悉多欲投入地母怀抱，最后全家在天堂重聚。史诗反映了印度封建社会初期的政治风貌，歌颂了罗摩的英勇无敌和悉多的善良贤惠，塑造了机智勇敢的神猴哈努曼等一系列个性鲜明的形象，成为了印度家喻户晓的名作。

《一千零一夜》

《一千零一夜》，又译为《天方夜谭》，古代阿拉伯著名民间故事集。先由人民口头传诵，后经文人编写，16 世纪成书。全书包括了 260 多个故事，开卷写国王山鲁亚尔因怀恨王后外遇，发誓每天娶一女子，过夜即杀。宰相的女儿山鲁佐德为拯救无辜女子，自愿嫁给国王。她每夜讲故事一则，她的故事环环相扣，大故事里有小故事，一直讲了一千零一夜，终于感动国王，不在滥杀无辜。这部作品是中古阿拉伯社会生活的“百科全书”，内容十分丰富。它反映了尖锐的社会矛盾，揭露了统治阶级的残暴和罪恶，表现了劳动人民的仇恨，歌颂了劳动人民勤劳、智慧、勇敢的美好品质以及追求美好生活和幸福爱情的行为，同时还描写了新兴商人冒险远航追求财富的故事，具有很强的人民性。其中著名的篇目有《阿里巴巴与四十大盗》、《辛巴达航海记》等。

《春香传》

《春香传》，朝鲜著名古典小说，原为民间传说，18 世纪被整理加工成为完整的小说。作品主要描写了平民女子春香与翰林之子李梦龙的爱情故事。春香与梦龙在广寒楼邂逅，一见钟情并私定终身。后梦龙随父调京，与春香约定日后相逢。新府使欲霸占春香，遭到拒绝，便使其下狱，问成死罪。时梦龙得中状元，救出春香，喜结良缘。小说赞扬了春香和梦龙之间坚贞的爱情，表现了他们不畏强权、敢于斗争的精神，同时也揭露了封建贵族的荒淫和官府的腐败。小说保持了说唱文学的特色，散韵结合，典雅优美。

《金云翘传》

《金云翘传》，又名《断肠新声》或《金云翘新传》，越南古典长篇叙事诗，阮攸著。全诗用六八体写出，12 卷，共 3200 余行。《金云翘传》的故事情节来源于中国古代章回体小说《双奇梦》。阮攸 1813 年出使中国，回国后根据青心才人所编《金云翘传》写成越文。《金云翘传》得名于作品中 3 位主要人物金重、王翠云、王翠翘，为各取其姓名中一字组合而成。诗歌主要讲述了王翠翘一生坎坷的生活遭遇。她出身名门，才貌双绝，偶遇书生金重，并与之私定终身。金重奔丧期间，翠翘之父被诬陷入狱，翠翘不得已卖身沦落青楼。后被草莽英雄徐海所救，得以脱离苦海。后徐海被杀，翠翘投江被救，最后与会试得中的金重团圆。作品控诉了封建制度对人民的迫害，赞扬了徐海的英雄侠义精神，歌颂了翠翘争取自由和爱情的行为。

《我是猫》

《我是猫》，长篇小说，日本作家夏目漱石的代表作，写于1905年。小说以一只猫的见闻和感受为线索展开情节，围绕主人公苦沙弥同资本家金田夫妇的矛盾纠纷，反映了小资产阶级知识分子与日本现实社会的矛盾，批判了金钱和权势的罪恶，剖析了不同类型知识分子的性格和精神状态。小说构思新奇，幽默风趣，文笔生动活泼，滑稽而不庸俗，诙谐而含苦涩，是日本近代讽刺文学的佳作。

《罗生门》

《罗生门》，短篇小说，日本著名小说家芥川龙之介的代表作，写于1915年。小说描述了一位老妪拔死人头发卖钱被一青年发现后青年又将老妪的衣服剥去卖钱糊口的故事。作者通过这样一个简单的情节，反映了日本社会弱肉强食的现实，宣泄了自己心中的苦闷，表达了作者希望不被束缚、追求自由的心情。

《吉檀迦利》

《吉檀迦利》，抒情哲理诗集，近代印度伟大作家泰戈尔的代表作，1910年出版，1913年获诺贝尔文学奖。诗集共收录诗作103首。“吉檀迦利”，意为献给神灵的诗。这部诗集主要表现了诗人对神的崇拜礼赞，其中也贯穿着诗人对劳动人民的颂扬和对自由、美好、幸福人生的追求与向往，以及寻求出路而不得的复杂心情。其中蕴涵着时代、人生、社会的深刻哲理，透露着诗人强烈的爱国主义思想及反封建主义、反殖民主义的倾向。诗集将哲理性和抒情性很好的融合在一起，语言质朴，韵律优美，格调淡雅。

《飞鸟集》

《飞鸟集》，抒情哲理散文诗集，近代印度伟大作家泰戈尔的代表作，1916年完成。诗集共收录小诗300余首。这部散文诗集包含了作者多方面的思想，蕴含着博大精深的人生哲理启示，体现了作者对自然、宇宙和人生的哲理思索，表达了作者对人生的热爱。这部诗集明显受到日本俳句的影响，诗文简洁灵动。

《园丁集》

《园丁集》，抒情哲理诗集，近代印度伟大作家泰戈尔的代表作。《园丁集》是一部“生命之歌”，它更多地表现了诗人青春时代的体验，细腻地描叙了爱情的幸福，烦恼与忧伤，可以视为一部青春恋歌。

《雪国》

《雪园》，中篇小说，日本作家川端康成的代表作，新感觉派的典型作品，写于 1935 年至 1947 年，1968 年与《千只鹤》、《古都》一起获得诺贝尔文学奖。小说讲述了主人公岛村三次到北方的雪国与艺伎驹子相会同时又对另一姑娘叶子产生爱慕的恋爱纠葛的故事。深刻地描绘了男女情爱的心灵感受，同时也刻画了两种类型的女性典型和一个消极遁世的资产阶级知识分子形象。小说借助人物的主观感受和意识流动展开情节，抒发感情，既扑朔迷离又极富美感，因此被誉为日本“抒情文学的顶峰”。

第五章：音乐美术

弦乐器

弦乐器是乐器家族内的一个重要分支，在古典音乐乃至现代轻音乐中，几乎所有的抒情旋律都由弦乐声部来演奏。柔美、动听是所有弦乐器的共同特征。弦乐器的音色统一，有多层次的表现力，合奏时澎湃激昂，独奏时温柔婉约。弦乐器的发音方式是依靠机械力量使张紧的弦线振动发音，故发音音量受到一定限制。弦乐器通常用不同的弦演奏不同的音，有时则须运用手指按弦来改变弦长，从而达到改变音高的目的。弦乐器从其发音方式上来说，主要分为弓拉弦鸣乐器（如提琴类）和弹拨弦鸣乐器（如吉他）。弓拉弦鸣乐器有小提琴、中提琴、大提琴、倍低音提琴、二胡等，弹拨弦鸣乐器有竖琴、吉他、电吉他、电贝司、古琴、琵琶、筝等。

木管乐器

木管乐器起源很早，从民间的牧笛、芦笛等演变而来。木管乐器是乐器家族中音色最为丰富的一族，常被用来表现大自然和乡村生活的情景。在交响乐队中也是交响乐队的重要组成部分。木管乐器的材料并不限于木质，同样有选用金属、象牙或是动物骨头等材质的。它们的音色各异、特色鲜明。从优美亮丽到深沉阴郁，应有尽有。木管乐器包括长笛、双簧管、单簧管、排萧和低音管等，它们都有一个可以吹出空气的中空管子。根据发声方式，木管乐器大致可分为唇鸣类和簧鸣类。唇鸣类木管乐器吹气时气流进入和通过“吹孔”的空气回撞击管子中的一些部位，并通过管子的长度来输送空气的震动从而发出声音。如长笛、短笛即属此类。簧鸣类木管乐器，常装有簧片，进入“吹孔”的空气回使簧片震动，并引起簧片下面的管内的空气震动发出声音。如单簧管、双簧管、英国管、大管、萨克斯管等。

铜管乐器

多数人认为，被称为铜管乐器的乐

器，应该是由乐器所发出的声音来决定，而不管乐器是否是由金属做成的。因此，有的时候会发现用木头制成的铜管乐器，同样也有许多木管乐器是由金属做成。铜管乐器的前身大多是军号和狩猎时用的号角。在早期的交响乐中使用铜管的数量不大。在很长一段时期里，交响乐队中只用两只圆号，有时增加一只小号。到 19 世纪上半叶，铜管乐器才在交响乐队中被广泛使用。铜管乐器的发音方式与木管乐器不同，它们不是通过缩短管内的空气柱来改变音高，而是依靠演奏者唇部的气压变化与乐器本身接通“附加管”的方法来改变音高。所有铜管乐器都装有形状相似的圆柱形号嘴，管身都呈长圆锥形状。铜管乐器的音色特点是雄壮、辉煌、热烈，虽然音质各具特色，但宏大、宽广的音量为铜管乐器组的共同特点。

键盘乐器

在键盘乐器家族中，所有的乐器均有一个共同的特点，那就是键盘。但是它们的发声方式却有着微妙的不同，如钢琴是属于击弦打击乐器类，管风琴则属于簧鸣乐器类，而电子合成器则利用了现代的电声科技等。键盘乐器相对于其他乐器家族而言，有着不可比拟的优势，那就是其宽广的音域和可以同时发出多个乐音的能力。正因如此，键盘乐器即使是作为独奏乐器，也具有丰富的和声效果和管弦乐的色彩。所以，从古至今，键盘乐器备受作曲家们和音乐爱好者们的关注和喜爱。键盘乐器是有排列如钢琴键盘的琴键的乐器总称。这些乐器上每个琴键都有固定的音高，因此皆可以用以演奏任何符合其音域范围内的乐曲。琴键下常有共鸣管或其他可供共鸣之装置。演奏家在使用键盘乐器时不是直接打击乐器的弦来产生震荡，而是使用琴键，通过乐器内的机械机构或电子组件来产生音响。常见的键盘乐器有钢琴、管风琴、手风琴、电子琴等。

打击乐器

打击乐器也叫“敲击乐器”，是指敲打乐器本体而发出声音的。其中有些是有固定音高的打击乐器，如云锣、编钟等；其他还有一些无固定音高的打击乐器，如拍板、板鼓、铃鼓等。根据打击乐器不同的发音体来区分，可分为两类：一类是“革鸣乐器”也叫“膜鸣乐器”，就是通过敲打蒙在乐器上的皮膜或革膜而发出的乐器，如各种鼓类乐器；另一类是“体鸣乐器”，就是通过敲打乐器本体而发声的，如钟、锣、钹、铃等。在大部分的管弦乐曲完成的时代，打击乐器并未受到重视，最普遍使用为定音鼓，用途仅为增强乐曲气势。之后是小鼓、大鼓、钹、木琴等。不过后来乐曲逐渐走向多样化，打击乐器丰富的节奏性因此得到善用。在 20 世纪初期管乐开始发展，各式各样的打击乐器慢慢被研发改良，作曲家得以利用多样的音响效果使乐曲更加有变化。

乐器之王

在世界各国的成千上万种古今乐器当中，现代钢琴被众多的音乐家们誉为“乐器之王”。钢琴是古今中外的乐器中音域最宽的，它有 88 个琴键，也就能发出 88 个不同高度的乐音来。钢琴的音量可以在演奏者的控制下作任意的强弱变化，它能发出音乐中使用的从最弱音直至最强音。在为一把小提琴伴奏弱旋律时，它不会喧宾夺主；在与庞大的交响乐队合奏强音时，它也不会被淹没。由于钢琴能用人的双手 10 个手指同时弹奏，由两人合作的四手联弹当然就可以同时发出更多的音，因而现代钢琴又是一种性能全面的和声乐器，拥有使用变化无穷的和声手段的可能性。钢琴除上述优良性能外，由于其独特优美的音色，使它还具有十分广泛的适应性。它可以同人声或其他各种乐器结合使用，既不失掉其自身的个性又与人声及各种乐器的音响十分协调，形成完美的音响组合。在各种乐器中钢琴被冠以“乐器之王”的美称是当之无愧的。

乐器之后

小提琴，音色优美，接近人声，音域宽广，表现力强，从它诞生那天起，就一直在乐器中占有显著的地位，为人们所宠爱。如果说钢琴是“乐器之王”，那么小提琴就是乐器的“王后”了。小提琴是西洋乐器中的一种弓弦乐器，一般称为弦乐器。小提琴是一件十分完美的独奏乐器，它音色优美、音域宽广、表现力丰富，它既能奏出悦耳动听的旋律，也能奏出铿锵有力的和弦，华丽迷人，所以很早以前人们就称它为西洋乐器中的“王后”。它广泛流传于世界各国，是现代管弦乐队弦乐组中最主要的乐器。它在器乐中占有极重要的位置，是现代交响乐队的支柱，也是具有高度演奏技巧的独奏乐器。现代小提琴的出现已有 300 多年的历史，其制作本身是一门极为精致的工艺技术。它的发音近似人声，适于表现温柔、热烈、轻快、辉煌以至最富于戏剧性的强烈感情。几个世纪以来，世界各国的著名作曲家创作了大量的小提琴经典作品，小提琴演奏家在这种乐器上发展了精湛的演奏艺术。

交响曲

交响曲一词来自希腊语“symphonia”，原为“声音一起响”之意，这是一种按照奏鸣曲原则构成的管弦乐套曲形式。交响曲的前身是巴洛克时期的意大利歌剧序曲。古典主义时期，交响曲得到了真正的确立和发展，曼海姆乐派奠定了古典交响曲四乐章的基本结构。18 世纪后半叶，维也纳古典乐派的海顿对交响曲进行了改革，发展并完善了这种形式，后来贝多芬将交响曲推向发展的顶峰。古典交响曲通常有四个乐章，其基本特征为：第一乐章，奏鸣曲式，音乐活跃，充满戏剧性，由两个对立主题示意矛盾的起因；第二乐章，三段体或变奏曲，曲调缓慢如歌，内容往往表现生活的体验和哲理性的沉思，是交响曲抒情的中心段落；第三乐章，常用小步舞曲或谐谑曲，体现矛盾冲突之后的闲暇；第四乐章，多采用回旋曲式、奏鸣曲式或回旋奏鸣曲式，常表现乐观、肯定的态度和胜利凯歌般的节日欢庆场面。交响曲充分发挥各种乐器的功能和表现力来塑造音乐形象，并以交响乐队来演奏的大型套曲形式。交响曲在音乐发展史上具有重要意义：在音乐创作上，它是作曲家们创作技巧高度发展的体现和产物；在发挥器乐表现力的广度和深度上，它都达到了顶峰。

协奏曲

协奏曲为音乐体裁的一种。16 世纪指意大利的一种有乐器伴奏的声乐曲。17 世纪后半期起，指一件或几件独奏乐器与管弦乐队竞奏的器乐套曲。巴洛克时期形成的由几件独奏乐器组成一组与乐队竞奏者称为大协奏曲。古典乐派时期形成的由小提琴、钢琴、大提琴等一件乐器与乐队竞奏的控协奏曲称“独奏协奏曲”。另有两件相同或不同乐器与乐队竞奏的复协奏曲（或和双重协奏曲）、三件相同或不同乐器与乐队竞奏的三重协奏曲，单乐章的小协奏曲，乐队与乐队竞奏的控化的大协奏曲等。控化的协奏曲多用三乐章的套曲曲式构成：第一乐章为奏鸣曲式的快板，第二乐章慢板，第三乐章快板。肖邦的钢琴协奏曲，门德尔松、勃拉姆斯、帕格尼尼等人的小提琴协奏曲，以及德沃夏克的大提琴协奏曲、格里格的钢琴协奏曲、柴科夫斯基的钢琴小提琴协奏曲等，都成为世界音乐文化宝库中独树一帜的珍品。

小夜曲

小夜曲，一种音乐体裁，是用于向心爱的人表达情意的歌曲。起源于欧洲中世纪骑士文学，流传于西班牙、意大利等欧洲国家。最初，小夜曲由青年男子夜晚对着情人的窗口歌唱，倾诉爱情，旋律优美、委婉、缠绵。演唱时常用吉他、曼陀林等拨弦乐器伴奏，声音缠绵婉转，悠扬悦耳。随着时代的发展，小夜曲的形式也有所发展。后来器乐独奏的小夜曲，也和声乐小夜曲同样流行。奥地利作曲家莫扎特的歌剧《唐·璜》第二幕里的小夜曲，是在少女的窗前弹着曼陀林歌唱的典型小夜曲。舒柏特根据雷尔什塔布的诗所写的另一首小夜曲，是一首脍炙人口的名曲，被收集在他的歌曲集《天鹅之歌》中。法国作曲家古诺为雨果的诗所作的小夜曲，也是一首一百多年来流传不衰的名曲。

摇篮曲

摇篮曲又称催眠曲。原是母亲在摇篮旁为使婴儿安静入睡而唱的歌曲，后来逐渐发展成为一种音乐体裁。摇篮曲的音乐形象一般都具有温存、亲切、安宁的气氛。曲调平静、徐缓、优美，充满母亲对孩子未来的热诚的祝福。伴奏中往往模仿摇篮摆动的律动。由于摇篮曲和船歌的节奏很接近，又都具有抒情歌唱性的旋律和安静的气氛，有许多共同的特征。摇篮曲也像船歌一样，既有声乐作品，又有器乐作品。6/8 拍子也是摇篮曲的典型节拍。除了 6/8 拍子的摇篮曲外，三拍子和四拍子的摇篮曲也都可以利用和声和节奏的手法，来描写摇篮的摆动。作曲家常常把摇篮曲放到歌剧中去。除了为人声创作的摇篮曲外，还有为各种乐器演奏而作的摇篮曲。这种器乐摇篮曲在内容和规模上都比声乐摇篮曲有更多的发展。器乐摇篮曲不是限于催眠和描写婴儿入睡，而更多的是抒发内心的思想感情，刻画宁静而富于诗意的精神境界。古典大师勃拉姆斯、莫扎特、舒伯特的摇篮曲，是摇篮曲的代表之作，被称为“世界三大著名摇篮曲”。

圆舞曲

圆舞曲又称华尔兹，是奥地利的民间舞曲，18 世纪后半叶用于社交舞会，19 世纪开始流行于西欧各国，它采用 3/4 拍，强调第一拍上的重音，旋律流畅，节奏明显，伴奏中每小节仅用一个和弦，由于舞蹈时需由两人成对旋转，因而被称为圆舞曲。贝多芬、舒伯特曾写过圆舞曲，威伯的《邀舞》也是精心处理过的圆舞曲，肖邦的圆舞曲更是钢琴作品中的范例，而通过老约翰·施特劳斯和兰纳奠基、小施特劳斯发展起来的圆舞曲则有别于他人，他们的圆舞曲有典型的维也纳风格，俗称维也纳圆舞曲。它通常由五首情绪和调性相仿的舞曲连贯组成，注重内容的标题性，既能在舞厅里伴舞，也能在音乐厅里演奏，是一种雅俗共赏的音乐形式。

探戈

探戈是一种双人舞蹈，虽源于非洲，但流行于阿根廷。探戈据说起源于情人之间的秘密舞蹈。跳探戈舞时，男女双方的组合姿势和其他摩登舞略有区别，叫做“探戈定位”，双方靠得较紧，男士搂抱的右臂和女士的左臂都要更向里一些，身体要相互接触，重心偏移，男士主要在右脚，女士在左脚。男女双方不对视，定位时男女双方都向自己的左侧看。探戈伴奏音乐为 2/4 拍，是顿挫感非常强烈的断奏式演奏，因此在实际演奏时，将每个四分音符化为两个八分音符，使每一小节有四个八分音符。目前探戈是国际标准舞大赛的正式项目之一。探戈音乐节奏明快，独特的切分音是它鲜明的特征。舞步华丽高雅、热烈狂放且变化无穷，交叉步、踢腿、跳跃、旋转令人眼花缭乱。舞蹈者时而激越奔放，时而如泣如诉，或嫉世愤俗，或感时伤怀。

歌剧

歌剧是将音乐（声乐与器乐）、戏剧（剧本与表演）、文学（诗歌）、舞蹈（民间舞与芭蕾）、舞台美术等融为一体的综合性艺术，通常由咏叹调、宣叙调、重唱、合唱、序曲、间奏曲、舞蹈场面等组成（有时也用说白和朗诵）。早在古希腊的戏剧中，就有合唱队的伴唱，有些朗诵甚至也以歌唱的形式出现。中世纪以宗教故事为题材，宣扬宗教观点的神迹剧等，但真正称得上“音乐的戏剧”的近代西洋歌剧，却是16世纪末、17世纪初，随着文艺复兴时期音乐文化的世俗化而应运产生的。

咏叹调

咏叹调的词义就是“曲调”，它是在17世纪末，随着歌剧的迅速发展，人们不再满足于宣叙调的平淡，希望有更富于感情色彩的表现形式而产生的。因此从诞生之初，它就在各方面与宣叙调形成对比，其特征是富于歌唱性、长于抒发感情、有讲究的伴奏和特定的曲式。咏叹调常大量出现在歌剧和清唱剧中。歌剧中的咏叹调一般是主角的独唱，在一部歌剧里至少有一首，有时也会有两首。它的作用就像是戏剧中的“独白”，表现出人物的特征。同时它往往是最精彩的唱段，结构完整，需要演员掌握高度的演唱技巧。另外，咏叹调还可以拿出来单独作为音乐会的独唱节目来演唱。

音乐剧

音乐剧，又称为歌舞剧，是音乐、歌曲、舞蹈和对白结合的一种戏剧表演。音乐剧是由喜歌剧及轻歌剧演变而成的，早期称做“音乐喜剧”，后来简称为“音乐剧”，是19世纪末起源于英国的一种歌剧体裁。现代的音乐剧广泛地采用了高科技的舞美技术，不断追求视觉效果和听觉效果的完美结合。同时，西方的音乐剧在百余年的商业表演经验中总结出了一套成功的市场运作手段，并且创作出一系列老少皆宜的优秀剧目，使这一艺术形式突破年龄、阶层等客观因素的局限，广受观众的喜爱。

古典音乐

广义的古典音乐是指西洋古典音乐，那些从西方中世纪开始至今的、在欧洲主流文化背景下创作的音乐，主要因其复杂多样的创作技术和所能承载的厚重内涵而有别于通俗音乐和民间音乐。狭义的古典音乐是指古典主义音乐，是1750年至1820年这一段时间的欧洲主流音乐，又称维也纳古典乐派。其艺术手法讲求洗练，追求理性地表达情感。此乐派三位最著名的作曲家是海顿、莫扎特和贝多芬。古典音乐的特点是内涵深刻，能发人深思，更能使人高尚，免于低俗。故而它能历经岁月考验，久盛不衰。

轻音乐

轻音乐，是指那种风格轻松活泼、能给人以愉悦和抒情感、优美动听且通俗易懂的音乐。所谓“轻”，是指与庄重的严肃音乐对比而言。舞曲、进行曲、小夜曲比奏鸣曲、交响曲更“轻”，轻歌曲、抒情歌曲、诙谐歌曲比大合唱、清唱剧要“轻”，喜歌剧要比正剧要“轻”。轻音乐作品的旋律优美动听、清晰流畅，节奏鲜明轻快，音色丰富多彩，深受人们喜爱。总括起来说，轻音乐的特点是：结构短小，旋律动听、形式不拘一格。乐队组织精练、配器新颖、节奏鲜明。它能较细腻地表达人的思想感情。在人民群众中间，轻音乐十分普及，具有广泛的社会意义和精神作用。轻音乐的种类较多，它包括一般的生活歌曲、抒情歌曲、诙谐歌曲、讽刺歌曲，还包括一些轻歌剧、圆舞曲、小型管弦乐序曲、小夜曲以及部分管弦乐曲小品、电影歌曲、舞蹈音乐、优美钢琴曲等。

流行音乐

所谓流行音乐，准确的概念应为商品音乐，即以营利为主要目的创作的音乐。它的市场性是主要的，艺术性是次要的。流行音乐起源于美国的爵士音乐。20世纪初，美国出现了一种由多民族文化汇集而成的爵士音乐。这种新兴音乐，以它独特的演奏(演唱)方式，受到了听众的喜爱，轰动了全美国，又很快传遍西欧各国。在今天，流行音乐所包含的内容极其广泛。在器乐作品中，它包括丰富多彩的轻音乐、爵士乐、摇摆舞曲、迪斯科舞曲、探戈舞曲、圆舞曲以及各种不同风格的舞曲和各类小型歌剧的配乐等。流行音乐中器乐作品的特点是：节奏鲜明，轻松活泼或抒情优美，演奏方法多种多样，音响多变，色彩丰富，织体层次简明，乐队规模不大，现代作品多使用电声乐器。声乐作品的特点是：生活气息浓郁、抒情、风趣、音域不宽，手法通俗、曲调顺口、易于传唱；歌词多用生活语言，浅显易懂，易为听众接受和传唱；歌手多是自成一格的流行歌星，发声方法各有千秋，不受声乐学派的约束，演唱时感情重于声音技巧，自由不羁，自然亲切，易引起听众的共鸣；乐队的强声伴奏与歌声融为一体。由于流行音乐具备上述特点，所以就能够和群众连在一起，无论文化水平的高低，都易于接受。

乡村音乐

乡村音乐，这个名字是20世纪20年代在美国出现的，它的源流很广。那时歌曲的内容，除了表现劳动生活之外，厌恶孤寂的流浪生活，向往温暖、安宁的家园，歌唱甜蜜的爱情以及失恋的痛苦等都有。乡村音乐一般有八大主题：爱情、失恋、牛仔幽默、找乐、乡村生活方式、地区的骄傲、家庭、上帝与国家。在唱法上，起先多用民间本嗓演唱，形式多为独唱或小合唱，用吉他、班卓琴、口琴、小提琴伴奏。乡村音乐的曲调，一般都很流畅、动听，曲式结构也比较简单。多为歌谣体、二部曲式或三部曲式。在服饰上也比较随意，即使是参加大赛或音乐厅等重要场合演出，也不必穿演出服，牛仔裤、休闲装、皮草帽、旅游鞋都可以。乡村音乐所包含的内容往往最吸引美国南部与西部乡村的白人。作为群体，乡村音乐的听众往往是农民和蓝领。

爵士乐

爵士乐，一种起源于非洲的音乐形式。在不到一个世纪的时间内，这种具有显著美国特色的音乐从默默无闻、起源于民间的音乐发展成为美国本土产生的最有分量的艺术种类。如今在全世界几乎每个角落都有人聆听和演奏它，爵士乐以多种形式呈现出繁荣景象，从根源布鲁斯、拉格泰姆，经过新奥尔良爵士乐、Dixieland 爵士乐、摇摆乐、主流爵士、比波普、现代爵士到自由爵士及电子爵士。令人惊异的不是爵士乐以如此众多的形式出现，而在于其每一种形式都相当重要，都保持了自己的特色及独具的魅力而流传至今。爵士乐相较于其他音乐，其自身有很多独特之处：即兴演奏或者是演唱，运用布鲁斯音阶，爵士乐节奏的极其复杂性，独有的爵士和弦，独特的音色运用蓝调。

蓝调

蓝调一词是与“蓝色魔鬼”一致的意思，意思是情绪低调、忧伤、忧郁。1912 年孟菲斯威廉·克里斯托弗·汉迪的《孟菲斯蓝调》是这个词在音乐中最早的书面纪录。蓝调是一种基于五声音阶的声乐和乐器音乐，起源于过去美国黑人奴隶的灵魂乐、赞美歌、劳动歌曲、叫喊和圣歌。这种音乐有一种很明显的特式,便是使用类似唱山歌的“一呼一应”的形式进行，乐曲起初会给人们一种紧张、哭诉、无助的感觉，然后接着的便像是在安慰、舒解受苦的人。就好像受苦的人向上帝哭诉，而其后得到上帝的安慰与响应。蓝调中使用的“蓝调之音”和演唱方式都显示了它的西非来源。蓝调对后来美国和西方流行音乐有非常大的影响，拉格泰姆、爵士乐、蓝草、节奏蓝调、摇滚乐、乡村音乐和普通的流行歌曲，甚至现代的古典音乐中都含有蓝调的因素或者是从蓝调发展出来的。

摇滚

从最纯粹的形式来讲，所谓摇滚，就是三和弦加强硬持续的鼓点加上口的旋律。“摇滚”一名来于 20 世纪 50 年代，当时人们在广播和唱片中熟悉了一种新的流行音乐，这种音乐每一拍节奏都非常强烈，曲调响亮有力，歌词新鲜，一下征服了许多听众和音乐爱好者。1951

年，美国克利夫兰电台首次播放这类音乐时，为了使听众感到新颖，一位名叫艾伦·弗里德的播音员在播放前介绍时，给这种声音命名为“摇滚乐”。这种音乐形式起源于英格兰的“黑色安息日”，其名字就立刻显示了它的音乐形象：黑暗、神秘、粗俗、反叛。摇滚不仅是一种音乐形态，实际上它是一种“人生的态度和哲学”，也正因为如此，摇滚乐才有别于一般流行音乐。真正的摇滚文化可以提炼出这样一个缩微的全貌：嬉皮文化、艺术摇滚、朋克乐、先锋音乐、重金属等。

油画

油画 600 年前起源于欧洲，大约 15 世纪时由荷兰人发明。油画是西洋画的主要画种之一。它以用快干性的植物油（亚麻仁油、罂粟油、核桃油等）调和颜料在画布亚麻布、纸板或木板上进行制作的一个画种。作画时使用的稀释剂为挥发性的松节油和干性的亚麻仁油等。画面所附着的颜料有较强的硬度，当画面干燥后，能长期保持光泽。凭借颜料的遮盖力和透明性能较充分地表现描绘对象，色彩丰富，立体质感强。油画最初起源于宗教服务，是宗教活动的重要组成部分。现在已成为西方绘画史中的主体绘画方式。过去绝大部分壁画作品也是用油画颜料的创作方式制作的，随着时间的发展油画逐渐生活化，19 世纪后期，由于科技发展，许多新材料应用于油画领域，如丙烯颜料、油漆等。

版画

版画是中国美术的一个重要门类。古代版画主要是指木刻，也有少数铜版刻和套色漏印。独特的制作工艺使它在中国文化艺术史上具有独立的艺术价值与地位。版画通过使用刀或化学药品等在木、石、麻胶、铜、锌等版面上雕刻或蚀刻来制作图画。版画经历了由复制到创作两个阶段。早期版画的画工、刻工、印者相互分工，刻者只照画稿刻版，称复制版画；后来画刻印都由版画家一人来完成，版画家得以充分发挥自己的艺术创造性，这种版画称创作版画。中国复制木刻版画已有上千年历史，创作版画则起自 20 世纪 30 年代，经鲁迅提倡，后来取得了巨大发展。版画按使用材料可分为：木版画、石版画、铜版画、瓷版画、纸版画，丝网版画等，按颜色可分为：黑白版画、单色版画、套色版画等，按制作方法：凹版、凸版、平版、孔版和综合版等。

水墨画

水墨画是中国画的一种，指纯用水墨所作之画。基本要素有三：单纯性、象征性、自然性。中国水墨画始于唐代，成于五代，盛于宋元，明清及近代以来续有发展。它以笔法为主导，充分发挥了墨法的功能。墨可分做墨、淡墨、浓墨、极淡墨和焦墨五墨。墨是寒色，由五墨构成的画有寒感，水墨画利用空白来与黑的寒色相对比、相调和，因而使人有介于寒热之间的温感。“墨即是色”，指墨的浓淡变化就是色的层次变化，“墨分五彩”，指色彩缤纷可以用多层次的水墨色度代替。北宋沈括《图画歌》云:“江南董源传巨然，淡墨轻岚为一体。”就是说的水墨画。唐宋人画山水多湿笔，出现“水晕墨章”之效，元人始用干笔，墨色更多变化，有“如兼五彩”的艺术效果。长期以来水墨画在中国绘画史上占着重要地位。

水彩画

从字义上来看，所谓的水彩画就是用水作为稀料来专门调合能被水稀释的颜料所绘制在特别的水彩纸上的图画。由于它们采用的工具与所用材料和制作过程的特点，水彩画与其他各种绘画有着显著的区别。当今随着科技的发展，绘画材料的增多，用水作为稀料的颜料又多了水粉、丙烯、透明水色等。作为艺术创作活动的一种形式，水彩画是艺术情感流露的语言中的一种。画面中水的渗化作用、流动的性质，以及随机变化的笔触，会让人感觉得光波般的变动。这种意境是其他画种难以比拟的。另外，水彩画有着自己丰富的内涵和一整套与别的画种截然不同的技法。

水粉画

水粉画，指的是以水粉颜料绘制完成的绘画作品。水粉画是以水作为媒介，这一点，它与水彩画是相同的。所以，水粉画也可以画出水彩画一样的酣畅淋漓的效果。但是，它没有水彩画透明。它和油画也有相同点，就是它也有一定的覆盖能力。而与油画不同的是，油画是以油来作媒介，颜色的干湿几乎没有变化。而水粉画则不然，由于水粉画是以水加粉的形式来出现的，干湿变化很大。所以，它的表现力介于油画和水彩画之间。水粉画在湿的时候，它颜色的饱和度和油画一样很高，而干后，由于粉的作用及颜色失去光泽，饱和度大幅度降低，这就是它颜色纯度的局限性。水彩画的特点是颜色透明，通过深色对浅色的叠加来表现对象。而水粉画的表现特点是处在不透明和半透明之间。有经验的画家往往就是利用它的这种特性来表达水粉色彩自身的和特有的艺术魅力。

素描

广义上的素描，涵指一切单色的绘画。狭义上的素描，专指用于学习美术技巧、探索造型规律、培养专业习惯的绘画训练过程。总体来说，素描是一种正式的艺术创作形式，用单色线条或涂抹成面等方式来表现直观世界中的事物，也可以表达思想、概念、态度、幻想、象征等抽象的情感。它不像绘画那样重视总体和彩色，而是着重结构和形式的造型。美术的基础是造型，艺术造型不只是塑造孤立静止的物体形态，更重要的是表现物体中各种形式的有机关系。掌握艺术造型的方法，需要恢复人的自然思维方式和操作方式，并且研究自然物体的形式特点和认识它的变化规律及条件。素描是解决这些造型问题的最佳途径，因此素描也被称为“造型艺术的基础”。

浮雕

浮雕，是在平面上雕刻出凹凸起伏形象的一种雕塑，是一种介于圆雕和绘画之间的艺术表现形式。浮雕是雕塑与绘画结合的产物，用压缩的办法来处理对象，靠透视等因素来表现三维空间，并只有一面或两面可供观赏。浮雕一般是附属在另一平面上的，因此在建筑上使用更多，用具器物上也经常可以看到。由于其压缩的特性，所占空间较小，所以适用于多种环境的装饰。浮雕主要有神龛式、高浮雕、浅浮雕、线刻、镂空式等几种形式。浮雕艺术在世界上到处都有，从古埃及到古希腊、古罗马的神庙和墓碑的雕塑，在中国的庙宇、洞窟和君王的陵墓也有许多浮雕艺术。

圆雕

圆雕又称立体雕，是指非压缩的、可以多方位多角度欣赏的三维立体雕塑。圆雕是艺术在雕件上的整体表现，观赏者可以从不同角度欣赏到物体的各个侧面。它要求雕刻者从前、后、左、右、上、中、下全方位进行雕刻。圆雕的手法与形式也多种多样，有写实性的与装饰性的，也有具体的与抽象的、户内的与户外的、架上的与大型的、着色的与非着色的等。雕塑内容与题材也是丰富多彩，可以是人物，也可以是动物，甚至于静物。材质上更是多彩多姿，有石质、木质、金属、泥塑、纺织物、纸张、植物、橡胶等。圆雕作为雕塑的造型手法之一，应用范围极广，也是老百姓最常见的一种雕塑形式。

透雕

一种雕塑形式。在浮雕的基础上，镂空其背景部分，大体有两种：一是在浮雕的基础上，一般镂空其背景部分，有的为单面雕，有的为双面雕。一般有边框的称“镂空花板”。二是介于圆雕和浮雕之间的一种雕塑形式，也称凹雕、镂空雕，或者浮雕。在透雕艺术中，镂刻是创作的最关键阶段。它要求作者施刀的功力、线与面的处理以及各种造型手段的变化，都必须切实服从主题内容的需要，使意、形、刀有机地融为一体。同时灵活运用冲、划、切、刮等刀法和浮雕、透雕等表现方式，以及具有丰富内涵的艺术语言，在造型的疏密虚实、方圆顿挫、粗细长短的交织、变奏中，表现精巧入微、玲珑剔透的艺术效果，使雕刻作品产生音乐般的韵律和感染力。

飞檐

飞檐，中国传统建筑檐部形式之一，

多指屋檐特别是屋角的檐部向上翘起，若飞举之势，常用在亭、台、楼、阁、宫殿、庙宇等建筑的屋顶转角处，四角翘伸，形如飞鸟展翅，轻盈活泼，所以也常被称为飞檐翘角。飞檐为中国建筑民族风格的重要表现之一，通过檐部上的这种特殊处理和创造，不但扩大了采光面、有利于排放雨水，而且增添了建筑物向上的动感，仿佛是一种气将屋檐向上托举，建筑群中层层叠叠的飞檐更是营造出壮观的气势和中国古建筑特有的飞动轻快的韵味。

斗拱

斗拱，我国建筑特有的一种结构。在立柱和横梁交接处，从柱顶上加的一层层探出成弓形的承重结构叫拱，拱与拱之间垫的方形木块叫斗，合称斗拱，也作枓拱、枓栱。斗拱是中华古代建筑中特有的形制，是较大建筑物的柱与屋顶间之过渡部分。其功用在于承受上都支出的屋檐，将其重量或直接集中到柱上，或间接的先纳至额枋上再转到柱上。斗拱的产生和发展有着非常悠久的历史。从两千多年前战国时代采桑猎壶上的建筑花纹图案，以及汉代保存下来的墓阙、壁画上，都可以看到早期斗拱的形象。中国古典建筑最富有装饰性的特征往往被皇家攫为已有，斗拱在唐代发展成熟后便规定民间不得使用。抖拱使人产生一种神秘和莫测其高保真妙的感觉。在美学和结构上它也拥有一种独特的风格。无论从艺术或技术的角度来看，斗拱都足以象征和代表中华古典的建筑精神和气质。

雀替

雀替是中国建筑中的特殊名称，安置于梁或阑额与柱交接处承托梁枋的木构件，可以缩短梁枋的净跨距离。也用在柱间的落挂下，为纯装饰性构件。在漫长的中华建筑史中，雀替是一种成熟较晚的构件和制式。虽然，它的雏形可见诸于北魏，但是到了宋代，还未正式成为一种重要的构件。明代之后雀替才广泛使用，并且在构图上得到不断的发展。到了清代，便十分成熟地发展成为一种风格独特的构件，大大地丰富了中国古典建筑的形式。由于雀替像一对翅膀在柱子的上面向两边伸出，也就使到柱头部分的装饰问题得到了很好的解决。后代的建筑都喜欢采用雀替来作为柱头装饰物。

柱式

柱式是一种建筑结构的样式。它的基本单位由柱和檐构成。柱可分为柱基、柱身、柱头三部分。由于各部分尺寸、比例、形状的不同，加上柱身处理和装饰花纹的各异，而形成各不相同的柱子样式。古典柱式是西方古典建筑的重要造型手段。典型的古典柱式包括希腊时期的 3 种，共有 5 种：多立克式、爱奥尼克式、科林斯式、塔司干式、复合式。其中塔司干式和复合式是在前三种希腊柱式的基础上发展起来的两种罗马柱式。

哥特式建筑

哥特式建筑世11世纪下半叶起源于法国，13世纪至15世纪流行于欧洲的一种西方建筑风格。主要见于天主教堂，也影响到世俗建筑。哥特式建筑的特点是尖塔高耸、尖形拱门、大窗户及绘有圣经故事的花窗玻璃。在设计中利用尖肋拱顶、飞扶壁、修长的束柱，营造出轻盈修长的飞天感。整个建筑以直升线条、雄伟的外观和教堂内空阔空间，再结合镶着彩色玻璃的长窗，使教堂内产生一种浓厚的宗教气氛。哥特式建筑以其高超的技术和艺术成就，在建筑史上占有重要地位。最著名的哥特式建筑有俄罗斯圣母大教堂、意大利米兰大教堂、德国科隆大教堂、英国威斯敏斯特大教堂、法国巴黎圣母院等。

文艺复兴建筑

文艺复兴建筑是欧洲建筑史上继哥特式建筑之后出现的一种建筑风格。15世纪产生于意大利，后传播到欧洲其他国家和地区，形成带了有各自特点的各国文艺复兴建筑。意大利文艺复兴建筑在文艺复兴建筑中占有最重要的位置。文艺复兴建筑在理论上以文艺复兴思潮为基础，在造型上排斥象征神权至上的哥特式建筑风格，提倡复兴古罗马时期的建筑形式，特别是古典柱式比例，半圆形拱券，以穹隆为中心的建筑形体等。著名的文艺复兴建筑有意大利佛罗伦萨美第奇府邸，维琴察圆厅别墅和法国枫丹白露宫等。

巴洛克建筑

巴洛克建筑是17世纪至18世纪在意大利文艺复兴建筑基础上发展起来的一种建筑和装饰风格。其特点是外形自由，追求动态，喜好富丽的装饰和雕刻、强烈的色彩，常用穿插的曲面和椭圆形空间。“巴洛克”一词的原意是奇异古怪，古典主义者用它来称呼这种被认为是离经叛道的建筑风格。这种风格在反对僵化的古典形式，追求自由奔放的格调和表达世俗情趣等方面起了重要作用，对城市广场、园林艺术以至文学艺术都产生影响，一度在欧洲广泛流行。意大利文艺复兴晚期著名建筑师和建筑理论家维尼奥拉设计的罗马耶稣会教堂是由手法主义向巴洛克风格过渡的代表作，也有人称之为第一座巴洛克建筑。

古典主义建筑

广义的古典主义建筑指在古希腊建筑和古罗马建筑的基础上发展起来的意大利文艺复兴建筑、巴洛克建筑和古典复兴建筑，其共同特点是采用古典柱式。狭义的古典主义建筑指运用“纯正”的古希腊罗马建筑和意大利文艺复兴建筑样式和古典柱式的建筑。古典主义建筑通常是指狭义而言的。17世纪后半叶，法国文化艺术的主导潮流是古典主义。古典主义美学的哲学基础是唯理论，认为艺术需要有严格的像数学一样明确清晰的规则和规范。同文学、绘画、戏剧等艺术门类一样，在建筑中也形成了古典主义建筑理论。古典主义者在建筑设计中以古典柱式为构图基础，突出轴线，强调对称，注重比例，讲究主从关系。巴黎卢佛尔宫东立面的设计突出地体现古典主义建筑的原则，凡尔赛宫也是古典主义的代表作。

洛可可式建筑

洛可可式建筑风格于18世纪20年代产生于法国并流行于欧洲，是在巴洛克式建筑的基础上发展起来的，主要表现在室内装饰上。其风格的基本特点是纤弱娇媚、华丽精巧、甜腻温柔、纷繁琐细。它以欧洲封建贵族文化的衰败为背景，表现了没落贵族阶层颓丧、浮华的审美理想和思想情绪。洛可可式建筑风格不同于古典主义的严肃理性和巴洛克的喧嚣放肆，其特点是：细腻柔媚，常常采用不对称手法，喜欢用弧线和S形线，尤其善于用贝壳、旋涡、山石作为装饰题材，卷草舒花，缠绵盘曲，连成一体。天花和墙面有时以弧面相连，转角处布置壁画。这种建筑风格富丽华美，充满了贵族的奢华和闲适感。

巴赫

约翰·塞巴斯蒂安·巴赫（1685—1750），德国作曲家，是将西欧不同民族的音乐风格浑然融为一体的开山大师。他萃集意大利、法国和德国传统音乐中的精华，对后来将近三百年整个德国音乐文化及至世界音乐文化产生了深远的影响。巴赫是一位多产的作曲家，总计写有800多首严肃乐曲。巴赫的作品深沉、悲壮、广阔，充满了18世纪上半叶德国现实生活的气息。他谱写了许多充满戏剧性因素的大型声乐作品，其中《马太受难曲》、《b小调弥撒》等是最有影响的作品。在这些作品中，巴赫作为一个虔诚的新教教徒，通过宗教音乐形式，抒发了对人类灾难、痛苦的怜悯、同情以及对和平与幸福未来的渴望。与前人的作品相比，巴赫这种充满宗教内容及复调音乐思维的作品更为广阔地揭示了人的内心世界，《平均律钢琴曲集》是巴赫在“纯音乐”领域作出的重要贡献之一。巴赫的《法国组曲》、《英国组曲》和6首《勃兰登堡协奏曲》等乐队作品，也都表达了作曲家对和平和美好生活的祈求与渴望。这些作品在德意志民族人民的内心深处激起了强烈的共鸣。

莫扎特

沃尔夫冈·阿玛迪乌斯·莫扎特（1756—1791），奥地利作曲家，欧洲维也纳古典乐派的代表人物之一。作为古典主义音乐的典范，他对欧洲音乐的发展起了巨大的作用。莫扎特一共创作了22部歌剧、41部交响乐、42部协奏曲、1部安魂曲，以及奏鸣曲、室内乐、宗教音乐和歌曲等作品。莫扎特在海顿等古典主义早期作曲家的基础上，将钢琴协奏曲这一体裁发展到了一个前所未有的高度。他对于欧洲器乐协奏曲的发展同样作出了杰出的贡献。歌剧是莫扎特创作的主流，是欧洲歌剧史上四大巨子之一。另外，他的《安魂曲》也成为宗教音乐中难能可贵的一部杰作。作为18世纪末时的欧洲作曲家，莫扎特的音乐深刻地反映了这个时代的精神，尤其是体现在歌剧作品中的市民阶层的思想。

贝多芬

路德维希·凡·贝多芬（1770—1827），德国最伟大的音乐家之一。祖籍荷兰，出生于德国波恩的平民家庭，很早就显露了音乐上的才能，八岁开始登台演出。1792年到维也纳深造，艺术上进步飞快。贝多芬信仰共和，崇尚英雄，创作了有大量充满时代气息的优秀作品。代表作有交响曲《英雄》、《命运》，序曲《哀格蒙特》，钢琴奏鸣曲《悲怆》、《月光》、《暴风雨》、《热情》等。他一生坎坷，没有建立家庭。二十六岁时开始耳聋，晚年全聋，只能通过谈话册与人交谈。但孤寂的生活并没有使他沉默和隐退，依然通过言论和作品，为共和理想奋臂呐喊，写下不朽名作《第九交响曲》。他的作品受18世纪启蒙运动和德国狂飙突进运动的影响，个性鲜明。在音乐表现上，他几乎涉及当时所有的音乐体裁，大大提高了钢琴的表现力，使之获得交响性的戏剧效果，又使交响曲成为直接反映社会变革的重要音乐形式。贝多芬集古典音乐的大成，同时开辟了浪漫主义时期音乐的道路，对世界音乐的发展有着举足轻重的作用，被尊称为“乐圣”。

舒伯特

弗朗兹·彼得·舒伯特（1797—1828），生于维也纳的一个教师家庭。舒伯特是奥地利杰出的作曲家，他采用和声上的色彩变化，用各种音乐体裁形式来刻画个人的心理活动，富有大自然的和谐和生命力的气息。他将瞬息间的遐想行之于乐谱，把感受到的一切化为音乐形象，构成了他独特的浪漫主义的旋律。他对后来浪漫主义音乐的发展起到了极其深远的影响。虽然他三十一岁就去世了，但却给后人留下了大量的音乐财富，尤以歌曲著称，被称为“歌曲之王”。其中最著名的有《未完成交响曲》、《C大调交响曲》、《死神与少女》四重奏、《鳟鱼》五重奏、声乐套曲《美丽的磨坊姑娘》、《冬之旅》及《天鹅之歌》、剧乐《罗莎蒙德》等。作为早期浪漫主义音乐的杰出代表，他生前受人歧视，死后才得到很高的评价，成为和莫扎特、贝多芬并列的音乐大师。

约翰·施特劳斯父子

施特劳斯家族是 19 世纪奥地利维也纳有名的音乐世家。我们现在一般提到作曲家施特劳斯父子，是指老约翰·施特劳斯（1804—1849）和他的儿子小约翰·施特劳斯（1825—1899）。老约翰·施特劳斯一生写过一百五十多首圆舞曲，几十首波尔卡和进行曲。但他的最大功绩，是他和作曲家约瑟夫·兰纳一起，共同奠定了维也纳圆舞曲的基础。在他的作品里，影响最大、流行最广的是《拉德茨基进行曲》。小约翰·施特劳斯是著名音乐家老约翰·斯特劳斯的儿子。他的两位弟弟也是著名的音乐家，不过小约翰是整个家族中成就最大，名望最高的一位。他被誉为“圆舞曲之王”。其著名之作有《蓝色多瑙河》、《维也纳森林的故事圆舞曲》、《艺术家的生活圆舞曲》、《春之声圆舞曲》和《安娜波尔卡》等。

肖邦

弗雷德里克·弗朗西斯克·肖邦(1810—1849)，波兰的伟大音乐家。肖邦自幼喜爱波兰民间音乐，七岁写了《波兰舞曲》，八岁登台演出，不满二十岁已成为华沙公认的钢琴家和作曲家。后半生正值波兰亡国，在国外度过，创作了很多具有爱国主义思想的钢琴作品，以此抒发自己的思乡情、亡国恨。此类作品的代表有《第一叙事曲》、《降 A 大调波兰舞曲》、《革命练习曲》、B 小调谐谑曲》、《降 B 小调奏鸣曲》等。同时肖邦又是浪漫主义时代最有独创性的艺术家之一，他的风格绝不会与其他人相混淆。他抒发感情有时像魔鬼般地神秘莫测，有时又像水妖般地令人销魂，但却永远是温暖而慈祥的。

李斯特

弗朗兹·李斯特 (1811—1886)，匈牙利著名的作曲家、钢琴家、指挥家，伟大的浪漫主义大师，浪漫主义前期最杰出的代表人物之一。李斯特将钢琴的技巧发展到了无与伦比的程度，极大地丰富了钢琴的表现力，在钢琴上创造了管弦乐的效果。他还首创了背谱演奏法，本人则具有超群的即兴演奏才能，因此获得了“钢琴之王”的美称。作曲方面，他主张标题音乐，创造了交响诗体裁，发展了自由转调的手法，为无调性音乐的诞生揭开了序幕，树立了与学院风气、市民风气相对立的浪漫主义原则。他作有《塔索》、《匈牙利》、《前奏曲》、《玛捷帕》、《普罗米修斯》等 13 部前奏曲，19 首匈牙利狂想曲，12 首高级练习曲等，大大开拓了钢琴音乐的表现力。

柴科夫斯基

彼得·伊里奇·柴科夫斯基（1840—1893），又译为柴可夫斯基，是俄罗斯伟大的浪漫主义乐派作曲家，也是俄罗斯民族乐派的代表人物之一。其风格直接和间接地影响了很多后来者。柴科夫斯基几乎是全世界最受欢迎的“古典”作曲家。他在作品中流淌出的情感时而热情奔放，时而细腻婉转。他的音乐具有强烈的感染力，充满激情，乐章抒情又华丽，并带有强烈的管弦乐风格。这些都反映了作曲家极端情绪化、忧郁敏感的性格特征——会突然萎靡不振，又会在突然之间充满了乐观精神。其代表作品有著名的《天鹅湖》、《小提琴协奏曲》、管弦乐序曲《罗蜜欧与茱丽叶》等等。

肖斯塔科维奇

肖斯塔科维奇(1906—1975)，苏联伟大的作曲家之一，当代世界著名的作曲家之一。肖斯塔科维奇一生创作体裁广泛，数量极多。1937年首演的《第五交响曲》显露出自己的创作风格：旋律剑拔弩张，节奏繁衍多变，情绪强烈，创造大胆，富有哲理性。他的不少作品带有某些现代派的特征，曾引起争议。他的主要作品《列宁格勒交响曲》、清唱剧《森林之歌》、《易北河西岸》等电影配乐、歌剧《叶卡捷琳娜·伊兹梅洛娃》、舞剧《黄金时代》、声乐套曲《犹太民间诗歌选》等都影响较大。1960年后成为前苏联作曲家协会领导人之一。

保罗·罗伯逊

保罗·罗伯逊（1898—1976），美国著名男低音歌唱家、演员、社会活动家。早年在穆维尔高级学校求学期间，就曾参加过莎士比亚戏剧的演出。1923年毕业于哥伦比亚大学法律系，此后一直从事戏剧演出和电影拍摄等活动。1925年在纽约哈伦剧院举行第一次黑人灵歌独唱会，大获成功。1927年，他在美国著名音乐剧《游览船》中演唱了《老人河》一曲，一举成名。他通晓多种语言，能用英、法、俄、汉等二十余种语言歌唱，其音色浑厚、深沉，具有黑人歌唱家特有的魅力。他的著作还有《我站在这儿》、《黑人民族的歌曲》等。

三大男高音

三大男高音是帕瓦罗蒂、多明戈、卡雷拉斯。

鲁契亚诺·帕瓦罗蒂（1935—2007），世界著名的意大利男高音歌唱家。帕瓦罗蒂具有十分漂亮的音色，在两个八度以上的整个音域里，所有音均能放射出明亮、晶莹的光辉。被一般男高音视为畏途的“高音C”也能唱得清畅、圆润而富于穿透力，因而被誉为“高音C之王”。

多明戈，西班牙著名男高音歌唱家。多明戈的演唱以抒情性见长，充满情感和戏剧性的征服力，他的舞台感觉好，表演细腻准确，高音虽不如帕瓦罗蒂明亮，但他有一种美丽的音色，嗓音宽厚，演唱带悲剧色彩的男高音尤有魅力。

何塞·卡雷拉斯，西班牙男高音歌唱家。他的嗓音流畅抒情、清峻柔美，气息均匀、线条清晰，任何时候都不放纵声音。

久石让

久石让，本名藤泽守，日本知名的作曲家。1950 年 12 月 6 日生于日本长野县中野市。“久石让”这个名称的来源是他的偶像——美国黑人音乐家及制作人昆西·琼斯。久石让五岁的时候在铃木慎一小提琴教室开始学习拉小提琴。早年曾就读于日本国立音乐学院，修习作曲，因此久石让具有深厚的学院派训练。1998 年，久石让更获邀担任日本冬季长野残疾人奥运会的音乐制作总监，如此重要的任务可说是对他在音乐界大师级地位的莫大肯定。1983 年，经人介绍，久石让结识了宫崎骏，此时宫崎骏正致力于《风之谷》的创作。此后影片公映后更证实了宫崎骏的眼光，久石让为该片创作的配乐深深地打动了无数的观众以及评论人。次年至宫崎骏“吉卜力”工作室后，久石让便一直担当宫崎骏动画的音乐监督至今。

滚石

滚石乐队是摇滚史上最成功和最长寿的乐队之一。The Rolling Stones 乐队至今已有 40 多年的历史，堪称 rock&roll 的定义者之一。几十年来滚石乐队一直坚持走着传统布鲁斯摇滚路线。在流行音乐将近半个世纪的风云变化中，滚石乐队一直坚持着自己独特的摇滚姿态，他们从来没有脱离已经渗入其骨髓的布鲁斯基调，在与此相关的艺术领域，也取得了显著的成就。

甲壳虫

甲壳虫乐队，也译做“披头士”或“披头四”，可以说是摇滚乐史上最成功和最重要的一支乐队。披头士是在 20 世纪 50 年代后期由 John Lennon（吉他手），Paul McCartney（贝斯手），George Harrison（吉他手）在英国的利物浦组建。披头士对于流行音乐的革命性的发展与影响力无人可出其右，对于世界范围内摇滚乐的发展作出了非常巨大的贡献，影响了自 20 世纪 60 年代以后的数代摇滚乐队的音乐和思想，直接影响了摇滚乐的变革和发展。在英国，披头士更是影响了 20 世纪 60 年代至今几乎每一支乐队的形成和发展。而乐队中四名伟大的音乐家，特别是 John Lennon 和 Paul McCartney，对于世界各个角落的后辈摇滚歌手及音乐创作者们的影响持续至今。

班德瑞

班德瑞乐团是由一群年轻作曲家、演奏家及音源采样工程师组成，1990 年发迹瑞士。班德瑞从不愿在媒体曝光，一旦开始执行音乐制作，便深居在阿尔卑斯山林中，直到母带成品完成。置身在自然山野中，让班德瑞乐团拥有源源不绝的创作灵感，也拥有最自然脱俗的音乐风格。每一声虫鸣、鸟叫、流水……都是自然中采得。班得瑞的音乐强调轻柔的绝对性，以清爽的配器构架出没有压力、没有负担的乐曲，加之高超的录音技术，使得音乐具有空灵感，溶入耳朵的不只是山林溪水的清新感受，更可以明显放松紧绷的神经，是难得一见的音乐珍品。

古希腊三大雕塑家

希腊古典时期的三大雕塑家是菲迪亚斯、米隆和波利克里托斯。

菲狄亚斯（约公元前 490—前 430），希腊著名雕刻家，雅典人，欧洲古典雕刻艺术高峰的代表。菲迪亚斯的作品已经很难见到，目前，从雅典卫城的主要建筑物帕特农神庙的残余雕刻中还可窥见菲迪亚斯艺术风格的一些真迹。

米隆（生卒年代不详），古希腊著名的雕塑家，雕塑《掷铁饼者》的作者，被认为是希腊艺术黄金时期——古典时期的开创者。

波利克里托斯（生卒年代不详）古希腊著名雕塑家，主要活动时期是公元前 5 世纪后半期，在当时是与菲狄亚斯齐名的雕塑大师。他的大部分作品都已失传，只留下了几件罗马时期的复制品，其中最著名的是《执矛者》、《束发带的青年》。

文艺复兴艺术三杰

文艺复兴艺术三杰，包括米开朗基罗、拉斐尔、达·芬奇。

米开朗基罗·博那罗蒂是意大利文艺复兴时期在雕刻、绘画、建筑方面有着伟大成就的艺术巨匠。代表作品有《大卫》、《最后的审判》等。

莱昂纳多·达·芬奇（1452—1519)。是意大利文艺复兴时期第一位画家，也是整个欧洲文艺复兴时期最杰出的代表人物之一。达·芬奇思想深邃、博学多才，他把艺术和科学、理智和情感、形体和精神熔于一炉，继承和发扬了前人的人文主义思想和现实主义表现手法，把艺术推进到一个前所未有的高度。达·芬奇代表作品有《蒙娜丽莎》、《最后的晚餐》、《人间圣母》等。

拉斐尔·桑西（1483—1520），意大利文艺复兴盛期著名画家和建筑家。他是一位谦虚好学、博采众长的艺术大师，艺术特点是秀美、典雅、和谐、明朗，代表作品有《西斯庭圣母》、《雅典学派》等。

毕加索

毕加索（1881—1973），现代艺术（立体派）的创始人，西方现代派绘画的主要代表，当代西方最有创造性和影响最深远的艺术家，20 世纪最伟大的艺术天才。他的艺术生涯几乎贯穿其一生，作品风格丰富多样，后人用“毕加索永远是年轻的”的说法形容毕加索多变的艺术形式。史学上把他浩繁的作品分为不同的时期——早年的“蓝色时期”、“粉红色时期”，盛年的“黑人时期”、“分析和综合立体主义时期”（又称“立体主义时期”），后来的“超现实主义时期”等。

伦勃朗

伦勃朗·马尔曼松·里因(1606—1669)，欧洲17世纪最伟大的画家之一，荷兰历史上最伟大的画家之一。他的肖像画风格人物安排具有戏剧性，深深打动人心，他以神话和宗教故事为题材的作品供不应求。他对戏剧很感兴趣，经常利用如同舞台高光的亮色描绘在阴暗背景下的人物。17世纪50年代后，他的画更为宽阔有力，画面更加有立体感。从40年代开始，他经常到乡村漫步和作画，创作了许多反映大自然的素描和版画，风格质朴。1661年是他作画最多的一年，1663年以后就作画较少。他结交了许多中下阶层的市民，眼界更为开阔，技巧更为成熟，创造力达到顶峰。

莫奈

莫奈(1840—1926)，法国画家，印象画派的创始人之一。印象派的名称即由他的《日出·印象》一画而来。莫奈生于巴黎，初从布丹学习，并受容金和柯罗的影响；后转向外光的描写，马奈和透纳的作品给了他很大的启发。莫奈的创作目的主要是探索表现大自然的方法，记录下瞬间的感觉印象和他所看到的充满生命力和运动的东西。曾长期探索光色与空气的表现效果，常在不同的时间和光线下，对同一对象连续作多幅描绘，从自然的光色变幻中抒发瞬间的感受，不注重对象的明晰的立体的形状。主要作品有《草地上的午餐》、《圣阿德列斯的阳台》、《花园里的女人们》、《日出印象》、《巴黎圣拉查尔火车站》、《干草垛》和组画《睡莲》等。

凡·高

文森特·威廉·凡·高（1853—1890），荷兰著名画家，后期印象画派代表人物，19世纪最杰出的画家之一。他热爱生活，但在生活中屡遭挫折，艰辛备尝。他献身艺术，大胆创新，在广泛学习前辈画家伦勃朗等人的基础上，吸收印象派画家在色彩方面的经验，并受到东方艺术，特别是日本版画的影响，形成了自己独特的艺术风格，创作出许多洋溢着生活激情、富于人道主义精神的作品。其画作表现了他心中的苦闷、哀伤、同情和希望，至今享誉世界。

鲁本斯

彼得·保罗·鲁本斯（1577—1640），不仅是佛兰德斯最伟大的画家，而且是17世纪巴洛克绘画风格在整个西欧的代表。鲁本斯是一位伟大的人文主义画家，虽然宗教神话是他创作的主要题材，但他还是以世俗的人物和自然去描绘神界人物，在鲁本斯的作品中体现出热爱生活，对生活充满美好理想的精神以及丰富的想象力，通过艺术形象肯定人的力量和人生的欢乐。他善于运用健康丰满、生机勃勃的形象，洋溢着乐观与激情的性格，去表现自已的审美理想与趣味。鲁本斯一生创作极为丰盛，作品多具有宏大的场面，富有想象力和戏剧性情节；对比鲜明、鲜亮饱满的色彩，给人以一种富丽堂皇、欢腾鼓舞的艺术感受。

列宾

伊里亚·.叶菲莫维奇·.列宾（1844—1930），19世纪后期俄罗斯伟大的批判现实主义绘画大师。列宾在充分观察和深刻理解生活的基础上，以其丰富、鲜明的艺术语言创作了大量的历史画、肖像画。他的画作之多、展示当时俄罗斯社会生活如此广阔和全面，是任何一个画家都无法与之比拟的。列宾的《伏尔加河上的纤夫》是其现实主义绘画杰出的代表作之一，也是他的成名之作。19世纪80年代以后，列宾被公认为是批判现实主义的泰斗，成为巡回展览画派的旗帜。列宾的创作中始终跳动着时代的脉搏，同时他本人也与进步的革命民主主义者、知识分子保持着密切的交往，因此他创作了许多以反映“革命者不屈斗争”为题材的优秀作品。

葛饰北斋

葛饰北斋（1760—1849），日本江户时代的浮世绘画家，葛饰派的创始人。1778年从师胜川春章学习浮世绘。1795年前后以美人画闻名。他研究过狩野派、土佐派、宗达光琳派和洋风画派等的艺术特色，又熟练掌握了中国画技法，作品追求形式美和主观表现，代表作有《富岳三十六景》、《富岳百景》等，用墨酣畅，色彩简朴，将山川景色和劳动人民的丰富生活巧妙地结合在一起，开拓了日本风景画创作的新领域。著有《绘本色彩通》，阐述其绘画理论。

罗丹

罗丹（1840—1917），法国著名雕塑家。他14岁随荷拉斯·勒考克学画，后又随巴耶学雕塑，并当过加里埃·贝勒斯的助手，去比利时布鲁塞尔创作装饰雕塑。1875年游意大利，深受米开朗基罗作品的启发，从而确立了现实主义的创作手法。罗丹偏爱悲壮的主题，善于从残破中发掘出力与美，他的艺术作品具备博大精深的品格。他还善于用丰富多样的绘画性手法，塑造出神态生动富有力量的艺术形象。罗丹生平作了许多速写，别具风格，并有《艺术论》传世。他的代表作品有《青铜时代》、《思想者》、《雨果》、《加莱义民》、《巴尔扎克》、《思想者》、《吻》、《夏娃》等。

《费加罗的婚礼》

《费加罗的婚礼》是宫廷诗人洛伦佐·达·彭特根据法国启蒙运动时期喜

剧作家皮埃尔·奥古斯丁·卡龙·博马舍的同名小说改编而成的歌剧。博马舍共写过三部以西班牙为背景的喜剧，剧中的人物都相同。分别是《塞维利亚的理发师》、《费加罗的婚礼》和《有罪的母亲》，创作于1732年至1739年。《费加罗的婚礼》于1778年首演。作品把伯爵放在人民的对立面，暴露了贵族的腐朽堕落，同时也反映出强烈的反封建的特色，富有时代气息，风格明快幽默，情节曲折生动，以嬉笑怒骂的语言，突出强烈的喜剧效果。

《土耳其进行曲》

很多人以为《土耳其进行曲》是一首钢琴小品。实际上，它是莫扎特《A大调钢琴奏鸣曲》中的第三乐章。这支曲子中土耳其民族风味并不浓，但是在当时来讲，它的风格已经破除了俗套。乐曲显得独特而别致，又由于这支曲子的曲调流畅动听，技巧又不难，因而受到人们的喜爱。初学钢琴的人，有兴趣弹奏它；著名钢琴家们，也把它作为经常演奏的曲目之一。可以说，它是一首雅俗共赏的乐曲。

《安魂曲》

安魂曲其实也是弥撒曲的一个分支，主要是指罗马天主教用于超度亡灵的特殊弥撒。安魂曲的唱词与普通弥撒基本相同，但省略了荣耀经与信经，增加了“震怒之日”。之所以称为安魂曲，是因为唱词的首句以“Requiemaeternam”开头，第一句是“主啊，请赐予他们永恒的安息”。在19世纪初最著名的安魂曲当属莫扎特的《安魂曲》了。而近现代的安魂曲不论在题材内容、文字形式还是戏剧性手法方面，常常超越宗教的范围，并由大型管弦乐队伴奏。

《英雄》

贝多芬在1804年间完成的《第三交响曲》(英雄)，是他的交响曲创作的一个大转折。在这部作品中，他第一次表现出无比惊人的创造力，第一次用全新的风格，全面而广泛地体现出他的英雄性构思——革命斗争和胜利的形象。这部交响曲标志着古典主义音乐艺术的一次大变革，成为贝多芬交响曲创作和整个古典交响曲创作的重要里程碑之一。作品贯穿着严肃和欢乐的情绪，始终保持着深沉、真挚的感情，呈现出强烈的浪漫主义气息。贝多芬本人曾声称他最喜欢的交响乐就是这部《第三交响曲》。

《命运》

《命运》是贝多芬的《第五交响曲》，此曲完成于1807年末至1808年初，是贝多芬最为著名的作品之一。交响乐是一种富于戏剧性的大型管弦乐套曲。不同时期交响乐的乐队规模是不一样的。早期单管编制的管弦乐队，成员有五六十人。浪漫主义时期的交响乐，常用三管、四管编制的管弦乐队，成员一百多人。也可以说，交响乐就是管弦乐队演奏的奏鸣曲。本曲声望之高，演出次数之多，可谓交响曲之冠。

《欢乐颂》

《欢乐颂》大约创作于1819年到1824年之间，是贝多芬全部音乐创作生涯的最高峰和总结。此曲为D大调，4/4拍。这是一首庞大的变奏曲，充满了庄严的宗教色彩，意境深邃，气势恢宏，是人声与交响乐队合作的典范之作。通过对这个主题的多次变奏，乐曲最后达到高潮，也达到了贝多芬音乐创作的最高峰。乐章的重唱和独唱部分还充分发挥了四位演唱者各个音区的特色。

《献给爱丽丝》

《献给爱丽丝》是一首为世人所喜爱经典钢琴小品。在这首《献给爱丽丝》中，贝多芬给予了一个淳朴而亲切的主题，把爱丽斯温柔、美丽的形象作了概括的描述。旋律清新流畅，使人联想起少女的天真和纯洁。在作品的前半部分，好似贝多芬有许多亲切的话语正在向爱丽斯诉说，后半部分听起来好象二人在亲切地交谈。在本曲的原稿上，有作者的手迹："为爱丽丝而作，1810年四月二十七日，贝多芬。""爱丽丝"是谁已无从考证。因为这一作品的原稿问世之时，作者已经去世整整四十年了。

《小夜曲》

《小夜曲》，是舒伯特短促的一生中最后完成的独唱艺术歌曲之一，也是他最为著名的作品之一。此曲采用德国诗人莱尔斯塔勃的诗篇谱写成。作为西洋乐曲体裁之一的小夜曲，都以爱情为题材，这首《小夜曲》也不例外。在钢琴上奏出的六弦琴音响的导引和烘托下，它描述了一个青年向他心爱的姑娘所做的深情倾诉。随着感情逐渐升华，曲调第一次推向高潮，第一段便在恳求、期待的情绪中结束。抒情而安谧的间奏之后，音乐转入同名大调。而后情绪比较激动，形成全曲的高潮。最后是由第二段引伸而来的后奏，仿佛爱情的歌声在夜曲的旋律中回荡。

《摇篮曲》

《摇篮曲》作者是勃拉姆斯，这首常用于小提琴独奏的《摇篮曲》，原是一首通俗歌曲，创作于1868年。相传作者为祝贺法柏夫人次子的出生，作了这首感情真挚的《摇篮曲》送给她。法柏夫人是维也纳著名的歌唱家，1859年勃拉姆斯在汉堡时，曾听过她演唱的一首鲍曼的圆舞曲，当时勃拉姆斯深深地被她优美的歌声所感动，后来就利用那首圆舞曲的曲调，加以切分音的变化，作为这首《摇篮曲》的伴奏，仿佛是母亲在轻拍着宝宝入睡。

《鳟鱼五重奏》

“歌曲之王”舒伯特在 1817 年创作了著名的艺术歌曲《鳟鱼》。他在以后创作的《A 大调钢琴五重奏》的第四乐章就是根据歌曲《鳟鱼》写成的变奏曲，故又被称为《鳟鱼五重奏》。这部为钢琴与大、中、小提琴和低音提琴所做的作品共分五个乐章，以第四乐章最为著名。在原作的歌曲中，作者先以愉快的心情，生动描绘了清澈小溪中快活游动的鳟鱼的可爱形象；而后，鳟鱼被捕获，作者深为不满。作者用分节歌的叙事方式表达了他对鳟鱼的命运无限同情与惋惜的心情，揭示了歌词深刻的寓意——善良与单纯往往要被虚伪与邪恶所害。

《凯旋进行曲》

《凯旋进行曲》，是意大利作曲家威尔第所作，是四幕歌剧《阿伊达》第二幕第二场达拉斯凯旋归来时的音乐。后来，被后人改编成管弦乐曲和管乐合奏曲，称为《大进行曲》或《阿伊达进行曲》。全曲由两个主题组成，第一主题表现凯旋而归的将士们在行进时的矫健英姿，第二主题表现的是人们热烈而欢快的情感。该剧一开始的拉达米斯浪漫曲，前段是宣叙调，雄壮果敢，间以铜管辉煌嘹亮的伴奏，显示这位青年统帅的英武挺拔；后段是咏叹调，旋律热情奔放，抒发他对阿伊达炽热的爱情。1872 年 2 月 8 日在米兰的斯卡拉剧院，威尔第用一根象牙和黄金制成的指挥棒指挥了《阿伊达》的演出。此后的几个月，《凯旋进行曲》几乎响遍意大利和欧洲的所有舞台。

《拉德斯基进行曲》

《拉德斯基进行曲》，管弦乐曲，奥地利作曲家老约翰·施特劳斯作于 1848 年。这首曲子由对比鲜明的两部分构成。强劲有力的引子之后是第一部分主题，仿佛让人们看到了一队步兵轻快的走过大街。反复一遍之后，音乐经过一个全乐队齐奏的过渡句，随后出现的是与前面主题相对比的轻柔主题，优美动听。音乐最后在反复第一部分的主题后结束。1987 年维也纳新年音乐会，当最后的《拉德斯基进行曲》欢快的旋律响起时，听众情不自禁地应和着节拍鼓掌。这时指挥卡拉扬很有想象力地转过身来，示意观众随着音乐的强弱和节奏来鼓掌，从此以后，每当音乐会最后的《拉德斯基进行曲》响起时，这个音乐家与听众互动鼓掌场面就成为维也纳新年音乐会的保留节目。

《蓝色多瑙河》

《蓝色的多瑙河》圆舞曲是小约翰·施特劳斯最著名的作品，作于 1866 年。《蓝色多瑙河》还有一段鲜为人知的来历，其实这首乐曲最初并非圆舞曲，而是应维也纳男声合唱团的邀请创作的一首合唱曲，也是他的第一首声乐作品。乐曲的首演并不成功，后来小约翰·施特劳斯有感于维也纳郊外多瑙河畔的景色，把它改编成一部管弦乐曲，命名为《蓝色的多瑙河》，造就了这首家喻户晓的名曲，被誉为奥地利“第二国歌”。乐曲主体由五段优美的小圆舞曲组成，每段圆舞曲都精巧细致，让人产生丰富的联想。乐曲序奏是在一段弦乐震音背景下圆号吹奏的黎明的动机，由慢变快，由弱渐强，仿佛多瑙河潺潺的流水声中的清晨。尾声中重复了几个圆舞曲的主题后在狂欢的气氛中结束。

《婚礼进行曲》

《婚礼进行曲》有两个版本，一是门德尔松的《婚礼进行曲》。原为歌剧《仲夏夜之梦》的第五幕前奏曲，这部门德尔松17岁时完成的作品，最初是他为莎士比亚的同名戏剧而作的一首四手联弹的钢琴序曲，因其美妙的幻想和浪漫的情趣而得到世人的喜爱，后来作曲家将它改编成了乐队作品。一为瓦格纳的《婚礼进行曲》。原为歌剧《罗恩格林》第三幕开始时的一段混声合唱《婚礼大合唱》，因常用做婚礼音乐而得名《婚礼进行曲》，后被改编成管弦乐曲。前者欢快激情，后者庄严肃穆。

《月光曲》

《月光曲》原名《升C小调钢琴奏鸣曲》，又名《月光奏鸣曲》，创作于1801年，接近于贝多芬创作的成熟期。这部作品有三个乐章：第一乐章，那叹息的主题融入了他耳聋的疾患、忧郁的思绪。而第二乐章表现了那种回忆的甜梦，也像憧憬未来的蓝图。第三乐章是激动的急板。而这部作品最美丽的，便是第一乐章，让人想起月光。

《玛祖卡舞曲》

肖邦在生前一共出版了41首《玛祖卡舞曲》，加上在死后作为遗作整理出版的10首，总计51首。《玛祖卡舞曲》是肖邦另一个独特的创作领域。在整个钢琴音乐文献中，提起《玛祖卡舞曲》，首先想到的就是肖邦。其他作曲家也有《玛祖卡舞曲》。但唯有肖邦写了大量的、闪耀着特异光彩的《玛祖卡舞曲》。且肖邦的《玛祖卡舞曲》赋予更精练的旋律，增加了跳跃感，在变化中赋予诗意。在肖邦本人的作品中，《玛祖卡舞曲》也很特殊。这批作品，最具波兰泥土的芳香。另外，这是他较少带有戏剧性、悲剧性成分的创作领域之一。评论家们说，《玛祖卡舞曲》是肖邦对故乡、土地、人民和对人民光辉精神的生动感觉，是波兰人民的“整个灵魂”。

《卡门》

歌剧《卡门》，法国作曲家比才完成于1874年秋，是比才的最后一部歌剧之一，也是当今世界上演出率最高的一部歌剧。四幕歌剧《卡门》主要塑造了一个相貌美丽而性格倔强的吉卜赛姑娘——烟厂女工卡门。歌剧的序曲为A大调，回旋曲式。整部序曲建立在具有尖锐对比的形象之上，以华丽、紧凑、引人入胜的音乐来表现这部歌剧的主要内容。序曲中集中了歌剧内最主要的一些旋律，而且使用明暗对比的效果将歌剧的内容充分地表现了出来，主题选自歌剧最后一幕中斗牛士上场时的音乐。本剧的序曲是音乐会上经常单独演奏的曲目。

《天鹅湖》

《天鹅湖》是柴可夫斯基于1876年创作的四幕芭蕾舞剧。故事取材于俄罗斯古老的童话，由别吉切夫和盖里采尔编剧，是柴可夫斯基最著名的舞蹈代表作之一。由于原编导在创作上的平庸以及乐队指挥的缺乏经验，致使1877年2月20日首演失败。直到1895年，在彼得堡的再次演出，才获得了惊人的成功，从此成为世界芭蕾舞剧的经典名著。《天鹅湖》的音乐像一首首具有浪漫色彩的抒情诗篇，每一场的音乐都极出色地完成了对场景的抒写和对戏剧矛盾的推动以及对各个角色性格和内心的刻画，具有深刻的交响性。这些充满诗情画意和戏剧力量，并有高度交响性发展原则的舞剧音乐，是作者对芭蕾音乐进行重大改革的结果，从而成为舞剧发展史上一部划时代的作品。

《悲怆》

《悲怆》是贝多芬早期钢琴奏鸣曲创作的顶峰之作。《悲怆》奏鸣曲是反抗残酷命运与黑暗势力、追求美好理想和幸福人生的雄伟诗篇。全曲充满着斗争的力量和热烈追求的激情。第一乐章是奏鸣曲式。悲壮的慢板引子揭开了全曲的序幕。第二乐章是极为优雅的慢板音乐，也是充满祈祷的一首抒情性乐曲。本乐章的主题是人们非常熟悉的一段旋律，它曾被现代轻音乐队改编为轻音乐曲，成为通俗音乐中的精品。第三乐章采用回旋曲形式。乐章主题与第一乐章主题动机有相通之处，优美的旋律中带有欠稳定的游移情绪，似乎处于一种徘徊不定的心态之中。

《C大调第七交响曲》

《C大调第七交响曲》又名《列宁格勒交响曲》，是苏联作曲家肖斯塔科维奇的作品。第二次世界大战中，苏德战争爆发后，苏联政府马上总动员艺术界“为祖国而战”，由此产生了许多伟大的爱国主义作品，这部交响曲就是其中的佳作。作者肖斯塔科维奇表示：“此曲是战斗的诗篇，是坚强的民族精神之赞歌。”全曲的气势极其宏伟壮大，终乐章的音响更是气壮山河。

《蒙娜丽莎》

《蒙娜丽莎》是一幅享有盛誉的肖像画杰作。它代表达·芬奇的最高艺术成就，成功地塑造了资本主义上升时期一位城市有产阶级的妇女形象。画中人物坐姿优雅，笑容微妙，背景山水幽远，淋漓尽致地发挥了画家奇特的烟雾状“空气透视”般的笔法。画家力图使人物的丰富内心感情和美丽的外形达到巧妙的结合，对于人像面容中眼角唇边等表露感情的关键部位，也特别着重掌握精确与含蓄的辩证关系，达到神韵之境，从而使蒙娜丽莎的微笑具有一种神秘莫测的千古奇韵，那如梦似的妩媚微笑，被不少美术史家称为“神秘的微笑”。

《最后的晚餐》

《最后的晚餐》是达·芬奇毕生创作中最负盛名之作。犹大向官府告密，基督在即将被捕前，与十二门徒共进晚餐，席间基督镇定地说出了有人出卖他的消息，达·芬奇此作就是基督说出这一句话时的情景。在众多同类题材的绘画作品里，此画被公认为空前之作，尤其以构思巧妙，布局卓越，细部写实和严格的体面关系而引人入胜。构图时，他将画面展现于饭厅一端的整块墙面，厅堂的透视构图与饭厅建筑结构相联结，使观者有身临其境之感。画面中的人物，其惊恐、愤怒、怀疑等神态，以及手势、眼神和行为，都刻画得精细入微，惟妙惟肖。这些典型性格的描绘与画题主旨密切配合，与构图的多样统一效果互为补充，使此画无可争议地成为世界美术宝库中最完美的作品之一。

《创世记》

《创世记》是西斯廷礼拜堂天顶壁画，由画家米开朗基罗所作。米开朗基罗以《圣经》中的《创世记》为主线，共九景，分成三组：第一组上帝的寂寞，第二组创造人类，第三组洪水。米开朗基罗的壁画，表现了非常丰富的人间世界，体现了文艺复兴时期充满着的矛盾与斗争。在表现画中人物时，米开朗基罗并不拘泥于宗教故事的情节，而是着重表现人物本质力量和内心世界。礼拜堂中恢宏壮观的天顶壁画，其精确、和谐，令人目不暇接，它的精神价值在整个艺术史上是不可估量的。

《西斯廷圣母》

《西斯廷圣母》为拉斐尔“圣母像”中的代表作，它以甜美、悠然的抒情风格而闻名遐迩。这幅祭坛画，指定装饰在为纪念教皇西克斯特二世而重建的西斯廷教堂内的礼拜堂里的。最初它被放在教堂的神龛上，至1574年，一直保存在西斯廷教堂里，故得此名。现为德国德累斯顿茨温格博物馆古代艺术大师馆收藏。拉斐尔的这幅名画对美丽与神圣、爱慕与敬仰的把握都恰到好处，显示出高雅、柔媚、和谐、明快的格调，因而使人获得一种清新、纯洁、高尚、升华的精神享受。

《雅典学院》

《雅典学院》是以古希腊哲学家柏拉图所建的雅典学院为题，以古代七种自由艺术——语法、修辞、逻辑、数学、几何、音乐、天文为基础，以表彰人类对智慧和真理的追求。画家企图以回忆历史上“黄金时代”的形式，寄托他对美好未来的向往。它的主题思想，就是崇拜希腊精神，追求最高的生活理想，这正是人文主义艺术家自己的宿愿。全画以纵深展开的高大建筑拱门为背景，大厅上汇集着不同时代，不同地域和不同学派的著名学者，有以往的思想家，也有当世的名人。他们在自由地讨论，情绪热烈，洋溢着百家争鸣的气氛，凝聚着人类智慧的精华。

《格尔尼卡》

《格尔尼卡》是毕加索作于 20 世纪 30 年代的一件具有重大影响及历史意义的杰作。此画是受西班牙共和国政府的委托，为 1937 年在巴黎举行的国际博览会西班牙馆而创作。画中表现的 1937 年德国空军疯狂轰炸西班牙小城格尔尼卡的暴行。作为一个具有强烈正义感的艺术家，毕加索对于这一野蛮行径表现出无比的愤慨。他仅用了几个星期便完成这幅巨作，作为对法西斯兽行的遣责和抗议。

《杜普教授的解剖学课》

《杜普教授的解剖学课》是当时阿姆斯特丹外科医生行会委托伦勃朗画的团体肖像画之一。画面上右侧那个主要人物是医学博士杜普教授，其余七人也都是真实的人物。作为团体肖像画，当时大多数作品是平均排列的。而伦勃朗所创作的这幅肖像，则与众不同，他将人物作为一个整体来处理，把所有被画者组织在特定的情节之中。

《日出·印象》

19 世纪下半叶，光学原理改变了画家对固有色彩的观念，由此他们开始在艺术上对外光表面的新探索。莫奈的《日出·印象》描绘的是在晨雾笼罩中日出时港口景象。在由淡紫、微红、蓝灰和橙黄等色组成的色调中，一轮生机勃勃的红日拖着海水中一缕橙黄色的波光，冉冉生起。海水、天空、景物在轻松的笔调中，交错渗透，浑然一体。近海中的三只小船，在薄雾中渐渐变得模糊不清，远处的建筑、港口、吊车、船舶、桅杆等也都在晨曦中朦胧隐现……而这一切，是画家从一个窗口看出去画成的。如此大胆地用“零乱”的笔触来展示雾气交融的景象。这对于一贯正统的沙龙学院派艺术家来说乃是艺术的叛逆。该画完全是一种瞬间的视觉感受和活泼生动的作画情绪使然，以往官方学院派艺术推崇的那种谨慎而明确的轮廓、呆板而僵化的色调荡然无存。该画是印象主义绘画的开山之作，它标志着印象派绘画的产生，并迅速成为一个风靡全球，影响深远的世界性画派。

《打伞的女人》

《打伞的女人》，这部作品是莫奈早期的印象技法画作。画面正中偏右站着一位撑阳伞的女人，而画面偏左较远处的就是她的儿子。这是一个晴天的早上，母子俩在草地上漫步。整幅画只用了简单的蓝、绿、棕等自然的色彩，给人一种宁静舒适的感觉。画中的女人占了画面大部分的空间，成为画的趣味中心。但左侧的小儿子与阳伞和女人也构成一个三角形，得到一个平衡的作用。虽然此画是莫奈早期的作品，但也可见他已很好地捕捉光影和画中的瞬间印象感觉。画中女人面部和上半身都用上较暗的色彩，表明是处于阳伞的阴影之下。而整个阳伞、面部、衣裙和草地上的阴影区，与女人衣裙上向光一面的光影形成对比，就如现实中看到的一样。

《向日葵》

《向日葵》，堪称凡·高的精神化身，也可说是他的代表作。凡·高集中精力创作《向日葵》系列作品时，正是他的艺术成熟时期，此时他非常喜欢使用黄色。对于渴望鲜明色彩的凡·高来说，黄色代表太阳的颜色，具有特殊意义；同时，阳光又象征爱情，他以此来表达自己的愿望，从中不难看出他坚持使用黄色的用意。

《星夜》

挚爱深夜的凡·高在阿尔时期曾有两部作品描绘星空：《星夜》和《夜间咖啡屋》。作品中，闪烁于碧蓝色夜空中的星星，格外夺人眼目。在圣·雷米的初期(1889年6月)所画的这幅《星夜》是凡·高深埋在灵魂深处的世界感受。每一颗大星、小星回旋于夜空中，新月也形成一个漩涡，星云与棱线宛如一条巨龙不停地蠕动着。暗绿褐色的柏树像一股巨形的火焰，由大地的深处向上旋冒；山腰上，细长的教堂尖塔不安地伸向天空。所有的一切似乎都在回旋、转动、烦闷、动摇，在夜空中放射艳丽的色彩……这种回旋式的运动圆形，有如远古时代的土器形体或者装饰在土器表面的螺旋花纹。

《伏尔加河上的纤夫》

《伏尔加河上的纤夫》是列宾的代表作和成名作，也是他的民主主义革命思想的最初艺术体现。在这幅画的构图上，列宾利用了沙滩的地形和河湾的转折，使十一个纤夫犹如一组雕像，被塑造在一座黄色的、高起的底座上，使这幅画具有宏伟深远的张力，画中的背景运用的颜色昏暗迷蒙，空间空旷奇特，给人以惆怅、孤独、无助之感，切实深入到纤夫的心灵深处，也是画家心境的真实写照，这对画旨的体现、情感的烘托起了极大的作用。画面景色十分凄寂。一队穿着破烂的纤夫在拉着货船，步履沉重。在他们身上剩下的，唯有贫苦、艰难与无奈。在这幅反映纤夫苦难生活的画里，与其说是人与自然在搏斗，不如说是人在与残酷无情的黑暗命运和社会搏斗。

《门考拉夫妇立像》

《门考拉夫妇立像》是埃及古王国时期的帝王雕像作品。这是埃及古王国第四王朝时期的一尊双人立像，也是当时帝王立像中最典型的代表。雕像刻画的是埃及古王国第四王朝第五个法老门考拉和他的王妃。国王夫妇并肩而立，两人身高几乎相等，左脚都向前迈出一步，但这种步伐只是模式化的，丝毫没有前进的意思。人物的重心落在两腿中间，给人以安定稳固的感觉。法老夫妇的头都微微向上仰起，神态拘谨而威严，冷若冰霜的表情中似乎还带有一丝微笑。这些人物表情和姿态都是古埃及帝王夫妇像的典型模式，体现了“王权神授”的威严。更值得注意的是，雕像对男女的身体作了不同的处理，反映出作者准确运用人体解剖结构的能力和对造型进行高度艺术概括的创作倾向。

《掷铁饼者》

《掷铁饼者》，大理石雕复制品，高约 152 厘米，罗马国立博物馆、梵蒂冈博物馆、特尔梅博物馆均有收藏，原作为米隆作于约公元前 450 年。这尊石雕被誉为“体育运动之神”的雕像。米隆的这尊雕像解决了雕塑的一个支点的重心问题，为后来的雕塑家创造各种运动姿态动作树立了榜样。《掷铁饼者》取材于希腊的现实生活中的体育竞技活动，刻画的是一名强健的男子在掷铁饼过程中最具有表现力的瞬间。雕塑选择的铁饼摆回到最高点、即将抛出的一刹那,有着强烈的“引而不发”的吸引力。虽然是一件静止的雕塑，但艺术家把握住了从一种状态转换到另一种状态的关键环节，达到了使观众心理上获得“运动感”的效果，成为后世艺术创作的典范。整尊雕像充满了连贯的运动感和节奏感，突破了艺术上时间和空间的局限性，传递了运动的意念，把人体的和谐、健美和青春的力量表达得淋漓尽致。这尊雕像被认为是“空间中凝固的永恒”，直到今天仍然是代表体育运动的最佳标志。

《米洛斯的阿芙洛蒂忒》

《米洛斯的阿芙洛蒂忒》，俗称《米洛斯的维纳斯》、《断臂的维纳斯》、《维纳斯像》等。在希腊化时期，表现女性人体美的雕塑日渐增多，对爱与美之神阿弗洛狄德（即维纳斯）的歌颂更是层出不穷，其中最为著名雕像的就是这尊《米洛斯的阿芙洛蒂忒》。1820年在爱琴海南部的米洛岛上的一个山洞里发现的，长期以来它一直被认为迄今被发现的希腊女性雕像中最美的一尊。她像一座纪念碑，给人以崇高感，然而其婷婷立姿，却又微妙动人，给人以美的享受。尤其令人惊奇的是，女神的两臂虽已失去，却让人感到一种残缺的美。曾经有人探索她的原型，她断了的两只手臂原来是什么姿势？虽然不少人曾依照各自的推测补塑了她的双臂，但总觉不协调，还不如就缺两只胳臂，因而以“断臂美神”而闻名遐迩。

《拉奥孔和他的儿子们》

《拉奥孔和他的儿子们》，又名《拉奥孔》，大理石群雕，高约184厘米，阿格桑德罗斯和他的儿子波利佐罗斯、阿典诺多罗斯三人创作于约公元前1世纪，1506年出土于罗马，现收藏于罗马梵蒂冈美术馆。雕像中，拉奥孔位于中间，神情处于极度的恐怖和痛苦之中，正在极力想使自己和他的孩子从两条蛇的缠绕中挣脱出来。他左侧的长子似乎还没有受伤，但被惊呆了，正在奋力想把腿从蛇的缠绕中挣脱出来；父亲右侧的次子已被蛇紧紧缠住，绝望地高高举起他的右臂。三个由于痛苦而扭曲的身体，所有的肌肉运动都已达到了极限，甚至到了痉挛的地步，表达出在痛苦和反抗状态下的力量和极度的紧张，让人感觉到似乎痛苦流经了所有的肌肉、神经和血管，紧张而惨烈的气氛弥漫着整个作品。作品中人物刻画非常逼真，表现了雕塑家对人体解剖学的精通和对自然的精确观察，以及纯熟的艺术表现力和雕塑技巧。

复活节岛石像

复活节岛，太平洋东南部岛屿。复活节岛石像造型之奇特，雕技之精湛，着实令人赞叹。复活节岛上的石像，一般高7米至10米，重达30吨至90吨，有的石像一顶帽子就重达10吨之多。石像均由整块的暗红色火成岩雕凿而成。所有的石像都没有腿，全部是半身像，外形大同小异。石像的面部表情非常丰富，它的眼睛是专门用发亮的黑曜石或闪光的贝壳镶嵌上的，格外传神。个个额头狭长，鼻梁高挺，眼窝深凹，嘴巴噘翘，大耳垂肩，胳膊贴腹。所有石像都面向大海，表情冷漠，神态威严。远远望去，就像一队准备出征的武士，蔚为壮观。人们不禁要问，这么多的石像是什么人雕凿的？雕凿如此众多的石像的目的是什么？是供人瞻仰观赏，还是叫人顶礼膜拜？近些年来，一些国家的历史学家、考古学家和人类学家都曾登岛考察，企图弄个水落石出，结果虽作出种种解释，但也只能是猜测，未有确切的答案。

《舞王湿婆》

7世纪到16世纪，印度教艺术进入了异常繁盛的时期。印度教有三大主神：梵天、毗湿奴和湿婆，他们和他们的化身大量出现在这一时期的印度雕像作品中，并以湿婆的形象最为常见。典型的湿婆形象有许多种典型而固定的姿势，成为古代印度宗教和艺术传统相结合的典范。这一尊《舞王湿婆》就是湿婆雕像中“舞王相”姿势的典型作品，它被认为是印度湿婆雕像艺术中最富有神秘主义哲学意味的艺术品之一。在这尊雕塑中，湿婆的舞姿被刻画得十分优美，他轻抬左脚，右腿独立于火焰的光环之中，脚踏一个小人，表现出“时间征服者”的意味，那火焰的光环则象征着生成、保存、毁灭的轮回循环过程。整尊雕像十分富于节奏的美感，舞蹈的湿婆被塑造得精美绝伦,显得神采飞扬。同时，雕像还体现了永恒运动和泰然神情之间的统一、辐射状张力和光环约束之间的统一。这种运动中的静止，恰恰符合了印度教中在变幻中永恒的思想。

镰仓大佛

最初的镰仓大佛，自1238年始建，主体为木制结构，历经6年才完成。但在3年后，便被台风刮倒而毁。于是，在1253年开始重铸铜制坐佛像，供奉于大佛殿之内。而大佛殿也历经多次台风，火灾破坏，又一次一次地进行重修。但在1498年，由于海水倒灌，将整个大殿冲毁。从此开始，佛像就一直在露天被供奉，直到今天。镰仓大佛，高11.5米，内部为空心构造，可以从佛像背后底部进入参观。进入之后，可以发现，佛像内部明显有多次维修的痕迹。佛像左侧，有一双引人注目的大草鞋，鞋体大概足有1米长，是茨城县的孩童们编织献给大佛的供物。镰仓大佛是日本历史文化的一个重要组成部分。

《思想者》

《思想者》的创作出自于《地狱之门》，是为巴黎装饰艺术博物馆而作的大门。罗丹在设计《地狱之门》铜饰浮雕的总体构图时，花了很大的心血塑造了这一尊后来成为他个人艺术的里程碑的圆雕《思想者》。《思想者》，塑造了一个强壮有力的男子。这个巨人弯着腰，屈着膝，右手托着下颌，默视下面发生的悲剧。他那深沉的目光以及拳头触及嘴唇的姿态，表现出一种极度痛苦的心情。他渴望沉入“绝对”的冥想，努力把那强壮的身体抽缩、弯压成一团。他的肌肉非常紧张，不但在全神贯注地思考，而且沉浸在苦恼之中。他注视着下面所演的悲剧，他同情、爱惜人类，因而不能对那些犯罪的人下最后的判决，所以他怀着极其矛盾的心情，深刻地沉思着。

《大卫》

米开朗基罗生活在意大利社会动荡的年代，颠沛流离的生活使他对所生活的时代产生了怀疑。痛苦失望之余，他在艺术创作中倾注着自己的思想，同时也在寻找着自己的理想，并创造了一系列如巨人般体格雄伟、坚强勇猛的英雄形象。《大卫》就是这种思想最杰出的代表。这尊雕像被认为是西方美术史上最值得夸耀的男性人体雕像之一。这位少年英雄怒目直视着前方，表情中充满了全神贯注的紧张情绪和坚强的意志，身体中积蓄的伟大力量似乎随时可以爆发出来。不仅如此，《大卫》是文艺复兴人文主义思想的具体体现，它对人体的赞美，表面上看是对古希腊艺术的“复兴”，实质上表示着人们已从黑暗的中世纪桎梏中解脱出来，充分认识到了人在改造世界中的巨大力量。作为一个时代雕塑艺术作品的最高境界，《大卫》将永远在艺术史中放射着无穷的光辉。

里约热内卢基督像

里约热内卢基督像（救世基督像）是一座装饰艺术风格的大型耶稣基督雕像，位于巴西的里约热内卢，是该市的标志，也是世界最著名的纪念雕塑之一，2007年入选世界新七大奇迹。基督像落成于1931年，总高38米，矗立在里约热内卢国家森林公园中高710米的科科瓦多山顶，俯瞰着整个里约热内卢市，张开双臂欢迎来自世界各地的游客，是巴西人民热情接纳和宽阔胸怀的象征。

自由女神像

自由神像重45万磅，高46米，底座高45米，是当时世界上最高的纪念性建筑，其全称为“自由女神铜像国家纪念碑”，正式名称是“照耀世界的自由女神”。整座铜像以钢铁为骨架，铜片为外皮，30万只铆钉装配固定在支架上，总重量达225吨。铜像内部的钢铁支架是由建筑师约维雷勃杜克和以建造巴黎艾菲尔铁塔闻名于世的法国工程师艾菲尔设计制作的。是法国在1876年赠送给美国的独立100周年礼物，位于美国纽约市哈德逊河口附近。高高地耸立在纽约港口的自由岛上，象征着美国人民争取自由的崇高理想。

美国国家纪念碑

在美国南达科他州黑山地区的拉什莫尔山山峰上，雕刻有华盛顿、杰斐逊、罗斯福、林肯4位美国总统的巨大的雕像。拉什莫尔山海拔1800米，山上的4个巨人雕像高达18米，庄严威仪，气势磅礴。它和周围美丽的湖光山色融为一体，具有永久性的历史纪念意义和高度的艺术价值。为了防止美国国家纪念碑的雕像群受到损害，也为了表示对4位总统的崇敬之情，拉什莫尔山禁止游人攀登，前往观瞻的人可以在山脚下的观瞻台上一睹雕像的风采。这里还备有照明设备，夜晚在灯光下观赏雕像群，又有另一番特殊的艺术效果。

吉萨金字塔

埃及吉萨的10座金字塔是古代七大奇迹之一，它们耸立在尼罗河两岸的沙漠之上，在离当时的首都孟菲斯不远的吉萨建造，是古埃及时期最高的建筑成就。建成的金字塔被用做陵墓。古埃及人相信死后永生，金字塔内的墓穴起初堆满了黄金和各种贵重物品。金字塔中最大的是胡夫金字塔，它是一座几乎实心的巨石体，用200多万块巨石砌成。成千上万的人将这些大石块沿着地面斜坡往上拖运，然后在金字塔周围以一种脚手架的方式层层堆砌。金字塔的旁边还有一些统治者和贵族的小的金字塔和长方形台式陵墓。金字塔如此高大，使人们很容易相们它们是神或巨人所建造的古代传说。

帕特农神庙

帕特农神庙是雅典卫城主体建筑，为了歌颂雅典战胜波斯侵略者而建。设计这座神庙的建筑师为伊克梯诺和卡里克利特。“帕特农”神庙是供奉雅典娜女神的最大神殿，“帕特农”原意为贞女，是雅典娜的别名。此庙不仅规模最宏伟，坐落在卫城中央最高处，庙内还存放一尊黄金象牙镶嵌的全希腊最高大的雅典娜女神像（菲迪亚斯亲手制作）。它从公元前447年开始兴建，9年后大庙封顶，又用6年之后各项雕刻也告完成，1687年毁于战争，今仅存残迹。

罗马大斗兽场

罗马大斗兽场位于古罗马广场较低的一头，占地约2.4公顷，像一座由石灰石垒成的顶部凹陷的小山。外墙高约48米，布满大得令人生畏的拱门，黑森森的拔地而起，直插浅蓝色的天穹；内部周长约546米，为一裂痕累累的巨大椭圆型砖石建筑，场上纵横交错着一条条像敞开的伤口般暴露在外的坑道。这座庞大的斗兽场在血腥味最浓的鼎盛时期始终是座无虚席，狂热的场面比比皆是，但却从未能像今日作为一座废墟那样打动人心。罗马大斗兽场由皇帝韦斯巴芗在72年下令修建，于80年建成。角斗活动一直持续到403年，斗兽场直到8世纪还几乎完整无损。此后五百年在大大小小的无数次战争中，它主要被用做堡垒。

太阳金字塔

太阳金字塔是特奥蒂瓦坎中最大的建筑，也是中美洲最大的建筑之一。太阳金字塔是古印第安人祭祀太阳神的地方，它建筑宏伟，呈梯形，坐东朝西，正面有数百级台阶直达顶端。和埃及的胡夫金字塔大体相等，基本上是正方形，而且也正好朝着东南西北四个方向，四面也都是呈“金”字的等边三角形。内部用泥土和沙石堆建，从下到上各台阶外表都镶嵌着巨大的石板，石板上雕刻着五彩缤纷的图案。缘阶而上达塔顶是一座太阳神庙，现已被毁，据18世纪西班牙历史学家考证说，当初这座庙金碧辉煌、高大的太阳神像站立在神坛中央，面对东方，端庄严肃，胸前佩带着无数金银、宝石的饰物，当阳光射入庙堂时，周身闪射着耀眼的光芒，使人肃然起敬，当年就在这里用人祭祀太阳神。

圣索菲亚大教堂

圣索菲亚大教堂建于东罗马皇帝统治时期(532—537)，当时拜占庭帝国正处于鼎盛阶段。作为世界上十大令人向往的教堂之一，圣索菲亚大教堂与蓝色清真寺隔街相望。圣索菲亚教堂恢宏无比，充分体现出了卓越的建筑艺术，从而也成为了后来伊斯兰清真寺的设计模板。事实上，在拜占庭帝国衰落后，圣索菲亚大教堂已转变成了供奉安拉的土耳其清真寺。如今，圣索菲亚大教堂是属于基督徒和穆罕默德信徒共有的一个宗教博物馆。

凤凰堂

凤凰堂是日本平等院中的一组建筑，又名阿弥陀堂。它以中堂为中心，左右两侧建长翼廊，中堂背面伸出尾廊，整体造型，恰如一只凤凰展翅飞翔，故得此名。阿弥陀如来木雕像为日本国宝，以优美典雅见称，在圆而匀称的颜面上，显露深切的慈悲表情。阿弥陀如来的莲座亦不同于一般，具有八角九重的复杂样式。佛像后面饰以飞天后背，本尊和后背都是雕刻师定朝完成的。阿弥陀堂朱色大柱上，描绘着色彩极为华丽的唐草云纹，装饰着螺钿透雕和各种金铜具。在堂内的梁檐上悬挂着各式各样的飞天、云中供养菩萨共51个，带着美好的幻想，以生动的姿态显示着阿弥陀临降净土迎接众生的主题。

比萨斜塔

比萨斜塔，位于意大利托斯卡纳省比萨城北面的奇迹广场上。广场的大片草坪上散布着一组宗教建筑，它们是大教堂、洗礼堂、钟楼（即比萨斜塔）和墓园，外墙面均为乳白色大理石砌成，各自相对独立但又形成统一罗马式建筑风格。比萨斜塔位于比萨大教堂的后面。比萨斜塔是比萨城的标志，1987年它和相邻的大教堂、洗礼堂、墓园一起因其对11世纪至14世纪意大利建筑艺术的巨大影响，而被联合国教育科学文化组织评选为世界遗产。

吴哥窟

吴哥窟又称吴哥寺，位在柬埔寨西

北方。原始意思为“毗湿奴的神殿”。中国古籍中称为“桑香佛舍”。它是吴哥古迹中保存得最完好的庙宇，以建筑宏伟与浮雕细致闻名于世，也是世界上最大的庙宇。吴哥寺约建于1150年，是世界上寺庙建筑群中最大和最著名的庙宇，同时也是东南亚主要的考古学遗址之一。其占地面积400多平方千米。吴哥地区的庙宇直到1860年才被发现。但一个世纪后，人们才弄清楚吴哥城的规模。以前其人口超过100万，地域辽阔。吴哥古迹是柬埔寨人民的灵魂，是柬埔寨国家的象征，也是世界人类文明的瑰宝。它已成为考古专家、学者追踪的对象和旅游者向往的地方。

巴黎圣母院

巴黎圣母院是一座哥特式风格的教堂，是古老巴黎的象征。它矗立在塞纳河中西岱岛的东南端，位于整个巴黎城的中心。它的地位、历史价值无与伦比，是历史上最为辉煌的建筑之一。法国天主教大教堂，位于巴黎塞纳河城岛的东端，始建于1163年，是巴黎大主教莫里斯·德·苏利决定兴建的，整座教堂在1345年才全部建成，历时180多年。该教堂以其哥特式的建筑风格，祭坛、回廊、门窗等处的雕刻和绘画艺术，以及堂内所藏的13世纪至17世纪的大量艺术珍品而闻名于世。巴黎圣母院在世界建筑史上，被誉为由巨大的石头组成的“交响乐”。虽然这是一幢宗教建筑，但它闪烁着法国人民的智慧，反映了人们对美好生活的追求与向往。

圣彼得大教堂

圣彼得大教堂是罗马基督教的中心教堂，欧洲天主教徒的朝圣地与梵蒂冈罗马教皇的教廷，位于梵蒂冈，是全世界第一大教堂。教堂最初是由君士坦丁大帝于326年至333年在圣彼得墓地上修建的，称老圣彼得大教堂，于326年落成，为巴西利卡式建筑。16世纪，教皇朱利奥二世决定重建圣彼得大教堂，并于是1506年破土动工。在长达120年的重建过程中，意大利最优秀的建筑师布拉曼特、米开朗琪罗、德拉·波尔塔和卡洛·马泰尔相继主持过设计和施工，直到1626年11月18日才正式宣告落成，称新圣彼得大教堂。1870年以来的重要宗教仪式均在此举行，为文艺复兴式和巴洛克式建筑风格，属世界最大的教堂。

克里姆林宫

克里姆林宫这一世界闻名的建筑群，享有“世界第八奇景”的美誉，是旅游者们向往之处。12世纪上半叶，多尔戈鲁基大公在波罗维茨低丘上修筑了一个木结构的城堡——克里姆林宫，莫斯科就是从这个城堡逐步发展起来的。克里姆林宫曾是历代沙皇的宫殿、莫斯科最古老的建筑群。十月革命以后成为苏联党政机关所在地。苏联解体后，这里成了俄罗斯政府的代称。

凡尔赛宫

凡尔赛宫位于法国巴黎西南郊伊夫林省省会凡尔赛镇，作为法兰西宫廷长达107年。1624年，法国国王路易十三以1万里弗尔的价格买下面积达117法亩的凡尔赛宫原址附近的森林、荒地和沼泽地区并修建一座两层红砖楼房，作为狩猎行宫。当时的凡尔赛行宫仅拥有26个房间，一楼为家具储藏室和兵器库，二楼为国王办公室、寝室、接见室、藏衣室、随从人员卧室等。凡尔赛宫宫殿为古典主义风格建筑，立面为标准的古典主义三段式处理，造型轮廓整齐、庄重、雄伟，被称为是理性美的代表。其内部装潢则以巴洛克风格为主，少数厅堂为洛可可风格。从内容上讲，凡尔赛宫是法兰西宫廷，而且是国家的行政中心，也是当时法国社会政治观点、生活方式的具体体现。从艺术上讲，凡尔赛宫宏伟壮丽的外观和严格规则化的园林设计是法国封建专制统治鼎盛时期文化上的古典主义思想所产生的结果。几百年来欧洲皇家园林几乎都遵循了它的设计思想。

白金汉宫

白金汉宫，英国王宫，建造在威斯敏斯特城内，位于伦敦詹姆士公园的西边，1703年为白金汉公爵所建而得名，最早称白金汉屋，意思是“他人的家”。1761年由英国国王乔治三世购得，作为王后的住宅，称为女王宫。1825年，英国国王乔治四世加以重建，作为王宫。从1837年起，英国历代国王都居住在这里。维多利亚女王是居住在这里的第一位君主。白金汉宫宫内有宴会厅、典礼厅、音乐厅、画廊、图书馆、皇家集邮室等600多个厅室，收藏许多绘画和家具，宫内还有一座面积约16公顷的御花园，宫前有维多利亚女王纪念碑。

泰姬陵

泰姬陵，全称为“泰姬·玛哈尔陵”，又译做泰姬玛哈，是印度知名度最高的古迹之一，在今印度距新德里200多千米外的北方邦的阿格拉城内，亚穆纳河右侧。是莫卧儿王朝第5代皇帝沙贾汗为了纪念他已故皇后阿姬曼·芭奴而建立的陵墓，被誉为“完美建筑”。它由殿堂、钟楼、尖塔、水池等构成，全部用纯白色大理石建筑，用玻璃、玛瑙镶嵌，绚丽夺目、美丽无比，有极高的艺术价值。是伊斯兰教建筑中的代表作。2007年7月7日，成为世界新七大奇迹之一。

勃兰登堡门

勃兰登堡门位于德国首都柏林的市中心，最初是柏林城墙的的一道城门，因通往勃兰登堡而得名。现在保存的勃兰登堡门是一座新古典主义风格的建筑，由普鲁士国王腓特烈·威廉二世下令于1788年至1791年间建造，以纪念普鲁士在“七年战争”取得的胜利。自滑铁卢战役以后，勃兰登堡门逐步成为柏林的象征，也是德国国家的标志。作为唯一保存下来的柏林城城门，它见证了柏林、德国、欧洲乃至世界的许多重要历史事件。

伦敦水晶宫

伦敦水晶宫是英国工业革命时期的代表性建筑。建筑面积约7.4万平方米，宽124.4米，长564米，共5垮，高三层，由英国园艺师·帕克斯顿按照当时建造的植物园温室和铁路站棚的方式设计，大部分为铁制结构，外墙和屋面均为玻璃，整个建筑通体透明，宽敞明亮，故被誉为“水晶宫”。水晶宫是19世纪英国最有代表性的建筑，是英国为第一届世博会而建的展馆建筑，由玻璃和铁这两种材料构成，当时参展者共计来自25个国家，水晶宫引起了世界各国不小的哄动。

埃菲尔铁塔

埃菲尔铁塔是一座于1889年建成、位于法国巴黎战神广场上的镂空结构铁塔，高300米，天线高24米，总高324米。埃菲尔铁塔得名于设计它的桥梁工程师居斯塔夫·埃菲尔。铁塔设计新颖独特，是世界建筑史上的技术杰作，因而成为法国和巴黎的一个重要景点和突出标志。1889年5月15日，为给世界博览会开幕式剪彩，铁塔的设计师居斯塔夫·埃菲尔亲手将法国国旗升上铁塔的300米高空，由此，人们为了纪念他对法国和巴黎的这一贡献，特别还在塔下为他塑造了一座半身铜像。

帝国大厦

纽约帝国大厦始建于1930年3月，是当时使用材料最轻的建筑，建成于西方经济危机时期，成为美国经济复苏的象征，如今仍然和自由女神一起成为纽约永远的标志。曾是世界第一高大楼和纽约市的标志性建筑，是世界七大工程奇迹之一。世界贸易中心大楼在“9·11”事件倒 后，继续接任纽约第一大楼的头衔，直到自由塔建成。

悉尼歌剧院

悉尼歌剧院座落在悉尼港湾，三面临水，环境开阔，以特色的建筑设计闻名于世，它的外形像三个三角形翘首于河边，屋顶是白色的形状犹如贝壳，因而有“翘首遐观的恬静修女”之美称。歌剧院整体分为三个部分：歌剧厅、音乐厅和贝尼朗餐厅。歌剧厅、音乐厅及休息厅并排而立，建在巨型花岗岩石基座上，各由四块巍峨的大壳顶组成。这些“贝壳”依次排列，前三个一个盖着一个，面向海湾相依拥抱，最后一个则背向海湾而立，看上去很像是两组打开盖倒放着的蚌。高低不一的尖顶壳，外表用白格子釉磁铺盖，在阳光照映下，远远望去，既像竖立着的贝壳，又像两艘巨型白色帆船，飘扬在蔚蓝色的海面上，故又有“船帆屋顶剧院”之称。

第六章：文教传媒

卢浮宫

卢浮宫也译为罗浮宫，是世界上最古老、最大、最著名的博物馆之一，位于法国巴黎市中心的塞纳河北岸。卢浮宫始建于1204年，历经800多年的扩建和重修达到今天的规模。卢浮宫占地面积约为45公顷，建筑物占地面积为4.8公顷，全长680米。宫前的金字塔形玻璃入口，为华人建筑大师贝聿铭所设计。卢浮宫是一个具有文艺复兴时期风格的金碧辉煌的王宫，从16世纪起，法国国王弗朗索瓦一世就开始大规模收藏各种艺术品，以后各代国王都延续了这个传统，充实了卢浮宫的收藏。如今博物馆收藏的艺术品已达40万件，其中包括雕塑、绘画、美术工艺、古代东方、古代埃及和古希腊、古罗马等7个门类。其中最重要的镇宫三宝是世人皆知的《米洛的维纳斯》、《蒙娜丽莎》和《萨莫特拉斯的胜利女神》。

大英博物馆

大英博物馆，又名不列颠博物馆，位于英国伦敦新牛津大街北面的大罗素广场，成立于1753年，1759年1月15日起正式对公众开放，是世界上历史最悠久、规模最宏伟的综合性博物馆。博物馆收藏了世界各地的许多历史文物和珍品图书，藏品之丰富、种类之繁多，为全世界博物馆所罕见。目前博物馆拥有藏品600多万件，由于空间有限，大批藏品并未公开展出。博物馆现有建筑为19世纪中叶所建，共有100多个陈列室，面积达六七万平方米，气魄雄伟、蔚为壮观。大英博物馆包括埃及文物馆、希腊罗马文物馆、西亚文物馆、欧洲中世纪文物馆和东方艺术文物馆，其中以埃及文物馆、希腊罗马文物馆和东方艺术文物馆的藏品最引人注目，所收藏的古罗马遗迹、古希腊雕像和埃及木乃伊闻名于世。

大都会博物馆

大都会博物馆，全名为纽约大都会艺术博物馆，位于美国纽约中央公园旁边，1870年由社会名流、慈善家和艺术家共同建立，是西半球最大的博物馆。整座博物馆为一座独立的大厦，是典型的哥特式建筑，占地只有8公顷，但展出面积却不下24公顷，可与卢浮宫和大英博物馆比肩。全馆分为三层，共设234间陈列室，收藏的文物和艺术品来自世界各地，有伊朗铜器、日本盔甲、荷兰油画、法国雕塑、英国银器、希腊彩瓶、叙利亚玻璃、美国现代派绘画，以及我国商周青铜器、唐宋元明清瓷器、明代家具和清代绘画等，藏品多达330余万件。其中以从埃及整体移入馆内的古墓最令人叹为观止，可谓镇馆之宝。服饰馆所收集的4个世纪以来五大洲各民族的1.5万件服装也堪称世界之最。

艾尔米塔什博物馆

艾尔米塔什博物馆，位于俄罗斯圣彼得堡市，被誉为俄罗斯皇冠上的一颗明珠。“艾尔米塔什”在法语里意为“隐宫”，是彼得堡冬宫的一部分。该馆最早为俄国女皇叶卡捷琳娜二世的私人博物馆，她于1764年从柏林购进伦勃朗、鲁本斯等人的250幅画作，并存放在冬宫的艾尔米塔什，成为博物馆的第一批藏品。博物馆共分8个部分，分别为原始文化部、古希腊罗马部、东方民族文化部、俄罗斯文化史部、古钱币部、西欧艺术部、主管导游工作的科学教育部和作品修复部。全馆分为350多个展厅，共有藏品270余万件，其中最引人注目的是彼得大帝展厅，这里陈列有大量彼得大帝生前的用品，其中许多是他亲手制造的。展厅里的一个玻璃柜中，有一座彼得大帝的蜡质坐像，头发是彼得大帝本人的真发。

故宫博物院

故宫博物院位于中国北京市中心，是世界上现存规模最大、保存最完整、建构最精致的古代宫殿建筑群，明清两代先后有二十四位皇帝在这里居住。博物院创建于1925年10月10日，是在明清两代皇宫及其收藏的基础上建立起来的综合性博物馆，也是中国最大的古代文化艺术博物馆，拥有150万件历史文物、珍贵典籍和艺术工艺珍品。展品的陈列展览分为三种：一是按历史原貌陈列展览，如三大殿、后三宫和西六宫等处；二是专门展品陈列展览，如青铜馆、陶瓷馆、工艺馆、书画馆、珍宝馆、钟表馆等；三是临时陈列展览，如“古书画真伪对比展”、“古陶瓷真仿品对比及古窑址资料展”、“清代宫廷包装艺术展”等。由于历史原因，本为一处的故宫博物院一分为二，除北京故宫博物院外，尚有台北“故宫博物院”。台北“故宫博物院”规模虽小，但以展品精良著称，尤以毛公鼎、翡翠白菜和肉形石三大镇馆之宝最为著名。

美国国会图书馆

美国国会图书馆位于美国首都华盛顿，建于1800年，是美国四大国家图书馆之一，也是全球最重要的图书馆之一。美国国会图书馆是在美国国会的支持下，通过公众基金、美国国会适当资助、私营企业的捐助以及致力于图书馆工作的全体职员共同努力建成的，是美国历史最悠久的联邦文化机构，也是世界上最大的知识宝库，在美国文化中占有重要地位。图书馆保存各类收藏近1.3

亿项，其中2900万为书籍、1200万为照片、5800万为手稿，存放图书的书架总长超过800千米。除农业技术和临床医学方面的信息分别由国家农业图书馆和国家医学图书馆收藏之外，其他所有信息均为国会图书馆收藏。图书馆原为满足美国国会研究而建，后对联邦各部门和公众开放，不仅提供馆藏图书查阅，还提供美国国会的史料、会议记录和宪法等重要文件供读者查阅。

俄罗斯国立图书馆

俄罗斯国立图书馆，位于俄罗斯首都莫斯科，是欧洲第一大图书馆、世界第二大图书馆，仅次于美国国会图书馆。俄罗斯国立图书馆的前身是鲁缅采夫图书馆。1862年，鲁缅采夫博物馆由彼得堡迁往莫斯科，作为该博物馆一部分的图书馆于当年对公众免费开放，全称为“莫斯科公共博物馆及鲁缅采夫博物馆图书馆”，简称“鲁缅采夫图书馆”。该馆藏书的基础是俄罗斯著名国务活动家鲁缅采夫伯爵的私人藏书，他在1826年于彼得堡去世时将私人藏书全部捐出。十月革命后，鲁缅采夫图书馆并被赋予国家书库的职能，并于1925年被改为苏联国立列宁图书馆。苏联解体后，改称俄罗斯国立图书馆。图书馆建筑面积共12万平方米，现在仍在扩建中，截至2000年底共藏有249种语言的图书4280万册，并以每年30到40万册的速度飞快增长。藏书中以6世纪拜占庭写本图书，11世纪以来俄罗斯编年史、年表、传说、故事，以及12世纪以来西欧、拉丁和希腊写本图书最为著名。

中国国家图书馆

中国国家图书馆，位于中国首都北京，旧称北京图书馆，是亚洲最大的图书馆。全馆共分旧馆、新馆和文津街分馆三部分，新馆建成后总面积将达25万平方米。旧馆是目前的主馆，于1987年落成，占地7.24公顷、建筑面积14万平方米，地上书库19层、地下书库3层，设计藏书能力2000万册。另有阅览室46个，其中开架阅览室23个，日均可接待读者六七千人次。图书馆的藏书可上溯到700多年前的南宋皇家藏书，最早的典藏可以远溯到3000多年前的殷墟甲骨。截至2005年，中国国家图书馆的藏书量已达2500多万册，并以每年60万至70万册的数目迅速增长。其中，仅价值连城的古籍善本就有200余万册，尤其以“敦煌遗书”、“赵城金藏”、“永乐大典”和“文津阁四库全书”最为著名。

俄罗斯国家图书馆

俄罗斯国家图书馆，位于俄罗斯彼得堡市，原名为“萨尔蒂科夫·谢德林国立公共图书馆”，是苏联的国家图书馆，苏联解体后于1992年更名为俄罗斯国家图书馆。图书馆始建于1795年，为叶卡捷琳娜女皇亲自审批，作为俄罗斯两个国家图书馆之一，隶属于文化部并由政府拨款的俄罗斯国家图书馆负责保存全部俄罗斯的印刷品、手稿和其他文献，以确保公民免费使用信息。截至2002年，图书馆藏书总量达3300余万册，其中外文文献600余万册。其中以公元前10年的埃及莎草纸文献、俄国第一本注明日期的手抄本《奥斯特罗米尔福音书》、俄国第一位印刷奠基人伊万费奥多罗夫印制的《日课经》、彼得大帝的手稿，以及俄国著名的作家、作曲家的手稿最为著名。

大英图书馆

大英图书馆，位于英国首都伦敦，也叫不列颠图书馆或英国国家图书馆，是世界上最大的学术图书馆之一。图书馆由原英国博物院图书馆、全国中央图书馆、全国科学发明参考图书馆、全国科学技术外借图书馆、英国全国书目公司于1973年合并而成。大英图书馆的历史虽然仅200余年，但其藏书可以上溯到3000年前，并且来自世界各地。目前图书馆藏书达2800余万册，并以每年40万册的速度增加。其中以无与伦比的英国及海外早期印刷书、文字产生以来的东西方手稿、前印度办事处的档案与图书资料、举世闻名的印刷或手绘地图及乐谱、具有重大价值的集邮资料、世界上最为丰富的音像资料、各种形式的商业情报、世界上最完整的专利说明书、世界上最完整的会议录，以及数以百万计的英国与海外报告最为著名。

哈佛大学图书馆

哈佛大学图书馆位于美国马萨诸塞州哈佛大学，是美国最古老的图书馆，也是世界上藏书最多、规模最大的大学图书馆之一。1638年，坎布里奇学院校务委员约翰·哈佛病逝，他把一半遗产和全部私人藏书捐献给学校，于是学校就以哈佛为名，哈佛的捐献成为当时图书馆的主要财产和资料。经过300多年的发展，哈佛大学图书馆的藏书达1600多万册，设有100多个分馆。不仅每个学院都有自己的图书馆，而且还有各类专业图书馆。各分馆大都设在哈佛大学校园内，但也有远在华盛顿的分馆，甚至在意大利的佛罗伦萨也有哈佛大学图书馆的分馆。在这些分馆中，燕京图书馆收藏有中国的珍贵图书；拉蒙特图书馆是世界上第一个供大学本科学生专用的图书馆；魏德勒图书馆是哈佛大学藏书最多的社会科学和人文科学的研究图书馆。哈佛大学图书馆的目标只有一个，就是达到“教育的珠穆朗玛峰”。

法国国家图书馆

法国国家图书馆位于法国巴黎，是由原皇家图书馆发展而来的大型综合图书馆。该馆的历史可上溯到查理五世为收藏历代王室藏书而建立的国王图书馆，后经弗朗索瓦一世在枫丹白露重建，始称皇家图书馆。该馆除收藏印本图书外，还收集钱币、徽章和浮雕等。法国大革命期间，图书馆被收归国有，1792年更名为国家图书馆，并向公众开放。1995年，在密特朗总统大力推动下，法国建成新的国家图书馆法兰西图书馆，并与原国家图书馆合并，统称为法国国家图书馆。原国家图书馆专门用于收藏特殊藏品，成为国立艺术图书馆，藏有地图类文献和地球仪89万件、图片及照片1200万幅，手稿22.5万卷，乐谱170万套，古币、证章、古董52万套。新国家图书馆也称为密特朗图书馆，藏有书籍1000万卷、期刊35万种、缩微胶卷7.6万卷、缩微平片95万张、数字化图片10万幅、数字化文本作品10万种、录音90万件、多媒体资料4.5万件、录像8.3万件。

德意志国家图书馆

德意志国家图书馆是由1912年成立的莱比锡国家图书馆、1947年成立的法兰克福国家图书馆和在1970年就属于法兰克福国家图书馆的德国国家音乐档案馆合并而成，是随着东西德统一而产生的联邦国家图书馆之一。德意志国家图书馆是非借阅图书馆，主要承担从1913年以来所有德语出版物的保藏工作。莱比锡国家图书馆主要负责珍贵图书的保护与收藏；法兰克福国家图书馆主要承担整个德意志图书馆网上书目的改进和编辑，以及整个国家图书馆的日常运作；德国国家音乐档案馆主要负责音像制品的收集、编辑、保护和书目制作。截至2008年底，德意志国家图书馆的藏书总量已达2400万册。

日本国立国会图书馆

日本国立国会图书馆位于日本东京，由1890年成立的隶属于旧宪法下帝国议会的贵族院众议院图书馆，和1872年成立的隶属于文部省的帝国图书馆组成，隶属于日本国会，是日本国会的常设机构。该馆以美国国会图书馆为模式建立，于1948年正式向公众开放，既是日本国会的图书馆，也是日本的国家图书馆。截至2000年3月，日本国立国会图书馆已收藏图书730多万册、连续出版物16万种、缩微胶卷28万卷、缩微胶片640多万张、唱片45万张、光盘1.5万张、博士论文36万份、文书25万件、报纸剪辑资料200多万张、地图42万张，包括明治维新以后日本的所有出版物，以及包括大量中国古籍在内的2.5万册古籍。

上海图书馆

上海图书馆位于中国上海市，是一座仅次于中国国家图书馆、位列中国第二的大型综合图书馆。上海图书馆建立于1952年，于1995年和上海科学技术情报研究所合并，跻身于世界十大图书馆之列。上海图书馆馆藏文献达到5000万件，其中以历史文献最具特色，包括古籍170万册、碑帖拓片15万件、名人手札10万件。古籍类包含善本书籍2.5万种，共17万册。此外，馆内还收藏历代地方志5400余种，329个姓氏的家谱1.8万余种，历代科举考卷8000余种，近现代文化名人信函、日记、题词、图片等5万多件。

博洛尼亚大学

博洛尼亚大学位于意大利艾米利亚—罗马涅大区的首府博洛尼亚，是公认的欧洲最古老的大学。经考证，博洛尼亚大学由依内里奥于1088年创建，所以当1988年博洛尼亚大学建校九百年之际，欧洲430个大学校长在博洛尼亚大广场共同签署了欧洲大学宪章，正式宣布博洛尼亚大学为欧洲“大学之母”，即欧洲所有大学的母校。博洛尼亚大学的起源要追溯到11世纪，当时众多被称为注释者的语法学、修辞学和逻辑学学者们聚集在博洛尼亚，共同评注古老的罗马法法典。在听取了依内里奥四位学生的建议后，皇帝费德里克一世于1158年颁布法令，规定大学不受任何权力的影响，作为研究场所享有独立性，为欧美大学独立于政治开了先河。现在的博洛尼亚大学共有23个系、235个专业，注册学生超过10万名。

巴黎大学

巴黎大学位于法国首都巴黎，是一所在国际上享有盛誉的综合大学，也是世界上最古老的大学之一。巴黎大学创立于公元9世纪，前身是初附属于巴黎圣母院的索邦神学院，1180年法王路易七世正式授予其“大学”称号，1261年正式使用“巴黎大学”的名称。巴黎大学与博洛尼亚大学一同被尊为“欧洲大学之母”，欧洲各主要大学的建立模式均受此二校的影响。13世纪时巴黎大学的学生已经上万，而且有许多来自欧洲的邻国。17世纪时宰相黎世留亲自出任校长，使巴黎大学获得了飞速的发展，并奠定了国际威望。现在所说的巴黎大学实际上是巴黎13所大学的联合体，1971年同时宣告成立，分别叫做巴黎第一至第十三大学，共同拥有“巴黎大学”这一名称。

牛津大学

牛津大学位于英国泰晤士河谷的牛津城，传说这里是古代牛群涉水而过的地方，故得名“牛津”。牛津大学是英语国家中最古老的大学，始建于1167年。公元12世纪之前，英国没有大学，英国人都要到法国或其他大陆国家求学。1167年，当时的英格兰国王和法兰西国王发生争吵，英王一气之下把寄读于巴黎大学的英国学者召回，并把他们聚集于牛津城，从事经院哲学的教学与研究，这就是牛津大学的前身。目前，牛津大学共有39个学院，它们和学校的关系就象美国中央政府与地方政府的关系那样，采用联邦制形式。其中，最古老的学院是建于1264年的默顿学院，最年轻的学院是建于1963年的圣凯瑟琳学院，两个学院相差整整七个世纪。在八百多年的历史中，牛津大学培养出不计其数的优秀学生，其中包括4位英国国王、46位诺贝尔奖获得者、25位英国首相、3位圣人、86位大主教，以及18位红衣主教。

剑桥大学

剑桥大学位于英国小镇剑桥，因小镇位于架设在剑河之上的桥旁而得名，相传由一批为躲避斗殴而从牛津大学出逃的学者建立。相传1209年，一位牛津学生在练箭时误杀了镇上的妇女，结果师生们被市民追杀得四处逃窜，其中有12人流落到剑桥，被剑桥的伊利主教收容。其他学者也因此慕名而来，剑桥大学就此逐渐形成，英王亨利三世在1231年授予剑桥教学垄断权。剑桥大学和牛津大学是英国最著名的两所大学，合称为“牛桥”。现在的剑桥大学有31个学院、3个女子学院和2个专门的研究生院，实行独特的学院制，每个学院都有自己的校规校纪，俨然一个微型的独立大学，其中第一所学院是建立于1284年的彼得学院。在八百年的历史中，剑桥大学培养了无数的优秀人才，牛顿、达尔文、马尔萨斯、罗素都从这里走出，仅诺贝尔奖获得者就有81位之多。值得一提的是，中国著名诗人徐志摩的《再别康桥》，表达的就是诗人对剑桥大学的深厚感情，“康桥”就是剑桥的旧译。

哈佛大学

哈佛大学位于美国马萨诸塞州波士顿市剑桥镇，是美国历史最悠久的大学，也是世界上最早的私立大学之一，有“现有哈佛，后有美国”之称。哈佛大学的前身是1636年创建的哈佛学院，当时的英属马萨诸塞海湾殖民地议会通过决议，决定筹建一所像英国剑桥大学那样的高等学府，由于创始人中很多都出身于剑桥大学，所以就把哈佛大学所在的新镇命名为剑桥镇。学校于1638年建成，因牧师兼伊曼纽尔学院院长哈佛逝世前，把一半积蓄和400余册图书捐赠给该校，所以殖民地议会于次年通过决议，把这所学校命名为哈佛学院。哈佛大学共有10个研究生院、40多个系科和100多个专业，各学院都具有相对独立性，历任校长都坚持学术自由、学术自治和学术中立的原则。在将近四百年的历史中，哈佛大学培养了大批人才，有“美国政府思想库”之誉，先后诞生了8位美国总统、40位诺贝尔奖得主和30位普利策奖得主。尤其值得一提的是，哈佛大学燕京学社自建立之初就倾力于中美文化交流，林语堂、竺可桢、梁实秋、梁思成等，都和哈佛大学有着密切的联系。

耶鲁大学

耶鲁大学位于美国康涅狄格州纽黑

文市，是一所创立于1701年的私立大学，也是美国历史最悠久的大学之一。1638年北美康涅狄格成为英国殖民地，昆尼皮亚克海湾逐渐发展为繁荣的纽黑文港。牧师约翰·达文波特倡议在此建立大学，但响应者聊聊无几。1701年，以詹姆士·皮尔庞为首的一批传教士，说服康州法院建立起一所教会学校，10位管理学校的牧师捐出40本书，成为耶鲁大学建校的第一批资本。1718年，英国东印度公司高层官员伊莱休·耶鲁先生，向这所教会学校捐赠了9捆总价值562英镑12先令的货物、417本书以及英王乔治一世的肖像和纹章。为了感谢耶鲁先生的捐赠，学校正式更名为耶鲁学院，也就是现在耶鲁大学的前身。同其他著名大学不同，耶鲁大学更注重本科教育，而且是世界上最早设立人文和艺术学科的大学。耶鲁大学现有12个学院，在三百年的历史中培养了大批人才，其中包括13位诺贝尔奖获得者，以及克林顿、希拉里、小布什等政治家。此外，耶鲁大学还走出一批包括容闳、詹天佑、马寅初等人在内的中国留学生。

普林斯顿大学

普林斯顿大学位于美国新泽西州的普林斯顿市，是美国历史最悠久的大学之一。普林斯顿大学的前身是新泽西学院，于1746年成立于新泽西州的伊丽莎白镇，1756年迁至普林斯顿后仍沿用原名，直到1896年才正式更名为“普林斯顿大学”。普林斯顿大学在独立战争期间成为美英双方激烈交火的战场，大部分建筑都毁于战火，但华盛顿也在此取得了独立战争的首次胜利。大学现在分为大学生部和研究生部，共有4个学院、32个系，以及两个相当于系的专业学院。普林斯顿大学保有浓厚的欧式教育学风，强调学生要具备人文和科学的综合素养，在二百多年的历史中培养出33位诺贝尔奖获得者，以及2位总统和44位州长，号称美国政治家的摇篮，爱因斯坦、纳什、艾略特等都曾在此工作和学习过。

麻省理工学院

麻省理工学院位于马萨诸塞州波士顿市剑桥镇，与邻居哈佛大学是传统的竞争对手，有“世界理工大学之最”的称号。按照现代的规范翻译，麻省理工学院应译为“马萨诸塞学院”，但因我国从清朝起就这样称呼，所以一直沿用至今。麻省理工学院于1861年由一位著名的自然科学家威廉·巴顿·罗杰斯创立，但因为南北战争的影响，直到1865年才迎来第一批学生。经济大萧条时期，麻省理工学院曾一度要与哈佛合并，但在学生的强烈抗议下作罢。麻省理工学院是全世界最重要的高科技研发基地，为美国政府研制出许多高科技武器，因此也被称为“战争学府”。截至2007年，先后有78位诺贝尔奖获得者曾在麻省理工学院学习或工作过。

莫斯科大学

莫斯科大学全名为“国立莫斯科罗蒙诺索夫大学”，位于俄罗斯首都莫斯科市，是俄罗斯规模最大、历史最悠久的综合性大学。莫斯科大学于1755年由教育家罗蒙诺索夫创建，旧址位于莫斯科莫霍瓦街。1917年十月革命胜利后，莫斯科大学成为苏联的国立大学，于1940年获列宁勋章，并以罗蒙诺索夫命名。1953年又在莫斯科西南的列宁山上建立新校舍，32层的主楼包括55米的尖顶高达240米，此外还有400余个实验室、280个教研室、4个天文台、3个博物馆、1个面积近50公顷的植物园。莫斯科大学共有16个系、460个专业，曾培养出许多杰出的人才。如教育家乌申斯基、诗人莱蒙托夫、作家屠格涅夫和赫尔岑、文学批评家别林斯基、“俄罗斯航空之父”茹科夫斯基等。

东京大学

东京大学位于日本首都东京，是日本创办的第一所国立大学，也是亚洲创办最早的现代大学之一。东京大学的前身是明治早期创办的东京开成学校和东京医科学校，明治维新初期日本政府公布“新学制令”，于1877年将两校合并为东京大学。1886年，明治政府为培养具有国家主义思想的人才，颁布“帝国大学令”并将东京大学改名为帝国大学。二战战败后，东京大学清除军国主义教育，去掉校名中的“帝国”二字，重新恢复原名。东京大学共有10个学部、11个研究生院和12个研究所，百余年来培养出一大批优秀人才，包括川端康成、夏目漱石、芥川龙之介、三岛由纪夫等一大批文化名人，以及三分之一的战前日本首相和几乎全部的战后日本首相。

《泰晤士报》

《泰晤士报》是英国的一份综合性全国发行的日报，对全世界的政治、经济和文化发挥着巨大的影响。“泰晤士”为“TIMES”的音译，和泰晤士河没有任何关系，是一个约定俗成的习惯叫法。《泰晤士报》诞生于1785年，创始人为约翰·沃尔特，当时名为《每日环球纪录报》，1788年正式改为现名。后几经辗转，《泰晤士报》现隶属于鲁伯特·默多克的新闻集团。长期以来，《泰晤士报》一直被认为是英国的第一主流大报，被誉为“英国社会的忠实记录者”，在英国国内政治和国际关系问题上扮演着重要角色。《泰晤士报》的版面主要分为两部分，一是国内外新闻、评论、文化艺术，二是商业、金融、体育娱乐，报道内容详尽、风格严肃。《泰晤士报》一贯坚持“独立客观报道事实”的原则，但被鲁伯特·默多克收购之后，风格逐渐趋向保守。

《纽约时报》

《纽约时报》是一份在美国纽约出版

并在全世界发行的报纸，在世界范围内拥有相当大的影响力。《纽约时报》诞生于1851年，创始人为亨利·雷蒙德和乔治·琼斯，当时名为《纽约每日时报》。《纽约时报》的原则是“力求真实，无畏无惧，不偏不倚，不分党派、地域或任何特殊利益”，在新闻报道方面将自己看做“报纸记录”，因此除纽约当地的新闻外，《纽约时报》很少首先报道一个事件，如果它首先报道了某个事件的话，那么这个报道的可靠性必定是非常高的，往往被世界上其他报纸和新闻社直接作为新闻来源。《纽约时报》是美国高级报纸和严肃刊物的代表，在社会舆论中具有良好公信力，同时也享有可靠的新闻来源。

《华盛顿邮报》

《华盛顿邮报》是美国华盛顿哥伦比亚特区规模最大、资格最老的报纸。《华盛顿邮报》诞生于1877年，创始人为斯蒂尔森·哈钦斯，1880年成为华盛顿特区首家每日出版的报纸。由于《华盛顿邮报》位于美国首都，所以长于报道美国国内政治动态，但也因此被指责为过分关心政治而忽略其他方面报道。《华盛顿邮报》因在20世纪70年代初揭露“水门事件”，并迫使尼克松总统辞职而获得国际威望，成为继《纽约时报》后美国最有声望的报纸。《华盛顿邮报》现在属于华盛顿邮报公司，除《华盛顿邮报》外，该公司还拥有可与《时代周刊》比肩的《新闻周刊》，以及其他一些非媒体企业。

《华尔街日报》

《华尔街日报》是美国乃至全世界影响力最大的侧重金融、商业类报道的日报。《华尔街日报》诞生于1889年，创始人为查尔斯·道和爱德华·琼斯，两人同时也是“道—琼斯”公司的创始人。创办初期的《华尔街日报》发行范围非常窄，在很长时间内没有形成自己的风格，直到1931年巴尼·基尔格尔担任该报主编，才正式进入了发展壮大的黄金时期。现在的《华尔街日报》日发行量达200万份，同时还出版了亚洲版、欧洲版和网络版，每天的读者有2000多万人。《华尔街日报》以严肃的报道风格和深度开掘的报导精神闻名；在编辑上始终采用传统的黑、白、灰三种配色，直到1991年才在广告部分使用少量的色彩；在选择题材上非常谨慎，记者选题的平均周期长达六个星期。

《读卖新闻》

《读卖新闻》是日本第一大报纸，也是世界上发行量最大的日报，常年保持在1400万份上下。《读卖新闻》1874年诞生于东京，创始人为子安峻。初为市井小报，持“俗谈平话”的方针，以刊载通俗小说为主要特色，口号是“要敢于同左右两翼独裁思想作斗争”。1942年与《报知新闻》合并后更名《读卖报知》，一跃为东京第一大报，1946年恢复原名。

《读卖新闻》拥有独立的国内外采访通讯网，4个国内总社共有350个采访点，4个海外总局共有常驻海外记者40多名。此外还拥有大约10万投递员组成的投递网络，99%的报纸都是由他们直接送到订户手里，50%的旧报纸通过他们得以回收利用。《读卖新闻》在渡边恒雄先生的主持下组成“战争责任检证委员会”，对日本战争责任进行长达一年的调查和分析，并将调查报告以连载的形式陆续发表，在日本国内引起了巨大反响。

《朝日新闻》

《朝日新闻》和《读卖新闻》、《每日新闻》并称为日本三大综合性日文对开报纸，是日本第二大报纸。《朝日新闻》1879年诞生于大阪，初为插图小报，以“不偏不党”为办报方针。《朝日新闻》的采访网络遍布国内外，国内约有300处记者站，海外则有30个常驻机构，在北京设有中国总局，在上海、台北、香港、广州设有分局。《朝日新闻》的报道在日本国内极具影响，拥有广大的读者群。“朝日新闻”不仅是一份报纸，也是一家大型综合性媒体,除发行《朝日新闻》外，还发行有英文报纸《Asahi Evening News》、周刊杂志《周刊朝日》、月刊杂志《论座》等，每年发行超过700种的杂志和书籍。此外，“朝日新闻”还积极从事展览会、音乐会、戏剧和体育事业等各种活动的策划和举办，而且长期以来致力于促进和中国的友好交流，曾举办过中国文物展、中国书法展、遣唐使之足迹等大量与中国相关的活动，受到日本各界的广泛好评。

《时代》

《时代》周刊是美国影响力最大的新闻周刊，有世界“史库”之称。《时代》诞生于1923年，创办人为亨利·鲁斯和布里顿·哈登，最初刊名为《事实》，由时代华纳公司在纽约出版。《时代》的宗旨是帮助“忙人”充分了解世界大事，为此开辟有经济、教育、法律、批评、体育、宗教、医药、艺术、人物、书评和读者来信等多种栏目，并大量使用图片和图表，是美国第一份用叙述体报道时事的大众性期刊。《时代》分为美国国内版、国际版，以及欧洲、亚洲和拉丁美洲版，拥有巨大的国际市场，成为宣传美国价值体系和生活方式的最好载体。《时代》每年推出的“时代词汇”已经成为美国语言变迁的历史记录，而从1927年开始的“年度风云人物评选”则更是全世界关注的焦点，邓小平就曾于1979年和1985年两度当选。

《生活》

《生活》是仅次于《时代》，在美国家喻户晓的著名图画杂志。《生活》的前身是1883年在纽约市曼哈顿发行的幽默周刊，发行社就叫做生活出版社。现在的《生活》诞生于1936年，创始人为

H.R. 鲁斯，由时代出版公司在纽约发行，定位为新闻摄影纪实杂志，办刊宗旨是“看见生活、看见世界”。1972 年以前，《生活》是大型新闻综合性图画周刊，期发行量在 1970 年曾达 850 万份，但在 1972 年到 1978 年之间曾因经济困难几乎停刊，1978 年 9 月 25 日起改为月刊，仍用大型画报版式，但照片大为减少。《生活》的内容以专题照片和特写为主，题材广泛，深受大学在校生和毕业生的喜爱，据说读者平均年龄仅 35 岁，是名副其实的青年人杂志。

《财富》

《财富》是世界知名的美国经济类杂志，诞生于 1930 年，创始人为创办《时代》周刊的亨利·鲁斯。20 世纪 20 年代是美国经济飞速发展的黄金时代，大量的经济活动需要有相应的经济刊物进行报道，于是亨利·鲁斯决定办一份专门为工商企业界服务的月刊，并定名为《财富》。《财富》在诞生初期就遭遇经济大萧条，但却出人意料地逆势而上，在恶劣的环境中发展壮大。《财富》不仅为企业家提供工商界动向和经济问题研究，同时还以揭露式的报道曝光大企业的商业道德问题，因此也赢得了普通读者的欢迎和信赖。《财富》虽然是一份经济类杂志，但历届主编都非常重视报道的文笔，因此成为英语世界写作最优雅的杂志之一。除报道外，《财富》还以“全球 500 强”和“财富论坛”闻名世界，其 500 强排名已成世界知名企业用来判断自身实力的重要指标，同时也是世界经济状况的晴雨表，而“财富论坛”则被世界经济界巨头视为“脑力激荡”和“激发新思维”的良机。

《自然》

《自然》是英国乃至全世界最老的、最有威望的科学杂志之一。《自然》诞生于 1869 年，创始人约瑟夫·诺尔曼·洛克耶爵士是一位天文学家和氦的发现者之一。与今天大多数科学杂志都专注于一个特殊领域不同，《自然》是少数依然发表来自很多科学领域一手研究论文的杂志。《自然》的办刊宗旨是“将科学发现的重要结果介绍给公众”，“让公众尽早知道全世界自然知识的每一分支中取得的所有进展”，因此每年最重要、最前沿的自然科学研究成果，都会在《自然》中以短文章的形式发表。此外，《自然》也在部分社论、新闻、专题文章中报道科学家关心的事物，包括最新消息、研究资助、商业情况、科学道德和研究突破等，有时也介绍与科学研究相关的书籍和艺术。除《自然》外，“自然出版集团”还发行 8 种研究月刊、6 种评论杂志和 2 种工具书。

《读者文摘》

《读者文摘》是美国影响力最大的文摘类杂志，也是世界最畅销的杂志之一，在全球拥有19种语言的48个版本。《读者文摘》诞生于1922年，现为月刊，文章风格简明易懂，内容丰富广阔，涉及健康保健、大众科学、体育运动、美食烹饪、旅游休闲、金融政治、家居园艺、艺术娱乐等，还设有笑话、谜语、测试、动画及读者来信等固定专栏，为各个年龄阶段和各种文化背景的读者提供开阔视野、陶冶身心、激励精神的精品文摘。2009年8月17日，《读者文摘》出版商"读者文摘杂志社"宣布，为进行结构重组和减轻债务负担，计划在15天内为其美国业务申请破产保护。这项声明震惊了世界，作为一份历史悠久、发行量巨大的著名杂志，《读者文摘》的破产无疑预示了传统文化产业的衰退。所幸的是，美国《破产法》只适用于美国国内，因此读者文摘志社在世界其他地区的业务不会受到影响。

《国家地理》

《国家地理》是美国国家地理学会的官方杂志，同时也是世界上历史最悠久、最广为人知的地理类杂志。《国家地理》在1888年美国国家地理学会创立后的9个月后即开始发行，每年发行12期，偶尔发布特版。《国家地理》的内容多是关于世界各地社会、历史和风土人情的文章，早在20世纪初就开始使用当时罕见的彩色照片，其配发图片质量之高受读者的普遍赞誉，因此也成为世界各地摄影新闻记者争相发表作品的地方。《国家地理》的另一特色是提供高质量地图，国家地理学会的地图档案曾经被美国政府采用，弥补美国军方地图资源的不足。《国家地理》于1995年开始发行日文版，这是第一个地方化版本，此后又在全球发行了20余种语言的版本，包括繁体中文和简体中文两种中文版本。

美联社

美联社全名"联合通讯社"，英语简称"AP"，翻译时为与其他国家的联合通讯社有所区别，故称为"美国联合通讯社"。美联社是美国最大的通讯社，也是世界上最大的国际性通讯社之一。美联社1892年成立于芝加哥，前身为1848年墨西哥战争期间，纽约市6家大报成立的"港口新闻联合社"，其后经过不断合并、改组，规模逐渐扩大，于1900年将总社迁至纽约。美联社最初的稿件只供给本社成员报纸，1945年以后开始向非成员报纸和电台供稿。现在的美联社是由美国报业和广播成员组成的新闻联合组织，拥有国内分社134个、国外分社83个，共3000多名工作人员，每天用6种文字播发新闻和经济信息300万字，每年发布图片15万张，不仅为美国1500多家报纸、6000家电台和电视台服务，还为世界115个国家和地区的1万多家新闻媒介供稿。圣雄甘地曾开玩笑说："我猜想，当我死后站在天堂之门的时候，碰到的第一个人会是一名美联社记者。"

法新社

法新社全名“法国新闻社”，前身是由夏尔·哈瓦斯于 1835 年在巴黎创建的“哈瓦斯通讯社”，是世界上资历最老的通讯社之一。一战期间，哈瓦斯通讯社的业务迅速发展，仅在巴黎就有 300 多名工作人员；二战期间，巴黎沦陷也未能使哈瓦斯通讯社停止工作。1944 年巴黎解放，哈瓦斯通讯社与抵抗运动中成立的几个新的通讯社合并为法新社，同年 9 月获得临时公共机构地位，由此成为实质上的法国官方通讯社。法新社拥有覆盖全球 165 个国家和地区的 110 个办事处，以及来自 81 个国家和地区的 2000 多名雇员，其中约 900 人在国外工作。法新社总社每天通过各条线路使用各种文字，为全世界 160 多个国家和地区的 3500 家媒体编发新闻稿。

路透社

路透社是英国历史最悠久的通讯社，于 1850 年由保罗·朱利叶斯·路透在德国亚琛创办，1851 年迁到伦敦，创办人路透也加入英国国籍。1865 年，路透社发展成一家大公司，通讯社只占集团总业务的百分之五。路透社的股权分属于英国报业主联合会和报联社，以及澳大利亚和新西兰报联社，四家股东共同签署确保路透社在新闻报道中坚持“独立性”和“正直性”的“托拉斯协议”。路透社名义上是私人企业，但实际上受英国政府控制。路透社在国外共有 122 个分社，分布在 75 个国家和地区，国外常驻记者约有 370 名，在未建分社的地方雇用当地人作兼职记者或报道员。路透社与 120 多个国家或私人通讯社有业务联系，为 1500 家外国报纸提供稿件。2008 年 4 月 18 日，汤姆森公司以 160 亿美元收购路透集团，合并后的公司总部位于纽约。

塔斯社

塔斯社是苏联和现在俄罗斯联邦的国家通讯社，也是具有重要影响的国际性通讯社之一。塔斯社的前身是 1917 年成立的俄国彼得格勒通讯社，1918 年与全俄中央执行委员会所属的新闻局合并为俄罗斯通讯社。1925 年经苏联中央执行委员会主席团和苏联人民委员会批准，成立“苏维埃社会主义共和国联盟电讯社”，英文缩写“TASS”,汉语音译为“塔斯社”。塔斯社总社设在莫斯科，苏联解体前夕有 5000 多名工作人员，80 多个国内分社和记者站向 4000 多家报纸、电台和电视台供稿，120 个国外分社用 8 种文字向 115 个国家和地区的新闻机构或商务代表处提供新闻或经济信息。苏联解体后，塔斯社归属俄罗斯联邦新闻中心，1992 年同苏联新闻社的一部分合并为俄罗斯通讯社，作为俄罗斯的国家通讯社，但仍然在俄通社中保留独立的塔斯社机构，以“俄通社—塔斯社”的名义发稿。

埃菲社

埃菲社是西班牙通讯社，于 1938 年创办于布尔戈斯，次年迁往马德里。埃菲社虽然是商业通讯社，但仍由国家提供部分经费，由西班牙政府任命社长。埃菲社是新兴的国际通讯社，在 20 世纪 70 年代后才逐渐面向国外，特别是向拉丁美洲发展。埃菲社在国外设有 80 多个分社，用西班牙文、法文和英文向世界 1000 多家新闻机构提供消息，利用西班牙在语言和文化方面与拉丁美洲国家的历史渊源，力图建成西班牙文第一大通讯社。因此，埃菲社把半数驻外记者部署在拉丁美洲的 28 个分社中，15 条卫星线路中有 14 条直通拉丁美洲，报道拉丁美洲新闻及时全面，因此受到国际社会的重视。埃菲社每年对内播发 10 万多条国内外新闻，对外发稿量为 8000 多万字，除提供新闻外，每月还向国外报刊提供 300 多篇专稿。此外，埃菲社还负责转发西班牙政府的公报和法令，但并不代表政府表态或发表评论。

华纳唱片

华纳唱片集团是全球五大唱片集团之一，原隶属于传媒巨子时代华纳集团。华纳兄弟公司于 1930 年收购 Brunswick 唱片公司，从而顺利进军唱片业。随后又分别于 1968 年和 1970 年兼并 Atlantic 和 Elektra Nonesuch 两家唱片公司，成立华纳唱片集团。2004 年时代华纳正式将华纳音乐集团以 26 亿美元的价格转让给美国布隆夫曼投资集团，华纳唱片因此经历了巨大的人事动荡和一系列调整重组。华纳唱片于 1992 年控股台湾飞碟唱片公司，并于次年正式收购飞碟唱片，成立华纳台湾唱片公司，全面进军华语乐坛，原飞碟旗下歌手王杰、蔡琴、郭富城、叶倩文、张雨生、陈百强、林忆莲等也归于华纳旗下。2000 年前后，华纳唱片在华语音乐界崛起，不仅代理了拥有梁咏琪、古巨基的 EEI 唱片发行业务，还签下张惠妹、那英两位大牌，并成功打造了人气小天后孙燕姿，加上香港的郑秀文，成就了华纳在华语歌坛的黄金期。

环球唱片

环球唱片公司原来只是著名电影制作公司环球影业旗下的一家机构，环球影业于 1998 年收购红极一时的宝丽金唱片公司后，才改组为现在的环球唱片集团。环球唱片是现在全世界最大的唱片公司，占有世界市场份额的四分之一。宝丽金唱片由德国 DG 唱片公司与荷兰飞利浦唱片公司于 1972 年联合组建，名字“Polygram”来源于 Polydor 和 Phonogram 两个公司之名的组合，汉语音译为“宝丽金”。20 世纪 80 年代末，宝丽金曾拥有世界上最著名的艺术家和乐团：三大男高音，指挥家卡拉扬、阿巴多、小泽征尔，维也纳爱乐乐团、柏林爱乐乐团等。90 年代时通过一系列的收购与合并，几乎垄断了全球唱片市场。

1998 年被环球音乐公司收购后，整合成“唱片帝国”环球音乐集团，在全球数十个国家设有子公司，发行各种类型的音像制品。著名歌手张学友、张国荣、许冠杰、黎明、谭咏麟、邓丽君、邝美云、费翔、齐秦、童安格都曾在其旗下。

BMG唱片

BMG 唱片全称为 Bertelsmann Music Group，是德国媒体巨人贝塔斯曼集团旗下的音乐业务子公司。贝塔斯曼于 1835 年由卡尔·贝塔斯曼在德国创立，最初在图书业以出版圣经发迹，1958 年首次涉足音乐领域，收购了德国与奥地利的两家唱片公司，1987 年买下美国胜利唱片后成立 BMG，现在拥有全球 200 多家子公司。BMG 于 1996 和 1997 年收购台湾巨石和香港艺能动音，刘德华和梅艳芳曾经是 BMG 王牌，郑伊健、柯受良、徐若瑄等歌手也先后效力其下。BMG 于 1996 年在北京设立办事处，进军内地歌坛，期间旗下艺人有丁薇、李泉、孙楠、林依轮、瞿颖等人。2003 年底，BMG 的母公司贝塔斯曼集团与索尼唱片的母公司索尼财团决定，将两家唱片公司合并，双方各占一半股份，新公司名为 Sony BMG。从此，世界五大唱片公司变为四大。

EMI唱片

EMI 唱片公司全称为 Electricaland Musical Industriesltd，是全世界历史最悠久的唱片公司。EMI 唱片的前身是艾米利·贝林纳于 1898 年在伦敦创立的“留声机公司”，1929 年与“哥伦比亚留声机公司”合并成立 EMI。经过一个多世纪的发展，现在的 EMI 在全世界 146 个国家设有分支机构，拥有多个唱片品牌，在流行和古典领域中均占有举足轻重的地位。在古典音乐领域，EMI 曾拥有 BBC 交响乐团、皇家爱乐乐团、伦敦爱乐乐团等知名乐团，穆蒂、普列文、巴比罗利等指挥大师，梅纽因、帕尔曼、杜普蕾等演奏家，卡鲁索、卡拉丝、施瓦茨科普夫等歌唱家。在流行音乐领域，EMI 几乎记载了整个流行音乐的发展历程，曾拥有 The Beatles，Backstreet’s Boys，Richard Marx，Beach Boys，Crowded House，Kate Bush 等组合或歌手，王菲、那英、林忆莲等也曾在该公司旗下。

索尼唱片

索尼唱片公司的历史可以追溯到美国哥伦比亚唱片公司。哥伦比亚唱片公司成立于 1890 年，隶属于美国哥伦比亚广播公司，历史上曾与宝丽金、贝塔斯曼并称为三大唱片集团。1989 年，哥伦比亚唱片公司被日本索尼财团收购，废除原有的 Columbia 和 CBS 商标，改用全新的 Sony Music 和 Sony Classical 商标发行唱片。索尼唱片于 20 世纪 90 年代初在台北成立“新力哥伦比亚音乐股份有限公司”，进军华语乐坛。与当时主流的港台流行乐不同，索尼唱片以西化音乐路线登陆华语市场，大胆引入西方流行音乐元素，签约歌手李玟、柯以敏、王力宏等，无一例外地坚持国际化音乐路线。索尼唱片在2000年后走向辉煌，不仅创造了F4的偶像神话，还一举取得周杰伦和王菲的唱片发行权，将华语乐坛两张绝对王牌收至麾下。索尼公司在2008年收购了贝塔斯曼持有的Sony BMG唱片的另外一半股份，从而完成了对Sony BMG的全资控股。

米高梅

米高梅电影公司全称Metro-Goldwyn-Mayer，是好莱坞历史上最著名的电影公司之一。1923年，美国电影业出现危机，当时的米特罗电影制片公司出现严重亏损，但老板马尔科斯·洛夫不但没有后退，反而买下高德温电影制片公司，并邀请路易斯·梅耶加盟，于次年成立"米特罗—高德温—梅耶"电影公司，简称米高梅。梅耶成为新公司的总经理，将米高梅缔造为电影界巨无霸的同时，自己也成为整个好莱坞的电影之王。20世纪40年代以前，米高梅一直是好莱坞最大、最有影响力的，集制片、发行和放映于一身的电影公司，它的雄狮标志成为美国电影的象征。二战后，米高梅在反垄断判决、电视的普及和梅耶的离去三重打击下一蹶不振，始终无法摆脱亏损的经营，几经起伏之后于2005年被索尼公司收购。米高梅曾拍摄出《猫和老鼠》、《宾虚》、《日瓦戈医生》、《魂断蓝桥》、《乱世佳人》等一大批经典影片，先后获得170项奥斯卡奖。

派拉蒙

派拉蒙是好莱坞电影业的老牌巨头，创立于1912年5月，是八大电影公司中资格最老的，其群星环绕雪山的标志为全世界人所熟知。派拉蒙的创始人是阿道夫·楚科尔和杰西·拉斯基，两人都是目光远大的杰出人物。阿道夫·楚科尔是靠经营杂耍剧场起家的，但他在进入电影行业后，却下决心改变电影只拍给受教育程度很低的移民观看的惯例，制作的电影成功地吸引了中产阶级观众，使电影进入了一个新境界。从20世纪30年代到60年代，大萧条、战争、反垄断、电视，都给派拉蒙以沉重的打击，一直到60年代末才恢复元气。此后，派拉蒙一路高潮迭起，几经人事变动和收购重组，始终保持相当旺盛的创作力，在2005年收购梦工厂，进入了一个新的发展阶段。派拉蒙曾拍摄出《教父》、《夺宝奇兵》、《阿甘正传》、《碟中谍》、《变脸》、《楚门的世界》、《拯救大兵瑞恩》、《星际航行》、《古墓丽影》、《勇敢的心》、《变形金刚》等经典影片。

哥伦比亚电影公司

哥伦比亚电影公司是好莱坞著名的电影制片和发行公司，在世界范围内享有极高的声誉，其标志为举着火炬的女神。哥伦比亚电影公司创立于1920年，前身是一家摄制喜剧短片的CBC电影销售公司，由原来在环球影片公司工作的科恩兄弟和布兰特在好莱坞创立，1924年改称哥伦比亚影片公司，并于20世纪30年代成为美国电影业中举足轻重的一支力量。50年代和60年代是美国电影业的低潮期，哥伦比亚公司通过向电视台出售旧片、为电视台摄制电视片的方法，成为好莱坞最早与电视结合的大公司之一。1968年公司改组为哥伦比亚影片工业公司，下属哥伦比亚影片公司和银幕珍品公司，20世纪80年代一度附属于可口可乐公司，1989年被索尼公司收购，成为索尼影视娱乐公司旗下的影片销售公司。哥伦比亚曾拍摄出《哈姆雷特》、《卡拉马佐夫兄弟》、《甘地传》、《吸血鬼惊情四百年》、《肖申克的救赎》、《勇敢者的游戏》、《绝地战警》、《黑衣人》、《精灵鼠小弟》、《蜘蛛侠》、《达芬奇密码》等经典影片。

华纳兄弟

华纳兄弟影业公司在好莱坞电影业中是非常平民化的一家公司，1923年4月由哈里·华纳、阿尔伯特·华纳、山姆·华纳和杰克·华纳四兄弟创建，当时的总部设在美国纽约，制片厂设在好莱坞附近的伯班克。华纳兄弟是贫穷的波兰移民后裔，共有兄弟姐妹12人，1903年他们的父亲修鞋匠老华纳召开家庭会议，决定在一门新兴的生意上投资，于是买下一部电影放映机，在宾夕法尼亚州和俄亥俄州的小市镇上巡回放映电影，华纳兄弟就在这一年租下一个杂货铺，开设了他们的第一家电影院。直到一战期间华纳兄弟才进入制片业，凭借影片《我在德国的四年》发了一笔财，得以在好莱坞建立电影制片厂，1923年他们开始正式使用“华纳兄弟电影公司”的名称。华纳兄弟在1925年接管维泰葛拉夫制片公司，并于1927年摄制发行了电影史上第一部有声影片《爵士歌手》，从而使公司在20世纪30年代初进入了好莱坞八大电影公司的行列。华纳兄弟公司虽然在随后的岁月里几经转手，但创作的电影始终保持高质量，《黑客帝国》、《哈利·波特》、《蝙蝠侠》、《完美风暴》、《超人归来》都是它的经典之作。

环球

环球电影公司在好莱坞电影业中非常独特，不像别的电影公司那样从经营发行开始或兼营发行，在很长的一段时间里，环球只经营电影拍摄。环球公司创立于1912年，创始人卡尔·莱默尔是移居美国的德裔犹太人，1908年在发明家爱迪生的支持下开设电影信托公司，1912年合并八家小电影公司后组建环球电影公司。环球公司虽然在资历上仅次于米高梅，但最初的几十年中一直是好莱坞的二等公民，只拍摄一些成本低廉的恐怖片，以及小城镇观众喜欢看的西部片、通俗剧和系列电影。二战后，英国企业家阿瑟·兰克买下了环球电影公司四分之一的股份，并开始制作和发行规模更大、质量也更高的影片，环球重新回到好莱坞顶级公司的行列。虽然公司老板频繁更换，但环球在此后的几十年间拍摄出《大白鲨》、《ET 外星人》、《侏罗纪公园》、《回到未来》、《阿波罗 13 号》、《角斗士》、《美国派》、《谍影重重》、《金刚》等一系列著名影片。

联美

联美电影公司全名 United Artists，翻译时为了更好地把握国别，译为美国联合艺术家公司，简称联美。联美公司 1919 年由卓别林、范朋克、壁克馥、格里菲斯出资创建，目的是为了摆脱大电影公司的束缚和剥削。最初设想只是摄制和发行 4 位创始人的作品，后因格里菲斯退出、作品数量有限，就把资助独立制片人拍片和发行他们的影片作为业务重点。联美公司与当时的其他电影公司不同，它没有自己的摄影棚，拍片时需租用场地；没有自己的演员和导演，采用向独立制片人投资的方式拍片；没有自己的电影院，发行影片采取与发行商逐片签约的方式。这种自由的经营方式使得联美公司拍摄和发行了一批具有一定艺术成就的影片，如卓别林的《淘金记》、《摩登时代》、《大独裁者》，格里菲斯的《走向东方》、《桃色公寓》、《西区故事》等。联美公司成立之初只是个小公司，20 世纪 20 到 30 年代逐步发展成为美国电影业巨头。在 50 年代美国电影业进入萧条时期后，卓别林和壁克馥先后把股票出售给金融资本家，联美公司又几度易手后，在 1981 年被米高梅公司收购。

20世纪福克斯

20 世纪福克斯是好莱坞主流制片公司之一，由默片时代的大公司福克斯电影公司和 20 世纪影片公司于 1935 年合并而成，是好莱坞电影巨头中成立最晚的公司。从 20 世纪 50 年代开始，美国电影业进入衰退时期，公司为了与新兴的电视抗衡，曾致力于研究宽银幕在商业上的应用，并于 1953 年拍摄宽银幕影片《长袍》，是电影从默片进入有声片以来在技术上的一次突破。随后的 20 年中，公司一直处于低谷，一直到 20 世纪 70 年代末才走出低谷，相继拍摄了一批经典电影。1984 年，20 世纪福克斯公司被传媒巨头鲁伯特·默多克收购，进入了近 20 年的黄金期。公司旗下有两家很有特色的子公司，一个是制作 3D 动画长片的蓝天工作室，一个是发行独立电影的福克斯探照灯公司，《冰河世纪》和《阳光小美女》就是这两个子公司的作品。在 70 多年的历史中，20 世纪福克斯拍摄出《音乐之声》、《埃及艳后》、《星球大战》、《泰坦尼克号》、《马路天使》、《巴顿将军》、《博物馆惊魂夜》、《X 战警》、《小鬼当家》等经典影片。

华特迪士尼

华特迪士尼影片公司是世界上第二大传媒娱乐企业华特迪士尼公司下属的电影制片企业，是全世界少年儿童以及有着童心的成年人最喜爱的电影公司。华特迪士尼公司于1923年由华特·迪士尼与兄长洛伊·迪士尼创立，下属的电影发行品牌有华特迪士尼影片、试金石影片、好莱坞影片、米拉麦克斯影片和帝门影片。华特·迪士尼是世界最著名的电影制片人、导演、剧作家、配音演员和动画大师之一，他对于梦想的勇敢追求、卓越的洞察力和敏锐的眼光使他成为著名的文化企业家。他创造的动画形象米老鼠是世界上最受人欢迎的动画形象之一。迪士尼公司拍摄的动画长片《白雪公主》、《木偶奇遇记》、《小飞象》、《小飞侠》、《睡美人》、《石中剑》、《101忠狗》、《小美人鱼》、《阿拉丁》、《花木兰》、《玩具总动员》、《海底总动员》、《虫虫特工队》等，无一不是世界动画电影史上的经典，电影《101真狗》、《公主日记》、《加勒比海盗》等同样也是脍炙人口。

全国广播公司

全国广播公司英文名为National Broadcasting Company，简称NBC，是全美三大商业广播电视公司之一。1926年NBC从纽约通过25家附属广播电台向全国广播，成为美国第一个全国性广播网。1928年始建W2XBS实验电视台，1931年试播，1939年以转播罗斯福总统在纽约世界博览会开幕式上的讲话开始正式播出。1940年与纽约WNBT和斯奈克塔德WRGB电视台进行电视联播。1941首次试验彩色电视。1954年以NTSC制式推出全国第一个全部播出彩色电视节目的电视网。1965年最先推出了彩色电视节目。1989年首次进行了美国制式的高清晰度电视ACTV的实验。1996年与微软合办MSNBC频道，通过互联网向世界各地辐射信息。1998年和道琼斯公司联合开办了CNBC频道，播送商业新闻和实时金融信息，并在欧洲和亚洲设立了分支机构，迄今为止客户已突破了1.75亿。《老友记》、《白宫风云》、《急诊室的故事》、《超能英雄》等电视剧均为NBC制作。

美国广播公司

美国广播公司英文名为American Broadcasting Company，简称ABC，是美国三大商业广播电视公司之一。1941年美国联邦通信委员会决定，全国广播公司不得同时拥有红色广播网和蓝色广播网。1943年爱德华·诺布尔以800万元买下蓝色广播网，1945年正式使用美国广播公司的名称。1953年被联合派拉蒙剧院公司收购，组成美国广播—派拉蒙剧院公司。1965年改称美国广播公司。1985年被大都会通信公司收购，改为大都市美国广播公司。1948年播出第一个电视节目《在角落里》。1954年取得“迪士尼乐园”和“米老鼠俱乐部”的播出权后一举成功，成为公司发展的转折点。1955 年由于播放一系列西部片赢利，附属台进一步增加。1959 年取得全美足球大赛、棒球大赛、拳击大赛等多项体育比赛的报道权。1961 年推出“体育的疯狂世界”和“美国体育”节目，以体育报道与另两家电视网展开竞争。1966 年以 NTSC 制式播出彩色电视节目。1977 年播映了电视系列片《根》，连续 8 个晚上播放 12 个小时，轰动一时，观众达 1.3 亿，创造了美国电视史上收视率的最高纪录。1995 年被美国迪士尼公司收购。《迷失》、《绝望的主妇》、《实习医生格蕾》等电视剧均为 ABC 制作。

哥伦比亚广播公司

哥伦比亚广播公司英文名为 Columbia Broadcasting System，简称 CBS，是美国三大商业广播电视公司之一。1927 年成立，原为 16 家广播电台组成的独立广播业者联合公司，后与哥伦比亚唱机与唱片公司联合组成哥伦比亚唱机广播公司。1928 年威廉·佩利将 CBS 收购并进行了一系列改革和重组，很快崛起为全国广播网。1934 年时已有 94 座电视台，足以与 NBC 较量。1938 年把威尔斯的科幻小说《星际战争》改编成科幻剧播出，逼真的演播效果使得听众信以为真，引发了大规模恐慌，因此成名。1951 年正式使用眼睛标志，50 年来已经成为美国的一个象征。2004 年因最先报道美军在伊拉克的“虐囚事件”而轰动世界。新闻节目《晚间新闻》、《CBS 报道》、《60 分钟》、《人物介绍》等都是美国家喻户晓的名牌电视节目。

英国广播公司

国广播公司英文名为 British Broadcasting Corporation，简称 BBC，是英国的一家由政府资助但是独立运作的媒体，长久以来一直被认为是全球最受尊敬的媒体之一。BBC 成立于 1922 年，是英国最大的新闻广播机构，也是世界最大的新闻广播机构之一。BBC 虽然是接受英国政府财政资助的公营媒体，但其管理却是由一个独立于政府以外的 12 人监管委员会负责，并且通过皇家宪章保障其独立性。监管委员以公众利益信托人的身份管理 BBC，他们都是社会上有名望的人士。在相当长的一段时间内，BBC 一直垄断着英国的电视、电台，1955 年独立电视台和 1973 年独立电台成立之前，BBC 一直是全英国唯一的电视、电台广播公司。今天的 BBC 不仅是一家在全球拥有高知名度的媒体，同时还经营书籍和报刊出版、英语教学、交响乐团和互联网新闻服务等多项业务。

日本放送协会

日本放送协会又称日本广播协会，是日本的公共媒体机构，根据日语的罗马字母拼读简称为 NHK。NHK 的前身为成立于 1926 年的东京广播电台，1931 年开始发送短波频率，1935 年开始向海外传送广播节目。现在的业务和服务已涵盖电视和无线电广播，每天还有多国语言的广播节目播出。NHK 的从业员数和预算规模庞大，不仅是日本最大的媒体机构，还能与媒体巨头 BBC 等分庭抗礼。NHK 的本部位于东京，在各道、府、县设立有相当节目制造能力的电视台和作为采访据点的分局或报道室，以及收取业务费用的营业所。NHK 还担负广播电视技术研发的任务，设有广播技术研究所，向全世界提供数位电视技术。

德国公共广播联盟

德国公共广播联盟德语简称为 ARD，汉语一般简称为德广联。二战后，同盟国占领军决定德国广播不能再像战前的帝国广播那样播送政府的宣传，根据战后的法律，德国的广播在结构上必须是联邦制的，在内容上和经济上必须脱离政府的影响。这样一来，德国各地就开始形成地方性的广播电台。“德广联”就是在这样的背景下，于 1950 年建立起来的各州公共广播的联合组织。1952 年，德广联的电台已经有上千万听众，但这些电台都是地区性的，德广联从成立开始，其目标之一就是建立一个共同的电视台，1952 年德广联电视台正式开始播放。两德合并后，原东德的广播电视关闭，在东德境内形成的两个新的公共广播公司于 1992 年加入德广联。目前的德广联由九个州立广播公司联合组成，还包括德国对外广播“德国之声”，德国电视一台是其合作制作的电视台，各州立广播公司制作自己的、地方性的电视和广播节目。德广联、德国电视二台和德国广播电台是德国公共广播的三个组成部分。

意大利广播电视公司

意大利广播电视公司简称为 RAI，是意大利全国性公共广播电视机构，主办全国性广播电视。RAI 有广播、电视各 3 套，由各台自行编制节目。第一套广播节目中综合性新闻报道、文艺表演和古典音乐比重较大，第二套广播节目中轻音乐较多，第三套广播节目主要是古典音乐和文化教育。三套电视节目均为综合节目，由各台独立编制。RAI 于 1984 年开始播出图文电视，1989 年开始进行卫星电视实验播出，并通过卫星向欧洲和拉丁美洲传送电视节目。公司根据同政府签订的许可协议经营，根据 1957 年的《广播法》，意大利广播公司的监督权由政府移交议会，议会监督机构为“广播电视事业方针制定和监督委员会”。委员会共 40 人，由两院议长从拥有议席的政党中各任命 20 人。公司最高行政机构为经营委员会，根据 1993 年的《广播法》设有 5 名委员，由参众两院议长共同指定，主席在委员中选举产生。委员会根据“议会监督委员会”决定的方针经营公司，决定广播电视节目，并任命公司最高负责人总经理。意大利广播公司还负责意大利的对外广播。

卢森堡广播电视公司

卢森堡广播电视公司简称CLT。卢森堡在欧洲虽然是个小国，但卢森堡广播电视公司却是欧洲规模最大的广播电视企业，向20多个欧洲国家播送电视节目，覆盖整个欧洲。1997年，卢森堡广播电视公司与德国UFA影视公司合并，组成欧洲最大广播电视媒体公司“CLT-UFA”，参与经营欧洲9国22家电视台和18家电台。1999年，该公司营业额为1304亿卢森堡法郎，获利16.85亿卢森堡法郎，折合4200万欧元。此外，卢森堡欧洲卫星公司也是一家跨国通讯公司，它在直接接收卫星系统领域居欧洲领先地位。公司拥有8颗ASTRA卫星，通过这些卫星向欧洲各地传送电视及广播节目，1999年集团营业额达292.54亿卢森堡法郎，折合7.3亿欧元。